U0154397

五南圖書出版公司 印行

Global Politics

全球政治

第二版

海伍德 （Andrew Heywood） 著

陳牧民 審閱／龐元媛・李賜賢・陳宛郁・劉泰廷 譯

導讀

從1919年英國威爾斯大學（University of Wales at Aberystwyth）設立威爾遜講座開始，國際關係（International Relations）或國際政治（International Politics）作為獨立的學門已經有將近一個世紀之久。隨著二十世紀國際情勢的變化，學者關切的重點從外交、軍事、核武等高階政治（high politics）議題延伸到經濟貿易與南北發展差異等低階政治（low politics）議題，討論的主題也從早年現實主義（Realism）與理想主義（Idealism）之間對國際政治本質的辯論，衍生出戰略安全、政治經濟學、外交決策、國際組織……等新的內容。1991年冷戰結束，全球範圍下的意識形態對立與競爭不再，但取而代之的是全球化加速以及網路科技革命的影響，族群認同、環境變化、恐怖主義、全球治理等新議題不斷被納入，讓今日的國際關係呈現出多元且多層次的面貌，我們不僅很難再用單一理論來解釋國際政治的各種現象，不同現象之間的交互影響與連結的複雜程度，也挑戰到學者的傳統思維方式。

在這樣的情況下，要如何精確並全面地介紹當前國際情勢並不是一件容易的事，要撰寫一本符合二十一世紀國際趨勢的基礎教科書更是一項艱巨任務。英國政治學者，也是前Croydon學院副校長海伍德，竟然能完成此書，實在讓人由衷佩服。本書《全球政治》是繼其所出版的三本著名政治學教科書《政治學》、《政治學的關鍵概念》、《政治的意識形態》之後的最新作品，也是其第一本以國際關係為主題的教科書。本書承襲了過去海伍德教授撰寫教科書的風格，以活潑方式呈現出國際關係之各種主題，並以概念方塊、名詞解釋補充正文。和過去坊間所看到國際關係教科書相比，本書有三個主要特色：

首先是內容新穎：作者在書中增加了許多近年來國際關係的新現象，諸如Google公司的崛起（第6章）、聯合國氣候變遷會議（第16章）、2007年至2009年全球金融危機（第4、19章）等近年發生的事件都被收錄在本書之中，讀者在閱讀時不僅可以有系統地瞭解這些「新」現象背後的原因，也容易將國際關係與正在發生的國際事件做聯想。

其次是強調主題之間的連結：本書雖然依主題分成21章，但是同一個理論或概念往往會在不同的地方多次出現，例如反恐戰爭（war on terror），既是美國在911事件後應付恐怖主義威脅的新策略（第12章），也是二十一世紀霸權展現其權力的新作為（第9章）；人道干預（humanitarian intervention）的相關討論既屬於人權（第13章），也是國際法的最新發展內容（第14章）。議題相互連結的趨勢改變了國際關係的本質，而本書內容前後呼應的編排方式正是對議題連結的直接回應。

第三個特色是多元觀點並陳的設計：當代國際關係理論有所謂現實主義、自由主義，以及批判觀點等三大傳統，彼此觀點不盡相同；而且針對同樣事件，不同學者也可能發展出截然不同的解讀。海伍德教授在本書中設計出將各種觀點並列的敘述方式，以比較的形式讓讀者瞭解在不同思維與理論背景下，學者對特定國際政治現象解讀的結果。因此從權力平衡（Balance of Power）到全球化（Globalization），從冷戰是否不可避免（was the Cold War inevitable）到聯合國是否式微（is the UN obsolete）等話題，我們都可以從本書中看到最全面也最多元的觀點。

本書是由中興大學國際政治研究所陳宛郁、李賜賢與劉泰廷三位博士生進行翻譯，因為原文超過25萬字，全部翻譯與校對工作耗費一年以上才完成。也因為內容龐大，讀者可以善用書中所附加的名詞解釋與概念方塊來協助理解內容；對教授國際關係相關課程的教師而言，穿插在章節中的辯論方塊和每章末尾的問題討論，提供了課堂辯論的最佳題材。謹希望本書為國內修習國際關係課程的學子們帶來全新的視野，也能成為一般讀者了解全球事務上的最佳工具書。

陳牧民

第一版譯序

　　「國際關係」可說是社會科學當中範圍最廣、內容最龐雜的一門學科。不論是初學者，或是對此學問有興趣的人，皆難免遇到交織複雜、糾纏不清的國際事件與議題。《全球政治》中文版的問世，有助於解決這些問題。撰寫本書的海伍德教授可說是非常用心與認真，除了內容相較其他同類著作豐富之外，更從全球的角度觀察政治各層面的連結關係，有組織地探討各項議題。誠如原著所強調的，本書的主要目的在於針對全球政治，提供資料更新、範圍更全面、更具有前瞻性的導論，並希冀更真實地呈現全球政治的樣貌。書中每個章節分別介紹一個主要議題以及相關的理論途徑，透過與傳統國際關係理論的結合，整合理論與實踐。這也是本書最大的特點之一。

　　本書於2011年動工，前後歷經兩年時間。在翻譯的過程中，感觸良多。首先，我們由衷欽佩以翻譯為工作或職志的人，因為翻譯真的是一門很深的學問，更是一項艱辛的工程。由於本書內容豐富，難以在短時間內仰賴一己之力獨自完成，因此有三位博士班的學生共同合作，掌握全書的翻譯進度，並擔綱最後校對與修正的角色。此譯本難免仍有瑕疵，我們責無旁貸。然而，無視這些不完美之處，我們希望讀者能看到所有參與這項工程的人所投入的用心與努力。其次，在當下知識爆炸、教科書日增的時代，國際關係等相關叢書如雨後春筍般出版，無非是期望能跟得上世界局勢日新月異的變化。雖然這本書也不例外，但是從作者在各章節針對不同議題所規劃的辯論專欄，可看出作者的用心之處，也是《全球政治》與其他教科書不同的地方。對正反立場的思考有助於加強讀者的思辨能力，而最終所獲得的思維邏輯和心得，是變動中的國際局勢所無法輕易淘汰的。第三，近年來非傳統安全議題的重要性與日俱增，舉凡全球氣候變遷等環境議題、恐怖主義、疾病、毒品、人道干預、性別、網路資訊安全等非傳統安全議題，逐漸成為全球政治不可忽視的焦點。作者對這些新興議題的著墨使《全球政治》不失為符合時代變遷的教科書。

　　本書中文版的順利問世，首先要感謝五南圖書公司對於翻譯授權理念的一貫

堅持，這在國內出版界並不多見。其次，要感謝陳牧民老師賜予機緣，並在翻譯過程中不吝給予指導，讓我們得以充實和補正不足之處。最後，更要感謝這段期間給予援手、協助翻譯工作的朋友與學弟妹：楊學修、曾鈺君、李宛諭、游芸芷、葉柏顯、李函、黃立言、江鈺涵、賴冠汝、許菡容、黃光宇。因為有你們的加入，才使本書得以圓滿完成。

李賜賢　陳宛郁　劉泰延 謹識

2013年07月31日

二版序

　　第二版沿用第一版的國際關係與全球事務研究方法，也就是將「全球」與「國際」視為互補，而非敵對的兩種思考模式。也就是承認國家與各國政府仍然在全球舞台上扮演重要角色，但也點出在相當多的議題上，國家如今是在全球相互依存的環境中運作。這本書以《全球政治》作為書名，也代表著國家之內發生的事情，與國家之間發生的事情，互相影響的程度更甚於以往。而且越來越複雜的政治互動，也不再僅限於國內。

　　新版的內容更新了不少，更貼近不斷演進的全球政治領域。不僅內文有所更動，也添加了新的專欄內容（「全球政治行動」專欄更是經過修訂）。另外還有兩處重要變更。第一個是新增第二個探討理論的章節，也就是第21章「理論為何重要？」第3章「全球政治的理論」介紹幾種主要理論，新增的第21章則是著重於理論如何幫助我們了解全球政治，幫助的程度又有多大。雖然第21章探討本體論、認識論之類的後設理論相關議題，但也不會迷失在抽象的辯論之中，而是將理論去迷思化，採用的方法是將理論與「真實世界」的範例，以及全球政治的內容連結。第21章集結了散落在這本書各處的主題與議題，所以安排在書的結尾，希望讀者對於理論相關的議題，能有更深遠的反思。第二個重要變更，是將第7章「全球時代的國家」予以修訂，以更大的篇幅介紹國際遷移的議題，也探討國際遷移對經濟的影響。所以「多元文化主義與混雜」這一節原本在第7章，在新版則是放在第8章「認同、文化及對西方的挑戰」，反正也比較合適。

如何使用本書

　　讀者可以發現本書的特色在於：保有主要內容文章的主體之餘，還加入了相關的重要事件、概念以及理論性的議題，而這些也都會進一步深入檢視與探討。除此之外，本書所提的重要事件、概念與相關性的議題，將設計以鼓勵讀者針對全球政治的重要議題進行獨立與批判性思考的方式呈現。

　　每一個章節都會有**前言**作為導讀，並且提出該章節要討論的主要主題，以及

針對該章節的中心主題與議題之一系列相關的問題。在每一章節的最後會有**重點摘要**，點出該章節的重要觀點，還有提供讀者一些**問題討論**與**延伸閱讀**。此外，本書還有提供補充資料穿插在文本內容當中，並且以字彙辭典的小方格來呈現。最重要的特色如下所示：

分別有以下幾種小方格資料

觀點的小方格，主要標示出一些重要的理論途徑，且針對一些尚在討論中的中心主題，同時提供現實主義、自由主義與批判主義的角度，來看主題或討論的議題。

全球政治行動的小方格，檢視主要的全球政治事件，並提出這些事件的發生，對我們理解世界事務有什麼幫助。

全球行為者的小方格，則探討世界舞台上重要行為者的本質，以及在議題上他們的影響性與重要性。

爭辯中的議題的小方格，則在檢視在全球政治中的主要具爭議性的議題與論點，並提出各種立場的論點。

解構的小方格探討重要詞彙的內部結構，發掘其中的偏見及「隱含」意義。

重要的理論家的小方格，則提供重要的人物或是主要的思考家的簡要介紹，在這些理論家的小方格裡，有些會在相關的領域中是具有影響力的理論家。

重要專有名詞的定義以及**概念澄清**的解釋之小方格，會出現在文本內容的書頁邊緣，針對一些重要名詞做出概念澄清。

焦點的小方格，則是提供理論性議題更進一步的觀點，亦或者是提供有關討論主題的附加資料。

重要事件的小方格，則提供一些重要事件的簡要緣由，或者是在特定的領域中，一些重要事件的發展。

輔助教學網站內含密碼保護的教師專區，以及一個開放使用的學生網站，內含特**色主題方塊、可搜尋的詞彙表、自我測驗、網站連結、最新資料**，以及**推薦的參考文獻**。網址：www.palgrave.com/politics/global。

致謝

這本書雖然只有一位作者，但絕對不是僅憑一人之力就能完成。我何其有幸，能與Palgrave Macmillan出版社的Steven Kennedy合作。一開始就是他建議我寫這本書。他也積極參與這本書的製作以及後續的每一個階段，帶給我源源不絕的熱誠、鼓勵、忠言與幽默。負責設計與製作的功臣，還有Stephen Wenham、Helen Caunce、MaddyHamey-Thomas、Keith Povey，以及 Ian Wileman。也要感謝Jacqui True、Garrett Wallace Brown，以及另外四位匿名的審查人，對於這本書的第一版提出寶貴意見，大幅改善了內容與結構。感謝他們詳細又周到的批評指教，不僅提升了這本書的整體水準，也讓整個寫作過程更精彩，更享受。我也要感謝在第二版寫作過程中，提供意見的幾位匿名審查人。我與幾位同事與好友，尤其是Karon與Doug Woodward、Rita與Brian Cox、Barry與KateTaylor，還有我的兄弟David不時交流，也讓這本書的思想與論述更為流暢。但我還是要一如往常，將我最誠摯的謝意，獻給我的妻子Jean，無論是這本書，還是我先前的著作，都是與她攜手完成。書稿的打字由她一力承擔，她也不時在內容與風格方面給我建議。這本書獻給我的孫兒，還要感謝我的兒子Mark與Robin，以及我的媳婦Jessie與Helen生下這幾位孫兒（當然我要感謝他們的還有很多）。

安德魯・海伍德　謹識

450, 521; Saltzman Institute for War and Peace Studies (ColumbiaUniversity), p. 63; The People's History Museum, p. 73; Ohio State University, p.77; Ann Tickner, p. 78; The Institute for Global Leadership, Tufts University, p.83; Library of Congress, pp. 88, 189, 445; Immanuel Wallerstein, p. 104; Soros Fund Management LLC, p. 110 (George Soros); Dan Deitch, p. 110 (Paul Krugman); Herman Daly, p. 110 (Herman Daly); Robert Cox, p. 124; Roland Robertson, p. 148 (Roland Robertson); A. Rusbridger, p. 148 (Saskia Sassen); Bill Brydon, p. 148 (Jan Aart Scholte); Grzegorz Lepiarz, p. 148 (Zygmunt Bauman); Naomi Klein, p. 150; David Gellner, p. 169; Benedict Anderson, p. 169; The Library of the London School of Economics and Political Science, p. 220; Tom Fitzsimmons, p. 222; John Mearsheimer, p. 241; Mary Kaldor, p. 257; DvoraLewy, p. 257 (Martin van Creveld); Center for a New American Security, p. 257(David Kilkullen); Jon R. Friedman, p. 265; Columbia Law School (photo by Jon Roemer), p. 384 (Jagdish Bhagwati); Susan George, p. 384; The Earth Institute, p.375 (Jeffrey Sachs); Janet Biehl, p. 411 (Murray Bookchin); Rachel Basso, p. 411(Carolyn Merchant); Vandana Shiva, p. 411 (Vandana Shiva); Jean Bethke Elshtain, p. 435 (Jean BethkeElshtain); Courtesy of IDCE Department at Clark University, p. 435 (Cynthia Enloe); Courtesy of Woodrow Wilson School ofPublic and International Affairs (Princeton University), p. 442; InternationalPolitical Science Association, p. 494; Peter Haas, p. 494 (Ernst Haas); Audiovisual Library of the European Commission (European Union, 2010), p. 502; The Elliott School of International Affairs (The George Washington University), p. 527; Francis Fukuyama, p. 539; Jon Chase/Harvard Staff Photographer, p. 540; Mary Bull, p. 543 (Hedley Bull); Gabriele Wight, p. 543 (Martin Wight); Terry Nardin, p. 543 (Terry Nardin).

本書作者與出版社感謝下列諸位允許使用其他版權資料：

Palgrave Macmillan and The Guilford Press, *Map 7.1 Global migratory flows since1973*, 原為*Map 1.1 Global migratory flows from 1973* in *The Age of Migration*, Castles and Miller, 2009 (now Castles *et al.* 2013). *Palgrave Macmillan, Map 20.1 Europe and EU membership*，原為*Map of member states and applicant states of the European Union inEuropean Union Enlargement*, Nugent (ed.), 2004. Palgrave Macmillan, *Table 19.1 Competing models of global politics*, 原為*Table 12.1 Four models of international relations in internationalorganization, Rittbergeret al.*, 2012.

本書作者與出版社已極力聯繫所有版權擁有者，但倘有不慎疏漏之處，敬請賜教，出版社將儘速處理。

目錄

<table>
<tr><td rowspan="4">第一章</td></tr>
</table>

第一章　全球政治的簡介

> 「只有連結！」
> ——愛德華・摩根・福斯特，《霍華茲莊園》，1910年

前言

　　我們應該如何進行世界事務的研究？對於這個世界最好的理解是什麼？傳統上，是以「國際典範」為基礎來理解世界事務，意即：國家是國際政治的組成分子，世界事務本質上就是國家之間的關係。也就是：一旦你了解影響國家之間互動的要素，你就能了解世界是如何運作的。無論如何，從1980年代之後，開始流行的「全球化」典範，反映了世界事務相互連結和相互依賴的趨勢。在這樣的觀點下，世界不再被視為分立國家的集合體，而是一個整合的全體、一個世界。本書企圖跨越上述這兩個不同的典範，認為不應再忽視國家和政府與國際政治的關係，同時也不能否認在許多議題上，國家正在全球相互依賴的脈絡下運作。總之，當代政治具有「全球性」的特徵是什麼意思？此外，全球化是如何將世界政治重新改裝，影響的程度為何？我們在理解世界政治的同時，也需要思考從不同的理論角度觀察可能對世界產生不同的解讀，也就是看待世界仍有許多不同的方法，尤其是全球政治中的主流觀點和批判觀點之間有何差異？最後，世界發展頑強的拒絕停滯，因此有些人主張全球政治是一種持續向前邁進的領域，正不斷的加速改變。當然，全球政治也有些不變的特徵，那麼，在全球政治中變與不變之間的平衡又是什麼？

關鍵議題

- 「全球」與「國際」如何互補？
- 國際政治如何被轉變為全球政治？
- 全球化對於世界政治有何重要的意義？
- 全球政治的主流研究途徑和批判研究途徑之間有何差異？
- 近年來全球政治中有關權力、安全和正義等議題之間的關係出現了什麼樣的變化？

從「國際」到「全球」？

這本書的目的，是要介紹國際關係與全球政治最新的資訊，詳細的內容，以及未來的展望。不僅要真正關注全球，也要兼顧全球事務的國際層面，因為「全球」與「國際」是互補的，並不是敵對或不相容的兩種思考模式。如此說來，全球政治涵蓋的不只是「全球」層面的政治，也就是全球的程序、體系與制度架構，而是**每一個**層級，更重要的是跨越層級的政治，也就是全球、區域、國家，以及次國家（見圖1.1）。這也反映出**國家**在全球相互依存的環境之中，在越來越多的議題上與其他的國家互動，但國家仍然是世界舞台上的主要行動者。

在一個國際典範當中，全球事務說穿了就是兩個或更多國家之間的關係。如果國際典範再也不能幫助我們了解全球事務，那到底是哪些地方出現變化？這些變化的影響又有多深遠？全球政治的輪廓在近年來又有哪些改變？以下是最重大的改變：

- 新全球行動者出現
- 相互依存與相互連結增加
- 國內／國際區隔流失
- 全球治理崛起

> **國家**（The state）：一個政治聯盟，在明確定義的領土範圍內，享有主權管轄權

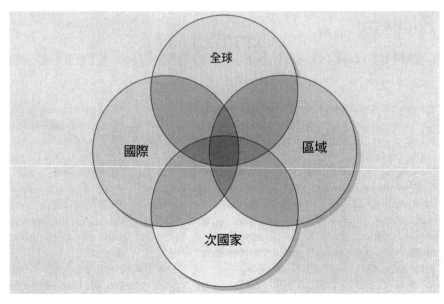

圖1.1　全球政治的面向

焦點⋯⋯　全球政治能不能定義？

說政治已經「全球化」是什麼意思？「全球」政治與「國際」政治又有什麼不同？「全球」一詞有兩個意義。第一個意義是**遍及全球**，能影響整個地球（而不只是區域或國家）。地球就是世界，所以全球政治，意思是全球層級的政治，而非國家或區域層級的政治。因此主要著重於聯合國、世界貿易組織之類的機關的工作。這些機關的會員國幾乎涵蓋世界各國。另外也著重於某些議題（例如環境與經濟），各國在這些領域的相互連結程度很高，所以相關的事件與發展，都會對整個世界以及所有人類，產生實質或潛在的影響。

第二個意義（也是本書採用的意義）是**全面的**，涵蓋一個體系之內的所有元素，而不是只有體系本身。這個定義承認現在有各式各樣（也許還越來越多）的政治互動在全球的層級上演，但並不認為全球層級的政治，在任何方面**超越了**國家層級、地方層級，或是任何一個層級的政治。重點在於全球政治的到來，並不代表國際政治就該被扔進歷史的垃圾桶。這一點很重要，因為我們不應該認為政治陷入相互連結的漩渦，政治的每一個部分，或者應該說每一個「單位」，都被吸入不可分割的全球整體。

從國家中心主義，到多重行動者模型

我們傳統上是以國際間（international）的方式來理解世界政治。雖然在整個歷史上，以領土為基礎的政治實體之間一直存在著衝突與合作的現象，但「國際關係」這個名詞是直到英國哲學家兼法律改革者——邊沁（1748-1832）在他的《道德和立法原則》（〔1789〕1968）一書中使用後才出現。邊沁的使用可視為一個重要的轉折：十八世紀後期，以領土為基礎的政治實體才開始擁有更加清晰的民族特徵，使它們之間的關係存在於真正的「國家之間」。然而，大多數的當代國家不是民族國家就是渴望成為民族國家，因為真正能讓他們在世界舞台上的行動更有影響力的原因是他們的國家地位而非民族的地位。因此，「國際政治」更適合描述為「國與國之間的政治」。但究竟什麼是國家？根據

概念澄清：主權（Sovereignty）

主權是至高無上的原則和毋庸置疑的權威，體現在國家宣稱其為領土內唯一的法律制訂者。對外主權（有時也被稱為「國家主權」）涉指國家在世界舞台上擁有獨立和自主的行為能力，意味著所有國家在法律上一律平等，其領土完整性和政治獨立性是不可侵犯的。對內主權指的是國家在國內擁有至高無上的權力或權威。儘管如此，主權的制度正在發展和改變，像是新的主權概念出現（「經濟」的主權、「食物」的主權等）和主權對新環境的適應（「匯集」的主權，「負責任」的主權等）。

1933年《蒙特維多國家權利和義務公約》中定義，一個國家必須具備四項條件：確定的領土、固定的人民、有效的政府和「與其他國家交往的能力」。在這樣的觀點下，國家被視為世界舞台上的關鍵角色，甚至是唯一值得認真考慮的行為者。這就是為什麼研究世界政治的傳統途徑經常被視為「**以國家為中心**」（state-centric），以及為何國際體系經常被描繪成一個**國家體系**（state-system）的原因。這種國際政治觀點的起源可以追溯到1648年的《西發里亞和約》（Peace of Westphalia），從此，建立主權成為國家獨有的特徵，國家主權也因此成為國際政治的主要組織原則。

　　然而，這種以「國家為中心」的途徑來研究世界政治的方式，已經越來越難持續下去，導致這種情況出現的部分原因在於，國家不再是世界舞台上唯一的主要行為者。跨國公司（TNCs）、非政府組織（NGOs）和許多其他非國家團體已經開始施加影響力。這些團體和組織在不同的面向和程度上，都對形塑世界政治有所貢獻，範圍從蓋達組織、反資本主義運動和綠色和平組織到谷歌（Google）、通用汽車和教宗。事實上，自1970年以來，多元主義理論者開始提倡一種在世界政治中的**混合的行為者模型**。儘管國家和各國政府只是世界舞台上眾多行為者的其中一種，但他們或許仍是最重要的行為者。例如，無論是維持國內秩序的能力或者與其他國家處理軍事問題的能力，仍然沒有任何跨國公司或非政府組織擁有可以媲美國家的強制力（國家角色的轉變和重要性在第5章將有深入的探討）。

從獨立到相互依存？

　　在傳統上研究國際政治，意味著研究被畫分成許多個國家集合體的國際體系。此外，因為主權的出現使這些國家被視為獨立和自主的實體。這個國家中心的途徑經常透過所謂的「撞球模型」（billiard ball model）來說明，後者不但主導了1950年代以後的國際思想，還與現實主義特別有關。主張國家就像撞球是一個無法穿透且獨立的個體，只能透過外部壓力相

國家中心主義（State-centrism）：一種政治分析途徑，將國家視為動態的現實和世界舞台上最主要的行為者。

國家體系（State-system）：一種國家內和國家之間的關係模式，能夠建立秩序和可預測性的評估標準。

混和的行為者模型（Mixed-actor model）：這個理論認為國際政治是被更廣泛的利益和團體所塑造，但另一方面也不應該忽略國家與政府的角色。

焦點⋯⋯ 西發里亞體系

　　1648年的《西發里亞和約》被視為當代國際政治的開端。這個和約是三十年戰爭（1618-1648）結束後產生的一系列條約，其中含有一系列公布與未公布的戰爭，範圍遍及整個中歐，包括神聖羅馬帝國和其他的對立國家，像丹麥、荷蘭，尤其是法國和瑞典。儘管這個轉變已經發生很長一段時間，但這些條約有助於將一個面臨權威、忠誠和認同重疊的中古世紀歐洲轉變為當代的國家體系。這個所謂的西發里亞體系建立在兩個主要的原則：

- 國家享有主權的管轄權，在這樣的意義下，他們擁有獨立控制發生在領土內所有事務的權力（所有其他制度、團體、宗教上的和世俗的，都因此附屬於國家）。
- 國家之間的關係是在所有國家都接受主權獨立的情況下建構的（意味著國家在法律上都是平等的）。

互影響。主權國家在國家體系內進行互動，這種行為就像撞球在球檯上的移動和相互碰撞，如圖1.2。這種觀點認為，國家之間的互動或「碰撞」是相互關連的，在大多數的軍事和**安全**事務的案例中，都反應了權力和生存是國家首要關注議題的假設。國際政治因此主要圍繞在戰爭與和平的議題，**外交**和可能的軍事行動成為國家互動的主要形式。

　　全球政治的撞球模型，代表著國際體系內部的衝突與合作模式，多半是取決於

> **安全（Security）**：免於傷害和威脅；安全能被理解為國家的、國際的、全球的和人類的形式。
>
> **外交（Diplomacy）**：國家之間為了不以戰爭來解決衝突，而採取一種協商和溝通的過程。

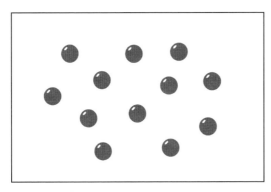

圖1.2　世界政治中的撞球模型

國家之間的權力分配。因此，雖然國家中心的理論者了解國家間在形式上和法律上平等的，且每個國家都是一個主權實體，但他們也承認，有些國家確實比其他國家更強大，而且事實上這種強大的國家，有時可能會干預其他國力較弱國家的事務。所以實際上並非所有的撞球都是同一種大小，這也是為什麼國際政治的研究在傳統上特別關注所謂「強權國家」的利益和行為。

　　隨著相互依存與相互連結增加，撞球模型也受到衝擊。例如，像促進經濟成長和繁榮、解決全球氣候暖化、遏制大規模

概念澄清：強權（Great power）

強權位居層級的國家體系中最有權力的國家之間。強權的特徵如何定義，經常引起爭論，最常被使用的有四種：
（1）強權擁有卓越的軍事力量，並且擁有維護自身安全以及影響其他大國的能力。
（2）強權往往是經濟大國，儘管這是一個對於強權來說必要但非充分的條件（日本即為一例）。
（3）強權擁有的利益經常遍及全球，而非僅止於部分區域。
（4）強權採取「前進式」的外交政策，並且對國際事務擁有確實、而不僅止於潛在的影響力。

毀滅性武器的擴散和應對流行疾病等任務，都不是單一國家能獨立完成的，無論它的國力有多麼強大。在這種情況下，國家被迫一起工作，依靠集體的努力和能量。對基歐漢（Robert Keohane）和奈伊（Joseph Nye）（1977）來說，這樣的關係網絡已經創造了「複雜的相互依賴」的條件，國家藉由更緊密的貿易和其他經濟關係形成密切的合作和整合。這可以利用世界政治的「蜘蛛網模型」（cobweb model）（見圖1.3）來說明。然而這種想法有時可能被過分引用。一方面來說，不只是中東，而是世界上有一部分的國家仍然身陷傳統的軍事戰略衝

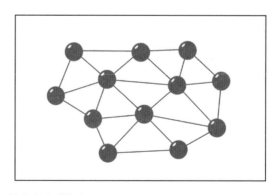

圖1.3　世界政治中的蜘蛛網模型

突之中，這表示撞球模型的假設並非完全不準確，各地區相互依賴的程度差異性很大；另一方面，相互依賴並不總是與邁向和平、合作和整合的趨勢有關。相互依賴可能是不對稱的，在這種情況下就可能導致支配和衝突，而非和平與和諧。

從國內／國際區隔到跨國主義？

從「國際」的觀點進行研究，最大的影響是政治會有一種空間感、地域感。簡單說就是邊界很重要。尤其是要區分**國內**政治，也就是國家在領土範圍內維持秩序，執行法令，以及牽涉到國家之間的關係的**國際**政治的差異。如此說來，主權就像一個「硬殼」，將政治的「內部」與「外部」區隔開來。這種國內／國際，或是「內部／外部」區隔，也區隔了傳統意義上相當不同的兩種政治互動領域。「內部」政治井然有序，因為國家有能力在國內範圍之內，由上而下執行統治。「外部」政治就缺乏這種秩序，因為在國際領域，沒有比主權國家更高的權威。阿格紐（John Agnew, 1994）認為，這種思想製造出一種國際關係研究的「領土陷阱」（territorial trap），反映在三種想法上。第一，國家是一個界線明確的領土範圍。第二，國內事務與國外事務是截然不同的領域。第三，國家是社會的「容器」，也就是說國家的邊界就是社會的邊界。

然而最近的趨勢與發展，尤其是與下一節會談到的**全球化**相關的趨勢與發展，也衝擊了這種重視邊界與明確疆域劃分的觀念。何況跨國流動與交易，也就是人、商品、金錢、資訊與思想的移動，出現大

概念澄清：相互依賴 （Interdependence）

意指當一方所採取的決策會對另一方造成影響時，這兩者之間即存在一種相互依賴的關係。相互依賴意味著相互影響，通常是在彼此擁有共同弱點的情況下，使兩者之間在協商時存在著一種粗略的平等關係。

再者，相互依賴通常與全球事務的合作與整合趨勢有關，基歐漢和奈伊促使「複雜的相互依賴」成為一種取代國際政治中現實主義模型的觀點，其主要的內容為：

（1）國家不再是自主的國際行為者；
（2）經濟和其他議題（軍事安全之外）的重要性，已經在國際事務中變得更加顯著；
（3）軍事力量已經成為一種不必然且不再那麼重要的政策選項。

全球化（globalization）：複雜的相互連結網出現，代表我們的人生越來越受到遠方的事件與決策影響。

跨國的（Transnational）：一種忽視或否定政府或國家邊界、並用來說明某些事件、人民、團體或組織的形態（結構），跨國可以區分為國際的和多國的。

幅成長，形成了**跨國主義**的現象。國家邊界「孔隙」越來越多，傳統的國內/國際或「內部／外部」區隔也就更難維持。國內經濟越來越容易受到世界其他地方的事件的衝擊就是一例（2007至2009年全球金融危機的深遠影響即可證明）。另外一個例子是數位科技的應用增加，很多人能運用各國政府很難控制的工具（例如行動電話與網路）互相溝通。在全球事務更為突出的議題，例如環境政治與人權，多半帶有一種跨國的特質。然而說現代世界已經是「無國界」，未免又太荒謬。何況領土界線在某些方面反而還越來越重要，不是越來越不重要。例如911恐怖攻擊事件之後，很多國家更為重視國家或「國土」安全。也有一些國家加強邊境與移民管制，限制國際遷移。

從國際無政府狀態到全球治理？

　　研究國際政治的傳統途徑中，最關鍵的假設是：國家系統在**無政府狀態**的脈絡下運作。這表示沒有任何比國家更高的權威存在，意味著國家外部的政治運作處於一種「國際」的自然狀態，一種正式政治組織出現之前的原始狀態。國際無政府狀態的影響是深遠的，其中最重要的是，當缺乏其他維護他們利益的力量時，國家被迫只能依賴**自助**。如果國際政治以「自助體系」的方式運作，一個追求權力的國家將只能被其他具有相同傾向的國家所制衡，最後衝突和戰爭是國際體系的必然特徵。這種觀點認為，只有**權力平衡**才能限制衝突，要不是外交策略是由一個心繫和平的領導人所制訂，就可能只是一個偶然。這種無政府狀態的形象已經被國際體系的運作更像一個「國際社會」這種觀點所修正。因此布爾（Hedley Bull）（[1977]2012）提倡以「無政府的社會」概念來取代國際無政府狀態的傳統理論。

　　然而，自1945年以來，國際無政府狀態的觀念以及「無政府社會」的概念，因為全球治理和區域治理架構的出現變得更加難以維持。這反應出聯合國、國際貨幣基金（IMF）、世界貿易組織（WTO）、歐洲聯盟等組織的重要性

無政府狀態（Anarchy）：照字面上來說，是沒有秩序的。有些時候缺乏一個中央政府或更高的權威，並不必然與不穩定性和混亂相關連。

自助（Self-help）：意指依賴國內和內部的資源，經常被視為國家將生存和安全視為優先目標的主要原因。

權力平衡（Balance of power）：在沒有任何一個國家能支配其他國家的情況下，會傾向去建立普遍的平衡和約束國家成為霸權的野心。

正在逐漸增長。國際組織的數量和重要性
因為有力和急迫的理由快速成長。值得注
意的是，它們反映了越來越多國家正面臨
集體困境的事實，即使是最強大的國家也

集體困境（Collective dilemma）：是一
個源自國家相互依賴而出現的問題，意
指要解決問題必須依賴國際合作，而不
只是單一國家。

很難獨自解決這些問題。其中第一種發展與戰爭的科技化發展有關，特別是核子
武器的發明，後來又因為金融危機、氣候變化、恐怖主義、犯罪、移民和發展等
挑戰再度被強化。儘管如此，這些趨勢也不能證明國際無政府狀態的想法是多餘
的。國際組織無疑的已經成為世界舞台上最主要的行為者，同時與其他國家和非
國家行為者相互競爭，但這些影響不應該被誇大。因為在或大或小的程度上，國
際組織還是國家的產物：它們能做的很少超越國家——特別是強權國家——所允
許的範圍。

全球化與其意涵

　　沒有任何發展比全球化的出現，對世界政治中傳統的國家中心形象帶來的挑
戰更徹底。事實上，全球化也成為我們這個時代的時髦用語。例如，在政治家之
間傳統的名言是二十一世紀將成為「全球
的世紀」，但全球化到底是什麼？如果全
球化確實已經發生？所帶來的意涵是什
麼？

解釋全球化

　　全球化是一個複雜、難懂、甚至有些
爭議的名詞。它被用來形容一種過程、政
策、市場策略、狀態甚至是意識形態。有
些人試圖透過辯論來澄清全球化的本質，
藉由將全球化視為「一個過程或一連串過
程」（強調動態轉移或改變的重要性，與
其他字尾為「-ization」的單字一樣，例
如現代化），並將其與被視為一種狀態的
全球實體（意指全球化帶來的環境，就像

概念澄清：全球化（Globalization）

全球化象徵著相互連結的複雜網絡的出
現，意味著我們的生活正逐漸被那些與
我們相距甚遠的地方所發生的事件和決
策所影響。因此全球化的主要特徵便是
地緣的距離和民族國家之間領土疆界的
意義已經不再那麼重要。但無論如何，
這並不意味著「地方」和「國家」已經
位居次於「全球」的位置。確切的說，
它強調的是政治過程的深化與廣化，意
味著地方、國家和全球（或者地方、區
域、國家、國際和全球）的事件經常相
互影響。

全球實體（Globality）：一個完全相互
依賴的整體，例如全球經濟體，這是全
球化的最終狀態。

現代化創造了現代性的情況）（Steger 2003）作出區分。其他人則是使用**全球主義**這個詞來指涉全球化的意識形態、理論、價值，並假設全球主義驅動了這個過

> **全球主義**（Globalism）：一種致力於全球化擴散的意識形態，通常反應出對自由市場資本主義理論和價值的支持。

程。（Ralston Saul 2005）。但全球化的問題在於其並非一種單一的過程，而是一系列複雜的過程，有時重疊和相互結合，有時則矛盾和對立，因此很難將全球化簡化為一個單一的主題。然而各式各樣與全球化，或是全球整合有關的發展和徵兆，都可以追溯到最根本的相互聯繫現象。若不管它的形式或衝擊，全球化已經為過去完全不相干的人民、社群、制度和社會之間建立起新的聯繫。因此海德（David Held）（1999）認為全球化「擴大、深化、加速和增加了全球相互連結的程度」。

全球化下出現的相互聯繫是多方面的，並且透過獨特的經濟、文化和政治進程來運作。換言之，全球化有很多面向或「臉孔」。雖然全球化理論者在不同的全球化解釋中有各自擁護的對象，但彼此並不相互排斥，相反的，他們因此捉住了更多複雜且不同的面向。目前全球化的解釋主要有三種：

● 經濟全球化是一種國家經濟在或大或小的程度上，被整合成一個單一全球經濟的過程（第4章將有更深入的討論）。
● 文化全球化是一種當那些已經出現在世界上某一地區的資訊、商品和形象，開始在全球流動後，逐漸「消弭」國家、區域和個人之間文化差異的過程（第6章將有更充分的討論）。
● 政治全球化，是一種當決策的責任已經從各國政府轉移到國際組織手上的過程（第5章將有更詳細的討論）。

全球化：神話或現實？

全球化確實已經發生了嗎？雖然全球化是我們這個時代的時髦用語，但對於它的影響和意義一直存在著激烈的辯論，很快的（大約在1990年代中期），學者和其他社會評論家好像都同意全球化正在「改變一切」，其後（二十一世紀初）比它更流行的說法是「全球化的終結」或「全球主義的死亡」（Bisly 2007）。最有影響力是海德等人嘗試去勾勒出在全球化辯論中的各種立場（1999年），主

全球行為者……

非政府組織

非政府組織（簡稱NGO）是一個尋求以非暴力的手段來實現其目的之私人且非商業性的團體或集團。世界銀行將非政府組織定義為「追求以行動來減輕痛苦、促進窮人利益、保護環境、提供基礎社會服務，或從事社區發展的私人機構」。早期的非政府組織有：廢除奴隸貿易協會（威廉・威伯福斯於1787年成立）和1863年成立的國際紅十字委員會。在1948年聯合國的「世界人權宣言」中，非政府組織首次被官方承認，並賦予41個非政府組織諮詢的地位（事實上，有些非政府組織行動者認為，只有被聯合國正式承認才能視為「真正的」非政府組織）。而非政府組織經常被區分為運作型（operational）與倡議型（advocacy）這兩種類型：

- 運作型非政府組織：主要的目的是設計和執行那些與發展相關的項目，通常不是以救濟為導向就是以發展為導向，而且可能是建立在國家或國際社會共同體的基礎上。

- 倡議型非政府組織：存在的目的是為了促進或捍衛特定的目標，有時被稱為壓力團體或公益團體。

重要性：自1990年開始，非政府組織的穩定成長造成數量上的大爆炸，截至2012年為止，已經有超過3,500個團體得到聯合國授權的諮詢地位，根據估計，國際非政府組織的數量也已經超越40,000個。如果將國家內部的非政府組織納入統計的話：美國已經擁有200萬個非政府組織；俄羅斯則有65,000個非政府組織；身為一個開發中國家的肯亞，每

年大約出現2,400個非政府組織。而主要的國際非政府組織已經發展成龐大的國際組織，例如：國際關懷協會（Care International）便致力於減少全球貧困問題，並控制了價值超過一億美元的預算；綠色和平組織則擁有250萬個會員，以及超過1,200個員工；國際特赦組織擁有比聯合國人權維護部隊更好的資源。

毫無疑問的，主要的國際非政府組織和非政府組織部門，已經在全球的舞台上扮演非常重要的角色。儘管非政府組織缺乏跨國公司能夠使用的經濟槓桿手段，但倡議型的非政府組織已經證明其擅長的是「軟」實力和人民輿論的動員。在這個方面他們擁有數量上優勢，包括位居領導地位的非政府組織已經塑造高度公開的形象，並經常發表公開宣言和進行示威運動，藉此吸引媒體的注意力。而利他和人道的目的使他們能夠動員群眾的支持和運用道德的壓力，這種方式在某種意義上與傳統的政治家和政黨間的鬥爭有些相似，涉及的議題範圍也相當廣泛，加上非政府組織的觀點主要以專家和學者為根據，因此經常被視為可以信賴且客觀的。另一方面，運作型非政府組織因為提供了大約15%的國際援助，所以經常顯示出他們擁有比政府部門更快的反應速度和運作效率。此外，非政府組織在緩和和發展的面向上，也許比政府或聯合國更能深入一些政治敏感的區域。

儘管如此，非政府組織的崛起已經引起值得關注的政治爭論。非政府組織的支持者主張他們能夠使全球政治發展的更好且更加豐

富，他們對抗企業的力量、挑戰跨國公司的影響力，透過清楚的陳述人民和那些被全球化過程剝奪權力的弱勢團體的利益，使全球政治更加民主化，並且以道德的力量提升人民對公民責任的意識，甚至推廣全球性的公民。就這方面來說，非政府組織也是全球公民社會崛起的一個重要的因素。但批評者主張非政府組織只是一些沒有任何證書可以證明的自封團體，並且經常陳述一些由資深專家組成的小團體的觀點。此外，還有些非政府組織遭到指控為了獲得媒體的高度青睞和吸引支持和基金，而發表過分誇大的宣言，導致民眾認知和政策議程扭曲。最後，實際上非政府組織為了維護其在國家內部的地位，他們的原則經常傾向妥協和趨近主流，變成溫和的社會運動（關於非政府組織的影響和重要性在第六章將有更深入的探討）。

要區分為三種：

- 超全球主義者
- 懷疑論者
- 轉型論者

超全球主義者是全球化「信徒們」的領袖，其將全球化描述為一種意義深遠，且自1980年來已經逐漸增強的一種經濟、文化、科技和政治轉變的革新。這種觀點特別強調資訊和溝通上的技術革新、一個整合的全球金融體系的來臨，和幾乎遍及世界的全球性商品等發展。事實上，超全球主義經常以技術決定論為根據，主張一旦技術證明其存在是有益的，則建立一個單一全球經濟體的力量已經無法阻擋。超全球主義者的主張可在「無國界世界」的概念中觀察到（第22章將有更詳細的討論），這個概念表示在一個逐漸被跨國力量支配的全球秩序下，國家的邊界和國家本身已經變得越來越無關緊要。因此「國家層次」的經濟戰略在全球範圍下幾乎無

概念澄清：國際社會
（International society）

國際社會一詞指的是一種存在於國家之間的關係，這是一種由既定的規範和規則所建立起的經常性互動模式，也就是一種「社會」的特徵。這種觀點主張「國家社會」的存在而非單純的「國家體系」，藉此修正現實主義者對於權力政治和國際無政府狀態的強調，意即國際關係是由規則所主導的，而規則能夠幫助我們維持國際的秩序。其中能夠產生文化的凝聚力和社會整合的最高階制度，即為國際法、外交和國際組織的活動，而社會整合的範圍在很大程度上，仍取決於國家之間的文化和意識形態相似程度。

超全球主義（Hyperglobalism）：主張像電腦化金融貿易、衛星通訊、手機和網路這些技術被廣泛的運用，一種新的全球化經濟和文化模式已經變得無可避免。

焦點……　全球化的定義

- 全球範圍內社會關係的強化，可使地方之間以獨特的方式進行鏈結，尤其是某一地區發生的事情經常受到遠方的事件所影響，反之亦然。（Giddens 1990）
- 透過貿易、直接對外投資、短期資本流動、勞工和人類的國際流動，以及技術的流動等方式，將國家的經濟整合為國際經濟。（Bhagwati 2004）
- 一種主權民族國家正位於十字路口，並且逐漸受到超國家行為者以及各種不同形式的力量、面向和網絡侵蝕的過程。（Beck 2000）
- 一種（或一套）驅動社會關係和交易的空間組織進行轉型的過程。（Held等，1999）
- 社會地理因為受到人類之間逐漸成長的跨越星球和超越領土的連結而重新配置。（Scholte 2005）

法運作。若抵抗全球市場的指令不但損害國家繁榮的程度（與國家的經濟被整合成全球經濟的程度有關），同時也徒勞無功。超全球主義者對於全球化抱持非常積極的態度，經常假設市場力量超越國家力量的全球化將會促進帶來經濟活力與全球繁榮。

　　然而，超全球主義者至少在兩方面誇大了全球化觀點：首先，它誇大了決策者受到「不可抗拒的」經濟和技術力量支配的程度，低估了價值、認知和意識形態的重要性；其次，「主權終結」和「民族國家的衰退」這些意象，可以被說成全球化神話的一種特徵（有時也被稱為globalony）。儘管在一個相互依賴和滲透的脈絡下，國家在超越主權的情況下運作的情形越來越多，但他們的角色和重要性已經改變，而非變得不重要。例如，國家變得更具有企業家的精神，會為了提升全球經濟競爭力而研擬戰略，像是通過提高教育、培訓工作相關技能等。他們也更加願意藉由一起合作和透過國際組織來「匯集」主權，例如區域培訓集團和世界貿易組織。最後，全球恐怖主義的出現與移民問題的強化，已經重新強調國家在確保國土安全和保護國界的重要性（全球化對國家的影響將在第5章有更加充分的討論）。

　　相較於全球化主義者，懷疑論者將全球化描繪成一種幻想並且否認全球經濟整合的觀點。他們指出，大部分的經濟活動仍然發生在國內，而非跨越國界，也沒有什麼關於國際貿易和超越國界資本流動的新現象（Hirst and Thompson 1999）。懷疑論者進一步主張，全球化已被那些希望推動具有市場取向經濟議程的政治家和理論家，用來作為一種意識形態的工具。全球化懷疑論有兩個主要優點：首先，它描繪了某些趨勢（例如：工會變得更加彈性和弱勢，對公共支出、

觀點⋯⋯　全球化

現實主義觀點

　　現實主義者普遍對全球化採取懷疑的立場，僅以經濟相互依賴程度增加（比相等更多）而非以建立相互連結的全球經濟體的觀點來看待全球化。最重要的是，雖然受到全球化的威脅，但國家仍然是世界政治中的主體，而且國家管理和監督的能力可能已經增加而非減少。無論如何，現實主義者並非純粹的全球化否定者，在評估全球化的本質和重要性時，他們強調全球化和國際體系是兩個並非相互分離，也很少相互競爭的結構，甚至前者應該被視為後者的體現。全球化已經由國家、也為了國家而被製造出來，特別是主宰的國家。像是開放貿易體系、全球金融市場和跨國產品的流動等發展，大多都是西方國家用來增加自身利益的替代方案，尤其是美國。現實主義也質疑全球化的概念與和平和合作之間的關連，而改以強調經濟相互依賴可能會造成的「相互脆弱性」（mutual vulnerability）將導致衝突而非合作。

自由主義觀點

　　自由主義者對全球化採取一貫正面的態度。對經濟的自由主義者而言，全球化反應的是市場的勝利超越了非理性的國家忠誠和獨斷的國家疆界。市場的奇蹟是因為採取對他們最有利的資源使用方式，將繁榮帶給個人、家庭、企業和社會。因此經濟自由主義的吸引力在於他們允許市場在全球的範圍下運作，取代「膚淺」（表面）的自由貿易整合，並用一個單一的全球經濟體的「深度」整合來增加相互依賴的程度。生產力的提高和競爭的加劇，為所有參與在內的社會製造了利益，這也證明經濟全球化是一個正和遊戲，即只有贏家的雙贏遊戲。自由主義者也相信全球化帶來了社會和政治的利益，資訊和觀點在全世界的自由流動也為個人的自我發展拓寬了機會，以及建立更加動態和有活力的社會。此外，就自由主義的觀點而言，市場資本主義的擴張必然與自由的民主相關連，因為經濟的自由必然衍生出對政治自由的需求。對自由主義者來說，全球化象徵著世界歷史上的一個分水嶺，終結了那個民族國家仍然是全球行為者的主宰，以及世界秩序仍然由（本質上不穩定的）權力平衡所決定的時代。相對的，因為全球公民社會的崛起和國際組織重要性的逐漸增長，在這個全球時代所具備的特徵，應該是朝向和平和國家間合作的趨勢以及全球權力的傳播。

批判主義觀點

　　批判主義對全球化採取的是負面或對立的立場。經常利用已建立的社會主義者或特定的馬克思主義者對資本主義的批判，將全球化的本質描繪成全球資本主義秩序的建立。（實際上當時馬克思強調的資本主義生產模式的跨國性質，這樣的觀點可以說已經超前許多當代「超全球主義者」的著作）如同自由主義者，批判理論者也將全球化視為歷史上相當重要的轉變，而不只是國家和市場的關係。在全球資本主義的利益中，國家已經失去對經濟支配的權力，其重要性被降低到只比國家經濟重組時的工具更重要一點。正因全球化具有貧富差距逐漸往極端靠攏，以及企業權力的萌芽使得民主的可課責性和人民的回應正在弱化這兩種特徵，因此被視為一種不均和階級的過程，除此之外，全球化也被世界體系

理論家以全球經濟中的核心和邊陲之間結構不平衡的方式來解釋。女性主義者的分析有時將全球化與逐漸成長的性別不平等加以連結，例如：在發展中的世界，小規模的耕作大多由女性負責，對她們而言有越來越多的壓力促使她們必須到外地工作來支撐她們的家庭，因而出現一種「移民女性化」（feminization of migration）的現象。後殖民理論者則特別反對文化的全球化，並將其解釋為一種西方帝國主義用來破壞當地文化和生活方式，以及導致一個空洞的消費文化向外擴張的手段。

特定福利預算的控制和商業監管的能力也正在縮減）是不可避免的，因此無法抗拒。其次，它表明某些轉變只是一種必然的過程，並非特定機構有關，例如，全球化的趨勢可能會被視為特定的大企業所服務。然而，儘管懷疑論者已經檢視過那些早期過度狂熱的全球化理論家，但要「堅持什麼都沒變」的想法是很困難的。畢竟商品、資本、資訊和人員確實比以前更加自由的在全世界流動，這對經濟、文化和政治生活來說是無可避免的結果。

　　轉型論者則位在超全球主義者和懷疑論者之間，為全球化提供了一條中間道路。它接受那些已經在世界政治模式和過程中發生的深刻變化，至於那些已經建立或傳統的特色也並非完全被一掃而空。總之，情況發生了變化，但不是每件事。因為轉型論者拒絕過度炒作全球化過程，也不只是揭穿其假象，使其成為目前最被普遍接受的觀點。然而已經發生在世界政治中的轉型，包括：

- 相互連結的廣度不僅超越國界延伸到社會、政治、經濟和文化活動，同時也跨越了世界各地。全球化從未像這樣有潛力發展成一個單一的全球系統。
- 相互連結的強度隨著逐漸增長的跨國界移民或跨世界活動而增加，其範圍可以從移民浪潮和國際貿易的成長，延伸到好萊塢電影或美國電視節目的影響。
- 相互連結的速度已經加快，透過電子貨幣的大規模流動，如今只要打開電腦開關，就能讓貨幣和其他金融市場幾乎立即地與世界各地的經濟活動同步。

透視全球政治的視角

　　無論如何，要了解全球政治的意義，我們還必須透過所知的理論、價值和假設。不同的分析家和理論家如何看待世界？什麼是觀察全球政治的主要「視角」？近幾十年來，研究全球政治的理論層面已經成為一個更加豐富且分歧的場域。第3章探討越來越豐富的理論傳統的重要思想，理論的本質與目的的相關議

題則是在第21章討論。不過這裡也要介紹理論傳統之間的辯論的主要領域，尤其是「主流」觀點與「批判」觀點之間的差異。

主流觀點

全球政治中有兩個主流的觀點分別為「現實主義」和「自由主義」。他們的共同之處是什麼？以及為何他們被稱為「主流」？現實主義和自由主義被視為主流的原因是：他們都從一開始就支配著國際政治這個領域的傳統學術研究途徑。現實主義和自由主義主要有兩個明顯的共同點：首先，他們都以**實證主義**為基礎。意即透過區分「事實」和「價值」的能力去發展客觀的知識，簡言之，就是將理論與真實世界（一個已經存在的世界）進行比較。考克斯（Robert Cox）因此將這種理論描述為「解決問題理論」，他們將世界視為真實的存在，並且盡力透過解決問題的思考方式，來提供建議給那些為了解決現實世界挑戰的決策者。（這些議題在第21章會更詳細介紹。）其次，現實主義和自由主義者關注和討論的議題比較重疊，意味著他們比過去更常進行對話。他們都關心的核心議題通常是國家關係中衝突與合作之間的平衡，雖然現實主義比較強調衝突、自由主義比較強調合作，但沒有任何一方不在意這個議題。其實隨著時間的進展，許多證據顯示現實主義與自由主義之間的差異性已經變得模糊，只是我們一般還是能夠定義出他們之間最重要的差異性。

那麼，現實主義如何看待全球政治？這個觀點能被追溯到修昔提底斯（Thucydides）、孫子《孫子兵法》的作者、馬基維利（Machiavelli）和霍布斯（Thomas Hobbes）等人。一般而言，現實主義者的觀點是悲觀的：他們強調國際政治被理解為不斷重複的權力競爭和衝突，國家在和平合作之前仍有重重阻礙。這種以強調**權力政治**為基礎的現實主義有幾個基本假設：

- 人類的本質是自利和貪婪的。
- 政治是一種由權力和強制力所主導的人類活動領域。
- 國家是主要的行為者。
- 國家最優先的目標是自利和生存，維護安全優於其他目標。

實證主義（Positivism）：主張社會和各種形式的研究應該與自然科學的方法論一致。

權力政治（Power politics）：一種以假設追求權力是人類主要目標作爲基礎的政治研究途徑。這個名詞有時被用來敘述。

湯瑪斯・霍布斯（1588-1679）

英國的政治學家。霍布斯的父親是一個在年輕時即拋棄家庭的牧師。英國內戰爆發後，國內動盪不安且充滿紛爭，在這個時期，他發展出自亞里斯多德時代以來首套有關自然和人類行為的完整理論。他在1651年的經典著作《利維坦》，又譯《巨靈》，討論的是政治義務的主張，無疑是受到內戰的影響。其中關於人類將永不休止的追求權力的假設，為現實主義者提供一個理由來說明專制政府是無政府狀態下「自然狀態」（state of nature）的唯一選擇，而這樣的生活將是孤獨、貧窮、骯髒、殘酷和短暫的。霍布斯強調國家是秩序和安全不可或缺的保護者，這樣的觀點從911事件發生後又再度引起討論。

- 國家在無政府狀態下運作，因此必須依賴自助的原則。
- 全球秩序是由國家間的權力（能力）分配狀態所決定。
- 權力平衡是確保穩定和避免戰爭的主要方式。
- 外交政策的制訂與道德的考量沒有（也不應該有）任何關係。

　　相對的，自由主義如何看待全球政治？自由主義者對於全球政治抱持比較樂觀的看法，以人類理性和道德良善的信念作為基礎（即使是自由主義也接受人們本質上是自利和競爭的）。自由主義相信在各種形式的社會互動中，都能找到平衡或和諧的運作方式。就國際政治來說，這種思維可以反應在對**國際主義**的信仰，以及康德（Immanuel Kant）對於普世與永久和平存在可能性的信念。全球政治的自由模型以下列的假設為基礎：

- 人類是理性和道德的動物。
- 歷史是一種進步的過程，具有國際合作和平的展望逐漸增長的特徵。
- 全球政治中有許多不同的行為者及運作方式，而非僅有以國家為中心的模式。
- 貿易和經濟的相互依賴使戰爭變得比較不容易發生。
- 國際法能促進秩序的建立，並培養國家間發展出以秩序為基礎的行為。
- 民主的天性是愛好和平的，因此能有效降低民主國家之間發生戰爭的可能性。

> **國際主義**（Internationalism）：以國家間的合作或和諧為基礎的政治理論或實踐，仍未超越民族政治。

伊曼紐・康德（1724-1804）

德國哲學家。康德畢生生活在東普魯士首府哥尼斯堡，1770年成為哥尼斯堡大學的邏輯和形上學教授。他的批判哲學主張知識並不僅是感官印象的總和，依靠的是人類理解的概念組織。康德的政治思想中道德的形塑至關重要，他相信理性的法則決定「定然律令」（categorical imperatives），其中最重要的是將別人當作一種「目的」，而不只是「手段」來看待的義務。康德最重要的著作包括1781年的《純粹理性批判》、1784年的《世界觀點下的普遍歷史觀念》和1785年的《道德形上學》。

批判的觀點

　　自1980年代末期以來，世界事務中批判途徑的範圍已大大擴展。在那之前馬克思主義已經成為除了主流的現實主義和自由主義理論之外的主要選擇。馬克思主義研究途徑與主流的最大區別是：不強調國家間的衝突與合作，而是著重於經濟權力結構和國際資本在世界事務中扮演的角色。因此，它讓有時被視為國際關係的一個次領域——國際政治經濟學成為關注的焦點。然而，冷戰結束後，一個廣泛的「新聲音」開始影響世界政治的研究，最顯著的例子包括社會建構主義、批判理論、後結構主義、後殖民主義、女性主義和綠色政治。而這些新的批評聲浪的共通點是什麼？以及在何種情況下他們是「批判」？由於這些理論各自擁有不同的哲學基礎和政治觀點，所以唯一能結合這些「新聲音」的關鍵是他們共同否定主流思想的態度。然而，我們還是可以辨認出這些理論之間存在的兩個相似之處：首先是他們都以不同的方式或在不同的程度上，試圖超越主流理論所奉行的實證主義觀點，改強調意識如何在塑造社會行為和世界事務。這些後實證主義理論之所以是「批判」的，是因為他們看到的不只是主流理論的結論，而是針對這些理論本身進行批判性的檢視，探索其本身的偏見及其影響。另一個相似之處與第一個有關，批判理論以不同的方式「批判」那些當代世界事務中的支配力量和利益，藉由聯合那些被邊緣化或被壓迫的團體來對抗全球的現狀。因此，他們以揭開那些主流理論所忽視的不平等和不對稱的現象為主要的研究對象。

　　批判理論家關注的不平等和不對稱現象包括：

米謝・傅柯（1926-1984）

法國哲學家兼激進的知識分子。身為一個外科醫生的兒子，傅柯在年輕時，因為多次企圖自殺和為了使別人接受他的同性戀傾向而進行抗爭，被視為問題少年。他的著作範圍涵蓋了瘋狂的、醫學的、懲罰、性和知識本身的歷史，是以假設每個時期的制度、概念和信念都是受到「話語權」影響作為基礎。他主張自從真實為統治階級或支配的權力結構的利益服務以來，只要透過對知識結構進行檢驗，便能揭開其中的權力關係。傅柯最重要的著作包含1961年的《瘋癲與文明》、1966年的《事務的秩序》又譯《詞與物》和1976年的《性史》。

- 新馬克思主義者（包括那些跨越實證和後實證主義的研究傳統和趨勢）關注於全球資本主義系統下的不平等，特別是已開發國家或地區透過跨國公司的運作，或與「霸權」（如美國）的結合，來支配和剝削發展中國家或地區。

- 社會建構主義並非一個實質的理論，比較像一種分析工具。其主張人們會「建構」他們生活的世界，世界的運作是透過一種「互為主體性」（inter-subjective）的意識建構，故建構主義者對主流理論宣稱的知識客觀性提出質疑。

- 後結構主義者強調：所有的思想和觀念都必須透過語言來表達，語言本身就是複雜權力關係的展現。後結構主義特別受到傅柯（Michel Foucault）著作的影響，使用「話語權」的概念來理解思想體系和權力之間的連結。

- 女性主義者著重存在於全球和所有其他形式的政治中有關性別不平等的結構特徵。他們特別關注主流理論，根據男性本位主義所做出關於競爭和衝突不可避免的假設，尤其是現實主義。

- 後殖民主義者強調殖民統治的文化層面，特別是所有的發展中世界都已經完成正式的政治獨立之後，西方的文化和政治霸權如何被保持下來等問題。

- 綠色政治或生態主義著重在對環境惡化的關切，認為人類因為受到「人定勝天」思維的影響，使得環境惡化的程度更加嚴重，環境惡化已經成為工業化和執著於經濟成長的副產品。

全球政治的持續和改變

最後，全球政治是一個不斷變化的領域，且隨著時間的推移加速變化。近幾十年來已經見證了一些重大事件的發生，例如：冷戰的結束、蘇聯解體、911恐怖攻擊事件、以及2007年至2009年的全球金融危機。這些事件有時甚至是很激烈的改變了全球政治的輪廓，然而，世界事務中的某些特質，已經被證明具有恆久不變的重要性。我們可以從世界政治中的三個主要面向來檢驗持續和改變之間的平衡：

● 權力
● 安全
● 正義

權力

所有形式的政治都與權力有關。事實上，政治有時根本就被視為對權力的研究，其核心主題為：誰得到什麼？何時得到？如何得到？當代全球政治出現兩個與權力相關的討論。第一個討論與權力的位置有關，即誰擁有權力？在冷戰期間，這似乎是一個容易回答的問題。兩個超級強權主宰著世界政治，將全球體系分成敵對的「勢力範圍」。東西方的衝突反應了兩極世界秩序的存在，分別象徵著美國和蘇聯在政治、意識形態和經濟上的優勢。冷戰結束，引起了有關全球權力地位轉移的大辯論。有一種觀點認為，共產主義的衰弱和蘇聯的解體，使美國成為世界上唯一的超級大國，意味著它已經轉型為一個全球性的**霸權**。這種看法也考慮到美國正是全球化進程的創造者和主要受益者，以及擁有巨大的「結構性」權力，其在制度內的核心地位，例如聯合國、世界貿易組織、國際貨幣基金組織和世界銀行，都給予它超越架構內相對於其他國家不成比例的影響力和決定權。

然而，全球權力輪廓的轉型已經變得更加分散和多元化。例如，非國家行為者逐漸增長的重要性和國際組織開始扮演越來越重要的角色，擁有權力不再是國家的專利。此外，全球化可能使權力更加分散和無形，逐漸增加全球市場的影響

> **霸權**（Hegemony）：一個領導或最主要的強權。

力，將國家置入經濟相互依賴的網絡，此舉實質的限制了他們調度的自由。更進一步的跡象是新興國家權力的崛起，如中國、印度和巴西，以及影響力逐漸復甦的俄羅斯，這四國被合稱為「金磚四國」。這種觀點認為，兩極的冷戰世界秩序處於一個被多極化的世界秩序所取代的過程（改變中的全球秩序本質將在第9章有更多的討論）。因為新技術的能力改變了社會內部和社會之間的權力平衡，使得權力變得更加多元化，並賦予傳統上沒有權力的個體變得更強盛。例如，通訊技術的提升，特別是手機和網路的使用已經提高了原本鬆散的組織團體（範圍從恐怖組織到抗議團體和社會運動）戰術的有效性。自911事件發生以後，蓋達組織對世界政治的影響力已遠超越其組織和經濟上的強度，因為現代的科技給予恐怖組織能以炸彈和飛機的形式，將其活動範圍擴及全球的能力。

　　第二個討論是與權力性質的變化有關。因為新技術、全球通訊增加，和識字率及教育水準不斷提高的影響，「軟」權力對政治的影響力已經變得與「硬」權力同樣重要。在第9章將說明，軟實力是一種著重在吸引更甚於強迫的權力展現方式，相對於使用威脅或獎勵，這是一種藉由說服來影響他人遵從或同意規範和願景的能力。例如，這也激起一個關於軍事實力是否在當代全球政治中是多餘的討論，特別當國家開始使用「攻心」（hearts and minds）策略的時候。此外，電視幾乎無所不在的傳播和衛星技術的廣泛使用，意味著無論是戰爭、飢荒或自然災害造成的破壞和人類受難的圖像，幾乎立即在全球的範圍內被分享傳播。這意味著政府和國際組織的行為受到世界各地輿論的影響，已經達到前所未有的程度。

安全

　　安全是政治中最深層且不變的議題。其核心的問題是：人類如何能在不受威脅、恐嚇和暴力影響下，過著有尊嚴及價值的生活？在國際政治中，安全通常被認為是一個特別急迫的問題，因為國際社會是無政府狀態，因此經常面臨威脅和不穩定的情況，另一方面，因為主權的存在，所以秩序和穩定是國家內部的常態。對現實主義者來說，作為國際體系中最重要的行為者是國家，安全主要是以「國家」安全的形式來理解。在自助的世界裡，所有的國家都面臨著來自其他國家的潛在威脅，每個國家都必須擁有自衛能力。因此，國家安全特別注重軍事力量，導引出「軍事力量越強大的國家，就可能擁有更多安全保障」的假設。這種對軍事安全的關注將導致國家與其他國家形成動態和競爭的關係，也就是所謂的

安全困境。這會形成一種問題，因為當國家為了防禦的目的建立軍備時，很容易被其他國家解釋為潛在或實際的挑釁，進而報復性的增加軍備。自此安全困境成為各國間政治的核心議題，使其成為國際政治中恆久不變的難題（Booth and Wheeler 2008）。因此，那些生活在無政府狀態下的國家，永遠無法逃避存在於國家之間的不安全感。

然而，以國家為中心的安全思維和無法逃避的安全困境也受到了挑戰。例如，自由主義理論中的集體安全，反應了侵略能透過許多國家的聯合行動加以抵制的信念。這種觀點將注意力從「國家」安全轉向「**國際安全**」這種更廣泛的概念（Smith 2010）。再者，當代全球政治中的安全議程已經在許多方面發生了變化，包括不再出現安全困境所描述的緊張和衝突情況的「和平區」。因此「**安全建制**」或「安全共同體」的發展，有助於管理糾紛和避免戰爭，這種趨勢經常與逐漸增長的經濟相互依賴（與全球化相連結），與民主化程度的增加有關。另一方面，911恐怖攻擊事件和更廣泛的恐怖主義威脅，已經突顯出新的安全挑戰，值得注意的是，這類威脅通常來自非國家行為者，其善用當代世界緊密的相互聯繫來達成目的。國際安全或許更應該稱為「全球安全」比較適當。更進一步的發展是更深層的思考安全概念，也就是「人類安全」的概念。對人類安全的興趣已經逐漸增長，因為冷戰後國與國之間戰爭的下降，意味著暴力衝突的威脅通常會發生在國內，特別是內戰、叛亂和社會衝突。這意味著當代世界人民的安全和生存面臨風險，往往是來自非軍事的威脅（如環境破壞、疾病、難民危機和資源匱乏），而非軍事威脅。

正義

現實主義理論者在傳統上將正義視為

概念澄清：安全困境（Security dilemma）

安全困境指的是當一個行為者採取了某些強化國家安全的行動，卻被其他行為者解釋為一種侵略行為，從而採取軍事反擊的情況。這中間其實有兩種困境：（Booth and wheeler 2008）首先是在解釋上，也就是如何解讀對方的動機、意圖和建立軍事力量的能力？武器本質上就是一種模糊的象徵（可以是防禦性或侵略性），這些因素之間存在著不確定性。其次是在反應上：如何就對方在軍事衝突的態度上做出回應？

國際安全（International security）：透過評估採取預防或懲罰侵略者的措施來確保共存和國家安全，通常發生在一個法治的國際秩序中。

安全建制（Security regime）：一種國家和其他行為者為了確保能和平解決衝突的合作架構。

與國際或全球政治不相關的議題。國家間的關係應該由國家利益來決定，而非倫理道德上的考量。相反的，自由主義者堅持認為，國際政治和道德應該齊頭並進，因為不講道德的權力政治只會導致更多的自私行為、衝突和暴力。然而，傳統上他們根據民族國家應該如何對待彼此的原則來定義「國際」正義的概念，其中尊重國家主權和不干涉他國事務的規範，被視為國家獨立的保證，政治自由顯然也是一例。這種思想體現在「義戰」理論，意即只有在戰爭的理由和進行戰爭的過程符合正義原則的情況下，才能透過戰爭使用暴力。

無論如何，相互聯繫和相互依賴的成長已經擴大了世界事務中的道德思想，特別是通過對「全球」或「世界主義」正義概念的重視。

概念澄清：世界主義（Cosmopolitanism）

世界主義字面上的意思是一種含有「世界政體」（cosmopolis）或「世界國家」（world state）的信念。其中道德的世界主義是一種相信世界會形成一個單一的道德社會（共同體），在這裡的每個人不論國籍、宗教或種族等等，都對世界上的其他人負有（潛在的）義務。所有形式的道德世界主義，都建立在人人平等的道德價值基礎上，並經常與人權宣言進行連結。政治的世界主義（有時也被稱為法律或制度的世界主義），是一種主張建立一套全球政治制度，以及認為世界政府可能存在的信念。然而，大部分當代的政治世界主義者都支持一個將權威畫分為全球、國家和地方層次的體系（Brown and Held 2010）。

全球正義的觀點深植於普世道德價值的信念，這種價值適用於世界上所有的人，不論國籍和公民身分。普世價值最有影響力的例子是國際人權宣言。這種世界主義已經發展出有關全球分配正義議題的新思維，例如建議富裕國家應該增加對外國的援助，並且應該有一個對世界上的富人和窮人之間的財富進行重新分配的可能。功利主義哲學家辛格（Peter Singer 1993）認為在兩個基礎下，富裕國家的公民和政府的基本義務就是杜絕其他國家的絕對貧窮：（1）如果可以在不犧牲任何相對重要事情的情況下避免某些壞事，我們就應該去做；（2）絕對貧窮是不好的，因為它會導致痛苦和死亡。對博格（Pogge 2008）來說，富國幫助窮國的義務並非只是單純的來自於貧窮的存在或因為富國有能力解決，而是來自於富人的財富和窮人的貧困之間的因果關係。富人有責任幫助窮人，因為國際秩序的結構本來就會圖利某些人並犧牲其他人，新殖民主義和世界體系理論也出現類似的想法，這些將在第15章深入討論。同樣的，有關全球環境正義的思想已經開始發展，反應在某些議題上，例如：為了造福子孫後代

全球政治行動……
911事件和全球安全

事件經過：2001年9月11日上午，一群恐怖分子利用劫持四架噴射客機乘客的方式（事件後來成為眾所皆知的911事件），對美國進行一連串恐怖襲擊事件。其中兩架客機墜毀在紐約世界貿易中心的雙塔，導致北塔和南塔的倒塌；第三架客機撞入位在維吉尼亞州阿靈頓的美國國防部五角大廈；第四架客機應該是以白宮或美國國會作為目標。雖然機上乘客曾試圖奪回控制權，最終飛機仍墜毀在賓夕法尼亞州的尚克斯維爾附近的一個曠地，機上無人生還。這次的恐怖攻擊估計共造成2,995人死亡，主要集中在紐約市。蓋達組織的領導人，也就是被追隨者譽為「伊斯蘭先鋒」的奧薩馬・賓・拉登，在2001年10月發布了一卷錄影帶，宣稱對此次攻擊事件負責。

重要性：9月11日有時被形容為「世界改變的一天」。這句話很明顯指的是事件發生後的「反恐戰爭」以及美國入侵阿富汗、伊拉克等行動。此事也象徵著全球安全的戲劇性轉變，從國際衝突逐漸減少的趨勢，顯示出一個全球化和超級強國之間相互競爭的時代已經結束。全球化確實已經迎來了新的安全威脅和新的衝突形式，例如911事件便已證明了國家疆界在科技時代有多脆弱。如果當代全球最強大的國家的最大城和國家首都，都會遭遇這樣的毀滅性打擊時，其他國家還有什麼機會呢？此外，在這種情況下的「外部」威脅並非來自另一個國家，而是來自一個恐怖組織；再者，這種組織是在全球網絡下運作，並非以國家為基礎，其隱藏在攻擊背後的動機，也不同於傳統的動機。911事件是一個以受到宗教啟發的意識形態為名的行動，這已經取代了傳統以征服領土或對資源的

控制為名發動的攻擊行動，好戰的伊斯蘭主義，其目的在於執行一個象徵性的、甚至是精神的，能夠對西方主宰的文化、政治和意識形態造成打擊的行動。這也導致某些人將911事件視為一種「文明衝突」崛起的證據，甚至視為伊斯蘭和西方之間的鬥爭。

然而，與其說911事件代表著一個全球安全新時代的來臨，不如說是重新回歸「正常營業」的狀態。特別是，一個全球化世界的到來，強調的是「國家」安全的重要性，而不是「國際的」或「全球的」安全。新型安全挑戰的崛起，特別是跨國恐怖主義的出現，再次強調國家在扮演保護公民免於外部攻擊時的核心角色，911事件重新賦予國家重要的意義。例如：美國為了因應911事件開始在國內（加強國土安全）和國外（增加軍事預算和入侵阿富汗與伊拉克）大量的增強國家軍備力量。美國外交政策中的單邊主義傾向也變得更加明確，至少有一段時間，美國變得比較少關注與各式各樣的國際組織或透過他們來運作。其他國家因為受到恐怖主義的影響也表現出類似的傾向，象徵著對國家安全的再次強調，以及某些時候對於公民自由和政治自由等預算上的考量。換句話說，911事件或許證明了以國家為基礎的權力政治仍然十分活躍。

需要保護自然環境、富國在應對氣候變化問題上必須承擔更多的義務（畢竟在很大程度上，它們是最初製造問題的人），且任何具有法律約束力的排放量目標應該建立在人均的基礎，而不是一個國家，這樣就不會使人口眾多的國家處於劣勢（這是發展中世界的普遍現象），這些觀點將在第16章進一步討論。

如何使用這本書

　　本質上，全球政治是一個重疊又環環相扣的領域。因此，在這本書中的資料面臨了如何切割的難題，這也是為什麼本書每個章節的內容經常交叉參考其他章節中的相關討論，以及為何到處可見附有與章節主題相關資料的概念方塊。因此，這本書是在考慮什麼可以被視為一系列的廣泛議題或主題的情況下展開。

　　本書的第一部分是為全球政治的研究提供背景的理解。

- 本章檢驗全球政治的本質，並關注如何使全球政治途徑更適合來理解國際事務發展，並提供一個對照全球政治的主流和批判觀點的介紹。
- 第2章探討當代全球政治的歷史背景，特別關注於二十世紀和二十一世紀之間世界歷史的關鍵發展。
- 第3章說明全球政治主要的理論途徑，目的是更深入的思考與探討主流理論和批判性理論，以及全球性思維的意涵。

　　第二部分討論世界政治全球化下各種已經發生和正在發生的轉型。

- 第4章討論經濟全球化的本質、程度和影響，以及存在於當代全球資本主義的危機傾向。
- 第5章探討在全球化時代下國家的角色和重要性，以及外交政策的性質和外交決策的制訂。
- 第6章討論全球化的社會和文化意涵，並討論是否可能出現一個新興的全球公民社會。
- 第7章探討在一個全球化的世界中，民族和民族主義如何被形塑的方式，並聚焦在民族主義的弱化和強化等兩種形式。
- 第8章探討在全球化時代中的認同政治和文化衝突，特別是伊斯蘭世界對西方支配的政治與文化形式之挑戰。

　　下一部分討論的是有關全球秩序和衝突的廣泛主題。

● 第9章討論全球權力的本質和二十一世紀的全球秩序改變中的造型，以及這種
變化對和平與穩定帶來的影響。

● 第10章探討戰爭為何以及如何發生、戰爭本質的變化，以及如何將戰爭合理
化。

● 第11章分析核武擴散的性質和影響，並探討核不擴散和核裁軍的前景。

● 第12章討論恐怖主義的本質，以及各種有關其重要性和反擊戰略的討論。

　　下一組的章節著重於與全球正義相關的主題。

● 第13章討論國際人權的本質和重要性、如何達成保障人權的目標，以及關於人
道主義干預及其影響的討論。

● 第14章涉及國際法的議題，特別是研究當代國際法的變化和重要性。

● 第15章討論全球貧困和不平等的問題，並且關注國際援助的發展趨勢。

● 第16章著重於全球環境問題，並深入探討氣候變化的挑戰。

● 第17章討論女性主義研究全球政治的途徑，性別的觀點如何改變對戰爭、安全
和其他事項的思維。

　　接下來的三章探討政府間或超國家機構的發展，以及這些機構如何處理全球
及跨國議題。

● 第18章探討國際組織的本質和增加趨勢，重點將放在聯合國的角色和效果。

● 第19章討論全球治理的觀點，通過觀察布雷敦森林體系的變化來檢驗全球治理
在經濟領域的發展。

● 第20章的重點在區域主義的根源和意義，特別討論歐盟的性質和意義。
　　最後的兩章把焦點放在這本書不時討論的幾個大主題。

● 第21章探討理論如何幫助我們了解全球政治，又能幫助到什麼地步，同時也要
介紹理論的本質與目的的相關討論。

● 第22章是本書的結論，探討關於全球未來的幾種預言，也思考預測未來會不會
終究是徒勞無功。

重點摘要

- 全球政治立基於一種研究世界事務的綜合性途徑之上，它所涵蓋的範圍不止是全球層次的政治發展，更重要的是跨越了所有的層次，包括全球、區域、國家和次國家等等。在這個意義上，「全球的」和「國際的」應該是相互補充，所以在理解上不應將兩者視為對立或不兼容的模式。

- 國際政治經過各種發展後，已經轉變為全球政治。新的行為者已經與國家和國家政府並列的出現在世界舞台。在世界政治中相互連結與相互依賴的程度也逐漸增加，但並不平均。而國際無政府狀態也因為區域和全球治理網絡的出現而被修正。

- 全球化就是相互連結的複雜網絡的出現，這意味著我們的生活逐漸受到那些遠方發生的事件和決策所影響，並通常將之區別為經濟全球化、文化全球化和政治全球化。然而，關於全球化是否確實正在發生，以及它能對世界政治產生多少改變的討論仍然相當重要。

- 現實主義與自由主義是兩個研究全球政治的主流觀點，他們都採取實證主義的立場，並且著重在國家關係中衝突與合作之間的平衡。相對的，批判理論則傾向採取一種後實證主義者的研究途徑，藉由將他們自身與被邊緣化或受壓迫群體的利益連結在一起來對抗全球的現狀。

- 全球政治是一個不斷變化的領域，有時會隨著時間加快改變的步伐。而那些有關權力本質的改變和全球權力輪廓的轉變，以及國家的安全是否已經被國際、全球或甚至人類安全所取代，還有在當代的世界性或全球層次上，什麼樣程度的正義應該被考慮等議題的辯論已經出現。

問題討論

- 「全球」政治與「國際」政治有何不同？
- 國際面向的政治在什麼方面仍然是重要的？
- 在世界的舞台上，非國家行為者在什麼程度上與國家和國家政府進行競爭？
- 相互依賴是否總是能導致合作與和平，或者衝突？
- 哪一種全球化的定義最具說服力？為什麼？
- 全球化的影響和重要性是否已經被過度誇大？
- 在全球政治的研究中，主流和批判這兩種途徑的主要差異為何？
- 現實主義者和自由理論者之間爭論的是什麼？
- 近年來全球政治是否已經變得更加混亂和無法捉摸？
- 為何人類安全的概念已經引起越來越多人的興趣？
- 全球正義這個觀點是否合理？

第二章　歷史背景

前言

　　政治和歷史有著千絲萬縷的密切關係。簡單來說，政治是現在的歷史，而歷史則是過去的政治。因此，理解歷史對學習政治的學生有兩個好處：第一，過去，特別是近年來的時事，藉由提供我們一些必要的情境脈絡或是背景事蹟，可幫助我們理解現在所發生的事；第二，歷史可以提供觀察目前當下所發生的情況（甚至是提供政治領袖一些指引），因為那些當下所發生的事，某種程度與過去所發生的事件有相似之處，人們稱之為「從歷史得到教訓」。在911恐怖攻擊事件之後，美國小布希總統合理化「對恐怖主義之戰」，有部分理由是因為在1930年代，美國對納粹所採取的「綏靖政策」最終並沒有阻止其擴張。然而，「歷史教訓」這個概念是頗具爭議性的概念；不只是因為歷史本身始終是具爭議性的。發生了什麼，以及為什麼事情會發生，都不是科學所能準確解決的。歷史總是在一定程度上，必須透過現在的觀察視角來理解，就像是對現代的關注、理解以及態度，幫助我們「創造」過去一般。記得中華人民共和國的周恩來在1960年代被問及關於1789年法國大革命的歷史教訓為何時，他當時回答「還言之尚早」。然而，如果沒有對於一些形塑世界歷史的過去重大事件有所認識，那麼對於現代世界就沒什麼意義了，特別是自二十世紀以來所發生的事。是什麼導致了第一次世界大戰和第二次世界大戰爆發？這些告訴了我們關於戰爭的起因，還是自1945年以後世界所發生的戰爭告訴了我們戰爭是因何而起？是什麼原因讓1914年、1945年以及1990年成為世界歷史重要的分水嶺？對於全球政治的未來光景，世界歷史又告訴我們什麼？

關鍵議題

- 是什麼樣的發展形塑二十世紀以前的世界歷史？
- 第一次世界大戰的起因與造成的結果為何？
- 第二次世界大戰爆發的原因為何？
- 「帝國終結」的原因及其影響為何？
- 為何冷戰在1945年開始？又是如何結束？
- 形塑後冷戰的世界歷史主要因素是什麼？

現代世界的形成

從古代到現代

　　世界歷史開始於早期的狩獵採集生活，逐漸形成古代文明的建立與延續。位於現今伊拉克地區，並介於底格里斯河和幼發拉底河之間的美索不達米亞，常被視為「文明的搖籃」，這裡孕育了三大古文明，從西元前約3500年到1500年，分別是蘇美爾、巴比倫以及亞述文明。另一個文明是沿著尼羅河發展的古埃及，持續了約

有一千五百年到三千年之久，直到羅馬帝國崛起為止。這些早期古文明有兩個主要的特徵，第一個是農業，因為農業的發展，使得永久定居以及都市生活的樣貌開始逐漸成形，第二個是文字書寫的發展，最早可追溯至西元前約3000年開始有文字發展（最早的書寫形式是美索不達米亞的楔形文字以及埃及的象形文字）。中國文明的起源約從西元前1600年的商朝建立開始，大約也是青銅器出現的時代。戰國時期（西元前403-221年）之後，中國最後為秦所統一。南亞最早的文明則出現在印度河流域，就是現在的巴基斯坦等地區，於西元前2600年到1900年間蓬勃發展。古印度則分布於印度河到恒河平原，綿延發展，延伸自現今的阿富汗至孟加拉一帶，時間約起源於西元前500年，即古典印度文化的「黃金時代」誕生的時期，這段時期的文化反映在梵語的文學當中。

　　上述這一時期，一般通稱為「傳統古代」，追溯自西元前約1000年，而地中海地區則正好目睹了各種不同的文明在此地誕生與發展。從伊特魯里亞文化的成長開始，以及腓尼基的海上貿易文化的拓展與散布，可以說最重要的文明發展都出現在古希臘與古羅馬。古希臘經常被視為是西方文明發展的基礎，在西元前800年到600年間，從希臘一帶開始拓展，通過地中海東岸，並且在小亞細亞與巴爾幹南部地區形成殖民地。古羅馬的蓬勃發展，始於西元前509年羅馬的君主政體遭到推翻，並建立一個寡頭共和國開始，自此成為一個龐大的羅馬帝國，其勢力範圍延伸自地中海東半部，橫跨北非，以及歐洲的大部分地區。

　　然而，古代文明最終還是遇到危機，並在五世紀達到顛峰。這場危機從游牧

民族入侵開始，範圍從地中海一直向東沿伸至中國，史稱「黑暗時代」。除了希臘與羅馬，其他所有在歐亞大陸建立的文明都深受影響。大致來說只有中國成功解決入侵者，但是即使如此，中國也因而進入了政治分裂時期，即魏晉南北朝時期，直到西元589年隋朝的建立才回歸統一。同時期的歐洲則深受「蠻族」侵害，包括五到六世紀時，日耳曼人與斯拉夫人到此定居，以及九到十世紀期間，維京人、匈牙利人與撒拉遜民族的侵略。

在所有這些入侵的原始游牧民族中，最重要的是蒙古人，他們從亞洲內陸發跡，並在西元1206年到1405年間建立了一個規模龐大的帝國。蒙古帝國的範圍，從德國東部邊界以及從北極海至土耳其和波斯灣地區。蒙古帝國對世界歷史的影響，是無遠弗屆且極其深遠的。亞洲原本的政治制度以及歐洲多數地區都受其影響，許多民族被迫遷徙或被硬生拆散。這場浩劫也永久的改變許多地區的民族構成：不僅突厥族向西擴散，歐洲人也因此獲得進入亞洲甚至遠東地區的機會。

西方世界的崛起

大約在西元1500年前後，一個單一、且最初以歐洲為主的文明逐漸發展成為世界的主要文明。越來越多的非西方社會，在經濟、政治以及文化上紛紛仿效西方社會，最後使得**現代化**幾乎等同於西化。這段時期始於所謂的「大發現時代」或是「探險時代」，其時間大約從十五世紀初開始並持續到十七世紀初，首先從葡萄牙的船隊開始，接著是西班牙，最後是英國、法國以及荷蘭的船隊，前往並發現所謂的新世界。這個地理大發現的過程，背後有著強烈的經濟動機：一開始是為了找到能直接通往印度與遠東的路線以獲取香料，其後貿易帝國紛紛建立，並且專注在茶葉、蔗糖、煙草、貴金屬以及奴隸的貿易上（大約有800萬至1,050萬的非洲人被迫運到美洲）。

在政治方面，西方的崛起與十六、十七世紀主權國家的建立有關，尤其是與較強的中央政府有關。西發里亞和平條約（1648年）終止了三十年戰爭，後者是歐洲歷史上最野蠻也是最具毀滅性的戰爭。主權國家時代的來臨，孕育了歐洲的社會與政治的穩定，有利於科技的創新以及經濟的發展。在社會與經濟上，西方的崛起表現在歐洲**封建主義**的崩潰，市場或資本主義社會取而代之並興起成長。資本

> **現代化**（Modernization）：一種社會變得「現代」或「已發展」的過程，通常指經濟進步、科技發展以及具有理性的政治與社會組織的生活。

主義進一步刺激了工業化的發展，這始於十八世紀中葉的英國（當時有「世界工廠」之稱），並且在十九世紀散播到北美以及整個西歐與中歐。工業化國家因此獲得大規模的生產能力，這項能力提升了這些國家在各項事物上（甚至是軍事上）的生產規模。農業與工業科技的進步同時也有助於改善飲食習慣以及提升生活水準，隨著時間的推移，這點大大影響了世界人口的規模（詳見圖2.1）。

在文化方面，西方的崛起促進了**文藝復興**，這始於中世紀晚期的義大利，並且在許多領域上重新塑造了歐洲的知性生活，例如在哲學、政治、藝術以及科學領域。除此之外，這也有助於增加對於更廣闊的世界充滿興趣與好奇心，這點與科學的興起以及商業活動和貿易的成長有著密不可分的關係。**啟蒙運動**在十八世紀末葉達到高峰，激起西方知識界對於理性、辯論以及批判性思維的信念。這場知識革命也鼓勵社會沿理性的方向發展，進一步促進科學文明與科技進步。

帝國主義的年代

歐洲在世界其他地區的影響主要是透過帝國主義的形式，並深化了在十九世紀末的非洲「殖民地之爭」。第一次世界大戰爆發之前，世界多數地方皆已成為歐洲的勢力範圍，英國、法國、比利時和荷蘭帝國就控制了世界將近三分之一的人口（詳見地圖2.1）。伴隨著經濟全球化的建立與發展，歐洲人口中的**美好年代**已經與今天的發展程度不相上下。在十九世紀末，國際貿易占世界總生產毛額（GDP）

概念澄清：帝國主義（Imperialism）

廣義而言，帝國主義是指權力的擴張政策，或是國家統治力超越其疆界，通常是透過帝國的建立。這個詞最早的使用，是作為一種意識形態的思想，以支持軍事擴張與帝國收購，通常是建立在民族主義與種族主義思想上。其傳統的形式包括建立正式的政治統治或殖民主義，以及透過征服的方式與（可能的）方式，反映出國家權力的擴張。然而，現代的帝國主義以更微妙的形式展現，不必透過建立政治控制，就達到經濟上的支配，即所謂的「新殖民主義」。

封建主義（Feudalism）：一種以農業為基礎的生產體系，主要特色是固定的社會階層以及僵化的義務模式。

文藝復興（Renaissance）：來自法語，字面上是指「重生」；是一種文化運動，其靈感源自復興古希臘與羅馬，主要在學習與藝術方面的發展。

啟蒙運動（Enlightenment）：一種挑戰傳統宗教、政治與學習方式，並強調理性與追求進步的智識運動。

美好年代（Belle époque）：來自法語，字面上指「美好年代」；在十九世紀末以及第一次世界大戰爆發之間，歐洲有一段和平與繁榮的時期，被視為是「黃金時期」。

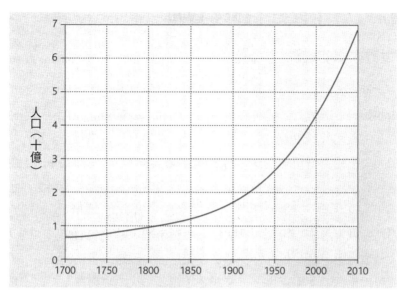

圖2.1 1750年後的世界人口成長

的比重已經相當於二十世紀晚期。事實上,英國作為當時世界最先進的帝國,對於貿易的依賴大於今天任何國家,包括美國在內。

這一時期的另一個特色是有大量的跨境移民潮,這在1870年到1910年間達到高峰。移民到美國的人潮從十九世紀中葉開始穩定成長,移民人口主要來自德國以及愛爾蘭,但也有從荷蘭、西班牙、義大利、斯堪地納維亞國家以及東歐地區來的移民。加拿大、澳洲以及南非也吸引了大批移民,人口主要是從歐洲最貧窮的地區和亞洲部分地區移入。相反的,藉由交通運輸與通訊的科技進步,促進了這些相對快速流通的貨物、資金以及人口的流動,特別是蒸汽動力航運的發展,還有鐵路的拓展與電報的發明和商業應用。這些使得十九世紀成為人類社會第一個真正的全球時代(Bisley 2007)。然而,這段被紹爾特(Scholte 2005)稱之為「初期全球化」的階段,因第一次世界大戰的爆發戛然而止。這使得「自由貿易的黃金時代」因而結束,進而退回到經濟民族主義以及反對移民的世界。這對當代的全球時代是個警告,有些人甚至認為第一次世界大戰之所以會爆發,是因為美好年代的全球化所帶來的後果,因為全球化帶給歐洲國家在這逐漸縮小的世界中,增加與其他國家爭奪資源和威信的機會。

「短暫的」二十世紀：1914-1990

第一次世界大戰的起源

第一次世界大戰於1914年爆發，這場戰爭經常被視為「短暫的」二十世紀的開端（Hobsbawm 1994）。這段時期，世界政治處於意識形態對峙鬥爭的階段，主要以資本主義和共產主義的對立為主，直到1989至1991年為止。第一次世界大戰是人類歷史上相當重要的戰役，因為這是第一個真正的**全面戰爭**，也就是一般平民的生活形態比起過去的戰爭更容易受到戰爭的影響。而且這場戰爭也是一場真正的「世界」大戰，不僅因為土耳其的參與，戰事從歐洲地區擴展到中東地區，更因為參戰軍隊的國籍範圍囊括歐洲所有**帝國**，甚至包括美國。同時，第一次世界大戰也是第一個「現代性」戰爭。這是因為經過工業化的洗禮，戰爭中出現了各種現代化武器：坦克車、化學武器（毒氣和火焰噴射器），以及飛機，甚至長程戰略轟炸。各個交戰國加總起來大約動員了六千五百萬人，其中超過八百萬人死亡，約有一千萬平民死於戰爭或1918至1919年冬季所爆發的西班牙流感。

第一次世界大戰因為1914年6月的一場暗殺行動而爆發，主要是奧地利皇帝的姪子斐迪南（Franz Ferdinand）遭到塞爾維亞民族主義的黑手黨所暗殺。奧匈帝國和俄羅斯相互宣戰，並且因為當時歐洲國家都各自參加了兩個主要聯盟體系，分別是三國協約（英、法、俄）以及中央同盟國（德國與奧匈帝國），戰事很快就發展成兩個集團之間的大戰。其他國家則分別被捲入這場衝突戰爭，例如：土耳其（1914年）和保加利亞（1915年）參加同盟國陣營，而塞爾維亞、比利時、盧森堡及日本（都在1914年加入）、義大利（原本支持同盟國，後來在1915年加入協約國陣營）、羅馬尼亞、葡萄牙（1916年）、希臘，以及美國（1917年）加入了協約國陣營。協約國後來獲得最後的勝利，他們的成功很可能與他們的民主制度以及動員人力和設備的能力有關；因為在戰事的早期，他們就已經有效率地使用機械化武器加入戰爭，最後又有挾帶龐大實力的美國的加入。關於這場戰爭的原因有許多討論，大致包括以下幾種：

全面戰爭（total war）：波及社會所有層面的戰爭，起因包括大規模徵兵、經濟為軍事目的服務，以及大規模摧毀敵軍目標（包括平民與軍人）。

帝國（Empire）：一種由單一威權支配多元文化、種族或民族的政治結構形式。

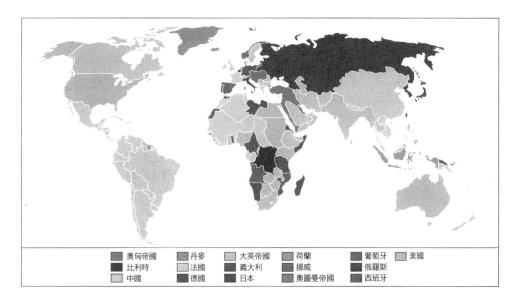

圖2.1　1914年各國殖民地

- 「德國問題」
- 「東方問題」
- 帝國主義
- 民族主義

　　「德國問題」使世人了解第一次世界大戰的起源存在許多不同的解釋。現實主義學派的人相信，國家基本上會傾向獲取權力，並且追求國家利益，唯有透過權力平衡的方式才能相互制約。現實主義認為，歐洲的不穩定是權力結構失衡的結果。1871年德國統一之後在歐洲中心成為一個強權，但其力量並沒有受到任何制約，這種的權力結構失衡鼓勵了德國不斷追求更大的權力。這個觀點可從以下例子獲得印證：德國開始追求許多殖民地（希望能使德國成為「日不落國」），並且在軍事和戰略上與英國競爭，特別是在海軍上。然而，對於「德國問題」的另一種詮釋，是認為戰爭起自德國本質上具有擴張主義的企圖，以及德國的政治與軍事菁英具有併吞他國的野心。關於這點，最著名的是德國歷史學家弗里茨菲舍爾（Fritz Fischer 1968）。他強調「世界政策」在形塑1888年至1918年德國威廉二世的侵略與擴張性外交政策上所扮演的角色。實際上，這種觀點指責德國（或至少是政治領導者）造成第一次世界大戰的爆發。協約國透過1919年的《凡

觀點⋯⋯ 歷史

現實主義觀點

現實主義相信歷史具有恆久不變的本質。對他們來說,每一個歷史時期相似的地方,其重要性總是多過相異之處。特別是權力政治、衝突以及戰爭(雖然絕不是永無止盡的戰爭),都是我們不能忽視的歷史真相。歷史,如果你喜歡的話,往後回顧,它總是一再重複著相同戲碼。之所以如此,至少有三個理由。首先,人性從未改變:人是自私的,並且一直在追尋權力。人容易受到強烈的貪慾和衝動所影響,踰越法理和道德約束。即使文明、科技、經濟不斷的進步,也沒有改變這些「生活本質」。其次,歷史是由一個或多個自利的政治組織所形塑而成。這些政治組織成員們也許在不同的時期採取不同的方式,例如群聚成部落、建立帝國、城市、鄉鎮、國家等來達到他們的目的,但是他們基本的行為從未改變,也就是與其他的政治組織競爭(潛在或實際上都是)。第三,無政府狀態在歷史上一直存在。儘管世界歷經許多文明、帝國、強權或超級強權的統治,始終無法真正建立一個全球政府。缺少世界政府讓人以為每一個歷史時期都具有恐懼、猜疑、競爭等特徵,每一個政治組織都被迫或最終依靠暴力手段自救。

自由主義觀點

自由主義認為,歷史在其進程中相信:歷史會朝著讓人類社會越來越進步,水準越來越高的目標前進。因為有理性,人類得以從過去的束縛和傳統習俗的壓迫中解放,歷史的進程也是從黑暗走向光明。隨著人類知識的積累和理解日益增加,每一個世代的人都會比過去更進步。就國際關係而言,我們的進步涉及了追尋權力這項行為的轉變,從經常將暴力侵略與攻擊作為國家政策工具,轉變成以合作與和平共存的特徵,體現為經濟上的互賴、國際法規的制定以及民主主義制度的建立。

這樣的想法似乎有些烏托邦,因為它強調「永久和平」的可能性(康德),並如同法蘭西斯福山(Fukuyama)所言,自由民主最後的全面勝利,會帶來「歷史的終結」。然而,從自由主義者樂觀的觀點和角度來看,未來早就隨著時間的推移而動搖了。雖然第一次世界大戰後以及1990年初共產主義瓦解崩潰時,自由主義蓬勃發展,但是在1945年後以及911攻擊事件後,自由主義觀點略顯沉寂。

批判主義觀點

對於歷史,最具影響力的批判論述途徑源於馬克思主義。馬克思主義理論的歷史觀,通常帶有「歷史唯物論」的色彩,強調歷史運行最主要的驅動力是物質和經濟因素。就馬克思的觀點而言,歷史的遞移是從一種「生產方式」到建立另外一種,通過集體共產主義社會、奴役、封建到資本主義,最終通往一個完全的共產主義社會,也是決定歷史性的終點。歷史上的每一階段,都因其內部的矛盾逐漸激化而崩潰瓦解,也因階級鬥爭而加速其發生的速度。然而,共產主義將會是歷史的最終社會形態,因為財產共有、階級分別不再。雖然正統的馬克思主義者有時將其解讀作經濟決定論的一種形態,考克斯(Robert Cox)等法蘭克福學院派的批評論者,則拒絕接受歷史決定論。後者認為,除了生產的物質力量,國家以及國家間的關係也能影響對歷史的動向。儘管如此,基本上以階級為基礎

的理論已經被後結構主義、社會建構主義以及女性主義所揚棄。後結構主義通常遵循傅柯（Foucault）的看法，透過一種稱為「系譜（統）學」的途徑，試圖去揭露一些隱藏在歷史背後的意義。其試圖發覺歷史背後服膺強者、不利弱者的「真相」。社會建構主義則批判唯物論者過分強調思想、社會規範和價值形塑世界歷史的力量。至於女性主義，有時候會強調父權統治的歷史脈絡，可見於整個歷史洪流當中，甚至是當代社會。

爾賽條約》認定德國的「戰爭罪責」。

　　事實上，第一次世界大戰在巴爾幹地區爆發，最初俄羅斯和奧匈帝國兩國宣戰，突顯出「東方問題」（Eastern question）的重要性。「東方問題」指的是十九世紀末、二十世紀初期，巴爾幹地區權力結構的不穩定。這些不穩定主要是因為權力真空所造成，而權力真空的主因則是曾經橫跨中東地區、大部分的東南歐以及部分北非的奧圖曼帝國衰弱的關係。這意味著擁有複雜的種族和宗教的巴爾幹地區，在十九世紀晚期受到俄羅斯與奧匈帝國——歐洲兩大傳統強權——那日漸增長的民族主義與擴張主義的野心所主宰。但是在1914年6月奧地利所發生的斐迪南遭暗殺的事件，仍可能是一個地區性事件。這件地區事件導致俄羅斯與奧匈帝國之間的衝突，轉而形成整個歐洲大陸的戰爭，最終成為世界大戰。

　　第一次世界大戰的爆發還有更廣泛的解釋，認為帝國主義與民族主義這一類的發展值得注意。如前所述，十九世紀末葉，世人目擊了殖民擴張時期，特別是在「非洲的爭奪戰」。馬克思主義的歷史學家有時也會以列寧的帝國主義觀點，作為針對世界大戰的核心解釋。列寧（1916年）描繪帝國主義是資本主義的「最高」階段，並且認為向外尋求原物料以及出售廉價勞工，將強化各個資本主義強權之間殖民地的爭奪，最終引發戰爭。然而，反對列寧以馬克思主義詮釋第一次世界大戰的批評者認為，就將帝國主義視為經濟現象而言，列寧沒有考慮到民族主義形成的背後有一股更強大的力量。從十九世紀末起，民族主義已成為軍國主義和**沙文主義**，並且在政治菁英和廣大市民之間，打造出支持擴張主義以及侵略性外交政策的氛圍。這些思潮燃起了「新的」帝國主義，強化了國際間衝突的氣氛，最終導致世界大戰的爆發。

> **沙文主義**（Chauvinism）：對於事件或團體不加批判、沒有理由的相信，通常是基於其信仰的優越性，如「民族性的盲從」。

重要事件…

1900年至1945年世界歷史的發展

1900-1901	中國爆發義和拳事件	1933	希特勒成為德國首相
1904-1905	日俄戰爭	1934	毛澤東開始長征
1914	第一次世界大戰爆發	1935	義大利入侵阿比西尼亞（衣索比亞）
1915	亞美尼亞的種族屠殺事件		
1917	俄羅斯革命，創造世界第一個共產主義國家	1936	德國重新占領萊因蘭（Rhineland）
1919	凡爾賽條約	1938	併吞奧地利
1922	墨索里尼取得義大利政權	1938	慕尼黑協議
1929	10月，華爾街崩盤；開始經濟大蕭條	1939	第二次世界大戰爆發
		1941	日本襲擊珍珠港
1929	史達林開始強迫蘇聯集體化	1942-1943	史達林格勒之役
1930	日本入侵滿州	1942-1945	大屠殺滅絕活動
1932	羅斯福當選美國總統，啟動新政	1945	5月，歐洲結束第二次世界大戰，並在9月擊敗日本

走向第二次世界大戰

　　第一次世界大戰原本是為了「結束一切戰爭」的戰爭，但是，只經過約一個世代的時間，就爆發了第二次世界大戰。第二次世界大戰是世界上最大的軍事衝突，所動員的士兵估計超過九千萬，喪生的人數包括平民在內達到四千萬到六千萬。第二次世界大戰比起第一次更為「全面」，就死亡的平民人數比例而言，其規模就大上許多（由於無差別式空襲轟炸的關係，以及納粹政權的殘暴政策，特別是針對猶太人）。同時，這場戰爭也真正達到全球的規模，國內社會遭到破壞的程度更加劇烈，幾乎所有參戰國的經濟都用以支持戰爭。戰事始於1939年9月1日納粹德國與蘇聯入侵波蘭，幾天之內，英國與法國對德宣戰。丹麥、挪威、比利時以及荷蘭等都在1940年時遭受德國的「閃電戰」所吞噬。1941年，因為德國入侵南斯拉夫、希臘以及最關鍵的俄羅斯，開啟了歐洲東邊的戰線。在亞洲，這場戰事則是由日本於1941年12月7日攻擊美國在夏威夷的珍珠港開始，也因此使得美國加入戰場，並且最後在緬甸、東南亞大部分地區以及太平洋地區，與德國和義大利爆發戰爭衝突。這場戰爭從1942年開始蔓延到北非。1945年5月，歐洲

愛德華・卡爾（1892-1982）

英國歷史學家、記者以及國際關係理論學者。第一次世界大戰結束時，卡爾加入外交部並出席巴黎和平會議。1936年由阿伯史威茲大學國際政治學教授伍卓威爾森任命，隨後成為倫敦時代雜誌的助理編輯，1953年他回歸校園生活。卡爾最為人所熟知的著作是1939的《20年危機》，批判一次大戰後對和平的相關安排，以及所謂的烏托邦思想，也就是依賴國際聯盟來維持和平的作為。他被視為重要的現實主義理論家之一，其理論思想專注在處理「勝利者」與「失敗者」國家之間的衝突。他也批評犬儒式（cynical）的現實主義者不注重道德判斷。卡爾其他重要著作還包括：1945年《民族主義與之後》，以及1950至1978年準馬克思主義思想14冊的《蘇維埃歷史》。

戰事因為德國投降而結束。1945年8月，美國在日本廣島和長崎投下原子彈後，亞洲戰事方結束。

　　蘇聯與美國的參與對大戰的結果具有決定性的影響。也因為德國對蘇聯的戰爭，迫使德國必須同時分兩個戰線作戰，特別是對蘇聯的東部戰線，消耗了大量德國的人力和資源。1942與1943年冬天史達林格勒之戰之後，德國被迫撤退。美國參戰直接影響了經濟的權力平衡，因為其挾帶著強大經濟力量為後盾，確定了最後擊敗德國和日本的結局。然而，第二次世界大戰為何爆發，已經成為比起第一次世界大戰更具爭議的議題。以下是幾個與第二次世界大戰爆發有關的主要因素：

- 第一次世界大戰的和平解決
- 全球的經濟危機
- 納粹的擴張主義
- 日本在亞洲的擴張主義

　　實際上，許多歷史學家認為第二次世界大戰只是重演了第一次世界大戰，而1919年的《凡爾賽條約》就是邁向戰爭道路的開端。由此而言，1919年到1939年之間，算是「二十年的休兵期」。批評者則認為，《凡爾賽條約》主要是由兩個水火不容的目標所形成。第一個目標是企圖建立一個自由的世界秩序，透過國家聯盟（League of Nations）的方式，也就是聯合歐洲獨立的民族國家，取代歐洲

焦點…… 希特勒的戰爭？

　　針對希特勒個人是否應對第二次世界大戰負起責任，引發各方激烈爭辯。那些認為是「希特勒的戰爭」並持此觀點的人強調，在其1924年的德文著作《我的奮鬥》（*Mein Kampf*）中的三個目標以及1930年代所展開的納粹擴張主義之間，有著明顯的關係。關於希特勒的戰爭目標，首先是要實現一個大德國（藉由合併奧地利和蘇台德區的德國人，形成第三個帝國）；其次，將領地擴展至東歐，以尋求「生存空間」（living space）（透過侵略俄羅斯來達成）；以及第三，透過擊敗主要的海上強權，如英國與美國，以便成為世界強權。事實上，從納粹德國的作為來看，的確是支持此觀點。正如同希特勒所統治的國家，其權力是高度集中在一個領導者的手中，並且不容挑戰。

　　另一方面，這個觀點的反對者強調，歷史上的「強人政治」（great man）是有極限的（特別是這些歷史是由領導者透過較大的政治、社會以及經濟的力量所「塑造」出來）。例如，馬克思主義歷史學者關注納粹擴張主義與德國大局利益之間的相關性。有的人則著眼於計算希特勒與尋求遏止納粹侵略兩者之間的部分關係。在此，最主要的問題是，大部分的歐洲國家都相信自由的國際主義。這蒙蔽了許多政治家普遍對於權力政治的現實認知，以及英國的**綏靖政策**，如此變相鼓勵希特勒相信入侵波蘭，不會引來與英國的戰爭，甚至最終要與美國一戰的可能。

的帝國，並在世界上首度嘗試全球治理。第二個目標，特別是法國以及一些德國的鄰邦表示，因為欲望使得德國必須為這場戰爭付出代價，也因為德國的戰敗，法國與德國鄰邦可在經濟上和領土上獲得好處。這就形成了「戰爭罪責」條款，德國除了在東西疆界領土的損失，還要再被戰勝國要求**賠償**。雖然《凡爾賽條約》的目的是要穩定歐洲的權力平衡，卻使得事情變得更糟。通常現實主義者會遵循卡爾（E.H. Carr）的論點，認為第一次世界大戰後，戰勝國普遍存在「烏托邦想法」或自由國際主義觀點，最後導致戰爭在1939年爆發。這使得「勝利者」（haves）（第一次世界大戰的戰勝國）以為未來的國際事務都將由和諧的利益關係來主導，卻忽視了「失敗者」（have-nots）（特別是德國和義大利）的想法。

　　第二個強化歐洲緊張局勢的主要因素是：1929年到1933年的全球經濟危機。全球經濟危機主要是由1929年10月美國華爾街崩盤所造成。這點出了兩大重點，第一個是全球經濟相互連結的程度更高了（因為工業化發展加快擴散並穿透國家疆

綏靖政策（Appeasement）：這是一種外交政策的策略，使侵略者作出讓步，希冀侵略者能改變其政治目標，甚至避免戰爭的發生。

賠償（Reparations）：補償，通常涉及財務收支或是貨品的實際徵用，由戰勝國向戰敗國提出，作為處罰或獎賞。

界），第二個則是全球金融體系結構特別的不穩定。這場經濟危機所造成的主要政治影響，就是失業率攀升以及貧窮人口增加，使得在政治上特別不穩定的國家，例如德國，容易出現激進或極端的政治主張。在經濟上，這場危機造成自由貿易遭到棄置，取而代之的是保護主義，甚至是**獨立自主**。經濟民族主義造成政治民族主義的意識高漲，並且升高國際之間的不信任度。

然而，環繞在第二次世界大戰起源的主要爭議點，仍在納粹德國的角色及其重要性。歷史學家對於意識形態是否導致戰爭沒有共識（法西斯主義或納粹主義是讓德國變得具侵略性的原因嗎？），也不同意將戰爭爆發的責任都歸咎在希特勒（Adolf Hitler）一個人身上。德國的外交政策的確在希特勒及納粹上台之後變得更具侵略性：德國於1936年占領萊茵河畔（Rhineland），1938年併吞奧地利，占領捷克斯洛伐克的蘇台德區（Sudetenland），並在1938年到1939年間攻占該國其餘地區，最後於1939年9月入侵波蘭。除此之外，法西斯主義，特別是納粹的意識形態混合了**社會達爾文主義**的思想，並且以極端的形式展現出沙文主義式的民族主義，使得希特勒的德國具有一種彌賽亞救世主的使命感，或者是盲目狂熱的想法：認為可以透過戰爭與征服的方式，使得國家獲得重生，重拾民族光榮。其他的學者則認為，納粹的外交政策比較少是從意識形態出發，反而比較多出自於地緣政治的因素，抑或是其政治文化，這些皆在十九世紀德國統一的過程逐漸被形塑出來。從這個角度來看，在納粹政權的外交政策目標以及之前威瑪共和（1919年至1933年），甚至是更早期的威廉德國之間，具有連續性的關係，使得機會比意識形態更能解釋1930年代德國的侵略擴張行為。

然而，不像第一次世界大戰，第二次世界大戰並非有組織性的先從歐洲戰爭開始，再影響到其他的地方；許多重要的事件都發生在亞洲，特別是與日本帝國這個崛起的強權有關。日本在許多方面都與第一次世界大戰之前的德國類似：一個具有強大的經濟與軍事力量的國家，因為對權力平衡結構不滿，而衍生出擴張主義的傾向。

日本對於向外殖民的態度於1920年至1930年代獲得強化，特別是1931年占領了中國的滿州地區，並建立所謂滿州國。

獨立自主（Autarky）：經濟自給，通常與擴張主義和征服有關，為了確保能控制經濟資源以及降低對他國的經濟依賴。

社會達爾文主義（Social Darwinism）：一種信仰，認為社會的特徵就是競爭或鬥爭，「適者生存」，意謂著國際衝突與可能的戰爭不可避免。

1936年，日本與德義共組防共協定，後來在1939年發展成稱為《鋼鐵條約》（Pact of Steel）的全面軍事與政治聯盟，最後在1940年時發展成三國同盟。然而，亞洲的擴張主義造成日本與英美之間的關係日益緊張。到了1941年，日本認為其在太平洋的海軍戰力已經達到與英美相抗衡的水準，遂趁1941年6月德國入侵俄羅斯，各國將戰事聚焦於德國之際，於12月先發制人，攻擊珍珠港，故意將美國拉進第二次世界大戰。這種行為也決定了日本的下場。

帝國的終結

概念澄清：第三世界（The World）

在冷戰期間，「第三世界」這個詞吸引世界上部分國家的注意，這些國家不屬於資本主義所謂的「第一世界」，也不是共產主義的「第二世界」。在非洲、亞洲以及拉丁美洲的低度發展國家，即意義上的「第三世界」。他們在經濟上是依賴的，且經常深受貧窮之苦。這個詞也意謂著他們是「非結盟的」。第三世界國家經常作為第一和第二世界在地緣政治上衝突鬥爭的戰場。自1970年代後，由於在概念上具有貶低的意思，且共享過去深受殖民的重要性降低，特別是亞洲的經濟發展起來，第三世界這個詞逐漸棄之不用。

從許多方面來看，1945年的確是世界歷史的轉振點。這些方面包括了去殖民化進程的開始，以及此後歐洲帝國逐步但戲劇性的解體。「帝國的終結」不僅象徵著歐洲大規模的衰落，而且也啟動了一部政治、經濟與意識形態發展的列車。這部列車穿越了亞洲、非洲以及中東地區，對往後的全球政治產生深遠的影響。

第一次世界大戰後，過去受到歐洲國家控制的海外領土與人民，開始逐漸脫離控制。德國被迫放棄其殖民地，而英國的殖民領地則在1931年被允許宣布實質獨立。然而，這個過程在第二次世界大戰後，因為三個原因而加速進行。首先是傳統帝國強權（特別是英國、法國、比利時和荷蘭）深受「帝國的過分擴張」（imperial over-reach）之苦（Kennedy 1989）。其次是在外交場域上形成一種不利於歐洲殖民主義國家的氣氛。二次大戰後，美國更加堅定地反對帝國主義。由於美國的實力遠遠超越西歐，這股壓力讓後者變得難以抗拒。第三，遍及亞洲、非洲和拉丁美洲的反殖民主義力量，變得比以往激烈許多，而且在政治上更加積極。這其中有部分原因是，這個逐漸被稱為第三世界的地區受到兩大西方思想散布的影響：民族主義和馬克思列寧主義。兩者結合下讓多數第三世界國家發展出一種追求「民族解放」的反殖民主張。這不僅意味著政治上的獨立，也是一種希望在政治和經濟上獲得最終解放的社會革命。

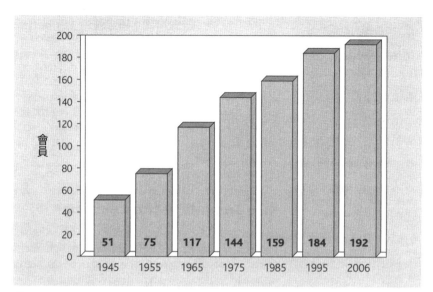

圖2.2　1945年迄今聯合國會員數的成長

　　大英帝國終結的影響尤其顯著，這股風潮擴展至全世界，且在第一次世界大戰之後達到最大程度的擴展，影響超過六億人。1947年印度獨立，1948年緬甸與斯里蘭卡也相繼獨立，接著1957年是馬來西亞，而英國在非洲的殖民地也都在1950年代末到1960年初期獲得獨立。到了1980年辛巴威（前身為羅德西亞）獨立時，大英帝國的終結已經創造出49個新國家。儘管英國在馬來西亞和肯亞等地曾經遭遇軍事抵抗，但是去殖民化已是不可抗拒的趨勢，因此整個去殖民化的過程大致是和平的。

　　法國倒是很努力地想維持其殖民帝國的地位，結果卻是遭遇殖民地長時期的抵抗。1945年到1954年間，法國在越南的戰爭既漫長且毫無收穫，同樣毫無所獲的還有1954年到1962年的阿爾及利亞獨立戰爭。歐洲最後一個殖民帝國是葡萄牙，其殖民地在1974年里斯本軍事獨裁政權倒台後也宣布獨立。而非洲最後一塊殖民地納米比亞（原名為西南非）則在1990年獨立，因為南非認知到再也無法在一場與民族解放力量的戰爭中獲勝。

　　有人認為去殖民化的影響比冷戰更為深遠，而此事對這些地區的影響也的確持續了很長一段時間。首先，第二次世界大戰後的前十年，全世界見到了歷史上最具戲劇性且張力最大的建國潮。在第三世界國家中，歐洲的去殖民化所產生的國家讓聯合國會員國總數增加三倍：從1945年50個國家到1978年超過150個國家

（詳見圖2.2）。這意味著歐洲起源自十七世紀的國家體系，到了1945年以後，成為真正的全球體系。然而，帝國的終結也意味著超級強權的影響力比以往增加許多，也就是去殖民化與冷戰並非各自獨立的過程，而是相互重疊交織在一起。這個正在發展中的世界，日益成為東西方衝突的戰場。全球國家體系的建立、主權獨立原則的勝利、以及全球化進程三者交織在一起，形成一股龐大的力量，將世界各個角落都吸納進來，並將各國置於彼此敵對的權力集團中。這個過程不僅創造了一個軍事與戰略互賴的網絡，同時也讓新興獨立國家在經濟和文化方面具有高度的穿透性。

> **概念澄清：超級強權（Superpower）**
>
> 「超級強權」這個詞最早由威廉福克斯（William Fox）在1944年所使用，係指一國權力比起傳統「強權」大上許多。對福克斯（Fox）而言，超級強權擁有強權「加上更大的流動權力」。在冷戰期間，這個詞專指美國與蘇聯，其歷史的重要性遠大於概念上的意義。之所以形容美國和蘇聯是超級強權，是指他們擁有：（1）擴及全球範圍的能力；（2）在其各自的意識形態思想陣營裡或是其影響力範圍裡，具有主導經濟與戰略的角色；以及（3）具有強有力的軍事能力，特別是核子武器。

最後，就經濟和社會發展而言，獨立建國對世界各國造成好壞各參的影響。東亞與東南亞的新興經濟體以及波斯灣地區許多產油國，都出現高度成長並成功脫離貧窮。儘管在1949年到1975年間，中國在毛澤東時期的政治處於動盪，但是1980年以後穩定的經濟成長也為其後的經濟轉型打下基礎。然而，許多其他地區卻沒那麼幸運。例如1970年代後被稱為「全球南方」的地區，以及最嚴峻的下撒哈拉非洲（「第四世界」），其貧窮的情形仍然非常嚴峻。

冷戰的興衰

如果「短暫的」二十世紀的特點是資本主義與共產主義之間的意識形態鬥爭，那麼1945年就是這場爭鬥在強度與範圍發生巨大變化的年代。這使得世界秩序通過一個很重要的轉型。儘管第一次世界大戰驚魂未定，特別是美國經歷了經濟衰退，但是在1939年之前，歐洲和歐洲列強已是形塑世界政治的主要力量。然而，1945年以後的世界，最大的特點就是美國和蘇聯以「超級強權」（superpowers）之姿出現，成為世界舞台上主要的行為者，並讓舊的「列強」相形失色。超級強權時代最大的特色就是冷戰，也就是以美國為主的西方和以蘇聯為首的東方之間長時期的緊張關係。第二次世界大戰之前的多極體系，正式被冷

● 「冷戰」的意思是指「既非戰爭，也非和平」的狀態。然而，用「戰爭」（雖然是一種「冷」戰）來描述這段時期美國與蘇聯之間的關係，係指兩大超強之間的對立是如此的深刻且激昂，以至於很可能導致直接軍事對抗的情況。實際上，首先，所謂的冷戰只適用於像是1962年的古巴飛彈危機，從一開始的緊張局勢到趨於緩和這之間的狀態。因此，長期持久的「冷戰」局勢，很可能是被資本主義與共產主義互不相容的意識形態所創造出來。

概念解構……

「冷戰」

● 冷戰之所以是「冷的」，是指相互對立的兩大超強並沒有導致真正的「衝突戰爭」。然而，此概念僅在美國與蘇聯之間缺乏直接的軍事對抗時才成立。在其他行動方面，有所謂的代理戰爭以及明顯關聯東西方的衝突發生（韓戰、越戰、以阿戰爭等等），那些冷戰是「熱的」。

戰時期的兩極體系取代。

冷戰的第一階段發祥於歐洲。歐洲的分裂主因是德國戰敗（蘇聯的紅軍由東部向西前進，而美國、英國及其盟軍則從西方向東進逼），並迅速發展成為永久分裂。正如邱吉爾（Winston Churchill）於1946年在密蘇里州的富爾頓（Fulton）發表他著名的講話所示，一道「鐵幕」（iron curtain）已豎立在德國北部的呂貝克（Lübeck）到亞得里亞海的里亞斯特（Trieste）之間。有些人將冷戰追溯到1945年的波茨坦會議，當時參戰國間出現了關於如何將德國與柏林畫分成四個區域的爭論；也有人將1947年的「杜魯門主義」（Truman Doctrine）視為冷戰的開始。當時美國決定支持「自由人民」（free people）並啟動馬歇爾計畫，透過經濟援助的方式，協助飽受戰爭蹂躪的歐洲各國重建，使其具有抵禦共產主義的力量。1949年，歐洲分裂正式告一個段落，形成了「東西兩個德國」，以及兩大敵對陣營，分別是北大西洋公約組織（NATO）與1955年的華沙公約組織（Warsaw Pact）。1949年的中國共產黨革命成功與1950年到1953年的韓戰，象徵著冷戰蔓

延到亞洲。不過冷戰到底怎麼開始的？

關於當時情勢如何導致冷戰，有一個小小的爭議：現實主義理論假設超級強權的本質是不斷強化自己的實力和對外擴張，這使得世界兩大超強之間的敵對變得不可避免。就美蘇的例子而言，敵對有一部分是因為雙方在歐洲都有同樣的地緣利益，而且在意識形態上彼此互不信任。

然而，當時有一些關於誰必須為冷戰爆發負責的辯論，這些辯論與敵對及意識形態上的認知有很密切的關係，更助長了冷戰氛圍。關於冷戰，傳統上或「正統」（orthodox）的解釋是將禍首指向蘇聯。蘇聯對東歐的控制根本就是俄羅斯帝國野心的延續，只不過是用馬克思列寧主義加以包裝，透過階級鬥爭最終建立國際共產主義世界當幌子罷了。

另一個「修正論」（revisionist）的觀點是在越戰期間（1964年至1975年）出現，得到學者科爾科（Gabriel Kolko 1985）等人的支持。這種觀點是將蘇聯對東歐的擴張解讀為防禦性而非侵略性的行為，其動機是希望在本國以及敵對西方之間建立一道**緩衝區**，進而希望看到一個永遠衰弱的德國。其他不同的「後修正論」（post-revisionist）也相繼出現。其中有些承認美蘇之所以發展成野心霸權，是因為德日戰敗與英國衰落所形成權力真空後的必然結果（Yergin 1980）。至於其他的解釋則比較著重在誤解以及錯失良機。例如有跡象顯示美國總統羅斯福曾真誠地希望在聯合國之下，建立和平的合作模式；史達林也似乎不鼓勵南斯拉夫的狄托（Tito）以及中國的毛澤東發動革命建立政權。

冷戰並非持續不懈地處在緊張狀態：它有「升溫」（warmer）和「冷卻」（cooler）的階段，有時受到威脅時，就會形成「熱」戰。1962年的古巴飛彈危機，很可能是兩大超強之間最接近發生直接衝突的時刻。採取**戰爭邊緣政策**使得古巴飛彈危機和平落幕；這件事或許是因為**相互保證毀滅**發生效應。所謂相互保證毀滅，是為了避免兩大超級強權之間因為緊張關係升高而爆發軍事衝突。然而，在1970年以後，冷戰的兩極模式逐漸變得模

緩衝區（Buffer zone）：位於潛在（並更強大）敵對陣營之間的一個地區、國家或一組國家，功能在於降低陸上攻擊的可能性。

戰爭邊緣政策（Brinkmanship）：一種升高對峙的策略，甚至到戰爭臨界點（戰爭邊緣），以使對手退讓。

相互保證毀滅（Mutually Assured Destruction, MAD）：指一種情況，任一國採取核武攻擊只能確保自身的毀滅，因為雙方都具有第二次打擊的能力。

爭辯中的議題…… 難道冷戰不可避免嗎？

人們總是有種傾向，想知道歷史發生的事件是否真的不可避免：哪些事件的發生是因為他們必須發生；歷史有宿命式的發展。就冷戰而言，由於此辯論與相互競爭的理論有關，因此也以某種特別的激情繼續延燒。歷史是由不可抗拒的政治或意識形態的力量所形塑而成的嗎？抑或是因為國家相互之間的誤解和失算所造成的？

支持	反對
兩極動態關係。現實主義者認為，冷戰就是理解權力政治以及國際體系本質的最佳例子。當此，國家主要關注的是自身的生存，因此會優先考慮軍事安全的問題。然而，他們之所以能追求權力，或是保持權力，主要取決於國際體系中的權力分配。冷戰不可避免，是因為第二次世界大戰後，德、日、義戰敗以及英、法的衰落，都塑造了由美國與蘇聯主導的兩極世界秩序。因此，二戰後的世界政治輪廓顯得清晰。兩極意味著美蘇之間不可避免的對抗與敵視，因為各自都在尋求鞏固實力，並且還要擴展影響力。這使得東西防兩大陣營之間敵意逐漸增加。多極的世界由超強主導的兩極世界所取代。 **意識形態思想的「長征」**。另一個冷戰不可避免的觀點，是認為意識形態才是驅動冷戰的真正動力。冷戰始於十九世紀資本主義與共產主義之間的意識形態鬥爭，但在1917年俄羅斯革命之後變得更明確。資本主義與共產主義所依據的經濟制度彼此互不相容，對未來的看法也完全不同。因此，冷戰就是代表資本主義的西方與代表共產主義的東方之間的戰爭，美蘇都僅僅是這場戰爭的工具罷了。由此觀之，冷戰不可避免是因為1945年法西斯極權主義被擊敗後，全球政治走入東一西方的衝突的結構。	**西方誤解蘇聯**。冷戰並非兩極關係，也非意識形態所造成，而是一連串錯誤、誤判與誤解的結果。兩大超強錯失了一開始追求和平與合作的機會，此後誤解不斷升級、相互猜疑，且根深柢固地認為衝突敵意不可避免。西方誤解蘇聯，主要是因為其認定蘇聯外交政策是由意識形態所決定，而不是為了領土安全。蘇聯其實關注的是能否永遠弱化德國，並在東歐「友好」國家建立緩衝區。然而，1946到1947年間，美國決策者開始認定蘇聯建立勢力範圍的目的不是實現俄羅斯帝國，就是要赤化世界。杜魯門政府裡的人相信他們所面對是一個要發動世界革命的蘇聯，因此必須採取相應的行動。 **蘇聯誤解西方**。特別是在史達林統治下的蘇聯，因為不信任西方，出現對「資本主義包圍」的恐懼。與西方的誤解相同，蘇聯的領導者認為美國外交政策也受意識形態而非戰略影響，特別是其反共思維。因此，即使美國戰後在歐洲快速減少軍事部署（美軍人數從1945年5月的三百五十萬降至隔年3月的四十萬，最後降到八萬一千人），也沒辦法改變蘇聯決策者對美國的看法。蘇聯沒能了解美國在戰後其實想要合作，只是希望用自己的方式。因此，蘇聯無法與美國建立一個可行的長期夥伴關係，二者間的共同利益不足克服恐懼與對立的心態。

重要事件···

冷戰時期

1945	6月，聯合國建立	1962	古巴飛彈危機
1945	8月，日本廣島和長崎遭投擲原子彈	1967	六日戰爭
1946	紐倫堡與東京戰爭罪審判開始	1968	蘇聯入侵捷克斯洛伐克
		1969	阿波羅11號登陸月球
1947	4月，杜魯門主義問世	1971	中共加入聯合國
1947	6月，馬歇爾計畫出現	1973	石油危機
1948-1949	封鎖柏林／空運	1977	中國開始經濟改革
1949	8月，蘇聯試爆原子彈	1979	伊朗爆發伊斯蘭革命
1949	10月，中國共產黨革命成功	1980	蘇聯入侵阿富汗
1950-1953	韓戰	1980-1988	兩伊戰爭
1955-1975	越戰	1985	戈巴契夫成為蘇聯領導人
1956	蘇聯入侵匈牙利	1989	11月9日，柏林圍牆倒塌
1961	柏林圍牆出現	1990	11月，歐洲安全合作會議正式宣布冷戰結束
1961	賈加林（Yuri Gagarin）成為第一位登上太空的人類	1991	12月，蘇聯解體

糊。首先，共產世界逐漸支離破碎（值得注意的是，莫斯科和中共北京之間的敵意越來越深），其次，就是日本和德國的「超強經濟實力」再現。

這反映在1963年到1971年間，國際政治呈現出多極的情況，一直到1972年到1980年間的東西方**低盪**時期，多極的情況就更加清楚明顯了。然而，美國雷根政府的建軍以及更為果斷的反共產與反蘇聯的外交政策，使低盪時期在1980年「第二個」冷戰來臨時就結束了。

然而，冷戰發展到最後，卻是以相當戲劇性、迅速、而且令人意外的方式結束。超過七十年歷史的共產主義，在1989到1991年短短兩年內土崩瓦解，中國也出現激烈的變化。在關鍵的1989年，東歐共產主義被推回到蘇聯的國界內；1990年，歐洲安全合作會議在法國巴黎召開，正式宣布冷戰結束；到1991年，蘇聯自己也垮台了。然而，關於冷戰結束的辯論，如同辯論其如何發生一樣，也充滿著意識形態的爭議。以下列出與共產主義瓦

> **低盪（Détente）**：法文，原意為放鬆；在此是指對立的國家間關係趨緩，通常用來指冷戰的一個階段。

解及冷戰結束的相關因素：

- 蘇聯式共產主義結構的弱化
- 戈巴契夫改革的影響
- 美國政策以及「第二次」冷戰
- 經濟與文化的全球化

　　部分論者認為，共產主義的崩潰是遲早的事。結構的缺陷使得蘇聯式政體注定會崩潰，甚且比起馬克思所批評的資本主義更危險。這些弱點可分為兩大類，即經濟和政治方面。經濟上的弱點來自中央計畫式經濟。計畫式經濟已被證實在促進繁榮與生產消費性商品上，比起資本主義經濟遜色許多。在1980到1991年間，整個計畫經濟體制下的人民對於政治的不滿終於爆發，這些來自經濟落後地區的人們起而示威，要求能過著像西方一樣的生活，並且能夠購買消費商品。政治上的弱點主要是共產主義政權在結構上，對於大眾的壓力反應相當遲鈍。特別是在缺乏具有競爭性選舉制度、獨立的利益團體以及自由媒體的情況下，一黨制的共產國家並沒有任何能讓人民表達對政治不滿、或是促進統治者和人民之間對話的機制。無疑的，除了在經濟上受到挫敗外，在1989年至1991年間，人民上街抗議，渴望公民自由以及政治權利；這些在西方世界早就是人民的基本權利。

　　雖然結構上的弱點或許可以解釋共產主義崩潰的命運，但是卻無法解釋崩潰的時間或速度。在經濟上與政治上累積了超過十年的挫敗，是如何外溢並導致政權在幾個月，甚或是幾個星期內就垮台？答案就在於1985年戈巴契夫在蘇聯提出改革所造成的影響。這個改革進程有三個主要的關鍵。首先，第一個是**重建**的口號，提出了市場競爭的要素以及私有財產的概念，以應付蘇聯長期因為中央計畫經濟的不足。這個概念其實源自於南斯拉夫「市場社會主義」（market socialism）的試驗。

　　然而，戈巴契夫的經濟重建卻帶來災難性的結果：原來計畫型經濟儘管沒有效率但至少還能運作，但取而代之的新經濟體系則根本無法運作。改革進程的第二部分是在**開放**的口號下，解除對於言論表達以及政治辯論的限制。然而開放僅僅只是

重建（Perestroika）：俄文，意為「重建」；在蘇聯的意思是，用市場改革來取代指令或計畫經濟。

開放（Glasnost）：俄文，原意是「開放」；在蘇聯的意思是，在一黨制共產國家中允許言論自由。

全球政治行動……
柏林圍牆倒塌

事件：1989年11月9日，一位疲憊的東德政府發言人宣布解除旅行限制。許多人因此感到慌亂，不斷提出質疑。接著這位發言人表示，這件事將「立即」生效。此宣布的效應如電光石火般傳開來。受到波蘭與匈牙利共產政權崩潰的影響，還有每週在萊比錫出現大規模的示威，以及其他東德城市較小規模示威的鼓舞，東西德的人湧湧而至柏林圍牆。歡樂氣氛迅速展開，人們開始在牆上跳舞並且相互幫忙。11月10日上午，象徵冷戰序幕的柏林圍牆被拆除。在接下來的幾週內，兩德之間的邊界以及東西兩部分的柏林陸續開放。柏林圍牆的倒塌雖然是來自東歐各地事件的鼓舞，但是也是激勵人心的開始。12月，捷克斯洛伐克的共產政權崩潰，其後在羅馬尼亞的暴動中，共產領導人希奧塞古及其妻子乘著直升機逃走，最後在聖誕節遭捕獲處決。

重要性：柏林圍牆的倒塌是1989年的指標性時刻。它見證了東歐革命的影響，如滾雪球般影響共產主義以及蘇聯，並且點燃整個共產世界的改革之火。1989年在世界歷史中可被視為最重要的日子之一，延續著1648年（歐洲國家體系的誕生）、1789年（法國大革命）、1914年（第一次世界大戰爆發）以及1945年（第二次世界大戰結束與冷戰開始）的發展。1989年所產生的影響效應，直接導致了一系列的世界大事。首先，德國在1990年統一，並開啟了歐盟以及北約組織（NATO）東擴的進程。同一年，華沙公約組織與北約組織這兩個原本代表東西軍事對峙的組織代表，在巴黎會面，正式宣布結束敵對關係，也結束了冷戰。最後在1991年12月，世界上第一個共產主義國家蘇聯正式解散。

對於法蘭西斯福山而言，1989年代表著「歷史的終結」，作為世界歷史動力的馬克思列寧主義崩潰，意味著自由民主是唯一可行的全球經濟與政治體制。菲利浦博比特（Philip Bobbitt）在2002年表示，1989年的這些事件代表著自由主義、法西斯主義與共產主義之間的「長期戰爭」宣告結束。然而，還是有些人質疑1989年、或是柏林圍牆倒塌的歷史意義。這有兩種角度切入。首先，1989年前後的歷史仍存在著連貫性；在這兩段時期，美國都享有霸權的地位。的確，1989年或許只是更進一步代表美國霸權崛起而已。其次，1989年到1991年，也許只能表示俄羅斯的權力暫時弱化。俄羅斯在1990年代的危機中再度崛起，並在普丁（Putin）領導下再度顯現俄羅斯的影響力，恢復與美國在冷戰時期的競爭。

提供戈巴契夫的政治對手一個表達政治意見的機會，這些對手中有的是強硬的共產黨人，包括那些希望廢除所有政治經濟統制的激進分子。因此，戈巴契夫越來越受孤立，改革進程也因而從「改革共產主義」轉向更加激烈的改變，包括讓共產黨放棄其獨斷的統治權力。戈巴契夫改革的第三個部分是重新定位與美國和西歐國家的關係，也就是放棄**布里茲涅夫主義**，以所謂的「辛納屈主義」（Sinatra doctrine）取而代之（以美國歌手法蘭克辛納屈的著名歌曲My Way，來比喻讓東歐國家「選擇自己的方式生活」），這意味著蘇聯不再干涉東歐國家的政治。此後，東歐共產黨政權在1989至1990年間一個接著一個崩潰。德國柏林圍牆的倒塌就是冷戰結束的象徵。

　　其他對於冷戰結束的解釋，則是將焦點從蘇聯及共產集團的內部發展轉移到外部環境的變化。導致共產政權崩潰主要的外部因素就是美國雷根政府的政策，以及經濟與文化全球化的發展。雷根政府在1980年代發起被稱為「引發第二次冷戰」的新建軍計畫，特別是1983年的「戰略防衛倡議」（SDI）（也就是所謂的「星戰計畫」）。無論是有意還是無意，蘇聯因此被迫加入一場軍備競賽。然而，蘇聯業已脆弱不堪的經濟根本無法維持競爭，經濟加速崩潰，也增加了改革上的壓力。經濟全球化最大的貢獻，則是擴大了東西方之間生活水準的差異。1970年代起，貿易與投資逐步國際化，助長了以美國為首的西方世界在科技與經濟上的發展，蘇聯集團則因為被排除在全球市場外而長期受經濟停滯之苦。文化全球化則透過廣播和電視科技等傳播方式，將思想、訊息以及圖片從自由繁榮的西方世界，帶進東歐較發達的共產社會國家，讓後者內部出現要求西方式經濟和政治改革的呼聲。

> **布里茲涅夫主義**（Brezhnev doctrine）：布里茲涅夫在1968年提出，是指華沙公約組織裡的國家只享有「有限主權」。此概念給予蘇聯干預他國的正當性。

1990年之後的世界

「新世界秩序」？

　　後冷戰世界的誕生，伴隨著樂觀主義與理想主義的浪潮。過去超級強權的時代被視為東西方兩大勢力在全世界範圍的敵對與競爭，兩強甚至發展出足以毀滅世界的核武能力。在東歐共產主義崩潰以及蘇聯力量退卻之際，美國總統老布希正式宣布「新世界秩序」（new world order）的出現。

　　雖然「新」世界的概念定義不是那麼清楚明確，但是其無疑表現出典型自由主義者的希望和期待。有鑑於冷戰是基於意識形態的衝突與恐怖平衡，兩大超強的敵對關係終結，有助於開啟「自由和平」的可能性，建立一個共同認可的國際規範以及道德標準。這個新世界秩序的核心內容包括和平解決爭端、對抗侵略和擴張主義、控制與裁減軍備，以及尊重人權。如同提出「歷史的終結」（end of history）觀點的學者法蘭西斯福山（Francis Fukuyama 1989,1991）所指出，世界各地都無可抗拒地邁向以自由民主為基礎的單一政經發展模式。

　　後冷戰的世界秩序輕鬆通過第一階段測試，讓自由主義者變得更為樂觀。1990年8月，伊拉克兼併科威特，促使西方世界與伊斯蘭世界結盟，並在1991年的波斯灣戰爭中將伊拉克的軍隊逐出。1991年南斯拉夫解體，塞爾維亞與克羅埃西亞發生戰爭，歐洲安全合作會議（CSCE）〔1994年更名為歐洲安全與合作組織（OSCE）〕首度因應此一國際危機作出回應。外界希望其能取代華沙與北約組織，成為穩定歐洲秩序的新安全機制。雖然歐洲安全與合作組織自1975年赫爾辛基會議創立以來，就被刻意排除在超強對立之外，但是冷戰正式結束卻是在1990年11月於巴黎召開的歐洲安全合作組織高峰會上宣布的。然而，由於新的動盪不安陸續浮現出來，最初國際和諧與合作的期待，很快就被證明是個幻覺。

　　在冷戰氛圍下被控制住的緊張與衝突壓力，很快就被釋放出來。國家外部的威脅（如「國際共產主義」或**「資本主義包圍」**）會促進內部的凝聚力與認同感。例如，西方世界藉由與東方的對立關係來定位自己，反之亦然。有證據顯示，許多國家的外部威脅消失之後，內部分離主義的壓力獲得解放，這些壓力通常是種族、民族以及區域的緊張關係。在世界許多地方，特別是在東歐，因為南斯拉夫解體，使得塞爾維亞族、克羅埃西亞族以及穆斯林之間陷入長期的流血衝突。波士尼亞戰爭（1992年至1995年）可說是二十世紀下半葉最長也最為激烈的歐洲戰爭。直到1999年的科索沃危機之前，國際社會不僅沒有藉實現正義與人權來建立新國際秩序，反而還與南斯拉夫政府站在一起，允許塞爾維亞擴大戰爭與從事種族滅絕，而這些都是第二次世界大戰時曾出現過的惡行。無論看起來樂不樂觀，這些後冷戰時期的歷史在2001年全球恐怖主義出現後開始發生巨大的變化。

資本主義包圍（Capitalist encirclement）：這理論發展於1918年到1921年俄羅斯內戰期間，係指資本主義國家積極從事並企圖推翻蘇聯的行動，以便打倒共產主義。

全球行為者……

美利堅合眾國

類型：國家　·人口：315,500,000　·平均國內生產總值（GDP）：49,601美金
人類發展指數（HDI）排名：3/187　·首都：華盛頓特區

美利堅合眾國於1787年創立，是一個聯邦共和國，並採行美國憲法。最早由13個前英國殖民地組成，並於1776年獨立戰爭之後建立邦聯。十九世紀時，美國就以領土完整著稱，如同今日一般。1912年，美國所有48州即已建立（夏威夷與阿拉斯加在1959年加入）。美國是一個自由民主的國家，原因其中包括：

- 國會，由眾議院與參議院（兩院議員代表各州，無論州的大小）組成

- 總統是政府行政部門的首長

- 最高法院，可廢止法律並針對違反憲法者採取行動

由於美國政府體系的特色是權力相互制衡，由聯邦主義以及立法、行政與司法三權分立所產生，此制度容易導致「政府癱瘓」。例如，條約必須由總統以及參議院批准通過。此外，儘管總統是三軍總司令，也只有國會可以宣戰。

重要性：美國崛起為全球霸權，主要源自十九世紀時的經濟崛起。1900年，美國取代英國，成為世界領先群倫的工業化國家，其商品占世界生產的30%。

然而，蓬勃發展的經濟實力使美國在國際中自信漸增，放棄傳統的孤立主義政策。此過程在1945年完成。當時美國以超級強權的姿態現身，同時挾帶所向披靡的軍事與經濟實力，其影響力遍及西方資本主義世界。美國崛起為全球霸權的主因有二，首先，蘇聯在1991年瓦解，讓美國成為世界唯一的超級強權，一個超級大國；其次，美國與全球化「加速」有密切關係（以至於連全球化有時候也被視為是「美國化」）。美國的權力在後冷戰時代因國防預算持續增加而上升，使得美國擁有難以超越的高科技軍事設備。與此同時，當美國回應9月11日的行動時，展現出能以一國之力，在世界上超過一個地方以上同時執行軍事任務的能力。然而，美國的權力具有矛盾特質。例如，雖然美國的軍事實力無庸置疑，但是其政治效果卻備受質疑。

911事件也展現出美國面對跨國恐怖主義等新安全威脅時的脆弱性。就某方面而言，執行「反恐戰爭」也證明美國權力的極限，其結果適得其反。雖然在2001年入侵阿富汗以及2003年攻打伊拉克，美國成功移轉設定的目標政權，但無論是戰爭時間拉長，或是陷入高度複雜的反叛亂戰爭，都在在證明難以取得傳統定義上的勝利。此外，小布希政府傾向使用單邊主義，特別是在執行「反恐戰爭」時。這不僅傷害到美國的軟權力，也會為美國製造更多敵人，尤其是在穆斯林世界。2008年歐巴馬當選總統後，美國認知到在一個高度相互依存的世界裡，需要用多邊架構來處理世界問題。此後美國外交政策開始轉變。目前對美國而言，最重大的挑戰或許是如何應付崛起的強權，尤其是中國。早在1970到1980年代，就有觀察者開始警告美

國霸權的衰落，特別是越戰失敗，還有相對於日本和德國崛起，美國的經濟衰退。不過，對美國而言，中國崛起是更明顯的趨勢，估計在2020年代，中國的經濟地位將超越美國。中國也許會是新的全球霸權。

911事件與「反恐戰爭」

　　對許多人而言，9月11日在紐約和華盛頓發生的恐怖攻擊事件是世界歷史上一個決定性的時刻，點出後冷戰時代的本質，也開啟了全球性的衝突與不穩定。另一方面，911的影響也可能被誇大。誠如羅伯特‧卡根（Robert Kagan）於2004年所言，「美國並沒有因為9月11日而改變。只是變得更像自己」解釋全球或跨國恐怖主義的各種理論相繼出現，其中最具影響力且最受廣泛討論的就是杭廷頓（Samuel Huntington）的「文明衝突論」（clash of civilizations）。杭廷頓於1996年時表示，二十一世紀的衝突將不再以意識形態或經濟為主，而是文化。衝突將發生在國家與團體之間的「文明差異」。由此可見，9月11日與所謂的「反恐戰爭」就是西方世界與伊斯蘭世界之間「文明」衝突的證據。這種觀點指出：全球恐怖主義起源於西方的自由民主價值觀與伊斯蘭世界之間，特別是與伊斯蘭教的基本教義派，矛盾且難以化解的緊張關係。伊斯蘭教的基本教義派希望建立宗教凌駕政治的體制。然而，視全球恐怖主義本質為宗教或文明議題的觀點，忽略了激進伊斯蘭教其實是二十世紀特殊政治與歷史環境下的產物。這其實與中東危機以及阿拉伯世界的緊張局勢有關。造成中東世界政治緊張局勢的關鍵因素包括以下幾點：

- 殖民主義的遺緒
- 以色列與巴勒斯坦之間的衝突
- 石油的「詛咒」
- 政治伊斯蘭的崛起

　　中東地區的政治不穩定，可以追溯到1918年奧圖曼帝國的滅亡。這導致英國與法國「委任統治」（託管）敘利亞、黎巴嫩、巴勒斯坦以及伊拉克。西方的殖民主義大量削弱了這些地區的氣勢。使得這些地區充滿屈辱與恥辱感，特別是西方勢力導致伊斯蘭律法（Shari'a law）在內的傳統穆斯林習俗與結構的崩壞。這些國家的政治邊界只反映出西方列強的利益，完全忽視歷史、文化和種族的界

限；各類專制與腐敗的政府被創造出來，成為親西方的「魁儡」政權。雖然託管制在1930至1940年代就逐漸消失，但是西方在這些地區的影響力依然強大，殖民主義的影響力難以根除。

以色列於1947年建國，卻被其周圍新興獨立的阿拉伯國家視為西方殖民主義的延伸，認為以色列是西方世界為了削弱阿拉伯世界的前哨站。以色列與阿拉伯之間的戰爭衝突，只是加深了整個阿拉伯世界的挫折與屈辱感而已。「巴勒斯坦問題」（1948年的戰爭迫使數以萬計的巴勒斯坦阿拉伯人流離失所，以色列更在1968年六日戰爭之後，在阿拉伯人家園建立所謂「占領區」）在政治與象徵意義上的影響大到難以估計。這些社會除了對支持以色列的西方國家強烈不滿外，也容易讓腐敗的軍事獨裁者取得權力。這些獨裁者知道可以利用以色列與巴勒斯坦的議題來動員群眾支持，確保執政權。

因此，認定中東地區擁有世界最大石油儲備才是造成政治緊張和動盪的說法，就缺乏說服力了。然而，至少由兩個觀點看來，可以把石油視為是中東地區的一個「詛咒」。首先，石油提供了中東地區安全且豐富的收入來源，減少了國內政治改革的壓力，也因此有助於自大高傲且反應遲鈍的政府。統治者也會利用石油所賺取的財富來擴大建設軍事安全設備，並用來鎮壓政治上的反對勢力。王室**獨裁**與軍事獨裁因此在中東地區根深柢固。石油的第二個詛咒，是它確保了西方的政治與企業利益持續在中東地區發酵，以確保能持續獲得石油資源並壓低油價。直到1970年代初期，石油輸出國組織（OPEC）才成功的將原油價格提高三倍。同樣的，中東地區對於冷戰的對立氛圍而言是個重要的地區，有助於強化反西方主義的力量。有時更確切的說，是反美主義。這種反西方主義在1960與1970年代先是以阿拉伯社會主義的面貌問世，但在1980年代後，開始以宗教基本教義的形式出現。

在二十世紀的中東，政治伊斯蘭是一種好戰且強硬的伊斯蘭教形式，企圖透過伊斯蘭國家的建立，尋求政治與精神上的再生。這股動力則混合了國家的挫敗感、政治的壓迫感、文化的分離，以及社會上窮人與年輕知識分子的挫折感。例如穆斯林兄弟會，原本是倡導非暴力的清教徒運動，後來發展出為了對抗所有「外來」思想與建立純正伊斯蘭國家，必須倡導暴力的主張。政治伊斯蘭的形象與影響力，在1979年伊朗革命後獲得實質上

> **獨裁**（Autocracy）：一種由個人統治國家的形式，將政治權力集中在單一統治者（通常是王室）手裡。

的強化，由強硬的什葉派神職人員何梅尼（Ayatollah Khomeini）取得權力（伊朗的伊斯蘭革命）。此後，激進的伊斯蘭組織，如哈瑪斯與真主黨，傾向取代巴勒斯坦解放組織（Palestine Liberation Organization, PLO）等世俗團體，直接主導對抗以色列的戰爭。蓋達（Al-Qaeda）在1979至1986年間，原本是一個反抗蘇聯入侵阿富汗的伊斯蘭戰士團體，後來竟發展成全球性的恐怖主義組織，並將攻擊目標指向美國。經過911事件之後，蓋達組織不僅在全球範圍展現出執行恐怖活動的能力，也證明了非國家行為者也可以像國家一樣，在二十一世紀進行戰爭。

911事件之後，美國的回應是迅速展開「反恐戰爭」。這一系列的行動始於2001年11月，美國採取軍事手段攻擊阿富汗，並在幾週內推翻塔利班（Taliban）政權。由於塔利班與蓋達組織的關係最為密切，並且還提供賓拉登（Osama bin Laden）及其隨從生存的基地，這場戰爭獲得國際社會的廣泛支持，並成為第二個聯合國通過的軍事行動案例（前一個例子是韓戰）。受到新保守主義思想的影響，美國布希政府的策略是邁向一個更大的全球政治重組，並以解決「流氓」國家、促進民主為目標，如有必要，則不惜採取先發制人的軍事行動。2002年1月，美國布希總統點名伊拉克、伊朗與北韓為「邪惡軸心」，後來又增加古巴、敘利亞與利比亞（後來被除名）。對海珊（Saddam Hussein）統治下的伊拉克進行「政權更替」，很明顯地成為美國政府下一個目標。這導致了2003年的伊拉克戰爭，由美國與「志願聯盟」（coalition of the willing）國家共同下手執行。

雖然一開始，以軍事推翻阿富汗與伊拉克政權的目標快速完成（清除了塔利班勢力，也推翻了海珊政權），但是其後的「反恐戰爭」卻問題叢生。阿富汗與伊拉克戰爭皆演變成曠日持久的衝突，突顯出現代不對稱戰爭的困難（在第十章有深入討論）。儘管伊拉克的情況有所改善，但是，要建立公民秩序以及國家建設，甚至是民族建設，都是複雜且深具挑戰性的任務。此外，美國使用武力「促進民主」的作為，在穆斯林世界被廣泛解讀為帝國主義，進一步強化了反西方與反美的思想。「反恐戰爭」產生出反效果，不僅沒有解決問題，反而助長了文明的衝突以及伊斯蘭恐怖主義。

從2004年起，美國布希政府的「反恐戰爭」政策有明顯的轉變，尤其是試圖增加聯合國的參與。然而，更顯著的改變在2009年歐巴馬總統上台以後，包括降低使用軍事力量，並且更強調建立「軟」權力。美軍從伊拉克撤軍的第一階段從2009年開始，伊拉克的部隊自此負起保護城鎮與城市安全的責任，也承諾於2014

重要事件⋯

後冷戰時期

1991	1-2月，波斯灣戰爭		2001	9月11日美國遭到恐怖攻擊
1992	前南斯拉夫爆發內戰		2001	10月美國入侵阿富汗
1993	歐洲聯盟建立		2002	國際刑事法院成立
1994	4-7月，盧安達發生種族滅絕		2003	3月，美國入侵伊拉克
1994	9月，南非種族隔離政策結束		2006	北韓測試核子武器
1996	塔利班取得阿富汗政權		2008	俄羅斯入侵喬治亞
1997-1998	亞洲金融危機		2007-2009	全球金融危機惡化
1998	印度與巴基斯坦測試核子武器		2010 12月	阿拉伯之春誕生
1999	科索沃戰爭		2010-2013	歐元區危機
			2011	利比亞內戰
			2011	敘利亞內戰開始
			2013	7月，埃及政變

焦點⋯⋯⋯ **進攻阿富汗：汲取歷史教訓？**

蘇聯於1980年進攻阿富汗，以美國為首的聯軍也在2001年進攻阿富汗，他們是不是無法從過往攻打阿富汗的歷史汲取教訓？歷史又能否提供教訓？在十九世紀，阿富汗是強國對抗的焦點，北鄰俄羅斯帝國，東接英屬印度，也因而引發了兩場戰爭。第一次英阿戰爭（1839至1842年）也許是大英帝國在十九世紀最慘重的災難。英國軍隊進攻阿富汗，意在扶植舒亞·沙阿（Shah Shuja）為阿富汗國王，藉此控制阿富汗。舒亞·沙阿在1842年於喀布爾被暗殺身亡，在阿富汗的英國軍隊也就無以為繼。歷經兩個月的圍攻，英軍開始了史稱「喀布爾撤軍」的行動。多達18,500名英軍離開喀布爾，只有一人安全抵達位於現今巴基斯坦的加拉拉巴德（Jalalabad）的英軍軍營。儘管如此，大約40年後又爆發了第二次英阿戰爭（1878至1880年）。這一次英國達到了主要的目的，順利操弄阿富汗的外交政策，壓制俄國的影響力。不過阿富汗人仍然保有內部主權，也在1919年脫離英國的控制，完全獨立。

有人認為，世人（沒有）從十九世紀這幾場戰爭學到的教訓，是任何國家要考慮攻打阿富汗，都應該極為審慎，畢竟阿富汗有「帝國墳場」的稱號，也不是浪得虛名。任何國家想征服阿富汗，都要面臨一連串令人膽寒的考驗，例如不甚友善的地理環境（多半是山丘與沙漠）、嚴寒的冬季、基礎設施短缺、部落繁雜、種族多元、中央政府的經驗有限，以及向來對入侵的外國懷有敵意。阿富汗因為有這些特質，對傳統軍事策略特別有免疫力，能夠抵銷侵略勢力擁有的技術優勢。眼看2001年的進攻行動，可能會像過往的兩次一

> 樣，在政治上的斬獲寥寥無幾，我們忍不住要引用馬克思說過的一句話（形容拿破崙一世
> 與拿破崙三世），那就是歷史會不斷重演，「第一次是悲劇，第二次是鬧劇。」不過以決
> 定論看待歷史，也不盡然正確。畢竟歷史上從來沒有出現過兩個一模一樣的時空背景。例
> 如2001年美國領導的進攻行動，設定的目標就遠比先前的殖民國家入侵更有抱負，除了要攻
> 打基地組織，消滅神學士政權，還要引進美式民主，重整阿富汗的內政。

年底前，終止在阿富汗的戰鬥行動。同樣的，歐巴馬政府對穆斯林世界，特別是
對伊朗（據信，其正試圖發展出核武），也提出一些重要倡議，希望加強彼此的
瞭解，並承認美國過去所犯的錯誤。歐巴馬政府也試圖在恐怖主義的根源上付出
更大的關注。不僅僅是形式上，美國更強調透過國際壓力來解決巴勒斯坦問題，
然而這方面的進度相當緩慢。

全球經濟中權力平衡的轉變

　　世人對於何時才是全球化確切開始「加速」的時期並無定論。經濟全球化這
個想法，也是到了1990年代才被廣泛接受。然而，當代全球化的起源可以追溯到
1968年到1972年間，布雷敦森林體系崩潰，美元從固定匯率轉變到浮動匯率後的
經濟動向。浮動匯率的轉變增加了解除金融管制的壓力，並將國際貨幣基金和世
界銀行與「華盛頓共識」納為一體。華盛頓共識促使許多發展中國家採取「結構
調整」方案，接受更徹底的（有時候災難性的）市場自由化政策。在1980年代，
最擁護自由市場經濟的是美國雷根政府以及英國的柴契爾政府。在此背景下，
1989至1991年間的共產主義崩潰讓經濟的影響力更甚以往。加上中國大陸對外開
放並吸引外來投資，也急劇擴大了國際資本主義的活動範圍，使得西方經濟體系
變成一個全球性的經濟體系。然而，「震盪療法」（shock therapy）式的市場改
革在不同地方有著很不一樣的結果。俄羅斯的經濟改革反而導致生活水準下降，
人民預期壽命也因此縮短，為1999年普丁上台後走回威權主義奠下基礎。

　　隨著新的全球經濟改變，全球的權力平衡也持續轉變。經濟全球化與美國逐
漸上升的經濟主導力是連結在一起的。自1970年代以來，美國影響國際貨幣基金
組織、關稅暨貿易總協定（GATT）（1995年成為世界貿易組織WTO）以及世界
銀行，使這些機構採取自由市場與自由貿易的政策。如同十九世紀之於英國，世
紀之交的自由貿易為美國的貨品提供了全新的市場，也為美國找到廉價勞工以及
原物料來源。到2000年，美國占了全球經濟產出的三成。美國的崛起，如同在全

球經濟當中最主要的行為者一般，與跨國公司（TNCs）密切相關，也就是那些在其他國家裡設立子公司，以便在生產與投資上獲得更大優勢的企業。在世紀之交，跨國公司囊括了世界貿易的七成，全球最大五百家企業中半數出現在美國。

　　然而，全球資本主義的利益並非平均分配。尤其是非洲大部分地區，並沒有在全球化中獲益，大多數的非洲人仍未受教育，且吃不飽，同時有一定比例的人深受愛滋病等疾病之苦。總體而言，跨國公司對非洲的影響多半是負面的，例如農業都集中在生產「現金作物」（cash crops）以便出口，而非符合當地所需。世界的其他地區，同樣若非受到金融體系全球化的影響更加不穩定，就是因為不願意完全實施新自由主義或市場改革而深受成長率下降之苦。全球經濟的不穩定表現在1995年的墨西哥金融危機、1997到1998年的亞洲金融危機，以及1999到2002年的阿根廷經濟危機等案例上。

　　二十一世紀的全球經濟趨勢，也許會由崛起的新經濟強權所主導，特別是中國與印度。由此觀之，1945年後最重要的發展不是冷戰的興衰，也不是建立美國的經濟與軍事霸權，而是去殖民化的過程促使二十一世紀超級強權的崛起。如果十九世紀是「歐洲世紀」，二十世紀是「美國世紀」，那麼二十一世紀可能成為「亞洲世紀」。自1980年左右，當計畫經濟轉向市場經濟的改革效應變得比較明顯後，中國經濟持續以每年超過9%的速度成長。2011年，中國取代日本成為世界第二大經濟體。如果經濟成長持續下去，估計將在2020年後超越美國。自1990年代以來，印度的經濟成長率只略低於中國。印度以經濟強權之姿崛起，可以追溯到1980年代的經濟自由化政策。這些政策推動新科技部門的擴展，並刺激出口導向發展。

　　在許多方面，2007年到2009年的全球金融危機，反映出全球經濟的重心已從西方轉向東方。這場危機不僅是美國銀行危機所造成，有些人認為，美國的企業資本主義模式才是問題。早在中國與印度的經濟復甦前就顯示，這兩國以及其周邊鄰國在一定程度上已成功地與美國經濟「脫鉤」。世界經濟的轉變也展現在歐洲的窘境。歐洲深陷債務、撙節、低成長的泥沼，與土耳其、印尼、奈及利亞、越南等國的經濟崛起大異其趣。這些以及其他趨勢在二十一世紀的前景，在第22章會詳細探討。

重點摘要

- 「現代」世界是由一系列的發展所形塑而成。這些發展包括古代文明的崩塌以及「黑暗時代」的來臨；歐洲因為「地理大發現時代」而逐漸取得主宰優勢，進而最終開啟「工業化」，以及歐洲帝國主義的擴展。

- 第一次世界大戰原本被認為是「結束所有戰爭的戰爭」，但是只經過一個世代就爆發了第二次世界大戰。第二次世界大戰爆發的因素，包括了第一次世界大戰後的和平方案問題、1930年代的全球經濟危機、納粹的擴張計畫（有時與希特勒的個人影響力有關），以及日本在亞洲的擴張。

- 1945年常被視為是世界歷史的分水嶺。它開啟了兩個重要的過程。第一個是去殖民化以及歐洲帝國的崩潰。第二個是冷戰開始，以美國為首的西方與蘇聯領導的東方集團間出現了兩極對峙的緊張局勢。

- 1989-1991年的東歐革命見證了蘇聯的瓦解，使得冷戰的兩極體系於焉落幕。這不僅是因為蘇聯共產主義本身就有致命弱點，更重要的是戈巴契夫的改革計畫所帶來的影響，美國星戰計畫所引發的「第二次冷戰」，以及經濟與文化全球化的影響。

- 「自由主義」對後冷戰時期的美好期待，很快就因為各族群的民族主義衝突以及宗教好戰主義的出現而幻滅。2001年911恐怖攻擊以及之後的「反恐戰爭」是明顯的例子。後者已被視為伊斯蘭教與西方之間的文明衝突。

- 全球經濟下的權力平衡已經出現轉移。有些人認為全球化增進了美國主導經濟的實力，其他則認為，全球經濟其實是增強了世界的多極化發展，特別是新興經濟體的崛起。

問題討論

- 為什麼在1900年以前的世界是由歐洲所主宰？歐洲是如何做到的？
- 1871年統一後的德國，在什麼情況下仍是個「問題」？為什麼？
- 第二次世界大戰真的重演第一次世界大戰嗎？
- 沒有希特勒的話，第二次世界大戰會發生嗎？
- 1945年之後，美國和蘇聯之間的緊張與敵對關係真的不可避免嗎？
- 冷戰有助於世界變得更和平、更穩定嗎？還是更不和平、不穩定？
- 冷戰中有任何人「贏得勝利」嗎？
- 為什麼吾人希冀國際合作與和平共處的「新」世界秩序會如此短暫呢？
- 911事件是世界歷史上的一個轉捩點嗎？
- 美國衰落的此刻，中國會是全球政治中最強有力的國家嗎？
- 歷史是否會帶來「教訓」？有沒有任何證據表示我們有藉此學習到什麼？

第三章　全球政治理論

> 「那些掌權的狂人們，自稱能聆聽天神的聲音，但其妄念
> 不過是截取自幾年前流行一時的某些三流學者的思想。」
>
> ——引述自約翰‧梅納德‧凱恩斯《通論》，1936年

前言

　　沒有人可以將世界視為理所當然。我們每個人都是戴著理論、前提和假設的面紗在觀察世界，所以在這種情況下，各種觀察與詮釋便無可避免的相互交織，意即我們在觀察世界的同時，也在賦予世界意義。理論為原本不成形且混亂的現實提供了模型和架構，這也是為何理論如此重要的原因。全球政治最重要的理論是從國際關係這個學門衍生出來的，並且促使傳統理論的範圍更加豐富與多元。目前在國際關係領域中占支配地位的主流觀點是現實主義和自由主義，這兩個理論各自為全球事務中的衝突與合作之間的平衡狀態，提供了不同的觀點。那麼，為何現實主義者認為全球政治具有無止境衝突的特徵，但自由主義者卻認為全球政治仍存在合作與永久和平的可能性？以及為什麼現實主義和自由主義的觀點會隨著時間推移而變得更加相似？無論如何，從1980年代起，尤其是受到共產主義的瓦解和冷戰結束的影響，出現了一系列關於新理論的呼聲，這些聲音一度受到馬克思主義傳統的支配，並明顯擴大了對世界事務採取批判角度的範圍，例如新馬克思主義理論、社會建構主義、後結構主義、女性主義、後殖民主義和綠色政治，都對全球政治投以批判的眼光，那麼，這些理論彼此之間又有什麼樣的差異呢？最後，全球化的出現已經對理論帶來一系列新的挑戰，特別是全球相互連結在道德與理論上的意義。究竟應該如何進行全球性的思考？全球的相互連結是如何促使我們重新思考現有的理論？重新思考到什麼程度？

關鍵議題

- 什麼是理論，理論又有哪些形式？
- 為何現實主義者主張世界事務應該用權力與自利的方式來理解？
- 為何自由主義者相信，世界事務是偏向支持相互依賴和平？
- 批判理論如何挑戰主流的全球政治理論？
- 批判理論的相同之處是不是比不同之處更多？
- 全球相互連結在經驗和道德上的意義為何？

什麼是理論？

　　這本書有兩章專門討論理論，這一章是第一個。第21章會探討理論如何幫助我們了解這個世界，又能了解多少，不僅討論理論的重要性，也介紹對於理論在全球政治的領域該扮演什麼樣的角色的各種辯論。這一章則是要介紹全球政治的主要理論，每一個都是望向全球事務的獨特「鏡頭」。但究竟什麼是理論？舉凡一個計畫，一個抽象的知識，都能稱之為「理論」。在學術研究的領域，理論最廣義的定義是一種抽象且概略的思想，目的在於解釋、詮釋或評估某個東西。不過理論是個多元而非單一的現象，有很多種樣貌與形式。

　　首先，理論有各種不同的用途，因此可以區分為以下三種：

- **解釋理論**（explanatory theory）：又稱「敘述」或「實證」理論，目的在於解釋事件為何會發生，在什麼樣的情形會發生。解釋理論包含概略的因果命題，會經過「硬」證據測試。所謂硬證據，指的是我們的感覺範圍之外的資料。主流的全球政治研究，便是傾向使用解釋理論。

- **詮釋理論**（interpretive theory）：又稱「建構」理論，賦予事件與議題意義，目的在於了解這個世界，而不是解釋這個世界。詮釋理論強調人類的反思是一種社會過程，也認為「真實的世界」是一連串互相對立的真理與詮釋。全球政治的批判理論大多為詮釋理論。

- **規範理論**（normative theory）：又稱「規定性」理論或「政治」理論，規範了價值與行為標準，探討的重點在於事情該有的面貌，而非目前的面貌。不過全球政治的每一個實證理論，或多或少都是以規範理論為基礎。規範理論也與詮釋理論重疊，因為詮釋理論認為事實與價值沒有分別。

　　第二，理論的範圍與等級不盡相同（見圖3.1）。全球政治最廣泛的理論是理論傳統（又稱「觀點」、「論述」、「學派」、「世界觀」、「典範」）。理論傳統是一種思想架構，內含相互關連的價值、理論與假設，形成各種全球事務的分析方法，例如現實主義、自由主義、馬克思主義或批判理論，以及女性主義等等。這些傳統每一種都能再細分為各種次級傳統，又稱「思潮」。例如

> **古典現實主義**（classical realism）：一種現實主義，大致以人類的自私或利己主義，解釋權力政治的現象。

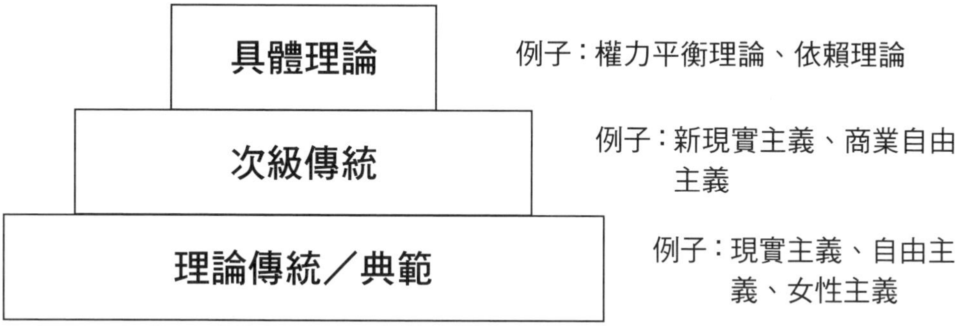

圖3.1　理論分析的層級

現實主義就包含**古典現實主義、新現實主義**，也許還有後新現實主義。自由主義則是涵蓋相互依存自由主義、**共和自由主義**，以及**自由制度主義**。敵對的次級傳統會互相競爭，所以不但各種傳統之間會有辯論，一種傳統的內部也會有辯論。最後，還有一種理論叫做具體理論，例如新現實主義的穩定理論、世界體系理論，以及正義戰爭理論。這些理論通常與某一個理論傳統，或是特定的次級傳統相關，有些則是不願意成為任何一種傳統的「財產」。

現實主義

　　目前全球政治中的主流觀點是現實主義與自由主義。國際關係這個學門成形於一次世界大戰後，當時特別著重自由主義的觀點和理論，渴望在道德與法律規範的脈絡下建構國際政治。從1930年代後期開始，自由主義的思想越來越受到現實主義理論家的批判，並且強調強權政治是一個無法避免的現實。於是國際關係就在自由主義與現實主義的論戰中逐漸形成一個「獨立的學門」，而現實主義也從1945年之後開始主宰學術研究的議題。自從所謂的第一次國際關係「大辯論」出現之後，國際關係開始拒絕停滯不前。1970年代，出現了新現實主義與新自由主義，隨著時

新現實主義（Neorealism）：是一種研究國際政治的觀點，藉由強調國際體系的結構限制來修正權力政治模型，有時又稱「新」或結構現實主義。

共和自由主義（republican liberalism）：一種自由主義，強調共和政府（而不是君主政體）的好處，尤其是民主政治與和平的關連。

自由制度主義（liberal institutionalism）：一種研究方法，著重於制度（包含正式與非正式）在實現自由主義的原則與目標所扮演的角色。

焦點⋯⋯　新現實主義的穩定理論：數字的邏輯？

　　新現實主義認為，兩極體系較為穩定，也更能維持和平，原因如下：

● 既然世上只有兩大強國，這兩大強國都必須維繫兩極體系，因為維繫兩極體系，就等於維繫他們自己。

● 強國變少，強國之間開戰的機率也更小。

● 只有兩大強國，誤判的機率就會降低，就更容易進行有效嚇阻。

● 權力關係會較為穩定，因為每一個集團沒有能擴充權力的外部手段（與其他國家或集團結盟），只能仰賴內部資源（經濟與軍事）

　　在另一方面，多極體系本來就會不穩定，原因如下：

● 強國的數量變多，強國之間發生衝突的機率就越大。

● 多極會製造出體系內國家間關係的流動，甚至不穩定的傾向，因為強國具有能擴張影響力的外部手段，導致結盟出現變化。

● 隨著權力更為分散，現有的強國可能會更為蠢蠢欲動，弱國則會透過結盟，以挑戰進而推翻現有的強國。

　　這種思想在冷戰期間最為盛行，當時是用來解釋超級強國時代的動態。後來則是比較不流行只用國際體系的結構動態，解釋穩定與衝突發生的原因。

間的推移，主流傳統理論之間的差異性已漸趨模糊。

　　就意義上來說，現實主義（有時稱為政治現實主義）宣稱其為觀察世界事務提供了一個清晰的觀點，也就是「現實的」，意即一種冷峻（如現實主義者所觀察到的）且摒除有關期待與道德的觀點。對於現實主義者而言，全球政治自始至終都與權力和自利有關，這也是為何國際政治經常被描繪成權力政治的原因。當漢斯·摩根索提出：「政治是一種人類的權力鬥爭，遑論其最終目的為何，權力是它最直接的目標，而擷取、維持與展示權力的方式決定了政治行動的手段」。權力政治理論有兩個核心的假設（Donnelly 2000）：

● 人類本質上是自私與競爭的，意指**利己主義**是人性的特徵。

● 國家系統在無政府的狀態下運作，在這種情況下，世界上不存在任何高於主權國家的權威。

　　因此現實主義的核心理論可概括為一條方程式：權力政治等於利己主義加上無政府狀態。部分論點主張這個公式悖離傳統現實主義內部的基本分界線，將現實主

利己主義（Egoism）：只關注個人的利益或福祉，又或者稱為自私；指個人利益在道德上優先於他人利益的一種信念。

尼克洛‧馬基維利（1469-1527）

義大利政治家兼作家。馬基維利之父為民間律師，出生於亂世，因此其對公務的知識，來自於當時政治動盪且朝不保夕的佛羅倫斯。馬基維利曾擔任公職，並被派往法國、德國與義大利從事外交工作，後來在美第奇王朝時期入獄，出獄後退隱鄉間，開始從事他的文學生涯。最重要的著作為1513年完成的《君王論》，直到1531年才順利出版，被視為古典現實主義分析權力政治的重要著作，這本書的重點在於描述他對義大利政治家凱撒‧博爾吉亞（Cesare Borgia）治國方略的第一手觀察。另一本《政論集》，則是馬基維利歷時二十年的著作。雖然馬基維利將自己視為共和主義者，但後代多將「Machiavellian」，視為「狡猾與奸詐」的同義詞。

義切割成兩種不同的學派思維，其中一派稱為古典現實主義，以利己主義解讀國際政治，另一派則為新現實主義，或稱結構現實主義，以無政府狀態解讀國際政治。然而，這兩種不同的途徑雖然反應出現實主義內部的差異，但卻不至於成為敵對的學派，因為對所有的現實主義理論家而言，即便他們可能在「最重要的因素為何」上仍有分歧，但大部分的現實主義者仍擁有共同的核心假設。

　　現實主義的核心概念如下：

● 國家的利己主義與衝突。
● 治國方略與國家利益。
● 國際無政府狀態及其影響。
● 極、穩定和權力平衡。

國家的利己主義與衝突

　　現實主義的政治理論是悲觀的，但卻認為這就是人性最真實的狀態。古典現實主義則是在一個長期且已經被建立起來的傳統思維下運作，這可以追溯到修昔底德的伯羅奔尼薩戰爭與（大約同一時期）中國孫子的《兵法》，除此之外，還受到馬基維利與霍布斯的影響。馬基維利的政治理論是以人性中無法改變的黑暗面為基礎，依他的觀點，人性是「貪得無厭、傲慢、狡猾與多變的，最重要的是惡意的、不公正、暴力和野蠻的」，據此，馬基維利認為，衝突是政治生活中不

觀點┈┈ 人性本質

現實主義觀點

　　人性是現實主義非常重要的分析起點，所以古典現實主義有時被稱為「生物現實主義」。現實主義深受霍布斯和馬基維利等思想家的影響，其所抱持的人類本質理論主要有三個特徵：第一，人類本質的基本核心是固定且既存的，因此先天（生物與基因的因素）的影響遠大於後天（教育與社會因素的影響）。第二，天性最終會戰勝理智，人類會受到非理性的欲望（像是厭惡、恐懼、希望和慾念）所驅使，只是這些欲望不會放在考量的最優先位置。第三，人類基本上是自私自利的，因此國家間的衝突成為生活中不可避免的事實。對於古典現實主義而言，人性的自私決定了國家的利己主義，並且創造了一個必須透過競爭來追求國家利益的國際體系。所以那些期望能建立國際合作或維持永久和平的觀點，只是一種烏托邦的幻想。不過，對新現實主義理論而言，人性的假設並沒有這麼重要，其認為競爭和衝突是受到國際體系的結構所影響，而非個人和國家造成的結果。

自由主義觀點

　　自由主義普遍對人性抱持著樂觀的看法。人類具有自利和自信的特徵，但也受理智與人格的自我發展所管理，意味著一方面在國際領域中，個人、團體和國家之間存在著無法避免的競爭趨勢，但是在另一方面，這種競爭的傾向會受到和諧利益（衝突可以且應該被解決）的基本信念，以及對透過討論、辯論與協商的程序來解決衝突的偏好所約束。因此自由主義普遍對於武力的使用和侵略感到痛惜。例如，自由主義總是主張戰爭是最後的手段。就此觀點，在基於自衛或者面對壓迫的情況下使用武力或許是合理的，但前提是必須、也只有在理性和協商都無效的情況下才能使用。相對於現實主義將人類視為冷酷與權力極大化的追求者，自由主義強調的是道德層次的人性，普遍反應在人權學說（宣言）。這種道德層面是建立在理性與進步的強烈信念，這裡的理性意指人類會彼此相互尊重，並且受到以理性為基礎的規則和原則所支配。當個人擴大其對世界的理解與修正情感上的偏見之後，有助於社會的進步。

批判主義觀點

　　相較於現實主義與自由主義均傾向相信人性是不會改變且與生俱來的，批判理論者普遍認為人性具有「可塑性」，會受到社會生活中的經驗與環境所形塑。所以在（後天）培育與（先天）本質的爭辯中，批判理論傾向支持人性是後天培育出來的，這代表兩個重要的意涵：第一，表明了人是一種社會的動物，因此被賦予共同的人性與世界主義的道德情感。例如，批判理論者經常願意支持比國際主義所謂在全球正義概念下的「一個世界」更進一步的願景。第二，可塑性強調的是經濟、政治、文化結構如何塑造人類的身分認同、需求與感知。如馬克思主義所言，社會存在決定意識。對社會建構主義與後結構主義而言，他們可能會主張沒有「人性」這樣的東西，這只是一組適用於所有環境與社會的持續性趨勢或意向。女性主義認為人性不分男女，也就是男性和女性擁有共同的人性，所以男女之間的性別差異是社會與文化塑造出來的結果。儘管如此，也有女性主義者認為男女之間最重要、最根深柢固的差異在於：女性天生富有同情心且愛好和平，男性則傾向競爭與宰制。

可避免的，所以鼓勵政治領導人運用狡猾、殘忍的手段進行統治。霍布斯的思維也建立在對人性抱持悲觀的基礎上，他主張人類會受到非理性的意圖所驅使：混雜著厭惡、恐懼、希望和慾念，其中最強烈的就是對權力永無止境的渴望。由於沒有任何一個人或團體強大到足以建立宰制地位，以及能被有秩序地管理的體系，因此社會中的成員將不斷發生內戰，這種狀況被霍布斯稱為「**自然狀態**」。自然狀態下的生活將是「孤獨、貧窮、骯髒、野蠻與短暫的」。根據霍布斯的觀點，要逃離這種野蠻社會的唯一途徑，就是建立一個擁有主權且權力不容挑戰的國家。

　　這樣的思維如何形塑國際政治的認知？首先，現實主義者認定世界政府從未存在，意指政治實際上是在所謂的國際「自然狀態」下運作，因此國際領域是充滿危險與不確定性的，秩序與穩定始終是一種例外而不是一種規則。其次，馬基維利與霍布斯主要關注的，是如何解讀個人與社會群體的行為，而對現實主義國際關係理論家來說，最關注的是國家的行為。現實主義者視國家為一致且具同質性的「單位」，也是世界舞台最重要的行為者，因此現實主義者的國際政治理論始終是堅決的國家中心論。最後也是最關鍵的，國家實際上是由那些天性中具有自私、貪婪與渴望追求權力的人類所組成與領導，所以國家的行為不得不表現出同樣的特徵，亦即人性的自私決定了國家的利己行為，或如摩根索（Morgenthau 1962）所表示，「社會世界就是人類本質的集體投射」，誠如人類的利己主義會導致個人和團體之間無止境的衝突，國家利己主義也意味國際政治將面臨無可避免的競爭與對抗。如同自利的行為者，每個國家最關注的就是生存，這也是每個領導人的優先選項。由於所有的國家都會透過軍事或戰略手段來追求安全，並在可能的狀況下犧牲其他國家以尋求獲得優勢，導致國際政治擁有無法避免朝向衝突發展的趨勢。

治國方略與國家利益

　　現實主義經常企圖從一個客觀或「科學」的立場來理解國際政治，也承認**治國方略**的重要性。舉例而言，愛德華・卡爾對於發生在一次到二次世界大戰之間的「二十年危機」進行分析，並對在1919年

自然狀態（State of nature）：一個缺乏政治權威與正式（合法）方式制約個人的社會。

治國方略（Statecraft）：一種處理公共事務的藝術或相關的技巧，一種治國的才能。

至1920年之間扮演領導角色的巴黎和會允許「期望」戰勝「思維」的內容提出批評，認為正因其忽略了國際政治中權力的重要性，使世界陷入一個無法避免更多衝突發生的情況。摩根索（1948）同樣強調「治國方略的藝術」，認為政治的實際操作應該基於「政治現實主義的六項原則」，闡述如下：

- 政治受到根植於人性的客觀法則所管理。
- 理解國際政治的關鍵在於用權力來界定利益的概念。
- 國家權力的形式與本質會隨著時間、地點與內容而改變，但利益的概念卻是一致的。
- 即便政治行動具有道德意涵，並不代表普世的道德原則可以作為國家行為的依據。
- 對道德的渴望被具體化到特定的國家之中；但沒有一組普世公認的道德原則。
- 政治的領域具有自主性，意味著國際政治中最關鍵問題在於：「政策如何影響國家的權力？」

　　在現實主義的傳統中，影響治國方略的關鍵指南是**國家利益**，強調的是現實主義在政治道德上的立場。現實主義普遍被描繪成不道德的原因在於，它將人性的特徵刻畫成貪婪與追逐權力，並且堅持倫理的考量應該被嚴格的排除在外交決策之外。現實主義的分析含有規範性的重點，認為國家政策應該受到追求國家利益的原則所驅使，最終以人民的福祉為國家的指導原則。因此現實主義並非反對以政治道德的概念作為國家的基礎，而是反對一個能夠適用於所有國家的普世道德原則。事實上，從現實主義的角度來看，後者（普世道德）的其中一個問題是，他們通常會阻礙國家對前者（政治道德）的追求。尤有甚者，國家利益的評估可以為決定何時、何地與為何開啟戰爭提供重要的決策基礎。雖然現實主義通常與永無休止的戰爭扯上關係，但現實主義也經常反對戰爭與侵略性的外交政策。在他們的觀點中，只有當國家的重要利益處於危急的狀態下才應該發動戰爭，啟戰的決策應該在以戰略利益的方式對其結果進行成本與效益的評估之後才能產出，舉例而言，這樣的思維就如同摩根索與大部分的美國現實主義者反對越戰一樣（除了美國尼克森與福特總統時期的國

國家利益（National interest）：外交政策的目標、目的或政策的偏好，都是為了使整體社會受益（外交政策相當於「公共利益」）。

漢斯・摩根索（1904-1980）

德裔美國國際關係理論學者。摩根索為納粹德國統治下的猶太難民，1937年抵美後展開其學術生涯，被尊奉為國際關係的翹楚，於1948年出版的《國際政治學》一書，對後來國際關係理論的發展具有高度的影響力。他致力於開發出一門「權力政治」的科學，其理念基礎相當明確的服膺於馬基維利與霍布斯。他所謂的「政治人」，是一種天生自私且渴望支配他人的動物。他拒絕國際政治的「道德」研究途徑，提倡一種現實的外交政策，以分析權力平衡和促進國家利益的需求作為基礎。其他主要的著作包括，1946年的《科學人與強權政治》、1951年的《捍衛國家利益》與1960年的《美國政治的目的》。

安顧問與國務卿亨利・季辛吉之外），現實主義者也曾對反恐戰爭作出嚴厲的批判，當時美國現實主義學界中的34位領導者於2002年聯署反對美國發動對伊拉克戰爭。

　　華茲提出的理論主要是透過「個人、國家和國際這三種層次的分析法」來解釋國際政治。而古典現實主義的缺點在於其無法解釋國家層次以上的行為，這是任何內生型或「由內而外」理論本身的限制（意指一種由內部因素，即從主要行為者的意圖或偏好來解釋國家行為）。新現實主義或「結構現實主義」採用的是**系統理論**，利用國際體系中的結構來解釋國家行為，所以新現實主義是一種外生型或「由外而內」的全球政治理論（意指行為者的行為是受到「外部的」影響，也就是脈絡或結構運作的結果）。這種將焦點從國家轉移到國際體系的作法，強調的是無政府狀態的意涵，國際社會主要的特徵為：國家（和其他國際行為者）實際上是在一個沒有正式的中央權威的狀態下運作。但是國際結構如何塑造國家行為？而且根據現實主義者的觀點，為何國際無政府狀態會趨向衝突而非合作？

　　新現實主義提出三種導致國際無政府狀態必然趨向緊張、衝突以及無法避免地導致戰爭的主要理由：第一，假設國家為獨立、自主與平等的政治體，最終他們仍須依靠自身的資源來實現利益。因為國家的生存不能仰賴他國的「照顧」，所以國際無政府狀態是一個「**自助**」體系。第

系統理論（Systems theory）：一種聚焦於「系統」運作的研究途徑，利用各組成部分之間的互動來解釋其運作與發展。

二，國家之間的關係總是存在著不確定與猜忌，「**安全困境**」即最典型的案例
（Booth and Wheeler 2008）。雖然自助行為迫使國家為了維護安全與生存，建立
軍事力量來阻止其他國家發動攻擊，但這種行為卻很容易被解讀為具有敵意與侵
略性，而且無法確定的動機可能迫使國家間互相敵對，也就是在這種無政府狀態
下，國家之間長期感到不安是無法避免的結果。第三，國家會因為關注於維持和
提升他們的相對地位而導致衝突發生，產生**相對利益**，不但會阻礙國家間的合
作，也會降低國際組織的效用。雖然，所有的國家均能從特殊的行為或政策中獲
利，但實際上相較於本國的獲利，每一個國家其實更加關注其他國家的獲利多
寡。

極性、穩定，以及權力平衡

　　事實上，即使國家之間彼此抱持著敵意，也不必然會導致流血與暴力衝突。
新現實主義與古典現實主義同樣相信衝突會受到權力平衡的制約，這也是所有現
實主義理論家的核心概念。然而，古典現實主義者將權力平衡視為一種明智的治
國方略，新現實主義者則將其視為國際體系中結構動態導致的結果，特別是國家
間權力（或能力）分配的結果。簡而言之，國際體系中的強權數目就是影響權力
平衡的產生，以及發生戰爭或保持和平的
主要因素。雖然新現實主義認為國際體系
普遍傾向平衡而非失衡，但也相信世界秩
序是由強權國家的命運（是否出現改變）
所決定，反應出新現實主義對**極**的重視。

　　一般來說，新現實主義經常將兩極體
系與穩定性和減少戰爭的可能性進行連
結，另一方面，亦將多極體系與不穩定和
出現戰爭的可能性相連結。這種偏好使得
新現實主義者大多對冷戰抱持正面的評
價，並且將其視為一種「長遠的和平」，
但也曾警告在後冷戰時期（第9章將有更
深入的討論）將出現多極體系崛起的狀
態。不過現實主義並不同意結構的不穩定

自助（Self-help）：意指一國在沒有外
力支援的情況下，僅能依賴自身的能力
與資源來確保安全與生存。

安全困境（Security dilemma）：這種
困境出現在當國家基於防禦的理由而提
高建軍能力時，往往容易被其他國家解
讀為具有侵略性。

相對利益（Relative gains）：國家相對
於他國的地位，取決於國家間的利益與
能力分配。

極（Polarity）：體系中存在著一個或
多個重要的行為體或「極」，這會影響
其他行為者的行為和形塑體系本身的輪
廓，決定體系的結構動態。

全球政治行動……
1919至1920年的巴黎和會

事件：一次大戰後，同盟國代表（包括美國總統威爾遜、法國總理克里蒙梭與英國首相勞伊·喬治）於1919年1月在巴黎集會商討對德和平條約。結果同年6月簽署《凡爾賽條約》，並與其他戰敗國簽署了一連串條約。這些條約背後有兩個主要的動機：第一，威爾遜總統明確提出十四點和平原則（曾於1918年1月在國會對這個和平計畫發表演說），冀望透過摒棄過去的強權政治，建立一個新的國際秩序來實現「正義和平」。這個會議導致中、東歐地區的版圖在民族國家自決的原則下，被重新分配，導致南斯拉夫、捷克斯洛伐克與波蘭等新國家的出現。這是威爾遜總統在凡爾賽會議的重大貢獻，還建立了國際聯盟。另一個動機是由法國總理克里蒙梭特別提出，為了懲罰德國與強化法國的安全，不但要求德國進行大規模的裁軍、割地賠款、將其殖民地交由同盟國的各強權國家進行「託管」，並對德國實施「戰爭罪刑」的條款。

重要性：就在巴黎和會剛滿20年之後，世界再度陷入全面戰爭，而且二次大戰帶來比一次大戰更多的屠殺與痛苦。到底是那裡出現問題？為何「正義和平」會失敗？這些問題使當代的國際關係理論家意見紛歧。以卡爾為首的現實主義者，經常將1919年爆發的戰爭與巴黎和會決策者的「理想主義」或「烏托邦」概念加以鏈結。卡爾認為一次大戰是軍國主義、跨國帝國的「舊秩序」所造成，他們相信民主、自決和國際組織。特別的是，他們認為權力政治不必然導致戰爭，而且強權之間的戰爭是可以避免的。當德國被指責為（質疑公平性）一次大戰爆發的原因，又再生為一個主要且具有野心的軍事強權，且打破了《凡爾賽條約》的許多項目時，

國際聯盟卻無力制止。所以現實主義指責自由主義的政治家與理論家忽略了國際關係最基本的要素：也就是所有的國家最終將被自利所驅動，唯有權力才能制衡權力；依賴法律、道德與國際制度將無濟於事。二次大戰結束後，現實主義的觀點更加廣泛地被接受，使得現實主義理論在國際關係理論學門中的優勢不斷增加，甚至超越了自由主義的理論。

另一方面，自由的國際主義指出在巴黎和會中，自由主義原則的應用並不一致。《凡爾賽條約》從來不是真正的「自由和平」。《凡爾賽條約》遺留下許多懸而未決的民族衝突，時而甚至更加惡化（特別是將德國的領土割給法國和捷克斯洛伐克），最重要的是，當時想要懲罰與永久性弱化德國的欲望，已經優先於凌駕對正義和平的追求。因此可以說二次大戰所播下種子，不是根據「烏托邦」原則，事實上《凡爾賽條約》在很多方面可以稱為「勝利者的和平」。像是德國因為戰敗後遭到的「虐待」，累積了大量的怨懟，隨著時間的推移，為其往後的侵略性外交政策產生了推波助瀾的作用。更甚者，國際聯盟只是虛有其表，而且身為全球超級強權的美國拒絕加入。所以，巴黎和會可說製造了最糟糕的世界：一邊說服追求戰勝的強權權力政治已經蕩然無存，另一邊又強化了歐洲現有的權力政治。

肯尼斯·沃爾茲（生於1924年）

美國的國際關係理論家。華茲對國際關係的貢獻始於《人、國家與戰爭》一書，採用了傳統現實主義的研究途徑，並在這樣的基礎下對戰爭進行分析。華茲1979年的《國際政治理論》一書，對當代國際關係理論產生相當深遠的影響，奠定其成為摩根索繼承人的學術地位。華茲忽視人性與治國方略的倫理等主張，運用系統理論來解釋國際無政府狀態如何有效的決定國家的行為，而國家體系只有在國家間能力分配情形發生變化的情況下才會有所轉變。華茲的分析與冷戰有很密切的關連，並且相信兩極體系比多極體系更加穩定且能提供更好的安全與和平保證。

性與出現戰爭的可能性之間的關係。對所謂的**攻勢現實主義者**而言，國家的主要目的是獲得權力，如果權力平衡的狀況瓦解（當它傾向多極），就可能發生戰爭（Mearsheimer 2001）。另一方面，**守勢現實主義者**則認為，國家往往優先考慮安全更甚於權力，在這種情形下國家將不願發動戰爭，即便這是一種國際體系的動態過程（Mastanduno 1991）。

探討現實主義

在二次世界大戰之後的大多數時間，現實主義在國際關係領域的地位極高。沃爾茲（Waltz）發表著作《國際政治理論》（*Theory of International Politics*，1979年）之後，有人說國際關係研究找到了「王牌理論」，也就是新現實主義。現實主義之所以稱霸國際關係研究，原因之一在於冷戰的重點就是超級強國的敵對，還有核武競賽，因此權力政治與安全顯得至關重要。於是沃爾茲（1986）主張，現實主義凸顯出「少數重大的事情」。然而有一個趨勢從1970年代與1980年代出現，也因為冷戰結束而迅速蔓延，那就是全球政治越來越受到某些現象影響。這些現象不是違反現實主義的期待，就是凸顯出現實主義分析的侷限，例如冷

攻勢現實主義（Offensive realism）：結構現實主義的一種形式，將國家描繪成「權力極大化」的追求者，擁有控制國際環境的無限欲望。

守勢現實主義（Defensive realism）：結構現實主義的一種形式，將國家視為「安全極大化」的追求者，目的在於避免世界其他強權的攻擊。

戰結束（現實主義者沒有預料到，也無法解釋）、非國家行動者對全球事務的影響力越來越大、全球化的進展，以及人權相關議題越來越重要。現實主義在國際關係研究的核心地位，也因此越來越受到挑戰。更多人開始關注與現實主義敵對的理論，例如捲土重來的自由主義，以及建構主義之類的「新」批判理論，但越來越多現實主義者（又稱「軟弱」或「避險」現實主義者）將現實主義的核心原則，與各種政治理論互相結合。

概念澄清：理想主義（Idealism）

理想主義（又稱烏托邦主義）是一種國際政治的研究途徑，強調道德價值與觀念的重要性比權力與追求國家利益更重要，也是一種外交決策的指導方針。理想主義基本上是一種變形的自由國際主義：對於國際和平的願景抱持相當樂觀的態度，通常渴望藉由加強國際法來改革國際體系並且懷抱著國際主義的道德觀。因此，理想主義並非自由主義的延伸：理想主義是一種比自由主義更廣泛與模糊的概念，並未與現代自由主義理論的脈絡相連結。

儘管如此，雖然將現實主義奉為最高解釋權威的呼聲已經散去，但很少人會質疑現實主義至今仍然很重要，也很少人會否認，每一個認真研究國際關係的人，都應該將現實主義納入自己的分析工具箱（Donnelly 2000）。這也是因為大家承認無政府狀態（不過也許被其他的發展改變）仍然是世界政治的基本特色，範圍遠遠超出現實主義之外。因此關於自助式國際體系的結構動態的新現實主義分析，無論如何也不會完全被排除。何況在許多領域中，現實主義仍然位居現代辯論的最前線。關於美國外交政策的辯論就是一例，尤其是在美國國內的辯論。另一個明顯的例子，是「反恐戰爭」的辯論，尤其是進攻伊拉克，以及美國該如何回應中國崛起。從1990年代開始，現實主義理論最明顯的趨勢，就是將體系分析與個體層級分析結合，形成所謂的「新古典現實主義」或「後新現實主義」（Wohlforth 1993, Zakaria 1998）。越來越多人接觸到古典現實主義的思想，就更重視治國才能。顯然現實主義理論教給我們最永恆的道理，就是無論是基於多大善意的行動，難免會造成意外的結果，也就是說處理國際事務應該盡量謹慎。

自由主義

自由主義的意識形態已經成為形塑西方政治思維的主要力量，事實上，有些人將自由主義描繪成西方工業化帶來的意識形態，並將自由主義與西方文明視為一體。自由主義的思想和理論對於一次大戰後成形的國際關係學門，有著相當重

要的影響，甚至可以追溯到更早期的「理想主義者」，像是康德相信「普遍與永久和平」存在的可能性，和中世紀早期提出「義戰」的思想家湯瑪斯・阿奎納。但是在1945年後的初期，自由主義曾因《凡爾賽條約》的失敗與現實主義思維的興起而遭到邊緣化，直到1970年代才再度以**新自由制度主義**的形態重獲關注，此時的自由主義已經卸去大部分傳統理想主義的特徵。冷戰結束後（有時被視為世界事務的自由時期），全球化影響的增長與1990年新一波的**民主化**，都賦予自由主義理論更多的動力。

　　不論任何形式的自由主義，都以和諧的概念或在相互競爭的利益中取得平衡作為核心概念。據此，雖然個人、群體和國家都可能會追求自身利益，但終會趨向一個自然的平衡狀態。進一步來說，相互競爭的利益也可以相互配合，衝突從來不是無法協調的，對自由主義而言，在經濟生活（見第87頁，全球政治經濟研究途徑）中常常出現自然或不受管制的平衡狀態，利益的平衡經常在世界上的國家之間出現，使自由主義者相信和平與合作的可能。然而，更重要的是，自由主義的典範與現實主義之間的差異性其實並不清楚，因為這兩者對國際政治如何運作存在一些共同的主流假設。最明顯的是，兩者均接受世界事務被國家之間相互競爭的方式所形塑，指國際體系是、或者必須維持去中心化（無政府）的狀態。不過，不同的是，自由主義者假設體系內的競爭，必須在一個和諧的架構下操作，這種趨勢導致自由主義相信國際主義，並且認為現實主義基本上低估了去中心化國家體系內合作與整合的程度。

　　自由主義理論有三個核心的概念如下：

- 互賴的自由主義
- 共和的自由主義
- 自由制度主義

互賴的自由主義

　　自由主義理論中的互賴是以貿易和經濟關係的概念為基礎。這種思維可追溯到起源於二十世紀初的**商業自由主義**，主要

新自由制度主義（neoliberal institutionalism）：自由主義的一種流派，強調國際體系內部的合作行為的範圍，也不否認國際體系的無政府特質。

民主化（Democratization）：從獨裁主義到自由民主的一種轉變過程，落實在對基本自由與政治權利的認同，以及建立差額選舉與引進市場改革。

商業自由主義（Commercial liberalism）：自由主義的一種形式，強調自由貿易的經濟與國際利益，將帶來共同利益與國家之間的和平與繁榮。

以古典經濟學者李嘉圖（David Ricardo 1770-1823）以及「曼徹斯特自由主義」、理察·科普丹（Richard Cobden 1804-1865）與約翰·布萊特（John Bright 1811-1889）為基礎。商業自由主義的核心理論是相信自由貿易能為人們帶來好處，而且**自由貿易**能促進經濟利益，它讓每個國家能夠專注於生產符合國家優勢的特定產品與服務，這樣的產品通常具有「比較優勢」。再加上自由貿易把國家置入經濟互賴的網絡之中，使得國際爆發衝突所需付出的物質成本越來越高，讓爆發戰爭變得無法想像。自由貿易有助於維持和平的原因有兩種：一方面人們可能因為害怕被剝奪重要的商品而選擇維持和平（負面）；但另一方面自由貿易可以讓不同的人們因為分享共同的價值觀和商業文化而連結在一起，增加對彼此的了解（正面）。簡而言之，「商業精神」是防止侵略和擴張的最佳方式。

　　商業自由主義以強調相互依賴為基礎，但後來由自由主義者基歐漢和奈伊進一步發展為所謂的「複合式互賴」（Complex interdependence），這個觀點最初被視為一種取代現實主義的理論模型。複合式互賴反映出當代世界的人民與政府受到發生在其他地區，特別是其他國家的行動所影響的程度。隨著全球化的發展，這種概念不僅被應用在經濟領域，同時也可以很明顯的看出複合式互賴與其他議題之間的關係，包括氣候變遷、國家發展與減貧和人權等議題。這樣的觀點主張現實主義只關注國際政治中的軍事與外交層面，即所謂的「**高階政治**」，是一種窄化的偏見。反之，國際議題已經變得更加寬廣，更聚焦於有關福利、環境保護與政治正義的「**低階政治**」。國家之間的關係也已經發生改變，對現代化的國家來說，不只出現一種貿易優先於戰爭的趨勢，還出現更緊密的合作，甚至是整合的態勢，最具代表性的例子：歐盟。儘管如此，互賴的自由主義內部仍然出現了分歧，其中「強」的自由主義論者，相信國際體系已經發生質變，並在實質上緩和了無政府狀態、自助與安全困境帶來的衝擊，創造出一種必然朝向和平、合作與整合發展的趨勢（Burton 1972；Rosenau 1990）。另一方面，「弱」的自由主義則接受了新現實主義的假設，特別是以國際無政府狀態的意涵作為分析的起點，這也提高了當代現實主義與自由主義

自由貿易（Free trade）：一種國家之間的貿易體系，不受關稅或其他保護主義形式的限制。

高階政治（High politics）：較為重要的議題領域，通常涉及國防與外交政策，特別是與國家生存相關的事務。

低階政治（Low politics）：不論是在外交或國內的範圍，議題的領域皆不涉及國家重要的利益。

理論之間偶有重疊的程度（Axelrod 1984；Stein 1990）。

共和自由主義

　　如同古典現實主義，自由主義在國際政治上採用的是「由內而外」的理論化途徑，因此很多關於國際與全球事務的推論，都是從他們基本特徵的假設中衍生出來的。儘管自由主義強調和平與國際和諧，與現實主義的權力政治形成鮮明與強烈的對比，但兩種觀點本質上都將國家視為自利的行為者，因此每個國家都對其他國家構成潛在威脅。不過，自由主義與現實主義的差異在於，前者相信國家的外部行為主要是受到政治與憲法組織的影響，這個觀點反映在共和自由主義的傳統上，並可追溯自康德或威爾遜。專制與獨裁的國家會被視為具有好戰與侵略的本性，民主國家則被視為愛好和平，尤其在它們與其他民主國家交往的時候，特別明顯（Doyle 1986, 1995）。威權體制的這種侵略性特徵，主要源自於他們不需要承受人民的壓力，並且具有強大的軍隊和政治力量。一旦他們習慣運用武力來維持權力，武力便成為其面對世界和處理與他國之間爭議時的一種自然反射機制。此外，自由主義者認為威權國家缺乏制度化的機制來回應公共壓力與平衡競爭的利益，導致國家內部天生存在著不穩定的因素，迫使威權政府必須採取冒險的外交政策來維繫與鞏固政權，如果無法確定可以經由參與和人民的認同來得到人民的支持，那麼「愛國主義」戰爭將成為唯一的選項。

　　自由主義已經把民主視為一種自由的保證。共產主義的瓦解，讓法蘭西斯福山（Francis Fukuyama）的**民主和平論**重新找到一條發展道路。在福山的眼中，接受自由民主的原則與結構和市場資本主義的擴張，這些都可以歸納為「歷史終結論」，同時也允諾創造一個更穩定與和平的全球秩序。自由主義宣稱他們的信念受到經驗與理論的支持，特別的是到目前為止仍未出現兩個民主國家間發

概念澄清：國際主義（Internationalism）

國際主義是一種以國家或民族之間的合作做為基礎的政治理論或實踐，源自於人性的普世假設，不同於政治國家主義，後者強調的政治認同程度是由國籍來塑造。然而，國際主義兼容於民族主義，它承認先前即存在於國家之間的團結或合作，而非完全的移除或放棄國家認同，因此不同於世界主義。自由國際主義，反映在對自由貿易和經濟互賴的支持，和致力於建構或強化國際組織。

民主和平論（Democratic peace thesis）：一種主張和平與民主之間在本質上即相互連結的概念，特別是民主國家之間不會發生戰爭。

焦點…… 現實主義與自由主義之間的距離正在拉近？

　　雖然一般將現實主義與自由主義視為國際政治中相互對立的理論，因為前者強調利己、權力與衝突，後者卻強調道德、和平與合作，但是這兩者之間的差異已經隨著時間逐漸消退。新自由主義的其中一項特徵便是接受某些新現實主義的假設，像是自利以及接受國際體系本質上的無政府狀態。而這些觀點讓新自由主義比「傳統」自由主義更容易解釋國家行為。同樣的，大部分當代的現實主義者都是已經「弱化」或「受到限制」的現實主義者，他們也接受了不能完全以權力、自利和衝突來解釋國際政治的觀點。因此所謂的「新（現實主義）─新（自由主義）辯論」，成為一種技巧性而非基礎性的辯論。

　　根據現實主義與自由主義的觀點，認為對國際政治的最佳解釋是承認衝突與合作這兩股力量的相互抗衡，但自1960年代以來，有理論家開始提倡「國際社會」的概念，這些理論家有時被稱為國際關係中的「英國學派」。這種觀點藉由主張「國家社會」的存在而不只是一種簡單的「國家體系」，來修正現實主義所強調的權力政治和國際無政府狀態，指涉國際關係是法治的，而且這些規則有助於維持國際秩序。像國際法、外交與國際組織的活動等機制能夠產生文化融合與社會整合。因此布爾（Hedley Bull 2002）提出「無政府社會」的概念來取代傳統現實主義的國際無政府狀態。國際社會理論也可以被視為一種自由現實主義的形式。

生戰爭的情形（即使民主國家仍持續與其他國家發生戰爭）。他們也透過「和平區」的建立來推動民主化，這是由許多成熟的民主國家如歐洲、北美與澳洲所組成。反之，在世界上的其他地方，也有「混亂區」的存在。然而，隨著所謂自由干涉主義的升高，還有民主能夠且應該透過軍事手段來促進「政權更替」的觀點，都使共和自由主義陷入爭議。（這個議題將在第九章反恐戰爭的部分有更詳細的討論）

自由制度主義

　　自由主義相信主權國家的野心需要利用國際組織這樣的重要「外部」機制來加以限制，這種見解被稱為「自由制度主義」。自由制度主義的基礎在於「國內類比」，也就是用思考國內政治結構的方式來觀察國際政治。特別參照由霍布斯和洛克（John Locke, 1632-1704）等思想家發展出來的社會契約理論，這個理論強調事實上只有主權權力的建構可以保障公民，使其免於面對混亂與野蠻的國家本質。如果秩序僅能「由上而下」地被加諸在國內政治上，那麼國際政治必定是同樣的情形。這一點為**法治**的建立提供了基礎（這是威爾遜拋出的概念），使國際政治從「叢林」轉變成「動物園」。雖然國際聯盟有些瑕疵，但卻是首次企圖

爭辯中的議題⋯⋯　民主是和平的保證嗎？

大部分的自由主義都支持「民主和平論」，主張民主與和平相互鏈結，意即戰爭通常不會發生在兩個民主國家之間。但現實主義與其他論點則不認為民主必定帶來和平。

支持	反對
和平區：對於「民主和平」這個概念的研究，主要來自經驗的分析。當民主向外擴散時，「和平區」就會出現，戰爭的衝突也會變得無法想像。這相當適用於歐洲（因這些地區曾被戰爭與衝突籠罩）、北美與澳洲。從歷史的角度來看，民主國家之間不會爆發戰爭。雖然民主和平被支持者所接受，但戰爭仍持續發生在民主與專制國家之間。	**民主國家間的戰爭**：這種將民主國家本質視為和平的觀點，已經逐漸被民主國家與獨裁國家之間持續發生戰爭的證據給削弱，這也是大多數民主和平論者所知道的。此外，支持這觀點的經驗證據經常被體制是否符合民主所困擾。如果普遍投票與多黨選舉是民主治理的核心特徵，那麼1999年北約轟炸科索沃的塞爾維亞部隊和蘇聯於2008年入侵喬治亞這兩個案例，便成為民主和平論的例外。除此之外，阿富汗與伊拉克的戰爭也都證實了民主國家並非僅為了自衛而訴諸戰爭。
民意：自由主義認為戰爭是由政府所引起，而非人民。因為人民可能成為戰爭下的犧牲品：遭到殺害或承受顛沛流離之苦。總之，他們沒有能力也沒有興趣從事戰爭（即「沒有戰爭的胃口」）。在國際衝突事件中，民主國家會尋求調停而不是對抗，訴諸武力僅是尋求自衛的最後一項手段。	**國家就是國家**：現實主義者認為導致戰爭的因素同樣適用於民主與獨裁國家，特別的是，一個國家的憲法結構並不能、也從來無法改變人類本質中自私、貪婪與使用暴力的部分。民意並不總是反對戰爭，有時反而迫使民主政府採取冒險與擴張主義的外交政策（歐洲帝國主義、第一次世界大戰，或者反恐戰爭都是最好的例證）。所以現實主義認為，戰爭較少源自於憲法體制的國家，較多源自於恐懼和懷疑，這是一種國際無政府狀態下不可避免的結果。
非暴力的衝突解決方式：民主政府的本質是一種妥協、調停和協商的過程。這些相互競爭的利益和團體會找出一種相處方式，而非訴諸武力和使用赤裸裸的權力。畢竟這就是選舉、國會和壓力團體等存在於民主國家的目的。而且並非只有建制是立基於妥協和調停，外交決策途徑和國內政策也同樣適用，一旦政府不習慣利用武力去解決國內的衝突，也就比較不會使用武力去解決國際的衝突。	**和平的其他意涵**：雖然將世界區分為「和平區」與「混亂區」，已經成為現代世界政治中不可否認的特徵，然而這樣的差異仍然無法清楚地區分戰爭的發生是否與民主有關。例如，在民主國家之間（相較於在民眾的壓力下）比較能夠有效的維持自由貿易產生的經濟互賴模式。簡單的說，成熟的自由民主國家，通常比只有自由或民主的國家來的富
文化的約束：因為民主的規則傾向促進特定的規範和價值，所以這種文化（包括相信憲政體制、尊重言論自由與保證私有財產制）會把所有的民主國家聯繫在一起。普世的道	

德基礎加強了民主政府將彼此視為朋友而非敵人的觀點，因此，民主國家之間的和平共存，似乎成為一種「自然狀態」。

裕，因此戰爭對這些富裕國家而言，比較不具吸引力，因為他們鮮少需要透過征服來獲得利益，而且更害怕失敗。

將這種思維付諸實踐的案例。聯合國則得到更多的支持，並且彷彿成為全球政治的一個永恆象徵。自由主義指望能夠藉此建立一個以集體安全和尊重國際法為基礎的法治國際體系。

當代新自由主義者已經建立起對國際組織的研究途徑，即為所謂的「新自由制度主義」。在脫離了早期自由主義所提倡的世界主義這個遠大夢想之後，取而代之的是解釋在功能項目上逐漸增加的合作與整合，並與自身利益進行連結。如此一來，制度成為能夠促進國家間在共同利益

概念澄清：國際建制（International regime）

建制是一組原則、程序、規範或規則，用來治理國際政治中國家與非國家行為者在特定議題上的互動，因此，它們是一種具有正式或非正式特徵的社會制度。建制包括條約、公約、國際協定與國際組織，並且在多種不同的議題領域中運作，包括經濟、人權、環境、運輸、安全、政策、通訊等。建制最重要的意義是反映出相互依賴的增長與承認合作和協調能為各方帶來絕對利益。

的基礎上合作的媒介。雖然新現實主義認為國家總是著重在「相對利益」，所以這樣的合作相當困難，而且容易破局，但新自由主義關注的是「絕對利益」，亦即當國家在經過計算後發現他們可能獲得更好的結果時，將樂於合作，而非只是不斷的計較是否高人一等。新自由主義運用這樣的觀點來解釋正式制度的起源與發展，範圍從世界貿易組織、國際貨幣基金到區域經濟組織——像是歐盟，同時也關注許多非正式的機制。新自由制度主義在這個部分擁抱了所謂的「新」制度主義，他們對制度的定義並不特別強調已經建立或正式的部分，而是更廣泛的將

制度視為一套規範、規則和已經被行為者內化的標準操作程序。這樣的解釋，加強了國際建制在新自由主義理論中的角色。

探討自由主義

1970年代，全球政治出現了一連串的新趨勢，似乎與自由派思想息息相關，自

法治（Rule of law）：在某種意義上來說，法律應該能夠「治理」，並建立起一個能夠管理行為的架構。

絕對利益（Absolute gains）：在不對其他國家造成任何影響的情況下，只考慮一個國家從政策或行動中獲得的利益。

由主義理論也因此再度盛行。隨著全球化到來，相互依存的自由主義
（interdependence liberalism）再度成為世人關注的焦點，尤其是因為自由主義的
政治經濟經常成為美化全球化的工具，將全球化與經濟動力，與全球經濟繁榮的
願景連結在一起。共產主義在1980年代末垮台，民主化浪潮隨即興起，也引發共
和自由主義（republican liberalism）再度崛起。第一次世界大戰之後出現的「民
主與和平是否相關」的話題，如今再掀熱潮。國際組織的地位日漸升高，建立了
新自由制度主義（neoliberal institutionalism），作為對抗新現實主義
（neorealism）的主要力量，似乎證實了「無政府狀態之下的合作」確實有可能
出現。然而就算世界事務確實有「自由主義階段」，也無法延續到1990年代以
後，因為出現了其他似乎與自由主義背道而馳的趨勢，例如政治伊斯蘭
（political Islam）的興起，以及更廣泛的宗教復興主義（religious revivalism）的
趨勢。自由主義相信現代化與世俗化（secularization）是攜手並進的，因為宗教
信仰就算不被理性主義（rationalism）擊潰，也會越來越侷限在私人領域。方才
提及的這些趨勢，顯然與自由主義的想法背道而馳。

　　自由主義理論涉及許多複雜的層面，所以受到很多衝擊。自由主義的範圍很
廣，這在很多人眼中是一種優勢，尤其是相較於僅僅關注權力、安全與生存議題
的現實主義，但自由主義理論也因為範圍很廣，導致整體的連貫性遭到質疑。會
出現這種問題，多少是因為自由主義的三大次級傳統（sub-traditions）不但不會
相輔相成，甚至還互相矛盾（Griffiths, 2011）。推動自由貿易，將各國經濟體整
合成一個全球經濟體（這符合相互依存的自由主義思想），全球市場與跨國企業
就得以操縱各國政府，導致國內民主品質下降（這是共和自由主義最擔心的）。
自由主義內部還有其他很明顯的矛盾。例如全球化的推進就凸顯出自由主義政治
經濟內部的分歧，有些人認為全球市場的運作應該不受限制，有些人則是認為應
該設置一個規範架構，以免全球資本主義吞噬了自己。同樣的道理，國際組織的
成長，也暴露了自由主義內部「國際主義派」與「世界主義派」的分歧。自由國
際主義派希望能將國際組織當成一種機制，促進主權民族國家之間的合作。自由
世界主義派則是提倡超國家治理（supranational governance），也許還會堅稱國
家主權的規範，服膺於人權的規範之下。

批判的觀點

　　國際政治和世界事務的主流觀點自1980年代晚期開始，明顯的受到正在崛起的批判性觀點的挑戰。雖然這些觀點彼此之間存在著很多差異，但是他們擁有兩項共同點：第一，除了正統馬克思主義和多種形式的綠色政治之外，批判性觀點各自以不同的方式擁抱**後實證主義**的研究途徑，因此將理論與實務密切的連結在一起（第21章會更詳細討論這些問題）。第二，類似於第一點。批判性觀點尋求挑戰全球現狀、規範、價值與假設的基礎，揭露主流理論忽視的不平等與不平衡的部分，因此，批判理論者傾向將現實主義與自由主義的觀點，視為一些為了隱匿全球體系中權力不平衡或使其合法化的途徑。批判理論是一種解放理論：他們致力於推翻宰制和那些為了自身利益而結盟的剝削團體。在政治參與上，有時很難將批判理論與傳統理性的學派進行調和，但批判理論者認為這反而突顯了後者的侷限性而非前者。全球政治中主要的批判性觀點如下：

- 馬克思主義、新馬克思主義和批判理論
- 建構主義
- 後結構主義
- 女性主義
- 綠色政治
- 後殖民主義

馬克思主義、新馬克思主義和批判理論

　　雖然馬克思主義對學術理論化的影響相當有限，但在傳統上仍被視為有別於主流現實主義與自由主義之外的首要批判或激進思維。無論如何，馬克思主義是一個非常廣泛的領域，就國際理論而言，它具有兩種對比的傾向：第一，關注於經濟的分析和揭露資本主義是一種在國家與國際層次中，對階級進行壓迫的體系形式，這種觀點適用於古典馬克思主義與大部分的**新馬克思主義**。第二，馬克思主義也強調意識形態與文化面向的壓迫，並且

後實證主義（Post-positivism）：一種對「客觀」現實概念提出質疑的研究途徑，強調人類如何對他們所生活的世界進行設想或「建構」。

新馬克思主義（Neo-Marxism）：對馬克思主義的更新與修正，反對決定論、經濟優先論和無產階級地位至上論。

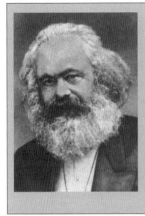

卡爾・馬克思（1818-1883）

德國的哲學、經濟學家與政治思想家，被視為二十世紀共產主義之父。馬克思在大學經歷短暫的執教之後，開始參與越來越多的社會運動，最後定居於倫敦。他畢生致力於積極的革命與寫作，受到好友兼終生夥伴恩格斯（Friedrich Engels，1820-1895）的支持。馬克思一生致力於批判資本主義，強調資本體系的不平等與不穩定使其具有易變的特質。馬克思認同歷史目的論的觀點，主張社會發展終將導致共產主義的建立。其經典著作有三卷《資本論》，其中最著名且最具影響力的則是與恩格斯合著的《共產主義宣言》。

擁抱後實證主義的理論化模型，形成後馬克思主義。這樣的觀點後來被運用在「批判理論」，並對葛蘭西和法蘭克福學派的觀點造成影響。

從古典馬克思主義到新馬克思主義

　　馬克思主義的核心概念是一種哲學性的史觀，描繪出為何資本主義將走向毀滅，並終將被共產主義所取代。這種哲學的概念是以「歷史唯物論」為基礎，相信經濟的因素是人類歷史最終的決定性力量。在馬克思的觀點中，歷史是由一連串辯證的過程所驅使，在每一個「生產方式」內部的矛盾都反映出階級衝突，導引出社會革命並建構出新的、且較高等的生產模式。這個過程是一系列歷史階段的特徵（奴隸、封建與資本主義等），直到建立一個無產階級的共產主義社會後才會停止。就馬克思看來，資本主義具有明顯的跨國特性，導致有些人將其視為一種早期的「超全球主義」（hyperglobalist）理論家，這種對利益的渴望將驅使資本主義「盡一切力量掃除各種可能阻礙交往的障礙」，以及「征服全球的市場」（Marx〔1848〕1976），然而，這種將資本主義視為一個國際體系的意涵，直到列寧出版《帝國主義：資本主義的最高階段》一書（*Imperialism: The Highest Stage of Capitalism*）（〔1916〕1970）後才被徹底揭露。列寧將帝國主義描繪成一種經濟現象，反映出國內資本主義透過剩餘資本的輸出來維持獲利的水平，反過來說，這將為主要的資本主義強權之間帶來衝突，這種為了控制非洲、亞洲與其他地區的殖民地所導致的戰爭（一次世界大戰），本質上就是帝國主義戰爭。這些思維被後來的馬克思主義者進一步的發展，聚焦在全球資本主義

的「**不平衡發展**」。

　　令人關注的是，馬克思主義在1970年代後進行修正，透過「新馬克思主義理論」來解釋全球貧窮與不平等的現象。舉例而言，在1945年後，**依賴理論**所強調的內容從傳統的帝國主義發展到新殖民主義，有時被視為「經濟帝國主義」，或者更具體的說是「金錢帝國主義」。世界體系理論則認為，對於世界經濟最好的理解方式是將之視為一個環環相扣的資本主義體系，並且在國際層次上展現出國家資本主義的特徵，也就是說，結構不平衡是因為剝削和經濟矛盾而產生的不穩定和危機。國際關係中的世界體系是由「核心區」、「邊陲區」和「半邊陲區」之間的相互關係所組成，核心區如已開發的北半球，即具有資本集中、高報酬與高技術的工業產能，因此受惠於技術的創新和高且穩定的投資水平；邊陲區如發展程度較低的南半球，因為相當依賴原料出口、生活工資，以及本身國家保護架構太軟弱而遭到核心區的剝削；半邊陲區在經濟上從屬於核心區，但卻利用邊陲區的優勢，在兩者之間構成一個緩衝地帶。全球資本主義固有的不平等與不公平，也成為導致1990年代後期反全球化或「反資本主義」運動出現的原因之一。

批判理論

　　批判理論（通常又稱為「法蘭克福學派批判理論」，以和廣義的批判理論進行區別）已經成為受馬克思主義啟發的理論中，最具影響力的國際理論之一，而對批判理論有著重大影響力的當屬安東尼奧・葛蘭西（Antonio Gramsci）的思想。葛蘭西（1970）認為，資本主義的階級制度除了靠不平等的經濟與政治權力來維護之外，還有資產階級思想的「**霸權**」理論。這裡的霸權意謂著一種領導與支配，是一種意識形態上的霸權，意指用資本主義的觀點取代敵對觀點的能力，使其成為當代的普世觀點（共識）。葛蘭西的這個觀點影響了當代對於世界與全球霸權本質的思考。傳統霸權是透過軍事力量來支配其他國家，但當代的新葛蘭西學派論者強

不平衡發展（Uneven development）：一種資本主義下的經濟發展趨勢，因為追求經濟獲利、競爭與經濟剝削所產生的壓力，導致工業、經濟部門和國家的發展程度不一。

依賴理論（Dependency theory）：一種新馬克思主義理論，強調國際資本主義內部的結構失衡，導致貧困國家和區域的依賴與低度發展。

霸權（Hegemony）：對體系中其他行為者的支配與主宰；對馬克思主義者而言，霸權意謂著意識形態的宰制。

全球行為者……

反資本主義運動

形式：社會運動

一般認為，反資本主義運動的興起（又稱為「反全球化」、「反企業化」、「反自由主義」、「全球正義」、「改變全球化」運動）可以追溯到1999年11月發生的「西雅圖之戰」，當時約有5萬名參與者迫使世界貿易組織取消會議的開幕儀式。這個「走出來」的活動為反資本主義運動提供了一個「新政治」模式，並且不時出現在國際峰會與全球性會議的場合。在某些方面，反資本主義運動存在於兩個層面：第一種層面是以激烈的行動者為導向，由人民（通常為年輕人）與社會運動者所組成的一種鬆散、無階級組織式的國際聯盟，估計包括環保團體、工會、宗教團體、無政府主義者、革命社會主義者、爭取原住民權利者等等。另一種層面的反資本主義運動是以專家為導向，聚焦在一些著名的作家與主要的工作者，透過他們的影響力對廣泛的大眾產生影響。其中部分的人並不直接參與活動，但對運動所訴求的目標寄予同情。領導分子（但不是領導人）包括有諾姆·喬姆斯基（Noam Chomsky）、娜歐蜜·克萊恩（Naomi Klein）和諾瑞娜·赫茲（Noreena Hertz 2002）

重要性：社會運動帶來的影響力非常難以估計，因為社會運動的類型非常廣泛，有時其文化目標也是含糊不清的。但如果只因資本主義體系至今仍在全球範圍內存在，就認為反資本主義運動已經失敗，是非常荒謬的。反資本主義運動的支持者主張，這是一種在當代全球政治中，最接近反霸權的力量，它的角色在揭露和對抗新自由主義全球化的論述和實踐。「企業」全球化導致不平等與不對稱的現象越來越嚴重，使反資本主義運動被形容為「運動中的運動」。因此，反資本主義運動為那些在不同範圍內被邊緣化或剝奪的人類與族群提供了一個媒介，讓他們能夠對全球化表達自己的意見。據此，這種社會運動是一種民主的力量，一種在壓迫與無助下興起的革命。反全球化運動者相信關於跨國議題的思考方式已經改變，甚至已經重塑全球政治的議程。例如，環境議題（特別是全球暖化）、市場導向發展的失敗、減貧策略等議題的出現，都可以被視為一種人類意識的提升。與1980到1990年代相比，今日像世貿組織、世界銀行與國際貨幣基金等等與聯合國相關會議或組織的運作方式與氣氛，已經有很大的不同，而反資本主義運動對這樣的改變有很大的影響。

對於反資本主義運動的批判有時也相當中肯。對反資本主義運動最嚴重的譴責是，它並未對新自由主義全球化發展出系統性與一致性的批判，沒有勾勒出另一種可行的替代選項。這反映了反資本主義運動高度分歧的本質與彼此的目標並不普遍相容的事實。反資本主義運動者中，只有少數支持者是真正的「反資本主義者」，並且採用馬克思主義的分析方式，強調資本主義固有的缺陷。大部分的團體與支持者，只是想將資本主義這個「最惡劣的暴行」移除而已。同樣的，反資本主義也分化了全球化本身。例如，只有一些民族主義者、文化行動主義者與爭取原住民權益者，會反對全球化的原則。其他大部分的反全球化運動支持者只是希望打破全

球化與新自由主義的鏈結，建立一個替代全球化或「改變全球化」的形式而已。另一種反資本主義運動內部的嚴重分裂，則是出現在企圖加強全球正義與國家和全球治理的鏈結，以及不信任任何形式的政府和治理的無政府主義者之間。

調的霸權，是透過一種將威脅與承諾混合使用的方式來運作，著重國家彼此之間在經濟、政治與軍事與意識形態的力量，以及國家與國際組織的互動。因此考克斯在分析美國霸權的時候，除了提及軍事方面的優勢之外，還包括是否擁有維持一個受到廣泛認同的「世紀秩序」的能力。

　　另一個對批判理論有著關鍵性影響的是法蘭克福學派的思維，該學派起源於1923年，由一群在法蘭克福大學社會研究所工作並且受到馬克思主義影響的理論家所建立，後來在1930年代重現於美國，並於1950年代早期再次重建於法蘭克福大學（這個研究所於1969年解散）。批判理論的目標是將獨立社會研究與哲學思考進行連結，企圖將批判的概念擴大到所有的社會實踐之中。

　　法蘭克福學派第一代最具代表性的思想家包括阿多諾（Theodor Adorno, 1903-1969）、霍克海默（Max Horkheimer, 1895-1973）與馬爾庫塞（Herbert Marcuse, 1989-1979）。第二代的代表人物為哈伯瑪斯（Jürgen Habermas）。早期法蘭克福學派的思想家主要關注於離散社會的分析，後代的思想家如考克斯（1981，1987）與林克萊特（1990，1998）則進一步將批判理論運用在國際政治的研究中，至少有三種不同的方式：首先，批判理論突顯出知識與政治之間的聯繫，強調理論與理解已經被鉗入一個價值與利益的框架之中，意謂著所有的理論都是規範性的，要理解世界的人就應接受更多的**理論反思性**。其次，批判理論家承諾解放政治：為了提升個人或集體的自由，他們關注於揭露並掃除全球政治中的壓迫與不符正義的結構。最後，批判理論者質疑國際理論中政治社群與國家之間的傳統關聯性，藉此打開更多（能夠包容更多）的可能性，甚至是包括世界主義這樣的政治認同。

建構主義

　　建構主義（有時也稱為社會建構主義）是受到後實證主義研究途徑影響最深的國際理論，並在冷戰結束後開始獲

理論反思性（Theoretical reflexivity）：意識到理論家將價值觀與假設帶入分析中所造成的影響，以及對歷史動態的理解有助於塑造（改變）理論。

安東尼奧・葛蘭西（1891-1937）

義大利馬克思主義兼社會主義理論家。葛蘭西之父為一低階的公務員，於1913年加入社會主義黨，後於1921年加入新成立的義大利共產黨，直到1924年獲得該黨領袖的地位，最後在1926年遭到墨索里尼監禁直到過世。葛蘭西在1929年到1935年間撰寫的《獄中的筆記》中，試圖修正傳統馬克思主義過分強調經濟或物質因素的論點，他反對任何形式的「科學」決定論，並透過霸權理論來強調政治與知識分子間鬥爭的重要性。葛蘭西堅稱，只有政治與知識分子的層次才能對資產階級霸權造成挑戰，藉由「反霸權」鬥爭，無產階級的利益才能繼續在社會主義原則、價值和理論的基礎下獲得實踐。

得大量的關注。建構主義的分析途徑是建立在相信「沒有任何客觀的社會或政治現實是獨立存在於我們的理解之外」的基礎上。因此建構主義者並不將社會世界視為一種本來就存在的東西，相反的，它僅存於「內在」，如同一種互為主體的意識。在最終的分析中，世界是人類（無論是個體或社會團體）根據他們的生活和行動所建構出來的。人類的信念和假設，只有經由廣泛的分享以及在賦予社群或人們一種認同和獨特利益的時候，才會變得特別有意義。因此，建構主義的分析突顯了全球政治關於「結構與能動者」的爭辯中所缺少的面向。在這種情況下，建構主義的立場位於「由內而外」與「由外而內」之

概念澄清：建構主義（Constructivism）

建構主義是一種社會與政治的分析法，核心思想是「信仰、規範與價值，都是建構現實的關鍵」，因此社會與政治的世界並不是「已知的事實」，而是向來互為主體（inter-subjective）的領域。這就代表在全球事務成形的過程中，規範結構或觀念結構發揮的影響，至少跟物質結構一樣重要，尤其是因為規範結構或觀念結構會影響行動者的認同，進而影響他們的利益與行動。不過建構主義分析可以是系統性（研究各國在國際系統之中的互動）、個體層面（研究國內的社會與法律規範如何塑造國家的認同與利益），也可以是全面的（研究塑造國家的認同與利益的所有因素）

間，並且堅持結構與能動者之間的互動經常以「觀念因素」（信念、價值、理論與假設）作為媒介，這些觀念因素影響能動者對自己的看法，以及其如何理解和對這個在他們運作下產生的結構做出回應，因此建構主義不能完全視為一套實質的理論，而是一種分析工具或認知途徑。

　　建構主義中最具影響力的陳述，莫過於亞歷山大・溫特所主張之「無政府狀

焦點……　結構或能動者？

　　究竟應該用「結構」（行為發生的背景）還是「能動者」（人類行為能力對事件的影響）來解釋全球政治，才能得到最好的答案？許多關於全球政治的研究都具有結構性的特徵，也就是說他們採用了一種稱為「由外而內」的理解途徑。這些途徑各有不同的本質與脈絡。例如，新現實主義者（又稱結構現實主義）以國際體系結構來解釋國家行為；馬克思主義者強調國際資本主義的重要影響，有時被新馬克思主義者視為一種「世界體系」；即便是自由主義者也承認，全球化力量所構成的複合式經濟互賴網絡已經對個別的國家行為造成限制。結構主義的魅力之一是，它用外部或外生的因素來解釋人類的行為，省略了變化莫測的人類意志與決策，允許理論宣稱其具有科學的精密度。但結構主義的缺點是，它可能導致決定論，並將自由意志完全排除在外。

　　其他強調能動者能夠超越結構的理論，一般被描述為意向論（intentionalism）或意志論（voluntarism），強調人類自由意志的重要性。這些理論具有「由內而外」的特徵：他們從意圖或主要行為者的偏好來解釋行為，因此，這些理論是內生的。例如，「古典」現實主義主要的論點是以國家為世界舞台主要的行為者來理解國際關係，每個國家都傾向追求自身的利益。自由主義者也偏好「由內而外」的理論，強調國家的外交政策導向是受到其構成制度的影響（特別是民主或專制政體）。雖然意向論的優點是重新引入人類行為者的角色和決策，但它的缺點在於過度的「簡化主義」：它簡化了關於主要行為者在某些核心議題上的社會解釋，也低估了結構性因素對人類行為的影響。批判理論者根據結構主義與意向論的缺點，試圖超越「結構與能動者」的爭論，認為行為和（發生行為的）脈絡這兩者之間並沒有明確的區別，結構與能動者是相互影響的。（Hay 2002）

態是由國家造成」的論述，這意味著國家行為並非如新現實主義者所言，是受到國際體系的結構所影響，而是由特定的國家如何看待無政府狀態所決定。例如，有些國家視無政府狀態為一種危險與威脅，但其他國家可能將之視為自由與機遇，因此「友善的無政府狀態」與「敵意的無政府狀態」之間有很大的不同，而這裡所謂的危險，並非指國家所面對的客觀環境，而是國家的自我認同及其如何看待其他的國家。這也可被視為國家與民族主義的關係，國家並非客觀的實體，而是一群分享共同文化遺產的人們，他們是主觀的實體，他們對成員的認同是由一套特定的傳統、價值與情感所定義。建構主義者的分析強調的是世界政治的多變性：當民族國家與其他重要的全球行為者都改變他們的看法時，他們的行為也會因此改變。這種立場可能同時帶有悲觀與樂觀的意義，一方面，它開啟了一種可能性，因為國家可能超越原本狹隘自利的觀點轉而擁抱全球正義，甚至是世界政治；另一方面，它也突顯了另一種可能性，就是國家與其他國際行為者可能因此陷入擴張主義與侵略性的政治教條之中。無論如何，批評者認為建構主義並沒

有察覺到信念受社會、經濟與政治現實形塑的程度，思想終究不是雨水，「不會從天上掉下來」，它是一種複雜社會現實下的產物，並且反映在思想與物質世界之間持續發展的關係。

後結構主義

後結構主義是伴隨著後現代主義孕育而生，這兩種典範有時也被交替運用。後結構主義強調所有用語言來表達的觀點與概念經常陷入複雜的權力關係，特別在米謝‧傅柯的著作出現後，後結構主義開始利用**論述**或「權力論述」的概念與思維，勾勒出權力與思想體系之間的鏈結。在缺乏一個普遍性參考架構的情況下，只存在著一系列競爭性的觀點，每一種觀點都表現出一種特定的權力論述。這樣的觀點有時與雅克‧德西達（Jacques Derrida,〔1967〕1976）著名的論點「沒有什麼是獨立於文本之外」相關。

後結構或後實證主義的思想已經逐漸對國際關係理論產生影響，特別是自德代元（Der Derian）與夏琵羅（Shapiro）的著作《國際性／互文性》（*International/Intertextual*）問世之後（1989）。後結構主義注意到政治事件總是容易受到不同的解釋所感染，像911事件就是一個案例。對於後結構主義者而言，不光是針對911事件究竟是不是一種恐怖主義行動、犯罪、邪惡的行徑或者（可能是正當的）報復行動進行辯論，還有關於「行為」的本質也存在著不確定性，究竟攻擊行動是基地組織計畫的過程、美國新殖民主義的開始、還是有其他的可能？在這種氛圍下，古典的後結構主義途徑試圖揭開隱藏在特定概念理論和解釋背後的意涵，稱為**解構**。然而，批評者也對後現代／後結構主義的相對主義提出控訴，他們主張即使是不同的認知模式卻同樣有效，從而反駁只要是科學就能分辨出其中真理與謬誤的觀點。

女性主義

女性主義理論長期以多種不同的方式影響著國際政治（True 2009），所謂的「經驗」女性主義，已經對「性別歧視」和從傳統途徑來分析女性議題的方式提出挑戰。從這種觀點來看，傳統的國際政治

論述（Discourse）：人類的互動，特別是溝通；論述可以被用來揭開或說明權力關係。

解構（Deconstruction）：以找出哲學的或其他文本中的盲點或矛盾為目的。

亞歷山大・溫特（生於1958年）

出生於德國的美國國際關係理論家。溫特是一位後設理論家（Meta-theorist），他運用建構主義的分析，對新現實主義與新自由主義提出批判。他同意國家是國際政治理論的主要分析單元，但其主張國家與其利益不應被視為理所當然。國家體系的結構是「互為主體」而非物質的，所以國家的行為是以社會建構出來的認同與利益為基礎。溫特強調新現實主義與新自由主義的缺陷在於，這兩者都無法說明國家行為者的自我認知。重要著作包括1987年的《國際關係理論中的能動者——結構問題》、1992年的《無政府狀態是由國家造成的》與1999年的《國際政治的社會理論》。

途徑仍然聚焦於男性主宰的主體與制度，也就是政府、國家、跨國企業（TNCs）與非政府組織、國際組織等。女性在國際與全球化的過程中，經常扮演附屬與被剝奪的角色，如外交官的妻子、國內勞工、性工作者等上述職類，因此常被忽略。「分析」女性主義者，如安・蒂克納（J. Ann Tickner），揭露了全球政治的理論架構是建立在性別偏見的基礎上，這種觀點遍及女性主義主要的理論和概念，有時帶出建構主義與後實證主義的觀點。而支配現實主義典範中的「權力政治」則成為批判主義的特定目標。女性主義認為權力政治理論的前提假設，是建立在與敵對、競爭和無可避免的衝突相關的「男性思維」之上，所以會產生一種從追求權力的自利行為者之間的互動來看待世界的趨勢。分析女性主義關注的不僅是揭露這種偏見，同時也擁護其他替代性的概念與理論，例如將權力與合作進行連結而非衝突，女性主義理論和以**性別**為基礎的分析將在第17章有更詳細的討論。

綠色政治

　　自1970年代以來，隨著「有限成長」與「人口定時炸彈」等議題走入政治議程，綠色政治（或生態主義）開始對國際理論造成影響。此外，自1990年起，國際上對於氣候變遷的關注，使人們對綠色政治的興趣大幅增加，並且經常被視為典型的全球性議題。綠色政治的核心主旨是一種人類與自然之間本質上相互連結的概

性別（Gender）：男性和女性在社會與文化上的區別，通常以「陽性」與「陰性」這兩種典型為基礎。

焦點······ 一切存乎於心？

　　理論與現實之間的關係為何？究竟理論僅能用來解釋世界，或在某種意義上也能「建構」世界？傳統的全球政治研究途徑是以實證主義為基礎（有時稱為自然主義或理性主義），主要反映在現實主義、自由主義與正統的馬克思主義。實證主義的基本假設是認為有一個世界確實「存在那裡」，這是一種現實，我們的知識可以經由反覆的實驗、觀察與演繹（即運用科學的方法）來建立。因此，世界有一個固定或具體的特徵，而知識可以是「客觀的」，不受感覺、價值或任何偏見所汙染。這種積極建構「科學的國際政治」的熱潮，在1960、1970年代出現後達到頂峰，最具影響力的就是出現在美國的行為主義。就實證主義者的觀點而言，理論具有嚴謹的解釋性目的：他們是解釋世界的工具，而事件的真偽是取決於其與現實的差距。

　　然而，自1980年代以來，實證的國際政治研究途徑一直受到所謂「後實證主義」的批判。這些研究途徑包括批判理論、建構主義、後結構主義，以及某些方面的女性主義與後結構主義。而這些途徑的共通點在於，他們都對實證主義相信有一個獨立於觀察者的理念、觀點與假設之外的客觀現實「存在那裡」的主張，抱持懷疑的態度。後實證主義者認為，當我們在觀察世界的同時，我們也在賦予它意義；我們只能看見我們認為存在的世界。這樣的途徑導引出更多的批判性與反思性的理論觀點，被視為擁有建構性而非僅止於解釋性的目的。因此，更加關注於鑲嵌在理論背後的偏見與隱藏的假設，意謂著不帶任何偏見的學術研究，也許只是一個無法實現的理想。後現代的思想家以更具遠見的觀點建議，所謂客觀真理應該被完全摒棄，因為所有的知識都是局部且相對的。

念，有時也與詹姆士·洛夫洛克（James Lovelock）的「蓋亞假說」相連結。然而，綠色政治包含一個相當廣泛的理論觀點，對國際事務和全球政治而言，也有相當不同的意涵。主流或修正主義的綠色思維，一方面試圖找出現代化與經濟成長之間的平衡點，另一方面，則需要著手處理環境惡化的問題。「永續發展」這個概念的核心宗旨是將環境議題與經濟目標相連結，這樣的方式已經對發展理論產生相當的影響力，特別是在南半球地區。

　　不過，激進的綠色理論者更進一步主張，人類與自然之間只有透過激進的社會改革才能取得平衡。對「生態社會主義者」而言，環境危機源自於資本主義經濟體系，因為資本主義將自然「商品化」，並將其置於市場交易體系之中。「生態無政府主義者」則對階層與權威進行批判，主張其對人類的統治將會連帶影響到對自然的支配。「生態女性主義」對男性權力宰制環境的觀點加以批判，認為男性權力對於女性的支配將延伸到自然層面。

> **深層生態主義**（Deep ecology）：一種綠色意識形態的觀點，反對人類中心主義，主張以維持自然為優先，這種觀點涉及了物種平等、多樣性與去中心化的價值觀。

安‧蒂克納（生於1937年）

美國國際關係女性主義理論學者。蒂克納是觀點女性主義的代表人物，她揭露了傳統國際關係研究將性別邊緣化的問題。最著名的作品《國際關係的性別問題》（*Gender in International Relations*，1992），強調國家安全的地緣政治與陽性特徵的偏見與限制，證明這樣的特質只會加強而非減少人們的不安全感，以及說明為何和平、經濟正義與生態的永續發展，對女性安全來說如此重要。蒂克納強調性別關係會形塑知識，其最終目的是要超越性別的差異與克服性別的不平等。曾發表1988年的〈漢斯‧摩根索的政治現實主義原則：一個女性主義的重新詮釋〉與2002年的〈911事件的女性主義觀點〉等文。

「**深層生態主義者**」採用激進的新哲學與道德角度，以有別於傳統機械論與原子論的激進**整體主義**為基礎，主張只有「典範轉移」能夠終結環境的惡化。事實上這一派的觀點將自然視為一個整體，每一種生物都應享有「生存與發展」的平等權利（Naess 1989）。關於綠色政治的本質與意涵，將在第十六章有更完整的討論。

後殖民主義

　　全球政治的最後一個批判性觀點是後殖民主義。後殖民主義者一直以來試圖揭露文化面向中的殖民規則，像是建立非西方與反西方觀點、文化和傳統的合法性。其中一支為最具影響力的後殖民主義理論，堪稱愛德華‧薩依德（Edward Said）的「東方主義」，這個概念強調西方文化與政治霸權對世界上其他國家的控制，透過精心刻畫的小說來貶低與輕視非西方的人民與文化，尤其是東方國家，例如「神祕的東方」、「不可思議的中國人」與「貪婪的土耳其人」。這種經由殖民主義傳遞的文化偏見，不僅影響更屈從著受殖民的人民。他們還宣稱因為他們擔負著「國際社會」的衣缽，所以要利用權威來「梳理」世界上其他的弱勢國家，利用這樣的觀點持續影響著西方國家。其中人道干預便可視為一種**歐洲中心**

整體主義（Holism）：是一種整體大於個體集合的信念，整體主義認為這種理解必須透過承認個體間的關係才能獲得。

歐洲中心主義（Eurocentrism）：將來自歐洲的文化價值與理論應用到其他群體和人民身上，是一種偏頗或扭曲的觀點。

詹姆士・洛夫洛克（生於1919年）

英國的大氣化學家、發明家與環境思想家。洛夫洛克曾被美國太空總署招募，成為探勘火星生命計畫團隊的一分子，但後來有超過四十餘年的時間都獨立從事科學研究。他採用整體的科學研究途徑，以學科的相互連結取代個別研究。洛夫洛克最著名的論點是「蓋亞假說」，其認為地球應該被視為一個複雜且能自我調節的生命體，這意謂著人類的繁榮與物種是否有助於地球生態體系的永續發展或反而造成威脅之間有著密切的關聯，他也是首位提醒世人注意大氣環境中有氟氯碳化物存在的學者。主要著作有1979年《蓋亞》與1989年的《蓋亞世紀》。

主義的例證，依據人道主義的立場強行干預，或對開發中國家進行其他形式的干預（如國際援助）都可以視為殖民主義的延續，只是手段不同。關於後殖民主義的觀點與理論將在第8章有更深入的討論。

全球性思維

1980年代以來，全球化的加速不僅有助於重塑世界政治，也帶來了一系列新的理論挑戰。在全球相互連結的情況下，不只出現概念化的問題，還使政治的運作逐漸陷入一個由世界、區域、國家和次國家層次交織而成的互賴網之中。如何使其成為可能？換句話說，如何進行「全球性的思考」？全球性思維的意涵是什麼？建立全球性的思維可能面臨的挑戰有二種：第一，第一個困難來自於全球相互連結如何形塑經驗性的認知：我們如何定義一個所有事物都與其他事物相互影響的世界？第二，全球相互連結帶來的規範性意義：人與人之間的社會鏈結是否可以延伸到我們生活中的道德領域？

相互連結的挑戰

主流和批判理論如何進行全球性的思考？也就是，他們能夠將全球化議題處理到什麼樣的程度。這個圖像是混合式的。就現實主義而言，它聚焦於單元層次的分析，將國家視為世界舞台的主要行為者，這樣的觀點與大多數關於全球化製造出來的論述不合，尤其是「全球經濟是環環相扣的」這樣的觀念。因此，現實主義在處理全球化的議題時，否認全球化帶來了任何新的改變或差異：認為全球

化僅是另一種國與國之間「同樣」的遊戲。所以從現實主義的角度來看，大肆鼓吹所謂的「互賴世界」在很大的程度上只是一種迷思。此外，自由主義與新馬克思主義則是在不那麼急切的情況下，將全球化的現象納入他們的思維之中。對自由主義而言，全球化的到來剛好與其長期以來建立的經濟互賴觀念與自由貿易的價值相契合。實際上，許多「超全球主義」的理論化是以自由主義的假設為基礎，特別是關於市場將會達到一個長期均衡的趨勢，並帶來普遍的繁榮與更大的自由。亞當斯密這種將市場競爭視為一隻「看不見的手」的觀點，可以被視為全球互聯模式的基礎。同樣的，馬克思主義與新馬克思主義者在處理全球化議題時，也沒有遭遇什麼困難，畢竟，馬克思可以說是第一個長期以來，一直關注資本主義的跨國性而不僅是國際性的經濟思想家。對新馬克思主義者而言，經濟全球化僅是資本主義世界體系或全球資本主義出現的一種徵兆。然而，全球化的圖像顯然是負面的，因為其造成「核心區」與「邊陲區」之間的分歧日益擴大，因此，自1990年代開始出現關於全球相互鏈結所帶來的利益與負擔的爭辯，這些爭辯基本上都是我們所熟悉的面孔。如果是支持全球化的論證就會大量的汲取自由主義的思想，相反的，反全球化的論點則是根據新馬克思主義或準馬克思主義的思想。

　　然而，某些人認為全球相互鏈結的挑戰藐視了目前現有的理論，所以需要發展出一套全新思維。這是因為複雜的相互連結形式的出現，所以很難、甚至無法再以傳統的「原因」和「結果」作為思考的方式。在一個互賴的世界，兩個或兩個以上的行為者、過程與變項之間的關係是互為因果與相互調節的，因此，如果A、B與C之間相互依賴，任何發生在B的改變將導致A和C的改變，同樣的，任何A的改變，也將導致B與C的改變，以此類推（Hay 2010）。不過，複雜的過程並非到此為止，實際上，任何發生在A的改變並非只造成B與C的改變，還包括A本身，因此無法再將A、B、C三者的改變區分開來，也就是僅從「事物本身的性質」來思考將變得更為困難。第一位用「複雜科學」（complexity science）研究政治與國際事務的理論家，是羅塞瑙（James Rosenau）。他研究全球化的運作與影響，也把研究的觸角伸展到全球化典範之外，發現如今出現了一個逐漸縮小，充滿不確定性、改變與複雜的世界，可以稱之為一連串無窮無盡的「**遙遠的接近**」。

> **遙遠的接近**（distant proximity）：一種複雜的現象，意思是一個東西感覺很遙遠，卻似乎也很接近。

詹姆斯·羅塞瑙（James Rosenau，1924-2011年）

羅塞瑙是美國政治學家、國際事務學者，也是外交政策決策分析的先驅，專門研究全球化的動態與影響，以及複雜程度增加與不確定性上升的普遍現象。他在1990的《全球政治的動亂》一書探討那些超越了民族國家的範圍，塑造全球政治的面貌的新力量，例如非政府組織在全球政治的影響力節節上升，以及個人作為全球政治的行動者，所得到的權力。他在另外兩本著作：1997年《站在國內外邊界》以及2003年《遙遠的鄰近》，更進一步分析，強調事件的行動者人數不斷增加，行動者之間相互依存的程度又不斷上升，結果製造出一個因果關係盤根錯節的環境。他提出「碎裂化」（fragmentation）的概念，以定義那些超出全球化範圍的動態，尤其是在地化（localization）與分權化（decentralization）。

複雜的相互鏈結挑戰了西方傳統中關於理性的基本理論，其歷史可追溯到亞里斯多德「一切事物皆為是或不是」的說法。這種二元或「二擇一」的思考途徑意謂著世界可以用線性、因果關係的方式來理解，而複雜的相互鏈結或許可以從另一種整體性、非二元性與非線性的視角來理解。普遍來說，東方的思維中，特別是佛教（強調萬念歸一，相信萬物皆「空」）（Clarke 1997）經常被視為一種典型的非二元性思維；其他像是「模糊思維」（Kosko 1994）、深層生態學（Capra 1996）與系統思維（Capra 2003）等學派

概念澄清：混沌理論（Chaos theory）

混沌理論出現於1970年代，是數學研究的一個分支，目的在於尋求一個能夠代替線性微分方程式的選項。線性是指一個可預測的強大變因（例如，一個撞球被另一個撞球撞擊後會如何反應）。相反的，混沌理論探討的是非線性系統的行為（如天氣系統），變數的範圍非常廣泛，其中任何一個因素的改變都可能對其他因素產生不對稱、隨機的效果。最典型的例子就是所謂的「蝴蝶效應」：這種概念意指，僅僅是一隻蝴蝶揮動翅膀，都有可能導致地球的另一端出現颶風。

則試圖超越「二擇一」的方式。但非線性或非二元的思維將引領我們到什麼地方？其所代表的其中一個重要意義是，當事件之間具有一種隨機與多變性的特徵時，採用因果關係模式將增加思辨的困難度。這就是混沌理論（chaos theory）所強調的重點，它認為系統包含了太多變數或未知的因素，所以系統的行為是很難預測的，而全球金融市場的不穩定就是混沌理論的最佳案例（Soros 2000），整

爭辯中的議題⋯⋯ 道德責任是否擴展至全球人類身上？

全球正義的核心理念是將普世的權力與義務的概念擴展至全球，建立起「超越國界」的正義，但這種思維的基礎與說服力為何？

支持	反對
人類是道德的生物：世界倫理的核心是將個人、而非特定的政治社群視為道德價值的主要來源。最常見的是透過人權宣言來提倡人類所擁有的生存權利。不分國籍、宗教、文化認同或其他的原因，這種生存的權力是基本且普世的，屬於人性中的良善。因此，人權宣言意指世界存在著單一的倫理共同體，在全球各地的人們都是這個道德世界的一部分。	**道德從家開始**：社群主義者認為要建立道德必須從地方開始，也就是以我們從屬的，並且會塑造我們的生活與價值的社會作為基礎。這是一個簡單的事實，世界各地人民的道德考量通常都以他們最熟悉的地方為優先，最明顯的是家人、朋友，再來是當地社區的成員，然後才是那些與他們共享國家與文化認同感的成員。道德不僅被特定社會中的獨特歷史、文化與傳統所塑造，要察覺我們的義務是如何延伸到那些與我們分享類似道德架構的成員身上是很困難的。
道德情感的全球化：在一個相互鏈結程度越來越緊密的世界裡，想要將道德情感繼續限縮在自己的社會，變得越來越難。跨國的資訊與溝通流動（特別是電視的影響），導致人們對於地球另一端的人和社會之間「陌生」與不熟悉的情形將大幅減少。例如，當2004年印度洋海嘯的景象出現在新聞報導後，即湧入來自世界另一端的大規模人道關懷，並為緊急救難援助計畫提供經濟援助。因此，全球化具有一個重要且無法抵擋的道德面向。	**能動者的問題**：普世權利的概念只有在確認誰是權利承擔者及其義務之後才有意義。如果道德義務落在個人身上，那麼在自然災害與內戰的事件中，個人可以做的事情就很少。但如果我們的義務是透過國家與各國的政府來履行，就可能出現國家間能力不同的問題。因此，公民與國家的義務，可能成為它們自身社會的財富與權力的體現。如果普世的義務只能在世界政府的背景下才有意義，那麼全球正義就應該由超國家機構來維持，這將造就全球專制統治的未來。
全球公民：人民對生活在地球另一端的人負有的道德義務，來自於他們的相互影響。我們住在一個全球相互影響的世界。世界一端的採購決策可能影響到世界另一端的工作機會、條件和貧窮程度。不論我們喜歡與否，我們的行動都對他人具有道德上的意義，因此我們也應該受到道德的限制。這樣的思維接近功利主義，認為我們應該盡可能達成快樂極大化，克服世界上大部分的痛苦，每個人得到的快樂與痛苦應該平等。因此，公民	**自助的優點**：關於普世的權利和義務宣言必然會主張，世界上富裕與成功的國家（或人），應當在某種程度上幫助世界其他貧窮與不幸的國家（或人）。然而，這種干涉往往適得其反：可能導致依賴與削弱他們原有的自信，或許我們虧欠他國人民與社會的主要責任，就是讓它們獨立發展。雖然這可能會導致短期的道德成本，但卻能夠得到長期

世界的基本道德原則將會是：勿傷害（do no harm）。	的道德利益，這種社會形式較能保護其公民，使其免於痛苦與困難。因此，國家主權可能產生良好的道德意識和政治意識。

體來說，社會將會有明顯的風險與不確定性的趨勢（Beck 1992）。

世界主義

　　全球相互鏈結不僅挑戰我們理解世界的方式，或許還包括我們的道德關係。全球化的進程無疑的具有道德的面向，已經重新引起人們對世界主義形式的關注，最明顯的例子便是人們對全球正義或世界倫理這樣的觀念越來越感興趣（Dower 1998；Caney 2005）。當世界被「壓縮」之後，即使彼此隔著遙遠的距離，人類也能感受到生活在其他國家的人類，所以很難單純的將他們的道德義務限制在一個單一的政治社會之中。知道的越多，就在乎的更多。對於世界主義理論者而言，意謂著世界已經建構出單一的道德共同體，因此人類對世界上的其他人負有責任，不論其國籍、宗教、種族等等。這種的思維，通常根源於人權宣言。波吉（2008）將這個以權利為基礎的世界主義區分為三種要素：第一、相信個人主義，認為人類或個人才是道德關懷的最終對象。第二、接受普遍性。認為每個人都享有平等的道德價值。第三、承認一般性（無差別的），意指每個人都是彼此關注的對象，並非僅限於同胞。然而，其他各種形式的世界主義也在進步中。因此歐尼爾（1996）引用了康德的概念，認為不管在任何環境下，人類的行動應該以承諾不對他人造成傷害為原則，而這些承諾的適用範圍除了個人之外，還具有普世性。另一方面，辛格（2002）認為全球化的倫理要求我們採取行動，以減少全球苦難的整體水平，應該以「一個世界（整體）」而非以一個分散的國家與人民的集合體作為思考的角度。

　　同樣的，道德世界主義也受到批判。一方面是激進的世界主義批判者拒絕全球正義或世界倫理這樣的概念，認為建立一個能夠約束所有人類與社會的普世價值是不可能的，這種**文化相對主義**經常被用來說明所謂的人權觀念本質上是一種西方的觀點，並沒有根植於非西方的文化。從更廣泛的角度看來，世界主義經常被用來

文化相對主義（Cultural relativism）：這種觀點認為事物的對錯是由整體的文化所決定，亦即文化沒有優劣之分。

社群主義（Communitarianism）：相信自我或個人是經由社會建構而成，意即個人是由其所屬的社會所形塑。

與**社群主義**做對比，社群主義認為道德價值僅在某些特別的社會與特別的歷史階段才具有意義，意指人類的道德是建構在那些與他們共享文化和國家認同者的利益和需要的偏好上。另一方面，雖然溫和的批判者認為像人權這種普世價值具有道德意義，但它們仍然反對將道德世界主義置於優先地位（Negal 2005）。在這樣的觀點下，儘管企圖減少全球苦難整體水平的出發點是值得讚賞的，但在現實中將其作為日常道德推論的根據並不可靠、也不實際，也無法避免受到更多個人與地方的因素所影響。因此，世界倫理只存在於「淺薄的」道德層次上，而非連結國家與地方社群的「厚的」道德層次上。

重點摘要

- 現實主義的權力政治模型是人類自私或利己的概念，和國際無政府狀態結構的結合體。然而，這也意味著強烈的衝突、流血與公開暴力的傾向，可以透過權力平衡加以制約，國際體系的主要動態過程是受到國家之間權力（或能力）分配所影響。

- 在國際政治中，自由主義的核心主旨是和諧或平衡的概念，認為透過自由貿易、推展民主與建立國際組織所形成的經濟互賴，會帶來和平、合作與整合。然而，隨著時間的變化，自由主義（或新自由主義）與現實主義之間的差異已經變得越來越模糊。

- 全球政治中最重要的批判性觀點是各種形式的馬克思主義、社會建構主義、後結構主義、女性主義、綠色政治與後殖民主義。這些理論從各種不同的面向對以全球現況為基礎的規範、價值與假設提出挑戰，批判理論者認為現實主義與自由主義經常利用各種不同的方式，將全球的權力不對稱現象加以隱藏或合法化。

- 有些批判理論者採取後實證主義的觀點，認為主體與客體、理論與實踐應該緊密地連結在一起。後實證主義者並不相信有所謂獨立於觀察者的概念與假設之外，並且已經「存在於那裡」的客觀現實。所以現實世界應該用「互為主觀」的角度來思考，才是最適當的方式。

- 隨著全球相互鏈結程度的增加，導致全球化的加速，帶來一系列新的理論挑戰。這些困難包括將複雜性加諸在傳統線性思考，以及世界建構出一個單一道德社會的可能性以及理論典範價值的降低。

問題討論

- 所有的政治都可以被歸結為權力與追求自利？
- 現實主義在什麼程度上是一種單一、一致的理論？
- 現實主義者如何解釋和平與穩定時期？
- 為何自由主義相信世界事務具有平衡與和諧的特徵？
- 「民主和平論」是否具有說服力？
- 國家比較關注相對利益或是絕對利益？
- 主流的理論是否只是致力於將全球現況合法化呢？
- 在全球政治中，哪一種批判觀點最具批判性？
- 哪一種現存的理論能夠應對複和式相互依賴的挑戰？
- 將世界視為一個單一的道德共同體是否合理？

第四章

全球時代的經濟

> 「生產方式不斷地革新，社會環境不斷地受到挑戰，不確定性與起伏不定持續著……。任何永恆不變的東西都不存在。」
>
> ——馬克思與恩格斯，《共產黨宣言》，1848年

前言

　　長久以來，經濟議題一直是意識形態（或思想）和政治上主要的辯論焦點。在十九和二十世紀的多數時間裡，政治上主要的爭論總以兩派相互敵對的經濟模式為核心，也就是資本主義和社會主義。然而這場戰爭最終獲勝的是資本主義，特別是因為共產主義的土崩瓦解。當全球都接受市場、私有財產以及自由競爭是獲致財富唯一可行的方式，此刻資本主義就變成全球的資本主義。然而，資本主義在政治上的爭議並未停止。首先，資本主義不是一套系統，而是多個系統組成的：不同形式的資本主義被植入或套用在世界上不同的國家。它們有哪些不同？這些不同形態的社經組織又有什麼含義？尤有甚者，1980年代特定的資本主義──可稱之為新自由主義──發展得到全球性優勢。新自由主義「勝出」所產生主要的結果是什麼？經濟全球化的過程的加速發展也與新自由主義的進化有關。但是，新自由主義的全球化發展是為所有人帶來財富和機會？抑或是產生更多新形態的不公不義？這些疑問也引導我們朝著更劇烈的危機和經濟不安定的趨勢前進。經歷一次經濟危機來換取長期的經濟發展成功是否值得？又或者它象徵全球資本主義根本上的失敗呢？

關鍵議題

- 現代世界上有那些類型的資本主義？
- 為什麼新自由主義會成為主流？它的主要意涵有哪些？
- 如何給予經濟全球化一詞最好的詮釋？
- 現代世界的經濟在何種情況下算是「全球化」？
- 為什麼資本主義會促成繁榮與蕭條？
- 我們如何從最近一次的經濟危機理解全球資本主義的本質？

資本主義與新自由主義

資本主義的世界

　　資本主義的起源可以追溯到正值封建社會的十七、十八世紀歐洲，封建制度的特色是以耕地為基礎的生產，這是因應土地資產的需求而生，並藉由固定的社會階級與固定的權利義務模式來運作。資本主義者卻是以**市場**為導向，仰賴受薪階級的勞工，而非契約制的農奴。市場機制（也就是新興資本主義的核心）明確的促使科技革新，也使得生產製造的能力具有可觀的發展。於是，一場「農業革命」發生了。大面積的圈地放牧，機械設備取代人力，以及運用更聰明的科學生產方式。

　　然而，在資本主義發展的歷史上，最重要的時刻當屬十八世紀中葉發軔於英國，迅速蔓延到美國與歐洲各地的工業革命。工業化為社會帶來全然的轉變：機械化的時代來臨，工廠取代家庭作為生產基地，**專業分工**的確立，以及人口漸漸由鄉鎮往大城市移動等等。在這個過程中，工業化的擴張使得資本主義蓬勃興盛，成為十九世紀支配全世界的社會經濟體系。同時工業資本主義也讓**資本**從歐洲輸出到北美南美，甚至到亞洲國家，進而深化國家間不同地區的專業分工活動，為世界經濟發展寫下重要的一頁。經由這些方式，現代全球資本主義在十九世紀被完整建立起來。不過資本主義不只是單一社會經濟的形式（Brown 1995; Hall and Soskice 2001），至少存在有三種類型：

* 企業資本主義（Enterprise capitalism）
* 社會資本主義（Social capitalism）
* 國家資本主義（State capitalism）

企業資本主義

　　企業資本主義是隨處可見的，特別是在英美國家更是被視是「純粹的」資本主

資本主義（Capitalism）：廣義而言，是一種商品生產的體系，按照市場原則，財富是私有的，並且與經濟生活形成一個息息相關的組織形態。

市場（Market）：市場是一個商業交換的體系，主要由供給與需求的作為動力，並且透過商品價格機制作為調節，形塑成一個商業交流的系統。

專業分工（Divison of labour）：為了促進經濟效率，專業分工是將生產工作有所區分，並且使其更專業化的過程。

資本（Capital）：廣義而言，係指任何「資產」、金融或其他相關者，皆為資本；馬克思主義者將資本這個詞，意指在「生產方式」中所累積的財富。

亞當斯密（1723-1790）

亞當斯密是蘇格蘭經濟學家和哲學家，他通常被視為這門「沉悶科學」（十九世紀對經濟學的形容詞）的創始人，在格拉斯哥大學擔任道德哲學與邏輯課程首席老師之後，成為巴克盧公爵的導師，這使得他有機會能參訪法國，並且發展其獨到的經濟學理論。1759年，他出版了《道德情操論》一書，其在書中提出的理論，主要是為了探討在沒有社會秩序規範的情況下，如何調和人們的自利行為。到了1776年，亞當斯密出版了他畢生最著名的作品《國富論》，這是第一部試圖系統性的解釋市場經濟運作過程的著作，同時強調專業分工在市場經濟運作中的重要性。儘管他經常被視為是自由市場派的學者，但是他更在乎的是市場的局限性。

義。因為它是一個理想型，其他類型的資本主義無可避免的以此為基礎（Friedman 1962）。儘管它跟凱恩斯的**社會民主**在1945年後初期有點關係，但是，基本上企業資本主義源自英美兩國。企業資本主義的原則在經濟全球化的影響下，已經大大擴展至超出英美國家的範圍，並伴隨著**市場化**而進展。它的理論基礎源自古典經濟學家的概念，例如亞當斯密（Adam Smith）和李嘉圖（David Ricardo）（1772-1823），然後由新自由主義學派的現代理論家接棒後發揚光大，如奧地利的政治經濟哲學家海耶克（Friedrich von Hayek）（1899-1992）、傅利曼（Milton Friedman）。這個模式強調市場競爭是不受約束，因為市場本身具有一個自我管理的機制（或者，如亞當斯密所說有一雙看不見的手在操控）。再套一句亞當斯密的名言：「市場之所以如此運作，不是因為肉販釀酒人或麵包師傅的仁慈，或者是因為我們衷心期盼有一頓晚餐溫飽，而是每個人都基於自身的利益為之，這才是市場運作之道。」在美國，這種自由市場的原則有助於保持公有財產的極小化，並且確保在最小安全範圍內保持福利的提供與運作。美國的企業是典型的利益導向，鼓勵高生產力與勞動力的專業分工。然而，美國的貿易聯盟總是欲振乏力，這點反應出美國害怕健全的工會組織，認為這會阻礙做生意的利益極

社會民主（Social democracy）：社會民主是一種適度或修正後的社會主義，有利於平衡國家與市場兩者之間的問題，而非完全放棄資本主義。

市場化（Marketization）：市場化係指基於商業交流以及物質本身的利益，使得市場的關係得到延伸擴大，包括整個經濟乃至社會。

大化。一方面，主要強調資本主義的企業成長茁壯，從一些規模較大的金融制度來生產財富，例如保險公司以及養老基金，這些都是預期投資之後會有高報酬率。

　　無庸置疑的，美國經濟的實力證明了企業資本主義的活力。儘管有許多證據證明美國經濟力有衰退跡象（1945年美國掌握全球大半製造業出口，到2007年僅剩不到五分之一），但是美國的經濟生產力仍遠高於德國和日本。美國的天生優勢，使其在自由市場機制下獲得利益，特別是擁有廣大的國內市場、豐富的自然資源，以及個人主義鮮明的大眾文化，這些被視為是「拓荒精神」（frontier ideology）。當然，企業資本主義也有其缺點，也許最明顯的缺點就是企業資本主義容易導致資源分配極度不均，並且造成社會分裂。這種現象在美國讓有些人變得人極度貧窮，或是讓缺乏教育以及社會下層階級的人數變得更多。

社會資本主義

　　社會資本主義係指一種根植於中歐與西歐的資本主義形態，發源地在德國，但是其原則被許多國家採用，如奧地利、荷比盧、法國以及斯堪地那維亞的大部分國家，並且形成不同形式（van Kersbergen 1995）。社會資本主義式的經濟形態強調彈性及實用，代表性的學者像是李斯特（Friedrich List, 1789-1846），他是相當具有影響力的經濟民族主義學派的學者。此社會資本主義模型的主要核心概念是**社會市場**，係指將市場競爭原則與凝聚社會團結所需做一個結合，同時也強調是長期投資而非僅為了短期獲利。在所謂的萊茵式（Rhine-Alpine，指萊茵河發源地）資本主義中的商業組織，也不同於英美派（Anglo-American）的資本主義，這是因為前者主要以社會夥伴關係為基礎。每年工會都會參與數次的勞資談判會議。因此勞資的穩固關係主要建立在全面且良好的福利體制，這也提供勞工與其他自願性團體的社會保障。

　　戰後德國所展現的「經濟奇蹟」，也就是一個戰敗國在1960年代很快的變成為歐洲經濟強權，這是社會資本主義的最佳範例。由於穩定且高度的資本投資，同時著重教育和訓練，特別是職業技能的培養，使得德國成為歐洲生產力最強的國

社會市場（Social market）：社會市場是一種以市場原則所組成，且基本上是不受政府干預的自由經濟，這些都在一個社會裡面運作，而此社會的團結係透過全面性的福利體系以及有效率的福利服務。

家。但是，社會資本主義的美好並非放諸四海而皆準的，尤其是有一項缺點因為過分強調諮詢與協商談判方式來取得共識，導致在商業上彈性不足，難以適應商業的市場環境與條件（例如，經濟全球化之下，來自東亞、拉丁美洲以及其他地方的競爭越來越強）。更有甚者，要如何維持高品質的社會福利支出也是一個問題，這些無疑會增加社會稅收以及主雇之間的負擔。雖然社會資本主義的支持者堅稱社會和市場之間本來就是高度連結的，但批評者卻認為社會資本主義不過是一個相互矛盾的名詞而已。

國家資本主義

　　「國家資本主義」一詞有好幾種定義，舉例來說，托洛斯基主義者（Trotskyites）用它來強調在史達林統治下的蘇聯，並透過壓迫工人階級來達到控制生產力，讓共產國家的經濟生產看似與資本主義社會一般。不過，在現代，它更常被用來形容資本主義國家經濟體，這些國家皆扮演了重要的指標性角色。這些國家通常是非自由的資本主義社會，學者賀爾與索斯凱斯在2001年做了一個區別，強調「自由的市場經濟」（liberal market economies）是指在以競爭的市場協定安排下，協調相互之間的商業活動；而「協調的市場經濟」（coordinated market economies）是指高度依賴非市場協定安排。在1945年後的日本，可以看到一些國家資本主義的蹤跡，而這正是東亞與東南亞的「新興經濟體」（tigers）所採用的崛起模式，同樣的，也影響到崛起的中國以及俄羅斯。

　　國家資本主義最特別的地方就是它強調長期的合作關係，因此有時稱之為「集體式的資本主義」（collective capitalism），其認為經濟不僅是由一種非人為的價值機制所主導，也是透過所謂的「關係市場」（relational markets）來運作。舉個例子，在日本有一共享權利的模式，其確保工業生產與金融財富之間關係緊密，使得日本的企業願意採取長期的投資策略，而非著眼於短、中期的利益。這些企業在國家資本主義中體現社會生活的核心價值，而這些企業中的「成員」，特別指的是大企業裡的男性員工，他們的行為與生活態度，是美國或甚至是社會市場的歐洲所沒有的。而員工所付出的忠誠、守諾與辛勤工作，通常都希望擁有終身僱用、年終獎金、社會保障以及適當休閒娛樂的機會作為回報。此外，這些企業特別強調團隊合作與集體認同的建立，這點在管理者與員工之間相對縮小雙方薪資收入的差距上奠定了基礎。最後，在此經濟複合關係中最重要的

觀點……　全球政治經濟

現實主義觀點

現實主義的經濟理論有時被視為是「經濟民族主義」或「重商主義」的同義詞。重商主義認為國家是經濟中最重要的行為者，此外，特別強調經濟的對外關係取決於國家的政治權力。這種觀點認為市場並非「自然」存在的，而是因為國家在行使權力過程中所形塑出來的市場社會。重商主義認為國家體系是一個無政府狀態，因此相信全球經濟也會在國家相互競爭權力與財富的零和賽局中形成衝突關係。傳統的重商主義經濟策略，主要是透過擴大商品出口、抑制進口的方式發展有利國家的貿易關係，藉此加強國家的財富、權力以及威望，而保護主義就是實現此目標最具體的方式。守勢的重商主義強調的是保護「幼小」企業，並且透過與其他強國「不平等」的競爭方式來保護國內的「弱勢」產業；相反的，攻勢的重商主義為了擴張勢力與可能發生的戰爭衝突，認為強化國家的經濟實力才是最主要的目標。因此，最強有力的國家為了一己之利而形塑了全球經濟的樣貌，有時不僅透過新殖民主義的方式，同時也藉由自由貿易協定的作為迫使其他較弱小的國家開放市場。對一些現實主義者而言，根據霸權穩定論的觀點，一個穩定的世界經濟體系是需要有個單一的主導力量存在才能實現。

自由主義觀點

自由主義的經濟理論主要基於個人乃是最重要的經濟行為者，相信人是理性且追求自利的，或是所謂「功利主義者」，意即採取任何行動上，都會追求快樂極大化。有鑑於此，商業行為就成了生產最重要的方式，從而創造財富。然而，面對各種力量相互競爭之下，從經濟自由主義的觀點而言，如何保持穩定平衡或是和諧的競爭關係，最關鍵的核心概念就是促使自由市場經濟邁向長期的均衡狀態，換言之，透過價格機制帶給相互競爭的各方彼此都有「供給」與「需求」的關係，意即市場中那雙「看不見的手」。從古典自由主義政治經濟學的角度來看，這是一種自由放任的經濟政策，意即政府不干涉經濟，使得市場自由運作。

崇此，相信透過市場的經濟交易會是一種正合且雙贏的賽局（positive-sum game），因為能最有效率的創造經濟成長，使每個人都獲利。因此，在自由主義的全球經濟特徵就是合作，藉由與其他經濟體的貿易關係，為彼此帶來利益與財富。更有甚者，這代表著經濟全球化是正向的發展，其意味著市場戰勝了像是國家疆界這種不理性的經濟障礙。而此觀點，爾後的新自由主義將之發揚光大。但是，傳統的自由主義政治經濟學派的凱恩斯（Keynes）認為市場可能會失靈，或者並不完善，因此，凱恩斯表示在這種情況下，不論是國家層次或是全球層次上都需要政府介入管理市場經濟。

批判主義觀點

在全球政治經濟當中的批判主義觀點主要以馬克思主義為核心，認為資本主義是一種階級剝削的體系，而社會階級就是最主要的經濟行為者。在馬克思主義的觀點當中，社會階級關係遠比對國家的忠誠度來得強而有力，這種情況不僅出現在國內的政治經濟方面，同時在國際政治經濟領域也有這樣的現象。在現代的經濟環境中，資產階級的利益隨著跨

國公司的重要性增加而漸趨受到重視與強化，顯然的，經濟的重要性正逐漸凌駕在政治之上。資本主義因無止境的欲望，跨越了國家疆界，促進了全球化的趨勢。然而，由於資本主義本身的特質使得全球經濟呈現衝突的特徵。對一些馬克思主義者而言，這就是一種帝國主義的表現，並且期望因此而獲取世界其他地區的原物料與廉價勞工。但是，有一些新馬克思主義者同意華勒斯坦的觀點，認為全球資本主義就是一種世界體系，在此體系中的結構存在所謂的「核心」與「邊陲」地區的關係，特別是例如跨國公司與開發中國家之間的關係。其他的馬克思主義者則採納了新葛蘭西主義的觀點，強調全球政治經濟中霸權的角色，著重政治與經濟力量的結合。

要素就是政府的角色。儘管東亞國家在公共支出與稅收課徵的程度，相對而言低於國際標準（通常低於GNP的30%），但是，政府在「指導」投資、研究、做成貿易決定上仍扮演非常重要的角色。最有名的例子就是主導日本在1945年戰後成為「經濟奇蹟」的通產省（Ministry of International Trade and Industry, MITI）。

　　日本版的國家資本主義在1945年後初期表現相當亮眼，從戰後百廢待舉到成為世界第二大經濟體。亞洲四小龍（南韓、臺灣、香港與新加坡）的崛起，也是依循類似的路徑。然而，日本卻在1990年代經濟成長開始趨緩，1997年的亞洲金融風暴更讓國家資本主義蒙上一層陰影，突顯出國家資本主義缺乏彈性，無法承受全球經濟的瞬息萬變。此外，必須為日本繁榮的經濟付出代價的是員工及其家庭的期望和需求。在日本，員工工時長、強調工作紀律、高要求等工作條件限縮了個人主義的發展，工作成了員工最重要的存在價值。中國成了今日國家資本主義的最重要支持者，其自1980年末起就持續以每年10%的速度成長，並在2010年成為世界第二大經濟體。中國將資本主義與史達林式的政治控制相結合藉以維持經濟成長，並得利於擁有大量的廉價勞工以及在經濟基礎建設上大量投資。

　　俄羅斯經歷了1990年的失序與混亂之後，在葉爾欽的「震撼療法」（shock treatment）市場改革下，也開始走向國家資本主義的道路。自1999年普丁上任以來，不斷在政治與經濟上展現國家權力，為了從所謂的寡頭以及新興的企業富豪手中奪回權力，而這些人正是過去被批評是掏空國庫，並造成1998年的俄羅斯金融危機的罪魁禍首。普丁的經濟政策中最重要的就是運用俄羅斯所擁有的廣大自然資源，這些資源一方面可作為俄羅斯經濟成長的動力，另一方面也帶給俄羅斯與鄰國談判最強有力的籌碼。國家資本主義的優勢就是其實用性與彈性，強國能因此而專心致志的追求經濟成長，這是自由民主所無法企及的。

焦點…… 中國經濟模式？

　　到底是什麼因素使得中國從1970年代末期改革開放之後，獲得如此卓越且成功的經濟成長？是否真的有所謂的「具中國特色的資本主義」？在此，中國的經濟發展模式有幾個相當鮮明的特色：首先，中國擁有13億人口，並且具有史無前例的國內大遷徙，大規模的人口快速從鄉鎮移往城市，特別是從內陸移往東岸沿海地區，這點恰巧為沿海一帶地區帶來充沛的廉價勞工。第二，隨著日本與其他亞洲四小龍的經濟崛起經驗，中國也跟著採取以出口導向的發展策略，藉由製造業工廠的建立，以成為世界工廠為目標。第三，中國社會具有很高的儲蓄率，這點不同於其他歐美國家，也正因為如此，中國目前大多數的投資是來自於國內。這不僅使得中國的銀行體系相對於美國、英國以及其他歐洲國家而言較為強健，與此同時，也使得中國能借貸資金給他國，並且使中國人民幣與美金相對來說保持在幣值較低的狀況，進而增加中國的出口競爭力。第四，中國的經濟發展之所以成功，主要是因為政府的介入，其中大量投資在基礎建設方面，加上外交政策的目標以達成資源安全目標為主，保障石油、鐵礦、銅礦、鋁礦以及其他工業原料的來源，以供不斷成長的經濟所需。

　　然而，市場史達林主義、快速增加的中產階級，以及企業菁英的忠誠度等，都與中國國內生產總值（GDP）成長的能力息息相關。一些因素正對中國的經濟模式產生威脅，或者應該說是迫使中國發展新的經濟模式。而這些因素包括自2000年中期以來中國平均薪資上漲，意味著中國的廉價勞工不再是市場優勢，同時也會使得中國的製造業在世界上的競爭力大打折扣。值得注意的是，高度依賴出口市場的成長使得中國在2008至2009年全球經濟衰退時，必須設法增加了國內消費需求，可是如果增加國內消費也意味著可能導致需要更多的進口，如此一來，必然降低中國目前的貿易順差。此外，另一個威脅中國經濟模式的因素是中國的一胎化政策。中國一胎化政策所帶來的隱憂將使得中國在接下來的幾十年內面臨青壯年人口稀少，社會人口結構形成頭重腳輕的倒葫蘆。當然中國最嚴峻的挑戰還是經濟發展與共產政治體制之間的根本矛盾（將在第9章做深入探討）。

　　國家資本主義在主要基礎建設的計畫上，以及經濟重建的改造上，都更為容易得多。甚且，在國家資本主義下的資本與貨幣市場，具有降低經濟決策的影響作用。有些論者甚至推測，北京共識（Beijing consensus）（Ramo 2004）可能會逐步取代華盛頓共識（Washington consensus）。然而，國家資本主義最大的弱點就在於經濟自由主義與政治的非自由之間的矛盾，例如，有批評者認為中國版的國家資本主義是市場經濟與共產黨一黨統治的混合體，其最終無法永續維持下去，特別是在經濟自由不斷擴大下去，遲早有一天會形成更大的壓力促使擴大政治上的自由（Hutton 2007）。因此，只有當市場經濟能夠在缺乏政治自由的情況下保持長期繁榮，國家資本主義才能繼續成為西方資本主義模式下的一個可行替代方案。

新自由主義的勝利

自1980年起，世界各地的經濟發展或多或少都以新自由主義的面貌開展。新自由主義反映出企業資本主義比其他類型的資本主義更具有優勢，而其最主要的信念就是**市場基本教派主義**。事實上，「新自由主義改革」是一種反改革，其目標在於停止，或甚至是反轉朝向形成「大」政府以及國家干預市場的方向，而形成大政府以及國家干預正是二十世紀，特別是1945年後初期最明顯的特徵。新自由主義的代表學者是海耶克（Hayek）與傅立曼（Friedman），他們主要攻擊的是**凱恩斯主義**以及「稅收和支出」政策，聲稱這是造成1970年經濟停滯的元凶（這是一種複合式的經濟停滯，造成失業率升高以及高度通貨膨脹，且造成物價攀升）。新自由主義的解決之道在於國家應減少介入經濟，至少給予市場充分發揮市場力量。

最早試驗新自由主義的國家是智利。1973年在一場由美國中情局支持、推翻阿連德（Salvador Allende）的軍事政變後，新上台的皮諾切特（Pinochet）將軍接受一群美國學者以及留美的自由市場派經濟

概念澄清：新自由主義（Neoliberalism）

新自由主義（有時也稱為新古典自由主義）是古典自由主義的進階版。新自由主義的主要核心概念是當政府完全放手不干涉市場運作時，經濟表現會最好，這點反映在對於自由市場經濟以及個人主義的信念上。當不受政府控制的市場資本主義表現高效率，並為經濟帶來成長和繁榮時，如果政府那只「看不見的手」介入的話，將會削弱並阻礙經濟。總之，新自由主義的理念就是「市場是好的，政府是壞的」。而重要的新自由主義政策則包括民營化較低的公共建設、放鬆管制、減稅（特別是企業和直接稅），以及減少福利支出。此外，新自由主義也用來描述現代自由主義國際關係理論的發展（如第3章所討論的）。

市場基本教派主義（market fundamentalism）：係指絕對信奉市場原則，其信念反映在相信市場機制會對所有經濟與社會問題提供解決方案。

凱恩斯主義（Keynesianism）：凱恩斯主義是由凱恩斯所提出的理論或是一種經濟政策，主要係以調節需求以滿足充分就業。

學者的建議進行市場改革，這些經濟學者被稱為「芝加哥男孩」（Chicago boys）〔反映出米爾頓‧傅利曼與「芝加哥學派」（Chicago school）的影響〕。很快的，他們的影響散布到巴西、阿根廷以及其他南美洲的國家。1980年代，新自由主義擴展至美國與英國，並以雷根主義（Reaganism）（雷根總統時期，1981-1989）與柴契爾主義（Thatcherism）（柴契爾總理時期，1979-1991）的形

米爾頓・傅利曼（1912-2006）

傅利曼是美國經濟學家，曾對美國羅斯福總統的新政提出嚴詞批判，並與知名學者海耶克關係密切，此外，1948年傅利曼成為芝加哥大學經濟系教授，並創立芝加哥學派。傅利曼同時也是知名《新聞周刊》的專欄作家、擔任總統顧問，1976年更榮獲諾貝爾經濟學獎的殊榮。作為提倡貨幣主義以及自由市場經濟的先鋒，傅立曼針對凱恩斯的理論以及政府的賦稅政策提出許多嚴厲的批判，並且特別在1970年代與1980年代幫助美國與英國的經濟成功轉型。他最重要的著作有1962年出版的《資本主義與自由》一書，以及1980年與妻子羅絲共同撰寫出版的《選擇的自由》，這些都為新自由主義的思潮帶來深遠的影響。

式展現，其他國家像是加拿大與紐西蘭等也很快地跟上腳步。1990年代，新自由主義透過全球經濟治理的制度以及全球化的推波助瀾，逐漸形成一股廣泛且不可抗拒的風潮。1980年代，世界銀行（Word Bank）與國際貨幣基金（IMF）的運作轉型成後來著名的「華盛頓共識」，此共識結合了雷根與柴契爾夫人在經濟上的概念，在政策上則關注在自由貿易、資本市場的自由化、浮動匯率以及平衡預算等等。1989年至1991年，東歐改革之後，當自由市場的改革透過賦稅的結構調整計畫擴展至許多開發中國家時，在一些國家像是俄羅斯、匈牙利以及波蘭，遂開始思考「震撼療法」的改變，使國家從中央計畫式經濟轉變成自由市場的資本主義。

　　經濟全球化以不同的方式提供新自由主義的發展，特別是鼓勵政府鬆綁對經濟的控制，並降低賦稅的程度，以強化國際競爭力，無非就是希望吸引更多外國投資，同時也要避免跨國公司（TNCs）離開母國移往他處。事實上，在全球高度競爭的情況下，公共支出已受到強烈的壓力要求調降，特別是在福利預算上，這是因為控制通貨膨脹已經取代維持充分就業，成為經濟政策的主要目標。這樣的壓力，對於美國經濟成長與生產率的復甦，以及其他國家資本主義模式下經濟成長相對停滯的情況下，特別是指日本和德國，意謂著在1990年代末開始，新自由主義儼然成為「新」世界經濟的優勢思想。只有少數幾個國家，像是中國，能夠以它們自己的方式來面對新自由主義的全球化影響，並且例如透過控制匯率的

焦點⋯⋯　華盛頓共識

　　「華盛頓共識」一詞係由約翰‧威廉姆森（John Williamson, 1990, 1993）所提出，主要是用來形容以美國華盛頓、國際貨幣基金組織與世界銀行，以及美國財政部為首的國際制度與相關政策，而這些政策正好有利於開發中國家的經濟重建工作。華盛頓共識主要基於「發展即現代化」的「正統」模式，並以新自由主義的概念為核心，強調「經濟穩定、發展私有化以及自由化」。至於華盛頓共識更長遠的目標如下所示：

- 金融財政上的紀律（例如減少公共開支）
- 稅制改革（減少個人和企業的稅收）
- 金融自由化（放鬆對於金融市場與資本的管制）
- 調整為浮動匯率
- 貿易自由化（自由貿易）
- 開放外國直接投資
- 私有化（或譯為民營化）

　　在反對上述政策且見證這些政策失利之際，「強化」華盛頓共識的聲浪隨之而起，同時也強調有些政策必須落實，例如法律與政治改革、反貪腐政策、開放勞動力市場以及降低貧窮人口數量。

方式來避免它們暴露在全球競爭的環境當中。

新自由主義的影響

　　顯然，新自由主義的勝利點燃了新一波的辯論，對新自由主義及其支持者而言，其論點之所以明確傾向市場改革與經濟自由化，是因為這些對經濟發展有所成效。新自由主義的發展不僅符合美國過去三十年來的成長過程及其更新的經濟優勢（例如：可證明在1970與1980年代，普遍認為日本與德國的經濟模式優於美國的預測失效），同樣也符合整個世界的經濟成長步伐。以此觀點，新自由主義很明顯優於舊有的正統凱恩斯福利主義。新自由主義的發展核心，就是金融市場以及**金融化**的過程。而這正好促成經濟中的財政部門大規模擴張，並且說明了華爾街、倫敦、法蘭克福、新加坡等金融重鎮與日俱增的重要性。金融化的過程使得資本主義宛如加裝了渦輪引擎，從擴大貨幣流通的速度獲取動力，並增加投資與提升消費力。儘管這樣的過程會造成公共與私人債務的增加，但是，由於潛在的經濟成長力道，因此仍可能繼續永續發展

金融化（Financialization）：係指企業、公共機關乃至個人的財務進行重塑的過程，使其得以融資並增加消費。

全球行為者……

跨國公司

跨國公司（TNC）係指在兩個以上的國家從事經濟活動的公司企業，通常將母公司設立在「母國」（home），也就是該公司發源的原國籍地，而子公司則設立在其他國家，或稱「附屬國」（hosts），儘管附屬的子公司也可能有許多附屬的子公司。而這樣的公司企業一般稱之為「跨國」（transnational）企業，而非「多國籍」（multinational）企業。換言之，跨國公司以滲透國家疆界的方式擴展他們的企業策略與發展程序，而非單純的跨越許多國家而已。透過整合各經濟部門以及公司內部貿易的重要性逐漸增加，使得跨國公司因為地理疆界的靈活性，產品具有創新優勢，而有能力追求全球更有利的市場戰略。

早期一些跨國公司的發展與歐洲擴張殖民主義有關，最典型的例子就是1600年建立的東印度公司，而1945年之後，跨國公司不論在數量、公司規模，乃至在全球幅員的拓展上，都有明顯的成長。在不少國家具有子公司的跨國公司，其數量已從1970年的7,000家到2009年增加至38,000家，而跨國公司的擴展現象大部分最初是因為美國風潮，這股風潮與美國一些跨國公司有密切關係，例如美國通用汽車、IBM、艾克森美孚石油以及麥當勞。隨後，很快的，歐洲與日本企業繼之而起，並在北半球掀起跨國企業的風潮。

全球前200大的跨國公司有70%的企業母公司座落在美國、德國與日本這三大國家，且有90%的企業母公司設在已開發國家。

重要性：跨國公司具有強大的經濟力與政治影響力，他們占了全世界50%的製造業生產以及70%以上的貿易量。因此，在經濟規模上，跨國公司總是讓一些國家相形見絀，以公司企業的總銷售額與國家的國民生產毛額（GDP）做比較，全球前100大的經濟體當中有51個是公司企業，剩下的49個才是國家。例如，通用汽車公司的經濟規模相當於丹麥一個國家的經濟實力；沃爾瑪則相當於波蘭的規模；美孚石油與南非的經濟規模相當。但是，經濟規模不必然等於政治影響力，畢竟對國家而言，有些事是跨國公司無法做到的，例如立法與擁有軍隊。然而跨國公司比國家更具有優勢的部分，在於跨國公司能夠「跨越疆界」，甚至是「跨全球」的進行溝通與互動，這點反映出跨國公司比國家更有彈性。

這使得跨國公司能尋找高獲利的銷售環境，不受國家疆界的限制，他們喜歡政治穩定的環境，最好能提供優惠稅制、寬鬆的金融管制、廉價或高技術的勞動力、對資方有利的勞資規範（例如沒有工會也沒有任何保護勞工權利的制度）以及高消費的市場。這使得國家與跨國公司之間形成一種相互依賴的關係，國家依賴跨國公司提供國內工作機會及資本，而國家必須先提供有利於跨國公司的投資環境。

捍衛跨國公司者強調跨國公司為世界帶來巨大的經濟利益，但是在政治上的影響力卻被過分誇大，也就是說反全球化運動者慣將跨國公司「妖魔化」。不過由此可知，在全球影響力方面跨國公司是成功的。而跨國公司的成功獲利最重要有兩大關鍵，分別是他們的高效率以及消費者的高度回饋。首先，獲利高效率來自於運用新的生產方式以及新的科技，並擴大經濟規模增加獲利能力；再

者，跨國公司亦投入相當多的研發與產品創新，以求更符合消費者的需求。但是，批評者不輕易放過跨國公司，他們表示跨國公司強大的經濟力量在政治影響方面有些已經過分踰矩，此外跨國公司所創造的「名牌文化」（brand culture），也已藉由廣告影像的傳播影響，甚至操縱了消費者的偏好，使大眾迷戀名牌。

下去。另一個新自由主義經濟的特色就是深化國內的經濟整合進入全球的經濟範疇（即加速經濟全球化的過程），在許多先進的經濟體中，從製造業轉變至服務業，並致力於生產新的資訊科技，這就是所謂「知識經濟」（knowledge economy）的發展。

　　然而，也有人批評新自由主義，例如有論者認為新自由主義變相鼓勵追求物質利益（換言之，認為「貪婪」是好的），對此，新自由主義在維持經濟發展與社會不平等現象擴大造成可能社會崩壞之間，產生了兩難掙扎。雖然沒有因而完全否定新自由主義，但也因此而做了些修改，1990年代在一些國家當中進行了「新自由主義改革」，例如紐西蘭、加拿大與英國，甚至在2009年歐巴馬總統任內的美國，也開始重新評估新自由主義的缺失。此外，新自由主義的局限性在市場改革的許多「震撼療法」實驗中挫敗，這不僅在最早採行新自由主義的智利發生，同樣在其他開發中國家的調整計畫中，得到令人失望的結果。以俄羅斯為例，由於失業率與通貨膨脹的情況惡化，以及因為新自由主義的「震撼療法」影響而深化不安全感，造成對於市場改革的不滿增加，因而強化了支持民族主義與威權專制的運動。對新自由主義更進一步的問題是其發展宛如「渦輪加速」（turbo）的特色，而這跟市場動態或科技日新月異的關聯性不大，比較可能的是跟消費者願意借錢來花，以及企業更有投資意願有關，但這不僅使新自由主義的經濟模式在瞬息萬變的金融市場中顯得更加脆弱之外，也容易影響到消費者或企業對經濟的信心。這點關於資本主義的危機將在稍後做更深入的探討。

　　羅伯特‧考克斯認為新自由主義──或其稱之為「超自由的全球化資本主義」的觀點──本身純在著矛盾與鬥爭，這意味著新自由主義的優勢地位注定會受到挑戰，甚至最終被推翻。這些矛盾包括了只有在「國際化」的國家才會有的「民主赤字」（democratic deficit），還有因為經濟成長而造成保護環境的聲浪與日俱增，以及為了金融合作與經濟利益而出賣國家的主權。學者克萊恩（Naomi Klein 2008）對於新自由主義尚有更負面的詮釋。她強調「資本主義災難」（disaster capitalism）的興起，並且認為新自由主義的影響對許多國家而

焦點⋯⋯　知識經濟？

　　「知識經濟」的概念有多少意義？知識經濟是競爭力與生產力的主要關鍵，尤其是在資訊通信科技（information and communication technology, ICT）方面，而知識經濟有時又稱之為「新的」經濟，或甚至是「舉重若輕」（weightless）的經濟。知識經濟有時被視為是工業社會轉型至資訊社會的經濟形態，而有些論者認為知識經濟與傳統經濟在許多方面有所差異。例如，知識經濟不同於其他資源，它並不會耗竭用盡，且知識經濟會促進經濟繁榮，而非造成經濟短缺。此外，知識經濟不受地理位置的影響，如同知識存在於需要知識的地方，穿越國家疆界，也因此進而能夠加速全球化的進程。最後，知識經濟強調獲利能力與高生產力基本上與「高技術」的勞動力有關，而非依靠單純的「硬體」資源。

　　然而，我們對於知識經濟的印象可能存在一些誤解。首先，我們將現代高科技的進步與資訊通信科技畫上等號這點，了無新意，因為科技的快速革新一直以來就是工業化資本主義的特色之一，更何況強調資訊通信科技的廣泛流通與生產力提升之間存在密切關係，本來就備受質疑。舉例來說，1990年中期美國的生產率提高也許跟資訊通信科技的投資有關，但是，並沒有證據證明在其他國家經濟體增加資訊通信科技的廣泛使用會促進經濟成長。最後，我們可以發現以知識為主要生產的經濟體，大多集中在北半球的已開發國家，很難在南方的開發中國家看到資訊通信科技作為主要的發展優勢。例如非洲在個人電腦和網路普及率方面落後美國15年之久，但是在基礎教育和醫療保健方面卻可能落後美國超過一個世紀。但是，對於世界上落後貧窮的國家而言，乾淨的水源、對抗瘧疾的措施、好的教育以及沒有貪腐的政府，比起改善行動電話和加裝網際網路來得重要的多。

言，已是一種「震撼」、緊急狀態以及一種以上的危機。從美國推翻智利的阿連德總統到「反恐戰爭」，這類冒險主義式的外交政策就是新自由主義的延伸與擴張。對許多人來說，稍後會討論到的2007年至2009年的全球金融危機，正是暴露出新自由主義缺失的明證。

經濟全球化

經濟全球化的成因

　　要如何為經濟全球化下最好的定義呢？以及至今是如何發展的？其實經濟全球化並非新的概念，那種跨國界的經濟發展最早就是帝國主義的特色，接著十九世紀末歐洲殖民亞洲與非洲，將經濟全球化推向高峰。

　　然而，過去的全球化形式與現在有很大的不同。早期的全球化形式，有時被視為「最初始的全球化」，通常是建立在跨國家的經濟組織，並用來支持政治擴張主義的計畫。不管其擴張領土是否成功，那些帝國其實並沒有真正成功去除掉

國家疆界，他們只是將國家疆界重新調整成有利於在政治權力上支配的方式，通常新的國家疆界差別只在於是「文明」（civilized）的世界抑或是「未開化」（barbarian）的世界。相反的，現在的全球化是個經濟相互連結且相互依賴的網絡，其影響無遠弗屆，而且很可能是有史以來，第一次將世界經濟化成一個單一的世界體，使得世界變成真正的「無疆界」（borderless）經濟體（Ohmae 1990）。

　　現在全球化的經濟模式要到二十世紀後半才確立成形，而其主要有兩個階段，首先第一個階段，時間從第二次世界大戰結束到1970年初，主要是在戰後所建立的國際金融體系，即所謂的布雷敦森林體系（the Bretton Woods system）（將在第19章詳細討論）。布雷敦森林體系為了避免回到過去1930年造成經濟大蕭條的「以鄰為壑」經濟政策，採取了固定匯率制度，以及調控支援的機制，但是此政策卻助長了政治極端主義與激進分子

概念澄清：經濟全球化（Economic globalization）

經濟全球化係指一種將全世界所有國家在不同程度上或多或少納入一個全球經濟體系的過程。對此，1995年經濟合作與發展組織（OECD）將經濟全球化定義為：「一種將世界其他不同國家逐漸形成一個全球性的經濟體系之過程，其中在不同國家經濟體之間的產品是國際化的生產過程，且金融資本在相互之間是自由快速流通。」但是，經濟全球化與國際化有所區別。國際化會導致各國經濟體之間的相互依存關係更為強化〔亦即「輕度整合」（shallow integration）〕。相反的，經濟全球化是指全世界因為商品生產、專業分工以及消費形態的改變，逐漸形成單一全球市場的經貿關係，係屬「深化的整合」（deep integration）。

國際化（Internationalization）：國際化係指一種國與國之間互動關係逐漸增加的過程，例如商品貨物、金錢、人口、訊息與思想的相互交流，於是形成國家之間高度相互依賴的關係。

的行動。此外，布雷敦森林體系結合了美國金援歐洲的馬歇爾計畫（Marshall Plan），特別是提供戰後重建的金援，以及為了經濟永續成長而擴大採行凱恩斯的經濟政策，促成1945年後長時間的經濟成長。這不僅增加了生產的能力，也助長了資本主義下的消費主義，而這些都成了加速經濟全球化的動力。

　　此外，第二階段是在1970年代布雷敦森林體系瓦解之後，主要是將原本的固定匯率制度，改成浮動匯率，這就成了全球化資本主義發展的第二個階段。布雷敦森林體系的基本假設，是假設世界的經濟係由一連串相互連結的國家經濟體所組成，而布雷敦森林體系的目的，就是透過調控國與國之間的貿易關係，以保證在國家層級的經濟是維持穩定的。然而，布雷敦森林體系的瓦解弱化了國家的經

濟，而這樣的改變是從固定匯率改為浮動匯率開始，使得國家經濟暴露在高度競爭的壓力下。加上其他的因素，像是跨國企業的重要性與日俱增，使得國家之間的經濟與全球化的網絡連結關係密不可分。在1990年代，由於東歐與其他地區的共產主義瓦解，以及中國經濟開放，才真正使全球達到經濟相互連結的全球化網絡。然而，儘管有很多人同意經濟全球化確實存在，但是仍然有許多人認為共產東歐的瓦解與中國改革開放等事件不僅是因為經濟全球化的關係，其背後尚有更深層的因素才會促成或是決定這些事件的發生。這些辯論反映出對於全球政治經濟的不同觀點以及相互對立的立場，有的認為經濟情況係受到結構的行為者所影響，例如生產組織等結構性的行為者，也有另一說法認為經濟情況係受到經濟行為者的自由選擇所決定的，這些行為者可能是一些國家、企業甚或是個人。

事實上，像是全球資本主義體系這類複合性的經濟發展，最好的解釋方式就是透過探討組織結構與行為者之間的關係來了解全球經濟（O'Brien and Williams 2013）。關於全球經濟，最具影響力的結構性解釋角度是馬克思主義，其認為資本主義天生是全球經濟體系的擁護者，簡言之，全球化是資本主義下必然的產物。誠如馬克思在其著作《批判大綱》（*Grundrisse*, 1857-1858, 1971）中所言，資本主義的本質就是「打破一切障礙只為追求商業」以及「掌握全世界使其成為最廣大的市場」。而這之所以是事實，主要是因為資本主義體系的動態過程，正是資本的累積，而這卻導致永無止境的追求發展新市場，以及難以抑制渴求更新、更便宜的經濟資源。根據馬克思主義的觀點，就如同十九世紀末的帝國主義，藉由維持獲利來滿足帝國主義的欲望，然而從二十世紀末開始，因為1945年後「長期繁榮」（long boom）以及1970年代全球經濟蕭條，加快了全球化的速度。

雖然自由主義者強烈反對馬克思主義者批評資本主義的觀點，但他們還是承認全球化充滿經濟的邏輯思維。在自由主義的立場上，這不僅是與資本主義本身的內在衝動有關，而且，本質上與人的天性有關，特別是人類對於改善經濟狀況的天性與理性的想望。准此，那麼全球經濟就不僅只是反映出各國的文化或傳統的差異，更重要的，世界各地的人們都承認經濟市場的互動關係，在生活安全上，以及改善生活品質方面，是最佳的保障。而這種情形特別是在自由貿易與競爭優勢的邏輯下展露無疑。關於自由貿易與競爭優勢理論的部分，稍後會在第19章做更深入的探討。至於解釋何時以及如何邁向「全球性」（globality）並且開

始實現它，對此，自由主義通常會強調科技創新的角色。無疑的，科技在打破國家疆界上以及牽起人與人之間的關係上，長期扮演著重要的角色——從電報問世（1857年）到電話（1876年）以及無線電（1895年）的發明，接著航空器出現（1903年），電視（1926年）以及液態燃料火箭（1927年），還有海運的貨櫃的發明（1960至1970年代）等。而資訊通信科技（ICT）的日新月異，例如最著名的是1960年代末光纖技術的發明，在1971年商用晶片與1981年的個人電腦問世，這些科技在促進全球化過程，特別是促進全球金融市場的發展與全球企業管理的部分，扮演著非常重要的角色。從超全球主義者的角度來看，一旦金融交易電腦化、行動手機以及網際網路隨手可得，全球化的經濟與文化就成了必然的結果。

　　然而，全球經濟不單只是經濟和科技的力量所造就的，政治和思想的要素同樣也扮演著關鍵的角色。呼應**重商主義**看法的現實主義者，在面對自由主義與馬克思主義認為全球化代表經濟力勝過政治力時，仍然強調全球經濟的發展其實是國家政策與制度管理下的產物。這種觀點認為全球化正是強權國家如美國的政策工具，以達到其目標。美國既是布雷敦森林體系的創始者，也是其毀滅者。在此，全球化可能是美國在1970年代以及1980年代國力相對衰弱時的一種回應，轉而朝向一個更開放且「自由化」的貿易體系，並且成為一種以美國為主的跨國公司擴大經營的機會，從而強化美國經濟的實力。事實上，這些大部分也都是在1945年之後所建立的經濟治理的機構制度當中所實現的。只是，美國以不同比例的影響力施加在世界銀行（World Bank）和國際貨幣基金組織（IMF）上，並且在關稅暨貿易總協定（GATT）轉變成更強調自由貿易的世界貿易組織（WTO）當中扮演更重要的角色，這些在在顯示出經濟全球化的建構都是按照美國願望在做，因而奠定了美國所謂的華盛頓共識。

> **重商主義**（Mercantilism）：重商主義是一種經濟的思想，流行於於十五至十七世紀末的歐洲，其強調國家在管理國際貿易與確保國家經濟繁榮上扮演著重要的角色。

　　最後，這些發展也具有意識形態的面向。例如，不同於十九世紀的帝國主義，二十世紀和二十一世紀的全球化並不是透過強力或是明確的政治力在主導。當自由主義者也許表示「全球化是因為同意才產生」，例如很多國家希望加入世界貿易組織（WTO），這點反映出國家之間共同認同相互的經濟利益，然而，批判主義者強調全球化的利益並非平等共享，換言之，自由主義者所提的同意，

是指支持市場的價值觀、**消費主義**的文化以及物質主義的共同認知。職是之故，經濟全球化可說是新自由主義思想的全面勝利，在這種思維下，大家都認為再也找不

> **消費主義**（Consumerism）：消費主義是指一種心理和文化的氛圍，認為人們的幸福等同於物質財富上的消費。

到比其更好的全球資本主義模式，也只有這個模式較為公平且能讓所有人都獲得利益。

經濟生活如何變得全球化

　　經濟全球化是迷思還是現實？國家的經濟是否已經有效的融入單一全球的經濟體系呢？抑或這世界仍然是國家與國家之間經濟相互連結的集合體，根本沒有什麼改變？在這場辯論當中，有兩個立場相左的觀點。首先，超全球主義者這一方主張「無疆界」的全球經濟樣貌，認為全球經濟互動模式會因為資訊與通訊科技的進步（包括現階段仍未發明出來的科技），使得跨越國界或全世界互動的行為成為無法避免的趨勢。另一方面，全球化的懷疑論者指出，國家經濟的消亡這個概念已經被過分誇大，這點通常與全球化的思想有關，認為經濟全球化是先進的，且為了促進轉型成為自由市場或形成新自由主義的政策，經濟全球化是無法避免的趨勢（Hirst and Thompson 1999）。然而，在單一全球經濟模式與相互依賴的國家經濟體集合模式兩者之間做選擇，就是一種觀念誤導。這並不是說全球經濟不存在，而是要去了解全球經濟只是認識這複雜世界的其中一種觀察角度而已。與其說世界經濟是「全球的」經濟，倒不如說它是「正在全球化的」經濟來得更貼切，因為現代的經濟生活是逐漸發展形成的過程，有區域性的特色，也有全球性的特色，而不僅僅只有國家特色而已。

　　尤其，在世界不同的地方、不同的經濟部門與活動形態，從國家、區域到全球各個層面的意義明顯各不相同。當然，經濟全球化並不是一個「平穩」發展的過程，全球的相互連結也在許多方式下越趨緊密，最主要的方式如下：

- 國際貿易
- 跨國生產
- 全球專業分工
- 金融體系的全球化

自1945年起，國際貿易的增加已成為世界經濟最主要的特色之一。爾後，平均而言，國際貿易的增長都是以倍數的國際生產率在成長。舉例來說，全世界的出口從1960年的6億2千9百萬美金到2003年的73兆美金。這種趨勢得利於全球逐漸廣泛接受貿易與經濟成長之間的緊密關係，除了1970年代保護主義有稍微短暫復甦之外，自1950年以來，德國與日本出口導向的經濟模式，以及1970年代東亞與東南亞的新興經濟體的發展成功，促使全球經濟發展趨勢朝向自由貿易的模式。一方面，在當代世界經濟中，國際貿易的其中一個特色是有越來越高的比例不是發生在企業與企業之間（容易增加價格競爭），而是在同一個產業進行產業內的國際貿易，即所謂的**企業內貿易**，這最有可能發生在跨國公司當中。公司內部的貿易成長，特別是在個別公司當中而非不同的公司之間，這正是強化全球化最明顯的特徵之一。另一方面，持相反意見的懷疑論者認為，國際貿易的趨勢並不是全球化擴展最有力的指標。舉例而言，現在的國際貿易程度與過去歷史上的國際貿易程度有些不同，除了企業公司內部之間的貿易關係之外，現在的國際貿易並非強調「深化」整合，更不是為了形成單一全球化的經濟體系，而是促進更深的互賴關係。此外，現代的貿易體系是否真的遍及全球，也就是在世界上80%的地區都存在國際貿易，或者只是在一些已開發的國家之間，以及一些特定的地區存在而已（特別是在北美、歐洲、東亞與東南亞地區），而不是在不同的區域與區域之間。這個問題值得思考。

> 企業內貿易（intra-firm trade）：一個公司的兩個子公司之間的貿易行為，或是母公司與子公司之間的貿易行為。

跨國生產的問題通常與重要性逐漸增加的跨國公司關係密切，這是因為跨國公司占了全世界大部分的生產以及大約半數的世界貿易。有些跨國企業利用了能向全球採購的優勢，並透過跨國公司本身的能力，從世界任何角落取得原物料、零件、投資與服務。最重要的是，他們這些跨國公司還占有地利之便，不論在一些國家或區域，都有利他們更有效的生產商品以及獲利，例如有的跨國公司能取得廉價但卻具有相對高技術的勞工，或是較低的營業稅，以及勞工權利有所限制，不會權利大到影響公司企業做生意。但是，像這樣的發展趨勢卻會使得全然的全球生產體系有所中斷，因為此趨勢不僅會使跨國公司與母國的關係保持緊密聯繫，而僅止於表現其本身的「跨國性」而已，甚且會使得生產商品的貿易互動高度集中在已開發國家。

　　此外，我們還可以在全球專業分工的深化程度上，看到經濟全球化的足跡。儘管全球的勞動力市場並未能成為一個單一市場（例如，估計全世界大約只有15%的勞工是真的在全世界流動工作的），但是，經濟發展趨向專業化的態勢變得越來越明顯。特別是已開發國家逐漸形成高科技產業的重鎮，而其他許多貧窮國家則以出口農產品與原物料為主。新馬克思主義者和世界體系論者，如華勒斯坦（Immanuel Wallerstein），他們認為經濟全球化是一個發展不均衡且具有階層關係的過程，是一場有勝者也有敗者的賽局，我們可以清楚見到經濟強權高度集中在所謂的經濟「核心」國家，而其他相對於非核心國家的，則屬於「邊陲國家」。某種程度而言，這樣的不平等現象也反映出全球經濟整合程度的不一致，有些國家屬於核心區域或核心國家，他們全然的整合進入全球經濟的體系，並從中獲取其利益，而在此同時，那些屬於邊陲地區的國家則仍未整合進來，抑或是還在全球經濟體系的邊緣，沒能進入全球經濟市場分享一杯羹。

　　一般認為，全球金融體系是催生經濟全球化的驅動力，甚至可說是全球經濟的基石。全球金融體系主要有兩大發展過程。首先，在1970年代普遍走向放鬆管制的金融市場，以及1980年代隨著布雷敦森林體系的瓦解，全球金融體系逐漸採用浮動匯率。這使得貨幣和資金在國家經濟體之間以及內部流通變得更加容易。在1990年代，更因為新的資訊與通信科技的應用，使得金融市場中的金融交易變成真正超越國家領土，跨國交易的速度就像「思想」一樣，「想」一下就到。全球通用貨幣的出現就是典型的例子，這反映出全球共同流通使用的貨幣已不再僅限於某個國家，而是能利用這些貨幣到世界各地做生意，其價值則由全球市場來決定。在2012年，平均每天約有50兆美金在全球外匯市場裡進行貿易流通。然而，金融全球化對國家經濟的穩定以及全球資本主義的影響，已經是個相當具有爭議的問題。

　　最後，很重要的是，我們必須了解傳統上關於經濟生活已經廣泛全球化的這個討論，是被低估且狹隘了經濟生活的定義，似乎只在意具有生產力的員工是如何的，以及何者在經濟上被視為是積極主動。然而儘管共產主義瓦解崩潰了，加上社會主義撤出主流思想，但是，在世界許多地方仍有許多重要的非資本主義者，或至少是非商業性的經濟形式存在著。尤其女性主義的經濟學家特別備受關注，認為存在非正式且「看不見的」經濟生活，這些主要依賴沒有支薪的女性勞動者，她們負責家務、照顧小孩和老人，以及一些小規模的農事生產。特別重要

的是，在開發中國家的經濟運作主要是以物易物的方式，這完全是置身於全球市場之外的經濟模式。但是，這種模式卻可能是餵養這世界大多數人口的方式。舉例而言，在東奈及利亞地區，女性負責家庭農場的比例只占所有家庭農場的2%，但是卻占農產品總產量的一半左右。在印尼，20%的家庭收入和40%國內糧食供應，都來自家庭農場（Shiva 1999）。

而此「看不見」、「無形」的經濟的重要性受到聯合國與世界銀行所重視，並且逐漸影響聯合國的發展戰略，這不只是因為對傳統經濟形式的理解，更是因為理解以市場為基礎的發展戰略可能會抹滅掉這類「無形且看不見」的經濟生活。

全球資本主義的危機

解釋榮景與蕭條

繁榮、蕭條乃至危機交替出現的資本主義經濟其實並不符合古典自由政治經濟的邏輯。因為經濟自由主義大致上是基於市場經濟自然地邁向均衡的假設，也就是透過價格機制的運作，會使供給與需求達到均衡的狀態，換言之，就是亞當斯密所稱的「看不見的手」（invisible hand）。然而，在資本主義的歷史上，不論是在國家層次或是國際層次方面，都不存在這種均衡與穩定的現象。相反的，資本主義經濟總是出現繁榮與蕭條，甚至可能出現劇烈波動以及危機。誠如1720年初，發生所謂的南海泡沫危機（也就是有一家英國合夥的股市公司，稱為南海公司，其壟斷了西班牙在南美洲殖民地的貿易關係），導致數以千計的投資者破產。

另外，造成經濟波動變化的一個因素是戰爭，在歷史上許多最劇烈的**通貨緊縮**現象都是在戰爭之後發生。例如，美國獨立戰爭之後經濟蕭條持續數年，還有結束拿破崙戰爭的維也納會議（1814-1815）之後，因為工業化的投資所費不貲，加上許多公司企業相繼破產，所以歐洲同樣陷入了幾十年的通貨緊縮。十九世紀中葉，在義大利與德國的統一戰爭，以及美國的內戰，都立即造成經濟泡沫的現象，然後泡沫隨即破滅，導致大規模的破產與股市崩盤。

第一次世界大戰後的1919年，西方國

通貨緊縮（Deflation）：係指普遍的價格水準降低，並關係到經濟中的經濟活動程度降低。

伊曼紐・華勒斯坦（生於1930年）

華勒斯坦是美國社會學家，亦是世界體系理論的創始先趨。他深受新馬克思主義的依賴理論以及法國歷史學家布勞岱爾（Fernand Braudel）的思想影響，認為現代的世界體系就是「核心國」（core）與「邊陲國」（periphery）之間形塑出的國際專業分工狀態。核心區因為在有利的國際制度下資本高度集中而受惠，相反的，邊陲區則以出口原物料給核心區為主，而如此根本的矛盾最終造成世界體系的崩解。同時，華勒斯坦探索霸權的興衰變化，他認為事實上冷戰的結束代表美國霸權的衰落，而非勝利。華勒斯坦最重要的著作分別有：有1974年、1980年、1989年出版三次的《現代世界體系》以及2003年出版的《美國權力的衰落》。

家曾經出現一次短暫的經濟榮景，隨後而至的卻是1920年至1921年間西方主要的經濟體的崩潰，然後是十年後的經濟大蕭條（Great Depression）。1945年後，因為韓戰與越戰的關係，造成通貨膨脹，最一開始是採取降低利率，之後改成增加利率，但這卻導致工業的投資起伏不定。我們可以從幾項因素看出戰爭與經濟之間的關連性：不具生產力的軍事活動支出、商業關係的中斷、凍結資本流動以及重建的成本等等。

　　此外，還有其他關於經濟榮枯的解釋，主要是從資本主義體系的本質談起，最典型的就是馬克思對於資本主義的分析。馬克思不僅關注資本主義因為階級衝突而造成不穩定的關係，也注重分析資本主義發展的本質，尤其注意資本主義可能深化經濟危機的趨勢。這些危機最主要是因為資本主義會有過度生產的問題，因而造成經濟陷入不景氣的停滯狀態，並且使得失業人口增加，導致勞工階級的生活惡化。甚且，每一種危機都會比過去更加嚴峻，馬克思認為這是因為長期獲利的機率越來越低。最後無可避免的會增加無產階級的人數，革命發生的機率將升高許多。不論資本主義是否有其他的優點，但是對於馬克思來說，仍強調資本主義會「深化」危機，而且無可避免的最後會導致整個經濟體系瓦解、然後被新的體系所取代。可是，相反的，資本主義也證明自己禁得起考驗，它能從各種不同的金融和經濟風暴中迅速恢復、快速振作起來，並且達到經濟長期成長發展的目標。事實上，資本主義在科技創新上的表現，遠遠超過馬克思的預期，也因此很少人會一直認為經濟榮枯是資本主義的致命缺點，也很少人會覺得這是社會革

爭辯中的議題……　經濟全球化真的會促進各國繁榮嗎？

當資本主義與社會主義意識形態之爭逐漸被歷史的洪流所淹沒時，政治爭論的焦點轉而聚焦在經濟全球化的影響上。關於經濟全球化，我們應該對其擁抱並表示歡迎？或是應該勇敢拒絕呢？

支持	反對
市場的魔力。從自由主義的經濟觀點來看，市場是創造財富的唯一有效方法，亦是經濟繁榮最可靠的保證。這是因為市場競爭與追求利益的動機提供正向發展，例如企業努力工作以及更有效的利用資源。由此觀點，跨國界的擴張市場經濟，使得經濟全球化成為確保所有國家的人民都能獲得繁榮富有的機會，而這只有資本主義才能辦得到。 **每個人都是贏家**。創造雙贏或多贏賽局是經濟全球化最大的優點。雖然經濟全球化它讓富者越富，但卻也讓貧窮者變得不那麼貧窮。這是因為國際貿易促使各國專門生產各自具有「比較優勢」的商品或服務，並且從專業化的經濟生產規模中獲得利益。同樣的，跨國生產也是一種追求更好商品的力量，例如跨國公司能散播財富、增加工作機會以及改進開發中國家的現代科技，這也就是為什麼開發中國家如此積極吸引外來投資。因此，經濟全球化正是擺脫貧窮最可靠的方法。 **經濟自由也會促進其他方面的自由**。經濟全球化不只是讓社會變得更富有、開放，以市場為導向的經濟也為社會和政治帶來許多好處。例如經濟全球化使得社會流動性增加，意思是人們能到世界各地工作、接觸各種不同的職業以及受教育的機會。同樣的，當個人主義抬頭，君主專制的傳統逐漸式微，人們因而增加更多自我表達的機會。因此，經濟全球化與民主化息息相關，這兩者的發展	**加深貧窮與不平等現象**。批評經濟全球化者表示全球化造成新的不平等現象甚至還會深化不平等，這是因為經濟全球化是一場有輸家與贏家的賽局。批評論者認為贏家通常都是跨國公司，以及工業化先進的國家，特別是美國，而輸家總是那些薪資低、經濟管理法規不健全且生產製造主要以因應全球市場的需求為主而非國內所需的開發中國家。因此，經濟全球化根本是一種新形態的殖民主義，它迫使貧窮國家市場門戶大開，允許其他富有國家來掠奪貧窮國家的資源。 **架空民主政治**。經濟全球化削弱了國家政府的影響力，因而限制了公眾的問責性。換言之，國家政策的推動是為了吸引外來投資以及加強國際競爭力。因此，整合進入全球經濟體系同時意味著國內稅制的改革、放鬆經濟管制以及縮減福利政策。此外，全球資本主義與民主化之間的關係也是一種迷思。許多表示已有市場改革並且積極整合進入全球經濟體系的國家不必然都是民主國家，即使不是專制政權，也有威權體制的國家，這些國家會強調他們符合國家資本主義的原則。 **消費物質主義的腐化**。當經濟全球化為人們帶來更多財富的同時，卻無法證明人們的生活品質是否也獲得改善，或者也豐富了每個人的生活。這是因為經濟全球化助長了拜金主義以及追求物質享受的風潮。當全世界的人們開始瘋狂追求同樣的流行商品、從相同的商店購買商品，甚至是享受相同的工作與

剛好在1990年代同時發生。這是因為當人們享有經濟自由且在社會上擁有更多發揮機會，隨即也盼望在政治上有更多的參與空間，特別是透過多黨選舉的方式來達成此目的。

生活條件時，漸漸地就失去了世界各地人們生活的社會和文化的獨特性。特別是「名牌文化」的發展，不僅是創造一個消費者不需要思考選擇的消費文化，甚至主宰整個消費市場影響消費者購買著名品牌的商品，使消費者失去自主選擇的能力，只得乖乖被牽著鼻子走（Klein 2001）。

命爆發的徵兆。

在非馬克思主義的理論學派當中，最具影響力的理論應屬奧地利經濟學家以及社會理論學家約瑟夫‧熊彼得（Joseph Schumpeter, 1883-1950）所發展出來的，其理論建立在馬克思學說中的資本主義「景氣循環」，強調資本主義中的創新（innovation）與創造性破壞（creative destruction）概念，將原始生產要素重新排列組合為新的生產方式，以求提高效率、降低成本的一個經濟過程。在熊彼得的經濟模型中，能夠成功「創新」的人，便能夠擺脫利潤遞減的困境而生存下來，那些不能夠成功地重新組合生產要素之人，會最先被市場淘汰。但是，熊彼得他自己卻對資本主義的長期表現抱持悲觀的態度，認為人們與整個社會需要付出週期

概念澄清：自由放任（Laissez-faire）

在經濟領域中指的是一種不干預的原則，在法語上原意是放任不管（leave to do）。其主要強調的是，當政府完全放任不干預經濟時，經濟表現會最好，而這個字詞源自於十八世紀的法國，原意是「別管他，讓商品自由流通吧！」自由放任的中心假設是強調不受管制的經濟市場運作會自然地趨於平衡，一般稱之為「完全競爭理論」（perfect competition），這是經濟學中最理想的市場競爭狀態。此觀點認為政府介入經濟活動有害無益，除非這類行動能促進市場自由競爭，例如打擊壟斷或平穩物價。

景氣循環（Business cycle）：景氣循環係指隨著時間的更迭，商業活動方面會呈現規律的動搖震盪，有時亦稱之為「商業貿易循環」。

性經濟不景氣與經濟停滯的代價，因為菁英主義與國家干預的關係，最終將會導致資本主義走向滅亡。資本主義在1945年後期的發展，特別是加速全球化和「渦輪資本主義」的時代，突顯出熊彼得嚴重低估了資本主義對於創造性破壞渴求的程度。許多傳統學院派的經濟學者傾向認為經濟榮枯循環的概念是決定企業投資的因素，並且相信會對國內生產總值（GDP）造成影響。由此而言，經濟企業投資的程度本來就充滿不確定性，這是因為經濟投資具有乘數效應（過度誇大消費

與投資在經濟上的影響），以及加速增值的效果（假設投資程度會隨著產出率的改變而有所不同）。

大蕭條的教訓

國際資本主義面臨最大的挑戰是在1930年代的經濟大蕭條，而這主要肇始於1929年美國華爾街的金融崩盤。從1926年開始，美國因為對於股價上揚的預期心理以及期望，經歷了一段人為造就的經濟榮景，在1924年與1929年間，股價平均漲幅將近高達300%。但是，1929年當商品銷售出現下滑徵兆時，對經濟的信心瞬間蒸發殆盡。1929年10月24日被稱之為「黑色星期四」，因為恐慌性賣盤湧入股市，單是這一天內就造成高達1千3百萬的股市交易量。同年10月29日，共有1千6百萬的股市出售，投資人急著將手中的持股脫手，最後銀行系統失靈，許多主要企業開始倒閉，同時失業人數開始攀升。美國這種嚴重的經濟衰退隨後也擴散到其他地方，某種程度上影響了所有工業化的國家，演變成更全面的經濟大蕭條。

美國華爾街的崩潰是相對比較容易解釋的，誠如美國自由派經濟學者高柏瑞（J. K. Galbraith）在其經典著作《1929年大崩盤》（*The Great Crash, 1929*）（〔1955〕2009）一書中所言，認為經濟大蕭條只是相對於華爾街的崩盤「另一個經濟泡沫」而已，差別在於其規模史無前例的巨大。高柏瑞表示，這是因為當時很多人都相信可以不勞而獲，並且一夕致富。這樣的風潮導致股市危機大大影響到「真實」的經濟生活，股價不可避免地下跌，使得企業與消費者對股市的信心也跟著重挫，於是國內需求以及可用的投資基金都跟著減少降低。但是，難道經濟的**不景氣**就一定會變成全面性的經濟大蕭條嗎？以美國華爾街金融大崩潰為例，這件案例主要犯了兩大錯誤：首先，第一個是錯信「粗糙的個人主義」以及自由放任（laissez-faire）的觀念，以致當時的胡佛政府採取降低公共支出，並以平衡預算的方式來面對華爾街金融崩盤。這意味的不只是失業人口必須依賴私人慈善機構（例如湯廚這類慈善機構）為生，同時金錢也不斷流失，經濟危機不僅沒有獲得緩解，反而更加惡化。

而這正是凱恩斯在他1936年的著作《就業、利息與貨幣的一般通論》（*The General Theory of Employment, Interest and*

不景氣（Recession）：係指經濟循環過程中衰退的時期。

Money,〔1936〕1963）中告訴我們最重要的一個教訓，他不同意傳統經濟學的思想，更否定了市場會自我調節的概念。凱恩斯認為經濟活動的程度，甚至是就業問題，都取決於經濟中的總體需求。換言之，這意味著政府能透過調整政府的財政政策來管理國家的經濟，在經濟不景氣與高失業率時，藉由增加公共建設的支出抑或是減少稅收的方式，以增加整體經濟的需求。如此一來，失業問題就可以被解決，且靠得不是資本主義所謂的那隻看不見的手，而是政府的介入，也就是所謂的預算赤字，政府透過超支預算的方式介入經濟。對此，第一個試圖採取凱恩斯論點是美國羅斯福總統「新政」，但是，即使是羅斯福也不願意完全放棄平衡預算這個想法，而這也就是為什麼經濟大蕭條的現象必須到第二次世界大戰爆發之後，因為軍費支出不斷增加才真正解除。當時只有德國最早掙脫經濟大蕭條的困境，這是因為德國最早重整軍備以及採取軍事擴張，大約從1930年代中旬就以「不經意的凱恩斯主義」形式脫離。

美國華爾街金融大崩潰的第二個錯誤，也就是第二個教訓是國家會因為股市金融的危機，導致傾向採取**以鄰為壑政策**，如此便加深對經濟的影響。在經濟衰退的情況下，在1920年末以及1930年代，國家採取的因應措施是極大化增加出口，同時極小化減少進口。這可以透過幾種方式達成：首先，不論是降低政府的支出或是提高稅收，利用財政緊縮的方式來降低對於進口的需求。但是，誠如稍早所提到，如此一來也會降低全國經濟的總體需求，這將會影響國內的經濟，如同影響進口的情況一般。其次，第二種方式是採取**貨幣貶值**，這是為了使出口價格變便宜，有利於國外的消費者，使得進口他國產品的價格相對變得較昂貴，從而減少對於進口的欲望。雖然許多國家會為了能從經濟大蕭條的狀況盡早恢復生氣，而提早採取貨幣貶值政策，但是，也正因為各國因而相互競爭貶值貨幣，進而造成通貨緊縮效應，更加惡化經濟危機。第三種方式，政府會透過提高進口關稅的方法，以期保護國內產業並希望降低失業率，而這個政策正是經濟學家凱恩斯所偏好的。如上所述，採取以鄰為壑政策根本就是自殺行為，這樣做只會加深甚至會延長經濟大蕭條的狀況。因為如果所有的國家都採取一樣以鄰為壑的方式，那各國就無法真正做到增加出口，減少進口，

> **以鄰為壑政策**（Beggar-thy-neighbour policies）：指國家以增加其他國家代價的方式來追求短期利益的政策，通常被用來形容保護主義。
>
> **貨幣貶值**（Devaluation）：係指相對於其他國家的貨幣而言，降低本國貨幣的價值。

而這就是布雷敦森林體系創設的背景，試圖藉此避免1945年後的國際經濟重蹈覆轍。

現代的危機與「金融瘟」

在1945年後初期，西方國家普遍認為經濟景氣循環的不穩定性能透過凱恩斯的理論來解決，似乎是相信凱恩斯的觀念能夠面對經濟榮枯的循環趨勢。然而，1970年代因為爆發「經濟停滯」（stagflation）危機，隨後相信凱恩斯思想的人數開始減少，相反的，強調經濟自由放任思想的新自由主義繼之而起。可惜的是，經濟的根本問題並沒有因此而獲得解決，反而更加突顯出資本主義體系下經濟循環的起伏不定，同時強化了經濟朝向創造性破壞的趨勢。這是所謂「風險社會」（risk society）的發展很重要的一個特徵，特別是當經濟越是朝向「金融化」（financialization）的趨勢發展，其最直接的結果就是造成經濟越大的不穩定性。

金融市場總是很容易受到經濟波動變化和不穩定的影響，但是，全球化金融體系的出現正好突顯這種變化不定的趨勢，使得各個國家在全球市場中變得更加脆弱，並感受到經濟的詭譎多變。而這就成了學者蘇珊·史翠菊（Susan Strange）在1986年所稱的「**豪賭的資本主義**」：大量熱錢（mad money）在世界各國流竄，並創造出宛如**瘟疫**般的現象。這種經濟的不穩定因為最現代化的金融發展而變得更加明顯，例如有所謂「避險基金」（hedge funds）與「金融衍生性商品」（derivatives）——前者是透過寅吃卯糧而非從實際看得到的商品，而後者的價值取決於潛在的安全或是資產的價格——來獲取利潤。因此，雖然全球金融流動能創造出經濟的榮枯，以及吸引全球大量投機客前仆後繼，但是，就某種意義上來說，他們這些投機客不過是「真實」經濟之外的金融流動。經濟金融泡沫的傾向同樣也與「獎金文化」（bonus culture）有關，而這種獎金文化存在於全世界的銀行與金融機構之中，差別只在程度不同而

豪賭的資本主義（Casino capitalism）：豪賭的資本主義，係指一種資本主義的形式，因為受到金融資本的投資特性影響，使其充滿不確定性，令人捉摸不定。

瘟疫（Contagion）：在此是指金融瘟疫，通常是當世界某一個角落發生經濟危機時，許多投資者會因為擔心自己的利益受損，而趕緊將資金從世界的其他角落抽離開，產生經濟恐慌並快速蔓延，其嚴重的程度往往比最一開始的問題還要廣泛，宛如瘟疫一般。

已。對此，為了支付龐大的獎金，易誘發短期的金融風險，一旦經濟金融泡沫破滅，將使得銀行和金融機構變得更加不安全，甚至脆弱到整個因此而崩潰。

其實早在1990年代中旬，不論是在墨西哥、東亞、東南亞、巴西、阿根廷，或是其他地方，就已經呈現出因為豪賭的資本主義所造成的經濟不穩定，甚至開始出現朝向金融危機的趨勢。在2008年全球金融危機爆發之前，亞洲金融危機是規模最大、同時也是影響最深遠的這類危機。當時，亞洲金融危機始於1997年7月，許多金融投機客預期泰國政府會讓泰國貨幣泰銖貶值，進而引發匯市強勁賣盤，結果投機客們的預期變成現實。一個典型的金融瘟疫就此蔓延開來，先是泰國，隨後接著是印尼、馬來西亞、南韓、香港、臺灣，甚至是中國大陸都遭受到這場金融風暴的危機影響。而這些政府所面臨的就是經濟產出以及出口急遽下滑，失業率節節攀升，薪資水準一落千丈。到了1997年年底，整個東南亞的國家都飽受這場金融危機的痛楚，同時也威脅到所有全世界經濟的穩定。最後，國際貨幣基金組織（IMF）不得不挺身而出，提供紓困基金給泰國、印尼和南韓，藉此逐漸使全球經濟恢復穩定。然而，這得在降低對國內經濟的控制，並且服膺自由化的金融體系才會發生效果。相較之下，馬來西亞因為拒絕國際貨幣基金組織的紓困壓力，透過自行對於經濟資金的控制，成功有效防堵跨國界的資金熱錢進一步的流入。儘管在1960年初期到1990年代之間，東亞以及東南亞大多數國家因為高經濟成長率而崛起，特別是有「新興經濟體」之稱的國家，但是仍然發生了亞洲金融危機，而這場金融危機正好也點出金融市場的表現，與「實際的」經濟表現之間是有所脫節。

2007至2009年的全球金融危機及影響

信用緊縮在2007年中引發了全球金融危機，在美國與英國特別明顯。然而這只是個開端，後續的事件更是驚人，例如在2008年9月，全球資本主義似乎在深淵邊緣搖搖欲墜，隨時可能落入系統性失靈的深淵。美國斷然出手逆轉劣勢。聯邦政府撥款紓困兩家國營貸款公司房利美（Fannie Mae）與房地美（Freddie Mac）。擁有158年歷史的投資銀行「雷曼兄弟」（Lehman Brothers）破產倒閉。保險業的巨擘「美國國際集團」（AIG）是得到政府提供的850億美元的紓困資金，才免於破產的命運。花旗集團

> **信用緊縮**（credit crisis）：各界能獲得的貸款（信用）減少，通常是因為銀行不願意互相借錢。

約翰・梅納德・凱恩斯（1883-1946）

英國經濟學家凱恩斯的學術聲譽，最早建立在對《凡爾賽條約》的批判，特別是1919年所發表的《凡爾賽條約的經濟後果》。而他最重要的著作則是在1936年出版的《就業、利息與貨幣的一般理論》，提出不同於新古典經濟學的論述，並且長期致力於建立總體經濟學。他挑戰自由放任的經濟學觀點，提出需求管理的理論，此理論在二次世界大戰後初期廣為西方國家所採用。在他人生最後的幾年歲月裡，投注所有心思建立戰後的國際貨幣秩序，也就是布雷敦森林體系，其中包括了國際貨幣基金組織（IMF）以及世界銀行（World Bank）。

（Citigroup）買下美國第四大銀行「美聯銀行」（Wachovia），吸收了420億美元的壞帳。到處都有銀行爆出危機，全球各地的股市也是無量崩跌，股價大幅下滑，代表全球經濟步入衰退期。大多數國家的經濟一路衰退到2009年，而大多數的歐洲國家更是在2011年再次步入衰退期。

　　2007至2009年全球金融危機所造成的影響的相關討論，多半是集中在金融危機背後的成因。究竟是什麼釀成了金融危機？是美國的銀行體系，是英美的企業資本主義，還是資本主義體系自身的問題？從一個層面看，這場危機與美國的銀行與房貸機構，也就是「次級」房貸市場的不當借貸策略有關。這些借給信用紀錄不佳，或是沒有信用紀錄的人的高風險貸款，是不可能償還的。等到「毒債」（toxic debt）的規模變得太大，衝擊也擴散到美國金融體系之外。但在更深的層面來看，美國的「次級房貸」問題只是浮現在外的表象，真正的問題在於美國、英國以及其他國家根深蒂固的新自由資本主義，鼓吹自由市場以及金融體系低度管制，卻有著種種的缺陷與弱點。索羅斯（George Soros）則是認為，2007至2009年的金融危機，反映出新自由經濟思想的基礎，也就是市場基本主義（market fundamentalism）的失敗。索羅斯反對「市場理性運作，資源就能運用在利益最大的用途上」的觀念。他認為（2008）在過去25年來，隨著金融市場解除管制，一個「超級大泡沫」就此誕生，這個超級大泡沫就是無法償還的超大債務。等到超級大泡沫破裂，許多大量交易的金融工具（例如債券、證券、衍生性金融商品等等）會突然變得幾乎一文不值。就連公開支持自由放任（laissez-faire）資本主義的前聯邦準備理事會主席（Federal Reserve Board）葛林斯潘

（Alan Greenspan），也指出市場走向「非理性繁榮」的趨勢，導致資產價值過度上漲。

2007至2009年的金融危機，是世界經濟自1970年代的停滯性通膨危機（stagflation crisis）以來，第一次發生真正的全球性危機，也造成自1930年代的經濟大蕭條以來，全球生產量最嚴重的下降。這場危機後來又稱「大衰退」。大多數的主要經濟體於2009年回歸成長，顯然各國政府與二十國集團（G-20）迅速採取的大規模行動確實奏效。這些行動包括銀行資本重整、大幅調降利率（貨幣刺激），以及允許政府支出超過稅收，以提升內需（財政刺激）。最重要的是，因為有國際行動，才得以避免自1929年華爾街股災以來，最嚴重的錯誤再度發生。這個錯誤就是採取保護主義，必定會導致金融危機演變成漫長且嚴重的經濟危機。但從2010年開始，又出現一波全新的嚴重經濟問題，尤其是許多「歐元區」經濟體發生**主權債務危機**（sovereign debt crisis）。這表示全球金融危機可能開啟了債務與撙節的時代，尤其在西方經濟體。

很多人認為金融危機最有可能出現的後果，是新自由主義的全球化模型會遭到重新評估，甚至有可能被摒棄。之所以如此推斷，原因之一是過往的大型危機，曾經導致全球經濟的管理方式大幅改變。1930年代爆發經濟大蕭條，美國總統羅斯福隨即推出新政（New Deal），導致1945年之後凱因斯主義（Keynesianism）盛行。1970年代出現「停滯性通膨」危機之後，各國紛紛揚棄凱因斯主義，轉而投向新自由主義。但2007至2009年爆發金融危機，各國卻幾乎沒有採取大規模行動的跡象。例如在2008年9月之後，各界熱烈討論建立「新的布雷敦森林制度」（new Bretton Woods），要推行固定匯率，引導全球經濟治理機構脫離新自由主義，但是進展相當緩慢。（有關大衰退時期全球經濟治理之間的關係，請見第19章。）進度緩慢的原因之一，是這類事務的政治決策權，通常被與新自由主義全球化關係最密切的利益團體的權力結構把持。這些利益團體包括跨國企業、各大銀行、全球市場等等。但也反映出左派政治（包括左翼或中間偏左政黨，以及反資本主義運動）缺乏智力與思想，無法發展出一種政治與經濟上可行，能取代全球化的模型。

歐元區（Eurozone）：使用同一種貨幣（歐元）的歐盟地區（在2015年共有19個歐盟會員國）。

主權債務危機（sovereign debt crisis）：一個國家的財政結構失衡，除非得到第三方援助，否則無法償還或重整國債。

重要事件…

現代全球資本主義的危機

1994-1995 墨西哥的經濟危機始於墨西哥貨幣披索突然貶值，危機很快擴及整個拉丁美洲（所謂的龍舌蘭酒效應）。	2000 自1998年以來資訊相關產業的股票飆漲，形成所謂「網路泡沫」，最後泡沫破滅，被稱為網路危機（Dot-com crisis）。
1997-1998 亞洲金融風暴始於泰國，隨著泰銖的崩盤，金融危機很快地蔓延到東南亞以及日本，造成亞洲國家貨幣狂貶，股市暴跌。	2002 烏拉圭銀行破產危機，主要是因為深怕烏拉圭會受到阿根廷經濟危機的牽連，於是出現大量資金撤出烏拉圭的銀行。
1998 俄羅斯金融危機在亞洲金融風暴之後，緊接著導致俄羅斯股市崩盤，商品價格重挫連帶影響到貨幣和債券市場。	2007-2008 美國爆發次級房貸危機，預告全球金融危機的降臨。
1999-2002 阿根廷經濟危機始於國內生產總值（GDP）下挫，造成投資人的信心喪失，導致資金大量撤出阿根廷。	2007-2009 全球金融危機。 2010-2013 歐元區危機

　　不過值得一提的是，經濟大蕭條在思想上的完整意義，要到1945年，也就是歷經將近10年的大規模失業，中間還穿插一場世界大戰，之後才為人所知。

　　不過2007至2009年的金融危機，仍然算是世界經濟權力移轉的關鍵時刻。整體而言是從西方移轉到東方，具體而言是從美國移轉到中國。金融危機爆發之前的20年間，世界經濟的成長多半要歸功於中國、印度、巴西以及其他新興經濟體。但是這些國家有能力生產大量的廉價製品，卻也製造出通貨膨脹已經「治癒」的假象，掩蓋了已開發國家更深層的結構性經濟缺陷。此外，中國以及許多新興經濟體挺過2007至2009年的風暴，表現遠遠超過已開發經濟體。例如中國在這段期間的經濟成長率只有微幅下滑。新興經濟體在後金融風暴時期，也具有一項優勢，那就是這些經濟體通常具有高額的貿易順差，也多半是主要債權國，買了許多已開發國家發行的債。但這種經濟權力平衡的變動，卻是發生在一個有史以來最相互依存的世界。美國的經濟復甦對中國來說很重要，因為中國持有不少

當代著名的經濟理論家

喬治・索羅斯（生於1930年）

他生於匈牙利，是位股市投資專家、商人，同時也是慈善家。索羅斯批評市場基本教義派對於自然均衡的信仰，認為市場並沒有所謂的自然達到均衡。他特別強調反彈回來的效果，換言之，是一種因果關係，相信人們所做的行為會「反彈回來」影響自己，而這也正好說明為什麼理性行為者的經濟模式起不了作用。索羅斯最主要的著作：2000年出版的《開放社會》以及2008年出版的《金融市場的新典範》等。

保羅・克魯曼（生於1953年）

克魯曼是美國經濟學家，也是政治評論家，他的著作主要聚焦在國際經濟學領域。身為新凱恩斯主義的信奉者，克魯曼認為擴張性的財政政策是克服經濟不景氣的解決之道。對此，他批評布希政府的減稅與擴大赤字長遠來看是無法持久的。他最著名的作品有：2007年出版的《自由主義的良知》以及2008年出版的《經濟大蕭條的再起與2008年的經濟危機》等。

班・柏南克（生於1953年）

柏南克是美國經濟學家，也是自2006年起美國的聯準會主席，他帶領美國的金融面對2007年至2009年的全球金融危機。他的學術著作大多聚焦在造成經濟大蕭條的政經原因，此外，亦強調聯準會以及銀行等相關金融機構在減少借貸上的態度與角色。柏南克最重要的著作是2004年出版的《評論經濟大蕭條》。

赫曼・達利（生於1938年）

達利是一位美國生態經濟學家，他最著名的是穩態經濟學理論，強調永久的經濟成長狀態是不可能有，也不必妄想能夠做到。他認為經濟發展的品質要比成長的數字重要，因為所謂成長可能只是「更多同樣的東西」而已。此外，他傾向富裕的國家降低其經濟成長，釋出資源與生態空間給貧窮國家來使用。他主要的著作是：1973年出版的《穩態經濟學》以及1990年出版與科布（J. Cobb）合寫的《為了公共財》。

詳見經濟學諾貝爾得獎主**史迪葛里茲（參見541頁）**

全球政治行動……
西方國家的債務與撙節時代

事件：2008年9月的重大事件，引發全球生產量驟然崩跌，出現1930年代以來最大的降幅。世界經濟在2009年微幅成長，但大多數的西方國家在2010年，又受到新一波的經濟問題影響，例如不斷上升的主權債務（又稱「國債」或「政府公債」）。有些國家償債能力受到質疑，貸款利率因此被調高，等到無法償還債務，就必須尋求外部干預，這種國家的信用等級（creditworthiness）就有可能被調降。與金融危機息息相關的主權債務危機，在歐元區最為嚴重。歐元區的紓困方案由歐盟、國際貨幣基金（IMF），以及歐洲中央銀行協調，紓困對象包括希臘（2010年以及2012年共兩次）、愛爾蘭（2010年）、葡萄牙（2011年）、西班牙（2012年），以及賽普勒斯（2013年）。有些國家則是因為低成長，加上負債不斷攀升，失去了最高的AAA信用等級，例如2011年的美國、2012年的法國，以及2013年的英國。很多西方國家必須遵守紓困方案的條件，或是因為對債務更為擔憂，於是調整經濟政策，不再採取財政刺激（也就是在2008年9月的金融危機之後，各國原本同意採取的策略），轉而採取「財政緊縮」（fiscal retrenchment，降低公共支出或加稅），就此展開「撙節時代」。

意義：很多西方經濟體的結構性弱點可能是在經濟大衰退之後暴露出來，但都有深層的成因。所謂的結構性弱點，指的是這些西方經濟體傾向於以不斷提高借貸的方式，推升經濟成長（借貸的方式包括抵押貸款、銀行貸款、信用卡、分期付款等等），有些甚至是從1980年代就開始。低度管制又過度膨脹的銀行與金融業，也助長了這個趨勢。世界經濟歷經30年的成長期，西方政府早已對主權債務不以為意，深信經濟成長會一直持續。這種想法被經濟大衰退無情摧毀，大衰退之後的生產量與稅收同步大跌，國家財政陷入混亂，導致借貸爆炸。

各界積極討論債務應該如何解決，尤其是債務與撙節之間的關係。歐洲大多數國家之所以實施撙節政策，是因為認為既然問題出在長期負債上面，那解決之道就是減少債務，尤其是以減少公共支出的方式。不服用「撙節藥」，就可能會將越演越烈的債務負擔遺留給後代子孫，還會失去金融市場的信心，就再也不可能償還貸款的利息。道理很簡單，就是政府與社會大眾必須（再一次）習慣量入為出的生活。然而撙節也會製造問題，削減支出或是加稅，都會降低經濟的需求面，可能會引發經濟停滯，高失業率的「失落十年」。在這種情形，經濟低成長或是零成長會導致稅收減少，公共支出居高不下，國家財政

也會持續低迷。也就是說，一個負債的家庭應該採取的解決方案，套用在整體經濟上就會弄巧成拙，套用在好幾個相互連結的經濟體上，就會釀成大禍（因為會衝擊出口）。撙節的首要替代方案，是一種新凱因斯主義的策略，也就是接受預算平衡的長期目標，但短期或是中期仍然會繼續支出，尤其是會持續在基礎建設計畫方面的支出。這大致上就是美國歐巴馬政府採取的策略，也就是主張應該繼續借貸，甚至擴大借貸，理由是這樣做能刺激成長，進而增加稅收，等到經濟復甦，債務問題終究會解決。但也有人批評新凱因斯主義只會讓政府「對債務上癮」，沒有能力也沒有意願實施西方經濟體早就該實施的「重新平衡」。

美國政府發行的國債。開發中國家需要已開發國家的經濟復甦，製造的商品才有市場可以販賣。也許金融危機給我們最大的教訓，是提醒我們在一個全球化的世界，沒有一個經濟體是孤島。

重點摘要

- 資本主義係指一種商品生產的體系，在此體系中允許私人擁有財富，而且經濟生活是根據市場原則組織而成的。不過，企業資本主義、社會資本主義以及國家資本主義有些不同，差別就在市場與國家之間的平衡關係。

- 新自由主義的進化反映出企業資本主義的優勢，從其他資本主義類型中脫穎而出。支持資本主義的論者強調經濟全球化與資本主義息息相關，並且認為全球的經濟成長都是資本主義所驅使的。相反的，批評資本主義的論者認為資本主義深化了不公平的現象、金融危機，以及造成各式各樣的政治「衝擊」。

- 經濟全球化是一種過程，它將全世界所有國家經濟體，都納入一個環環相扣的全球經濟體系當中。然而，對於經濟生活是否已經全球化，以及經濟全球化的相關影響是好或是壞，仍存在許多爭論。

- 儘管資本主義在全球獲得成功，但是仍深受經濟榮枯、起伏不定的影響。馬克思主義者認為這是因為資本主義容易導致生產過剩所致；熊彼得則強調經濟景氣循環，認為會促成資本主義產生「創造性破壞」（creative destruction）。

- 有些人認為，新自由主義全球化中容易向「金融化」發展，而這正是導致現代金融危機與金融瘟疫四處蔓延的起源。這樣的發展會創造出「豪賭的資本主義」，讓整個經濟體系充滿著不穩定性且難以預測，於是投機性的金融行為就開始發展起來，最後因為宛如泡沫一般破滅，此影響將擴及全球。

- 關於2007年至2009年的全球金融危機的原因有很多爭論，最主要的爭論點在於：到底是因為美國銀行體系的問題，也就是英美的企業資本主義出了問題，抑或是資本主義制度本身的問題。這場金融危機很可能加速全球的權力移轉，但是目前仍不清楚未來的走向到底是國家抑或是全球的金融秩序移轉。

問題討論

- 企業資本主義有哪些優缺點？
- 資本主義和廣泛的福利制度能共存到什麼程度？
- 國家資本主義本身是不是存在一定的矛盾呢？
- 中國是否擁有一個前後一致的經濟發展模式？
- 新自由主義與經濟全球化之間的關係到什麼程度？
- 什麼是經濟全球化主要的驅動力？
- 全球經濟的概念是一個迷思嗎？
- 跨國公司是好的或是壞的勢力？
- 資本主義本質上是否就是不穩定以及容易造成危機呢？
- 2007年至2009年的全球金融危機告訴我們現代世界經濟的本質是什麼？

第五章 全球時代的國家與外交政策

> 「傳統民族國家,在全球經濟體系中,已經成為不自然且
> 不可能的國際社會基本單位」
>
> ——大前研一,《民族國家的終結》,1996年

前言

　　「國家」長期以來被視為世界舞台中最重要的行為者,是國際政治的基本「單位」。國家的主宰地位源自其主權管轄,正如其在疆域內執行無可挑戰的權力,它們在國際事務中也一直(或應該)作為一個獨立自主的實體進行活動。然而,「國家」概念正遭受前所未有的威脅。特別是,全球化時代政治和經濟的面貌,導致了一系列國家概念的消退,甚至形塑出部分人士所稱的「後主權國家」。然而,其他人則認為當國際社會面臨此等重大轉型和變化,只有國家能提供秩序、安定及方向。究竟,「國家」面臨的是消退還是復興的過程?全球化趨勢對於「政府」的本質和發展同樣具有某些意涵,「政府」曾經被視為國家的「大腦」,從中樞位置控制全體。但現在「政府」似乎正逐漸讓位給「治理」,它是一套更為鬆散的過程,讓公共及私部門領域的界線變得模糊,並且常在超國家、次國家,以及國家的層次上運作。政府為何並且如何轉型為治理?這個過程的意涵為何?最後,「外交政策」作為一國政府來管理與其他國家和國際機構關係的機制,標誌全球政治中「選擇」和「決策」的角色。外交政策如何制定,而影響的要素又是什麼?

關鍵議題

- 國家主權與全球化世界是否能相容?
- 民族國家是否轉型成市場或後現代國家?
- 國家以什麼方式且為什麼變得更加重要?
- 在怎樣的範圍內,國家政府已讓位給多重治理?
- 外交政策是否仍然有意義?
- 外交決策過程相關理論中何者最有說服力?

國家以及國家地位正在變動

國家與主權

　　國家是歷史所形成的機制，它出現於十五、十六世紀的歐洲，是一系列中央化的規則，並且成功的使其他世俗或宗教的機構或團體成為其從屬。西發里亞條約體系（1648）常被視為現代國家觀念的成型。透過將國家作為主權實體，成為世界舞台的主要角色。國際政治因而被視為「以國家為主的系統」。國家系統逐漸從歐洲擴張到北美，十九世紀納入南美及日本，並在二十世紀成為真正的全球體系，這大部分要歸功於亞洲、非洲、加勒比海以及太平洋地區的去殖民化運動。到二十一世紀，國家地位變得更為普及，並且成為被追求的目標。至2009年，聯合國所承認的國家已達193個，遠超出1945年的50個，尚有一些「未被承認」的國家包括梵蒂岡、臺灣、科索伏以及北賽普勒斯。而潛在「國家地位」的候選名單同樣令人驚嘆，包括巴勒斯坦、庫爾德斯坦、車臣、西撒哈拉、波多黎各、百慕達、格陵蘭以及蘇格蘭等等。然而什麼才是「國家」？「國家地位」又有哪些特徵？

　　國家具有雙重結構，也就是對內及對外的兩種表徵（Cerny 2010），國家對外處理與他國的關係，並且有能力提供保護，對抗外來入侵。國際法中對國家的典型定義可見於蒙特維多國家權利及義務公約（1933），根據該公約第1條，國家具有四種特徵：

- 有限的領土
- 永久的居民
- 有效的政府
- 與他國進行往來的能力

> **國家構成論**（the constitutive theory of state）：一種理論，主張一個國家在政治上的存在，完全取決於其他國家是否承認這個國家。

　　蒙特維多國家權利義務公約（Montevideo Convention）（譯者註：原文的Montevideo Connection應為筆誤，正確的名稱應該是Montevideo Convention）提出了「宣告式」國家理論，也就是國家必須符合一些最基本的條件，才能稱之為國家，而非採用國家「構成」論的定義。

　　即使沒有他國的承認，國家有權利捍衛其完整和獨立，維持其存續和繁榮，並以其認為適當的方式組織自身（公約第3條）。

　　對內，國家則處理與生活在其領土上的人民和團體的關係，並且有能力維持國內秩序。從此種角度來看，國家常被視為主宰工具。德國社會學家韋伯（Max Weber, 1824-1920）因此以對「合法暴力」的獨占性來定義國家，熊彼得（Joseph Schumpeter 1954）進一步指出國家對財政的獨占性，也就是對人民課稅的獨占權力。以雙重結構的觀點來看，「國家地位」可以從國家是否有能力同時抵抗外來侵略和維持國內秩序兩方面觀之（Brenner 2004）。

　　然而，儘管在蒙特維多公約中的國家特徵中並未明示，也非韋伯的國家合法獨占使用暴力的觀念，但這些特徵都源於一個核心的概念，即**主權**。分析到最後，國家之所以為國家，乃是因為她們有能力在有限範圍內的領土行使主權管轄權，因此可以作為自主且獨立的行為者。現實主義論者喜談的撞球檯理論中，將國家比喻為撞球台上般彼此撞擊的球，而主權就像球堅硬不可穿透的外層，使國家可以抵擋撞擊所產生的衝擊。第一位重要的主權理論學者，法國的政治理論家波丹（Jean Bordin, 1530-1596）將主權定義為「一個政治實體絕對且恆久的權力」。他認為，一個具有最終立法權力的存在，是唯一能保證政治和社會穩定的方式，由此觀之，「法律」反應了主權的意志。霍布斯認為，對於主權的需求源自於人類自立和追求權力的本性，這意指，若是沒有一個主權支配者，即在「自然的狀態」中，生活會惡化為全面戰爭，若此，生命將會是「孤獨、窮困、齷齪、殘暴，並且轉瞬即逝」。因此，他定義主權為對強制力的獨占，並且提倡主權應歸屬於單一統治者之手（不論是否為霍布斯所偏好的王權形式的政府，或為寡頭政治，甚至是民主集會）。然而，如同國家的雙重結構，主權也可以用內部和外部兩個角度來分析。

　　「**內部主權**」的觀念是指，國家施於內部的權威，對於發展國家的架構和規範體系至關重要，在一個政治系統之內，最後且至高的權威在哪呢？如前所述，早期思想家傾向於相信主權應歸於君王一人之手，專制君主稱其自身為擁有至高權力者（sovereigns），如同十七世紀法國國王路易十四所宣稱的「朕即國家」。與王權觀念最不同的主張是由十八世紀瑞士裔的法國思想家盧梭（Jean-Jacques Rousseau）所提出，他否認王權思想，認

主權（Sovereignty）：絕對且無限的權力；意指無論國內外，沒有在其之上的更高權威。

內部主權（Internal sovereignty）：國內最高的權力/權威集中在一個具有決策權的權力機構，其所做之決策對國內之公民、團體、制度具有法律效力。

同普遍主權（popular sovereignty）的概念。對盧梭而言，最高權威屬於人民，以「普遍意志」（general will）的形式呈現。普遍主權的概念常被視為現代民主理論的基石，尤其是民主自由思想中，政治權威的唯一合法來源是透過常規、公平、競爭性的選舉的觀念。然而，有些自由主義思想家提出警告，內部主權因其絕對專斷的來源而有所缺陷，質疑絕對且最終的權力來源與民主社會中權力分散、多元競爭的現實難以調和。

　　一個國家儘管事實上對政權的歸屬仍有爭議，卻仍可能被認為對其人民和領土擁有主權。這就是**外部主權**的概念。外部

概念澄清：國家（The state）

國家是在有限領土範圍內建立主權管轄的政治組織。在政治理論中，經常將國家視為公民社會的對比：國家包含「公共的」機構，也就是對促進社群生活福祉為目的，以收稅作為資金來源（籌建政府、法院、軍隊、國有企業、社會安全體系等等）。然而，國際政治則以一種外部的觀點來界定國家，也就是國家擁有四種特徵：有限領土，常住人口，有效政府和主權。

外部主權（External sovereignty）：國家在世界舞台上擁有的絕對且沒有限制的權力，意指在對外事務上沒有比國家更高的權威。

主權定義了國家與他國和其他國際行為者的關係，它奠定了國家在國際事務上作為一個獨立自主的實體來行動。因此，這種形式的主權對國際政治極為重要。舉例而言，外部主權，提供國際法的基礎。不只聯合國根據主權平等原則運作，透過大會的會員資格，允許每個國家平等的參與國際事務，而且，最重要的是，外部主權保證國家領土完整和政治獨立不可侵犯。類似的，國際政治上最深刻的分歧出現在誰擁有外部主權的爭議。舉阿拉伯和以色列的衝突就是一個關於外部主權的問題。巴勒斯坦人長期爭取在以色列主張的領土範圍內建國，並且最終成為主權國家，但以色列則一直視該要求為對自身主權的挑戰。

　　儘管就道德意涵和實質的重要性，外部主權的爭議逐漸擴大。對外部主權的道德關切在於，它似乎允許國家以其偏好的方式來對待人民，其中很可能也包括不當的處置、凌虐、甚至是屠殺，因此，外部主權原則和人權的宗旨以及超國家的正義規範，彼此之間有某種緊張關係。如第13章所述，這種緊張關係在人權干涉的議題中特別顯著。對於外部主權的實質重要性的討論變得更加尖銳，某種意義來說，國家之間權力的分歧總是掀起主權無益的論戰，也就是強國總是有能力侵害弱國的獨立自主。當今世界一系列的發展更是將國家陷入前所未有的壓力，「主權的終結」甚至是「國家的喪鐘」等預測逐一出現，其中最重要的現象就是

全球政治行動……
巴勒斯坦的建國之路

事件：2011年9月，巴勒斯坦解放組織（Palestine Liberation Organization，PLO）主席阿巴斯（Mahmoud Abbas）向聯合國提交正式申請，希望巴勒斯坦成為聯合國的正式會員國。同年10月，聯合國教科文組織（UNESCO）的執行委員會以107票對14票的表決結果，決議支持此項申請案。2012年11月，聯合國大會以絕大多數的贊成票，決議承認巴勒斯坦為「非會員觀察員國」，允許巴勒斯

坦參與聯合國的其他機關，例如國際刑事法院（International Criminal Court）。巴勒斯坦人的建國意識的開端，可以追溯到第一次世界大戰之前，越來越多猶太人移居巴勒斯坦（當時大概算是鄂圖曼帝國的領土），引發巴勒斯坦人不滿。在第一次大戰期間，英國鼓勵阿拉伯民族主義，間接強化了巴勒斯坦人的建國意識。以色列在1948年建國，大多數的阿拉伯巴勒斯坦人就此淪為難民。1967年第三次中東戰爭（Six-Day War）結束後，以色列佔領西奈半島（Sinai）、加薩走廊（Gaza Strip）、約旦河西岸地區（the West Bank），以及戈蘭高地（Golan Heights），阿拉伯巴勒斯坦人的處境更為艱難。1993年，巴勒斯坦解放組織與以色列政府首度舉行會面，簽訂奧斯陸協議（Oslo Accords），促成了巴勒斯坦自治政府（Palestinian National Authority）在1996年成立。巴勒斯坦自治政府擁有約旦河西岸地區及加薩走廊的治理權，而非主權。

意義：巴勒斯坦人的建國之路牽涉到法律與政治層面。巴勒斯坦的法律地位不僅備受爭議，也常讓人一頭霧水。巴勒斯坦解放組織於1964年成立，將一群南轅北轍的

巴勒斯坦阿拉伯團體予以合併，深深強化了巴勒斯坦人的國家意識或民族意識。他們要獨立於整體的阿拉伯民族之外，也獨立於約旦、埃及、敘利亞、黎巴嫩這些現有的國家之外。然而直到巴勒斯坦自治政府成立之後，巴勒斯坦人才總算擁有定義明確的領土，以及有效的政府，只是這個政府缺乏法律地位，也沒有實際主權。巴勒斯坦的地位，在在突顯出聯合國扮演的角色，也就是藉由正式承認，幫助一個國家建國。巴勒斯坦的地位歷經轉變，從擁有聯合國大會觀察員身份（於1974年獲得）的「非國家實體」，到成為「非會員觀察員國」。這個轉變並沒有得到聯合國安全理事會認可，巴勒斯坦仍然不算是聯合國正式會員國，因此也不算是一個正式的國家。然而到2013年4月為止，聯合國193個會員國當中，已經有132個承認巴勒斯坦國的存在。

不過巴勒斯坦建國的政治層面，重要性遠遠超過法律層面。「巴勒斯坦問題」處於以阿衝突的中心，幾十年來不斷戕害中東的政治局勢。以色列與巴勒斯坦的關係要是沒有改善，很難想像西方與伊斯蘭，尤其是阿拉伯世界，在建立互相尊重，互相理解的道路上，會有任何實質的進展。支

持巴勒斯坦建國的一方，往往認為所謂的「兩國方案」（two-state solution），是解決以巴衝突唯一可行的方案。依據這種思維，一直不承認巴勒斯坦人有權擁有獨立主權，只會助長政治極端主義，升高對以色列的敵意，也許還會衍生出暴力行為。但建立巴勒斯坦國，可能是個不切實際的想法。不僅是因為巴勒斯坦自治政府分散各地，內部的政治理念也出現分歧（巴勒斯坦激進組織哈馬斯（Hamas）控制了加薩走廊，巴勒斯坦解放組織最大的派系法塔赫（Fatah）則是管轄約旦河西岸）。而且倘若以1967年議定的邊界，作為巴勒斯坦國的邊界，那大約50萬名以色列人就會變成居住在外國。但很多以色列人還是對「兩國方案」充滿戒心，認為既然巴勒斯坦人對以色列國的敵意無法平息，真讓他們建立主權獨立的巴勒斯坦國，只會製造出一個始終存在，且難以忍受的禍害，危及以色列自己的安全與生存。

全球化。

國家與全球化

　　全球化的出現激發出關於國家權力和重要性的辯論。這裡有三種不同的立場，首先，某些理論家大膽地宣稱「後主權治理」已經浮現（Scholte 2005），主張全球化的發展不可避免地標誌著國家角色的衰退。而這種論點中最極端的全球化主義者提出，國家角色已逐漸被架空，甚至成為一個累贅。另一方面，現實主義者則否認全球化已改變世界政治的基本特徵。他們認為主權國家仍是對疆域內何事將發生的首要決策者，而且仍是世界舞台最重要的行為者。然而，在這兩種觀點之間還存在著第三種立場，也就是承認全球化確實使國家角色和重要性產生「質變」，但強調這些變化使國家轉型，而並非單純的削弱或者增強國家的權力。

　　我們很難去辯稱國家和主權在全球化的推力下可以完全免疫。這特別可以引用到國家的境內管轄權的例子上，傳統主權的理論是基於國家對於其國境內事務有最高控制權的概念，這也同時意涵對其他穿越其國境的一切有掌控權。

　　然而，國際移民的增加和文化的全球傳播等種種發展，逐漸使得國界變得具有穿透性（permeable）。透過例如廣播、衛星電視、手機和網路，跨界交通和資訊傳播的成長，其速度之快、數量之大，皆對所有試圖有效控制這些力量的國家形成

治理（Governance）：廣義的說，社會生活以多種方式進行協調，而政府僅是其中的一種形式。

超國界性（Supraterritoriality）：透過跨國界和跨全球的交通和互動，社會生活超越國界的一種狀態。

巨大挑戰。大部分關於國家本質和權力的討論關切經濟全球化的衝擊，經濟全球化的核心之一是**超國界性**，反映在地理位置、距離和國界重要性的下降。發生在無國界世界（borderless world）裡的經濟活動範圍逐漸擴大（Ohmae 1990）。金融市場尤為顯著：資本幾乎是在全世界無時差的流動，這意指沒有國家可以從世界上其他角落爆發的金融危機中免疫。這明顯的表現出「疆域性」國家和「無疆域性」跨國公司兩者之間權力平衡的變化。一旦國家政策不符合利潤的最大化和公司利益，跨國公司可以隨時將投資和生產轉移到其他國家，此外，全球化也與區域化的潮流息息相關，各種區域貿易集團如歐盟（Europe Union，EU）、北美自由貿易協定（North American Free Trade Agreement，NAFTA）的持續擴張就反映了這些現象。

假如國界可以穿透，傳統觀念中的國家主權就難以存續下去。這也就是為何在二十一世紀的今天治理呈現出各種後主權特徵的原因。國家的**經濟主權**和全球化經濟之間的調和會變得非常困難。主權對經濟生活的掌控唯有在各自獨立的國家經濟體系中才能辦到，假使國家經濟或多或少被整合進單一的全球體系，經濟主權將變得毫無意義。正如蘇珊史翠菊（Susan Strange 1996）指出：「國家曾經是市場的主人，而現在，在許多事務上，市場是國家政府的主人。」然而，「無國界全球經濟」的用詞可能過於誇張。明顯的是，例如，即使全球化可使國家調整達到經濟繁榮的策略，但絕不可能使國家成為無用的經濟行為者。接下來的部分將會提到，國家仍是一個推動經濟現代化的重要行為者，而市場經濟唯有在國家提供的法律和社會秩序的背景下才能有效的運作。另外，雖然國家控制跨國經濟活動的能力已經縮減，他們仍可以透過經濟規範的宏觀架構來達到控制的目的，例如20國高峰會（G-20）、世界貿易組織（World Trade Organization，WTO），以及國際貨幣基金（International Monetary Fund，IMF）。

毫無疑問的，政治全球化持續影響國家的權力和重要性。全球化帶來複雜的衝擊，而且在某些層面來說，是互相矛盾的。

一方面，國際機構如聯合國、歐盟、北約，以及世界貿易組織等正在侵蝕國家作為獨立自決單位的能力。舉例來說，歐盟已對國家能力產生威脅，因為越來越多決策（如貨幣政策、農漁業政策，以及歐

經濟主權（Economic sovereignty）：國家對於領土範圍之內的經濟活動，擁有絕對的控制權，包括財政政策與貨幣政策的獨立控制權，以及貿易與資本流動的獨立控制權。

全球行為者……

20國集團

類型：國際經濟論壇　・成立時間：1999　・會員國：20國

20國財政部長和中央銀行總裁集團（G-20）於1999年建立，其成立乃是為了因應1990年代後期的金融危機，以及認知到重要崛起國家尚未被納入全球經濟論壇和治理的核心。G-20沒有正式會員資格，而成員從成立以來迄今未變（阿根廷、澳洲、巴西、加拿大、中國、德國、法國、印度、印尼、義大利、日本、墨西哥、俄羅斯、沙烏地阿拉伯、南非、南韓、土耳其、英國、美國、以及歐盟）。20國集團包括了大部分世界領先國家（雖然並非全部的），因此涵蓋了全世界約90%的國民生產總值（GNP），然而其他要素，如地理上的均衡（成員來自各洲），人口的代表性（代表世界3分之2的人口）也扮演重要角色。正如G7/8，20國集團沒有固定的位址和人員，它以非正式的論壇形式運作，目的是為了促進財政部長、中央銀行總裁和政府首長之間的對話。然而，在2009年9月的匹茲堡高峰會，政府首長同意提供G-20更大的資源和固定人員。在G-20內部，無論其經濟強弱或人口大小，一個國家代表一種聲音。

重要性：在早期，G-20是一個相對邊陲的組織，明顯的不如G-8重要。然而，這個現象在2007年至2009年全球金融危機中發生了變化，已開發國家認知到其經濟好壞需倚賴全球合作的危機處理，他們急於納入開發中國家，並視G-20為達到此目的之場域。相對的，G-8顯得相當過時，尤其它排除崛起中的國家如中國、印度、南非、墨西哥、巴西。G-20的地位，因著對金融危機的應對處理大多非出於2008年及2009年英美所主辦之

高峰會，而顯得更加重要。危機處理的核心，是G-20成員承諾對關於全球通膨的計畫挹注5千億美元。對於全球經濟治理的改革也正要開始，藉由協議擴大IMF的借款計畫，以及調整IMF和World Bank內部投票比重，以反映開發中國家的成長地位。於匹茲堡高峰會中，決議G-20將取代G-8作為促進國際經濟合作的主要論壇。

G-20的崛起，標誌歷史的轉折，它高度的包容性和代表性顯示世界秩序的新建制已然浮現。相較於國際決策權掌握於少數國家之手的G-8，國際貨幣基金會，世界銀行以及聯合國（安理會），G-20能更恰當的反映當前經濟現實而因此享有更大的全球正當性。然而，G-20也面臨批評的聲浪。首先，G-20的顯著地位可能是暫時性的，並且是特別針對金融危機的，在金融危機之中，已開發和開發中國家認知到雙方都在「同一條船上」，而若是要發展出其他全球協調的回應機制，例如氣候變遷和世界貿易，已開發和開發中國家往往意見極為分歧，因此較為困難。再說，即使G-20轉型成為一個固定的組織，它也缺乏強制、處罰的力量。G-20批評不負責任的國家，譴責在國家和國際層次上薄弱的金融規範，也對銀行自肥等現象採取強硬立場，然而，它缺乏強制執行意志和懲罰違反者的能力。另外，雖然G-20比G-8更具代表性，它的成員選擇仍較為武斷，排除了某些富有國家以及所有最貧窮的國家。並且，G-20的主要參與者都堅信主流經濟思想，偏好市場及（儘管是較為規制化的）全球化，而對其他可能替代的經濟觀念較不重視。

盟內人口及貨品流動）是由歐盟機構而非成員國主導。由政府間或超國家層次所做的決策範圍和重要性逐漸擴大是無庸置疑的，促使國家要不是在區域或全球性的機構中發揮影響力，就是在他們所建立的框架中運作。世界貿易組織也行使類似法官或陪審團的權力，或者是作為會員國間進行協調談判的論壇。這樣的趨勢反映了一個事實：在這個互相聯繫的世界裡，國家單獨行動的能力被削弱，這是因為他們面對的威脅和挑戰越來越多跨國和全球層面的挑戰。

　　另一方面來說，政治全球化不只削弱了國家單獨行動的能力，同時也開啟了新的機會。在國際組織和國際建制中運作，或許也擴大了國家的能力，允許國家可以繼續在這個全球化的世界中擴大影響力。這種由國家匯聚（poor）其主權的情形稱為「**共儲主權**」。歐盟最能彰顯共儲主權的觀念，其他國際組織亦是。藉由「匯聚」主權，會員國將部分權力自國家政府轉移至歐盟，藉此達成更大、更有意義的主權形式。以這樣的觀點來看，主權並非零和遊戲：歐盟的共儲主權至少大於成員國的聯合。比起會員國各自行動，一個區域組織可以在全球化世界裡發揮更大的影響力。

國家轉型

　　全球化趨勢不只令國家主權原則的相對重要性受到質疑，並且（尚有爭議）重塑國家的本質和角色。作為一個具有歷史的建制，國家已經發生過許多次的轉型。十九世紀初，民族主義的興起，導致了民族國家的形成，使國家成為一系列中央化的規則，「民族」作為社會的團聚力量以

概念澄清：政治全球化（Political globalization）

政治全球化意指國際組織的重要性漸長，這些跨國組織不只在國家範圍內施展權力，也在幾個國家所形成的區域內發揮影響力。然而，政治全球化的本質，以及對國家的意涵，需視其究竟是以政府間主義（intergovernmentalism）原則，亦或超國家主義原則來進行組織而定。政府間國際組織提供國家一個理論上可以共同運作而毋須犧牲主權的機制。另一方面來說，超國家機構有能力將其意志強加於國家之上。然而，多數論者認為政治全球化的進程遠遠落後於經濟和文化全球化。

共儲主權（Pooled sovereignty）：二個或多個國家主權的結合；「共儲」主權意謂藉此獲得比國家更大的權力和影響力。

集體化國家（Collectivized state）：國家伺機廢除私人企業，建立一種中央計畫，或強制「命令」的經濟。

及政治正當性的來源。自此以後，對於民
族自決的追求是建立國家的主要動力（見
第7章的討論）。二十世紀大多數時候，
國家在社會和經濟上的擴張角色為其特
徵。最極端的情況出現在「**集體化國**

> **福利國家**（Welfare state）：公民的社
> 會福利是國家的首要責任，從事一系列
> 的社會安全、健康、教育以及其他服務
> （儘管視各國有所不同）。

家」，也就是嘗試將整個經濟生活置於國家控制之下。最佳的例子是過去的正統
共產主義國家如蘇聯和東歐諸國。資本主義國家儘管是用一些較為節制的手段，
也展現了對經濟和社會生活的干預。以這些國家來說，其中牽涉到運用凱因斯的
經濟管理策略，以及強化的社會保障，促使**福利國家**的出現。帶來國家繁榮和
使市民免於社會剝奪成為多數國家的主要正當性來源。

　　然而，自從1980年代，許多論者以為，國家正進入「掏空」（hollowing
out）的過程，據他們所說，一種新的國家形式逐漸浮現。這些新形式分別被稱
為「競爭性」（competition）國家，「市場」（market）國家（Bobbit 2002），
以及「後現代」（postmodern）國家（Cooper 2004）。對這些現象最常見的解釋
是，經濟全球化的壓力下所帶來的國家和市場關係的改變。這反映了普遍趨向新
自由主義（Neoliberalism）的潮流，最戲劇化的例子，是1990年代前共產國家由
集體經濟轉型為以市場為基礎的經濟系統。另外，私營化、去規制化，以及福利
保障的倒退，某種程度上也顯示了經濟全球化所帶來的壓力。全球化以三種方式
推動這些發展。其一，國家更大程度的對全球市場開放，促使許多國家採取吸引
外資和國內投資的策略，也就是對金融和經濟管制「去規制化」的政策。其二，
外國競爭加劇迫使國家維持低薪資以及增加勞工流動的彈性，這包括縮減福利成
本以及其他削弱競爭力的可能。其三，跨國公司與國家的權力彼消我長，如果國
家政策不足以回應公司的利益，跨國公司可以輕易的重新布局其生產和投資地
點。

　　無論如何，市場和國家關係的變化，或許不只單純的意指國家功能的低落，
而是國家有了不同的作用。國家或許正在經歷轉型，而非全然消退（Sørensen
2004）。羅伯特‧考克斯提出成長中的全球生產和金融組織，已然改變了傳統政
府和社會的觀念，導致了「國家的國際化」。在這個過程中，國家不只是藉由國
家組織、政策以及行動，重塑國家經濟，使之能適應全球資本主義經濟的局勢。
儘管，國家喪失了部分經濟的實質權力，經濟全球化卻需要國家所提供的政治框

羅伯特‧考克斯（生於1926年）

加拿大國際關係政治經濟學家，批判理論倡導者。考克斯為國際勞工組織（International Labour Organization，ILO）服務，在此之前，曾在1970年代早期從事學術工作。考克斯的理論採取一種反思性的研究途徑（reflexive approach），以此研究途徑，理論與它們的文本和主體有深刻的關聯，在他影響深遠的著作中，1987年的《生產，權力與世界秩序：創造歷史的社會力量》，他檢視歷史上生產力、觀念和制度三者間關係的三個階段，分別是自由主義國際經濟（1789-1873），帝國主義競爭時代（1873-1945），以及新自由主義世界秩序（1945迄今）。他的著作探討如全球化的意涵以及美國的全球霸權等議題，其中也特別強調了反霸權社會力量（counter-hegemonic social forces）的前景，考克斯的其他主要著作包括1972年的《影響力的分析》和1996年的《世界秩序的研究途徑》。

架，尤其是具有「軍事─領土權力的強制執行者」（military-territorial power of an enforcer）（Cox 1994）。在全球經濟現況中，這個角色大部分落於美國身上。

> **競爭性國家**（Competition state）：國家追求可以在全球經濟結構中長期保持競爭力的策略。

　　杰索普（Bob Jessop 2002）將更加傾向市場國家的形成，描述為從「凱恩斯福利民族國家」（Keynesian welfare national state）轉向為「熊彼得競爭性國家」（Schumpeterian competition state）。**競爭性國家**是國家藉由確保在全球經濟結構下的國內競爭優勢，以保證經濟的成長。競爭性國家認知到，在新的全球知識經濟下，必須強化教育和訓練，以保障經濟成功的果實，這個途徑於1970年代以來被亞洲小龍們廣為運用。儘管競爭性國家藉由提倡企業聯盟和提高勞工流動彈性來擴大對市場的回應，他們也認知到必須對抗「社會排除」和鞏固社會的道德基礎。在某種程度上，競爭性國家的優勢明顯反映在由「需求經濟」（demand-side economics，鼓勵消費者消費，如凱恩斯通膨）轉型至「供應經濟」（supply-side economics，藉由提升教育、訓練、勞工流動彈性和去規制化，鼓勵生產者生產）。

　　「後現代國家」的觀念與羅伯特‧庫伯（Robert Cooper，2004）的研究有關。羅伯特指出：後冷戰世界被區分為三個部分，每個部分都以不同的國家結構

觀點……   國家

現實主義觀點

現實主義者傾向從外部觀點，也就是國際體系的角度來闡釋國家。最重要的是，他們將國家視為和諧、統一的行為者；確實，他們常將國家描述為國際體系的基本單位（units），國家和諧統一的特徵源自於以下事實，無論如何組成，國家領導人的言行各自代表其國家，並且以其意志調動人口和資源，國家行為唯一且超越所有事物的目的就是「存活下去（The wish to survive）」（Waltz 2002），這是否單純意指防衛自身避免侵犯或攻擊，或具侵略性的將權力最大化和成為宰制者？儘管現實主義者並未達成共識，但如此一來，國家社會性的、構造性的和政治性的建構，就變得與外在行為不相關，以這種角度來看，國家如同一個黑箱（black box）。特別是新現實主義者強調國家只因能力（capability）或是權力（power resource）（例如有強權、弱小國家和其他）的不同而有所區別。所有現實主義學者都同意國家是主要的國際行為者，因此採納一種以國家為中心的全球政治的觀點。舉例而言：現實主義者認為全球化和國家之間並非相斥或完全相反的力量，全球化是國家為了自身利益所創造的現象。其他行為者僅能在國家所允許的範圍內展現影響力。

自由主義觀點

自由主義者相信國家不只基於社會的需求而構成，也反映了個別公民的利益。社會契約理論闡述國家主權是透過公民之間互相同意所構成，目的是為了脫離無秩序和殘暴的「原始狀態」（無國家的、尚未有政治系統的社會）。因此，國家最重要的角色是維持秩序，對社會中競爭的個人和團體進行仲裁，國家角色類似裁判或仲裁者。

這種觀點認為社會結構的變化將可以改變國家的權力與角色。因此自由主義者較不願意將國家視為主要的國際行為者，而通常採取一種混合角色的國際行為者觀點。事實上，自由主義者普遍接受全球化標誌著國家權力消退的論述（並且或許從民族國家轉型為「後現代」或「市場」國家），權力從國家轉移到全球市場以及跨國公司（transnational corporations，TNCs），也轉移到個人層次。進一步來說，自由主義者堅信國家的憲法與政治構造對其外部行為有關鍵的影響，例如共和派自由主義（republican liberals）就論述說民主國家本質上比非民主國家更偏好和平（Doyle 1986）。

批判主義觀點

批判理論家拒絕現實主義者的國家中心論，以及自由主義者主張的國家消退說，但他們也僅是以不同的說法闡述兩種觀點，新馬克思主義者和後馬克思主義者或許已經放棄了正統馬克思主義論者認為資本主義僅是階級系統的反映，但他們仍持續的主張，就國家結構而言，世界秩序仍受制於社會的階級關係。市場和國家的互賴，激化了全球化的結果，導致考克斯（Cox 1993）所謂的「國家系統的國際化」（internationalization of the state）。社會建構論者否認國家具有固定且客觀的特徵，反之，國家特性是由一系列歷史和社會因素所形塑，其結果進而決定了影響國家的利益和行為。舉例而言，溫特（Wendt 1999）區分國家的社會身分（被國際社會所認定的何謂國家特徵，地位、角色、性格所塑造）以及

其共同身分（被內部資源、意識形態、及文化因素所塑造）。女性主義論者對國家的定位較為矛盾。自由女性主義論者相信國家可以藉由提升女性的總體地位，從內部進行改造；激進女性主義論者則強調國家和男性權力系統的關聯性，國家本質上具有父權特質。

為特徵，分別是「前現代」、「現代」和「後現代」世界。後現代世界是一個棄絕武力作為解決問題手段的世界，它以對於法律規則的尊重，及自願透過多邊機制來運作來維持秩序。這個世界的安全保障是透明化、互相開放、互賴，以及最重要的，對於彼此互為弱點的認知。適合這個世界的「後現代」國家，更多元、更複雜，並且與所取代的官僚式「現代」國家相比，集中程度較低，也較不強調國族主義，甚至鼓勵多重的認同。私部門在治理過程中扮演更大的角色，而政府逐漸傾向提升國民個人發展和消費，是後現代國家的特徵。如庫伯（Cooper 2004）所說：「個人消費取代集體榮耀成為國家的主題。」以後現代國家的對外傾向而論，可以「非戰爭性」為特色，反映在以道德良知處理國際關係以及否定權力平衡在後冷戰時代的功能。在這個基礎之上，後現代國家唯一明顯的例子在歐洲，歐盟或許可以作為一個後現代國家的雛型。

　　在「前現代」世界中，國家面臨最嚴重的困境，庫伯將其描述為「後帝國主義」（post-imperial）的混亂，此類的國家結構無法建立（以韋伯的話說）對武力的合法獨占，因此導致了地方性的**軍閥主義**的出現，造成犯罪蔓延和社會騷亂。可是，這樣的情況並非出現在所有開發中國家。印度、南韓、臺灣等開發中國家，在追求經濟現代化和社會發展的策略獲得高度的成功。然而，其他國家卻以其貧弱為特徵，有時候被描述為「弱國」，「準國家」或「失敗國家」。大多數最弱的國家集中在撒哈拉以南非洲地區，代表性的例子如索馬利亞、獅子山、利比亞和剛果民主共和國。這些國家甚至無法通過最基本的國家能力標準：它們無法維持國內秩序

概念澄清：失敗國家（Failed state）

一個失敗國家無法有效的實踐它在確保國內秩序和獨占武力使用的關鍵角色。近年來失敗國家的例子包括哥倫比亞、海地、盧安達、利比亞、索馬利亞。失敗國家不再有能力作為獨立發展的政治實體，它們缺乏可信賴的法律和秩序體制，時常被捲入內戰和軍閥統治。它們沒有能力作為獨立發展的經濟實體，它們無法為其公民提供公共財。儘管極少國家面臨完全瓦解，大部分則是勉強維持功能，並且接近崩潰的狀態。

軍閥主義（Warlordism）：以地方為基礎的軍隊組織，在缺乏主權國家存在時，彼此鬥爭的狀態。

和個人安全，意指國內的鬥爭和內戰幾乎是常態。失敗國家不僅僅是國內問題，它們往往造成更大衝擊，如短時間內產生大量難民的危機，以及成為毒品販子、武器走私和恐怖組織棲身的庇護所，造成區域不安定，也帶來提供人道援助以及維和的外來干涉。

這些國家的失敗最初源於被殖民的歷史經驗，當殖民時期結束（多數在1945年以後），這些國家被賦予政治獨立，卻缺乏足以使之有效獨立運作的適當的政治、經濟、社會和教育發展。這些國家的疆界多半反映殖民帝國的政治勢力，而非在文化上有一致性的族群，後殖民國家常飽受深刻的種族、部落、宗教分化的困擾。因此「失敗國家」是指失敗的後殖民國家。儘管如此，殖民主義不能單獨的解釋後殖民國家的貧弱或失敗。國家失敗的原因還包括內部的因素，如社會菁英的壟斷，落後的制度，偏狹的地方價值觀會阻礙國家從前工業、農業社會轉型為現代工業社會，而外部因素尤其包括跨國公司和新殖民主義的衝擊。

國家的復興

二十一世紀早期的國家論述主宰了國家角色衰退的論調，國家主權日復一日的消散，而國家宛如恐龍一般等待滅絕。然而，現實是更為複雜的。現實主義者和其他國家中心論者認為，全球化對經濟、文化、政治形式帶來的衝擊被誇大了：國家依然是決定性的政治行為者。儘管如此，近年來的一些發展幫助強化了國家角色，並且突顯了國家的關鍵地位。是什麼解釋了國家的復興？首先，國家維護國內秩序和保護其公民免受外來攻擊的獨特能力，在二十一世紀的新安全挑戰被強烈的彰顯出來，尤其是攸關跨國恐怖主義的議題。正如巴比特（Bobbitt 2002）所觀察到一個基本事實：「國家是為了控制暴力而存在」；因此國家實質上是一個「製造戰爭的機制」（warmaking institution）。冷戰末期軍用開支下降，就是所謂的「和平紅利」（peace dividend），這個狀況到1990年代末期遭到反轉，在美國遭到911恐怖攻擊事件之後，發動對恐怖主義的戰爭，軍用開支驟然陡升。美國和它龐大的軍事預算成為這個世界潮流的決定因素，然而，在中國、法國、英國、俄羅斯等其他國家，軍事預算也有重大的成長。

不只如此，許多國家藉由緊縮其邊境措施來強化其為領土不可侵犯的實體。反恐措施常意味國家有更大的監視、控制，有時還包括拘留的權力，甚至可以說成為「國安國家」。

焦點……　國家建設的困難

　　為何國家建設如此困難？成功的建設國家需要克服哪些挑戰？至少有3個重要的挑戰浮現出來。第一，嶄新或改革的組織架構，必須建立在原本政治和種族高度緊張以及長期貧困的背景之上，例如，在阿富汗，一個無論國內外力量都無法長期把持的國家，有50個種族和部落團體，34種語言，2,700萬人民，再加上廣布的部落世仇。因此，在這樣的環境下建立一個統一的領導權本來就是充滿困難的。

　　第二，本土的領導權和新建制需要合法性的重要措施，因此，國家建設總是需要提倡「善治」（good governance），其中根除腐敗是一個重要目標。然而，對民主化和「善治」的承諾，使國家建設變得更加困難，不只是種族和其他緊張關係浮出檯面，也暴露了新興機構的錯誤和失敗。最後，國家建設無可避免的將不合需求的西方政治組織模型，移植到習於傳統部落治理模型的開發中國家，在其中，互賴的社群依靠對種族的認同統合在一起。西方的觀念，國家是唯一能替代混亂和殘酷的普世的建制，在這樣的國家無法被建立，如此一來，國家建設的任務注定會失敗。

　　再者，即使指令型經濟管理模式已經成為過去，國家有時仍自稱為現代化的推動者。國家繁榮和發展純粹是市場動能的結果，這是新自由主義的迷思。事實上，市場經濟唯有在國家確保法律和社會秩序的情況下才能成功運作。尤其是有關財產權的法規和強制力，假如缺乏前述所說，國家的經濟會受到賄絡、威脅、和暴力的嚴重干擾。另外，現代化國家還必須發展和實施能確保長期經濟繁榮的策略。「競爭性國家」藉由提升教育和訓練，以及給予重點出口產業各種支持來達到經濟成長的目的。如同中國和俄羅斯，藉由和市場經濟妥協來達成現代化目標，但是國家控制的重要成分仍然被保留和重新實施（這些發展在第3章關於「國家資本主義」中有詳述）。在更廣的層面，國家在經濟上的關鍵地位於2007年至2009年的全球經濟危機中特別突顯。儘管G-20給予國家討論協調合作因應的場域，但是僅有國家才能同意和執行財政和其他干預措施的整套重大政策。確實，有些論者將此危機視為30年來反國家主導的新自由主義全球化主張和規則性全球化的分水嶺（後者指的是當前國家透過國際組織或獨自行動來扮演一個更活躍經濟角色的主張）。

　　最後，政府推動國家發展的角色受到越來越多的承認。這反映了對「**國家建設**」在「建立和平」的長遠過程中之關鍵地位日益受到重視。人道救濟和衝突調解在缺乏法律和秩序的運作下變得極端困

國家建設（State-building）：透過建立有能力產出和執行政府重要管轄之政策的機構，來建構一個能夠運作的國家。

難。1990年代以降，對人道干預的接受度越來越高，這顯示秩序的規範是由外力所提供。然而這不能構成一個長期的解決方案。如索馬利亞、伊拉克和阿富汗等例子所顯示，外力強加的秩序只能維持一段有限的時間，這是因為干預的外國在經濟和人力成本上都無法長時期支撐下去，也因為外國軍隊和警力的駐紮，早晚都會引起當地人民的憤恨和敵意。因此，外國干預越來越將目標放在建立有效的本地領導權以及建構具有正當性的國家組織，例如軍隊、警力、司法機構、中央銀行、政府部門、地方行政單位以及徵稅機構，並且使教育、交通、能源和健康照護等系統能夠運作。儘管如此，國家建設的過程仍是極為困難的。

從國家政府到多層次治理

從政府到治理

概念澄清：治理（Governance）

治理是較政府更為廣泛的概念。儘管它的定義尚未確立並獲得一致的同意，它比較廣義的指稱過許多方法來調和社會生活。治理因此是一個過程（或是複合的過程），它的主要模型包括了市場、階層制以及網絡。儘管政府也是治理的一部分，但「沒有政府的治理」卻是可能的。國家社會的模糊界線（私人機構和建制與公共部門緊密合作），以及許多層級的介入（可能是地方的、省的、國家的，或區域的、全球的層級）是治理的典型。國際事務藉此協調合作的過程越來越多被稱為「全球治理」（global governance）。

善治（Good governance）：社群決策過程的標準，包括（根據UN）大眾參與、尊重法律、透明化、回應性、共識取向，以及問責制。

階層制（Hierarchy）：根據分級次序，並且具有一個清楚的，通常是由上而下的權威架構。

國家角色和地位的變化，對於政府的本質和運作同樣具有意涵。政府是指一種在國家層次上運作，維持秩序和有利共同行為的正式和制度化的過程。它的核心特徵是做成共同決策以及強制執行的能力。然而，自從1980年代，在國際關係理論家和政治分析家之間，使用「治理」（governance）而非政府（government）的用語逐漸形成一種風潮，例如「全球治理」、「**善治**」以及「企業治理」（corporate governance）等都很常見。在國際關係和國內政治的研究中，所謂的「治理轉向」（governance turn）是一連串情勢發展的結果，這些發展中最重要的是，傳統上政府是**階層制**的觀念逐漸變得冗餘。對馬克思・韋伯（1948）而言，階層制，就是他所稱的官僚體系，是現代工業社會組織的基本典型。固定、官方的管轄區域，清楚的法律或規則，以及依據層層命令排列的堅固次序，使官

爭辯中的議題……　國家主權是否已成為過時的觀念？

國家主權傳統上被視為國際體系的核心原則。然而，當有些論者提出全球化以及其他發展，已經從基礎上改變了國際體系，其他論者則認為國際體系的基本輪廓仍未有本質上的改變。

支持	反對
可穿透的疆界。國家疆界是領土主權的傳統保障，逐漸的被外力所穿透。這包括了跨國界的旅行以及資訊和知識透過網路移動。全球金融市場和跨國資本流動使經濟主權形同虛設。如果傳統國內外的分野已經難以維持，國家則不再是有意義的領土單位。	**「無疆界世界」的迷思**。世界政治被跨國過程所支配，因此削弱了國家控制的意象充其量是一種誇大。例如，國家經濟並非只是單純被「無疆界的」全球經濟所接收，因為大多數的經濟活動仍是在某個國家的邊境內發生。再說，提出全球化潮流必定使國家失去力量是一種誤導。反之，國家為了國家利益選擇參與經濟全球化。
非國家行為者崛起。國家已經不再是世界舞台上唯一，或者是必要的支配行為者。跨國公司比許多國家更具影響力，可以在全球經濟局勢下，透過重新布局生產和投資的能力，有效的控制政府政策。非政府組織（Non- governmental organizations，NGOs），如綠色和平（Greenpeace）和國際特赦組織（Amnesty International）運用國際影響力。而國家安全很可能受到國際恐怖主義的威脅，如蓋達組織，就如同受到其他國家威脅一樣。	**國家仍為主宰**。儘管國家僅是世界舞台眾多行為者之一，它們仍是最重要的角色。國家施展權力的方式和範圍，沒有任何行為者可以達到。特別是運用政府的行政程序，以及倚賴無可置疑的強制力，國家在其領土內的控制力少有挑戰。僅有少部分被分類為「失敗」或「弱小」國家，失去對其領土上所發生之事的控制力。
集體的困境。以當今的局勢，國家越來越多機會面臨集體的困境，特別是一些艱難的議題，即使是最強大的國家也難以獨自面對。直接的說，全球問題需要全球的解決方案。具有集體或全球特性的議題日益增加，如氣候變遷、恐怖主義、跨國犯罪、傳染病、國際移民等等。只有國際組織，非主權國家，能夠處理這些問題。	**共儲主權**。政治全球化的來臨，以及全球治理框架的浮現，並沒有侵蝕掉國家主權，而是擴大了國家的機會，特別是透過合作所取得的利益。國際組織是由國家，也是為了國家所組成的機構，它們無可避免的成為國家達到目的的工具。確實，藉由共同合作，國家可以匯聚主權，獲得比它們單獨行動更大的能力和影響力。
普世人權。對主權的尊重日漸侵蝕，認為國家對待其國內人民有一些普遍標準的信念越來越強。這是基於對人權的信念，以及基本	**民族國家的恆久吸引力**。只要國家繼續獲得國內公民大眾的支持，失去其主宰地位似乎不太可能。正如大多數國家為民族國家，這個情況會持續下去，這可歸因於民族主義為

的個人權力比起國家的獨立自主有更高的道德優越性的觀念。這在國際法的變遷（見第14章），以及對人道干預的接受度越來越大可以明顯看出。

現今最強而有力的意識形態。其他競爭的意識形態如世界主義，以及對宗教、文化以及種族的忠誠至今仍難望其項背。

僚體系典型化。「理性邏輯」被認為是官僚體系「命令－控制」系統的最大優勢，根據韋伯，官僚主義化反映了一個可靠、可預期、以及有效率的社會組織方式。

官僚和階層制因此在軍隊、警察、學校、大學中發展，並且遍布現代化國家擴張的政府部門和執行單位。同樣的，資本主義的出現，製造了更大的經濟效率的壓力，使大公司成為二十世紀商業組織的主要形式。

從「政府」轉移到「治理」，反映了更具流動性和差異性的社會的浮現（見第6章所討論）。傳統由上而下的權威架構早已暴露出無能、反應遲鈍，甚至是冗贅的缺點。治理概念的出現因此與經濟潮流的轉變同時發生，也就是經濟組織從大規模生產的「福特主義」（Fordlist）模型，轉型到重視彈性、創新和分權式決策的「後福特主義」（post-Fordist）。強迫政府調整行為和治理方式的壓力來源有很多，包括1970年代金融危機造成的全球經濟長期委靡不振。反之，1950年代和1960年代經濟的持續繁榮卻未被提及，至少在已開發國家，國家福利和社會責任的擴張，強化對政府效能的信念。稅收減少使人民對政府的期待和政府所能提供的產生了落差，政府要不就是降低人民的期待，要不就是尋找更嶄新和具創意的方式，來提供更便宜、更有效能的服務。1980到1990年代，自由市場和新自由主義的意識形態產生了進一步的壓力。美國的雷根主義（Raganism）和英國的柴契爾主義（Thatcherism）最為激進，或多或少的影響了每個社會，基於經濟在市場力量的制約下可以運作的最好的信念，以及個人應從「保母政府」的暴政下解放，目標在解散「大政府」。經濟全球化在這個過程中扮演重要的角色。國家經濟或多或少的被整合進全球單一經濟體系，使所有國家暴露在高度競爭的壓力之下，開啟了「向下沉淪的競爭」（race to the bottom），政府藉由減稅、解除經濟管制，以及使勞動市場更具彈性等方式來吸引或保留外資。

政府如何適應這些環境變化呢？有三個相關的發展可以看出政府如何過渡到治理的模型。其一，重新定義政府的角色，某些層面來說其角色變得更窄了。與其將國家描述為划船（rowing）的船夫（也就是擔任管理和輸出服務），政府的

任務逐漸的轉為掌舵（steering）者（也就是大方向和策略目標）。某部分來說，這是承認傳統的公共管理不如私人企業或是第三部門機構，例如慈善機構、社會團體和非政府組織有效率和反應快速。這樣的概念誕生在美國，並且擁有最狂熱的支持者。政府從「船夫」的責任轉型，這樣的過程被描述為「政府再造」（reinventing government）（Osborne and Gaebler 1992）。其二，政府與市場的區隔有很大的模糊空間，也因此公領域和私領域之間亦若是。這個發展以許多方式發生，例如透過將公共服務「外包」（contracting out）或是完全私有化，或藉由「政府—私人」的夥伴關係的增加，以及引介公共服務的「內部市場」，抑或透過所謂的「新公共管理」，將私部門經營的方式和架構引入公部門。其三，政府流程由「階層制」轉型為「網絡形式」，這導致卡斯特爾（Castells 1996）宣告「網絡國家」（network state）、「網絡社會」（network society）以及「網絡企業」（network corporation）的同時浮現。國家發展的任務以及有時候政策執行逐漸從部門階層轉移到**政策網絡**，網絡已經被證明在日漸複雜的背景下，對促進社會生活的交流和協調特別有效。

多重治理

從政府轉移到治理不只是反映在以更複雜的方式來協調生活的現代社會裡，也就是市場和網絡扮演更廣泛的角色，以及公私部門界線的弱化，而且明顯地，政府也「延伸」（stretching）跨越了幾個層次，換句話說，政府不能再被視為一個在互不相連的社會中進行的特定的國家活動。這導致了**多重治理**的現象。決策重擔

> **政策網絡**（Policy network）：政治行為者間一系列系統化的關係，它們在某一特定範圍分享共同的利益和普遍的傾向。
>
> **多重治理**（Multi-level governance）：由於超國家組織和次國家機構持續成長，公共管理權力彼此重疊和內連的形態。

「上繳」（sucked up）及「下放」（drawn down），產生一個複雜的互動過程（見圖5.1）。決策重擔「上繳」發生在政治全球化及區域和全球治理重要性逐漸增長的情況。決策重擔的「下放」則發生在**分權**的過程中。二十世紀大部分時間，多數國家都展現了走向中央集權化的過程，這是其經濟和社會角色擴張的結果。中央政府由於擁有強大的財政能力，在管理經濟、提供公共服務上具有明顯的優勢。然而，自從1960年代以來，這個趨勢經常被翻轉，中央集權讓步給朝向

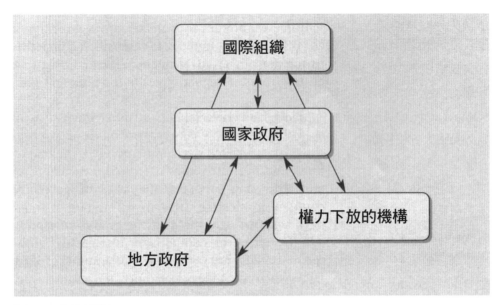

圖5.1　多重治理

在地化的潮流。在許多例子之中，這表現出周邊和次國家的政治機構的成長或強化。舉例來說，印度在1947年取得獨立，採取蘇聯的聯邦制，而非英國的單一制。西班牙在1975年，弗朗科將軍（General Franco）死後，作為民主化的一部分，採取了**權力下放**的體制，形成17個自治區，每一區都奠基於一個選舉出的議會，被賦予廣大的境內政策控制權。1982年，法國將它的「實用的區域主義」策略，以22個直接選出的地區議會為基礎，發展出一套管理的完備系統。在英國，「權力下放」在1990年代晚期被引入，導致了蘇格蘭議會、威爾斯議會、北愛爾蘭議會的產生，以及半聯邦制統治形式的浮現。

　　儘管在地化似乎與全球化的概念對立，但這兩個過程是緊密的，或者可能是本質的相連，正如「全球在地化」的觀念所反映的（Robertson 1992）。在地化其中一個關鍵驅動力是文化和種族主義政治

分權（Decentralization）：透過國家機構權力和責任的轉移，地方自治權擴張的情形。

在地化（Localization）：一種將本地當作政治行為、文化認同和經濟組織單位的潮流，通常與次國家治理逐漸成長的重要性有關。

權力下放（Devolution）：權力由中央政府轉移到附屬的區域或省等不具主權的建制；它們的責任和權力完全源自於中央。

的勃興，這似乎和古典的民族主義消退有關。在1960年代晚期和1970年代早期，在西歐及北美地方，分離主義分子群集起來，並且形成種族民族主義。這在加拿大的魁北克，英國的蘇格蘭和威爾斯，以及西班牙的加泰隆尼亞和巴斯克，法國的科西嘉，比利時的佛蘭德斯地區可以明顯看到。這對政治分權造成了壓力，迫使制度發生劇變。類似的種族自覺也同樣發生在美國及加拿大的美洲原住民，澳洲的土著，以及紐西蘭的毛利人。在地化的其他例子包括了宗教復興的趨勢，穆斯林、基督教徒、印度教徒、猶太人，甚至佛教徒都朝向在地化，透過納入基要的信仰和實踐，重新確認他們的信仰，另外還有反資本主義運動的抗議和激進主義在政治上造成的壓力，這些都反映了那句標語：「思考全球化，行動在地化」。

概念澄清：聯邦制（Federalism）

聯邦制（federalism，源出於拉丁語foedus，意指協議、公約），是指一種法律和政治結構，將政府劃為截然不同的兩個層級，互不隸屬。它的本質特徵是「**共享主權**」。「古典」的聯邦制不多，如美國、瑞典、比利時、加拿大和澳洲。然而，許多國家具有類似聯邦制的特徵。大多數聯邦，或類似聯邦制的國家，是由數個已確立的政治社群所組成，它們具有大面積的土地和具有文化歧異的人口。因此，某層面來說，聯邦制或可說成具有國際的維度，特別是可以作為區域整合的基礎，如「歐洲聯邦主義」（European federalism）（見第20章討論）。

共享主權（Shared sovereignty）：一種憲法上的安排，主權被分割成兩個政府層次，各自在特定範圍內的事務行使最高和自主的控制權。

文化、經濟以及政治形式上的在地化，都對治理有深刻的影響，並使政策程序更加片段且分散。歐盟是多重治理的最佳案例，它透過一套複雜的方式來運作，並涵蓋了次國家、國家以及超國家的層次和行為者。地方當局和權力下放的機構經常繞過本國政府，直接找上布魯塞爾，藉以深化它們在歐盟內經濟規劃和公共建設的參與度。到了1980年代晚期，「區域的歐洲」（Europe of the Regions）的概念開始萌芽，區域和省層級的政府進行遊說，並且得利於歐洲區域開發基金（European Regional Development Fund）的直接援助。長久下來，區域援助已超越農業成為歐盟預算中單一最大的項目。

外交政策

外交政策的終結

外交政策的制定傳統上被認為是國際關係重要的一環。這反映了政府運用外交手段經營與其他國家和國際組織關係。確實，外交決策有時被視為一種崇高的活動，因其處理與主權和國家安全相關的事務，而被視為是「高階」政治（high politics），事實上，相對於經濟和其他較不重要的國家事務的「低階」政治（low politics），外交被視為攸關國家存亡。不過，近來的發展開始讓外界對外交政策的概念產生質疑，也就是不再將外交政策視為傳統意義上需要高級政治官員的涉入和國家間正式的互動的一類特定活動。這種「壓力」有許多來源：首先，在1970年代後興起的新現實主義主張外交政策以及國際關係的決策過程其實都不重要。華茲（Kenneth Waltz）認為國家行為最終都可以用國際系統的權力平衡來解釋。當系統因素成為決定性的重要關鍵，外交政策的行為者，如政府首長、外交部長、國防部長、高級外交官等，顯然在其中起不了太大作用。「無政府狀態的邏輯」（logic of anarchy）就可解釋一切。

其次，全球化和「複合的互賴」（complex interdependence）的來臨也構成進一步的壓力。這些變化劇烈的拓寬和深化國家間互動的範圍。既然國內與國外，內部和外部，高階和低階的政治，已經無法再截然劃分，**外交**政策和國內政策的界限也難以維持。如果「外交」的概念變得毫無意義，那麼外交政策是否還能繼續存在？全球化的潮流，後主權的浮現，以及各類興起的非國家行為者，如跨國公司、非政府組織、恐怖分子、其他國際組織等，都使得問題變得更加複雜。或者至少這意謂外交政策已經不再單純只是「國家，或國家與他國的行為」。

概念澄清：外交政策（Foreign policy）

公共政策規劃出政府和它的其他機構的行為方針。外交政策廣義的說，是指政府透過與外國政府（非絕對）的關係，試圖去影響或管理發生在國境以外的事務。外交決策涉及目標設定和選擇達到目標的方案。鑑於現代全球政治，國內和國外事務逐漸互相穿透，「對外關係」的用語有時比外交政策更受青睞，因為它可以指涉在多重層次，多重行為者的互動。至少，外交政策的範圍已經不能單純以國家間外交單位和人員的互動為限。

外交（Foreign）：（源自拉丁語foris，意指「外界」）處理或是關於他國、其他區域或人民的事物。這個字在英語也指奇怪或不熟悉的事物。

　　儘管如此，外交政策的研究仍然是有價值的，這基於以下兩個原因。第一，雖然外交、國內的分野已經模糊，外交政策並未因此變得贅餘。世界仍然被劃分為許許多多截然不同的社群，而非單一同質的個體（Hill 2003）。因此這些社群如何經營它們之間的關係仍是有趣且重要的課題。第二，外交政策標誌著結構和行為者（agency）之間重要的相互影響，也就是事件不能單純從「由上往下」（top-down）的系統壓力或是完全從「由下往上」（bottom-up）的個別決策來進行解釋。因此，外交政策標誌一個重要的全球政治決策、選擇和意圖交織的場域。

如何作成決策？

　　如何作成決策顯然是政策制定的核心。儘管政策制定與其初始和執行的行為有關，其基本特徵是作成決策並且獲得結論。我們的確很難去確立決策是如何以及為何形成的，不過分析層次常被運用來分析外交決策過程，這與華茲（1959）用來分析戰爭原因的三個層次是一樣的概念：

* 個人決策者的層次（涉及個人偏好、心理和認知傾向等）
* 民族—國家層次（涉及國家本質、政府類型、官僚架構等）
* 系統層次（涉及國際體系的權力平衡、國家互賴的網絡，以及全球資本主義帶來的變化等）

　　此外，還有一些關於政治決策的普遍性理論也被提出來。其中最重要的乃是理性行為者模型（rational actor models），漸進模型（incremental models），官僚組織模型（bureaucratic organization models），認知過程（cognitive processes）和信念系統模型（belief-system models）。

理性行為者模型

　　強調人類理性的決策模型，一般建構在經濟學理論功利主義的基礎上。由安東尼湯斯（Anthony Downs 1957）等學者所提出，這些理論建立在所謂「經濟人」（economic man）的概念，強調人追求物質滿足的自利天性，以「效用」（utility）來進行計算。據此，我們可以用下列的步驟進行決策：

- 定義問題的本質。
- 根據個人偏好順序選擇目標。
- 根據有效性、可信賴度、成本及其他因素來評估所有可能達到目標的可行方案。
- 選擇最能確保達到目標的方案，作成決策。

　　這個過程是基於兩種假設：有明確的目標，以及人類能夠基於理性和一致的態度來追求目標。商業決策的成本效益分析（cost-benefit analysis）是這類決策途徑的最佳例子。根據利潤最大化的目標，商業人士作成確保可能最低成本和最大可能利益的決策，兩者都根據財務數字進行計算。現實主義者對於國際政治的決策也往往作出類似假設。

概念澄清：國家利益
（National interest）

廣義的說，國家利益就是外交政策對社會整體有利的方向、目標、政策偏好（外交政策相當於公共利益）。這個觀念常常是模糊且備受爭議的，然而，國家利益的概念最常被現實主義理論家運用。對現實主義者而言，國家利益是由國際無政府結構所界定，因此常被視為與國家安全、存續以及追求權力相關。對於決策理論家，國家利益是外交行為者追求的策略和目標，儘管這或許會淪為僅是外交辭令。另一種說法，「國家利益」可以指涉經過民主過程認可的外交政策目標。

　　在他們眼中，外交政策只受到唯一且最重要的目標影響，即國家必須追求核心利益，而利益最低必須確保國家生存，往上則可提升到支持國家擴張的企圖心。這或許是因為來自系統層次（system-level）壓力的支配（新現實主義），或者國家自我本位的壓力（古典現實主義）；無論哪種情況，都顯示個別決策者只能從有限的目標中選擇最佳結果。

　　理性行為者模型受到歡迎的部分原因，是因為它反映出大多數人認為決策應該的樣貌。可以確定的是，政治家和其他決策者強烈的傾向將他們的行為描述成有目標，並且是經過深思熟慮的。然而，如果更謹慎的檢視，理性計算或許並不是一個很具說服力的決策模型。第一，在實踐上，決策常基於不充分，有時甚至是不正確的資訊。這些困難使赫伯特西蒙（Herbert Simon 1983）發展出「有限理性」（bounded rationality）的觀念。承認不可能去分析所有可行方案並從中選擇，決策最終是一種根據不同價值判斷和不精確的計算結果的妥協行為，稱為「接近滿意」（satisficing）決策模型。理性決策者模型的第二個問題，是他們忽略了認知的角色，也就是非現實本身是關於現實的信念和假設形塑行為的程度。

個別和集體的心理狀態，或者是決策者的價值觀和意識形態在這裡都很少被提及。

漸進模型

　　漸進主義經常被視為理性決策的主要替代模型。布雷布魯克和林布隆（David Braybrook and Charles Lindblom 1963）稱這個模型為斷續漸進主義（disjointed incrementalism），林布隆精確的稱其為「胡亂應付的科學」（science of muddling through）。這個主張認為決策常基於不充分的資訊和不完全的理解，使決策者不敢作出大膽創新的決策。決策因此是個連續、探索的過程，缺乏橫亙一切的目標和明確的標的，決策者傾向在現存框架中運作，根據過去決策的反饋調整其立場。漸進主義提出的是一種逃避和閃躲的策略，決策者與其嘗試去解決，更傾向閃避問題。

> **漸進主義**（Incrementalism）：一種理論，指出決策並非依據明確的目標而作成，而是配合環境變化作出的微小調整。

　　林布隆的漸進主義既有規範性，也具描述性。他所提出的漸進模型途徑除了提供更接近現實世界的決策制定模式，同時也允許彈性且多元觀點的表達機會。至少「胡亂應付」意謂具回應性和彈性，以及諮商和妥協。然而，這個模型最適合用來彰顯決策者傾向惰性而非創新的情況。因此解釋了現狀國家的外交政策比起尋求改寫現狀的政策更為容易。

　　漸進主義解釋了1930年代英法對德國採取的姑息政策。這包括了對希特勒妥協以避免戰爭，但結果變相的鼓勵德國崛起，使希特勒確信西方強權不會插手干預納粹的擴張。另一方面，納粹的擴張、1942年日本偷襲珍珠港，甚至近年的例子如美國侵略伊拉克等，就難以用漸進主義的政策微調來解釋。新現實主義者進一步的主張現狀國家和修正主義者採取不同的外交政策，可用更大範圍的權力平衡來闡明，勝過用特定決策者「胡亂混過」的傾向要有說服力。最後，漸進主義絲毫不重視信念和價值觀的影響，而這兩者，舉例而言，都是納粹德國外交決策的決定性因素。

官僚組織模型

　　理性行為者和漸進主義模型兩者，最終都是決策理論的「黑箱」（black

> **焦點⋯⋯** **認知或是錯誤的認知？**
>
> 　　外交政策的失誤是如何發生的？尤其為何外交決策者有時會誤判情勢？決策的理性行為者模型認為，一連串資訊的不充分和不正確，導致政策失誤。如果決策者能夠正確的獲知潛在選項的成本和利益，他們就能夠選擇出最符合國家利益的選項。可惜的是，在國際關係的歷史上，特別是有關戰爭發生的頻率（必定會傷害衝突某一方的利益），並不像是審慎和冷靜的思考和選擇的結果。在個人和小團體分析層次中，有許多因素可能會造成錯誤的認知。
>
> 　　譬如說，時間壓力常迫使決策者作出倉促的決定，使他們不願去考慮新的或過於困難的資訊，而傾向符合其行為偏好的訊息。這個困難在24小時新聞和消息同步傳送的今日更形惡化，政治領袖被要求幾乎在事情發生的當下進行解決。危機發生可能包含數個問題，這表示政策往往是在充滿壓力和情緒的環境下所制定出來的。
>
> 　　錯誤認知的進一步來源，來自於行為者對自己和他人扭曲的印象。某種層面上，由於安全的困境，錯誤認知無法避免，安全困境促使決策者誇大潛在敵人的意圖，將防衛性的行為視作有敵意的。將敵對的領導人或政權誇大或扭曲，擴大了錯誤的認知，導致了反應過度（如冷戰情勢的升高），或是反應不足（如姑息主義）。錯誤認知在具有集體思維的小團體中特別常見（Janis 1982）。因為領導人會選擇與其自身觀念近似者作為諮商顧問，創造一個緊密結合的小團體。更深一層的說，小團體容易產生自己的智識和道德優先性，認為批評他們的人弱小、邪惡或愚蠢。小團體潛在的異議者常保持沉默，寧可不提出反對意見，以免破壞團結氣氛。集體心理學讓團體成員對某一個選定的方向展現忠誠和保證，而非當「害群之馬」（rock the boat）。

box）學說；兩者對於決策過程的結構對影響最終結果的衝擊都沒有著墨。另一方面，在國家層次上運作，官僚和組織模型都試圖藉著強調過程影響結果的程度，一窺政府黑箱的內容。艾利森（Graham Allison 1971）是這個模型的先驅，他檢視美國和蘇聯在1962年古巴飛彈危機的決策過程。這篇研究提出兩種相對，但是互相關連的模型。其一，通常稱為「組織過程」模型，強調任何大型組織的價值觀、預設立場、規律的行為模式對決策的影響。比起理性分析和評估目標，決策似乎更反映了政府部門和機關根深柢固的文化。其二，「官僚模型」，顯示出個人和機關在追求各自認知到的不同利益時，彼此討價還價（bargaining）的過程。這個途徑摒棄了國家作為單一的巨型機構，只有一種角度或利益的觀點，並且提出決策是從一系列競爭的場域中浮現，而競爭的情勢是一直在變動的。

　　儘管這兩個模型無庸置疑的提出一些決策的重要面向，它們也有各自的理論缺失。首先，組織過程模型給予在組織之上的政治領導權過小的空間。舉例而言，如果要說所有的決策都是由組織壓力和認知所形塑的，那就很明顯的忽略了

個人的角色，如小布希向恐怖主義宣戰（war on terror），希特勒作出入侵波蘭的決定。第二，若說都如官僚政治模型所示，政治行為者只是單純的根據他們的職位，以及所屬組織的利益來下決策，則有過於簡化之虞。儘管「換一個位置換一個腦袋」的格言常常能適切的形容狀況，個人的情感和目標也常須納入考量。最後，若完全以政府黑箱的概念來解釋決策過程，則徹底忽略了從更廣的政治、經濟、文化和意識形態背景所產生的外部壓力。

認知過程和信念系統模型

　　將重點放在認知過程（cognitive process）和信念（belief）的決策模型，強調行為被認知所建構的程度。人們的所見所聞，某種程度上，是他們的認知和價值所願看到和理解到的。在大部分情況，這個現象影響特別深遠，因為多數時候是發生在無意識的。儘管決策者相信他們是理性、經過嚴格考量，並且公正無私的作出決策，但他們的社會和政治價值觀仍然像是強而有力的濾網，過濾出什麼是可想的、可能的、可欲的。因此，某些特定訊息和選項可能完全不受青睞或根本不被考慮，而某些訊息或行為卻在決策考量中特別突出。學者波爾丁（Kenneth Boulding 1956）特別強調這個過程的重要性，確實，若是沒有一個過濾訊息的機制，決策者將被龐大的資訊給淹沒而不知所措。

　　然而，關於這個過濾機制的來源和本質有很多種說法。舉例而言，傑維斯（Robert Jervis 1968, 1976）提出在國際事務中，一致性的錯誤認知（consistent misperception）的證據而受到注目。就他的觀點，這大部分由於**種族中心主義**。在1956年蘇伊士運河危機中，當時英國首相艾登（Anthony Eden），和英國政府將埃及納瑟將軍（General Nasser）視為「第二個希特勒」的傾向。以及美國在1959年認定卡斯楚（Fidel Castro）為馬克思主義革命家都可以作為例子。另一方面，學者詹尼斯（Irving Janis 1982）則提出從**集體思維**的角度解釋國際關係的決策，這也解釋了如何以及為何對立的、容易引起爭議的觀點會被擠出決策過程之外。

　　激進理論家（radical theorist）、建構主義者和女性主義者，以他們各自不同的

種族中心主義（Ethnocentrism）：以觀察者自身文化或經驗所提出的價值觀和理論，來理解他群的行為或意圖的一種思考方式。

集體思維（Groupthink）：一種由心理和專業壓力促成一群決策者採取共同一致的立場的現象。

方法強調信念在形成外交政策的過程扮演的重要角色。激進理論家主張在國家層次和國際組織的高級決策者被意識形態所左右，偏向維護主流經濟和社會族群的利益。資本主義經濟結構被視為自然狀態（natural），並且是有益的，意指用正面的態度來看待自由貿易、市場改革與全球化，其他替代方案很少被認真考慮。對馬克思主義者而言，這是主流統治階級意識形態的反映。建構主義者認為外交決策是一個互為主體（intersubjective）的世界，不是被所謂的客觀事實，而是被概念和認同所形塑。引導外交政策的國家利益並非由國際體系造成的系統壓力，也不是來自於國家的天性所產生的，而是由來自國內或國際層次的思考建構過程。簡而言之，「概念」和「認同」決定了何謂國家利益。對女性主義者而言，主張在決策者中男性的優勢地位，確保家長制（patriarchal）的概念和價值觀成為政治社會的黏著劑（glue）。如第17章所討論的，政治偏見的結果幫助了父權體系的存續。

重點摘要

- 國家的四種特徵：有限的領土，永久的居民，有效的政府，和與他國進行往來的能力。然而，它的核心特徵是「主權」，一種絕對且最高的權力，然而主權也具有「外部」和「內部」兩種面向。
- 全球化被廣為視為縮減國家的主權，產生了「後主權治理」。特別是經濟主權讓步於跨境貿易，資本及其他流動。
- 與許多預測「國家」消退的著作相反，有越來越多證據顯示國家權力的復興。這是為了回應新的安全危機，由國家作為現代化的推動者，以及藉由建設來提升國家發展程度。
- 國家運作隨著環境發生變化，許多論者指出「政府」已讓位給「治理」，這顯示「協調式」的管理也逐漸取代「命令—控制」的管理方式。
- 外交政策長期被視為國際政治的基本特徵，反映外交手段的重要性。然而國際體系的結構因素和全球化的來臨，外交政策的存在意義逐漸受到質疑。
- 有許多關於外交政策的決策理論，其中最重要的是理性行為者模型，漸進模型，官僚組織模型，以及認知過程和信念系統模型，但這些理論並非不能彼此相容。

問題討論

- 國家如何具有雙重結構？
- 為何主權被視為國家的基本特徵？
- 國家外部主權的主要威脅為何？
- 「後主權治理」的觀念有意義嗎？
- 逐漸成長的國際組織對國家有何意涵？
- 國家化的趨勢重塑國家本質和角色的程度和範圍？
- 「國家的復興」是事實或是迷思？
- 治理如何不同於政府？
- 外交決策是否最適合以個人、國家、體系層次作為分析？
- 新現實主義者如何挑戰傳統外交政策的概念？
- 為何對外交行為者來說，作出理性且平衡的決策如此困難？

第六章

全球時代的社會

> 「根本沒有社會這樣的東西，有的只是男人和女人，還有
> 他們的家人。」
>
> ——柴契爾夫人的訪談，1987年

前言

　　一直以來，國際政治研究很少重視社會力量或社會性的因素。「國家」被視為世界
上最重要的行為者，而「國家」與「社會」之間的關係是由政治而非社會因素來決定，
例如權力和安全。某方面，全球化的到來加劇了忽視「社會因素」的效應，如同超全球
主義者特別強調全球化是經濟，甚或是科技發展的現象。然而，上述這兩種觀點都沒有
認知到國家和經濟兩者與社會關係息息相關，社會關係形塑政治經濟發展，而政經發展
也影響社會關係。事實上，現代社會如同現代經濟一般瞬息萬變，幾個重要的變化像是
社會聯繫的性質發生了改變，特別是在所謂的後工業化社會的出現以及通訊科技的快速
成長。然而，「厚的」社會聯繫關係果真被「薄的」社會關係所取代嗎？此外，文化全
球化的進展正透過消費主義的傳播以及個人主義崛起重塑世界各地的社會規範與價值，
特別是在開發中國家。而這個發展過程的主要動力是什麼？這個動力是否也會導致全球
文化單一化？最後，跨國組織的增加和全球性的運動形塑出一種社會關係和社會認同，
而此一過程便有了「全球公民社會」的出現。可是，真的有所謂全球公民社會嗎？全球
公民社會對於未來的全球政治又有什麼意義呢？

關鍵議題

- 後工業化社會與溝通革新的社會意義是什麼？
- 為什麼風險與不安全會成為現代社會最大的特色？
- 全球化如何以及在何種情況下會改變社會規範與文化信仰？
- 為什麼非政府組織與社會運動在近年來有增加的趨勢？
- 全球公民社會是好還是壞？

社會聯繫：由厚到薄

社會是什麼？所有的社會都有一定的互動模式；而一個「社會」並不僅是在同一地區的人們集合起來所發生的事。通常，社會是指一種在成員之間的穩定關係，涉及了「聯繫」感，以一種相互了解關心的形式展現，至少也會是一種合作的關係。所以，例如相互交戰的部落就不會是「社會」關係，即便他們彼此相鄰且定期往來。然而，社會可能存在許多不同卻又相互聯繫的層次。在國家或國內層次方面，特別會將國家視為是一個社會，並且重視共享文化與政治忠誠度的能力，以灌輸共同的認同感。英國學派的學者則指出，社會也具有國際層次，在國家與國家之間共享的規範、價值以及規律的互動模式，這些都會形成英國學派所謂的「國際社會」。有些論者甚至提出更高層次的面向，稱之為「世界社會」（Burton 1972）或是「全球公民社會」，這些將在本章最後的部分進一步討論。

然而，社會的本質以及社會關係隨著時間更迭已經明顯改變了。主要在國家或國內社會，現代社會的社會聯繫關係出現「空洞化」，也就是從「厚的」社會連結關係變成「薄的」社會關係，變得比較流動性、個人化。這些改變在許多地方是與全球化的社會與文化影響有關，這點將在稍後討論，但是，社會關係改變的其他方面則與後工業化社會、「資訊時代」的出現，以及具有不確定、不安全和風險的傾向有關。

從工業化到後工業化

工業化一直是形塑現代社會結構與特徵最重要的因素。工業化的發展透過都市化的過程增加在地緣上的擴展（二十一世紀初，全球約有六十億三千萬人口居住在城市，而非鄉村地區）。工業化的進展也改變了社會結構，**社會階級**概念就成了整個社會的組成核心。社會階級取代了原本

概念澄清：福特主義／後福特主義（Fordism/post-Fordism）

福特主義或後福特主義是用來形容現代社會在經濟、政治和文化上的轉變，意指生產形式和組織的改變。福特主義指的是美國底特律出身的亨利福特發展出來的大規模生產方式，他透過機械化以及高度密集勞力的生產線方式進行標準化生產。後福特主義的出現來自於引進更具彈性且以微電子技術為主的機械，其賦予每個勞動力更大的自主性以及創新能力，例如外包作業與分批生產。後福特主義與職場上的去中心化、社會與政治上的分權，以及更重視選擇性與個人獨特性有關。

社會階級（Social class）：通常係指一群共享著相似的社會、經濟地位的人，不論是基於他們與生產方式的關係，或是基於他們收入和職業地位。

與土地所有權相關且根深柢固的傳統社會階層制度。然而，在工業化的過程中，社會聯繫關係的本質改變了。在這過渡時期的過程中，其中最具影響力的就是德國社會學家費迪南‧頓內斯（Ferdinand Tönnies, 1855-1936）。頓內斯區分了「禮俗社會」（Gemeinschaft）與「法理社會」（Gesellschaft, association）的不同。禮俗社會是傳統社會典型的特色，其中的人們自然地相互影響與尊重；而法理社會則比較鬆散，通常出現在都市和工業化社會，屬於合約性約束的關係。

　　然而，儘管自由主義和馬克思主義提出各異的階級不平等之性質（前者強調個人差異，例如工作能力與意願；後者則注重與財產所有權有關的經濟結構分配），社會階級依然是大部分工業化社會最顯著的特色。而且，社會階級通常也有各自的政治效忠，例如「藍領階級」（工人階級）普遍支持左翼政黨，「白領階級」（非工人階級）則普遍支持右翼政黨。然而，自1960年代起，出現了所謂的**後工業化社會**，使得社會階級進一步發生轉變。後工業化社會的主要特徵之一，就是不斷的去工業化的過程，體現在重工業方面勞動力的需求下降，例如煤礦工業、鋼鐵業以及造船業。這些特徵往往來自根深柢固的文化，具有清晰的政治傾向，而且通常都是凝聚力強的組織。相反的，不斷擴張的服務業則刺激更多個人主義與表演的態度。因此，後工業化社會的特色就是不斷強化的**原子主義**以及不斷弱化的社會聯繫關係。皮奧里（Piore）和薩貝爾（Sabel）（1984）表示，這些社會關係的轉變正是福特主義到後福特主義時代的一部分。福特主義的主要特徵是大量生產與大量消費，這樣的體系開始削減，於是產生較鬆散且更加多元的社會階級形式。

　　傳統工人階級的縮減，造成所謂的「三分之二、三分之一」的社會，其中三分之二是相對繁榮的社會，此社會行銷的產品也傾向符合社會情況，與高教育程度、生活日益富裕以及消費主義有關。高柏瑞（J. K. Galbraith 1992）強調這是現代社會的發展趨勢，至少在政治傾向上，那些物質富裕且經濟有保障的「滿意現狀的多數」（contented majority），他們屬於政治保守派。在這個過程中，現代社會中對於社會不平等與貧窮本質的爭辯已經從工人階級的問題轉變到備受爭議的**底層階級**的議題。下層階級並非如傳統認

> **後工業化社會**（Post-industrial society）：這是一種以服務業、而非製造業為主的社會，且伴隨著白領階級大量增長。
>
> **原子主義**（Atomism）：係指個人追求自利且強調自給自足成為整個社會的趨勢，宛如各自獨立的原子一般。

觀點…… 社會

現實主義觀點

現實主義理論家極少關注社會，不論社會有什麼意義，這反映了一個事實就是現實主義始終關注國家，他們視國家為一個「黑箱」，而在此黑箱裡的社會、政治、憲法，甚至是文化，都與國家在全球體系中的行為毫無關係。現實主義者視國家為強大且自主的行為者，其能從社會汲取資源並能強加其意志在社會上，而外交政策則取決於國家權力與安全的考量。此外，國家之間的關係本質上是「戰略」關係，而非「社會」關係。因為國際體系的特徵是相互競爭，並非由規範、共同的價值觀以及合作意願所形成具規律的社會互動模式。

自由主義觀點

自由主義對於社會的觀點是基於個人主義而言。所以，自由主義將社會視為許多個人的集合體，而非具有權利的整體。社會之所以存在，某種程度上是由追求自利的人類透過自願與契約協定所組成。然而，多元主義者則關注群體的角色，闡明社會中的各種利益。可是，不論社會是追求自利的個人集合體也好，或是相互競爭的團體集合體也罷，自由主義者認為社會具有利益平衡的機制，促進和諧與平衡。這種和諧主要帶來一種狀態，此種狀態在社會中相互競爭的團體和利益之間宛如中立的仲裁者，以確保社會秩序。而此種和諧的利益平衡也對外交政策有所影響，因此外交政策可能是社會中不同的群體以及他們所能造成的政治影響所形塑而成。職是之故，自由主義者接受外交政策的決策過程也許是以社會為中心，與現實主義者所認為以國家中心為主的模式相反。一般而言，自由主義者是對全球公民社會表示歡迎的，並且認為全球公民社會能使權力多元化，且促使政府間的決策過程更善解人意以及更具負責任。自由主義者他們也傾向認為國家間的互動具有社會的成分，因此有所謂的「國際社會」的概念。

此外，自由主義者也相信國家與非國家行為者之間的互動會形塑出原則、程序、規範或規則的互動結構，進而形成國際建制。

批判主義觀點

批判觀點對社會的看法深受社會建構主義的影響。社會建構主義將社會因素置於全球政治的中心，並強調世界事務上的身分認同與利益都是社會建構出來的。因此，社會、文化以及歷史的因素都是影響國家行為與其他國家行為者最主要的因素。主流的理論家視社會僅是「戰略」事實，意即在社會中的行為者皆理性地追求他們的各種利益；而社會建構主義的理論家則認為社會是「建構」的事實，換言之，國家行為者是誰或是他們是什麼，都是建構出來的，並形塑他們的身分認同與利益。然而，社會建構主義比較偏學術上的分析工具，主要強調社會面向而非實質性的社會理論，比較新的社會理論例如新馬克思主義和女性主義。

正統的馬克思主義將社會解釋成一種階級體系，並視無產階級是一種解放的力量，而新馬克思主義者像是法蘭克福學派的批判理論家則強調「反文化」的社會運動，例如女性運動、綠色運動以及和平運動。由此觀點，全球公民社會一般而言，或特別是「反資本主

義」運動，有時都被視為是一種反霸權的勢力。對此，女性主義者則以性別不平等來分析社會，並且強調古今社會皆具有父權社會的特徵，女性始終處於從屬地位。然而，女性主義當中仍有明顯的不同，有的女性主義認為父權社會是因為生物因素，有的則認為是文化的因素，但追根究柢仍認為性別與階級的層級關係有關。從綠色政治的角度來看，社會可能是機械的概念，體現在傳統社會中人類與自然的關係是分開的，若非如此，社會就可能是「社會生態」的概念，體現在人類之間以及人與大自然之間具有自然的和諧關係。

知的深受貧窮所苦（物質生活所需的剝奪感），相反的，而是深受社會排斥所苦，這體現在經濟與社會上存在文化的、教育的以及有意義的社會參與方面的障礙。

新科技與「資訊社會」

　　科學變革始終與社會變革息息相關，例如工業技術透過創新，像是蒸汽動力以及重工業（鋼鐵）的機械化，促使人口的快速增長，並使得社會與地理上的流動性大大增加，此一過程明顯改變家庭親情、友誼以及工作關係的模式。這樣的變革當然也適用於資訊與通信科技的發展，此變革自印刷術誕生以來迄今所謂的三大現代資訊革命。第一次現代資訊革命為電報、電話與無線電的發展；第二次現代資訊革命是電視、最初的電腦以及衛星；而第三次現代資訊革命見證了所謂「新」媒體的出現，最著名的就是手機、有線以及衛星

底層階級（Underclass）：這是個難以完善定義且在政治上深具爭議的名詞，廣義來說係指深受多重剝奪之苦的一群人（例如失業或低薪資、居住條件差、教育程度低等）。

網際網路（Internet）：藉由全世界各地許多電腦相互連結的全球網絡，形成「虛擬」的空間供給使用者在線上取得與散布資訊。

連結（Connectivity）：這是一種電腦術語，指的是兩個設備（通常是指電腦）之間的連結，並影響資訊交換的速度流暢度與廣度。

資訊社會（Information society）：係指以知識和資訊為最重要資源的社會，其最主要的動力是科技的發展與擴散。

科技決定論（Technological determinism）：這是一種歷史論，認為科技的創新與發展是社會、經濟或政治變革最主要的動力。

電視、便宜且功能更強的電腦，以及最重要的**網際網路**。第三次資訊革命與**連結**技術有關，而且是非常重要的關係。資訊爆炸的時代體現在資訊與溝通的交流量上，因此有人認為這是「資訊時代」（取代工業時代），社會轉化成了「**資訊社會**」，經濟則變成「知識經濟」。

　　「新」科技的出現大大給予推動全球化的力量。事實上，超全球主義者表示

這是一種**科技決定論**，他們認為一旦科技變得唾手可得，加速的全球化就成了必然結果。新媒體的全球化趨勢最明顯的證據是國家疆界就通訊而言變得越來越容易穿透（即使與通訊不相關）。工業時代創造出國家層級的通訊新科技，而非僅是地方層級（例如全國性的報紙、電話系統、廣播以及電視等等），而資訊時代的科技則本著跨國界的特色，例如行動電話、衛星電視以及網際網路，（通常）都能不分國界的暢行無阻。相對的，這樣的便利性也促進跨疆界的團體、機關和機構大大增加，舉凡從非政府組織（NGOs）與跨國公司（TNCs）到國際犯罪組織以及全球恐怖組織，例如基地組織（al-Qaeda）。不僅國家難以控制和限制跨國組織，而且國家在控制百姓所知、所聞與所見的能力也大大降低了。例如，在許多時候，儘管像中國、緬甸和伊朗這類的國家試圖限制行動電話與網際網路的跨國通訊，但長遠來看，日新月異的科技最終很可能削弱所有試圖控制它的力量。2000年，美國柯林頓總統最著名的比喻指稱：中國企圖控制網路就像是試圖把一塊果凍釘在牆上一樣困難。

資訊社會不僅為社會聯繫關係的範圍帶來了史無前例的改變（有時甚至具有跨國界的特徵），而且也改變了社會聯繫關係的本質。有越來越多的人以不同的方式和其他人聯繫。對此作出最具影響力的解釋是學者曼紐爾‧卡斯特（Manuel Castells）於1996年提出「網絡社會」的概念。在工業社會中居主導的社會組織模式一直是階層制，而更複雜且多元的資訊社會若非以市場為主（反映在更多元的市場經濟角色以及經濟全球化的影響）就是以更鬆散且更廣泛的**網絡**關係為基礎。根據卡斯特的論點，企業變得越來越像「網絡企業」，例如，有許多跨國公司是以經銷商或子公司所構成的網絡方式來組織。類似的發展趨勢在社會與政治生活上也可見到，例如工會與壓力團體等階層制的機構，因為網絡為主的社會運動出現而逐漸喪失影響力，這類的社會運動像是反全球化運動以及環保運動，甚至是像基地組織這樣的恐怖主義團體也採取網絡組織形式了。一般而言，「新」媒體的增加，特別是網際網路，因為Google這類的搜尋引擎的使用增加，促進了社會網絡關係，進而擴大了資訊取得的管道。儘管資訊發展的影響是無庸置疑的，但其所造成的社會影響與意義依然存在相當大的爭議。

> **網絡（Network）**：係指在人與人之間或組織之間通過鬆散與非正式的關係協調社會生活的一種渠道，通常是為了散布或交換知識；或連結電腦以分享資訊與軟體。

重要事件⋯

通訊科技的進步

1455 古騰堡聖經出版，因首次使用活字印刷而開啟了印刷術革命。	太空，開啟了通訊衛星的時代。（有時也被稱為SATCOM）
1837 電報的發明，提供了第一個能夠實質上跨越國界的通訊方式。	**1962** 使用積體電路（或微晶片）的第三代電腦問世（特別是美國太空總署阿波羅太空船的導航電腦）。
1876 貝爾發明電話；但是第一個電話裝置是在1861年由德國科學家菲利浦雷茲（Johann Philip Reis）所建。	**1969** 網際網路發展最早的版本主要是以連結加州大學和史丹佛研究機構的阿帕網（ARPANET），直到此版本發展的三年後才有電子信箱（email）。
1894 馬可尼（Guglielmo Marconi）發明無線電，並於1901年首次收到一則橫跨大西洋的電台訊號。	**1991** 最早的**全球資訊網**提供使用者透過電腦連結到網際網路就可自由閱讀和書寫，並成為一個公開汲取全球資訊的平台。
1928 約翰羅傑貝爾德（John Logie Baird）發明電視，1930年代晚期開始市售，到了1950-1960年間電視變得普及。	**1995** 美國網景通訊公司（Netscape）和網路開創了數位化時代，並實質地擴大網際網路資訊的取得以及連結其他科技的範圍。
1936 康拉德宙斯（Konrad Zuse）發明了第一台可以自由控制程序的電腦。	
1957 蘇聯發射了史波尼克號人造衛星上	

風險、不確定與不安全

　　雖然社會聯繫關係的「薄弱化」已經產生影響，但其影響範圍的擴大也許不是那麼明顯。因為人與人之間的相互影響（人、事與影響過程）已經超越過去那樣

> **全球資訊網**（World Wide Web）：以超連結的方式提供網路用戶取得線上的各種資訊，這些資訊儲存在世界各地的伺服器，通常簡稱為WWW或網路（Web）系統。

透過家人、朋友乃至同事等為主的面對面互動。對於學者包曼（Zigmunt Bauman）而言，他在2000年指出社會聯繫關係的鬆散化與廣化，已經在人們生活的各個面向發生改變。這個社會已經從一個「穩固的」或是「緊密的」硬性現代社會關係，轉變成「薄弱的」或是「流動的」軟性現代社會關係。因為現代人的日常生活變得越來越不固定、難以定義，甚至是毫無章法的互動模式，這種新形態的全球社會發展，包曼稱之為「液態社會」（liquid society）。而且，這使

全球行為者……

Google

類型：公眾企業　·成立時間：1998
地點：蒙特福，加州，美國　·員工：約46,000名全職雇員

Google創立於1998年（Google這個名字源起於"Googol"的拼字錯誤，原意指十的一百次方），創始人是賴瑞佩奇（Larry Page）和謝爾蓋布林（Sergey Brin），當時他們還只是史丹福大學的學生。Google快速地成為全世界主要的搜尋引擎（一種能在全球資訊網上取得以及搜尋資訊的工具），因而促使他們的公司以驚人之姿成長。在2011年根據調查，全球約有83%的網路搜尋是使用Google搜尋引擎。Google透過發行新股增資和合夥制度等策略快速擴張，也積極地提供差異化的產品，包括電子信箱（Gmail）、線上地圖（Google Earth）、客製化的首頁（iGoogle）、影片分享平台（YouTube）以及社群網站等來滿足使用者的各種需求。Google同時成為全球最具影響力的品牌之一，並且建立起環保、慈善以及良好雇傭關係的企業形象。而其非官方的口號就是「別當壞人」。

重要性：作為一個企業公司，Google的成功是無庸置疑的。它被廣泛地使用，產品種類包羅萬象，使得Google從一個名詞變成一個動詞（例如，Google某人或某物）。我們有時候還戲稱年輕人為「Google的一代」。

然而，Google對文化、社會與政治的影響確是個相當大的議題。Google的支持者認為Google加速了網站連結，並讓使用者快速地在線上找到想要的資訊和數據。在這重視國家、政府、國際官僚組織以及傳統政治菁英的社會裡，Google讓公民和非國家行為者普遍變得更有力量，進而強化全球公民社會意識。「知識就是力量」這句老生常談的真理，傳統上都對政府和政治菁英有利。但是，在網路時代，公民或公民團體能更容易在第一時間取得許多新聞與資訊，而且在資訊的質和量方面有時還可媲美政府所得所知。因此，非政府組織、智庫、利益團體以及抗議活動在挑戰政府的行動與立場上，變得越來越有效率，甚至還可能取代政府的權威意見和專業資訊，相關議題自環保與貧窮問題至民眾健康與公民自由。由此而言，Google和其他搜尋引擎已經將全球資訊網（WWW）變成一股民主化的力量。

但是，另一方面，Google和網路上令人眼花繚亂的知識與資訊也備受批評。最明顯的缺點就是網路缺乏品質的控管，因此我們無法確保在網路上看到的資訊是否為真。（例如維基百科，在輸入資料時有些人可能是為己利或是純粹惡作劇）。此外，當我們「Google」特定資訊時，我們也無法確知搜尋引擎跳出來的網站或部落格對該資訊的立場為何。事實上，網際網路並不會區分資訊的好或壞，它只是提供一個平台，不僅有對社會有價值與政治中立的觀點，也有政治極端主義、種族偏見和宗教崇拜，甚至還有許多色情的資訊類型。更危險的是網路讓許多人對資訊變得盲從，網路上的資訊累積本身就是目的，但卻因而削弱人們分辨資訊與知識抑或是經驗與智慧的能力（Roszak 1994）。因此，也許Google世代知道很多資

訊，但卻逐漸失去思考與作出明智判斷的能力。誠如批評者所聲稱的，「上網」實際上是在弱化人們思考與學習的能力，因為上網容易使人只是瀏覽資訊，並快速從此一資訊跳至下一個資訊，如此也削弱了人們的專注力。所以，Google能把人變笨了，而不是變得更睿智（Carr 2008, 2010）。

得社會中的不確定性以及不安全感的程度大幅增加，特別是當每件事的變化都在瞬息之間，沒有什麼是永恆不變的時候，讓人更容易感到焦慮，並時時保持警戒以面對瞬息萬變。

　　一般來說，正是因為人與人之間的關聯性增加，也擴大了影響許多事件與對事情的決定的可能因素範圍，因而大大增加了不確定性、不安全感，甚至是可能的風險。如同混沌理論的觀點，認為越多影響其他事物的因素，不僅使得每件事會造成深遠的結果，而且這些後果變得更加難以預料。因此，這樣的一個相互連結的世界，就具有不穩定、隨機性，甚至是容易造成危機的特質。學者貝克（Ulrich Beck）於1992年更進一步分析表示，現代社會中充斥危機正是反映出社會從「第一現代性」（first modernity）過渡到「第二現代性」（second modernity）的現象，所謂第一現代性的時期，至少在西方是呈現出一種提供民主、經濟成長以及安全的狀態，而第二現代性則是整個世界變得「難以控制」（beyond controllability）。貝克所指的「風險社會」會產生可能的結果之一是：「**悲慘的個別化**」現象增加。在工業社會中，政治衝突往往是指「物品財貨」（goods）的分配問題，特別是由政府提供的資源或財貨，例如福利、補貼、工作機會、醫療保健以及養老金。相反的，在風險社會中，政治衝突則是「壞事」（bads）的分配問題，例如風險、威脅或一堆難解的問題。甚至這些「壞事」不是自然災害，而是人為禍害，例如汙染問題、不易丟棄的工業廢棄物、核子輻射、資源枯竭以及所謂的「狂牛症」疫情。

　　現代社會充斥著各種「人造的」風險與不安定問題。隨著工業化的擴張發展以及規律性架構的崩解，使得環境受威脅的範圍不再僅限於國家疆界之內，而可能影響全世界。在這些威脅當中最明顯的就是河流與湖泊的化學汙染、臭氧層的破壞、酸雨以及氣候變遷（見第16章）。

經濟全球化的發展同時也意味著世界某個角落所發生的事件或是決策行動，能夠更輕易地影響世界的其他地方。這個影響效

悲慘的個別化（Tragic individualization）：因為科學、政治或其他專業在處理風險上的失敗，使得個人被迫面對全球的不確定性。

在社會全球化領域重要的理論家

曼紐・卡斯特（生於1942年）

卡斯特是一位西班牙社會學家，主要專長在資訊社會的概念與溝通的研究。卡斯特認為我們活在一個「網路社會」，國家疆界和傳統認知都已經被知識流通的力量在無形中破壞了。因此，他強調這是一個以「資訊」為基礎的網路社會，並且顛覆人類對於過往的時空經驗。他著有1996年的《網路社會之崛起》、2004年的《網際網路的星系》以及2009年的《溝通力》等書。

奧理屈・貝克（生於1944年）

貝克是一位德國社會學家，他的研究主題相當廣泛，例如新世界的工作、全球化的危害以及對全球資本主義的挑戰。在他1992年所著的《風險社會》中，他分析全球化的經濟趨勢就是不確定性與不安全感。2002年貝克與他太太伊莉莎白合著的《個人主義》一書中，提出右派個人主義對抗自由市場的個人主義。在2005年所著的《全球時代中的權力》一書中，他探討公民社會運動如何挑戰資本主義的策略。

羅蘭・羅伯森（生於1938年）

羅伯森是一位英國社會學家，同時也是研究全球化的創始者之一。羅伯森對於全球化的觀點是「整個世界變小了，而世界的意識增強了。」他著重在「相對化」的過程（當在地文化與全球壓力做結合）以及「全球在地化」的過程（透過全球化的力量被迫去適應當地情況）。羅伯森在此領域的主要著作是1992年的《全球化：社會理論與全球文化》。

薩斯基・薩森（生於1949年）

薩森是一位荷蘭社會學家，她以研究全球化與國際人口移民而聞名。在其2001年的著作《全球城市》一書中，她檢視紐約、倫敦以及日本等城市，如何透過創造矛盾空間而變成充滿象徵全球化的城市，這些城市的特色就是在全球性公司中的員工與「其他」廣大低收入的人口之間的對比關係。薩森其他的著作包括有1998年的《資本與勞工的流動性》以及2006年的《領域、權威、權利》。

詹・亞特・斯寇特（生於1959年）

斯寇特是一位荷蘭的社會學家以及全球化的理論家，他認為全球化是對現在社會地理樣貌最佳的理解，這種社會樣貌的特徵主要是跨疆界、超越地理限制的人際關係不斷增加。儘管這是對「跨疆界主義」的批評，但是斯寇特仍強調「新自由主義全球化」趨勢會為我們帶來不安全、擴大不平等以及深化民主赤字。斯寇特的主要著作包括1993年的《社會變遷的國際關係》以及2005年的《全球化：批判觀點》。

席格曼・包曼（生於1925年）

包曼是一位波蘭的社會學家，他的興趣廣泛，從親密關係到全球化，甚至從納粹大屠殺（Holocaust）到像是「老大哥」（Big Brother）這類的電視實境秀，他都有涉獵。有時人們認為他是「後現代的先知」，因為他很早就強調將出現剝削與排他的新模式、消費主義社會中人們精神面的腐蝕，以及社會關係變得越趨流動性高的趨勢。包曼的主要著作包括1994年的《現代性與納粹大屠殺》、1998年的《全球化》以及2000年的《液化的現代性》。

應同樣適用於跨國公司對於投資或是地點的決策，甚至更廣的來說，很可能在一瞬間跨國公司的一個決定就能造成全球金融體系的股市市場崩潰（見第5章關於資本主義的危機）。此外，在全球恐怖主義增加以及大規模毀滅性武器的擴散之下，個人安全的程度已經大大受到損害。當取得生化武器以及核子武器變得更容易時，國與國之間或是國內平民百姓受到軍事衝突的威脅也大為增加，而恐怖主義究其本質更是難以預測且看似隨機的威脅。

全球化、消費主義與個人

全球化的社會與文化意義

　　全球化是一個多面向過程。雖然這個概念與全球經濟環環相扣因而往往被賦予經濟上的意義，但是其社會與文化意義也同樣重要。例如，人類社會傳統而言都有明確的領土基礎，使得人們知道在他們所處的領域（國家）裡和他人相處，或偶爾和鄰國的人互動。簡言之，地理位置和距離是關鍵因素。然而，全球化使得「超地域性」（supraterritoriality）或「**去地域化**」興起（Scholte 2005），克服傳統上所認知的地理與距離的限制。而此過程已經發生了，最明顯的就是通訊科技與交通運輸的進步。但是，手機電話、網路以及飛機旅行不只是改變了我們對空間的理解，同時也改變了我們對時間的認知，特別是網路資訊流通可以在幾乎同一時間內取得其他地方的訊息。對此，學者大衛‧哈維（David Harvey）（1990, 2009）表示，全球化就是一種「**時空壓縮**」的現象，也是人類第一次能不受時空限制與他人互動。時空縮小在許多方面改變了人在這世界上的經驗感受。例如，時空縮小代表人們生活的步調加快了，像是事件的發生、業務交易上以及旅行都變得更快、更容易。

　　文化全球化的過程有時被視為是更重要的事。由此而言，全球化的本質就是將不同國家、不同區域之間的文化加以「消弭」的過程。而這樣的全球化就會造成文化**同質化**，使得這世界的文化多元性弱化

> **去地域化**（Deterritorialization）：係指一種社會空間不再受限於地圖上的地理空間、領土距離以及領土疆域的過程。
>
> **時空壓縮**（Time/space compression）：這是一種全球化的概念，就人與人之間的溝通與互動，時間與空間不再是主要的障礙。
>
> **同質化**（Homogenization）：這是一種將所有特色，在此特別指國家，都變成相似或一樣的趨勢。

納歐蜜・克蓮（生於1970年）

克蓮是一位加拿大記者、作家，也是反跨國企業的運動人士。克蓮2000年的作品《反商標：瞄準商品霸凌》就是一部廣泛批判生活品牌化以及虐待勞工的議題，同時也探討反全球化以及企業支配的現象。雖然她的作品被視為「反動的一部分」，但是卻反映出消費者的資本主義本質以及品牌霸權文化。在其2008年著作《資本主義的災難》一書中，她關注新自由主義的發展，而此發展涉及一些「震撼」、許多的緊急狀況以及大大小小的危機。克蓮是一位具有影響力的媒體評論家，也常撰寫許多評論。她住在多倫多，但是足跡遍布北美、亞洲、拉丁美洲以及歐洲，並支持世界各地對抗全球化負面效應的抗議運動。

或破壞殆盡，而我們全都得看同樣的電視節目、買一樣的商品、吃一樣的食物、支持一樣的運動選手、跟著一樣的「全球性藝人」搞笑等等。而主要造成這種文化全球化的因素是因為跨國企業的增加，特別是全球性媒體（例如美國在線——時代華納、新聞集團、維康影業集團、迪士尼、維旺迪環球以及貝塔斯曼集團），此外，還有國際旅行和旅遊業越來越受歡迎，當然資訊與通訊科技的革新也是一大關鍵。

　　許多論者描繪文化全球化就是一種「由上而下」的過程，並且在全世界所有地方建立單一全球系統的文化，換言之，就是全球單一文化。由此而言，文化全球化不啻是一種**文化帝國主義**的形式，並透過強力具有優勢主導地位的國家將其文化強加在相對較弱的國家裡。因此，有些人會認為文化全球化就是一種「西方化」，或更精確地是一種「美國化」。但是，這種對全球化的觀點只是其中之一而已。全球化通常還伴隨著在地化、區域化以及多元文化主義。這種現象特別是對於文化同質化的恐懼和威脅所造成，特別是當文化「由上而下」或「由外而內」的強加時，就會產生對文化與政治上的反動。這種現象可在弱勢文化、少數不被重視的語言，甚至是宗教基本教義活動上可見一斑。然而，有兩大主要造成文化全球化的主因，一個是消費主義的擴張，另一個則是個人主義興起。

消費主義風靡全球

　　文化全球化與世界各地的消費資本主

文化帝國主義（Cultural imperialism）：係指本土文化受到其他外來信仰、價值與態度所取代，而這通常與強大經濟力或政治力所支配有關。

義的文化發展密切相關，甚至有時被視為是「消費主義的加速器」。對此，其中一個方面是所謂的「可口可樂殖民化」，這個現象最早是由1950年代的法國共產黨所提出。可口可樂殖民化一方面是指像可口可樂這樣的全球性商品和全球性**品牌**的出現，在世界許多角落的經濟市場上具有主導優勢，並打造出一種一致性的形象。然而，更深一層而言，這樣的品牌同樣具有心理上和情緒上的影響力，尤其是這些品牌被特殊包裝、行銷以及廣告，使得這些品牌和商品成為自由、年輕、有活力、快樂等等的象徵。而這正好印證了馬克思主義所謂的「**商品拜物教**」。消費主義正好成為現代反跨國企業批評者最主要的目標之一，而這些批評者當中最著名的就是納歐蜜‧克蓮（Naomi Klein），而且綠色運動尤其強調消費主義的問題，這將在第16章進一步討論。

根據學者班傑明‧巴伯（Benjamin Barber）在2003年指出，其中一個最具影響力的全球消費主義風潮就是「麥克世界」（McWorld）的興起。所謂的麥克世界，主要與科技、生態、通訊以及商業整個聯繫在一起，並藉由MTV、McIntosh音響以及麥當勞（McDonald）提供的「最新、最快的音樂、電腦以及速食」，創造出全世界每個人都「整合在一起且具有一致性的情境畫面」，並且使許多國家被迫加入商業同質性高的行列。這種發展反映出企業的組織以及操作上逐漸標準化，且有增加的趨勢，而這就是「**麥當勞化**」的現象。基於這些品牌代表著財富和快樂，無形中更加鞏固麥克世界的現象，並且毫不留情的擴張物質主義的價值觀。

就許多面向而言，這些發展趨勢具有西方──或更精確地說──是美國式的特徵。而文化全球化中的「西方化」（westernization）模式，就是從西方的消費資本主義以及工業化社會開始發跡，並且信仰物質主義的價值，特別是來自西方的價值，這些都藉由西方自由主義所促成。文化全球化中的「**美國化**」（Americanization）模式，則反映在美國

品牌（Brand）：一種建構的標誌，一般而言都是由名稱、符號或是標誌所組成，呈現出某種或某類商品的信念、「個性」或意象。

商品拜物教（Commodity fetishism）：這是一種藉由商品所挾帶的象徵與社會意義，來影響人們對商品觀感的心理過程。

麥當勞化（McDonaldization）：係指一種源自速食產業的全球商品以及商業行銷運作方式，逐漸支配世界各地越來越多的經濟部門之過程。

美國化（Americanization）：亦即美國的政治經濟優勢，或是美國的文化價值與習俗擴散到其他地區，或兩者皆是。

一些具有主導現代商業與媒體的商品與形象上，換言之，意思是指這個世界不僅是被消費資本主義所占領，而且特別還是美國式的消費資本主義。

然而，文化全球化的趨勢不盡然都是被譴責的。就許多方面而言，消費文化的發展以及容易取得商品或是文化產品，提供一些偏遠地區或是傳統社會更多選擇的機會。文化全球化也比狹隘的民族主義來得好。但是，大多數對文化全球化的詮釋仍然是批判的多，也比較悲觀。這類批判至少有三種。第一，文化全球化被視為是被經濟利益或是政治所支配。對此觀點，相信文化全球化深受新興全球化經濟的優勢利益所驅動，例如跨國企業，絕大多數是西方的，特別是美國的經濟利益。而且，這些文化優勢還會形塑人們對商品的價值、品味以及生活方式，在在確保了全球資本主義的支配力以及穿透進入全球市場的影響力。第二，文化同質化影響了地區、區域以及國家的獨特性，使得這個世界的許多事物看起來都一樣，每個人的想法以及行為都以相同的方式，進而使得人們沒有歸屬感。第三，消費主義與物質主義變相成為宰制的形式，扭曲了事物原本的價值，也剝奪了人的幸福感。

個人主義的興起

社會聯繫關係「變薄」的趨勢以及全球化的壓力，這些都體現在現代的社會當中，而且主要強調個人，輕忽整個**社群**。在世界的許多方面，「個人」的概念是如此盛行以至於個人主義對政治與社會的意義，以及個人主義的原意通常都被忽略了。在傳統社會當中，個人擁有自己獨特的認同以及個人利益的概念是比較缺乏的，相反的，人們通常是歸屬於社會團體的成員，例如他們的家庭、村莊、部落、當地社區等等。這些人的人生以及身

概念澄清：文化全球化
（Cultural globalization）

文化全球化是一種發展過程，這種過程藉由世界某個角落所創造的訊息、商品與形象，進而形成全球流行，並企圖消弭國家、區域以及個人之間的文化差異。文化全球化與經濟全球化以及資訊與通訊革新息息相關。然而，文化全球化是一個複雜過程，它兼有同質化（文化扁平化）與極化和多元性的特色。尤其後兩者可能同時並存，因為如果文化商品能採納當地的傳統文化特質，那該商品在行銷和傳播上將容易得多。但同時也因為強勢的外來思想、價值觀以及生活方式的浪潮，很可能會造成文化上的反抗，例如種族、宗教或民族運動。

社群（Community）：一種基於對社會團體、革命情感、忠誠以及工作責任上集體認同的原則或情感。

焦點⋯⋯　我們是消費主義的俘虜？

消費主義源自個人滿足或自我表達？抑或只是一種控制和社會操控的形式？許多人認為消費主義是一種宰制的想法根本是胡說八道，畢竟沒人是被逼著去買東西！許多人相信，追求財富並且從物質上獲得愉悅是人性使然。更有甚者，這種想法有社會與經濟理論支持。支持此想法，最廣為人知的傳統道德哲學思想之一就是功利主義，它假設每個人都會趨樂避苦，並且理性評估和計算事物的效益和利用價值，通常能從物質上獲得滿足。因此，消費主義的思想迅速席捲全球，並且相信人們對物質的欲望是人性的一部分。

然而，對消費主義批判最典型的就是馬克思主義所提出的「商品拜物教」，這是指人們對於物質商品的看法會受到該商品所代表的意義所影響，進而動搖人們希望去擁有那些商品。

學者赫伯·馬庫色（Herbert Marcuse）在1964年時指出，現代的廣告行銷手法能夠做到操控人們的需求，進而創造出「只有單一面向的社會。」透過「品牌文化」的發展，使得現代的廣告行銷手法變得更具有影響力（Klein 2000）。而反對消費主義的主要論點是認為那些廣告行銷影響消費者，創造出無數的「假性」需求，進而增加企業的獲利，但是這種情況對消費者的心理和情緒上的幸福感是有害的。消費主義使人們一直處在不滿足的狀態，因為不論他們購買多少東西，都會想要更多。因此，消費主義之所以盛行，不只是因為人們為了滿足欲望，更重要的是會產生更多新的欲望，使人們保持在有需求、欲望和想要更多的狀態。這源自於「快樂的經濟學」原理，指人們一旦享有公平而舒適的生活水準時（以平均年收入兩萬美金而言），快樂的邊際效益就會遞減，造成收入越多越不快樂，就越想要更多物質來滿足快樂（Layard 2006）。

分認同，基本上都是由他們的團體特質所決定，但這樣的過程，一代一代慢慢的改變了。個人主義的興起被視為是工業化資本主義的結果，並且成為社會組織的主要模式，從西方社會發跡，然後藉著全球化擴散到其他地方。工業化資本主義意味著的人們所面臨的選擇及社會可能性增加許多。對人們也許是生平第一次可以為自己著想，以個人的角度來思考人生。例如，農夫以及他的家人也許一般都是生活在同一塊土地上，也在同一塊土地上工作，但卻因為個人主義興起，使農夫變成「自由人」，並有能力選擇為誰工作，或者也許有機會離開土地，到別的城鎮或都市工作。

作為個體，人們變得更有可能追尋自我的價值，並且按照他們自己的利益（通常都是物質上的）來行動，甚至也會為自己的經濟和社會環境負起一定的責任以滿足他們自己。這促成了所謂**經濟個人主義**

經濟個人主義（Economic individualism）：相信每個人在經濟上都能獨立自主做決定；經濟個人主義有時與私有財產和自由放任的概念是同義詞。

的興起。

　　然而，對於個人主義的擴張仍有人抱持不同意的態度。就許多人而言，個人主義的擴展會使得社群意識弱化，且人們缺少社會歸屬感，過去對社會的傳統感受也不復存在。例如，從十九世紀時興起的學術領域社會學研究的正是工業化與都市化的擴張對社會的影響（也都給予較負面的評價）。而工業化與都市化正是促進個人主義與相互競爭的始作俑者。學者頓內斯認為這將導致所謂的法理社會關係（Gesellschaft-relationships）的增長，這是一種人為契約式的關係，反應出每個人

概念澄清：消費主義（Consumerism）

消費主義是一種心理與文化的現象，認為個人的快樂與物質消費密切相關。它也與「消費主義社會」或「消費資本主義」有關。新的廣告行銷手法的發展，利用大眾媒體的推波助瀾，形塑消費資本主義。一個消費主義社會強調的是消費，而非商品服務的提供。「生產主義」社會強調的是紀律、責任和努力工作的價值（例如新教徒的工作信仰），但是，消費主義社會則強調物質主義、享樂主義以及立即的滿足，而非等待遲來的快樂。

對於自己獲益的欲望，而非對社會的忠誠感。學者塗爾幹（Émile Durkheim, 1858-1917）強調社會規範與準則弱化的程度將導致「異常」情況的增加，所謂的異常是指人們的孤獨感、不被接納以及覺得活著沒意義的心理感受，塗爾幹的觀察（[1897] 1997）發現這種感受致使工業化社會中的自殺人數大增。

　　現代的社群主義思想家也對個人主義提出類似的疑慮，認為利己主義和原子主義的增長將弱化人們的社會和道德責任。當人們只顧自己的利益和只強調自己的權利時，社會將出現道德真空狀態，甚至是崩解。例如，學者羅伯特·普特南（Robert Putnam）於2000年時強調在現代社會的**社會資本**正在降低，這體現在參與社群活動的人數減少，人們對政治也出現冷感，包括投票率以及加入政黨的成員數。尤其是社群主義者所關注的「養育赤字」議題，這是指現代的父母只關心自己的享受和幸福快樂，而疏於教養自己的孩子，導致年輕的一代教養欠佳、毫無禮貌，甚至做錯事與犯罪的情況大增。

　　但是，另一方面，自由主義理論家卻覺得個人主義的興起代表著社會的進步。對此，認為個人主義是一種社會進步的表現，甚至是一種社會啟蒙的發展，體現在社會包容力以及人人機會平等。如果人類被認為是個「人」的話，那他們就必

社會資本（Social capital）：係指文化和道德上的資源，例如人際網絡、規範和信任，這有助於促進社會凝聚力、政治的穩定性與繁榮。

須享有同樣的權利與同樣的尊重，這意味著任何形式的弱勢理由或歧視，例如性別、種族、膚色、宗教信仰或是社會背景，在道德上都是錯的，而且站不住腳。現代所有的工業社會或多或少都深受這樣的想法影響，不僅如此，由於女性主義的抬頭，性別角色的改變也影響了家庭結構。個人主義與選擇機會大增之間的關係，亦與現代社會的**社會反思力**成長有關（Giddens 1994）。導致這種情況發生的原因有很多種，包括普及教育的發展，透過廣播、電視、網路等等的管道取得資訊，以及不同國家社會之間的文化流動大增等，都是促成社會反思力的原因。但是，社會反思力有利有弊。好的是它拓展了個人自由，也使人們能思考他們是誰以及他們希望的生活方式，這種趨勢體現在社會上關於「生活方式」議題的討論日益熱烈。不好的則是社會反思力會助長消費主義和物質主義的信念。

　　然而，重要的是不要過分強調個人主義的進步，或是社群的凋零。個人主義最早是在英美系國家受到大力擁護，主要原因在於這些地區深受新教宗教思想的影響，強調個人贖罪獲得拯救，靠自己的努力獲得福報。相反的，在歐洲以及其他地方的天主教社會，則大力反對個人主義並維護社會責任的思想，這體現在強烈地盼望人們能持續為社會提供福利，展現出每個人的社會責任以及維護社會的凝聚力。然而，反個人主義社會最好的例子在亞洲，特別是日本、中國以及所謂的亞洲四小龍，例如臺灣、南韓和新加坡。並且引發所謂「亞洲價值」的辯論，也就是儒家思想（Confucianism）是否為西方自由社會下個人主義之外的另一種選項。

　　此外，在許多社會當中，特別是在認同政治，以及在世界事務中的文化、種族與宗教的重要性逐漸增加，使得原以為現代社會的形象是「薄弱的」社會聯繫關係有了改變，取而代之的是「深厚的」社會情感的復興。因此，全球單一文化是一種迷思，如同全球化可能與種族民族主義以及宗教基本教義派的興起有關，也以為全球化可能與消費主義和自我追尋的個人主義擴張有關一樣，這些都是迷思。的確，學者巴伯（Barber 2003）指出麥克世界的出現，象徵性地與好戰的伊斯蘭或是「聖戰」的出現有關，特別是後者，某種程度上其實是對於外來、尤其是對於西方文化與經濟的威脅所做出的反動。在全球政治中的文化與宗教之重要性逐漸增加，此議題將在第8章深入探討。

社會反思力（Social reflexivity）：係指個人及社會成員或多或少且持續思考其行為的趨勢，具有高度的自覺、自我認識以及反省。

全球公民社會

解釋全球公民社會

　　全球化的發展以及逐步「去地域化」的經濟、文化與政治生活，已經漸漸改變了原本認為社會僅是一個國內或一國範圍內的想法。如果社會形塑的是一種成員之間的穩定關係，而且是相互了解，至少是合作的關係，那全球化的結果之一就是「跨國」或是「世界」社會的出現（Burton 1973; Buzan 2004）。但是我們也不該過分強調全球人口正形塑而成單一社會認同的程度，或許形容這種跨國社會最好的名詞是「全球公民社會」。1990年代，尤其隨著具開創性的新國際團體、組織以及國際運動開始出現，全球公民社會的概念於焉開展，這些團體或運動被視為是挑戰或抵抗「企業」全球化現象，並且清楚明白的指出社會、經濟與政治發展的另一種發展模式。這種挑戰企業全球化的發展背景是冷戰結束之後，世界各地要求民主化的發展，以及日益強化的全球相互聯繫。在某些情況下，這些團體和組織反對全球化，並自我歸類為「反全球化」運動的一部分；但是在其他情況下，他們支持全球化的改革模式，於是有時被視為是「社會民主」或是「世界主義」的全球化。

　　最能解釋新興的全球公民社會發展理論是學者高伯瑞（J. K. Galbraith）在1963年所提的「**補償力**」理論。對此，新興的全球公民社會是對全球化過程中企業主導的利益最直接的反應。因此，全球公民社會的興起是對新自由主義的強烈反動之一。這有助於解釋這些新團體和運動支持全球社會正義或世界倫理，而他們的想法體現在擴張人權的影響力、深化國際法以及發展公民網絡以便監督各個國家以及國際組織，甚至向其施加壓力（Kaldor 2003）。

　　這些反企業全球化的團體之所以增

概念澄清：個人主義（Individualism）

個人主義是指相信個人的重要性置於集團和社群之上，它由兩個關鍵要素所構成，第一是每一個人都是獨一無二的，並反應出他或她的「內在」或個人特質。這點充分反映在**個別性**的概念上，而且強調人是自私自利且獨立自主的生物。第二，所有的人，不論種族、信仰、國籍、性別以及社會地位，都共享相同作為「人」的道德標準。換言之，人人平等，這種概念特別反應在人權上。

個別性（Individuality）：藉由實現各自的獨特性，強調每個人的獨一無二，達到自我實現。

補償力（Countervailing power）：係指一種暫時集中的權力，因為能刺激敵對勢力以及對手權力中心，通常用來說明挑戰企業公司的勢力。

爭辯中的議題…… 全球化的過程是否造成全球單一文化？

對全球化的印象主要是認為全球化是「消弭」文化差異，消弭全世界的差異，增進世界的共通性。但是，現代社會同樣也具有強烈的多元性與極化之趨勢。

支持	反對
全球化等於同質化的過程。 全球化的其中一面就是普遍化，係指將物品、形象、想法以及經驗等散布到世界各個角落的人們。例如，經濟全球化以及跨國公司的興起促成了「全球商品」的出現，像是星巴克咖啡、芭比娃娃等等。此外，通訊科技的傳播，例如電視、電影、廣播以及網際網路，這些同質化全球文化的潮流，導致創造出「全球藝人」，例如小甜甜布蘭妮、貝克漢等。同時，英語也成了全球的優勢語言，全世界約有35%的書信、傳真等是用英語，大約40%的廣播節目使用英語，並且約有50%的網路交通路況報導也是用英語。	**全球化是混合化的過程。** 文化的變遷通常是透過由上而下或是單一種方式的影響過程。可是，所有的社會、包括經濟和政治強大的國家卻在全球化文化下變得更多元、更加不同。所謂的反文化潮流就體現在「混合式」文化的增長，也就是當不同的文化之間互動後產生的新品種。例如可口可樂、麥當勞以及MTV等都在不同的國家發展出不同於原產國的形式，深受非西方的宗教、食物（豆醬、印度咖哩香料、墨西哥玉米餅）、醫藥以及治療方法（針灸、瑜伽、佛教冥想）、運動（柔道、空手道、拳擊）的影響。
「世界美國化」。 對許多人來說，全球化等於同質化的論點隱藏在更深層的過程，這些過程是西方化的發展，更明確地說是美國化。全球的共同性體現在世界各地的優勢經濟、社會與文化模式，越來越多的同質性大眾文化興起，皆由西方的「文化工業」一手扶植，這些文化工業來自紐約、好萊塢、倫敦以及米蘭等地。因此，西方，特別是美國的生活方式與規範強壓過其他弱勢文化，例如巴勒斯坦的年輕人也穿芝加哥公牛隊的汗衫。此外，美國的文化與經濟影響力同樣體現在全球的「麥當勞化」，顯示出美國式的消費資本主義興起無可抵擋。	**全球在地化。** 全球化等於同質化的論點受到質疑，是因為全球化的過程不是融入當地環境，就是反而強化當地的影響力。例如，在開發中國家當中，許多西方消費商品與形象，透過本土化（指許多外來商品與文化採納在地條件與所需而形成在地化外來商品）的過程融合在許多傳統文化當中。最典型的例子就是印度寶萊塢的電影工業以及阿拉伯半島電視台。因此，誠如學者羅伯森（Robertson 1992）所描述：當文化商品接納在地行為者的特色而改變，成為全球新的可能性，稱此過程為「全球在地化」。
全球自由化。 第三種全球同質化的觀點強調自由主義的觀念與結構席捲全球。在經濟上，全世界偏好自由市場與自由貿易。在政治上，以民主選舉和政黨競爭為主的自由民	**文化的極化發展。** 當經濟和文化全球化將外來文化強加入其他文化時，易被視為是威脅性的價值觀，有時會造成強力的反彈，屆時就不是形成文化同質化，而是文化兩極化。這點可見於巴伯（Barber 2003）的著作中，其所提及的世界文化形象乃是「麥克世界」

主體制散布全球。在文化與意識形態上，個人主義的興起、強調科學理性的理性主義以及以人權主義為發展宗旨的觀念，進一步促進世界大同的政治理念。

以及「聖戰」的兩種形象。同樣的，學者山謬·杭廷頓（Samuel Huntington）也不認同全球單一文化的說法，而主張「文明衝突」的出現。文明的衝突係指冷戰結束之後，全球政治的中心轉移至西方，於是全球形成西方與非西方文明，以及非西方文明世界之間的互動關係。因此，全球主要的衝突將是文明之間的衝突，分別可能發生衝突的是美國與中國，以及西方與伊斯蘭世界之間。

加，有一部分也是因為全球治理的出現，而且因為全球治理的關係，提供公民社會團體所需的經費來源，並給予他們有機會參與政策制定與實施。此外，還加上日新月異的資訊與通訊科技促使跨國通訊與組織，特別是在已開發國家與開發中國家當中的一群受高等教育的專業人士，儘管他們各有不同的理由與方法，但是都因為全球資本主義體系的關係而有社會的疏離感。

　　1992年在里約熱內盧舉行的地球高峰會通常被視為是全球公民社會開始運作最早的證據。2001年召開世界社會論壇，賦予全球公民社會備受矚目以及組織化的機會，並且能夠直接挑戰最大的資本主義對手——世界經濟論壇。對此，全球公民社會已經成了跨國企業與國際組織之間的第三勢力，既不屬於市場，也不是國家。但是，全球公民社會的概念依然備受爭議。全球公民社會這個詞是在1990年代新創造出來的，這個詞的概念也迅速成為一種風潮，世界各國領袖和決策者等常常使用。但是，全球公民社會是真的存在嗎？或只是一種願景？全球公民社會的參與者人數其實很少，相較於工會運動或是十九世紀末、二十世紀初的政黨運動，尚沒有任何全球公民社會運動團體能夠達到那樣的規模。此外，對於全球公民社會之間相互聯繫關係的程度仍有疑慮，全球公民社會運動是一件事或是許多事件？更有甚者，全球公民社會中兩大主角之間仍存在很大差異：跨國社會運動與非政府組織。

跨國性的社會運動與非政府組織

　　在1960年與1970年期間發展的跨國社會運動，有時被稱之為「新的」社會運動，該背景是激進的學生運動、反越戰抗議活動以及「反文化」的態度興起。主要的例子是婦女運動、環保或綠色運動以及和平運動。這些運動吸引許多年輕

人、受高等教育的人以及相對富裕的人，還有特別擁抱「後物質主義」信仰的人。他們高度關切生活品質以及文化變遷的議題。儘管他們代表來自不同團體的觀點，但是也屬於一個共同的——儘管很難精確定義——意識形態，可稱為「**新左派**」。這些新社會運動是跨國性、全球面向的運動，也是體制外的活動。事實上，支持他們理念的大多是具有跨國的共通性，例如婦女運動，而且他們認為國家是問題的一部分，而非解決問題的部門，例如綠色和平運動的觀點。

自1990年起，隨著各種不同的反全球化、反資本主義、反企業或是全球正義的運動，使得這波社會運動的新浪潮有明顯的發展。

概念澄清：全球公民社會（Global civil society）

「公民社會」一詞係指獨立於政府之外的自主性團體。因此，全球公民社會強調跨國非政府團體，並且具有互動關係。這些團體都是自願的，且不同於跨國企業，他們是公益性質。但是，全球公民社會是個複雜且具爭議性的名詞。從「積極主義」的角度而言，跨國社會運動是全球公民社會的主要核心，且是「體制外」的方式，強調人道關懷以及世界大同的理想。就其「政策」面而言，非政府組織是全球公民社會的關鍵角色，並且作為「體制內」的方式，與全球治理的概念重疊。

這種鬆散、放縱的，且「在許多運動中的運動」思想上的不同，已經成為「**新政治**」的重要特色，主要強調權力分散以及參與式決策模式，並擁抱更具有創意的抗議形式。最典型的例子就是1999年在西雅圖的反世界貿易組織會議之大規模示威運動，稱之為「西雅圖之戰」，當時演變成抗議團體與警方之間的激烈衝突。其他相類似的反資本主義抗議活動，現在經常出現在世界貿易組織（WTO）、經濟合作暨開發組織（OECD）以及二十大工業國（G-20）的會議中。

在此，跨國性的社會運動即全球公民社會「體制外」的面貌。他們之所以會以體制外的立場出現，源自於他們的思想以及政治目標，這些並非主流，而且屬於較為激進的，完全不見容於國家以及全球層面上傳統的決策方式。他們利用「體制外」的方式，透過示威、遊行抗議等，藉此吸引各大媒體以及潛在的支持者能夠加入行動。但是，「體制外」的方式能夠創

新左派（New Left）：一種新的左派思維，反對傳統的共產主義和社會民主，傾向新的自由政治模式，以權力分散與參與式民主為基礎。

新政治（New politics）：一種不信任代議制以及官僚程序，傾向採取全民動員與直接行動策略的政治形態。

造的政策影響力相當有限。因為即便他們有影響，但是傳達給世界的訊息更多的卻是模糊的價值觀與文化意識，這點體現在環保運動以及女性運動上。才剛萌芽的反全球化運動則已經在年輕人身上造成政治文化態度上的轉變，特別是在自由貿易以及消費主義的價值觀上。

有許多人認為非政府組織是全球公民社會的主要行為者，而非政府組織的優勢在於他們是制度化且專業化的「體制內」運動者。毫無疑問，大多數主要的國際非政府組織以及相關部門，在全球舞台上扮演著重要的政治團體角色。非政府組織的發展已經創下許多成功的例子，尤其是非政府組織在限制跨國企業的影響力上，以及在改變各國政府與國際組織的政策方面，都有顯著的成效。聯合國1992年在里約熱內盧舉行的地球高峰會（Earth Summit）就受到來自非政府組織的壓力。大約2,400位非政府組織代表，加上與地球高峰會平行的非政府組織「全球論壇」吸引了大約17,000人，聯手向聯合國施壓，促使聯合國啟動管制溫室氣體排放的程序。此外，國際禁止地雷運動的國際組織在90個國家擁有超過14,000名成員，並在1997年有效促使120個國家通過禁止生產地雷、使用或儲存反人員地雷的協定。要不是非政府組織聯合施壓，國際刑事法院也許永遠不會成立。也因為非政府組織持續監督，國際刑事法院才得以有效運作。

當非政府組織成了主要的決策者、政策影響者以及政策執行者的同時，他們也成了「溫馴」的社會運動。他們參與全球治理的代價，就是已經採納更多主流或「負責」的政策立場。如此一來，使得非政府組織與政府之間，以及國際組織之間，甚至是非政府組織與跨國企業之間的差異變得越來越模糊。不僅使得非政府組織在國際組織內取得諮詢地位，成為專家建言和資訊提供的來源，也使得非

概念澄清：後物質主義（Postmaterialism）

後物質主義是一套解釋政治關注與對經濟發展態度的理論。根據學者亞伯拉罕·馬斯洛（Abraham Maslow）（1908-1970）所提出的「需求的層次」論，將自尊與自我實現置於物質或經濟所需之上。後物質主義假設物質匱乏的情況會造就利己主義的價值觀，也就是政治受到經濟支配。然而，當普遍都是富裕的情況，人們則會追求更多後物質主義的利益或是更好的生活品質。許多關注道德、政治正義以及個人價值的實現的例子，包括女性主義、世界和平、減少貧窮、種族和諧、環境保護以及動物保護。

自我實現（Self-actualization）：個人的自我實現會帶來個人情感上的改變；自我實現通常與超越自我以及超越物質主義有關。

政府組織與國際組織能一起制訂與執行一系列人道主義的計畫。許多非政府組織也是由政府所支付一部分的資金，例如無疆界醫生組織，幾乎有一半的資金來自政府。

此外，非政府組織與跨國企業之間的聯繫關係也日益密切，例如世界經濟論壇現在也有幾個主要的非政府組織代表，而且為了展現跨國企業的社會責任，他們透過「旋轉門」的方式，雇用許多前任的非政府組織領袖與專家。

由下而上的全球化？

全球公民社會能造成全球權力的重新分配嗎？全球公民社會是否是由上而下的企業全球化的另一個選項呢？全球公民社會是文明世界秩序中一種由下而上的民主發展，亦或僅是由下而上的全球化？對於全球公民社會抱持樂觀態度者認為它具有兩大優勢。首先，全球公民社會提供平衡企業的力量。1990年代之前，跨國企業的發展以及其利益鮮少受到有效的反對，國際組織也很難撼動新自由主義所承諾的議程，即促進自由市場與自由貿易。跨國性的社會運動以及非政府組織則有助於挑戰、審查以及審議上述的利益與想法，這不盡然是防堵企業追求利益或是阻擋經濟全球化，而是透過增加參與意見與聲音方式來加強全球性的決策過程。其次，全球公民社會通常被視為是全球民主政治的雛型。認為全球公民社會之所以會出現，係因許多人和團體組織的利益在全球化的過程中受到剝奪，因此全球公民社會可視為是一種反霸權的力量。同樣的，透過提供針對國際組織、國際會議、國際高峰會等公民審查與課責的方式，全球公民社會扮演宛如個人與全球制度之間的溝通管道。

然而，全球公民社會的出現同樣也遭受批評。首先是針對非政府組織的民主有疑慮，認為其相關的社會運動完全是虛假的。例如，非政府組織是由指派而非民選投票的方式任職，如何成為民主化的最重要角色？的確，大部分的運動成員以及主要幾種示威抗議行動無疑賦予該社會運動與非政府組織在政治上的影響力，但是卻並非賦予民主的權利，因為他們並沒有交由社會審查的機制。第二點，社會運動與非政府組織經常採取的積極行動與**直接行動**，同樣備受批評。例如，許多反資本主義的抗議活動經常是充滿暴力，因而影響其他潛在的支持者，讓整個抗議運動給人一種魯莽不智以及不負

直接行動（Direct action）：係指採取憲法與法律架構之外的政治行動；其範圍可從消極抵抗到恐怖主義。

全球政治行動……
非政府組織與國際刑事法院

事件：1998年的《國際刑事法院羅馬規約》（Rome Statute）在2002年達到60個國家批准的最低門檻，國際刑事法院隨即於2002年成立。非政府組織付出了史無前例的努力，國際刑事法院才得以誕生。非政府組織極力運作，將有關種族屠殺（genocide）、違反人道罪（crimes against humanity），以及戰爭罪（war crimes）的起訴排入國際政治議程，也參與《國際刑事法院羅馬規約》的起草。國際刑事法院得以誕生，1995年成立的「非政府組織促進設立國際刑事法院聯盟」（Coalition for an International Criminal Court，CICC）居功厥偉。「非政府組織促進設立國際刑事法院聯盟」由全球各地2,500多個非政府組織組成。大約有235個非政府組織參與羅馬會議，比較大型的非政府組織，例如國際特赦組織（Amnesty International）及人權觀察（Human Rights Watch），派出的代表比大多數國家還多。世界聯邦運動（World Federalist Movement）派出的代表團共有60位專家，人數甚至超過最大的政府代表團。《國際刑事法院羅馬規約》通過之後，「非政府組織促進設立國際刑事法院聯盟」隨即展開超大規模的遊說行動，要勸說聯合國會員國簽署並批准《國際刑事法院羅馬規約》。到了2013年5月為止，共有139國簽署，其中122國也批准了規約。非政府組織始終也是支持國際刑事法院運作的重要力量，不僅協助受害者與證人作證，也以所謂的「法院之友」的身份，提交法律分析與政策論證文書。

意義：非政府組織在國際刑事法院的成立過程，扮演了獨特且關鍵的角色，一共有三重意義。第一，「非政府組織促進設立國際刑事法院聯盟」集結了各式各樣的非

政府組織，整合與協調的手段非常高明。這些非政府組織的目標不同，關注的領域也不一樣（例如性別正義、受害者、兒童等等），卻也能在同一個平台團結行動，達成設定的目標。第二，非政府組織能發揮多少影響力，除了專長之外，有時候政治手腕也很重要。各國政府很樂意利用非政府組織提供的報告與文書，也相當借重非政府組織的法律專長與服務，例如筆譯與口譯服務。在羅馬會議長達五週的協商期間，「非政府組織促進設立國際刑事法院聯盟」不僅提供資訊給各國政府代表，遇到難題也會居中協調，協助各方達成共識。第三，聯合國在1990年代初期，就鼓勵非政府組織與政府組織共同參與全球政策制訂，非政府組織也乘勢崛起。在國際刑事法院的議題上，是由世界各地五花八門的非政府組織互相串連，與各國政府及聯合國通力合作，透過國際合作制訂政策。

有人認為國際刑事法院的成立，代表全球公民社會的發展進入關鍵期，因為非政府組織扮演「人類良知」的角色，第一次得以約束舊式的那種以國家為中心的政治。

各國政府一開始支持成立國際刑事法院，後來態度轉為觀望，覺得這個新成立的隸屬聯合國的特別法院，現在是審理前南斯拉夫與盧安達相關案件，會不會哪一天也來審判自己的國家？在各國轉趨觀望之際，「非政府組織促進設立國際刑事法院聯盟」仍然積極奔走，促使國際刑事法院成立。國際刑事法院的職權，也遠遠超出國際法院（International Court of Justice）奉行的原則。國際刑事法院有權違反國家主權，可以起訴那些沒有批准《國際刑事法院羅馬規約》的國家的國民。但也不該把這個例子，看成非政府組織逐漸有取代國家的態勢。非政府組織確實發揮了敦促各國政府簽署並批准《國際刑事法院羅馬規約》的關鍵功能，但終究沒有，也不能強迫各國政府違背自身的利益行事。擺在眼前的事實是人道精神不僅是非政府組織成長的基礎，往往還會改變國家的行為。國際刑事法院雖然是好不容易才成立，但影響力始終有限，尤其是因為美國、中國、印度、俄羅斯這些強國不願簽署《國際刑事法院羅馬規約》。

責任的感覺。最後一點，非政府組織與社會運動之所以受到批評，是因他們透過吸引媒體的注意，扭曲國家以及全球的政治議程或是政策意涵，來作為向政府施加壓力以及獲得支持與資金贊助的方法。儘管此舉可能會被視為是為了「炒作」政治議題，且因為大眾媒體渴望新聞的特性，縱容了這種即興式的抗議政治。

重點摘要

- 社會通常是由成員之間穩定和諧的關係所組成。但是，「厚」的社會聯繫關係轉變成更為流動、個人化的「薄」社會聯繫關係。這反映出後工業化的影響以及通訊科技進步的衝擊。

- 這種鬆散且廣化的社會聯繫關係與風險、不確定性以及不穩定的增加息息相關。現代社會的風險與不穩定性包括了環境威脅的增加、由於經濟互動關係增加所帶來的經濟危機以及新安全威脅的出現。

- 文化全球化是一種將資訊、商品和形象從世界的某一角落發展進而變成全球流通的過程，這種過程傾向「消弭」國家、區域以及個人之間的文化差異。這樣的過程通常與全世界消費主義的擴張以及個人主義崛起有關。

- 全球單一文化的形象備受挑戰。由於在地的傳統與想法接納其他文化產物促成這些文化的擴散，並且因為反抗外來的強勢概念、價值以及生活形態，使得現代社會變得越趨多元化。

- 1990年代期間，一種致力於挑戰「企業」全球化的新團體、組織和運動開始興

起，被視為是全球公民社會的出現。然而如何理解全球公民社會，這可能要看是由誰（跨國的社會運動或非政府組織）構成全球公民社會的主要行為者。

- 全球公民社會的支持者表示全球公民社會能有效地重組全球的權力分配，並提供從下而上的民主視角作為一種新的世界秩序。另一方面，批評者則質疑社會運動與非政府組織的民主條件與資格，譴責他們採取直接的抗議行動，並控訴他們影響國家與全球的政治議程。

問題討論

- 是什麼造就社會成為一個社會？
- 為什麼社會聯繫關係會變「薄」？
- 文化全球化真的是一種文化帝國主義嗎？
- 個人主義是鞏固社會團結的大敵嗎？
- 亞洲價值是否為西方個人主義提供另一種選擇呢？
- 網路社會的「虛擬」社群已經取代真實社群了嗎？
- 新形態的溝通形式已經改變全球權力分配嗎？
- 消費主義讓人們變得自由或是受其奴役？
- 非政府組織不過是自利、不可靠的組織嗎？
- 全球公民社會在多少程度上是民主化的力量的展現？

第七章

全球化時代的民族

「民族是人類社群無可取代的組成要素。」
——弗拉尼奧·圖季曼,《當代歐洲的民族主義》,1981年

前言

　　過去兩百多年來,民族主義可以説是世界政治最強大的力量。民族主義促成了戰爭和革命的爆發。新國家的誕生、帝國的瓦解,以及國界的重劃,都和民族主義密切相關。民族主義也用於改造和支撐政權。民族主義最大的成就莫過於將民族變成政治統治的主要單位,也就是説,一般已經將所謂的民族國家視為最基本(民族主義者認為是唯一合法)的政治組織形式。不過,民族主義的特質及其對世界政治的意涵卻頗負爭議。究竟民族主義是促進了政治自由的理想,或者只是為侵略和擴張提供正當性?然而,現代民族可能背負著前所未有的壓力。很多人認為全球化削弱了民族主義,因為各地的民族國家紛紛被捲入全球的政治、經濟與文化網路。隨著國際遷移大幅增加,跨國團體也逐漸興起,在越來越多的社會增添了多元文化的特色,但全球化也帶來其他的壓力。民族主義是不是一股節節敗退的政治力量?在一個不斷變動的世界,民族主義是否還有生存的空間?

　　最後,儘管大部分的預測都是否定的,但民族主義已經有復興的跡象。自冷戰結束以來,立場非常強硬的全新民族主義形式已經出現,其內容往往與文化、種族或宗教抬頭意識有關。民族主義的再現可以視為對全球化下同質性效應的反應,也是一種抵抗移民與多元文化的手段。我們究竟應該如何解釋民族主義的復興?而民族主義又以哪些形式出現?

關鍵議題

- 什麼是民族?如何理解民族主義?
- 民族主義如何以及在何種程度上形塑了世界政治?
- 最近幾十年國際遷移增加的原因是什麼?
- 人口遷移對全球政治產生了怎樣的影響?
- 為什麼民族主義在冷戰結束後又重新浮上檯面?
- 當代民族主義和早期的民族主義形式是否不同?

民族主義與世界政治

現代民族和民族主義的概念始於十八世紀末，有些評論家認為它們是1789年法國大革命的產物（Kedourie 1966）。在此之前，國家的概念等同於「封邑」、「公國」或「王國」。國家內的居民稱為「臣民」，他們的政治認同是依據他們對統治者或統治王朝的忠誠，而不具有民族認同或**愛國主義**的意義。然而，法國革命者以人民之名群起反抗路易十六，並將人民視為「法蘭西民族」（French nation）。因此，當時的民族主義代表革命與民主的信念，其背後的概念為：「君主的臣民」應該變成「法國的公民」。儘管如此，這樣的概念並非法國獨有。十九世紀初期，崛起的民族主義浪潮席捲歐洲，並在1848年一系列的革命中爆發開來，從伊比利半島到俄羅斯邊境，整個歐洲大陸都受到影響。二十世紀，隨著亞非國家的人民起而反抗殖民統治，誕生於歐洲的民族主義學說開始散布到全世界。

理解民族主義

然而，民族主義是極為複雜且頗具爭議的政治現象。就最簡單的意義而言，民族主義相信民族是（或應該是）政治組織最基本的原則。但什麼是民族？在日常用語中，「nation」（民族）、「state」（國家）、「country」（國家），甚至是「race」（**種族**）等詞常常令人混淆，或者互相交替使用。例如，United Nations（聯合國）明顯取名不當，因為它是由各主權國家（state）組成的組織，而不是由各種民族（nation）組成的組織。國際政治常常提及「美國人」、「中國人」、「俄國人」等詞彙，不過討論內容通常是指這些人的政府所採取的行動。以英國的例子來說，究竟英國應被視為一個「nation」，還是一個由英格蘭人、蘇格

概念澄清：民族（The Nation）

民族（Nation，源自拉丁文nasci，意指「出生」）是由一組文化、政治和心理因素所形塑的複雜現象。儘管所有民族皆展現了某種程度的文化異質性，不過一般而言，文化上，民族是指基於共同的語言、宗教、歷史和傳統而聯繫在一起的一群人。政治上，民族是指自認為屬於「自然」政治社群的一群人，這個社群通常表現出建立或維持主權的欲望。心理上，民族是指擁有共同忠誠或情感（表現為愛國主義）的一群人，儘管有些人缺乏民族自豪感，但仍會認為自己「屬於」某個民族。

愛國主義（Patriotism）：簡而言之，就是對祖國之愛；心理上對民族或國家的忠誠情感。

種族：一群（理論上）擁有相同的身體或生理特徵，具有相同血統的人。

蘭人、威爾斯人和北愛爾蘭人（北愛爾蘭人可能又分成兩個民族，統一派認為自己是英國人，共和派則認為自己是愛爾蘭人）這四個民族所組成的「state」，經常令人感到困惑。北非和中東的阿拉伯人也有非常類似的困擾。例如，埃及、利比亞、伊拉克和敘利亞應該被視為個別的民族，還是應該基於共同的語言（阿拉伯語）、共同的宗教（伊斯蘭教），或者共同的貝都因（Bedouin）部落歷史，而被視為單一、聯合阿拉伯民族的一部分？

　　基本上會出現這樣的困擾是因為所有的民族皆由主觀和客觀因素混合而成，民族同時也是文化和政治特性的混合體。就最基本的層面而言，民族是文化實體，一群人因共同的價值和傳統而聯繫在一起，特別是共同的語言、宗教和歷史，而且這群人通常居住在相同的地理區域。以此觀點來看，民族可以用客觀因素定義：滿足一組必要文化標準的人，就是某一民族的一員，無法滿足標準的人則歸類為非我族人或異族人。這些要素無疑形塑了民族主義的政治。例如，加拿大魁北克人的民族主義，主要是基於法語魁北克和加拿大其他優勢英語地區之間的語言差異。宗教分歧則一向是印度民族主義緊張升高的原因，例子可見於旁遮普錫克教人爭取建立獨立的卡利斯坦國（Khalistan）的努力，以及喀什米爾穆斯林推動喀什米爾併入巴基斯坦的運動。儘管如此，單靠客觀因素絕對不足以定義民族。所有民族或多或少都存在文化的異質性，有些差異還很大。例如瑞士作為單一民族展現了共同的耐力與適應力，但其內部卻存在三種主要語言（法語、德語和義大利語）和各式各樣的方言。天主教徒和清教徒之間的分歧在北愛爾蘭引起敵對的民族主義，但在英國本土卻不是問題，在德國這樣的國家其重要性也很低。

　　因此，民族的組成很難表現應有的文化一致性。民族充其量只能反應出各種文化要素的結合，而不能呈現任何確切的文化組合方式。這樣的觀點強調民族最終只能由其成員主觀認定。最後一種分析認為，民族是心理－政治的實體，一群人將自己視為自然的政治社群，且因擁有共同的愛國忠誠和情感而與眾不同。民族的政治層面明顯表現在民族和**族群團體**的差異。族群團體無疑擁有共有的認同和文化自豪感，但與民族不同的是，族群團體缺乏集體的政治抱負：族群團體不尋求建立或維持主權獨立，或政治自主性。在客觀條件非常困難的情況下，例如缺乏土地、人口稀少或經濟資源匱乏，民

> **族群團體**（Ethnic group）：享有共同文化和歷史認同的一群人，特別是他們相信自己有共同的血統。

●將一群人描述為民族，意指這群人享有共同的文化遺產。以此意義而言，所有的民族都是神話或想像，因為沒有一個民族擁有文化的同質性（在這方面，日本人可能最接近例外）。就此而言，民族是人為「創造」或「想像」的產物。

概念解構……

「民族」

●民族看起來是一個凝聚力高的實體，也就是本質上密不可分的整體。這個觀點促成「方法論上的民族主義」的興起，此研究途徑將抽象的民族作為主要的全球行為者。實際上，民族之所以看起來是高凝聚力的實體，只是因為世界舞台上的主要行為者是主權國家或政府，而他們為了合理化自身的行為，往往以「民族」代表自居。因此，將「中國人」、「俄羅斯人」、「美國人」等視為全球行為者是非常容易使人誤解的。

●人皆隸屬於某一民族的假設，意味著民族認同是集體認同的主要形式。其他集體認同的來源（例如，社會階級、性別、種族或宗教）因此變得比較次要，特別是這些來源都帶有跨國家或次國家的意涵。

族主義的抱負仍能繼續存在，這便是民族心理層面的明顯表現。舉例來說，拉脫維亞的人口僅260萬（勉強只有一半人口為拉脫維亞族），沒有能源，天然資源也非常稀少，但仍在1991年成為獨立國家。同樣的，中東的庫德人雖然從未享有正式的政治統一，而且目前分布於土耳其、伊拉克、伊朗和敘利亞等地，但他們仍保有民族主義抱負。

　　除此之外，關於民族主義現象的爭議，也讓定義民族的要素更為混淆。民族主義是一種情感、身分、政治學說、意識形態，還是社會運動？或者以上皆是？此外，什麼是民族主義興起的最佳解釋：是自然的現象，還是人為的創造？從1970年代開始，民族主義學者逐漸區分為兩大陣營：原生主義者（Primordialists）和現代主義者（Hearn 2006）。**原生主義**認為，民族認同是歷史的鑲嵌：民族是根植於共同的文化遺產和語言，而這些文化遺產和語言可能早在國家成立或民族尋求獨立之前就已經存在。依此意義而言，所有的民族主義者都是原生主義者。原生

原生主義（Primordialism）：一種理論，認為民族是古老且根深柢固的，民族之間的差異是由於心理、文化和生理的不同。

主義的核心主張包括：

- 人類天生有群聚的傾向，民族便是這種傾向的展現。
- 民族認同由三個關鍵要素組成：共同的血統、土地歸屬感，以及共同的語言。
- 民族是歷史性的存在：他們是由更單純的族群團體自然演化而成。
- 如同親屬關係般的深厚情感依附是民族主義的特性。

　　這樣的觀點可以追溯到德國哲學家約翰・赫爾德（Johann Herder, 1744-1803）的作品，他認為每個民族都有自己的**民族精神**，這樣的精神表現在歌曲、神話和傳說中，並為民族提供創意的來源。赫爾德的文化主義意指民族是自然或有機的單位，它的歷史可以追溯到古代，同樣的，只要人類社會還存在，民族就會繼續延續下去。現代評論家也提出了類似的看法。例如，安東尼・史密斯（Anthony Smith）強調現代民族和前現代族群團體（他稱為「ethnies」）之間的延續性。這意味著民族主義是族群的變形，現代民族基本上是遠古族群團體的新版本。

　　相對的，民族主義的現代論者則認為，民族認同取決於人們對社會或歷史環境變遷的反應。在很多情況下，現代主義都將民族主義的起源和現代化的過程（特別是工業化的興起）連結在一起。雖然不同的現代主義理論家著重不同的要素，不過現代主義基本上可分為三大主張：

- 工業經濟和資本主義經濟的興起，削弱了傳統的社會聯繫，且導致新的社會緊張，因此產生了統一民族身分的需求。
- 在形塑民族認同感上，國家扮演了關鍵角色，意味著國家先於民族存在，且就某種意義來說，是國家「建構」民族。
- 大眾識字能力和公民教育的普及，對於民族認同的建構貢獻卓著。

　　艾尼斯特・葛爾納（Ernest Gellner）因此強調，在現代以前或「農業文化」社會是由封建制度和忠誠的網絡所建構，然而，工業社會的興起促進了社會流動、自我努力和競爭，因此需要新的文化凝聚力來源（如第6章所述）。文化凝聚力的新來源由民族主義提供，這實際上意味著，民族主義創造了民族，而不是民族

民族精神（Volksgeist）：（德文）簡單來說，就是人民的精神；一群人在其文化（特別是語言）中所展現的基本特質。

觀點‧‧‧‧‧‧　民族主義

現實主義觀點

　　現實主義者一般不強調民族主義。他們認為，現代國際體系發展的關鍵階段是1500到1750年間主權國家興起（特別是在1648年的西發里亞和約）的階段，而不是從十九世紀初期開始，這些國家隨著民族主義的出現而成為民族國家的轉變時期。因此，更精確的說，他們認為國際體系是國家間的體系。儘管如此，現實主義者大致以正面的態度看待民族主義。以現實主義者的觀點來看，民族主義是國家力量的重要組成要素，是國內團結的來源，可以用來鞏固民族國家的外部效能。現實主義者將國家利益（廣泛地）解讀為「民族利益」，因為他們將民族主義視為維持國際無政府狀態、限制國家間合作範圍的力量，且民族主義意味著像人權這樣的普世價值是不完美的。

自由主義觀點

　　自由主義者一向認同民族主義。特別是在十九世紀的歐洲，自由主義者就等於民族主義者。自由民族主義是民族主義的主要形式，其主要依據民族自決的概念，將民族描繪為主權實體，且帶有民族獨立和民主統治的意涵。儘管如同所有的民族主義者一樣，自由民族主義者將民族視為「自然的」社群，不過他們認為，民族是基於共同價值和政治忠誠所形成的基本公民單位。這使得自由主義者的民族主義類型既寬容又包容。以自由主義者的觀點來看，民族國家是政治的理想，代表自由的目標和每個民族決定自身命運的權利。除此之外，自決是普世權利的概念，除了反應民族皆平等（至少就道德的意義而言），也意味著自由主義者不僅希望自己的民族成為主權國家，更希望打造一個獨立民族國家組成的世界。自由主義者聲稱，這樣的世界將充滿和平與和諧，因為民族國家傾向尊重彼此的權利和自由，而且沒有民族國家會希望破壞自己的公民和文化一致性。儘管如此，自由主義者認為民族主義和國際主義是互補而非衝突的原則。自由國際主義最顯著的表現包括支持自由貿易以促進經濟互賴，讓戰爭因為代價高昂而成為不可能的選擇，以及成立政府間或超國家組織以確保國際法治。

批判主義觀點

　　批判主義對民族主義的看法主要由馬克思主義者、社會建構主義者、後殖民主義者和女性主義者的傳統發展而來。馬克思主義者認為，民族是「虛假意識」（false consciousness）的體現和用來蒙蔽與混淆勞工階級視聽的假象，以避免勞工認知到自己真正的利益。民族主義特別強調國家和社會階級的聯繫，藉此扭曲與隱瞞階級權力不平等的現實，以避免社會革命。社會建構主義者特別批判原生主義的「固有」種族和族群身分意象，強調民族歸屬感是經由社會、政治和其他過程所建構。因此，社會建構主義者傾向認同民族是由民族主義本身所塑造，就像艾瑞克‧霍布斯邦（Eric Hobsbawm）（1983）說民族乃「創造出來的傳統」。

　　至於後殖民主義者和後現代主義者對民族主義的看法，則傾向為將民族主義行動的核心視為是一則或一組敘事。民族的故事來自於史書、小說、符號、神話等，它們皆以一個基本的神話為核心，將民族的起源追溯到遠古時代，並賦予民族特殊地位。女性主義的民

族主義理論特別強調民族身分的性別層面。民族通常被描繪為女性，例如稱祖國為「母國」（motherland）而不是「父國」（fatherland），這是因為一般通常強調女性為（生理上）繁殖民族的人，和民族價值與文化的象徵（通常強調家庭、純潔和無私）。另一方面，當民族被建構為男性的時候，民族身分通常和英雄主義、獨斷專橫和侵略有關，呈現將民族主義和軍國主義合併的傾向。

創造了民族主義。雖然葛爾納的理論認為，民族的團結主要是對社會條件和環境的回應，但這也意味著，民族團體是根深柢固且歷久不衰的，因為回到現代之前的忠誠和身分幾乎是不可能的事。班納迪克・安德森（Benedict Anderson）也將現代民族描述為社會經濟變遷的產物，特別強調資本主義和現代大眾通訊的出現所帶來的共同影響，並稱之為「印刷－資本主義」（print-capitalism）。安德森認為民族是「想像的共同體」，因為在一個可能擁有共同民族認同的團體裡，個人所接觸到的人只占整個團體的極小部分（Anderson 1983）。如果民族存在，它就是以巧妙的想像形式存在，因此想像是透過教育、大眾媒體和政治社會化的過程所建構。最後，像艾瑞克・霍布斯邦（Eric Hobsbawm 1992）這樣的馬克思主義者，傾向將民族主義視為統治階級用來對抗社會革命威脅的手段，藉由確保民族忠誠的影響力強於階級團結，統治階級因此得以將勞工階級束縛於現有的權力結構中。

民族國家的世界

民族主義協助塑造和重塑了過去兩百多年來的世界政治。然而，關於民族主義影響力的本質則有相當多的爭議。民族主義是一種如同變色龍般的意識形態，可以化身為令人眼花撩亂的各種政治形式。例如，在不同的時間，民族主義有時進步、有時保守；有時民主、有時獨裁；有時解放、有時壓迫；有時侵略、有時和平。導致有些人僅以好與壞來區別民族主義，而不將民族主義視為單一、一致的政治力量。民族主義自由和進步的一面在古典政治民族主義中顯而易見。古典民族主義可追溯到法國大革命時期，並且體現了許多革命的價值。其概念很快就傳遍歐洲多數地區，其中以義大利和德國統一運動的興起為最顯著的例子，此外還有奧匈帝國、俄羅斯帝國和鄂圖曼帝國獨立運動的發展。義大利統一運動的提倡者朱塞佩・馬志尼（Giuseppe Mazzini, 1805-1872）的思想或許最能清楚闡釋古典歐洲民族主義的觀點和抱負。而美國總統伍德羅・威爾遜（Woodrow

焦點……　兩種民族主義：好或壞？

　　民族主義是否包含兩種大相逕庭的傳統？民族主義擁有黑白兩面嗎？事實上，之所以有「兩種民族主義」的概念，是因為論者相信民族主義有截然不同的公民和種族這兩種形式。所謂的「**公民民族主義**」，主要是由共同的政治忠誠和政治價值所塑造。民族因此是一個「公民的結合」。開放和自願性一向是公民民族主義邏輯的基礎：民族的成員資格是基於選擇和自我界定，而不是先決的種族或歷史身分。整體而言，這種民族主義的形式與寬容和自由主義的價值一致，也相當程度地符合文化和種族多元性。然而，公民民族主義的意義遭到批評者的質疑（Kymlicka 1999）。即使是在「公民的」或「政治的」民族裡，大部分公民的民族身分仍是由血統決定，而不是選擇。除此之外，脫離了種族、語言和歷史的聯繫，政治忠誠和公民價值可能就無法產生賦予民族主義力量的歸屬感和根著感。

　　相對的，「**種族民族主義**」明確的根源於種族一致性，而且帶有深切的文化歸屬感。這種民族主義形式通常因其排外和僵化的特性而受到批評：非公民很難或幾乎不可能成為民族的一員。種族民族主義因而發展出同質的特性，進而對外國人產生恐懼或懷疑，文化特殊性的概念也更加強化，通常還混雜了民族優越的信念。因此，種族民族主義是非理性的、傾向擁有部族意識的，甚至殘忍的。另一方面，產生排外與固定政治歸屬感的能力，可能也是種族民族主義的優點，因為「種族的」或「文化的」民族通常擁有高度的社會團結與強烈的共同目的。

Wilson）的「十四點和平原則」（Fourteen Points）或許是古典民族主義最清楚的體現。起草於1918年的「十四點和平原則」是第二次世界大戰後歐洲重建的基礎，也是《凡爾賽條約》（1919）全面實施領土變更的指導原則。

> **公民民族主義**（Civic nationalism）：一種強調以平等公民社群為基礎的政治忠誠，尊重不侵犯核心公民價值的種族和文化多樣性的民族主義形式。
>
> **種族民族主義**（Ethnic nationalism）：一種強調民族應有基本的（通常還需種族的）一致性的民族主義形式，其目標在於保護或強化民族「精神」或文化一致性。

　　古典民族主義與自由主義的概念和價值觀有很強烈的連結。的確，在十九世紀的歐洲，身為民族主義者就等於身為自由主義者，反之亦然。古典民族主義的基本假設和所有形式的民族主義相同，即人類與生俱來就被分成各個民族，而每個民族皆擁有不同的認同。因此，民族是最純正或基本的社群，而不是政治領袖或統治階級所創造出來的。不過，古典民族主義的特殊性在於，其將民族的概念與人民主權的信念相連，後者的來源可追溯到盧梭（Jean-Jacques Rousseau, 1712–1778）的「公意」（general will）論。而導致這種融合出現的原因是，當時十九世紀民族主義者所對抗的多民族帝國也

剛好是獨裁且壓迫的。例如，馬志尼除了希望統一義大利諸邦，也希望擺脫獨裁奧地利的影響。威爾遜則除了希望歐洲各民族能成為國家，也希望她們能以美國式自由共和主義進行重建。因此，古典民族主義支持**民族自決**的原則，並以建立民族國家為目標。

古典民族主義的形式對世界政治有深刻的意涵。從十九世紀初期開始，看似不可抗拒的民族國家形成過程改變了國家體系、重組了政治權力，最終橫越全球，形塑了國家內部的凝聚力和共同目標，以及國家之前所缺乏的身分認同。不過，這是一個複雜的過程。雖然史密斯（1986、1991）等原生主義者傾向將現代之前的族群團體視為一種現代國家的樣本，但民族國家的形成對民族主義的改變，就如同民族主義對國家體系的改變一樣。從伊比利半島到俄羅斯邊境，在席捲歐洲的1848年革命中，民族主義是相當重要的元素。然而，民族主義運動本身強度一點也不足以完成國家建設的過程。某些地方之所以能夠實現民族主義目標，是因為民族主義和強國的野心一致，例如義大利和德國（兩國皆在1871年完成統一）之所以能統一，是因為皮德蒙（Piedmont）和普魯士（Prussia）的帶領。此外，民族主義的特性也改變了。民族主義原本與自由和激進運動相關，但後來逐漸讓人聯想到保守和反動的政治人物，並且用於推動社會團結、秩序和穩定，或者（如下節所要討論的）帝國的擴張計畫。

到了二十世紀，領土民族國家取代多民族帝國的過程擴散到了非洲和亞洲。的確，就某種意義而言，十九世紀的歐洲帝國主義在大部分的開發中國家激發了反殖民或「民族解放」運動，使得民族主義變成真正的全球信條。二次世界大戰結束後，戰間期如雨後春筍般的獨立運動又再度取得了新動力。面對民族主義的崛起，過度擴張的帝國如英國、法國、荷蘭與葡萄牙紛紛垮台。印度在1947年獨

概念澄清：民族國家（Nation-state）

民族國家為自主的政治社群，其基於重疊的公民和民族身分聯繫而成立，意味同時具有政治和文化認同。民族國家因此體現了馬志尼的目標，亦即：「每個民族都是國家，一個民族只有一個國家。」多虧了古典民族主義，民族作為政治統治的基本單位已為世人廣為接受，因此大部分的現代國家都是民族國家。不過，民族國家更像是政治理想而非現實，因為在某種程度上，所有國家都帶有文化或種族的異質性。儘管如此，在大多數的公共或學術論述上，「民族國家」已經（通常是錯誤地）成為「國家」的同義詞。

民族自決（National self-determination）：主張民族是主權實體的原則；自決帶有民族獨立和民主統治的意涵。

立;中國於1949年共產革命結束後獲得真正的統一和獨立。1950年代和1960年代早期,非洲的政治版圖在去殖民化的過程中完全重畫,其最後一個殖民地西南非,也終於在1990年獨立成為納米比亞。1991年,共產主義的崩潰和蘇聯的瓦解,讓俄羅斯帝國這個世界最後一個主要的帝國走向毀滅,這也是民族國家取代帝國之過程的最終階段。

儘管如此,這個世界仍非全然由主權民族國家組成。首先,雖然主要帝國已經垮台,民族主義所造成的緊張態勢卻仍未解決,西藏、以穆斯林為主的中國新疆省、車臣、俄羅斯高加索地區、中東的庫德族和西班牙的巴斯克族等廣大地域仍存在緊張關係。其次,民族國家天生就不完美,因為沒有民族國家能完全擁有種族或文化的「純淨」,而且所有民族國家多少都依賴政治環境以維持生存。南斯拉夫的崛起和衰落就是一例。最後,民族國家在經濟和政治能力上是不平等的,而且這樣的不平等會維持下去,所以在這樣的情況下,真正的民族自決對許多人而言仍是遙不可及。隨著全球化的推進和國家主權的侵蝕,這樣的趨勢也更為複雜。

民族主義、戰爭與衝突

除了支持自由主義關於達成民族統一和獨立的理念,民族主義也表現為侵略、**軍國主義**和戰爭的權術。在很多方面,擴張性民族主義是古典民族主義核心(也就是平等權和民族自決的原則性信念)的對立面。在此脈絡下,民族權利並非意指對所有民族權利的尊重,而是特定民族「凌駕」其他民族的權利。擴張性民族主義的觀點有時被稱為民族**沙文主義**。尼古拉・沙文(Nicholas Chauvin),是一名狂熱支持拿破崙和法國擴張大業的法國士兵,是沙文主義一詞的來源。沙文主義的核心思想為,各民族有其獨特的特性和特質,因此命運也大不相同。有些民族適合統治,有些則適合被統治。族群或種族優越感便是此種民族主義的經典闡釋,民族主義和種族主義也因此混合在一起。沙文主義者認為自己是獨一無二的,就某種意義而言,可以說是「上帝的選民」,其他人不是軟弱下等,就是充滿敵意又陰險。沙文主義的極

軍國主義(Militarism):以軍事手段達成目標;或者軍事思想和價值觀遍布市民社會的情況。

沙文主義(Chauvinism):認為自己所屬的團體或群體具有優越性或支配地位的非理性信念;適用於民族、族群團體和性別等。

民族主義領域的重要理論家

艾尼斯特・葛爾納（1925-1995）

英國社會哲學家和人類學家。葛爾納在許多學術領域皆有重要貢獻，包括社會人類學、社會學和政治哲學。在民族主義研究的現代主義陣營中，葛爾納是最重要的人物。他指出，工業社會不同於農業社會，工業社會為了有效運作，需要同質的語言和文化，這也是民族主義發跡的原因。葛爾納的重要著作包括1974年的《文化的合理性》、1983年的《國族與國族主義》、1987年的《文化、認同與政治》，以及1992年的《理性與文化》。

安東尼・史密斯（生於1933年）

史密斯是英國學者，也是民族主義跨學科研究的奠基者之一，特別致力於跳脫原始原生主義和現代主義的辯論。雖然他的著作並沒有廣泛地解釋民族主義的興起和特性，但探索了民族的族群起源，以及協助形塑各種民族主義形式的歷史影響力。史密斯的重要著作包括1972年的《民族主義理論》、1986年的《民族的族群起源》，以及1995年的《全球化時代的民族與民族主義》。

班納迪克・安德森（生於1936年）

安德森是愛爾蘭學者，主要成長於加州。關於民族主義的主要著作為著名的1983年的《想像的共同體》。他認為民族和民族主義是某種文化的人為產物，儘管民族內部實際上並不平等，且這個群體的人彼此大多不認識，但民族會令人產生一種深厚、水平的同志情誼，因此將民族定義為「想像的共同體」。安德森其他此領域的著作包括1998年的《比較的幽靈》和2005年的《三面旗幟下》。

端案例可見於德國納粹，其「亞利安理論」（Aryanism）將德國人描繪為注定要統治世界的「優越種族」（master race），並實踐為充滿敵意的**反猶主義**。

　　依此觀點，比起獨立國家間的平衡或和諧，深化的敵意和持續的鬥爭與民族主義的發展更有關係。民族主義認為偏好自己所屬的團體原本就很「自然」，基於此假設，有些人主張民族主義一開始就受

> **反猶主義**（Anti-Semitism）：對猶太人的偏見或憎恨；照傳統，猶太人是諾亞之子閃（Shem）的後裔。

爭辯中的議題……　民族主義本質上是具有侵略和壓迫的傾向嗎？

整體來看，民族主義在原則上是站得住腳的嗎？有些人認為，民族主義與擴張主義和壓迫之間的關聯暴露了民族主義固有的深沉黑暗力量，其他人則認為，在適當的環境下，民族主義可以是和平且具有社會啟發性的。

支持	反對
民族主義是一種自戀。所有形式的民族主義都是以偏見為基礎，亦即對於自己民族的喜好勝於其他民族，且相信自己的民族擁有特殊或獨特的性質。因此，民族主義是普世價值和全球正義的敵人。民族主義向世界各民族推廣自戀，鼓勵每一個民族把其道德考量限制於自己的族人，並相信自己民族的利益因為某種原因比任何其他民族的利益都來得重要。因此，民族主義具有沙文主義的本質，且至少帶有侵略的可能性。唯一要思考的是，民族的沙文主義為外顯或內隱的，以及其侵略性為明顯或潛在的。 **負面整合。**除了相信自己所屬的民族為獨特或「特殊」的，民族認同的形塑亦有賴於負面整合，也就是將其他民族或種族描繪為威脅或敵人。因此，民族主義在「他者」與「我者」之間作出清楚的區別。為了形塑「我者」的意識，必須存在可供嘲弄和憎恨的「他者」。這種傾向會將世界分為「內團體」和「外團體」，意味著民族主義永遠受到黑暗和病態力量的影響。作為一種同質化的力量，所有形式的民族主義皆擁有偏執、敵意和種族主義的傾向。因此，「真實」的民族主義是種族的民族主義。 **民族主義與權力。**民族主義總是和尋求權力有關，因此容易走向對抗和衝突，而不是合作。弱者的民族主義來自無力感和屈服感，是一種感受到不公平和壓迫的背景下，想要維護民族權利和認同的欲望。然而，民	**民族主義與自由。**民族主義是一種變色龍般的意識形態。孕育民族主義抱負的環境與民族主義高唱之（高度多樣化的）政治理想，決定了民族主義的特性。當民族主義是對抗外來控制或殖民統治經驗的反應時，它將傾向擁有解放的特性，且與自由、正義與民主的目標連結。一向致力於自決原則的民族主義，已經成為反擴張主義和反帝國主義的力量，並將自由傳布到全世界。此外，自決意味平等的公民權和民主課責，對於國內政治勢力組織有深刻的意涵。 **公民民族主義。**只有以狹隘的族群或種族術語定義民族時，民族主義才會走向偏狹或壓迫。然而，有些民族明顯是「政治」民族，其建構於對特定價值觀或公民理想的忠誠，而非基於文化同質性。在這種情況下發展出的民族主義形式基本上都是寬容和民主的，且有時在充滿深切宗教、語言、文化和種族多樣性的環境中，設法維持了令人印象深刻的社會和諧與政治團結。因此，民族認同可以是包容、彈性，且不斷進化的，並隨變動中的政治與社會環境自我調適。 **文化歸屬。**民族主義的主要優勢在於，它給予人們一種文化傳承的感覺，這是一種知道自己生而為何、為何而生的感覺，由此將人群聯繫在一起並促進社會的互動交流。民族主義在這方面的成功有助於解釋為什麼公民身分和民族身分總是互為重疊的概念。民族主義協助促進政治穩定和社會團結的「內

族取得主權國家地位後將會減少尋求權力的說法只是空想罷了。在大國甚至強國中，民族認同的重塑是以強大與「強盛」的追求為核心，因此民族主義與民族自負之間仍有強烈的連結。	在」優勢，並不一定（或不必然）和擴張主義、征服或戰爭的計畫有關。因此，民族主義與軍國主義的連結完全是條件性的，且特別傾向在國際對抗或衝突激發民族主義情緒的時候發生。

沙文主義的影響，且至少一直隱含種族主義的思想。從這個角度來看，民族主義似乎原本就是壓迫且傾向擴張的。所有形式的民族主義可能皆因此展現某種形式的**仇外**。十九世紀晚期開始，民族主義的侵略面變得越加顯著，歐洲強權為了民族榮耀和「太陽下的一席之地」而沉溺於「爭奪非洲」。第一次世界大戰爆發的前幾年，俄國和德國發展出的**泛民族主義**形式也有明顯的侵略性和擴張性。同樣的，德國、日本和義大利所採取之源於民族主義的帝國擴張計畫，醞釀了第二次世界大戰。因此，民族主義可謂促成二十世紀兩次世界大戰的主要因素。此種民族主義並未在1945年戰爭結束後消失。例如，南斯拉夫於1990年代早期瓦解之後，波士尼亞塞爾維亞族仍尋求建立一個以軍國主義和侵略性「**種族淨化**」計畫為特色的「大塞爾維亞」。

全球化時代的民族

　　諷刺的是，當民族主義取得最大的成就，也就是世界僅存的帝國終於瓦解之後，民族國家反而被其內外部的力量削弱。看到這樣的現象，很多人開始討論「民族國家的危機」，甚至是「民族國家的暮年」。這些內外部力量的來源和形式五花八門，包括經濟全球化的趨勢削弱了國家作為獨立經濟單位的功能（詳細內容見第4章），以及文化全球化的趨勢削弱了民族國家的文化特殊性（於第6章討論）。但有人認為，民族面臨的最強大的威脅，來自國際遷移暴增，以及隨之而來的跨國團體與**混雜**（hybridity）增加。可

仇外（Xenophobia）：對外國人的恐懼或憎惡；病態的民族優越感。

泛民族主義（Pan-nationalism）：一種民族主義類型，透過擴張主義或政治團結，致力於統一不同的民族（「泛」意指全部或每一個）。

種族淨化（Ethnic cleansing）：為了達到種族純淨而將異族人強制排除在族群團體或群體之外的委婉說法，通常牽涉到屠殺暴力。

混雜（hybridity）：社會與文化的混合，「混雜」一詞源自不同基因的植物或動物之間的雜交育種。

見人口遷移對現代全球政治的影響相當深遠。

移動中的世界

縱觀歷史，**遷移**早就是人類經驗的一部分。的確，定居（約8,000年以前，因農業的興起而出現）起源於相對晚近的年代，超過三百萬年以前，人類社會一直是流動的獵人與採集者社群。然而，人類的遷移並未因富饒的村莊及後續的鄉鎮與城市發展而終止。例如，早期的西台、腓尼基和希臘帝國，在西元前一千年到三千年間，重塑了大部分的歐洲文化與一部分的北非、近東與中亞文化。密切相關的印歐語族的分布是這個過程最顯著的表現，其一端為梵語和波斯語，另一端則為希臘語、拉丁語、法語、德語和英語等歐洲語言。此外，在第九和第十世紀時，維京人、馬札爾人和撒拉森人侵略了北歐和中歐的大部分地區，維京人也在冰島、格陵蘭和紐芬蘭建立了定居地。十六世紀，西班牙對墨西哥和祕魯的入侵拉開了歐洲海外擴張的序幕，北美的殖民（主要為英國）則緊接在後。簡而言之，世界上幾乎沒有民族可以宣稱其從古至今皆居住於同一地區。

遷移的原因很多。如同上述例子所示，直到近代早期，遷移通常是征服或侵略的結果，之後則為開墾和殖民。在美國、加拿大、澳洲和整個拉丁美洲等案例中，征服和殖民促成了移民民族的出現，原住民則因疾病、鎮壓和歧視淪為邊緣的少數族群。集體遷移也是一種強迫的過程，奴隸交易和契約勞工體系即為最顯著的例子。美洲與加勒比海地區約有4千萬人是奴隸的後裔，在十六世紀中期到十八世紀中期，這些奴隸俘虜於非洲並經歐洲運送至「新世界」，即擴張中的糖和菸草墾殖地。十九世紀，這些契約工人被貶稱為「苦力」且居住在與奴隸沒兩樣的環境下，從中國與印度運往英國、法國、德國和荷蘭遍布於世界的各個殖民地工作。約

概念澄清：種族主義（Racialism）

廣泛來說，種族主義者相信政治或社會的結果來自於人類在生物學上劃分為獨特**種族**的概念。因此種族主義理論基於兩大假設：第一，人類存在基本的基因或種類差異（根據現代科學知識，此主張非常不可能為真）；第二，這些基因或種族差異反應在文化、智力／或道德差異，因此具有政治或社會的重要性。就政治而言，種族主義表現在種族隔離的要求（例如南非的種族隔離或「孤立」政策），以及「血統」優越性或低劣性的信念（例如亞利安主義或反猶主義）。

遷移（migration）：一個人或一群人的移動，可以是跨越國界，也可以發生在一國境內。

有3千7百萬人在這樣的環境下被送往海外，雖然很多印度人在奴隸制度廢除後即返回印度，加勒比海和東非的現代印度社群仍是由契約勞工的後裔組成。

其他移民的遷移則是基於經濟因素，只是這些因素有時指的是極為困苦和艱難的情況。十九世紀中期到第一次世界大戰爆發期間，從歐洲移至美洲的大量自願性移民即為一例，其中約有一百萬名愛爾蘭人逃離1845年到1847年間的馬鈴薯饑荒，德國領土則有超過3百萬人逃離鄉村貧窮和農作歉收。宗教和政治迫害為推動遷移的最後一個原因。猶太人的**離散**（Jewish diaspora）是其中一個經典例子，其始於羅馬人在猶太（Judea）地區的鎮壓，另包括中世紀時期英國、法國、西班牙、葡萄牙和許多德國城市對猶太人的驅逐。從歐洲流向北美洲的**人口外移**，發生在殖民時期及十九世紀末，同樣反映出某些清教徒、各種不信奉英國國教的人，以及天主教徒與猶太教徒想要逃離宗教迫害的心情。

絕大多數的遷移一向是發生在國內，未來也將會如此。例如**國內流離失所者**的人數（2012年共有2,880萬人）就向來高於**難民**的人數（2012年共有1,540萬人）。勞工遷移與都市化較為有關，與全球化較為無關（光是在中國，從1990年代至今，已經有超過2億6,000萬人從鄉村遷居城市）。不過國際遷移已經成為現代世界越來越重要的特色。國際遷移的人數（計算人數向來不容易，因為非正規（又稱「未登載」或「非法」）移民的人數眾多）從1970年的8,100萬人，攀升至2010年的2億1,400萬人，佔全球人口的3.1%。國際移民要是生活在一起，就會形成全球人口第五大國。當今的時代已經成為「遷移時代」，這不僅凸顯出在一個移動性超高的世界，跨國遷移越來越密集，更代表著遷移對經濟、社會、文化與政治層面的影響與日俱增（Castles et al. 2013）。最重要的是，遷移時代的特色，在於國際遷移對國家主權的衝擊，國家似乎是再怎麼努力，也無法有效控制出入邊境的人數。跨國與跨邊境人口流動，就像金錢、商品以及其他經濟資源的流動，代表著國內領域與國際領域的區隔逐漸被打破。

離散（Diaspora）：（源於希伯來文）易言之，就是分散；意指被迫移位或分散，但也用來指稱由此種分散所形成的跨國社群。

人口外移（emigration）：離開自己的原籍國，到別的國家居住。

國內流離失所者（internally displaced person）：因為武裝衝突、大規模暴力，或是自然或人為災害，不得不逃離慣常居所（habitual residence）的人。

難民（refugee）：因為生命、安全或自由受到威脅，不得不離開原籍國的人。

焦點······ 國際移民：推力（助力）還是拉力？

國際移民理論可以分為兩類，一類強調個人角色，另一類強調結構因素的重要性。實際上，這些因素很有可能互相影響，因為對個人決策的了解，無法獨立於其所發生的結構脈絡之外。

個人理論強調在制訂移民決策的過程中個人評估所扮演的角色，也就是決策主要受到人類追求理性自利的影響。這是移民的經濟模型，依賴的是一種成本－效益分析。意指遷移的發生是因為潛在移民認知到遷移的可能利益將大於可能成本，而產生「拉力」。依此觀點，透過增加移民成本（例如，透過施加移民限額和控制）或減少移民利益（例如，藉由限制移民取得社會安全並規定工作限制）將可控制移民情況。

結構理論強調社會、經濟或政治因素影響或決定個人行為的程度。因此，移民不是被「推出」他們的母國（原因包括長期或嚴重的貧窮、政治動盪和內亂）就是被「拉入」他們的定居國（由於經濟擴張對額外勞工的需求，特別是其國內人口不願做的工作或因缺乏技術而無法填補的相關工作）。依此觀點，減少全球不平等與傳播穩定的治理等策略，才是控制移民的最佳方法。

近年來的遷移模式出現了怎樣的變化？變化的原因又是什麼？國際遷移不僅是速度加快，也衍生出越來越多的類型。現代遷移顯然有一個層面與經濟全球化息息相關。全球化的到來，為國際遷移增添了各種壓力，例如出現了真正全球的勞動市場，衍生出數量雖少，但持續增加的高薪又受矚目的工作。全球化也掀起重整風潮，就業市場需要新的技能，國內人口卻無法滿足這些需求。在動亂的國家，人民過著不安全的困苦生活，全球化也導致更多人開始尋找，或是不得不尋找，新的經濟機會。這些趨勢也形成了「遷移全球化」，也就是更多國家會同時受到遷移移動影響，**移民**也會來自更多國家。這與1945年之後的早期的勞工遷移模式完全相反，當時的遷移模式幾乎清一色都是從貧窮的國家，流向富有的鄰國，或是以前的殖民國。殖民國有時候會刻意推出移民政策，招募國外的勞工，鼓勵被殖民國的勞工移入。

現代遷移還有一個層面與難民有關，是阿爾及利亞、盧安達、烏干達、孟加拉、阿富汗、敘利亞等地的戰爭、族群衝突，以及政治動盪所造成的結果。1989至1991年，東歐的共產主義垮台所掀起的政治動盪，幾乎在一夕之間製造出一群新的遷移人口，後來造成的影響更大，因為前南斯拉夫也爆發族群衝突。難民人數在1993年登上1,800萬人的顛峰，後來雖然有所下降，但不時突然湧現的難民潮，仍然持續形成人道危機。在很多開發

移民（immigration）：外國人遷入一個國家居住的過程。

中國家，大規模跨國遷移的人潮是個很嚴重的問題，人數全部加起來，大約佔全球難民的80%。現代遷移的最後一個層面是**人口販運**。人口販運的確切規模很難估算，但根據聯合國估計，在任何時間的人口販運受害者約有250萬人，其中絕大多數為女性。最普遍的人口販運形態為性剝削（sexual exploitation）（79%），其次為強迫勞動（forced labour）（18%）。人口販運幾乎與組織犯罪脫不了關係，通常是從開發程度較低的國家，販往開發程度較高的國家，受害者往往是因為貧窮、衝突或其他原因而被鎖定。

跨國社群與離散

現代的移民流動對於國家的國內政治具有重要意義。例如，許多社群的社會發展因跨國的（而非民族的）忠誠結合在一起。儘管散居各處，分散的社群仍舊維持了它們的文化特殊性並抵抗了**同化**的壓力。當然這並非什麼新現象，跨國社群中的經典案例如：猶太人大流散，甚至可追溯至西元前八世紀。諷刺的是，猶太教和希伯來語言在不存在猶太故土的情況下所展現的驚人適應力，主要可由歧視的歷史和各種反猶主義形式的迫害得到解釋。其他例子還包括拜占庭帝國時代的亞美尼亞人，當時許多人因為前仆後繼的侵略和征服而被迫流亡海外。不過，許多人認為，跨國社群的出現其實是現代、全球化世界的主要特性之一（Basch等人，1994）。

國際移民的增加本身，並沒有創造新的跨國社會空間：跨國社群的建立，有賴於移民團體塑造並維持來源社會（母國）與定居社會的關係，其中又以維持更為重要。在現代社會的各種發展下，這並不難達到。舉例來說，十九世紀移民美國的愛爾蘭人幾乎不可能返回故鄉，且僅能倚賴郵政服務聯繫親朋好友；波斯灣國家的菲律賓人、澳洲的印尼人、英國的孟加拉人等現代社群，則受惠於更便宜的運輸與改善的通訊技術。航空旅行讓人們可以經常返回「家鄉」，創造出不受制於來源社會或定居社會的流動社群。近乎無遠弗屆的行動電話也成為新移民的基本資源，這也是行動電話日漸滲透到開發中世界的原因之一，即使是亞洲和非洲的鄉村地區亦然。除此之外，跨國社群可能會

> **人口販運**（human trafficking）：以恐嚇、脅迫或是暴力的手段，將一群人集中藏匿，以利剝削。
>
> **同化**（Assimilation）：移民社群為了適應接待社會（host society）的價值觀、忠誠與生活風格，而失去本身文化特殊性的過程。

維持（而非弱化）延伸的親屬關係，因為早期移民不但為之後可能移居的家族成員或村里鄰居立下基礎，有時也提供工作機會。

然而，領土民族國家轉移至去疆界跨國社群的概念不應過度解讀。現代移民模式與各種全球化形式的影響，比跨國主義這個簡單概念所隱含的意義要來得複雜。首先，同質性民族應該因跨國社群的興起而遭受威脅，但就某種程度而言，同質性民族一直是一個神話，且是民族主義意識形態本身所創造的神話。換句話說，文化混合並不是新的現象，而是在這個超流動

概念澄清：跨國社群（Transnational community）

跨國社群是指文化認同、政治忠誠和心理傾向穿越或跨越國界的社群。意味著跨國社群挑戰了民族國家的理想，因為後者清楚地將政治與文化認同連結到特定領土或「家鄉」。因此，跨國社群可以視為「去疆界化的民族」或「全球部落」。然而，並非所有離散社群皆為跨國社群，因為離散社群的成員可能仍維持對來源國的忠誠。儘管如此，由於對來源國的忠誠並不妨礙其形成對定居國的忠誠，因此跨國社群基本上有多重情感，並產生不同的公民身分形式。

星球出現以前就已經存在。其次，除了一致與團結，差異與分裂同樣也是跨國社群的特性。性別和社會階級是離散社群中最明顯的分裂，其他分裂可能還包括種族、宗教、年齡和世代。其三，跨國忠誠和民族主義是否一樣穩定持久，尚未有定論。原因非常簡單：不是根植於領土或由地理定義的社會聯繫可能無法長久。返國移民的現象引起了對於跨國社群能否持久的懷疑。移民的返國通常是受到來源國政治或經濟環境改善的刺激。例如，鑒於1980年代以來改善的經濟狀況，移民一般有返回亞洲的趨勢，其中又以中國和臺灣最為明顯。最後，跨國主義以某種方式取代了民族主義的說法是很容易讓人誤解的。現實的情況是，跨國主義和民族主義兩者互相影響，並因此創造出更為複雜的混合認同網。因此混雜或是「混語化」（creolization），已經成為現代社會的一大特色。第8章會探討混雜與多元文化主義（multiculturalism）的關係。

遷移對經濟的影響

評估遷移對經濟的影響相當麻煩，原因至少有三個。第一，遷移議題的相關討論往往充滿政治動機，也就是說各人對於遷移的規模與影響的感覺，往往與「鐵錚錚的事實」不一致。這個問題在「遷入國」特別嚴重，遷入國對於移民議題的主流政治論述，往往會把焦點集中在管理、控制等主題。1970年代開始出現要求更加嚴

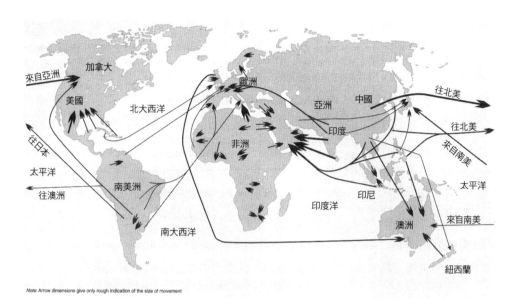

Note: Arrow dimensions give only rough indication of the size of movement

地圖7.1　1973年以來的全球移民流動

來源：Castles 與 Miller（2009）。

格的移民管制的呼聲，從二十世紀初到現在，沒有一個國家允許未檢查的移民。在911事件之後，移民管制更是嚴格。反移民情緒（在本章的最後一節會談到）確實是民族主義如今再度崛起的原因之一。第二，眾所皆知將遷移的影響一概而論，很容易造成誤導。會有這種問題，不只是因為遷移對於遷入國與「遷出國」會產生不同的影響，也是因為（我們之後會發現）一種情況的好事，換到另一種情況可能會是天大的壞事。第三，要分析遷移的影響，「證據」可能極難成立。例如對遷入國而言，移民增加往往與經濟成長有關，但很難判斷移民究竟是經濟成長的原因，還是結果。如果是原因，那也無從得知比重究竟有多大。

　　從遷出國的觀點來看，移民所帶來最明顯的經濟利益是**匯款**。根據世界銀行（the World Bank）估計，在2011年，全球匯款流量為5,010億美元，其中3,720億美元流向開發中國家。匯款的規模大幅超越國際援助，金額約為官方發展援助的三倍。而且匯款多半不受全球經濟下修影響，這一點與國際援助截然不同。因此在2007至2009年的全球金融危機期間，匯款總額上升，國際援助的總額則是下降。如此看來，匯款也許能有效降低貧窮的範圍

> **匯款**（remittances）：非本國國民賺取或取得金錢，再匯回他們的原籍國。

與嚴重程度，降低童工（child labour）出現的機率（進而提升識字率與受教育的比率），以及提振商業投資與創業。從另一方面看，匯款就像國際援助，會加深全球的種種不平等，妨礙遷出國的積極進取與自力更生，還會助長依賴的文化。據說遷移還有另一項優勢，就是能發揮壓力閥的作用，尤其是在墨西哥、菲律賓、摩洛哥這些人口年輕又成長迅速，但失業率也很高的國家。由此可見，人口外移（emigration）能預防福利支出爆炸，進而防止加稅，更不用說還有政治與社會的好處，例如避免高失業率，尤其是年輕人的高失業率。所以各國政府有時候會刻意推動人口外移，例如墨西哥就曾經鼓勵人口外移。但這些優勢恐怕都不足以彌補遷出國的損失，遷出國失去了具有知識與技能的勞工，這種現象又稱「**人才外流**」。因此有些批判理論家認為，全球資本主義經濟體之內的人口自由流動，如同商品及資本的自由流動，都是犧牲貧窮的「邊緣國」，利益由有錢的「核心國」享受。

（通常比較富有的）遷入國從遷移得到的好處，真的比遷出國大嗎？有些人認為移民「偷走」本地勞工的工作，在福利國家當白吃白喝的「寄生蟲」，這些人當然不會這麼想。他們認為移民既然是逃離貧窮的原籍國，到了新國家就會比本地勞工更願意接受較低的工資，也更願意忍受較不理想的工作環境，而且很多移民之所以到異國生活，是想「享受」資金更充裕的公共服務，更優厚的社會福利。這一種想法就是經濟學家所謂的**勞動合成謬誤**，以為新加入勞動力的勞工，必須取代那些已經擁有工作的人，自己才能得到工作。這在實務上並不正確，因為移民會刺激經濟成長，會導致失業率降低，而不是上升。尤其移民做的可能還是本地勞工不能做（缺乏相關的技能與訓練）或是不願做（覺得工作太卑微，薪水太低）的工作。所以富有的國家即使實施移民管制，也總會放行某些類型的勞工，也就是能為遷入國增加「人才引進」的勞工。支持移民的人也說，把移民說成「福利寄生蟲」是沒有道理的，因為有證據可以證明，移民往往比本地人口更少仰賴福利制度，多少是因為移民之所以會遷移，就是鐵了心要找到工作，在社會中尋求進步。最後，移民也會改變，甚至逆轉已開發國家的人口趨勢，能為遷入國創造經濟效益。特別是如果遷入的移民絕大多數都是年輕族群，家庭的人口數比本地居民還多，那也能解決

> **人才外流**（brain drain）：受過訓練，具有技能的人從原籍國遷居到另一個國家，又稱「人力資本出走」。
>
> **勞動合成謬誤**（lump of labour fallacy）：一種謬誤的觀念，以為現有的工作的數量是固定的，所以失業率純粹取決於現有的勞動力如何分配現有的工作。

全球政治行動……
墨西哥移民大舉進入美國

事件：墨西哥是全球第一大人口外移國，超過10%的國民住在國外，其中絕大多數在美國。2011年，美國總人口的10.8%為墨西哥裔美國人，超過3,550萬美國人具有全部或部分墨西哥血統，還不包括美國境內大約610萬「未記載」或「非法」墨西哥移民。在二十世紀初期之前，墨西哥人可以自由出入美墨邊境。美國即使在實施移民管制之後，也往往會對墨西哥移民網開一面。但在1930年代，給墨西哥移民的特別待遇突然喊停，因為反移民情緒在美國逐漸擴散，經濟大蕭條更是助長了這種氣氛。美國在第二次世界大戰之後加強移民管制，卻也沒能防止墨西哥成為美國歷史上流入移民最多的國家。不過這個趨勢似乎有停止的跡象。從2005至2010年，墨西哥人遷入美國的淨流量逐漸下降，直至少之又少，甚至可能出現逆成長。

意義：美墨邊境是世上最多人跨越的邊境，出現在這裡的大規模遷移現象很容易解釋。最主要的原因，是墨西哥與美國之間嚴重的經濟失衡。強大的「出走」因素包含低薪、高失業率、醫療設備不佳，以及教育機會短缺，迫使幾個世代的墨西哥人到北方尋找更好的機會。從墨西哥入境美國相當容易，更是助長了移民潮。墨西哥與美國相鄰，但美墨邊界實在太長（3,169公里），即使有兩萬多名邊界巡邏人員鎮守此地，移民管制頂多只能說是不甚完善。近年來遷移模式出現變化，主要的原因是美國的經濟衰退，尤其是在2007至2009年全球金融危機期間，而墨西哥的經濟卻是穩定成長。其他原因包括歐巴馬政府從2009年開始取締非法移民，以及墨西哥北部爆發更多與販毒團夥及組織犯罪相關的暴力事件。

很多人認為人口外移是抑制墨西哥經濟成長的主因。隨著人口不斷外移，墨西哥的鄉村已經缺少經濟活動人口（economically active people）。外移的人口多半是相對年輕的男性，能照顧老人與兒童的人口變少，也形成一些社會問題。但是匯款是墨西哥第二大海外收入來源（僅次於石油），其中絕大多數來自美國，大大提升了墨西哥國內的生活品質。2012年匯入墨西哥的匯款總計為240億5,000萬美元。長期下來，墨西哥也放棄了阻擋人口外移的政策，轉而鼓勵在美國的墨西哥移民團體互相整合，主要是透過「海外墨西哥人協會」（Institute of Mexicans Abroad）。

美國的墨西哥移民政策，向來著重於減少非正規移民（藉由加強邊境執法，以及加強制裁雇用非法勞工的雇主），以及刺激墨西哥的經濟成長，尤其是透過1994年的北美自由貿易協定（North American Free Trade Agreement，NAFTA）。然而美國政府逐漸發現，美國經濟的某些部門相當倚重墨西哥裔的勞工，而且最重要的是，拉丁裔選民在美國的政治影響力越來越大，因此美國政府改採較為自由的移民政策。在墨西哥移民政策上，民主黨受到的衝擊最大，歐巴馬政府必須推出一連串措施，包括支持「夢想法案」（DREAM Act，有條件給予一部份的非法移民公民身份），共和黨很快也會面臨同樣的壓力。

遷入國的人口老化問題。所謂人口老化，就是一個國家由逐漸縮小的勞動力，供養日益增加的老人的現象。

民族主義復興

　　隨著二十世紀的推進，越來越多預測直指民族主義將走向衰微，甚至預言「後民族」世界的到來。第二次世界大戰的野蠻和破壞令人們對民族主義產生厭惡，因為此種意識形態似乎天生就與擴張主義和衝突有關，除此之外，益增的跨界文化、經濟與人口流動，也似乎令主權民族國家顯得多餘。儘管我們仍不清楚多元文化主義、跨國社群、世界主義或其他概念是否將接替民族主義，但政治認同的確正處於重新定義的過程。然而，現實卻是截然不同的一回事。民族主義展現出非凡的適應力和持久性：二十一世紀，全世界有數量龐大的群眾認為他們隸屬於某一民族，民族性在作為政治忠誠的基礎上，也持續保有無可撼動的地位。的確，民族主義正以各種方式再生。而這種現象如何發生，又為何發生呢？當然，原生主義者可能聲稱，民族主義的存活不過是支持了他們理論的真實性：民族主義不可能是行將末路的學說，因為族群團體還沒消失，也不會消失。現代主義者則遵從葛爾納對二十世紀末民族主義崛起的解釋，即民族主義的興起與同期間工業資本的全球傳播有關。不過，民族主義的再興有多種表現形式，因此也有多種潛在原因。主要的表現包括：後冷戰時代益增的民族意識抬頭、文化與種族民族主義的崛起，以及反全球化民族主義的出現。

後冷戰時期的民族意識抬頭

　　冷戰時期並未見到民族主義的式微。不過，冷戰期間民族主義衝突的背景是東西對抗，以及資本主義與共產主義的意識形態對立。例如，1978到1979年，越南對柬埔寨的入侵與占領，是革命馬克思主義政權間唯一的大規模常規戰爭（Anderson 1983）。儘管如此，冷戰的結束與意識形態作為全球政治組織原則之重要性的式微，讓民族主義有機會再度興起為現代化的力量。此現象確實在東亞及東南亞上演，新加坡、南韓、臺灣等「四小龍」國家刻意以民族建設作為策略，進而在全球化下取得經濟成功。儘管全球化可能為民族主義帶來全新且具挑戰性的環境，但此類案例也顯示，全球化可以為國家狀態和民族認同的重新定義創造新機會。新加坡的例子尤是如此。儘管缺乏傳統民族國家的種族和文化一致

性，新加坡仍舊成為世界最全球化的國家之一。在人民行動黨（People's Action Party，簡稱PAP）的統治下，新加坡政府嘗試灌輸人民公民民族主義的概念，其做法包括建立民眾對於國家公共機構與民眾對國家忠誠的自豪感，當然部分也來自其對於科技公共設施的慷慨投資。公民民族主義因此促進了威權統治的正當性並確保了社會控制，並進一步吸引外國資本，以此維持了能夠鞏固國家自豪感與國家忠誠的經濟成長水平。

民族意識抬頭也成為強權國家越來越重要的戰略，特別是考慮到後冷戰時代世界秩序的流動本質。因此，民族主義再次證明它能將基於力量、團結和驕傲思維的意識形態動力，化為經濟與政治發展的助力。例如，中國舉世矚目的經濟復興顯然伴隨著高漲的民族主義。這明顯表現在幾方面，像是對於防止臺灣宣布正式獨立施加更多壓力、對西藏與新疆的獨立運動採取更堅決甚至強制的回應，以及不時升高的反日情緒等。中國利用2008年北京奧運，以及許多其他工程與技術成就，在國內培養國家自豪感，在國外則為中國塑造先進與成功的形象。印度民族主義的崛起，特別是印度教民族主義，讓印度人民黨（Bharatiya Janata Party，簡稱BJP）得以在1998年組建政府。BJP進一步致力發展核武，並於1998年成功，此舉亦使BJP在印度國內大受歡迎。俄羅斯的民族主義則在1999年弗拉基米爾・普丁（Vladimir Putin）掌權後復興，最明顯的表現為俄羅斯在車臣戰爭中再次展現的侵略性。俄羅斯民族主義的復興也展現在所謂的「能源民族主義」，也就是利用對外銷油氣的價格調整和流量限制來控制周遭的能源依賴國。對於西方大部分國家來說，特別是美國，俄羅斯採取更堅定也更挑釁的姿態，從2008年的喬治亞戰爭中表露無遺。

文化與種族民族主義的興起

儘管全球化可能削弱了古典民族主義的形式，但證據顯示，在無國界的經濟流動下越來越難維持民族國家的理想，反而使全球化強化了文化與種族民族主義的形式。如果傳統民族國家無法再產生有意義的集體認同，則可能發展出以地區、宗教、族群或種族為基礎的排他性民族主義，取代傳統民族國家的位置。這樣的趨勢可以追溯至1960年代，當時西歐和北美各處紛紛出現分離主義團體與**文化民**

文化民族主義（Cultural nationalism）：一種民族主義形式，主要強調民族作為特殊文明的復興形式，而非強調民族自決。

全球行為者……

俄羅斯

類型：國家　·人口：1,433,000　·人均GDP：$21,246美元
·人類發展指數（HDI）排名：55/187　·首都：莫斯科

1991年12月31日，俄羅斯聯邦於蘇聯解體後成立。當時的時代背景為1989年到1991年蘇聯集團共產主義的崩潰、非俄羅斯蘇維埃共和國民族主義的增強，以及俄羅斯內部對共產主義統治的反對。在1990年代葉爾欽（Yeltsin）的主政時期，極端的經濟改革導致生活水準下降、通貨膨脹飆升、產業衰退和金融不穩定。1999年，普丁先擔任總理，後來成為總統，總理以及（2012至今）總統。他的崛起讓人聯想到強化的政治領導、經濟復甦，以及「選舉威權主義」的出現。俄羅斯之所以為不自由的民主政體，是因為以下兩個主要制度：

- 國家杜馬（State Duma）與聯邦委員會（Federal Council），前者為國會下議院，擁有450名成員，後者為上議院，由59個聯邦主體各推派兩名代表組成。

- 半總統制行政體系，由帶領部長會議（Council of Ministers）的總理與握有實權的直選總統共同分享行政權。

重要性：俄羅斯的國力有很大一部分是來自其廣大的國土。俄羅斯是世界上最大的國家，幾乎是美國的兩倍大。十八世紀時，俄羅斯帝國已經成立，為歷史上第三大的帝國，從歐洲的波蘭延伸到北美的阿拉斯加。俄羅斯作為世界強權的優勢地位始於1917年的俄國革命與蘇聯作為世界第一個共產國家的成立（建立於1922年）。蘇聯在第二次世界大戰同盟國的勝利上扮演關鍵角色，憑藉著軍事力量與對擴張中共產主義世界的控制，在1945年以超級強權之姿崛起。歷經1990年代的混亂與動盪之後，俄羅斯權力復興的政治基礎包括：強政府、再興的民族主義（與車臣戰爭特別有關），以及作為現代化工具的國家。不過，俄羅斯充足的天然氣、石油、煤和貴金屬供應所造就的經濟復甦，仍是這些發展的基石。俄羅斯依這些天然資源提升工業和農業投資，也普遍依此向鄰國（俄羅斯的「近鄰」）和歐洲施加影響力。2008年，俄羅斯入侵喬治亞，一般認為此表示俄羅斯又重新崛起為世界強權。俄羅斯影響力的另一面向在於，其擁有龐大的核武庫，意味俄羅斯是唯一可以威脅摧毀美國的國家。

儘管如此，我們仍不應誇大俄羅斯的國力。第一，俄羅斯能以「能源強權」之姿崛起，主要與全球化和世界經濟擴張之下的石油、天然氣和礦產價格攀升有關。因此，俄羅斯經濟很容易受到世界原物料價格下跌的影響，特別是燃料與能源部門的關稅與其他稅收幾乎占聯邦政府收入的一半。就某些方面而言，原物料驅動的成長並不利於俄羅斯經濟的長期發展，因為其減緩了經濟多元化的進程，也遮蔽了其他結構性弱點。2007年至2009年的全球金融危機對俄羅斯的打擊尤甚，當時石油價格下跌，俄羅斯的資本收入因而減少，光是2008年俄羅斯的工業產值就下降了16%。對於俄羅斯權力的更深層顧慮，則來自於「選舉威權主義」最終有可能被證明並非現代化的可靠基礎。依此觀點，強政府的存續終究會犧牲經濟彈性和現代

化，而且一旦自由民主改革的壓力變得勢不可擋，結果可能是長期的政治與經濟動盪。最後，在歐盟和北約的擴張之下，東歐的政治經濟面貌產生變化，這也可能對俄羅斯造成威脅。因此，俄羅斯的戰略利益可能更加聚焦於區域而非全球，以確保維持對其「近鄰」（特別是烏克蘭、喬治亞和中亞的前蘇維埃共和國等國家）的影響力。

族主義的形式，這些地區包括加拿大的魁北克、英國的蘇格蘭和威爾斯、西班牙的加泰羅尼亞（Catalonia）和巴斯克（Basque）地區、法國的科西嘉（Corsica），以及比利時的法蘭德斯（Flanders）。這些運動帶來政治分權的壓力，甚至導致根本的變更。類似的族群意識抬頭也表現在美國黑人民族主義的浮現、美國和加拿大的美洲原住民、澳洲原住民，以及紐西蘭的毛利人。至少在澳洲和紐西蘭的例子中，原住民的族群意識抬頭引起了對民族認同的重新評估。

　　冷戰結束後，種族民族主義的重要性大幅提升。1990年代，有時又稱為「新民族主義」（Kaldor 2006）的種族民族主義在前南斯拉夫引起了一連串的戰爭，其中甚至包含「種族淨化」計畫，以及歐洲自二次世界大戰以來最慘烈的屠殺。在許多新民族國家陸續成立的同時，其他歷經此過程的國家卻飽受嚴重的族群對立與緊張。例如，波士尼亞分裂為「純種的」穆斯林、塞爾維亞和克羅埃西亞區，2008年科索沃宣布獨立時，立即引起北科索沃塞爾維亞少數族群與多數穆斯林族群間的緊張。其他族群意識抬頭的例子還包括：車臣與高加索其他地區分離主義者的動亂，以及1994年盧安達爆發的流血大屠殺，在激進胡圖族（Hutus）掀起的暴動中，共有80萬到100萬人之間的圖西族（Tutsis）和溫和派胡圖族遭到屠殺。

　　一般認為，後冷戰時期種族民族主義的興起是因為共產統治和東西對抗傾向驅使宗教、族群和民族認同走向地下化，一旦壓制因素不復存在，這些認同便會以激烈的形式浮出檯面。然而，種族民族主義興起的過程其實更為複雜，且就某種意義而言，具有更深層的原因。關於民族主義在二十世紀晚期再度浮上檯面的原因，史密斯（1995）提出三大要素，他稱第一要素為「人種歷史的分配不均」，意謂地位低下或相對貧困的社群傾向模仿較強勢的民族，因為強勢民族不用害怕頌揚自己的身分。第二，民族主義可以利用宗教信仰此一「深度資源」，取得統治與動員人民的正當性，這也有助於解釋種族民族主義和宗教基本教義派的相似性。第三，「祖先故土」的概念仍舊是（且將持續是）相當有影響力的象徵。此一概念突顯出，在民族勢力不平等的世界中，永遠不可能達成完全的民族

自決。（第8章將就認同政治的興起進一步檢視種族民族主義）

反全球化的民族主義

　　儘管特定的民族主義形式已發展為國家管理全球化進程的手段，不過民族主義更常反應在反全球化的面向，而且是以一種抵抗的形式出現。民族主義通常在恐懼、不安與社會混亂的情況下蓬勃發展，它的優勢在於：具有代表團結與肯定的能力。在這種環境發展出來的民族主義形式比較不會順應傳統的民族國家，而是廣泛地為右翼黨派運動提供進行反傳統政治活動的機會。自1970年代極右反移民黨派出現以後，此現象變得更加明顯，這些黨派傾向以「保守」的態度與文化或種族的「純淨」典範來定義民族認同。

　　這類黨派已經成為許多歐洲國家的政治特色。自1980年代開始，法國由瑪琳‧勒朋（Marine Le Pen）領導的國民陣線（National Front）吸引越來越多選民支持，而其黨綱主要是以抵制移民為基礎。2002年，瑪琳的父親，也就是民族陣線的創黨元老讓－馬里‧勒朋（Jean-Marie Le Pen）獲得5千8百萬張選票（占18%），且進入總統大選的決勝階段。2000年，奧地利由約爾格‧海德（Joerg Haider）領導的自由黨（Freedom Party）在國會大選中贏得27%的選票，成為聯合政府的一員。反對移民、支持義大利北部所謂巴丹尼亞（Padania）地區取得自治權的義大利北方聯盟（Northern League），後來與西爾維奧‧貝盧斯科尼（Silvio Berlusconi）組成聯合政府。反對移民、支持荷語區獨立的弗拉芒集團（Vlaams Blok），已經成為比利時政治的主要勢力。在荷蘭，創立於2005年，由海爾特‧懷爾德斯（Geert Wilders）擔任黨魁的自由黨（the Freedom Party，PVV）要求政府拒收來自穆斯林國家的移民，也極力提倡文化同化（cultural assimilation）。斯堪的那維亞半島的主要反移民政黨包括挪威的進步黨，以及1995年自進步黨分離出來的丹麥人民黨。

重點摘要

- 民族主義是一複雜且極具爭議性的政治現象。部分原因來自於所有民族皆由文化與政治、主觀與客觀的性質混雜而成。民族主義也是內容殊異的意識形態，包括各種學說、運動與目標。

- 依據原生主義的觀點，民族認同可能源自於國家或獨立運動出現之前便存在的

文化遺產和語言。相對的，現代主義認為，民族認同的塑造是對社會或歷史環境變遷（特別是工業化）的回應。

- 基於自決的原則，世界改由一系列民族國家組成，這是民族主義自由「面貌」的呈現。然而，民族主義和侵略性政治、軍國主義與戰爭之間的關聯，也明顯展現出其壓迫的「面貌」。有些人主張民族主義的本質是侵略和壓迫的，其他人則認為民族主義有「好」與「壞」的差別。

- 雖然現代世界的民族主義因為國際移民的增加而被削弱，但至少國際移民促進了大多數（即使不是全部）社會的混合性和多元文化主義。移民的流動導致跨國社群和海外僑民的形成，有些人認為這為傳統民族的概念提供了另一個選擇，有時也掀起關於遷移對經濟的影響的激烈討論。

- 多元文化主義不僅認可文化多樣性，也認為應該尊重且公開肯定這種差異。不過，此看法引起了廣泛的辯論，特別是關於文化多樣性可以融入政治整合的程度。

- 民族和民族主義展現了驚人的適應力。民族主義的確復興了，因為在「去意識形態」的後冷戰時期，民族主義普遍用於鞏固國家自信。民族主義也以文化和種族民族主義的形式再現，對於全球化所帶來的轉變，提供了挑戰和抵抗的工具。

問題討論

- 如何區分民族與種族？
- 民族只是「虛構」或「想像」的社群嗎？
- 為何民族國家能成為如此成功的政治形式？
- 在何種程度上，民族主義可以被稱為單一的學說？
- 民族主義的本質是壓迫或毀滅性的嗎？
- 國際移民的增加是經濟全球化無可避免的結果嗎？
- 跨國社群足以成為傳統民族概念的另一選擇嗎？
- 人口移動會帶來經濟利益嗎？如果是，又是哪些人受益？
- 民族主義如何及為何在後冷戰時代復興？
- 在一個全球化的世界，民族主義還有未來嗎？

第八章　認同、文化與西方的挑戰

「認同將使我們失去自我」。

——雅詩蒂·馬汀

前言

　　冷戰的終結，特別是911事件後的發展與「反恐戰爭」，改變了人們對於全球秩序的想法，也改變了世界上衝突與合作之間的平衡關係。除了國家之間的權力平衡產生轉變之外，全球秩序似乎也逐漸由新的力量來形塑，這些新的力量與認同和文化有關。甚至有些人認為文化要素已經取代意識形態成為全球政治的重要元素，這反映出在世界事務上種族、歷史、價值以及宗教信仰的要素越來越重要。我們該如何為這股「認同政治」的發展趨勢做出最佳解釋？其影響為何？更重要的是，當文化的重要性越高，是否代表不同文明之間的衝突可能性大增，甚至不可避免呢？作為影響國際事務重要因素的文化，其重要性越來越增加，特別是宗教相關的影響尤其顯著。不僅在某種情況下宗教信仰有大幅增加的現象，甚至極端基本教義派的活動也有增加的態勢。政治上有如傳教般的政治理念，在影響效應上就是一種宗教。在何種情況下，宗教復興，特別是宗教基本教義派會影響全球政治呢？最後，認同、文化與宗教的議題在挑戰與取代西方政治文化霸權上扮演著舉足輕重的角色。例如在亞洲地區，曾經為殖民地的國家興起反西方與反西方政治認同的浪潮，這在穆斯林的國度裡更是興盛，此發展應驗了西方與伊斯蘭世界之間有文明衝突的說法。但是，到底是「什麼」造成伊斯蘭與西方之間會產生衝突？這樣的衝突能否避免呢？

關鍵議題

- 為什麼認同政治會成為當今世界上最重要的特徵？
- 文化是否真能取代意識形態成為全球政治的組成要素？
- 是否真的有「文明衝突」？
- 在現代全球政治中宗教因素有多重要？
- 伊斯蘭與西方世界之間的衝突是否無法避免？
- 西方如何面對「穆斯林的問題」？

認同政治的崛起

西化就是現代化

　　現代化傳統而言都具有西方的樣貌。西方社會通常被視為「已開發的」或「先進的」社會，隨著時間更迭，西方社會所提供的發展模式逐漸被其他社會所接受。自十六世紀起，歐洲國家所建立的經濟、政治與軍事力量的優勢，藉由貿易擴張而更加強化，並且導致工業革命與殖民主義興起，這些促成了西方社會是先進社會的觀點。自十九世紀開始，因為前殖民地的逐漸發展——其中最著名的就是美國——使得歐洲的發展模式成了西方先進社會的表徵。到了十九世紀末，全球地表上十分之九的土地都受到歐洲勢力所控制。

> **概念澄清：殖民主義（Colonialism）**
>
> 殖民主義是指在外國領土建立控制權，並且使其成為殖民地的實踐以及理論。因此，殖民主義是一種帝國主義的形式。殖民主義通常區分為統治與經濟主宰。以非洲與東南亞殖民地為例，殖民地政府的權力與高層來自殖民母國，在種族上完全與當地人不同。而法國的殖民主義則是將殖民地視為母國的一部分，意指殖民地的人民理所當然具有法國的正式公民權。相對的，新殖民主義則涉及經濟主宰而非直接的政治控制，例如在拉丁美洲有所謂的「美金帝國主義」之稱。

　　西方文明的思想根植於猶太—基督教上，並且在現代歐洲初期重新發掘古希臘羅馬時期的智慧，這些提供了十七世紀的科學革命的基礎，並造就之後科技的進步。在十八、十九世紀期間，自由的思想深植於歐洲的政治、經濟與文化生活，甚至難以區別自由主義與西方文明之間有何不同。受到**啟蒙運動**影響，自由主義者提倡**個人主義**、理性、自由以及寬容的價值。世界普遍接受這種自由主義的形式，其暗示人類歷史無可避免地逐漸受到自由主義的原則與制度所影響。簡言之，進步被視為是自由主義的象徵。

　　而此西方現代化模式又有哪些特色呢？西化在經濟、政治與文化上具有重要意義。在經濟上，西化代表市場或資本主義社會的成長。以私有財產與競爭為基礎的資本主義刺激了經濟快速發展，並且透過個人的自我努力而強化經濟力。這些助長了工業化與都市化的興起，而且中產階級的增長也促成新的社會階層模式，並帶來經濟的快速成長以及具有專業技術的勞動階級大增。就西方的觀點來看，若要累積財富，讓更多人富起來，市場資本主

> **啟蒙運動**（Enlightenment）：啟蒙運動是一種智力上的發展，在十八世紀達到頂盛，當時的思想家挑戰傳統的宗教與政治信仰，並學習理性思考。
>
> **個人主義**（Individualism）：係指相信個人的重要性凌駕於任何一種社會團體之上。

義是唯一可以信賴的方式。在政治上，西化的特徵就展現在自由民主的形式上，而此自由民主體制的最主要特色就是定期選舉。此定期民選的方式，正是藉由多元開放的政治體制來更加強化競爭的市場經濟體系。但是，這種經濟與政治的體制對西方社會文化而言，有更特別的意義。

當自由主義社會不斷強調個人自主與自由選擇的重要性，並且擁抱此普世的價值時，這些社會通常也存在文化連結與認同弱化的問題。在自由社會當中，人們對社會文化的連結與認同感的弱化可以從社會關係本質的改變看出端倪。學者費迪南·頓內斯指出這就是社會禮俗或「社群」（community）觀念的式微，這些禮俗觀念是傳統社會中常見的特質，社群之間的自然情感與相互尊重。

相對的，在都市與工業化社會中可見人與人之間關係變薄、人為的契約社會關係，使得「法理社會」觀念興起。法理社會關係傾向將人們從傳統的文化中解放出來，使人們在信仰和價值觀規範上具有自由，並保有個人品味與偏好。因此，自由社會具有「私有化」的文化，例如，在信仰宗教上、道德約束以及性行為規範上，越來越傾向由個人自己決定，而非取決於普羅社會。特別是從1960年代開始，就已經體現出「**放任**」價值觀與社會規範了。這種趨勢與傳統**順從**關係式微以及傳統威權階層關係（尤其與性別角色有關）弱化有關。

在二十世紀末十年期間，西化在推動現代化過程中扮演著舉足輕重的角色。全球化成了將西方經濟模式以及消費資本主義的價值觀普世化的主要動力。而且，誠如學者福山（Fukuyama）等人所提出的「歷史的終結」觀點，強調冷戰結束後，共產主義的瓦解被視為是西方自由民主的勝利。但是，同一時期，這股全球自由主義風潮也受到不少壓力，即使是在西方社會裡，也有不少反對自由主義價值觀以及個人主義的聲浪。在美國及其他地方，支持這股反對聲浪最典型的就是**社會保守主義**，他們指1960年代是放縱的年代，並且呼籲人們應該加強傳統價值觀，特別是與宗教道德觀有關。此外，自由主義同樣也受到社群主義者的挑戰，社群主義者認為自由主義已經將自私自利以及自我中心的行為合理化，並且使人們降低自己對於集體認同的重要性。換言之，

> **放任**（Permissiveness）：指允許人們自己做決定，換言之是指沒有權威性的價值觀。
>
> **順從**（Deference）：指人願意遵守其他人的希望或期望。
>
> **社會保守主義**（Social conservatism）：指相信社會是基於共享的基本信念、價值觀以及文化，並提供社會必要的凝聚力。

社群主義者認為自由主義的個人邏輯是一種置身於社群之外的思維。甚且，社群主義者認為社會關係分裂與崩壞更成為強調個人至上的西方社會最典型的特徵，在個人主義至上的社會裡，人們總是高舉個人權利，不願意接受在群體之間有互惠的義務與道德上的責任。這就呈現出所謂的「養育赤字」（parenting deficit）現象，養育赤字原意指父母只關心自己的生活與工作，而不願意承擔教育下一代的責任。不過，也有其他挑戰西方社會所謂的自由主義霸權觀的力量，這股力量不認同西化就是代表現代化發展的唯一模式。這股力量與新崛起的**認同政治**有關，強調獨特性的（particularisms）認同，例如認同特定的文化、種族、地方以及宗教。

集體認同的政治學

在二十世紀冷戰時期，全球政治曾短暫處於意識形態的對峙中，爾後逐漸出現文化差異的問題。東西方之間呈現出共產主義與資本主義的對峙，兩者是相對立的工業化社會發展模式，並且各自針對經濟與社會問題提出解決方案。這兩種意識形態在政治上各有不同的代表立場。資本主義代表人們在市場競爭下保有私有財產，而共產主義則是在中央計畫經濟之下財產集體共有。

儘管前者戰勝後者，但前者是否獲得全球勝利仍備受質疑，尤其是自從1980年代認同政治興起且重要性與日俱增。

首先所有認同政治之類型皆有一個共通點，渠等認為自由主義是一股壓迫的力量，迫使其他次級團體的人們受到邊緣化，甚至可視自由主義是文化帝國主義。在其思想的背後尤其如此，因自由主義社會文化是由優勢團體利益所構築的，而該團體成員大多是男性、白人且相當富有。而次級團體的成員若非成為身分低下、卑微的一群，反之成為被迫認同那些優勢團體之價值觀及利益。

然而，認同政治亦是自由化並賦予人們權利的力量。認同政治堅信只要透過文化上的自我認同，且培養人們「純粹」的自我認同感，那這個社會與政治就能有所進步與發展。在許多方面，認同政治的原始形態是始於二十世紀初期的黑人意識運動，社會運動家馬可仕‧嘉維（Marcus Garvey），首先提倡「重返非洲」宣言。在1960年代黑人的民族主義獲得卓越的成效，最主要是受到改革主義及

> **認同（Identity）**：指一種相對穩定且持續性的自我感受，可能是認同個人身分、社會身分，例如屬於某個團體，或是認同所有人類。

觀點⋯⋯ 認同

現實主義觀點

　　現實主義者在認同議題上相對而言較少關注。他們主要聚焦於國家的利益與國家行為，並視國家為全球主要行為者。然而，國家被視為一個整體與集合的單位，充分反映出政治忠誠與社會歸屬即是國家的基本假設。特別是大部分的國家皆是民族國家，現實主義傾向於假設所謂認同感的建立和民族血脈相連、公民身分是重疊的。事實上，國家認同在本質上無以避免會反映出人們會認同與他們同一國人。

自由主義觀點

　　自由主義者通常將認同嚴格理解為個人範疇，每個人是最重要的個體，也都是獨一無二的。然而，強調個人重要性其實是具有兩種不同意涵：就內在本質而言，每個人同樣具有相等的權利與機會，反映出自由主義支持人權。對自由主義者而言，認同具有獨特性與普遍性。對任何社會理論或集體認同而言，自由主義的觀點對個人主義而言是具有重要意涵，特別是認為舉凡種族、宗教、文化、性別以及社會階級在人類認同面前都是次要的，最重要的核心是人類認同。而自由主義者以更宏觀的角度來看待人類認同的議題，並且承認人類認同具有社會面向，例如自由社群主義（Taylor 1994）以及自由民族主義（Miller 2007）的概念。

批判主義觀點

　　對於認同議題，已經有許多批判觀點，就傳統馬克思主義而言，從社會階級概念來看待認同。對此，馬克思主義者認為人們會認同與他們同樣經濟地位與利益的人，至於其他形式的認同（例如民族、宗教、種族等等）則視之為「錯誤認知」（想法受到操控）。

　　然而，階級認同只是暫時性的，並非原本就如此。階級認同體現出資本體系的不平等，並將在共產主義無產階級的社會中消失不再。對此，社會建構主義者強調全球行為者不論是國家或是個人，其利益與行為皆受到他們的認同所影響，換言之就是受到非物質的因素條件影響全球行為者的利益與行為。誠如社會建構主義學者溫特所言，「認同是利益的基礎」。溫特反對認同不會改變的論點，他相信每個人在做決定之前的偏好會受到其他人的影響。因此，個人會在不同的文化環境中具有不同的認同觀，甚至可能包括有世界一家的認同想法。

　　然而，自1970年代起，批判主義理論家從許多傳統論述中越來越理解認同是具有「差異」的名詞。它同時代表社會階級的政治意涵開始衰落，以及其他對於社會不公不義的意識崛起，例如性別、種族與性向等。通常我們將認同視為一種文化控制和附屬性的概念，也就是建立在以優勢團體的規範與特色為基礎之上的文化概念。相反的，強調認同具有差異性是指允許次級團體和非主流團體能夠勇敢做自己，甚至高喊自己的獨特，更為「真實的」認同自己。因此，認同成了在政治上能堅持自己的工具，就像是「黑人自由化」、「婦女自由化」、「同性戀自由化」等等的想法。尤其是女性主義者特別熱衷能夠堅持做自己，她們的認同與性別有關。然而，強調平等主義的女性主義者則認為應該要去除性別差異（人類的認同以性別區分），而強調差異的女性主義者則認為性別就是性別認同最基

礎的根本。性別認同理論認為女性應該從每個女性的不同能力、所需以及利益來思考每個女性的認同。

革命派運動的影響。在改革主義的樣貌當中，爭取公民權利運動，以美國馬丁路德金恩博士（Martin Luther King, 1929-1968）及以其為首之有色人種人權促進協會（NAACP）為典型代表。然而，支持黑人分離主義以及在1966年成立之黑豹黨領導下逐漸興起的黑人人權運動，反而鼓勵使用暴力與武器來對抗白人文化，反對非暴力不服從的抗議方式。在美國政治中影響力最久的是1929年建立的黑人穆斯林組織，他們基於美國黑人是源自於古老穆斯林部落的想法，因此強調與美國白人分離的信念。他們透過其他不同的認同政治形式，促成黑人民族主義的意識興起，採取的策略主要是對抗白人文化。

概念澄清：自由民主（Liberal democracy）

自由民主是一種確保限制政府權力、保障人民「自由」的政治體制，並且以「民主」信念為準繩。此體制有幾項重要特徵：（1）政府立法權是透過普遍合法成人在定期的競選當中獲勝所取得；（2）透過憲政制度制衡政府權力，以保護人民權利；（3）一個健全的公民社會具有私人企業經濟、獨立的工會以及言論自由。有些論者認為自由民主是西方價值與經濟體制的一種政治表現，其他論者則認為自由民主是普世最適當的政治體制，因為它允許各種觀點與信仰存在。

為什麼認同政治自二十世紀末十年開始急遽增長呢？誠如本章稍後將會討論到的，這種現象通常與後殖民主義有關，並且嘗試藉由發展非西方的認同感，甚至有時是反西方的認同感，賦予前歐洲殖民地的國家在文化面向上的政治獨立。第二個因素是社會主義失敗了，最終共產主義也瓦解了。直到1970年代社會主義才開始有了明確的方向，主要為社會上的弱勢團體以及人們發聲，並表達他們的政治訴求。藉由批判剝削與壓迫等行為，並代表支持社會平等發展的立場，社會主義的確為世界各地受壓迫的人們表達了強有力的訴求，這股力量雖不一定，但通常與當時蘇聯的影響力有關。在開發中國家裡，反殖民主義的民族主義已成為社會主義的價值觀與目標，甚至有時會接受馬克思—列寧的思想。

然而，為了消除貧窮、增加財富，不少開發中國家的社會主義政權卻失敗了，尤其是採取蘇聯模式的中央計畫經濟的政府，這意味著後殖民的民族主義其實是重塑了前殖民國的發展模式，並使前殖民國的價值觀與認同更加深植於開發

馬可仕・嘉維（1887-1940）

牙買加的政治思想家和行動者，提倡黑人民族主義的先鋒。嘉維是1914年黑人聯合促進協會（UNIA）的創始人。1916年他離開牙買加到紐約，在紐約他發表黑人榮耀與經濟自給的宣言，也讓他擁有一批來自哈林貧民區的追隨者。雖然他的黑人事業失敗了，他呼籲重返非洲的宣言也受到忽視，但他的宣言確實為往後非洲黑人權力運動提供了穩固的基礎。拉斯塔法理教義派（Rastafarianism，牙買加的教派，認為黑人是上帝將拯救之人）也是以他的理念為根基。1923年嘉維因通訊詐欺罪名被監禁，之後被驅逐出境，最終無人聞問的死於倫敦。

中國家的社會當中。最明顯的證據就是種族民族主義的重要性日益增加，以及宗教基本教義派的興起。東歐共產政權的瓦解更加強化了此一趨勢。

　　過去共產主義只是凍結了種族或民族的忠誠並使其轉入地下，這意味著種族與宗教民族主義最後變成反共產主義或反蘇聯統治最原始的動力。此外，共產主義瓦解之後所造成的政治不穩定與經濟的不確定性，成了孕育集體認同感的「溫床」。最典型的例子是1990年代在南斯拉夫爆發的一系列戰爭，正是因為民族政治以及種族認同的壓力所導致，使得前南斯拉夫波士尼亞共和國分裂成「純種的」穆斯林、塞爾維亞以及克羅埃西亞三大區塊。

　　第三個能解釋認同政治增長的因素就是全球化。在此，認同政治的發展可視為是對抗全球化在文化上的影響力。誠如第6章所討論，全球化某種程度是一種同質化，意即透過相對狹義的共同文化企圖使全世界各地都採用之。最典型的特色就是都市化的增長、使用共同的科技（例如電視、電腦、行動電話等等），以及所謂的全球商品，進而增加消費主義與物質主義的思想，並透過各國文化傳統的「多元文化」加速各國文化之間的融合。因此，全世界許多地方都視全球化為各國文化的威脅，進而形成對傳統文化的認同類型。然而，班傑明・巴柏（Benjamin Barber）所謂的「麥克世界」（McWorld），也就是一種西方複合文化，通常指的是美國文化的影響力，包括飲食口味與價值觀，要對抗班傑明所稱的世界，現在已經很少採用簡單的**傳統主義**形式了。傳統社會歸屬感的概念是「既有的」，也就是其關係紐帶和忠誠不容質疑，而今「現代的」認同政治則是

焦點…… 認同政治：我們是誰?

認同政治是一種社會理論化與政治實踐，而非連貫不變的政治思想。認同政治的核心特色就是透過在政治與文化上的自我認同，挑戰或推翻重塑中的團體認同之壓迫力。認同政治所顯現的樣貌是多樣且多元的，範圍自第二波女性主義、同性戀運動至種族民族主義、多元文化主義以及宗教基本教義。認同可由許多原則所組成，例如性別、性傾向、文化、種族、宗教等等。然而，所有認同政治的形式都有兩種特色：第一，團體邊緣化不僅是一種法律、政治或社會現象，也是文化現象。在主流優勢團體操控價值和刻版印象下，被邊緣化的團體也開始以主流團體的眼光看待自己。所以，傳統的認同對遭邊緣化的團體灌輸自卑甚至羞愧感，以確保其維持屈就於人的地位。

第二，只要讓人感到驕傲（通常是公開宣示）與自我尊重，就能改變其自卑的認同，例如「黑人是美的」、「同性戀也能抬頭挺胸」等等。因此，擁抱正向的社會認同就是使人們活出自我，不受他人權力限制而能決定自己的認同，並且使人們認同與他們具有一樣認同感的人。但是，批評認同政治者認為僅以人們所歸屬的團體來做認同，這將人性格局「變小」了，也會造成社會分裂，這是因為當人們強調各自不同且排外的絕對的認同，那將會導致社會緊張與對立。例如女性自由運動與家父長式的宗教基本教義派之間的關係，就是對立且零和的關係。

由個人化的過程所形塑，同時或多或少是一種自我定義的過程。這是一種個人自我認知與文化、政治以及經濟互動的過程，並賦予認同具有政治影響力以及情感上的力量。這同樣也有助於解釋為什麼認同政治並非根植於傳統社會，但若不是根植於現代社會，就是根植於深受現代文化影響而使傳統歸屬感遭到破壞的社會。

多元文化主義與混雜

現代社會的認同政治（identity politics）最主要的表現形式，是多元文化主義。從1970年代開始，國際遷移逐漸增加（詳見第7章），越來越多國家開始接受甚至是擁抱（只是熱情程度不太一樣）自己的多元文化特質，摒棄同化政治與自願遣返（voluntary repatriation）策略，多元文化主義就是這種背景的產物。多元文化主義提倡「在差異中團結一致」（togetherness in difference）（Young 1995），特別著重種族、族群屬性，以及語言造成的文化差異。多元文化主義不僅承認文化多樣性的事實，也主張應該尊重，也公開確認這些文化差異。美國是移

傳統主義（Traditionalism）：對於傳統以及一種持續的價值信仰，並且提供社會具有歷史根源的認同感。

民社會，向來也是多元文化社會，卻直到1960年代，黑人意識運動崛起之後，才開始發展多元文化主義。澳洲則是發現國內「亞洲化」（Asianization）的趨勢漸強，因此澳洲政府從1970年代開始致力發展多元文化主義。紐西蘭的多元文化主義政策，則是承認毛利文化（Maori culture）塑造了獨特的國家認同。加拿大的多元文化主義，則是將重點放在促成說法語的魁北克省（Quebec），以及說英語的大多數人口互相和解，也承認因紐特原住民族的權利。

多元文化主義是一個很廣泛的詞彙，涵蓋了許多定義不明確的概念，以及面對多樣性的挑戰，所採取的各種策略。多元

概念澄清：多元文化主義（multiculturalism）

「多元文化主義」一詞是一種描述，也是一種規範。做為描述，指的是一個社會具有兩個或兩個以上的群體，這些群體的思想與習俗形成獨特的集體認同（collective identity），進而衍生出的文化多樣性，通常與種族、族群或語言差異有關。做為規範，指的是族群多樣性的良性狀態，是不同的文化群體都受到尊重與承認，或是道德多樣性與文化多樣性帶給整體社會的利益。由此看來，多元文化主義認為無論是個人還是群體，自我理解與自我價值的建構過程中，都離不開信仰、價值與生活方式的影響。

文化主義的核心是一個不明確的概念，反映在兩個陣營之間的緊張局勢，一個陣營是族群歸屬感的概念，另一個陣營是擁抱甚至慶祝多樣性。多元文化理論強調族群屬性是認同的基礎。可以把多元文化主義看成是一種社群主義（communitarianism），因為重點在於群體，而非個人，認為個人的自我價值，離不開對於個人所屬的族群的信仰、價值，以及習俗的尊重與認同。因此多元文化主義的發展，是與少數族群權利運動，又稱「特殊」或「多元族群」權利運動同步。所謂少數族群權利，意思是承認並設法保護一個社會的族群獨特性，以及相關的服飾、語言、學校教育，以及國定假日。在加拿大、澳洲、紐西蘭這些國家，少數族群權利則是延伸到原住民族所擁有的特別代表，或是專屬地區。但多元文化主義也提倡文化混合與混雜的好處，也就是每一個族群生活在具有多元文化的社會，所得到的價值。不同的文化因此得以互相學習，豐富彼此，擴展文化機會，也強化文化之間的互相理解。最終的結果是一種「混搭」多元文化主義，與文化全球化相輔相成，在現代社會創造出更深層的社會與文化混合，也在過程當中將民族的獨特性模糊化。

多元文化主義分為幾種互相競爭的類型，分別以不同的方式，讓多樣性與團

結得以和平共存，也以不一樣的觀點看待多元文化主義與民族主義之間錯綜複雜的關係。自由多元文化主義強調公民團結，認為多樣性可以限縮在私領域，也應該僅限於私領域，而公領域則是整合的舞台。因此道德、文化及生活方式的選擇，大多可以由個人定奪，而共同的政治或公民傾向，則是團結眾人的一股力量。自由多元文化主義認為，多元文化主義與民族主義是相容的，甚至會創造出一種全新的，也許會在二十一世紀出現的國家認同類型，也就是多元文化民族主義，在文化多樣性與眾人共有的公民身份之間取得平衡。這種思想破壞了國籍與族群屬性之間的關連，但顯然是一種公民民族主義（civic nationalism）。然而保守人士卻無法認同。他們認為共有的價值與共同的文化，是一個穩定且有效運作的社會，不可或缺的基礎，所以民族主義與多元文化主義基本上是不相容的。保守人士認為人類的能力有限，需要依賴他人，會自然而然受到與自己相似的人吸引，但同樣的道理，遇到與自己不盡相同的人，也會心懷疑懼。因此多元文化社會天生就是分裂的，充滿了衝突，族群之間會有猜忌、敵對甚至是暴力事件。這些並不是不寬容、無知，以及社會不平等的產物，純粹只是社會心理學的事實。由此可見族群多樣性與文化多樣性，是民族團結與政治穩定的死敵。

　　然而多元文化社會一路走來的表現，卻顯示族群之間的衝突或是敵意，絕對不是與生俱來，也不是命中注定。這一點從二十世紀末族群民族主義（ethnic nationalism）再度崛起即可看出（這一章後面會談到）。另外從族群衝突與社會經濟差異之間的高度關連，也能看出這個事實。可以說族群衝突之所以發生，社會階級與族群屬性差異所佔的比例差不多。每一個族群的經濟地位往往不同，擁有的經濟與社會安全也不一樣。在某些方面，在全球化時代，經濟因素引發的族群對立更為尖銳。至少已經發生過兩個類似的現象。第一個是由蔡美兒（2003）所提出，也就是在許多開發中國家，財富越來越集中在那些從全球市場得益的人，也就是說一小群少數族群往往握有大到不成比例的經濟力量。這種「把持市場」的經濟少數族群包括大多數東南亞國家的中國人、非洲東部的印度人，以及相對來說沒那麼強勢的非洲西部的首次公開發行的企業。在這種情況，隨著經濟差距越來越大，多數族群對少數族群的敵意與種族歧視也越演越烈，越來越多的暴力衝突便是由此而起，逐漸演變成蔡美兒所形容的「起火的世界」。經濟差異引發的族群衝突，也發生在已開發國家。當地的少數族群往往很難擺脫邊緣的低社會地位，以及低收入職業。這種情況通常是歧視，以及其他形式的結構性缺陷

所造成，也引發了社會動盪，甚至有少數族群的年輕人發起暴動，例如1981年英國各地的暴動，還有1992年的洛杉磯、2004年的澳洲昆士蘭省，以及2005年發生在法國大多數地區的暴動。

文化衝突無可避免嗎？

認同政治的興起通常被視為一種廣泛的社會現象，文化則默默成了影響國際關係以及世界事務的重要因素。事實上，有些人相信自冷戰結束之後，文化就已經有效地取代了意識形態成為全球政治的重要元素。而當代全球政治中最受眾人討論，也最具爭議的論點之一，就是山謬‧杭廷頓（Samuel Huntington）所提出的「**文明衝突論**」。雖然文明衝突論早在冷戰剛結束就已出現，但卻是在1990年代才已引起大家關注，尤其是在前南斯拉夫、盧安達

概念澄清：族群屬性（ethnicity）

所謂族群屬性，意思是對於一個獨特的總體、文化群體，或是地域區域的忠誠感。這個名詞具有種族與文化上的含意，所以相當複雜。很多人認為族群的成員往往具有相同的血統，也就是說族群是一種大型的親族群體，成員之間有血緣關係。這種想法可以說正確，也可以說不正確。不過族群屬性還有一個比較普遍的定義，也就是一種文化認同，雖然是一種情緒性的深層認同。「族群」文化涵蓋價值觀、傳統以及習俗，但最重要的是給予族群的成員一種共同的認同，還有一種獨特性，通常是藉由不斷強調共同的血緣。

文明衝突論（Clash of civilizations thesis）：此理論描述後冷戰世界的衝突，並非來自意識形態或經濟，而是文化面的因素。

等地爆發種族衝突事件，撼動了樂觀主義者預期能在冷戰結束之後建立自由的「新世界秩序」的理想。然而，文明衝突論發揮最大影響力是在911恐怖攻擊事件之後，此事件被視為世界秩序的本質正在改變，而全球恐怖主義則是伊斯蘭世界與西方世界文明衝突所產生的結果。

然而，我們也不應該過分誇大文明衝突對小布希政府所採取之「反恐戰爭」策略的影響，畢竟美國讓伊拉克與阿富汗走向民主化的政策與文明衝突沒有太大關係。

杭廷頓的基礎概念是：全球政治將面臨新局，而文明將是促成新局的主要力量，文明是「文化明顯的擴大版」。在此，文明衝突論的觀點與新自由主義的觀點南轅北轍，新自由主義認為未來世界的衝突來自國家間互賴關係的增加，特別是因為全球化的影響。但是，杭廷頓的國家間文明關係之說法對現實主義而言更加複雜。不過，至少杭廷頓接受傳統的論點，認為權力是驅動國家的核心，且國

家是世界舞台的主要行為者，因此杭廷頓他是一位現實主義者。但是，他的現實主義觀點做了些修正，不再強調國家爭奪權力，取而代之的是更廣大的文明架構，而非傳統意識形態的衝突。按照杭廷頓的觀點，文化的衝突可能在「微小的」層面與「廣大的」層面發生。「微觀層次」的衝突將在文明之間的「斷裂線」發生，例如某個「部落」與其他部落的衝突，甚至導致更大的戰爭。對此，文明的運作過程有點像地殼板塊，在與其他板塊之間相互摩擦的裂縫就是地殼最弱的點。在「宏觀的層次」上，衝突在各個文明之間產生，甚至很可能在不同文明中的「核心」國家之間爆發。在此，杭廷頓特別提出警告表示，中國（除了經濟快速成長之外，中國致力於強調特有的中國文化價值）與西方，以及西方與伊斯蘭之間，最有可能爆發文明衝突。同時，他也表示西方世界與「其他非西方世界」亦有可能爆發文明衝突，例如儒家思想國家以及伊斯蘭教國家所組成的反西方聯盟，很可能成為與西方世界對峙的先鋒。

> **概念澄清：文化（Culture）**
>
> 廣義而言，文化是指人們的生活、信仰、價值觀與實踐。社會學家與人類學家傾向將「文化」與「自然本質」做個區分，認為前者是指藉由學習經驗進而代代相傳的過程，而非生物遺傳。因此，文化融入在語言、宗教、傳統社會規範、道德觀當中。有時也有「高等」文化和「低俗」或「大眾」文化之分，前者特別是指藝術和文學等文化，通常是知識分子之流的象徵，而後者則是指廣泛消費且容易為大眾所接受，有時對於社會而言具有貶低的意涵。

然而，認為文明衝突會出現且無可避免的此一觀點引發諸多嚴厲的批評。例如，杭廷頓所提出的文明「結構」的概念是一種同質且一致性的概念，因此不同文明之間壁壘分明，但是這與事實不符。事實上，各個文明之間會相互穿透、相互影響，甚至可能出現混合的文化認同。再者，誠如正統馬克思主義所犯的「經濟主義」的錯誤，其在決定文化認同上，過分強調經濟的重要性以及階級的因素。猶如文化之於杭廷頓，同樣也犯了「**文化主義**」的錯誤，沒有體認到文化認同其實是由政治與社會環境所形塑。而事實上，這樣的問題可能會改變所有認同政治的類型。職是之故，任何文化的衝突或文明的衝突都各不相同，要解釋其衝突的原因很可能更為複雜。例如，1990年代前南斯拉夫所爆發的種族衝突，其原因並非單純地僅是種族之間的仇恨所導致，相反的，其實是因為共產主義蘇聯瓦解，在此區域形成權力真空，遂造成各國民族主義以及種

> **文化主義**（Culturalism）：認為人類是由文化所定義的生物，相信文化是個人認同與社會認同的基礎。

族主義的高漲所致。同樣的，各個文明之間的衝突更為可能的原因是經濟與政治的不公不義所造成，而非文化之間的對立。因此，好戰的伊斯蘭之所以在中東地區，特別是過去受殖民以及爆發過阿拉伯與巴勒斯坦衝突等地區興起，最佳的解釋應該是因石油致富的獨裁政權、都市貧窮以及失業率問題所造成，而非因為西方與伊斯蘭的價值體系出現文化衝突不相容所致。

然而，在考量二十一世紀全球新秩序的發展上，文明衝突論的想法確實有效地點出了全球政治上重要的發展趨勢。這些趨勢包括在去意識形態的世界裡政治中文化的政治性與重要性日益增加，以及對全球化的反動勢力，尤其是反抗西方的全球霸權。對此，文明衝突論同樣有助於提供解釋後冷戰世界裡宗教運動的重要性為何興起。此外，杭廷頓的論點也有助於文化差異的問題如何造成政治衝突，即便這也許過分強調是文化本質，而不是因為政治因素。然而，杭廷頓的理論比起批評他的人所能想像的更具彈性且更為精密。例如，杭廷頓認為未來的全球戰爭不太可能是世界上主要文明的「核心」國家所爆發（但也並非完全不可能），他認為全球文明之間的衝突與文明之間的權力平衡移轉改變有關，特別是「核心」國家間的權力轉移，例如中國崛起，以「人類歷史上最大的玩家」自居。杭廷頓也認為文明衝突可以透過政治干預的方式加以管理與避免。例如，他警告西方國家避免追求推動其他國家民主化，因為這很可能點燃非西方文化的戰火，甚至導致他們進而形成反西方聯盟加以抵抗。

宗教的復興主義

宗教與政治

文化的政治重要性逐漸增加，最顯著的無疑就是宗教復興主義以及宗教運動的興起。從1996年杭廷頓提出的觀點來看，宗教是「文明的定義之主要特徵」，因此在文明衝突論的案例裡，最主要的是宗教衝突。不過，這種觀點難以維持長久。因為不僅這世界上許多宗教是沒有交集，也有相互重疊的（例如，佛教源於印度教，以及基督教、天主教與猶太教源自共同信仰，即舊約聖經），而且宗教的角色在不同的社會與文化裡也各不相同。例如，猶太—基督教的信仰很明顯是西方文明的一部分（然而，主要是正統西方文明與拉丁美洲文明共享），但是，卻並不必然是西方文明的必要特色，至少希臘羅馬時期的思想以及啟蒙時代的理

爭辯中的議題…… 是否會出現「文明的衝突」？

「文明衝突」論認為二十一世紀的全球秩序特徵是緊張與衝突，但是該衝突與緊張將是文化的方面，而非意識形態、政治上或經濟上的部分。但此論點如何產生？

支持	反對
文化的興起。有鑑於學者杭廷頓所指出「若不是文明，那是什麼？」因此認定驅動二十一世紀全球政治最重要的力量就是文化。自冷戰結束，意識形態的重要性淡出舞台，全球化的影響弱化了國家使人民產生歸屬感的能力，同時也鮮少證明全球或世界大同的認同感會成為主流。在此，人們與國家都面對最基本的問題：我們是誰？這股自我疑問的力量將促使人們定義自己，不論是從祖先、宗教、語言、歷史、價值觀以及風俗習慣。簡言之，這些都是文化的範疇。因此，具有共同的文明的國家和團體將使他們更團結，並形成「親屬國」，而政治上的信念如社會主義與民族主義，都將由「伊斯蘭化」、「印度教化」、「俄羅斯化」等等文化所取代。	**文明是複雜且各自不同的。**關於杭廷頓對於文化與文明的見解，其實是過度簡化。在其「文明衝突」論中，文化被視為是鐵板一塊，不會改變，而且狹隘的解釋文明與不變的傳統習俗、價值觀以及文化理解之間的關係。將文明視為是「共同性質的構造」，並因而認為文明之間必有衝突，這根本是錯誤的想法。實際上，文明並非一個同質且整體的集合體，相反的，文明是一種複雜、各自不同、分裂且備受外來因素的影響。例如，「伊斯蘭文明」或「西方文明」的概念，若不是沒考慮到政治、文化以及社會等各自不同的文明，就是也沒注意到其實伊斯蘭與西方文明之間會相互影響。
文化衝突。強烈的文化歸屬感通常會導致緊張與衝突。首先，因為不同文化與文明之間本來就大不相同，基於不同的價值觀與意義，對世界的理解也就大相逕庭。所以，希冀能夠跨文化間互相理解是不太可能做到。再者，人們一旦具有自我的文化認同感，很容易傾向與「其他人」涇渭分明，會有「非我族類，其心必異」之感。這將使得人們傾向區分「我們」與「他們」，或是「我們的文明」與「他們的野蠻」的對立感。	**文化之間的和諧與和平共存。**認為文化的差異一定會與政治對立有關，這個想法備受質疑。舉例而言，文化之間相似並不保證和平穩定，大部分的戰爭都是相同文明的國家所引發。此外，有證據顯示來自不同文化、宗教或種族的人們也能和平共處，例如在鄂圖曼帝國時期的巴爾幹半島。最後，其實文化之間的衝突並非起因於人們「天生」對不同文化的反感或敵視，更多是源自於政治和社會因素，特別是權力或財富分配的問題。
文明的緊張關係。根據杭廷頓所示，現在的世界因為多極以及「多元文明」的特徵而出現越來越多的問題，是以他認為文明之間無庸置疑的將越發緊張。此發展包括西方長期	**文化有同質化的趨勢。**其實文明衝突論最多只提供現代文化趨勢的一個面向而已。尤其該觀點忽略了全球化力量已經消弭世界各地許多文化上的差異。儘管所謂超全球主義以及自由國際主義的「單一世界」觀聽來或許太過天真，但是，國家之間的經濟互賴以及

的衰落，特別是美國霸權的褪色，相對的，而有所謂的「亞洲崛起」的現象，特別是中國崛起。此外，在不穩定的伊斯蘭世界裡，因為人口爆炸而增加伊斯蘭崛起的動力。因此，不論是中國與美國之間的緊張，亦或是西方與伊斯蘭世界的緊張，都逃不開文明的範疇。	整合趨勢確實與日俱增，至少任何可能造成文明分裂對立的發展都能取得平衡與消弭緊張。

性主義對西方文明而言同樣重要。因此，西方文化中的主要思想特色有社會平等、寬容、批判理性以及民主等，但這些特色沒有一個能直接回溯到基督教的信仰。事實上，西方的特色之一，尤其是對歐洲社會而言，就是「**世俗主義**」，而美國──約有四分之一的選民認為自己是「再生的基督徒」──算是這個西方特色的例外。而此種發展係以所謂的「**世俗化理論**」為基礎。然而，世俗化的發展不盡然代表宗教的衰落。相反的，而是替宗教在「適當的」領域建立起「適當的」角色，即在所謂的公領域與私領域有別的情況下，人們能夠具有自由信仰。此目標將宗教限制在私領域當中，使人們能在私領域以外的地方自由地做他們喜歡以及想做的事，同時保持公領域的生活以世俗的方式為主。因此，宗教的自由信仰成了自由民主發展的主要原則。

　　然而，尚有其他力量，例如理性與科學的發展，物質主義與消費主義價值觀的成長，這些力量都在許多社會加強了對這個世界的關注。

　　但是，自二十世紀末開始，世俗化的發展越趨受挫，而宗教開始變得越來越重要。最顯著的就是新形態的宗教形式出現，特別是透過政治的宗教化以及宗教的政治化兩種力量，使得宗教與政治之間的關係更加緊密，增加宗教運動的影響力。1970年代的伊斯蘭世界便是如此，而且最戲劇性的發展就是1979年伊朗的「伊斯蘭革命」，使得霍梅尼成為世界上第一個伊斯蘭國家的最高領導人。然而，很快的不僅只有伊斯蘭有如此的發展，也開始有所謂基督教的「基本教義派」運動出現，特別是在美國所謂的「新基督教右派」的類型，以及在印度的印度教與錫克教。其他發展還包括在拉丁美洲、非洲與東亞，都有具美國特色的五旬節或聖靈降臨節（譯註：猶太人稱慶祝收

世俗主義（Secularism）：係認為宗教不該涉入一般世俗的事務，通常反映在對政教分離的期望。

世俗化理論（Secularization thesis）：此理論係指現代化不變地代表著理性勝過宗教信仰，以及世俗價值觀取代精神面的價值觀。

穫的節日為五旬節；基督教則稱聖靈降臨節，即復活節之後第七個星期日）；中國則有法輪功的興起，此精神靈性運動表達了反共產主義的政治思想，且據報導約有七億人民支持法輪功；在後共產主義時代的俄羅斯則有正統基督教的復興運動；日本則有奧姆真理教的出現；以及西方社會開始對無數種東方的神祕主義與靈療系統感興趣（瑜伽、靜坐冥想、彼拉提斯整復運動療法、指壓穴道等等）。

雖然宗教復興主義可被視為認同政治大規模興起的結果，但是，在現今環境當中，宗教已證實是改變個人與社會認同最有效的方法。當現代社會越來越個人、分散且多元化的同時，有論者則表示才會有越來越多人渴望活著的意義感、目的感以及確定感，而這些正好是宗教所能提供。因為宗教提供信徒一個更高或更深的世界觀與道德，也因為宗教是源自於神的力量，因此宗教定義了人最原始的本性，並賦予人們在世界上最終的道德規範，且由**道德相對主義**使之益加彰顯。此外，宗教具有很強的社會凝聚力，在「關係緊密」或深層的部分連結人與人之間彼此的情感，不同於傳統現代社會的人際「薄弱」關係。

然而，宗教復興主義具有許多政治目的，其中最重要的有三種。第一，宗教在社會保守主義中的重要性與日俱增，透過回歸宗教價值觀與實踐，提供並強化社會的道德觀。自1970年代起，具有宗教傾向的道德保守主義在美國特別明顯，像是政教融合的新基督教右派就企圖「帶領美國重返基督之路」。藉由影響共和黨——特別是共和黨籍總統如雷根以及小布希——的方式，新基督教右派則將道德與文化議題，像是反墮胎、「創造論」（creationism，世界由神創造的主張）以及反對槍枝管制、同性戀權利與幹細胞研究等議題，提升到與傳統經濟與外交政策同樣重要的地位。

其次，宗教是在種族民族主義的類型，甚至是所定義的特色當中，越來越重

概念澄清：宗教（Religion）

普遍而言，宗教是一種人們共享超然信仰的社群組織。然而，「超然」這個詞也許是指任何一種信仰的形式，也就是指「另一個世界」的超存在或是指造物者神明，同時也是指「這個世界」人們自我解脫的經驗，在佛教裡就是指涅槃。一神論的宗教與多神論、無神論以及自然宗教之間存在很大的差異。一神論是指只有單一且唯一真神，同時具有明確清楚的權威體系，例如基督教、伊斯蘭教以及猶太教。而多神論、無神論與自然宗教（如印度教、佛教、耆那教、道教等等）有較為鬆散、權力分散且多元化的信仰結構。

道德相對主義（Moral relativism）：係指相信沒有一種絕對的價值，或是對道德議題完全不同意的情況。

阿拉圖亞・霍梅尼（1900-1989）

霍梅尼是伊朗神職人員與政治領袖。霍梅尼的父親與祖父都是什葉派的神職人員，直到1964年之前，他都是伊朗主要的神學中心庫姆當中最重要的學者之一。1979年，他結束流亡生涯回到伊朗發起所謂的「伊斯蘭革命」運動，直到他過世之前，都以阿拉圖亞（字面上是指「真主的禮物」）的名號作為世界上第一個伊斯蘭國家的最高領導人。他打破傳統什葉派伊斯蘭教士遠離政治的傳統，並將世界觀根植於壓迫者與被壓迫者之間的差異，認為世界上被壓迫者都是貧窮且尚在發展中的國家，而壓迫者則是美國與蘇聯兩強，分別代表著資本主義與共產主義。對伊斯蘭而言，他們是撒旦。因此，伊斯蘭成為政教合一的計畫，以擺脫外部勢力的占領和腐敗，使伊斯蘭世界獲得重生為最高目標。

要的一個要素。宗教的吸引力並非僅是作為國家在政治認同上的主要來源，而是提供建立團體成員一種既有的原生且不變的基礎。印度則見證了印度教民族主義與錫克教民族主義的興起。印度教民族主義者在印度人民黨（BJP）、甚至更激進的印度教大齋會，以及其背後的國家志願者聯盟（一個以印度教價值為信仰核心的半軍事組織），都試圖使印度教成為民族認同的基礎，並呼籲穆斯林、錫克教、耆那教與其他社會團體都「印度教化」。錫克教民族主義者則在今日的旁遮普（Punjab）發起「卡力斯坦運動」（Khalistan），以錫克教作為國教，而政府就有義務確保錫克教不受阻礙地發展興旺。在以色列，一小群正統猶太教政黨與團體的聯盟將猶太復國主義轉型成為保護「以色列的聖地」運動。這個運動主張在1967年的六日戰爭以色列所占領的土地上，建立猶太屯墾區並將其最終納入以色列領土。第三，宗教透過像是好戰的政治文化重生的基礎，以信仰為基礎，使得宗教獲得有史以來最大的政治影響力，套句霍梅尼的話：「政治即宗教」，而此種宗教意涵通常就是「宗教基本教義派」。

基本教義派的增長

　　「**基本教義**」一詞最早出現在二十世紀初美國新教徒的辯論中。在1910年至1915年間，福音派新教徒出版了一系列標題為《基本教義》的小冊子，說明聖經在

基本教義（Fundamentalism）：基本教義是一種思想的類型，其特定原則被視為是必要的真理，且不容挑戰，是無法超越的權威，這種思想通常與激烈且狂熱的承諾有關。

面對現代基督教詮釋時仍然是真實且無誤的。然而，基本教義這個詞具有高度爭議性，通常與缺乏彈性、教條主義以及威權主義有關。結果，許多被歸類為基本教義派者不喜歡這個詞被過分簡化或是貶抑，相反的，傾向描述他們是「傳統主義者」、「保守派」、「福音派新教者」、「復興主義者」等等。

然而，不像其他的詞，基本教義具有表達宗教政治運動或計畫的思想，而非單純的強調**經律主義**（雖然這也是某些基本教義派的特色之一）。因此，宗教基本教義派最大的特色就是拒絕將政治與宗教徹底分開，強調政治即宗教。這意味著宗教不僅限於個人或私人生活，也深入公共領域，包括法律、社會管理、經濟以及政治。雖然有些人認為基本教義的趨勢出現在全世界各主要的宗教，如基督教、伊斯

概念澄清：宗教基本教義派 （Religious fundamentalism）

「基本教義派」或「原教旨主義」這個字源自於拉丁語，意指基本。宗教基本教義的核心理念是宗教不能也不該僅局限在私領域，相反的，應該在全民動員與社會復興運動時，適當的表達政治觀點。雖然宗教基本教義通常與聖經字面上的意義相關，但是不該是相同的概念。通常「基本教義」是由魅力型領導人「自行且具動態式」的解釋宗教基本教義的意涵。此外，宗教基本教義不同於超正統宗教的想法，認為應將宗教原則帶進社會並促使社會的道德與政治的進步，而不該過著遠離世俗社會的單純宗教生活。

經律主義（Scriptural literalism）：相信聖經文本上文字就是真理，這些文字是由上帝所揭示，權威不容置疑。

蘭教、印度教、猶太教、佛教以及錫克教，但其他論者則認為基本教義只限於伊斯蘭與基督教新教，因為只有這兩種宗教具有提出全面性的政治重建方案的能力，即使彼此間呈現非常不同的特色與企圖。

我們很難去總結自二十世紀末起發生的基本教義派增長的原因為何，因為在世界各個不同的角落，基本教義有不同的形式，且展現出各自不同的意識形態特色。然而，清楚的是基本教義派興起於深受麻煩的社會，特別是當社會正面臨或飽受認同危機之苦。因此，羅斯文（Ruthven）在2005年強調當世界的疑慮與不確定感增長時，那種「尋找生存意義」之心就會趨使基本教義派興起。而許多的發展正好助長了人們疑慮與不確定感的增加。特別有三種因素會藉由一些危機的方式強化宗教裡的基本教義派，分別是：世俗化、全球化以及後殖民主義。世俗化使得傳統宗教式微，並弱化既有的道德。在此，基本教義派代表著保護道德，對抗墮落與偽善。而基本教義派的目標是重建「正確的」秩序以及重新建立人與

神之間的連結。因此，基本教義派可視為道德相對主義的一劑解毒劑。

　　宗教基本教義派也可能在本質上就與全球化的發展有關。如同傳統社會受到全球人口、商品、思想與意象的流動增加而遭到破壞，所以宗教基本教義派也可能是作為反革新的力量而興起，更是一股抗拒不道德與貪腐的力量。這有助於解釋為什麼基本教義派通常擁有一種類似摩尼教的世界觀，強調「光明」與「黑暗」或善與惡之間的衝突。如果「我們」是被選中的人民，並且依照人的旨意行事，那麼「他們」就不僅是我們不喜歡的人，甚至有可能是要顛覆或破壞神在地球上的目的，換言之「他們」代表的是「黑暗勢力」。因此，對基本教義派者而言，政治衝突就是戰爭，最終若非信仰者戰勝，就是無神論者獲勝。最後，後殖民主義的影響有助於解釋為什麼基本教義派在開發中國家，特別是穆斯林世界裡展現較強大的影響力（儘管在全球其他地方也有基本教義派）。後殖民的社會在認同感上比較弱，因為還混合了西方的價值觀與制度，特別在菁英團體內。在此環境下，宗教基本教義派之所以具有吸引力，一來是因為它能提供非西方的觀點，以及特別是反西方的政治認同，二來因為它表達了都市裡的窮人與社會中下階層的心聲，尤其是自1970年代社會主義革命的浪潮衰退之後。

西方的挑戰

　　認同、文化以及宗教的議題在挑戰西方政治文化的霸權上變得格外重要。有兩點值得注意。第一，西方的物質與政治力的優勢具有重要的文化意涵，這反映出所謂的「西方價值」，例如個人主義、形式上的平等、世俗主義以及物質主義（唯物論）。第二，如果當某一文化厭倦了西方文化的支配，將會在該地區建立起一個非西方，或者甚至是反西方的文化。這種現象可見於後殖民主義的發展，以及在亞洲企圖建立獨一無二的價值體系。然而，這種現象最顯著的就是政治伊斯蘭的興起，以及認為伊斯蘭在道德上優於西方自由主義之思想。

後殖民主義

　　在西方文化與意識形態的優勢地位被質疑之前，西方的政治結構支配著全世界之時就已經備受挑戰多年。反殖民主義的思想在戰爭期間就已經出現，但直到1945年後其影響力才達到高峰：英國、法國、荷蘭以及其他歐洲帝國在面臨各地獨立運動挑戰後相繼瓦解。對此，其實歐洲殖民主義者早已帶來並種下自我毀滅

的種子，也就是民族主義。反殖民主義只是基於民族自決的原則，而後者正是促使許多歐洲各民族在十九世紀建立國家，並在第一次世界大戰後重建歐洲的基礎。雖然關於自組政府以及憲政主義的思想有時多少受到自由主義啟發，但是，多數在非洲、亞洲與拉丁美洲的反殖民主義運動，是受到某些社會主義形式所吸引，其中最主要的是具革命思想的馬克思主義。如同自由主義從啟蒙思想獲取啟發，馬克思主義的思想從兩方面獲得強化，一個是其階級鬥爭的理論提供了帝國主義的最佳解釋，即資本主義中的追求利益原則，另一個則是承諾提供殖民地人民革命的方式，

概念澄清：後殖民主義（Postcolonialism）

後殖民主義最初是為探究新興獨立社會的文化環境特性的文學與文化研究，其主要目的是揭露並且推翻殖民統治的文化與心理層面，因為後殖民主義認為即使殖民國的政治結構已經撤離殖民地，但對殖民地的人民「內心」的被殖民感，依然深植人心。後殖民主義最主要建立在非西方的統治合法性上，甚且有時會有反西方的政治思想。然而，後殖民主義卻有許多種不同的類型。其範圍自印度甘地以非暴力的方式，試圖凝聚印度的民族主義，至宗教基本教義的形式，最著名的就是伊斯蘭基本教義派。

透過武裝鬥爭作為解放殖民地的手段。然而，誠如稍早所討論，當1970年代之前後殖民主義思想興起，人們追求非西方、甚至是反西方的政治思想時，開發中國家中的社會主義——特別是馬克思主義——影響力就開始出現式微的現象。在許多例子裡，會造成這種現象最主要的因素就是之前的帝國強權仍持續主導著（尤其是在經濟與文化方面）這些曾被殖民的國家。因此，後殖民主義與新殖民主義之間具有很強的關聯性。

　　後殖民主義最大的特色就是賦予開發中國家有別於普世自由主義與社會主義主張的政治聲音。最早也是最具影響力，且企圖做到這點的是在1955年的萬隆會議，與會者包括29個新興獨立的非洲與亞洲國家，包括埃及、迦納、印度與印尼，它們後來發起了著名的**不結盟運動**。這些新興國家視自詡為一個獨立的權力集團，並提供全球政治、經濟與文化方面關於「第三世界」的觀點。

　　「第三世界」國家定義他們自己是不同於西方與蘇聯的發展模式。然而，自1966年於哈瓦那所舉行的三洲會議起，一種較為好戰的第三世界政治形態逐漸浮

不結盟運動（Non-Aligned Movement）：一群國家在1961年於貝爾格勒創立的組織，主要訴求是避免與冷戰時的強權集團有任何正式的經濟與政治之聯繫，並在他們成員之間承諾能夠和平共處以及互不干涉內政。

現。這是第一次將拉丁美洲（包括加勒比海）、非洲以及亞洲聚合在一起的主張，因此以三洲（tricontinental）稱之。

然而，第三世界就如同一種認同政治的類型，主要靈感取自於當地的宗教、文化以及傳統，但後殖民主義理論卻是迥然不同。這點能從甘地的政治哲學看出來，他的思想主要是以宗教的種族非暴力以及自我犧牲為基礎，而這些最終根植於印度教的思維。由此觀點，暴力就如同「利劍」一般將西方的觀點強加在印度上。相反的佛朗茲・法農（Franz Fanon）（1925-1961）則強調反殖民主義與暴力之間的關係。法農他認為去殖民化需要創

概念澄清：儒家思想（Confucianism）

儒家思想是孔子（西元前551年至479年）及其弟子們的思想範疇體系，主要羅列於《論語》一書當中。儒家思想關注兩大重點，分別是人際關係以及人的自我修持。儒家思想強調「仁」（人性或愛），視其為傳統思想與價值觀的支柱，而傳統思想特別像是孝道、尊重、忠誠以及仁慈。君子（有德者）強調唯有透過教育才能實現人類發展的能力與潛能。儒家思想通常被視為中國三大思想體系之一，其他兩者分別為道教思想與佛教思想，卻仍有許多人視儒家思想等同於中國文明。

造新的人種，以及透過暴力的方式完全去除心理上被殖民、被征服的障礙。是當代最具影響力的後殖民主義理論家愛德華・薩依德（Edward Said）用**東方主義**的觀點來檢視以歐洲為中心的價值觀與理論，如何被用來建立西方文化以及政治上的霸權地位。然而，後殖民主義的批評者認為這種背離西方知識傳統的做法，也放棄了擁抱其中部分進步思想的機會，使得傳統價值觀及權威性結構變得具有正當性。這樣的情形在文化權利與女性權利之間的緊張關係上特別顯著。

亞洲價值

認為亞洲文化以及信仰也許能成為西方價值之外新選項的想法，在1980至1990年代浮現出來，這得歸功於日本以經濟強權之姿崛起，以及所謂「亞洲小龍們」的成功經驗。而此立場在1993年的曼谷宣言中更加明確，當時從伊朗到蒙古的各亞洲國家代表出席一場為維也納聯合國人權會議預作準備的會議時，正式提出「**亞洲價**

東方主義（Orientalism）：刻板印象中所描繪的「東方」或普遍的東方文化，主要基於扭曲以及貶抑西方的價值假設。

亞洲價值（Asian values）：這是一種反映亞洲社會的歷史、文化以及宗教背景，例如社會和諧、尊重權威以及家庭信仰。

焦點⋯⋯　文化權利或女性權利，孰高孰低？

　　婦女權利本質上只是一種西方概念嗎？文化認同或性別認同何者比較重要？一般而言，女性主義者及其他相關論者認為：文化權利（包括多元文化主義者）與反西方勢力，經常將侵犯婦女權利的行為予以合理化，從而加強了父權。這種現象在以宗教為基礎重塑文化與政治時尤其明顯。例如，學者羅思文（Ruthven 2005）指出宗教基本教義派其中一個主要特色就是控制並限制女性在社會上的角色，宛如「保護父權運動」。此外，穆斯林社會中的許多價值規範舉凡女性穿著、一夫多妻制、到所謂「名譽殺人」（honor killing，指女性被家族或部落男性以維護家族名譽的名義加以殺害），都飽受批評。這種文化信仰與習俗不僅阻礙普世人權的發展，而且迫害女性的文化更可能使社會經濟發展倒退、出生率增加與扭曲性別關係。這將使得社會更加貧窮，甚至更容易產生暴力。

　　然而，有些後殖民女性主義者認為應該在文化的層面去理解女性權利，不該將性別議題與種族、宗教等分開討論。對此，西方的性別平等觀念是建立在普世自由主義的基礎上，但卻往往疏於重視婦女，這是因為西方觀念總是以家庭、社會與文化層面來看待女性，並賦予她們活著的意義和目的。換言之，性別平等的概念不僅貶低了婦女作為家庭主婦與媽媽的傳統角色，也使她們在公領域承受龐大的生活壓力。因此，在穆斯林國家，像是伊朗、巴基斯坦、蘇丹，還有土耳其，出現了「伊斯蘭的女性主義」，強調以伊斯蘭教律法，回歸以傳統道德與宗教原則作為賦予且強化婦女地位的方式，但是這種價值卻深受西方對女性價值觀與態度的威脅。按照這種觀點，蒙著面紗以及其他穿著的限制，甚至是將婦女排除在公共領域之外，對有些穆斯林女性而言，已經算是自由的了。

值」的說法。當時的立場並非拒絕普世的人權價值，而是強調亞洲價值在與西方價值之間的差異性，因此在制定人權標準時應該將文化因素列入考慮。當時大力推銷此一觀點的是馬來西亞總理馬哈迪・穆罕默德（Mahathir Mohamad）以及新加坡總理李光耀，其主張人權的概念過去是建立在西方文化的假設之上，也就是強調個人利益凌駕在社群利益之上；權利優先於義務；公民的政治自由更優於社會經濟的幸福。而亞洲價值則被視為對此一觀點的修正。對亞洲人的心理而言，希望見到社會和諧與忠誠的合作關係，並且尊重所有形式的權威，從家庭中的父母、學校中的師長以及社會中的政府。這些強調工作道德與勤儉的價值被視為是社會穩定與經濟成功的祕訣。

　　1997年至1998年的亞洲金融危機重創亞洲價值的想法，不僅使人對於「亞洲崛起」的印象產生質疑，同時更嚴厲的是，所謂的亞洲價值也該第一時間為金融危機負起責任。對此，認為亞洲經濟之所以出現步履蹣跚，正是因為亞洲沒有完全擁抱市場原則，諸如企業資本主義、競爭以及「強健的」個人主義。而之所以

愛德華・薩依德（1935-2003）

薩依德是耶路撒冷出生的美國學者和文學評論家。他是巴勒斯坦解放運動的主要倡議者，同時也是後殖民主義論述的創始者之一。自1970年代起，他以人本精神批判西方的啟蒙思想，並點出西方啟蒙思想與殖民主義有關，更是「壓迫其他人的思想」，特別透過文化與意識形態的偏見剝奪殖民地人民的權力，代表殖民地人民之於西方是非西方的「他者」，這種現象在中東地區尤其顯著。薩依德最著名的論述正是「東方主義」，係指歐洲在面對阿拉伯伊斯蘭的人民以及文化時所展現出的微妙卻持續之優越感。薩依德的主要作品有1978年的《東方主義》以及1993年的《文化與帝國主義》。

經濟失敗，主因來自於亞洲文化，特別是強調服從、尊敬、權威、義務以及忠誠等亞洲文化。然而，中國的崛起以及印度的發展已經改變對亞洲價值的想法，雖然中國對於現代形式更趨向東方文化，特別是強調中國文明以及儒家思想。對有些論者而言，這不過是為威權統治的繼續存在找藉口，在亞洲許多地方根本缺乏自由民主的改革。由此觀之，主要的亞洲價值其實是政治上被動，不願質疑權威，以政治自由換取經濟幸福，放棄自由作為對生存的讓步。「亞洲文明」的概念是來自一套獨有的價值體系，這種價值同樣備受批評，即使其衍生出更廣泛的文明「結構」模型，依然遭受批判。

　　亞洲文化不僅包括廣泛的國家傳統以及各種宗教的混合（伊斯蘭教、印度教、佛教、基督教等等），也因為各個國家的傳統都非常多元，各不相同。例如，所謂的「中國文明」不僅限於儒家思想，相反的，它具有儒家思想、佛家思想以及道家思想的重疊影響，而在現代時期，則有毛澤東版的馬列主義思想。

伊斯蘭與西方

　　政治伊斯蘭的興起，特別是在911事件之後以及「反恐戰爭」的發展，導致伊斯蘭與西方之間有越來越深的衝突印象，也許是文明之間的裂痕。「文明衝突論」的理論家很快地聲稱這是二十一世紀全球政治最主要爆發衝突的斷層線之一。然而，對於伊斯蘭與西方之間的緊張關係卻有兩種不同的面向。首先，第一種面向是描述政治伊斯蘭，也許是伊斯蘭教本身，就是為了反西方，並承諾將西

方勢力逐出伊斯蘭世界，甚至徹底推翻西方的世俗主義。對此，西方成了「伊斯蘭的威脅」，必須要起身對抗，而且不只是透過恐怖主義行動以及**聖戰**者起義而已，還要透過基本教義派的思想對西方進行洗腦、栽培並且啟發他們。第二種面向是伊斯蘭之所以會與西方發生衝突，特別是阿拉伯世界，是因為長久以來持續受到西方的干預與操縱，西方因為有「伊斯蘭恐懼症」而長期存在有貶抑與羞辱伊斯蘭的氛圍。換言之，所有的問題都出在西方，而不是伊斯蘭的錯。穆斯林世界與基督教西方之間的衝突是否不可避免？甚且，在此文明對抗之間，宗教是否扮演激化對立的角色呢？

政治伊斯蘭的本質

伊斯蘭教是世界第二大的宗教，同時也是成長最快的宗教。在今日，全世界的穆斯林信眾在13至15億人口，大約占五分之一的世界人口，至少49個國家的多數人口是穆斯林。

伊斯蘭的勢力在地理上主要集中在亞洲與非洲，例如，據估計大約超過一半的非洲人口將成為穆斯林信徒。但是，當然穆斯林也有擴散到歐洲以及其他地方。伊斯蘭教絕不只是一個宗教，相反的，伊斯蘭是一種完全的生活方式，建立在個人道德、政治以及經濟行為上，國家亦同。「伊斯蘭之道」主要是依照先知穆罕默德（大約是西元570-632年）的教誨，並記載於可蘭經裡，對所有穆斯林信徒而言，可蘭經就是真主的真言，也是一種「聖訓」，或是一種「正道」，而傳統的習俗則是按照先知的生活方式為基礎。穆罕默德死後五十年，這段期間逐漸發展兩種伊斯蘭教支派，遜尼派代表大多數的穆斯林，而什葉派則占約十分之一的穆斯林，主要集中在伊朗與伊拉克。

對所有穆斯林信徒而言，伊斯蘭基本教義並不是指對可蘭經的文字信仰而已，而是所有穆斯林就是基本教義派。相對的，這係指強烈且好戰的伊斯蘭教信仰與人民的社會生活、政治，乃至於個人道德原則都重疊在一起。在實踐上，係指要建立「伊斯蘭國家」，由宗教而非世俗權威統治的**神權政治**，並且要以**伊斯蘭律法**為

聖戰（Jihad）：這是伊斯蘭教的詞彙，字面上係指「鬥爭」，雖然有時指稱為「神聖戰爭」，但最恰當的理解應該是人們內心裡為追求信仰的奮鬥與努力。

神權政治（Theocracy）：字面上，係指由神來統治。此原則是指宗教權威凌駕在政治之上，通常透過政教合一的方式展現。

焦點…… **伊斯蘭教：宗教即政治？**

　　伊斯蘭主義（也稱之為「政治的伊斯蘭」、「激進的伊斯蘭」或是「積極派的伊斯蘭」）是個具有多種定義且備受爭議的名詞，通常被用來形容一種政治宗教的意識形態，而非僅是一種簡單的伊斯蘭信仰（儘管穆斯林反對這種說法，但事實上伊斯蘭教是一種應用在公私領域的整體道德體系）。有些人會將伊斯蘭教與瓦哈比主義（Wahhabism）或稱莎拉菲主義（Salafism）連結在一起，那是一種十九世紀在沙烏地阿拉伯出現的遜尼派伊斯蘭運動，主要致力於拔除現代西方勢力的影響力，並嚴格實行可蘭經上的教義。然而，什葉派的伊斯蘭教也隨之發展，通常與伊朗的「伊斯蘭革命」有關，主要是以「積極主義」的角度詮釋伊斯蘭教的教義。不過，雖然伊斯蘭教思想沒有單一的信念或政治態度，但是仍存在某些共同的理念，如下所示：

- 社會應依據宗教原則與伊斯蘭的理念進行重建；伊斯蘭主義因此被稱為「政治的伊斯蘭」。
- 摒棄現代世俗國家並支持建立「伊斯蘭國家」，也就是宗教原則（通常體現在伊斯蘭教教法）與權威凌駕在政治原則與權威之上的政體。
- 西方以及西方的價值觀被視為是貪腐敗壞的，因此對有些人而言，採取聖戰（jihad）與之對抗具有合法性。

　　然而，伊斯蘭主義有兩種趨勢。第一種主要是以認同政治的方式來運作，以獨有的穆斯林政治認同為基礎，並強調宗教復興。另一種趨勢是明確地走向神權與反民主政治，主要目標是恢復哈里發國（Caliphate）以促成伊斯蘭教的重生〔在這樣的伊斯蘭共和國由哈里發所統治，哈里發（Caliph）意為「接班人」或「代理人」〕。

依歸。伊斯蘭律法定下了人民應遵守的合法且正確的行為規範，包括對所有犯罪的罰則系統，以及約束個人行為，不論男人或女人，都有所約束。對此，伊斯蘭教

> **伊斯蘭律法**（Shari'a）：在字面上是指「方法」或「道路」，是神的伊斯蘭教法規，主要記載於可蘭經。

（Islam）應該不同於「伊斯蘭主義」（Islamism）。伊斯蘭主義指的是主要以伊斯蘭教思想與原則為主的政治理念，或者是由伊斯蘭教條所獲得的啟發的政治行動。具有幾個最主要的目標：第一，伊斯蘭促進泛伊斯蘭的聯盟，並且將伊斯蘭教與傳統政治民族主義做區分；第二，透過推翻穆斯林國家當中「變節的」領袖（世俗化或是親西方的領袖），以追求完全純粹的伊斯蘭世界；第三，呼籲摒除西方勢力，特別是美國，並在穆斯林世界裡從政治與文化層面對抗西方勢力。然而，伊斯蘭教與伊斯蘭主義之間的關係非常複雜難解。當伊斯蘭主義者聲稱他們的想法主要深植於被西方與殖民主義剝奪的伊斯蘭影響力，但是批評者認為伊斯

全球行為者⋯⋯

穆斯林兄弟會（the Muslim Brotherhood）

類型：宗教運動 ・成立於：1928
地點：埃及、西亞及北非

穆斯林兄弟會是由哈桑・班納（Hassan al-Banna）（1906至1949年）1928年於埃及伊斯美利亞（Ismailia）成立。起初的目標是要成立一系列的學校、醫院以及社會服務，後來在1930年代轉為政治組織，有一段短暫的時間也是暴力組織，運作時而在明，時而在暗，直到1954年被埃及總統納瑟（President Nasser）查禁。當時穆斯林兄弟會的觸角已經遍及約旦、敘利亞、巴勒斯坦、利比亞、蘇丹等地。在穆巴拉克總統（Hosni Mubarak）任內的埃及，穆斯林兄弟會仍是非法組織，卻在2005年的國會選舉推出「獨立」候選人，一舉贏得88個席次，地位等同現代埃及的第一個合法的反對勢力。2011年埃及爆發暴動，穆巴拉克政府被推翻，穆斯林兄弟會打著「自由與正義黨」（Freedom and Justice Party）的旗號，正式進軍政壇。從2011年底至2012年初，突尼西亞、埃及與摩洛哥先後舉行國會大選，均由穆斯林兄弟會成立或扶植的政黨勝選。穆斯林兄弟會支持的穆爾西（Mohamed Morsi）於2012年6月當選埃及總統，只是後來在2013年7月登場的大規模抗議之後，被埃及軍方趕下台。埃及法院後來將穆斯林兄弟會，以及所有相關的組織與活動，全都認定為違法。

意義：穆斯林兄弟會是世界上最古老，也是最具影響力的伊斯蘭主義運動，獨創一種結合伊斯蘭慈善工作的政治行動主義形態，在穆斯林世界廣受歡迎。二次世界大戰結束之

前，穆斯林兄弟會的成員約有200萬人，光是在埃及就有大約50萬人。穆斯林兄弟會雖然延續了政治伊斯蘭的香火，但在1945年之後的時期，有一大半的時間都受到法律禁令與政治鎮壓影響，被逐出主流政治圈。伊斯蘭主義從1970年代開始崛起，越來越多人對穆斯林兄弟會感興趣，但真正翻轉穆斯林兄弟會的命運的力量，是2011年的阿拉伯之春（Arab Spring）。穆斯林兄弟會成為一種泛伊斯蘭主義（pan-Islamism）的先鋒，以「徹底改變中東與北非的政治」為訴求。穆斯林兄弟會先後在埃及、突尼西亞、摩洛哥贏得政權，也創設了約旦的最大反對黨，勢力範圍一路延伸到加薩走廊（藉由兄弟會成員於1987年成立的哈馬斯組織），以及伊拉克（藉由伊拉克最大遜尼派政黨「伊拉克伊斯蘭黨」（Iraqi Islamic Party））。穆斯林兄弟會相關的政黨通常比較有組織，擁有的資金比敵對政黨更充裕，沒有與被推翻的政權沾上邊，還帶有一種以宗教為本的號召力，在那些歷經革命動盪，社會風氣卻依然保守的國家仍然很受歡迎。但是穆斯林兄弟會2013年在埃及遭遇的慘敗，證明了倘若無法保有民意的支持，又與軍方直接發生衝突，終究是躲不過下台的命運。

穆斯林兄弟會的意識形態，始終是各界議論的話題。穆斯林兄弟會從成立至今，致力於成立一個依循伊斯蘭教法的伊斯蘭國。但是1970年代之後，全球開始轉向務實政治，穆斯林兄弟會相關的政黨也開始將伊斯蘭主義與民主思想，甚至是自由派思想融合在一

起，進而打入主流政治。也許穆斯林兄弟會也順應時勢，調整目標，改為追求建立一個由伊斯蘭政黨統治的，類似土耳其的世俗國家，而不是類似伊朗的那種明確表現在外的伊斯蘭國。穆斯林兄弟會要建立民主或憲政伊斯蘭主義，卻也給自身招來危機，因為必須承受來自各方的攻擊，例如發起阿拉伯之春的世俗勢力及自由派民主勢力，以及追求更大膽、更激進的伊斯蘭化的薩拉菲（Salafi）團體。反對穆斯林兄弟會的人則是認為，穆斯林兄弟會並未完全脫離過去的暴力，表面上偽裝成自由派民主勢力，骨子裡卻仍然是激進的伊斯蘭主義。也就是說，穆斯林兄弟會的種種承諾，包括女性的權利、包容少數宗教團體，以及真正的政治多元主義，可能都只是表面功夫。穆爾西總統任內的埃及所出現的情況，例如總統「暫時」擁有無限權力，也成為反對人士批評穆斯林兄弟會說一套，做一套的理由。

蘭主義只是選擇性或錯誤地詮釋教義下，對伊斯蘭教的政治曲解。

　　雖然伊斯蘭基本教義派的復興可追溯到1920年代，特別是1928年在埃及建立的穆斯林兄弟會，但最重要的發展是在1979年的人民革命，此運動讓霍梅尼登基掌權，伊朗宣布成為伊斯蘭共和國。1979年至1989年，蘇聯在阿富汗發動戰爭，導致聖戰士人數增加，這群組織鬆散的戰士接受來自美國、伊朗與巴基斯坦的金錢與軍事援助展開對蘇聯的反抗。1996年至2001年統治阿富汗的塔利班政權就是從這些聖戰士團體中發展出來。伊斯蘭教也在某些國家短暫取得權力，如蘇丹、巴基斯坦、索馬利亞以及黎巴嫩（透過伊朗支持的真主黨運動）。自1990年代起，新一代的聖戰團體興起（最重要的是由賓拉登所領軍的蓋達組織），這是一種特別好戰的伊斯蘭主義類型。

　　對這些聖戰團體而言，以聖戰的形式回應伊斯蘭教的承諾，特別是能夠實現對抗美國與以色列（猶太—基督教的十字軍戰士），以追求將西方勢力逐出阿拉伯世界、特別是沙烏地阿拉伯。至於好戰的伊斯蘭主義重要性為何？如何理解？一般有三種詮釋方式。

　　首先，伊斯蘭教的好戰因子主要來自於宗教本身。這個觀點來自於「文明衝突」論，其強調伊斯蘭價值觀與西方自由民主的觀點基本上就是水火不容。由此觀點，伊斯蘭本質上就具有極權主義，他們主要的目標是建立以伊斯蘭律法為主的國家，並且反對多元主義，公私領域分明。換言之，這正是美國新保守主義者所謂的「伊斯蘭法西斯主義」，這並非伊斯蘭教改變了，而是真正實現了伊斯蘭教本身核心的信仰。然而，這樣的觀點是對伊斯蘭教核心信條最嚴重的誤解。例如，根據先知穆罕默德所謂的「偉大聖戰」，並非指的是在政治上對抗異教徒，

而是指人們內在的掙扎與奮鬥，透過道德與精神上的鍛鍊，努力使自己變成更好的人。更有甚者，這種想法忽略了伊斯蘭教不僅只是反對西方想法而已（包括亞里斯多德的思想），還有伊斯蘭教同樣也影響了西方，特別是影響歐洲的藝術與文化。

其次，復活的伊斯蘭主義被視為是對於特定歷史環境的回應。柏納德‧路易斯（Bernard Lewis 2004）就指出：穆斯林世界正面臨了最大危機，這是因為中東地區發展的停滯與衰落，以及阿拉伯世界一直無法擺脫的羞辱感。這種衰落與羞辱感源自於曾雄霸一方的鄂圖曼帝國瓦解，以及在第一次世界大戰之後遭到英國與法國的瓜分，以及面對阿拉伯與以色列衝突的無力感。更有甚者，1945年後殖民主義結束，但阿拉伯世界卻沒獲得好處，主要是因為中東政權腐敗又沒效率，加上新殖民主義，特別是美國在此區域的影響力仍在擴張。在二十世紀最後十年裡，阿拉伯世界的人口快速成長，但是伴隨著經濟發展停滯，外來的干預，加上阿拉伯社會主義試驗的失敗，因此伊斯蘭教的理念與信條深深吸引年輕人與對政治有熱忱者的支持。

第三，伊斯蘭教被視為是「反西方主義」的表現。因此，保羅‧柏曼（Paul Berman）於2003年將好戰的伊斯蘭教與極權主義行動畫上等號，而他們之所以興起，正是因為第一次世界大戰之後彰顯的是自由民主社會的挫敗。第一次世界大戰的重要性在於開啟了對進步觀的樂觀信仰以及理性的發展，但也點燃黑暗勢力以及反自由的運動。對此，政治伊斯蘭與法西斯主義以及共產主義有很多共同點，他們都承諾掃除社會上的貪腐與不道德，並賦予一個全新的社會，宛如「單一有框架的結構，且永恆牢固」。布魯瑪（Buruma）和瑪格利特（Margalit）的研究（2004）將伊斯蘭主義描述稱一種**西方主義**。由此觀點，西方社會是以個人主義、世俗主義以及相對主義為特色，但此文明的機制也導致了貪婪與物質主義。相反的，西方主義提供一種有機的概念、明確的道德以及全新的政治精神。此想法最早發展於十九世紀初期的德國，那裡有一群反對啟蒙思想的思想家撰寫許多文章，他們的思想在戰爭期間灌溉了歐洲法西斯主義以及日本的帝國主義。然而，在現代世界，他們的精神清楚地展現在政治伊斯蘭的理念當中。

不過，伊斯蘭主義並非單一的理念或一種政治特質，政治伊斯蘭有兩大具有影

> **西方主義**（Occidentalism）：係指拒絕西方的文化與政治遺產，特別是啟蒙思想與改革思想；另一種形容詞就是反西方主義。

響力的類型，分別源自**薩拉非運動**與什葉派。薩拉非運動（又稱**瓦哈比主義**）是沙烏地阿拉伯的伊斯蘭教官方宗教，而沙烏地阿拉伯則是世界第一個伊斯蘭基本教義派國家。瓦哈比主義起源自十八世紀，且主要是一群支持簡樸形式的伊斯蘭者以及早期沙烏地王朝的形象所組成的聯盟提出的。瓦哈比透過剷除異端以及現代發明，尋求回復傳統伊斯蘭，在其他方面，它們禁止繪畫、攝影、音樂演奏、唱歌、影音與電視，也嚴禁慶祝穆罕默德的生日。薩拉非運動的思想與信仰，對穆斯林兄弟會產生了特別的影響，表達得最堅定的，是穆斯林兄弟會的首席理論家庫特布（Sayyid Qutb）。埃及作家穆罕默德・阿普杜勒・薩拉姆・法拉傑（Mohammad Abd al-Salam Faraj），他曾被指控涉嫌暗殺總統安瓦爾・沙達特（Anwar Sadat），並於1982年被處決，他曾發展「庫特布主義」的改革模式，而「聖戰」則是「伊斯蘭人民被遺忘的義務」，庫特布主義在字面上是指伊斯蘭對抗伊斯蘭教神明的敵人。

　　這種好戰的伊斯蘭思想深深影響賓拉登與蓋達組織，以及阿富汗的塔利班政權，當然，還有影響到之後在阿富汗與巴基斯坦的塔利班暴動事件。什葉派的基本教義來自於不同於遜尼派的思想。什葉派相信隱遁的依瑪目（imam），或稱馬赫迪（Mahdi），也就是由真主指派來的使者，會在這個世界上重生。這種復興或即將獲得救贖的思想賦予什葉派近似救世或是激情的特質，與傳統的遜尼派不同。這種激情不僅表現在伊朗的「伊斯蘭革命」示威，也出現在伊朗對抗美國以及西方影響力，還有真主黨與哈瑪斯對抗以色列時的運動中。伊朗的政治體系，則是民主政治與神權政治的複雜綜合體。民主政治的代表是民選總統與國會，神權政治的代表則是大權在握的最高領袖（目前是哈米尼（Ayatollah Ali Khamenei））。伊朗的強硬派在2005年拿下總統寶座，但2013年的總統大選，卻是由務實保守的羅哈尼（Hassan Rouhani）出線。

　　然而，將所有伊斯蘭教都視為是好戰且革命性的想法是錯誤的。相較於基督教，伊斯蘭教普遍比起其他宗教更能包容相對立的宗教信仰，這點也許能為伊斯蘭教與政治多元主義之間的和解提供基石。這在土耳其的政治發展過程中可清楚見到，因為這個國家一直存在著支持世俗化

薩拉非運動（Salafism）：隸屬於遜尼派的流派，提倡嚴格奉行伊斯蘭教義的字面意義。

瓦哈比主義（Wahhabism）：遜尼派伊斯蘭的極端保守勢力，有時被視為薩拉非運動內部的一股勢力。

重要事件…

以阿衝突

1880s	猶太移民開始進入巴勒斯坦，擁護猶太復國的思想興起。
1917	自英國授權開始（1917年至1947年），貝爾福宣言促成英國支持在巴勒斯坦建立「猶太民族的家園」。
1947	聯合國提出國土劃分計畫，在巴勒斯坦地區同時存在阿拉伯國家以及猶太人國家，但此計畫遭阿拉伯人拒絕。
1948	以色列宣布建國導致1948年以阿戰爭爆發，許多巴勒斯坦人淪為難民，逃到周邊阿拉伯國家避難。
1956	蘇伊士運河危機促使以色列入侵西奈半島，後來在美國和國際壓力下撤出。
1967	以色列在六日戰爭中擊敗埃及與敘利亞，並且從埃及手中取得加薩走廊，從約旦手中奪得約旦西岸，此外還從敘利亞手上獲取戈蘭高地。
1973	以色列在猶太人的重要節日贖罪日當天遭到埃及與敘利亞聯軍攻擊，隨後轉敗為勝。
1978-1979	由美國居中協商談判的大衛營協定，促成1979年以色列—埃及和平條約。
1982	以色列攻擊黎巴嫩作為對巴勒斯坦恐怖攻擊的回應，之後在1985年時從大部分黎巴嫩的領土中撤離。
1987-1993	第一次巴勒斯坦暴動（叛亂）為巴勒斯坦人首次起而對抗占領約旦河西岸與加薩走廊的以色列，巴人並於1988年發表巴勒斯坦獨立宣言。
1990-1991	波灣戰爭中，伊拉克以飛彈攻擊以色列的城市以及核武設施。
1993-2000	以色列與巴勒斯坦解放組織（PLO）共同簽訂奧斯陸協定，為巴勒斯坦人建立自治政府鋪路。
2000-2005	第二次巴勒斯坦暴動，巴勒斯坦武裝抗爭再起。
2006	以色列與真主黨之間的衝突導致以色列攻擊貝魯特與多數黎巴嫩南部地區，真主黨則砲轟以色列北部城市作為回應。
2007-2008	在與哈瑪斯協議停戰破局後，以色列發起大規模入侵加薩走廊的行動。

的軍方與伊斯蘭運動之間的緊張關係。正義發展黨（AK）在2003年主政掌權，並且進一步發展憲政的伊斯蘭教形式。AK政黨企圖以伊斯蘭教價值觀為基礎，平衡溫和保守的政治，並接受土耳其的世俗民主架構，而非在東方與西方之間做選擇。相反的，而是試圖建立一個兼具東方與西方特質的土耳其認同。在土耳

薩義德・庫特布（1906-1966）

庫特布是位埃及作家和宗教領袖，也有人稱他為現代政治伊斯蘭教之父。他出身於富裕農家，前往美國留學兩年使他變得很激進，他在美國的所見所聞充斥著物質主義、道德淪喪與性行為放蕩，這些令他深感厭惡。庫特布的世界觀，或「庫特布主義」，強調西化將野蠻不文明與腐敗的價值觀強加於整個世界，所以主張唯有回歸伊斯蘭教義，並在生活各面向嚴格施行伊斯蘭紀律才能拯救這個世界。庫特布主要的目標是「救贖」那些受到西化的埃及與其他穆斯林國家領導者。1954年至1964年，他遭到埃及總統納瑟囚禁，最後以叛國罪遭處決。

其，持續接受兼容東方與西方的承諾最主要的證明就是爭取加入歐盟。

　　穆斯林世界的政治環境，準確的說法應該是阿拉伯世界的政治環境，被2011年的阿拉伯之春（又稱「阿拉伯革命」、「阿拉伯起義」），以及後續的效應徹底改寫。阿拉伯之春是席捲北非與中東某些地區的革命浪潮，一系列的示威抗議接連登場，最終推翻四位獨裁者。2011年1月，突尼西亞總統班・阿里（President Ben Ali）逃往國外，結束23年的執政。同年2月，埃及連續18天的示威抗議越演越烈，穆巴拉克總統被迫辭職下台。在利比亞，為期8個月的內戰終結了格達費總統（President Muammar Gaddafi）長達42年的執政。在內戰期間，聯合國安理會將利比亞劃為禁航區，北大西洋公約組織隨即發動空襲，助利比亞反抗軍一臂之力。阿拉伯世界還有另外幾場重大的人民起義。例如在葉門，沙雷總統（President Saleh）在2012年2月被趕下台。而在敘利亞，從2011年3月登場的一連串反對阿薩德總統（President Assad）的示威抗議，最終演變成一場漫長的血腥內戰。

　　阿拉伯之春在一開始的階段，似乎象徵著民主政治即將到來，也證明了阿拉伯世界並不如某些人所想，是深陷「落後」文化與宗教信仰的泥沼，還沒有做好迎接民主政治的準備。示威抗議的主要訴求，是引進類似西方的民主改革，也就是自由的競爭選舉、法治，以及保障公民自由。而隨著政權一一垮台，伴隨而來的總是舉行自由選舉的希望，突尼西亞與埃及也確實舉行了自由選舉。然而選舉民主的到來，卻也為伊斯蘭激進派創造了機會。其實伊斯蘭激進派一開始並沒有

全球政治行動⋯
阿拉伯之春及後續影響

事件：2010年12月17日，突尼西亞一位居住在首都突尼斯以南大約300公里的西迪布濟德（SidiBouzid），名叫穆罕默德·布瓦吉吉（Mohamed Bouazizi）的市場攤販，由於無法忍受警方沒收他的手推車與農產品，又對他施暴，以自焚的方式表達抗議，後於2011年1月4日死亡。很多人認為這起事件掀起了突尼西亞的抗議浪潮。1月14日，班·阿里總統迫於壓力下台，24年的執政劃下句點。埃及人受到突尼西亞一連串事件的啟發，於1月25日走上街頭，要求總統穆巴拉克下台。穆巴拉克面臨埃及軍隊屢屢施壓，抗議聲浪又節節升高，最後於2月11日辭去總統職務。在利比亞，示威抗議很快演變成武裝暴動，最後引爆內戰，北大西洋公約組織發動空襲，支援利比亞反抗軍。格達費於10月22日被捕後遭到殺害，他的政權隨之告終。同年11月，葉門總統沙雷同意下台，並於2012年2月正式移轉政權。在敘利亞，2011年3月開始的一連串反對阿薩德總統的抗議活動，在接下來的幾個月演變成一場複雜棘手的內戰。

意義：2011年在大半個北非及中東某些地區登場的示威抗議，很快就命名為「阿拉伯之春」。但這些反抗運動也導致各種複雜的勢力浮上台面，也就是說，各界對於阿拉伯之春的意義，恐怕還要爭論個很多年。目前至少有四種解讀，但沒有一種夠有說服力。第一種將阿拉伯之春形容成「阿拉伯世界的1989」，也就是阿拉伯世界開始從威權主義（authoritarianism），轉向可永續的民主政治。至少四位獨裁者被推翻，阿拉伯世界也舉行第一波自由公正的選舉，從2011年底到2012年初，分別在突尼西亞、埃及、摩洛哥登場。從這些跡象看來，第一種觀點似乎正確無誤。然而民主化必須經過整合的過程，主要的團體與利益團體（包括與舊政權相關的團體）

全都要加入新的民主政治的「遊戲規則」。在阿拉伯之春，需要和解的則是軍方與穆斯林兄弟會（無論什麼形式）。穆爾西在埃及短暫且備受爭議的總統任期，證明了任何一方都不會輕易妥協。

至於第二種解讀，則是認為阿拉伯之春會導致政治伊斯蘭重新崛起。穆斯林兄弟會相關的團體原本被邊緣化，卻在阿拉伯之春重獲生機，因為阿拉伯之春解除了他們的政治活動的禁令。而且選舉接連登場，也等於把政權送給這些很有組織，又有宗教號召力的團體。但是穆爾西總統任內的埃及可以證明，穆斯林兄弟會相關的政黨若要推動伊斯蘭主義，就會失去民意的支持，政治勢力也會弱化。

第三種解讀是將阿拉伯之春看成一個短暫的插曲，阿拉伯世界終究（必然）回歸獨裁政治。這種觀點認為阿拉伯之春帶來了分裂與不穩定，只是凸顯出軍方的重要性，因為軍方是政治秩序的唯一可靠來源。有了阿拉伯之春創造的契機，軍方遲早會打著「國家救星」的旗號，重新進入政治。第四種解讀認為阿拉伯之春在阿拉伯以及廣義的穆斯林世界，嚴重加深了遜尼派與什葉派的隔閡。兩派衝突的火花在伊拉克點燃，卻是在敘利亞內戰期間燃燒得最猛烈，幾乎等於遜尼派穆斯林與什葉派穆斯林為了爭奪中東地區的控制權，所打的一場「代理戰爭」。

焦點……　促進民主：贊成或反對？

　　民主國家有權利或義務為了促進民主而干涉其他國家的事務嗎？如果「促進民主」是合法的外交政策目標，那應該如何實施？至少有四種論點可以合理化促進民主是對的。第一，民主是建立在人性尊嚴、個人權利以及政治平等的基本價值上，對所有社會而言，不論其歷史、文化和價值存在什麼差異，民主制度就是一種好的且適用於所有社會。而這個論點的基本假設是每個社會都渴望民主的治理。因此，那些有能力促進民主的國家也都具有向他國提倡民主的義務。第二，專制政權長久壓迫反對勢力，且剝奪公民的政治參與權，因此民主無法僅從內部改革壓力促成，反而更需要外來的支持。而這種外部支持可能涉及武力的使用，因為專制政權不可能輕言放棄權力。第三，誠如「民主和平論」的觀點，民主制度會增加國家之間和平與合作的可能，至少在民主國家之間的關係是如此。第四，民主制度還有個實際的優點，即增加人民取得影響政治權力的途徑，進而減少更深層面對國家的不滿與背叛，甚且有助於打擊政治的極端分子以及恐怖主義思想分子。由此觀之，獨裁或專制統治才是造成政治不穩定與暴力的主因之一。

　　然而，提倡並促進民主的政策已經備受批評。首先，有些論者認為促進民主的說辭是一種似是而非的論點，也是一種自利的邏輯，透過冠冕堂皇的理由合理化帝國主義的行為，尤其是擴張西方霸權的勢力，以確保西方強權取得重要的能源資源。其次，西方特色的民主是普世的民主類型，這樣的假設備受質疑。有些論者認為阿拉伯與大部分穆斯林的人民只是「還沒準備好接受民主」，而其他論者則表示民主能因地制宜，在世界各地不同的地方有不同的民主形式。對此，以狹隘的自由民主改革之定義，特別是以歐洲中心論的民主案例作為主要代表民主類型，這樣的普世民主類型要在世界各地落實很可能會失敗收場。第三，難以確保民主與政治的權力節制之間的連結關係。例如，1991年阿爾及利亞舉行多黨選舉，不過卻讓極端且好戰的伊斯蘭救國陣線取得執政權，最後靠軍隊介入才避免這個國家走上宗教基本教義派執政之路。最後一點，為了促進民主而採取干預的想法備受批評，也引發道德上與政治上的困惑。為了促進政治民主自由而違反民族自決原則是很矛盾的。姑且不論這種方式在道德上的疑慮，光是違反民族自決原則，干預他國事務就足以引發眾怒與敵意，反而使國家建設的過程（或建立民主）更加困難。

積極參與阿拉伯世界各地的示威抗議。伊斯蘭團體多半與穆斯林兄弟會，或是穆斯林兄弟會的分支團體有關，一般來說比敵對的團體更有組織，但後革命時期的混亂與不確定性，給了宗教再生政治成長茁壯的空間。有人認為如此演變下去，政治伊斯蘭可能再度崛起，也提到埃及總統穆爾西在2012至2013年的一年任期之內，曾想要扭曲憲法，還想要強制教化人民，顯然所謂的「自由派」或是多元伊斯蘭主義，根本是一種矛盾。然而穆爾西總統在2013年7月被埃及軍方推翻，埃及政府隨後禁止穆斯林兄弟會的所有活動，並沒收穆斯林兄弟會的財產，顯示出舊政權的勢力依然強大，埃及軍方與穆斯林兄弟會的鬥爭也會繼續下去，影響的

範圍可能遠遠超出埃及。從埃及的情勢，一直到敘利亞的內戰，還有利比亞的政治動盪，也凸顯出阿拉伯之春的意識形態之爭仍未結束。

西方與「穆斯林問題」

不只是穆斯林世界面臨來自西方的「現代化」挑戰與問題，西方世界也是得面對來自伊斯蘭世界的挑戰，有時稱之為「穆斯林問題」。對於「伊斯蘭威脅」有內在與外在兩種觀點。自1980年代末開始，伊斯蘭的「內在敵人」不只是因為穆斯林的移民增加，更明顯的是穆斯林的認同問題逐漸在政治上浮現。這個問題特別出現在穆斯林移民歐洲與美國的第二代，他們很少與他們父母親的「原生國家」的文化接觸，所以在他們的母國社會裡會感到社會與文化的邊緣感。在這樣的環境下有助於激發他們對於宗教的意識，藉此對認同伊斯蘭感到熱情與驕傲。1989年發生了所謂的「魯西迪事件」，提供了在西方社會裡存在文化緊張的證據，同時也刺激了文化的緊張關係，此事件源於當時穆斯林團體抗議薩爾曼・魯西迪（Salman Rushdie）出版了《魔鬼詩篇》一書，而這本書本質上是反伊斯蘭的，如同2005年丹麥所推出的十二則漫畫，被批評為有辱先知穆罕默德一般。國際發展同樣也扮演了加強伊斯蘭的認同意識很重要的一環。伊朗革命與阿富汗反抗蘇聯入侵等事件都提供穆斯林自我堅信與自我認同的激勵，反觀以巴衝突調解失敗，西方對於1990年代波士尼亞穆斯林遭屠殺毫無作為，此外還發動全面性「反恐戰爭」，入侵阿富汗與伊拉克等都加深了穆斯林的憤怒感與不正義。此外還有西方社會出現的「伊斯蘭恐懼症」氛圍，如2005年在英國倫敦爆炸案（俗稱的七月七日事件）之類的事件，這種氛圍助長了所謂「本土型」恐怖主義的勢力。許多建立蓋達組織的成員或絕大多數參與911恐怖攻擊的人即使不是穆斯林移民的第二代，至少也都熟識西方，或是受過西方教育。

西方社會對於伊斯蘭意識增長的反應有許多不同的方式。在某些情況下，這有時會導致反多元主義的情況，伊斯蘭教以宗教信仰為基礎，本質上就是反多元主義與反自由主義，所以穆斯林社群難以適切地融入西方社會。這個觀點在法國能獲得支持，因為在法國的學校明文禁止穿戴具有宗教象徵的服飾，因此不會接受穿戴伊斯蘭頭巾的穆斯林女孩。在其他情況下，這會導致溫和穆斯林團體與理念的崛起，其他比較激進的伊斯蘭團體則被查禁或被限制（如解放黨）。然而，許多以反恐怖主義為號召來企圖捍衛自由主義社會的作為，有可能造成反效果，

因為這會造成將伊斯蘭妖魔化以及穆斯林社群遭到威脅的印象。此外，對於國際「伊斯蘭威脅」的本質與規模可能被過分誇大了，如民意調查證明持續顯示出大多數生活在西方社會的穆斯林是支持自由主義以及多元價值的。同時，也有證據顯示美國很少有「本土型」的恐怖主義，儘管對許多伊斯蘭教人而言，美國是「大撒旦」，但美國也是西方社會中，透過民主憲法以及人權法案來實現其社會建立價值與原則最清楚的案例。

然而，有時候伊斯蘭也被描述成「敵人來自外部」，對抗著來自其勢力範圍外面的西方。此觀點在「反恐戰爭」以及在阿富汗與伊拉克的反暴動戰爭發展中受到強化，這兩起戰爭的目標原是為了根除伊斯蘭的恐怖主義組織以及其所擁有的激進思想。但是，在某種程度上，「反恐戰爭」背後的想法很可能就是「反伊斯蘭」或「反阿拉伯」的思想假設。例如，美國透過軍事干預的方式將民主思想「強加於」中東國家，也反映出穆斯林，特別是阿拉伯的社會太陷於落後與威權以至於無法靠自己的力量使國家民主化。

這種現象反映出1990年代起美國決策者所採取的「促進民主」策略，將民主和平帶進中東地區以對抗好戰的伊斯蘭以及恐怖主義威脅時。此想法部分來自「民主和平論」，更可追溯至伍卓‧威爾遜（Woodrow Wilson），甚至是更早的康德（Kant）。最強調促進民主的是美國柯林頓總統，其中有部分是為了對抗外界對美國在中東扶植一些不受歡迎的威權政府，以換取石油供應無虞的批評。這個政策有別於老布希總統的後冷戰「新世界秩序」的概念，也就是不論一國的政治體制民主與否，美國都不干預（甚至1991年的波灣戰爭就是為了恢復科威特的獨裁政權）。然而，911恐怖攻擊事件之後，柯林頓的「柔性」**威爾遜主義**的態度轉變成小布希的「硬性」威爾遜主義，以提倡民主為名，對中東地區採取軍事手段來「改變政權」。為了脫離這種想法，同時也刻意與「反恐戰爭」相關的言論保持距離，歐巴馬總統在2009年6月於開羅發表演說，呼籲伊斯蘭世界與西方的關係要進入「新開始」。雖然這個修正的路線成果有限，尤其是在巴勒斯坦問題難有突破，但也明確宣示了美國以及廣義的西方，會如何回應阿拉伯之春及後續效應。但在歐巴馬總統任內，無人機在巴基斯坦等地發動空襲的次數明顯大增，也為「新開始」能否在和平中展開投下變數。

> **威爾遜主義**（Wilsonianism）：一種以促進民主來確保國際和平的外交政策途徑，這種想法由美國總統伍卓‧威爾遜所提倡。

重點摘要

- 西方社會通常被視為已開發或進步的國家，言下之意就是它們提供現代社會的模式，隨著時間更迭逐漸被其他社會所接受。於是，提到西化我們就聯想到市場和資本主義經濟的成長、自由民主的進步，以及個人主義、世俗主義與唯物論（物質主義）價值觀的擴張。

- 冷戰結束以後，全球政治的結構減少了意識形態的競爭，增加了文化差異的議題，特別是與認同有關。各種不同形式的認同政治，包括多元文化主義，皆企圖透過政治文化的自我認同，以及重塑團體認同之過程，進而挑戰與推翻先前各種文化的壓迫。

- 「文明衝突論」的學者認為二十一世紀的全球政治中，「不同文明」的國家與團體之間的衝突將不斷發生。然而，此觀點卻忽略了其他影響衝突的因素、文明的複雜性與分散性的本質，以及某種程度上不同的文化之間亦能和平且和諧共存。

- 文化在政治活動中重要性增加最明顯的例子就是宗教運動的興起，其中最明顯的發展就是基本教義派的崛起。後者有時透過宗教政治的活動來表達其理念，而這些活動有時是源自對經律主義的執著。

- 認同、文化以及宗教的議題的重要性已大大提升，尤其是當這些概念被用來挑戰、甚至是取代西方的政治文化霸權的時候。這是後殖民主義的普遍現象，同時也出現亞洲價值以及文化信仰與西方文明對抗的案例上。

- 對西方挑戰最為顯著的是政治伊斯蘭的興起。然而，伊斯蘭與西方之間必然衝突的印象，有可能是因為伊斯蘭主義中的反西方思想，或是因為伊斯蘭（特別是阿拉伯世界）一直以來都是是西方霸權干預與操控的受害者。

問題討論

- 「西方」是什麼意思？
- 解釋認同政治成長的主要因素為何？
- 多元文化主義與公民團結的相容程度有多高？
- 文明的「構造」模型是如何具有說服力？
- 宗教基本教義派是以什麼方式與全球化有所關連？
- 女權其實是一種西方概念嗎？
- 亞洲價值只是一種威權統治的藉口嗎？
- 伊斯蘭與西方之間的緊張關係是否具有文明的特質？
- 阿拉伯之春對於伊斯蘭好戰分子有著怎樣的影響？
- 「穆斯林的問題」是什麼？有解答嗎？

第九章

權力與二十一世紀的世界秩序

「新世界秩序正逐漸成形,然而它發展的速度太快,以至於政府與個人理解到要掌握每件事情的發展是很困難的。」

—— 米哈伊爾·戈巴契夫,
引述自《華盛頓郵報》,1990年2月

前言

與世界秩序相關的議題絕對是重要的,因其反映出國家與其他行為者之間權力的分配,也影響全球體系內的穩定程度,以及衝突與合作之間的平衡。然而,這也帶出一個問題,即權力的本質是什麼?權力是不是一種國家與其他行為者所能擁有的特性;或者它其實是全球政治萬千結構中的一部分?權力是否總是與支配和控制有關,抑或權力也可以透過合作與吸引力來展現。在冷戰期間,全球權力被公認為具有兩極對立的特徵,即美國與蘇聯兩大超強彼此對抗,然而兩極對立是否能產生和平與穩定,或是導致緊張和不穩定情勢的升高仍有諸多爭議。儘管如此,自冷戰結束以來,有關世界秩序本質為何的深入討論從未間斷。最早期的觀點認為超級強權時代結束後帶來的是「新世界秩序」的興起,具有和平與國際合作的特性。但何謂「新世界秩序」,其將何去何從?第二種觀點強調美國崛起成為世界唯一的超級強權之後,已經建立起一個以美國「霸權」為基礎的單極世界秩序。而美國真的是「全球霸權」嗎?單極體系又意味著什麼?第三種觀點則是受到如新型強權崛起(中國、俄羅斯、印度、巴西等)、全球化的推進、非國家行為者與國際組織日趨增長等發展的影響,強調的是多極與全球權力分散的趨勢。那麼多極世界秩序究竟是會帶來和平、合作與整合,或是預示著新型衝突的來臨與不穩定情勢的升高呢?

關鍵議題

- 權力是什麼?
- 權力的本質如何改變?已經改變至何種程度?
- 冷戰結束後的世界秩序隱含哪些意義?
- 美國是霸權?還是衰退的強權?
- 當前的多極體系發展到什麼程度?這股趨勢是否會持續下去?
- 當前正在發展的多極體系可能會對全球政治造成什麼影響?

權力與全球政治

本質上，政治就是權力，一種透過任何手段達成目的的能力。簡單來說，可以用哈洛德・拉斯威爾（Harold Lasswell）的《政治學：誰在何時、如何、得到什麼？》（*Politics: Who Gets What, When, How?* 1936）一書的書名，簡單地總結政治與權力的關係，但這又帶出另一個問題：究竟權力是什麼？特別是在全球政治中，權力應當如何被理解？權力是一種複雜且多維度的現象。約瑟夫・奈伊認為權力近似愛的概念，也就是體驗比定義或測

概念：權力（Power）

就最廣義的概念來說，權力是一種能夠影響事件結果的能力，意思是擁有權力去做某些事情。在全球政治中，權力包含一國能夠處理自己國內的事務，而不受他國干涉的能力，幾乎等同於自主權。但是權力經常被視為一種關係，即一種影響他人行為方式而非只是選擇方式的能力，或者掌控他人的權力。因此，權力可以被解釋為A使B做B原本不做之事。儘管如此，權力又可細分為潛在／實際的權力、關係／結構性的權力、硬／軟權力。

量容易得多，但依舊真實。有關權力的問題在於其本質上是一種具有爭議的概念。權力可以以能力的方式來理解，這是一種國家與其他行為者所擁有的特性；同時，權力也可以理解為一種關係，即對其他行為者影響力的運用；此外，權力也可以理解為一種結構的特性，這是一種控制政治議題與形塑事務應如何運作的能力。除此之外，也有一些關於權力的本質是否會改變的爭論，特別是有關於在什麼樣的關鍵因素下，一個行為者可能會對其他行為者造成影響。

權力是一種能力

在國際政治的傳統研究途徑中，權力被視為一種能力，因此權力是一種特性或控制力。舉例來說，這樣的研究途徑反映在其企圖將所有國力的元素與構成要素列出，其中最重要的部分通常包含國家軍事力量的質與量、人均財富、自然資源、人口規模、國土面積和地理位置與人口素質等等。這種研究途徑的優點在於使權力能夠以可觀察、有形的要素做為基準加以分析，例如軍事與經濟力量，意指權力是可以被量化，而不是無形的。不過，隨著時間演變，無形的因素已經得到較大的關注，例如士氣與領導能力。此種研究途徑最重要的意涵之一是使國家能夠以其擁有的權力或資源多寡來分類，使國際體系能夠以層級的概念來分析，藉此將國家區分為大國（great powers）、超強（super powers）、中等強權（middling powers）和區域強權（regional powers）等等。

　　然而，以能力的方式來衡量權力的這種想法是有缺失的，使它無法被用來作為決定事件結果的工具。最常被引用的例子為越戰（1959-1975），儘管美國所擁有的經濟、科技與軍事優勢遠超過北越的越共，但仍然無法在越戰上占優勢。因此，能力充其量只能被定義為潛在或隱性的權力，而非實際上的權力，而且要將能力轉為真正的政治資產是困難或甚至不可能的。原因如下：

- 權力特性的重要性仍不確定且具爭議。人口的多寡是否比國土面積更加重要？當代的經濟力量是否比軍事力量重要？
- 某些國力要素也許不如表面上看起來有利。例如，一個由高教育水準人民組成的國家或許會限制國家執行或維持社會福利的能力；自然資源可能損害了經濟成長，這又稱為「富足的矛盾」。
- 主觀的因素可能與可量化、客觀的因素一樣重要，這包括軍隊的意志與決心，以及國家士氣。戰略與領導力或許也是決定性的因素，能夠讓弱小的行為者在不對稱戰爭中勝過比他強的行為者。恐怖主義與暴動因此成為「弱者的力量」的範例。
- 在特殊的狀況下，資源與能力並不一定能夠完全被轉為真正的政治功效。例如，當一國面對恐怖主義威脅或與游擊隊作戰時，即使擁有核武也派不上用場，而且在大多數的政治環境中，這類的武器都是「無法使用的」。
- 權力是動態與瞬息萬變的，這意味權力關係從來不是固定與既定的。例如權力可能會因為經濟的繁榮與蕭條、金融危機、新能源的發現、新型武器的獲得、自然災害、種族衝突等因素發生轉變。

關係性權力（聯繫性權力）與結構性權力

　　對於權力的解釋，大多描繪成一種關係。典型的說法即權力是A使B做B原本不做之事。如果從能力的角度來看，權力等同於力量；若從關係的角度來看，權力等同於影響力。能力與關係並不容易清楚地區分。然而，國家或行為者之間的權力關係也許被用來反應他們彼此能力的平衡。在這種情況下，上述權力的關係模型仍需面對許多阻礙。而**關係性權力**經常從行動與結果的角度被理解，意即一個行為者作用在另一個行為者身上的影響，

關係性權力（Relational power）：一種行為者影響其他行為者，或者使行為者不依其意願做出選擇的能力。

而不是以評估相對的能力作為出發點。這是因為權力與認知有關。國家與其他行為者之間的互動都是根據相對權力（relative power）的計算，舉例來說，即使就客觀的方式而言，該國的國力已經衰退，但其威望仍然能夠維持國家的權力。因此外交決策的形成可能是立基於對其他行為者權力的低估或高估，和各式各樣的錯誤理解與認知上。更尤甚者，特別是在軍事事務上，A或許會運用兩種方式來影響B：一種是使B做其原本不去做之事（**強制**）；另一種是使B不去做其原本要做之事（**嚇阻**）。一般來說，前者會較後者具風險性且需要更多的資源。這可以從2003年入侵伊拉克以改變政權（強制的例子）與先前避免攻擊庫德族人與什葉派所設立禁航區的政策（嚇阻的例子）這兩個案例相互比較而得知。

　　鑒於權力的能力與關係模式清楚地假定行為者或代理人（通常是國家）的存在，而**結構性權力**則將權力分配與社會結構不均結合，行為者是依彼此在結構中的位置來定義彼此的關係與做出決策。蘇珊·斯特蘭琪（1996）提供了最有影響力的解釋，她將結構性權力定義為「決定事情應當如何完成，形塑國家與國家、國家與個人，以及國家與企業關係的框架」的能力。斯特蘭琪更進一步區分出四種主要的權力結構：

- 知識結構：對行為者的信念、理念與認知的影響。
- 金融結構：對信貸或投資管道的控制。
- 安全結構：對防衛與戰略議題的形塑。
- 生產結構：對經濟發展與繁榮的影響。

　　斯特蘭琪堅稱國家不需要同時主宰這四個結構，而是它們的結構性權力在四個結構中會有所不同。此種對權力的分析提供了國家中心主義（state-centrism）之外的另一種看法，並且著重於角色重要性逐漸成長的建制與國際組織。結構性權力並未否定關係性權力，而是為「如何決定結果」提供了另一種解釋。結構性權力的議題也清楚地說明有關權力本質的質疑是如何與塑造世界秩序的討論緊密地連結在一

強制（Compellance）：一種戰術或戰略，透過戰爭或威脅入侵的方式強迫對手違反自身意志，而做出讓步。

嚇阻（Deterrence）：一種戰略或戰術，藉由強調將不惜以軍事手段作為回應以避免入侵（發動攻擊的代價會比得到的利益還要高）。

結構性權力（Structural power）：能夠形塑全球行為者之間關係框架的能力，並以此影響形勢應當如何發展／事情應當如何完成。

焦點…… 　**國力的要素**

　　一般研究權力的途徑（即便現在比較不流行），已經被定義為一種國家或行為者用來發揮影響力的能力，特別是會將國家依其能力大小，按照階層排序。按此觀點，國力的主要組成元素如下：

● **軍事力量**：對許多評論者（特別是現實主義學派）而言，國際關係中的權力就是軍事力量。舉例來說，現實主義者傳統上偏好權力的基礎力量（basic power）模式，原因在於軍事力量不僅使一國得以保衛領土與人民，使其免於遭受外部入侵；也能夠透過征服與擴張追求海外的利益。因此，關鍵因素在於軍隊的數量、士氣的效能、訓練、紀律與統御，以及最重要的是得到先進武器與裝備的機會。
● **經濟發展**：一國在國際事務中的「分量」與其財富和經濟資源息息相關。部分是因為經濟發展為軍事力量的基礎，財富使國家能夠發展大量的軍隊、獲得新式的武器與支付龐大的軍費，以及負擔戰爭的開銷。現代科技與先進的工業基礎也賦予國家與其貿易夥伴進行政治槓桿（political leverage）的力量，特別是當一國的貨幣在國際貿易上被強力且廣泛地使用時。
● **人口**：大量的人口在經濟與物質上為國家帶來許多好處，潛藏著大量的人力資源與發展大規模軍隊的機會。不過一國的識字率、教育與技術技能也同樣重要，因為經濟發展與工業化需要大量的識字人口與一定水平的技術技能。當生產、分配與交易越來越依賴現代科技，高水平的科學與通訊科技技術（ICT）已經成為經濟能否發展成功的必要條件之一。
● **地理**：長久以來，地緣政治不斷強調一些最重要的地理變項，像是國土區域、地理位置、氣候、地形與自然資源的重要性。占優勢的地理特徵包含離海遠近（作為貿易與軍事用途）、遠離地震帶和熱帶氣旋的溫帶氣候、可航行、貿易與可生產能源（水力發電）的內陸河、可耕作的土地，以及可供開採的資源（煤、石油與天然氣）。

起。在1980年代，斯特蘭琪利用結構性權力的理論重新架構（reframe）起有關霸權穩定論的討論，並且挑戰美國衰退的論述，即當時普遍認為美國的經濟已經呈現衰退，特別是相較於日本與德國的經濟再起。

變遷中的權力本質

　　近期有關變遷中的權力本質的爭辯，大多專注在因為關係性權力的運用而正在改變的結構，而非新型權力的出現。在這方面有兩種說法引起關注，第一種基本的轉變是從軍事力量轉移到經濟力量。軍事力量就像是世界政治中傳統流通的貨幣，尤其是現實主義者特別強調軍事力量，因為國際體系是由安全與生存所構築出來，在自助的世界裡，國家若沒有自我防衛的能力，將面臨他國的危害。然

蘇珊‧斯特蘭琪（1923-1998）

英國的學術與國際政治經濟學的代表人物，其自稱為「新現實主義者」（new realist）。斯特蘭琪在許多領域上做出貢獻，她提出的結構性權力挑戰了主流現實主義理論的權力概念，重新架構八〇年代有關美國的衰落與其意涵的辯論。在1988年出版的《國家與市場》一書中，斯特蘭琪分析自1970年以來，市場的支配力逐漸凌駕於政治權威上，其後於1996年出版的《國家的撤退》中將此概念進一步延伸，並宣稱國家權威已經開始從上、下與兩側流失。在1997年的《賭場資本主義》與1998年的《瘋狂的金錢》兩本書中，斯特蘭琪特別從金融市場運作的創新觀點來檢驗市場經濟的不穩定與易變性。

而，這種以軍事為基礎的權力政治形象已經受到新自由主義者的挑戰，新自由主義者認為貿易網絡的發展與日益增加的互賴（interdependence），使得國家之間的戰爭代價更高昂、也更不可能。因此，軍事力量成為較不可靠與不重要政策選項。在當代的世界中，國家不是透過武力，而是透過貿易來競爭。

　　第二種廣為討論的轉變則是**硬權力**的式微，包含軍事力量與經濟力量。硬權力是一種控制／命令的權力，能夠透過利誘（胡蘿蔔）與威脅（棍棒）改變其他人的行為。相對於硬權力的式微，**軟權力**開始增強。軟權力是一種同化的權力（co-optive power），也就是一種透過吸引（attraction）而非脅迫（coercion）來塑造他人偏好的能力（Nye 2004）。硬權力利用的是武力、制裁、報酬與賄賂等方式；然而，軟權力則是大量使用文化、政治理念與外交政策（特別是具有吸引力、合法性或道德高位）等方式來運作。硬權力與軟權力的差別請見圖9.1。對某些女性主義者而言，硬權力與軟權力的區別具有更深層的意涵，突顯出權力與性別之間的關係。女性主義者的觀點認為這是一種權力支配（power over）的概念，特別是當其與硬權力的策略有關時（例如脅迫、威脅與獎勵的使用），反映出權力政治中的現實主義理論是構築在男性本位主義者（masculinist）的偏見上。另一方

硬權力（Hard Power）：行為者（通常但不必然是國家）透過威脅與獎賞的使用去影響另一行為者的能力，典型的代表就是軍事的「棍棒」與經濟的「胡蘿蔔」。

軟權力（Soft Power）：行為者透過勸服其他行為者遵循或同意規範，以及鼓勵他們做出符合期望行為的能力。

面，女性主義者也強調在國內與跨國的社會關係中，權力是如何透過扶持、合作與分享來行使。相對於權力的衝突與能力觀念，取而代之的是將權力的概念視為合作或權力分享（power with）。

　　究竟權力的本質是如何從硬權力轉移到軟權力呢？對此主要的解釋是互賴與相互連結（interconnectedness）的增長，表示人們已經可以看到、聽到以及了解更多地球上發生的事情。而影像、資訊與理念的跨境流動日趨頻繁，讓人們可以更容易的對他國的文化與價值、政府的外交與國內政策做出評判。這樣的趨勢不僅歸功於全世界識字率與教育水平的提升，還包括民主的擴散，尤其在民主體系內經常大量運用軟權力的方式（領導人的性格、政黨的形象與價值等等）。在此情況之下，一國若採用硬權力策略可能會蒙受失去民心（hearts and minds）的風險。舉例來說，小布希政府採取的反恐戰爭政策，在2003年入侵伊拉克後得到適得其反的效果，更可能因此激起阿拉伯地區與穆斯林世界的反美主義，甚至助長對恐怖主義的支持。值得注意的是從2009年歐巴馬政府上台後，美國開始強調軟權力策略的運用，然而在大多數情況下，還是以硬權力與軟權力雙軌並行。因此，歐巴馬政府的幕僚開始倡導**巧實力**的概念，不過還是有些在缺乏硬權力的情況下單獨運用軟權力的例子，例如梵蒂岡、達賴喇嘛、加拿大與挪威。

> **巧實力**（smart power）：發揮軟實力的同時，也可能以硬實力作為後盾。

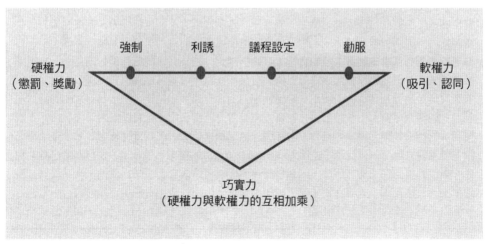

圖9.1　硬權力、軟權力與巧實力

約瑟夫・奈伊（生於1937年）

美國的學術與外交政策分析者。奈伊與羅伯特・基歐漢（Robert Keohane）同為複合互賴（complex interdependence）理論的主要倡導者，針對現實主義者的無政府狀態提出另一種看法（奈伊、基歐漢，1977）。在1990年的《責無旁貸的領導》與2002年的《美國霸權的矛盾與未來》兩本書中，他強調鑑於全球化與資訊革命的發展，美國需要重新定義自身的國家利益，同時意識到全球互賴的新情勢特重於多邊的合作上，所以美國不能再一意孤行。正因如此，提到奈伊，就會聯想到他提出的軟權力（吸引與勸服的能力）一詞，反之亦然。後來奈伊還進一步提出巧實力的概念，即硬權力與軟權力的融合。奈伊相關的經典著作還有2005年的《柔性權力》、2008年的《理解國際衝突》與《領導力》。

焦點…… 權力不再只是控制他人？

在傳統的觀念中，權力是統治和控制，也就是透過物質的力量來控制他人，但在現今的世界中，這樣的觀念還可行嗎？權力是否只有一種表現方式或形式？在1980年代以前，對於權力的主流認知是建立在現實主義的假設上，即國家至上與軍事和經濟在國際事務中的重要性。這跟將世界政治想像為撞球的觀點是一致的，當撞球（代表國家）產生碰撞時，意味權力的互動。但隨著時間的推移，這樣的權力概念已經變得越來越沒有說服力。除了冷戰的兩極體系崩解以及美國在911事件後針對恐怖主義威脅所採取的軍事手段外，還包括開發中國家影響力的上升、日趨重要的人權論述與區域和全球治理形態的出現。

按此脈絡，巴內特（Barnett）與杜佛（Duvall）針對權力的研究做出更細微的區分，提出四種（但彼此可能重疊）權力的概念——強制性權力、制度性權力、結構性權力與生產性權力。前兩種常見於傳統現實主義者和自由主義者的權力思維中，強制性權力使一行為者能夠透過軍事或經濟手段的實行，直接控制另一行為者。制度性權力則是一行為者間接控制他者，例如國家彼此建立起對她們有長期利益，而對其他國不利的國際制度。後兩者則廣泛地為批判理論者所使用，結構性權力的實行是透過結構形塑行為者之間的能力和利益，如同全球資本主義體系中，在資方與勞方之間創造出一種有區別的關係（1996年斯特蘭琪的結構性權力概念，包含巴內特與杜佛的結構性權力與制度性權力）。生產性權力就某種意義來說是一種互為主體性（inter-subjective）的權力，也就是改變行為者自身的信念、價值觀與認知（使之解放），或是對其他行為者造成影響（使之受迫）。在受到社會建構主義、後結構主義與女性主義思維的影響下，生產性權力是藉由定義何謂「正當的」知識以及決定誰的知識重要來運作。

後冷戰的全球秩序：冷戰兩極體系的終結

儘管對於二十一世紀世界秩序的本質為何，仍然存有許多的爭論，但對於冷戰時期的**世界秩序**卻沒有太多異議。最明顯的特徵是兩大強權集團的對抗，即以美國為首的西方與以蘇聯為首的東方。在第二次世界大戰後，德國、日本與義大利的戰敗，以及英國因為戰爭和長期經濟蕭條等因素逐漸弱化，導致美國與蘇聯以「超強」（權力比傳統的「大國」更強大）的姿態一躍而起。這兩國的共同特色是都擁有壓倒性的軍事力量（特別指核子武器）和意識形態領導地位。對立的軍事同盟強化了冷戰的兩極體系，北大西洋公約組織（NATO）與華沙公約組織（Warsaw Pact）相繼在1949年與1955年成立，1961年柏林圍牆的建造，也象徵歐洲的分裂。然而，冷戰的兩極對抗從1960年代起逐漸模糊，這是因為共產世界開始分裂（1949年中國發生革命，莫斯科與北京雙方彼此敵視），再加上日本和德國的復甦，成為經濟強國。多極體系浮現的結果之一，是西方與東方之間的「低盪」（détente），如1972年美國尼克森總統參訪中國以及1967到1972年之間美蘇雙方的戰略武器限制談判（SALT），並簽署兩個戰略武器限制談判協定（SALT I與SALT II）。

冷戰的兩極體系究竟有什麼意涵？就新現實主義者來說，其特別偏好兩極體系能帶來穩定與秩序的說法，理由有三點：第一，也是最重要的一點，即兩極體系擁有傾向權力平衡的特性。冷戰期間，美蘇雙方的軍事力量雖然時有消長，但約莫相當，於是雙方採取嚇阻的戰略。一旦達到相互保證毀滅的條件，兩強的力量便能有效地互相抵消，即便是透過「恐怖平衡」的方式。第二，冷戰時期能保持穩定主要是因為只有兩個主要行為者，強權越少，彼此發生戰爭的可行性也越小，同時發生誤判的機會也會減少，有效

概念澄清：兩極（Bipolarity）

兩極係指一個以兩個極（主要的權力集團）為中心的國際體系，談到兩極體系時最常讓人聯想到冷戰，也僅限用於東西方對峙的「超強年代」（superpowers era）。對一個體系來說，要成為兩極必須在兩大強權或權力集團之間取得大致的平衡，尤其是在軍事能力上。新現實主義者出自對權力平衡的偏愛，主張這樣的均衡，意味著兩極體系是穩定且相對和平的。儘管如此，對自由主義者而言，因為兩極體系經常孕育霸權的野心並且以軍事力量為優先，所以認為兩極體系是緊張且不安全的。

世界秩序（World order）：國家與其他主要行為者之間的權力分配，使關係與行為相對穩定的一種形態。

的嚇阻因而更容易執行。第三，冷戰體系內的權力關係因為兩個集團只能依賴各自內部的資源（經濟與軍事），使擴張權力的外部（與其他國家或集團聯盟）手段無法使用而更加穩定。實際上，正因昔日歐洲分裂已經發展成世界分裂（東西方），所以在權力平衡的狀態下，聯盟要發生改變可能性很低；因此，兩極體系為1945年到1990年之間帶來了「長期和平」（long peace）的狀態，特別是為二十世紀以前已經經歷兩次世界大戰的歐洲。

儘管如此，並非所有理論家都對冷戰兩極體系抱持正面的看法。其中一種批評認為兩極體系強化了美國與蘇聯的帝國主義傾向，阻礙了兩極的直接對抗，故兩國轉向尋求擴張或鞏固對集團內部的控制，導致新殖民主義的出現。在資本主義的西方，美國對拉丁美洲政治的干涉與越戰；另一邊則是共產主義的東方，華沙公約組織於1956年入侵匈牙利，蘇聯則在1968年與1979年分別入侵捷克斯洛伐克與阿富汗。另一個批評更進一步指出，兩極體系的超強對抗與核武嚇阻戰略經常互相威脅要讓冷戰變「白熱化」，因此不斷地製造出緊張關係。換句話說，冷戰時期雙方的關係之所以能保持「冷度」，可能只是因為好運或領導者的好眼光，而非體系本身的結構動態（dynamics）來決定。

儘管新現實主義者有效地突顯出冷戰兩極體系所帶來的益處，但卻無法有效地解釋這個體系的瓦解。米哈伊爾·戈巴契夫於1985年提出的改革計畫，最終使得蘇聯放棄了許多核心的戰略成就，特別是東歐與蘇聯內部其他共和國的軍事與政治控制。另一方面，冷戰兩極體系是一種均衡的說法或許是種誤導。像是美國在1945年成為霸權（稍後將會討論），而蘇聯雖然是個挑戰者，但卻從來沒有取得平起平坐的地位；這也反映出一個事實，即儘管蘇聯毫無疑問是個軍事超級強國，但在經濟力上卻從未能與美國匹敵。更尤甚者，蘇聯在軍事力與經濟力上的不對稱，讓她更加脆弱，而在1980年代美國雷根總統便利用這個脆弱性，以「第二次冷戰」（Second Cold War）為名提高美國的軍事預算，此舉帶給原本經濟就脆弱與無效率的蘇聯極大的壓力，因此為戈巴契夫提供了推動改革的契機。

新世界秩序及其命運

冷戰的結束給予自由制度主義帶來莫大的鼓舞，也回想起美國威爾遜總統為第一次世界大戰後的和平所提出的設計，與第二次世界大戰後所創立的聯合國與布雷敦森林體系。1988年12月戈巴契夫在聯合國大會的演說中首次將後冷戰時代

觀點‥‥‥　冷戰的終結

現實主義觀點

　　冷戰的終結為大多數的現實主義者帶來了震撼，也使現實主義理論內部出現了一些危機。簡單來說，問題的癥結點在於1989年到1991年間國際發生的許多事件，並不符合現實主義者關於國家行為的假設，也就是國家應該要追求國家利益，特別是軍事與領土安全的維持。不過，在戈巴契夫的執政下，蘇聯準備放棄對東歐的軍事與政治控制，同時接受聯邦內的非俄羅斯民族共和國的分裂，而且，這些行為並非蘇聯在遭逢難以承受的戰略壓力下所完成的。儘管如此，現實主義者還是提出許多辯解。從現實主義者的觀點來看，只有一強透過軍事手段擊敗另一強，或是一強的相對權力或兩強的權力同時式微，才算是冷戰的真正結束。兩極體系的結構確實在1970與1980年代受到蘇聯權力相對式微的影響，但兩極體系是否因此完全結束仍有爭議，特別是軍事方面仍然受到關注。

自由主義觀點

　　自由主義者認為比起權力政治，道德更應該成為國際外交的通則。儘管冷戰的結束給予自由主義者莫大的鼓舞，但自由主義在預測冷戰的結束上，並不比現實主義者來的準確。儘管如此，從1970年代起，自由主義就不斷鼓吹合作與放棄使用武力，在經濟現代化的趨勢下，創造出「複合互賴」（complex interdependence）的模式，並偏好整合與鼓勵國家透過貿易來取代戰爭作為競爭的方式。因此，冷戰式的對立與以核子競賽作為軍事對抗的方式已經不合時宜，而「低盪」的出現正是最好的證明。按此觀點，蘇聯不願意再以軍事力量控制東歐與維持領土完整，就某種程度上是因為認知到如果東西方不再對立將會為其帶來經濟利益。

批判主義觀點

　　冷戰的結束為許多批判主義者帶來打擊與不安。當批判與激進論者對蘇聯的幻想逐漸破滅時，還是有一些承襲馬克思主義的理論者持續地將一些續存於東歐國家的共產主義，視為能夠代替西方資本主義的選項。這些共產主義政權往往被視為穩定且充滿凝聚力的，並且能夠確保經濟與社會安全的維護。因此，在1989年，東歐民眾對共產主義不滿的程度震驚許多批判主義者，特別是東歐的革命甚至企圖透過拋棄社會主義，選擇資本主義來重寫歷史。批判主義者唯一能夠用來解釋冷戰結束的理由是，宣稱在某種程度上，戈巴契夫的改革政策是受到「市場社會主義」（market socialism）的啟發，一些論者相信市場社會主義是非獨裁式（non-authoritarian）或改革式（reform）共產主義的最佳希望。然而，戈巴契夫的失敗僅顯示出市場社會主義的侷限。

　　不過冷戰的結束給予社會建構主義極大的動力，他們認為傳統理論無法充分地解釋冷戰的結束是因為忽略了一個重要的層面，即觀念與認知所扮演的角色。蘇聯在1990年代改變的是她的認同，先是重新界定利益，然後調整行為。當戈巴契夫與新一代的領導階層提出的「新思維」（new thinking）應用在內政與外交政策上時，也重新塑造蘇聯的社會認同。相信超越資本主義與共產主義的分界後，與國際接軌最符合蘇聯的利益；並且不再將美國與西方資本主義視為威脅安全的來源，他們估計對東歐的政治與軍事控制已經不再是蘇聯的戰略核心利益，反而變成一種阻礙。

稱作「新世界秩序」，除了要求聯合國增強職權與重拾維持和平的角色之外，他也呼籲國家之間需要透過去意識形態化（de-ideologization）的關係來達成更多的合作，並且建議在國際事務中將武力的使用視為非法。

1989年的馬爾他會議中，美國總統布希與戈巴契夫雙方保證未來將從圍堵與超強對抗的時代，轉變為以新安全措施為基石的超強合作。在1990年9月的國會演說中，布希以「邁向新世界秩序」為主題，對後冷戰時代的世界勾勒出更細緻的圖像。新世界秩序的特徵包含美國領導對國際法治的確保、美蘇之間夥伴關係的建立，包括將蘇聯納入世界經濟體系，以及加強集體安全以抑制武力的使用。布希的新世界秩序觀點與威爾遜不同的地方在於：布希主張「國際社群」應該要保護所有政權的主權獨立性，不論任何膚色，也不該基於民主國家比較和平的理由而讓民主國家享有優先權，如1991年的波灣戰爭。

儘管如此，迎接後冷戰世界到來的樂觀主義與理想主義浪潮並未持續太久，許多人只把「新世界秩序」當作一時的流行標語，也不認為其具備成熟的戰略遠見。究竟新世界秩序要如何運作依舊不明，舉例來說，聯合國的職權要如何強化與強化到何種程度？美蘇雙方要透過何種制度性安排以確保夥伴關係？放棄、禁止使用武力與美國扮演世界警察的角色如何不發生衝突？按此脈絡，超強合作的出現只是顯示出蘇聯的衰弱與布希和戈巴契夫的私交而已。

此外，對於後冷戰世界秩序的其他詮釋也隨之出現，有些宣稱崛起的不是新世界秩序，而是新世界混沌，理由是因為那些在冷戰時期受到控制的壓力與緊張，在戰後浮現了出來。因為冷戰時期經常藉由刻劃外在威脅的存在（不管是國際共產主義還是資本主義包圍），提升內部的凝聚力與提供社會一種目標與認同感。不過隨著外在威脅的消散，由內向外的壓力開始以族群、種族與區域衝突的形式爆發。在世界上許多地方都有類似的情形發生，特別是在1990年代以前南斯拉夫聯邦內的賽爾維亞、克羅埃西亞人與穆斯林之間不斷發生的流血衝突，以及1994年俄羅斯與車臣共和國分離主義分子之間爆發的戰爭。在完全沒有建立起基於正義與人權的世界秩序之下，國際社群對前南斯拉夫袖手旁觀，讓賽爾維亞得以發動戰爭，並採取二戰曾出現過的種族屠殺政策，直到1999年的科索沃危機發生時，國際社群才出面干預。儘管如此，自由世界秩序理念的最大缺點是未能考慮到美國轉變中的角色與地位。冷戰結束最重要的意涵是，蘇聯不再是美國的挑戰者，而美國成為唯一的世界超強。事實上，新世界秩序的討論或許只是一種將

美國在全球行使權力的行為正當化的意識形態工具，換句話說，世界事務的自由行動（liberal moment）結果變成了單極行動（unipolar moment）。但單極體系應該是什麼樣的面貌？美國又將如何回應她的新地位？

美國霸權與全球秩序

霸權崛起

　　自從冷戰結束後，美國就普遍地被視為「美國帝國」、「全球霸權」或「**超級大國**」，並且被拿來與十九世紀的英國、十六世紀的西班牙與十七世紀的荷蘭做比較（當然後兩個國家是否真稱得上世界霸權仍有待商榷）。不過作為一個霸權，美國是相當特別的，甚至可以說是獨一無二的，有些評論認為歷史上唯一可以相比擬的只有羅馬帝國。特別是即使美國真的已發展成「帝國」，也一直避免採取戰爭、征服與殖民等傳統帝國主義的手段，其中的原因有二：首先，作為革命的產物，美國是一個由意識形態，而非歷史或文化所定義的政治性民族國家。在1776年發生的美國革命，正是為了反抗英國的殖民主義，此舉不僅使剛成立的美國染上濃厚的反帝國主義色彩，同時也突顯出諸如政治自由、個人自給自足與立憲政府等「美國價值」（American values）。此項意識形態遺產不但使美國反對歐洲傳統的帝國主義，也為美國的外交政策增添了一層道德面；第二個原因是相對於國土只有中等大小的英國，美國國土之大，能夠使美國憑藉著內部的擴張而不需要透過向外擴張來獲得經濟發展。因此在1880年代，美國能憑藉著似乎無窮盡的內需市場與相對較低程度的國際貿易，在大部分的工業產量上勝過英國。另外，和其他殖民地明顯不同的是，美國依舊是人口移入大於人口移出的國家。諸如上述因素意味著當十九與二十世紀早期的歐洲大國（包括領土廣大的俄國）將國家權力與帝國擴張畫上等號，而頻頻向外擴張時，美國依舊將注意力放在國內，並經常採取孤立主義的態度。

　　二十世紀經常被描述為「美國的世紀」，雖然美國是世界上最大的經濟體（在1920年代與第二次世界大戰後初期，美國占全球工業產量的40%），這個說法在某種程度上有誤導之虞。美國在參與第二次世界大戰之後，才真正成為全球行為者。事實上，「美國世紀」或許只有從

超級大國（Hyperpower）：一個遠比其他潛在競爭者還要強大，並且能主導世界事務的國家。

1941年的珍珠港事件開始（當美國決定參戰，或許就決定了結果）到1949年的蘇聯核子試爆成功為止（美國不再是世界唯一擁有核武的國家）。不過冷戰確保了美國不會再重回戰前的孤立主義，並逐漸在經濟、政治與軍事上成為西方資本主義世界的領導國。在1945年後，美國成為多邊主義的建築師，打造了許多制度（包括聯合國、國際貨幣基金、世界銀行等），支撐西歐與日本從戰後破碎的經濟中復甦；同時美國的企業也迅速地在大部分的經濟行業中取得國際主導權。一些理論家如羅伯特‧考克斯從美國霸權興起的角度來解釋

這些發展。依照他的觀點，美國為正在茁壯的世界經濟提供了一個政治框架，並執行執法者所擁有的軍事─領土權。

　　不過從1970到1980年代，關於美國霸權已經衰弱的說法開始不絕於耳，這是因為此時美國同時受到來自國內、外的挑戰。從美國內部來看，1960年代的民權運動、青少年反體制（anti-establishment）的反抗文化（anti-culture）與婦女運動的成長，挑起了政治與文化之間的緊張，同時也對種族、消費者保護主義、墮胎與性別角色等傳統看法提出挑戰，再加上1974年導致尼克森總統下台的水門醜聞對美國內部造成震撼。而外在的挑戰則包括美國在越戰的挫敗、伊朗人質危機（1979年11月到1981年1月間美國駐德黑蘭大使館遭到攻占，並有66位美國公民遭到挾持長達444天），更重要的是，德國、日本與亞洲四小龍等經濟競爭者的崛起。在這段期間認為美國就如同過去的歐洲大國，終究也無法避免**帝國過度擴張**的結果，這樣的說法變得越來越普遍。如同保羅‧甘迺迪（Paul Kennedy）所說：「軍事衝突總是必須從經濟變遷的脈絡中理解」（1989），因此大國的興衰不僅由其是否能進行長期的軍事對抗來決定，還包括在衝突中對經濟力造成的影響，以及與其他主要國家之間的經濟力差異也是決定因素之一。

帝國過度擴張（Imperial over-reach）：當大範圍的軍事責任超過國內的經濟成長時，使得帝國的擴張無法維持的傾向。

　　儘管如此，美國已經證明她在政治與經濟上的恢復力不容小覷。雷根政府（1981-1989）利用兩種方法強化美國的國家主義，首先是藉由宣揚以企業家精神、減稅與「降低」（rolled back）福利為主的「拓荒意識形態」（frontier ideology）；另一種方法則是採取更強硬與明確的反共政策，包括增強對蘇聯的軍事對抗，進而出現所謂的「第二次冷戰」。此外，一些昔日的經濟競爭國，如德國與日本，在1980年代與1990年代開始衰退，美國在研究、發展與訓練上投入龐大的經費，幫助美國提升生產水準，並使美國在全球經濟的高科技領域中取得不可動搖的地位。不過，最重要的還是共產主義的瓦解與1989年到1991年間發生在蘇聯的革命，上述因素給予美國一個建立全球霸權的特殊機會，而單極世界也因此成形。

　　冷戰的結束讓經濟全球化迅速發展，新市場與新機會打開迎接西方與美國資本主義企業的大門。在國際貨幣基金的鼓舞之下，許多後共產主義國家開始採取震盪療法（shock therapy），將過去的中央計畫政策轉變為自由放任的資本主義政策。更尤甚者，後共產主義國家與其他國家爭先恐後地模仿美國的自由－民主治理模式。而後來的波灣戰爭與1990年代興起的人道干預，可以看出美國接受擔任「世界警察」的意願。不過單極體系的特性與互動方式有別於先前的兩極體系，單極體系不僅會導致其他國家心生怨懟與敵意，全球霸權也能夠對限制自身行動的多邊約束加以漠視。尤其在2000年小布希（George W. Bush）當選總統後，從其退出國際刑事法庭（International Criminal Court）與拒絕簽署有關氣候變遷的京都議定書（Kyoto Protocol）等事件，更可看出美國的外交政策逐漸傾向**單邊主義**。無論如何，911事件已明顯地改變美國外交政策的方向與世界秩序的平衡。

反恐戰爭及其之後

　　如同1945年或1990年，2001年9月11日經常被視為世界秩序形成的關鍵點。一些評論家認為911揭露了後冷戰時代的本質，全球也開始進入前所未有的衝突與不穩定的時期。然而能夠真正代表二十一世紀誕生的並不是共產主義的瓦解，而是「反恐戰爭」的出現。另一方面，911事件的影響也有可能被誇大了。

> **單邊主義**（Unilateralism）：單方面；政策是根據單一國的利益與目標所決定，並且不受其他國家的約束。

正如羅伯特‧凱根（Robert Kagan）所言：「美國並沒有因為911事件有所改變，只是變得更加自我而已。」

　　有許多理論已經針對全球或跨國恐怖主義的出現與「反恐戰爭」的本質做出解釋。其中最具影響力的是杭廷頓的文明衝突論（clash of civilization）（將在第8章討論），他認為二十一世紀的全球政治中，文化的，或更精確地說，是宗教的衝突將會越來越顯著。另一種解釋則強調世界秩序變遷的重要性。根據羅伯特‧庫伯（Robert Cooper）的看法，舊世界秩序的東西方衝突將世界分割成三個區塊：

概念澄清：單極（Unipolarity）

指一個國際體系中只有一個特別突出的國家或「極」。在單極體系裡只有一個強國，意味著這個國家不受到約束或缺乏潛在競爭國，儘管如此，現實世界中單極通常都是相對而非絕對的。單極經常被辯解為有能力扮演世界警察、解決爭端、避免戰爭（英式和平與美式和平），並透過設定與維持經濟活動的規章制度以確保經濟穩定發展的主要行為者。但批評者則認為單極只會讓支配國狂妄自大，進而引起其他的國家的害怕、怨懟與敵意。

- 前現代（premodern）世界：意指那些政治不穩定、經濟發展落後使得國家陷入混亂的後殖民國家，例如索馬利亞、阿富汗與賴比瑞亞，這些國家又稱作衰弱國家（weak states）、失敗國家（failed states）與流氓國家（rogue states）。
- 現代（modern）世界：意指國家持續有效地運作並堅決捍衛國家主權。世界在權力平衡的基礎下運作，一國的利益和野心將會受其他國家的能力所限制。
- 後現代（postmodern）世界：庫伯將歐洲與歐盟劃為此類，國家的運作已超越權力政治，戰爭不再被用來作為維持安全的手段，取而代之的是多邊協定、國際法與全球治理。

　　不過此種新世界秩序的觀點充滿重重的挑戰與新的安全威脅，不止是大規模毀滅性武器的擴散，讓前現代世界中的流氓國家或非國家行為者（如恐怖主義組織），越來越容易取得這類武器的問題。另外核子擴散的問題也特別受到關注，核子俱樂部的成員從過去的五個國家（美國、俄羅斯、中國、法國與英國）增加到九個（新增印度、巴基斯坦、以色列與北韓四個國家），其他國家（例如伊朗）則是嘗試發展核武。儘管歐洲或許是「安全地帶」，但歐洲之外則是「混亂與危險地帶」，前現代世界不穩定的威脅會擴散到到現代世界，甚至是後現代世界。對此，庫伯認為只有新形態的帝國主義才能為混亂帶來秩序。

焦點…… **「反恐戰爭」**

　　反恐戰爭體現在美國的全球反恐（Global War on Terror, GWOT）政策中，指美國與其主要盟友為拔除或摧毀那些要為全球恐怖主義負責的團體或勢力所做的努力。911事件之後，反恐戰爭規劃成「長期戰爭」（long war）的戰略，目標在於對付二十一世紀世界秩序主要的安全威脅。其戮力對抗由非國家行為者、恐怖主義團體、流氓國家、擁有大規模毀滅性武器與好戰的伊斯蘭激進派所結合起來的新威脅。批評者指出反恐戰爭定義的模糊性將使美國對一國外交與內政無止盡的干預正當化，同時也製造出害怕與恐懼的氛圍，使得美國與其他政府得以操控公共輿論與製造出對其（可能是）帝國主義與非自由行動的贊同。其他人則質疑對一個抽象名詞（abstract noun）要如何發動戰爭。

　　此種分析與新保守主義者（neoconservative or neo-con）的重要觀點重疊，新保守主義的概念在911事件後對美國小布希政府產生重大的影響，因此新保守主義也被認為是「布希主義」（Bush doctrine）。按此觀點，美國有權將庇護或資助恐怖分子的國家視為恐怖分子。新保守主義尋求維護或強化美國的「良善的（仁慈的）全球霸權」（benevolent global hegemony）（Kristol and Kagan 2004）其主要的特徵包括使美國軍事力達到「不可挑戰的強度」（strength beyond challenge）以及將「促進民主」（democracy promotion）政策推行到全世界，特別是針對衝突與不穩的中東地區。

　　911事件發生後，美國快速地擬定發動反恐戰爭，2001年10月以美國為首的軍事部隊開始進行第一波行動，並在幾週內推翻阿富汗的塔利班政權。2002年1月美國總統小布希將伊拉克、伊朗與北韓定義為「邪惡軸心」（axis of evil），後來又將古巴、敘利亞（隨後被移出名單之外）與利比亞納入。然而，就在小布希政府將推翻伊拉克的薩達姆・海珊政權列入下一個目標的同時，反恐戰爭似乎越來越激進且有爭議。2003年美國與「志願聯盟」（coalition of the willing）終於發動伊拉克戰爭。伊拉克戰爭之所以如此具有爭議性是因為先前發動的阿富汗戰爭是出於自衛（肇因於阿富汗提供蓋達組織躲藏的基地；另外，蓋達組織與塔利班政權之間也有深厚的政治——意識形態連結），而攻打伊拉克則是以先發制人作為理由。儘管小布希政府宣稱（在沒有太多證據之下），海珊政權與蓋達組織之間有聯繫，並斷言（與後來的證據相反）伊拉克擁有大規模毀滅性武器，此次戰爭主要的理由是，在二十一世紀像海珊這類的流氓政權積極尋求或已經擁有大規模毀滅性武器的行為是不能容忍的。

儘管初期在伊拉克與阿富汗取得戲劇性的勝利（塔利班與海珊政權被推翻），但美國與其盟友發現這場戰爭中的問題與耗時已經超乎預期。兩場戰爭演變為反暴動戰爭，面對的是使用游擊戰略、恐怖主義與自殺炸彈攻擊的敵人，突顯出美國壓倒性軍事力量的侷限性（將在第10章中討論）。戰術失敗與戰略困難弱化反恐戰爭的施行。戰術失敗的原因有初期軍力布署的不足、缺乏應付戰事不如預期時的戰略擬定，以及未能在入侵伊拉克之前充分制定明確的計畫以因應後海珊時代的伊拉克。另外，在入侵伊拉克的同時，也把注意力與資源從阿富汗中抽離出來，造成塔利班的叛亂勢力得以復甦。

> **概念澄清：流氓國家（Rogue state）**
>
> 流氓國家係指在外交上採取對他國造成威脅等政策之國家，此類外交政策帶有侵略意圖與製造武器（特別是大規模毀滅性武器）或恐怖主義的色彩。不過「流氓國家」此一名詞具有爭議性，它原本是冷戰初期美國政策制定者用來提醒大家對區域、甚至全球安全新威脅的重視（例如阿富汗、伊拉克、伊朗、利比亞與北韓）。批評者則認為流氓國家一詞的使用是選擇性的、自私的，只是為了將美國對其他國家事務的干預合理化。此外，也過分簡化「流氓」（rogueness）行為背後的複雜原因；此外，強調一個國家的流氓行為只會增加該國與國際社群的疏離，而使流氓國家的行為越來越蠻橫。

反恐戰爭的深度與戰略途徑同樣可以說是有瑕疵的，其中有三個問題特別受到關注。首先，美國高估了軍事力量的功效，如同越戰的情況，在對抗強大與資源充沛的敵人時，游擊戰被證明為最有效的策略，而且軍事手段的使用也弱化了美國的軟權力，傷害美國在中東地區的威望與背離現代穆斯林的想法。按此脈絡，美國反而可能一手打造了其所欲摧毀的「極端主義之弧」（arc of extremism）。其次，「由上而下的民主」（democracy from above）的推行，充其量只是證明其太過天真，未能認知到國家建設與穩定的民主制度需要仰賴民主文化的存在，與一定程度的政經發展。最後，懸而未決的「巴勒斯坦問題」仍然是中東政治的焦點。新保守主義者毫不猶豫地傾向支持以色列，但卻激起阿拉伯世界民眾對美國和西方的不滿，在這樣的過程中加深對伊斯蘭武裝分子的支持。

在面對反恐戰爭的實行日趨困難，伊拉克與阿富汗的暴動也無法平息之下，小布希政府在其第二任期內（2005-2009）逐漸朝向**多邊主義**，不過關鍵的轉變是發生在2009年歐巴馬總統上任之後，其確實地改變美國參與世界事務的風格，

> **多邊主義**（Multilateralism）：一種與其他國家或國際組織齊步的外交政策，或是體系內有三個或三個以上成員國之間的關係協調一致。

焦點⋯⋯ 先發制人攻擊

　　先發制人攻擊（有時稱為預防戰爭）是一種為了預先阻止或避免未來可能發生的侵略而設計的軍事行動，因此這是一種預期性自我防禦的形式，並包含搶先報復。職是之故，先發制人攻擊作為一種對付潛在侵略者的手段，是嚇阻、圍堵與「建設性交往」（constructive engagement）等戰略的替代方案。先發制人攻擊是從1990年代流氓國家與恐怖主義的威脅出現，開始受到矚目，尤其是在2003年攻打伊拉克的例子中可以看出。先發制人攻擊之所以受到青睞是因為可以在潛在侵略者壯大之前（例如取得大規模毀滅性武器之前）搶先採取軍事行動，這也代表軍事衝突的總損失將會降低。除此之外，其他的替代戰略可能帶有姑息的效果，而有助於增強潛在侵略者的信心。但由於先發制人攻擊是以對未來行動或威脅發生的可能性進行評估為基礎，因此這些計算也有可能出現瑕疵。此外，這種只根據自我預期而非現況的理由就發動攻擊的行動，想要建立、維持或得到國內或國際上的支持是很困難的。最後一點，根據聯合國憲章，戰爭只有在個別或集體自我防衛的理由下才能被允許，因此先發制人攻擊幾乎無疑是一種非法行為。

學習合作和傾聽與軟權力理論家相符的建議，特別是針對穆斯林世界。2009年1月歐巴馬在開羅的演說中，呼籲美國與穆斯林世界需要一個新的開始，並認為一國家不能也不應該把任何政府體制強行施加在另一國身上。到了三月，歐巴馬錄製恭賀伊朗新年並附有波斯文字幕的影片，他宣布美國想要結束數十年來與伊朗的緊張關係（由於伊朗聲稱嘗試取得核子武器，成為新保守主義者敵視的特定目標），並且請求伊朗緩和國內好戰分子的反美情緒。這些行動都是試圖更加接近穆斯林世界與建立進一步的跨文化理解，同時結合美國因應反恐戰爭的新方案，尤其是簽署禁止使用酷刑的命令與關閉關達納摩拘留營（儘管歐巴馬在上任第一年承諾會關閉，但不久之後便放棄）。另外，對於同樣複雜且困難的巴勒斯坦問題，美國也投入比以往更多心力期盼有所進展。

　　然而，雖然反恐戰爭的相關言論已有所緩和，戰略途徑也重新修改，但軍事手段在歐巴馬政府內仍扮演重要的角色。此點可由美國將重心從伊拉克轉到阿富汗與巴基斯坦，以及隨後成形的「阿富巴（Af-Pak）政策」中可以觀察到。從2007年開始，美國的增兵計畫成功的降低伊拉克平民衝突與死傷的程度，另外維持伊拉克城鎮安全的權責也在2009年從美國與盟軍部隊手中移轉給伊拉克，而美國在伊拉克的戰鬥任務則於2010年8月結束。在歐巴馬重新調整阿富汗戰役的戰略之下，類似的增兵也在2010年上半年實施，增加三萬名美軍布署在阿富汗用以重新聚焦與活化北約組織在此地陷入僵局已久的任務。但美國以及聯軍的其他軍

隊，仍然從2011年開始陸續撤離阿富汗。
歐巴馬總統也承諾會在2014年12月之前完
全撤離。同時也積極協助阿富汗警方與軍
方做好準備，儘速接管阿富汗的國家安全
事務。儘管如此，針對歐巴馬政府是否真
的有做出重大的改變，還是有些人抱持著
否定的看法，他們認為此舉是美國霸權的
再次重申，以巧實力的形式（即同時使用
硬權力與軟權力）創造出一種更適合的途
徑來應付宗教型武力行動與全球恐怖主義
的挑戰。不過，有些人則將這些轉變視為
美國權力運作受到限制的證據，反映出美
國霸權時代或許即將邁入終結。的確，歷
經了阿富汗與伊拉克的教訓，美國顯然不
願意以「地面作戰」的方式，干涉他國事
務（不過美國在越戰結束後，也曾出現類似的態度）。

> **概念澄清：新保守主義**
> **（Neoconservatism）**
>
> 新保守主義是一種外交政策制定的途
> 徑，設法使美國能夠在單極體系中利用
> 空前的權力地位與影響力而得益。新雷
> 根主義與「硬」（hard）威爾遜主義的
> 融合，新雷根主義採取類似摩尼教的世
> 界觀，也就是以善（美國為代表）對抗
> 惡（以流氓國家與擁有或企圖擁有大規
> 模毀滅性武器的恐怖主義組織為代
> 表）。這意味著美國應該嚇阻競爭國，
> 並且藉由達成不可挑戰的軍事力量擴張
> 至全球；硬威爾遜主義是將美國式民主
> 以「政權更替」（regime change）的方
> 式傳播到全世界，必要時可透過軍事手
> 段（由上而下的民主）。

良性或惡性霸權？

　　自冷戰結束後，或者可以說911事件發生後，在全球政治中對於美國的態度
形成一道明顯的斷層線，並在某種程度上取代了過去資本主義對抗共產主義的左
右之分。美國是否仍是一個「不可或缺的國家」（indispensable nation）？是否
仍是一個可以帶來和平與繁榮影響的良性霸權？抑或美國其實是一個惡性霸權，
是現代世界諸多混亂與不公平的根源？將美國霸權視為惡性的說法，其實可以從
南方開發中國家與北方已開發國家對911事件的兩極化反應中看出。反美主義隨
著美國外交政策越來越帶有單邊主義色彩而逐漸高漲，並在美國未獲聯合國授權
即採取軍事行動入侵伊拉克時達到高峰。從現實主義者的觀點來看，無論是何種
政治、經濟與意識形態類型的全球霸權，都注定是惡性的。所有的國家都會藉由
增加權力的方式來追求國家利益，然而霸權國因為不受競爭國的約束，所以能夠
更加無情和堅決。因此這種新保守主義者偏好的「良性全球霸權」概念僅僅是一
種幻想而已。

爭辯中的議題…… 美國是否仍為全球霸權？

有關美國霸權是否衰弱的辯論早已不是新議題，在1950年代蘇聯發射史普尼克衛星、1970年代以及1980年代日本與德國經濟復甦時，都曾出現美國霸權即將式微的預言。然而因為反恐戰爭與其後續發展之故，對此辯論的興趣又再次被挑起。

支持	反對
全球軍力優勢。美國軍力仍遙遙領先於世界上其他國家。2011年美國的軍事預算占全球軍事預算的42%，同時也是第二大軍事支出國——中國的五倍。美國的軍事基地約有700個，遍及100個國家以上；另外在高科技武器與空權上也是其他國家所無法挑戰的。美國是唯一可以在世界各地進行軍事干預，並持續進行多方行動的國家。	**多餘的軍力。**軍力優勢對霸權來說或許不再是安全的保證。美國軍力所具有的毀滅性能力與她在政治上可以達到的作為之間存在一道巨大的鴻溝。從1984年與1993年美國分別被迫從黎巴嫩與索馬利亞撤軍，以及在伊拉克與阿富汗的不對稱戰爭中也難以獲勝，顯示縱使是最強大的國家，在面對恐怖主義、游擊隊與暴動手段時，也無法取得優勢。
經濟回復力。美國在研發上的預算支出占全球的32%，使得美國得以在科技領域上位居龍頭，並確保高生產效率的水平。中國在先進科技的經濟領域中仍然落後美國好幾個世代。就像大不列顛帝國儘管早已被德國與美國超越，但仍然維持全球霸權的地位直到二十世紀中葉，因此即使美國不再是經濟上的第一強國，但或許還能繼續保有世界領導者的地位。	**相對經濟衰弱。**儘管美國仍然是世界上最大的經濟體，但她的競爭對手如中國、印度在最近數十年經濟快速成長，而且中國的經濟預估在2020年將會超越美國。2007年至2009年的全球金融危機，更進一步地削弱美國的經濟，同時暴露出美國經濟模式的缺陷以及對美元的世界貨幣領導地位提出質疑。相關的議題包括美國迫切的財政問題，不僅影響美國在全世界的地位，也撼動美國政治的穩定性（Mabee 2013）。
美國人口。美國人口預估在2050年達到4億3千9百萬人，其中西班牙裔與亞裔人口將占多數，並且能夠幫助美國加強經濟上的表現以及降低美國人口平均年齡，使其不至於像西歐、日本與中國發生人口快速老化的情形。與此相輔的是美國人口受教育程度高、人口素質也高，特別是在科學與科技領域。很多人認為全球十大頂尖大學當中，美國最多佔了七所，而且沒有一所亞洲的大學，能登上全球二十大頂尖大學。	**受損的軟權力。**從許多方面來看，美國的軟權力已經衰弱。美國的聲望因為企業實力、全球不平等與反抗「全球化等於美國化」等影響而受到損害。另外反恐戰爭（特別是伊拉克戰爭）也對美國的道德權威造成傷害，而阿布格雷布監獄與關達納摩拘留營對待囚犯的方式，已經使美國的形象受到嚴重傷害。
難以撼動的結構性權力。美國在全球經濟治	**衰退中的外交影響力。**美國在拉丁美洲已經失去影響力（過去是美國的後院），不但需

理的機制與北約組織中有廣大的影響力，儘管開發中國家與新興經濟體的影響力日趨增高，仍然沒有任何國家能夠挑戰美國在全球經濟政策決定的影響力。此點反映在美國於2007年至2009年，扮演帶領全球面對全球金融危機的領導角色上。

要中國的外交折衝來應付北韓，還要借助歐盟的外交力量來影響伊朗，甚至對以色列施壓的能力也有限。此外，中國（例如西藏問題）與俄羅斯（例如喬治亞問題）也無懼於美國的外交壓力。最後，G-20（全球經濟政策決定的主要論壇）的興起，也可以看出美國結構性權力的衰弱。

　　不過對美國最尖銳的批評來自於激進理論者，其中以諾姆‧喬姆斯基（Noam Chomsky）最具代表性。喬姆斯基對國際事務的分析受到無政府主義以及相信國家的本質是暴力、欺騙與不受法律約束的影響。喬姆斯基的激進現實主義認為國家越強大，就越傾向專制與壓迫。他對美國的分析強調美國的堅持以及在許多方面具有帝國主義的傾向。美國的擴張主義是受到確保經濟利益與對保衛核心資源的安全所驅使，主要作法包括提升企業力量，擴展新殖民主義，以及對許多國家如越南、巴拿馬、索馬利亞、伊拉克與阿富汗等國進行規模不一的軍事干預。因此，美國在中東的政策與反恐戰爭主要是為了確保石油供應無虞，這種觀點認為，美國這個「流氓超級強國」是全球各地恐怖主義與暴力事件的源頭。

　　儘管如此，上述觀點也仍在爭辯之中，並且有許多人提出不同的美國形象。舉例來說，縱使有些人接受喬姆斯基的「新反帝國主義」（new anti-imperialism），認為它清楚闡明暴政、不公平與偽善的形式，但也承認他的分析有時太過簡化與片面。美國確實在資助民主上付出許多努力，而不只是阻撓它（例如二戰後德國與日本的重建）。另外，「美國才是問題所在」這樣的假設傾向忽略、或是合法化其他可能更嚴重的問題，也就是其他對安全造成壓迫與威脅的來源。對美國霸權持正面看法的觀點則是根據霸權穩定論，強調全球霸權可以為其他國家，乃至於整個國際體系帶來利益。不管是自1945年以來在領導全球經濟治理的機構，或是以美元作為國際貨幣的角色（儘管在二十一世紀這兩項的存在可能受到威脅），美國都已經證明其作為一個霸權的意願與能力。最後支撐美國「良性霸權」這個形象的基礎是建立在其處理世界事務所採用的（或許是獨一無二）道德途徑。在追求自身國家利益的同時（畢竟美國就像其他國家一樣），美國作為機會與自由之地的「自由」（liberal）形象，使美國在世界事務中傾向自制與多邊主義，最明顯的證據就是美國在第一次與第二次世界大戰後的重建所作出的貢獻。因此，當反恐戰爭所帶來的衝擊消散後，二十一世紀的美國沒有理

諾姆‧喬姆斯基（生於1928年）

喬姆斯基為美國語言學家與激進知識分子，出生於費城，父母是東歐移民。他撰寫的1957年的《句法結構》一書中提出的「轉換語法」（transformational grammar）理論，為語言學門帶來一場新革命，他提出人類對於學習語言擁有與生俱來的能力。喬姆斯基在越戰時期轉趨激進，後來成為美國外交政策的主要批評者，其觀點從1969年的《美國權力與新官僚》、1999年的《新軍事人道主義》，以及2004年的《霸權與生存》等著作中向外延伸。在與愛德華‧赫曼（Edward Herman）於1988年合著的《製造共識》一書中，他闡述一套對大眾媒體的激進批評，並且檢驗人民是如何被動員來支持帝國主義侵略。

由不重新取得自利與自制之間的平衡。

一個多極的全球秩序？

在討論美國霸權是否衰弱、甚至是終結時，總是會提到多極體系興起的觀點，這就包含了兩個主要的議題：第一，要到何種程度、透過什麼方式，世界秩序才具備多極體系的特徵？第二，多極體系的意涵可能為何？

多極體系的興起

當代的世界秩序是由各種多極態勢所塑造，其中最明顯的趨勢是所謂「新興強權」（emerging powers）的崛起，這些國家是二十一世紀的新強權或即將成為強權的國家。有些國家已經具備影響區域的能力，例如拉丁美洲的巴西、阿根廷、智利、墨西哥、委內瑞拉；非洲的南非與奈及利亞；中東地區的以色列、埃及、沙烏地阿拉伯與伊朗；亞洲與大洋洲的南韓、印尼、巴基斯坦與澳洲。不過有一些國家已經或正在取得更廣大或全球性的重要地位，最明顯的例子是中國、俄羅斯、印度以及日本與歐盟（見第20章）。這些國家加上美國的人口數占全球總數的一半以上，國內生產毛額（GDP）約占全球的75%，軍事支出約占全球的80%。

在這些國家當中，能夠與美國競爭，甚至使之失色的國家非中國莫屬，而且確實有許多人預測二十一世紀將是「中國人的世紀」，如同二十世紀是「美國人

焦點⋯⋯ 霸權穩定論

霸權穩定論是一種為現實主義者與許多新自由主義者接受的理論，其概念為一個擁有優勢地位的軍事與經濟強權，必然會確保自由世界經濟的穩定與繁榮（Kindleberger 1973；Gilpin 1987）。十九世紀末至二十世紀的英國與1945年後的美國，便是自由主義霸權的代表。

霸權穩定論主要包含兩個部分。第一，霸權穩定論認為民族主義的興起與保護主義的蔓延會不斷地危害自由世界經濟。這在1930年代一連串因為「以鄰為壑」（beggar-thy-neighbour）的保護政策而導致的大蕭條，即為最明顯的例子。因此訂定一套經濟競爭的基本規則是必要的，此套規則須特別針對自由貿易的維護，以確保一國經濟的成功。第二，一個首要強權或霸權需要同時具備建立或強化上述規則的意願與能力。實際上，霸權的意願來自於其自身利益與體系利益的重疊。由於霸權在體系內有重大的利害關係，因此確保世界經濟的穩定，就能維護霸權本身的長期利益（霸權的行為並非出於無私）。霸權的能力則來自於其能夠獨自提供**公共財**（公共財能帶來共同利益而非僅對提供者有利）。換句話說，霸權有能力根據「絕對利益」（absolute gains）來行動，而非根據「相對利益」（relative gains）。相反的，小規模且權力較弱的國家往往被迫根據自身國家利益小心謹慎地行動。因此，要成為一個霸權，必須具備：（1）有足夠的能力強化體系的規則；（2）有使用能力的意願；（3）保證會替體系內的大多數國家帶來利益。

的世紀」一樣。中國的大國地位是立基於1970年代中期鄧小平（1904-1997）引進市場改革以來的快速經濟成長，其間又以從1990年代開始的成長力道最為驚人。維持每年8%到10%的經濟成長率（約是美國與西歐的兩倍）近三十年，意味著中國已經在2009年成為世界最大出口國，並在2010年超越日本成為世界第二大經濟體。此外，中國2010年的經濟規模是1978年的90倍。作為全世界人口數最多（2007年達13.5億人）的國家，中國似乎有著源源不斷的廉價勞工，也因此成為世界經濟的製造工廠。中國經濟模式的彈性，在經歷2007年至2009年的全球金融危機時，更進一步地展現出來。

同時，中國在軍事能力上也有所成長，成為軍事支出僅次於美國的國家。除此之外，中國正在崛起的全球角色隨處可見，例如其在世界貿易組織（WTO）、G-20，以及一些全球暖化的議題上發揮的影響力，另外中國也加強對非洲、澳洲與中東、拉丁美洲部分地區的資源合作。在中國增長的影響力中，最常被忽略的部分即其「軟權力」的增長。儒家文化除了為中國與亞洲國家的合作提供文化基礎之外，還吸引了以反帝國

公共財（Public good）：能夠為每一個人帶來利益的一種財貨或服務，沒有任何一方可以被拒絕使用之。

主義為傳統的非洲與開發中南方國家。相反的，美國與西歐國家卻經常因為殖民主義而聲名狼藉。關於二十一世紀是「中國人的世紀」的觀點，將在第21章有更多的討論。

　　中國崛起經常被視為全球的權力平衡從西方轉移到東方的一部分，特別是亞洲，也可以說是從美國轉移到金磚四國或美國之外的「其他國家」（the Rest）。有些人認為二十一世紀不會只是「中國人的世紀」，而是「亞洲人的世紀」，尤其印度與日本也被視為主要的行為者。印度

概念：多極（Multipolarity）

多極係指一個國際體系內有三個或三個以上的權力中心，不過範圍可能包含從三極體系（二十世紀近末的美國、日本與歐盟）到權力分散，也就是沒有任何行為者可以被視為「極」的零極體系（Haass 2008）。新現實主義者認為多極容易產生易變性與不確定性，進而導致不穩定與增加戰爭的可能性（無政府多極）。新自由主義者則認為多極體系的特徵是多邊主義，全球權力的平均分配將能促進和平、合作和整合（互賴多極）。

之所以能蛻變成新興強權，主要肇因於其比中國遜色的高經濟成長率。根據估計，如果中國與印度能維持目前的成長率，到2020年中印兩國的國內生產毛額將占全球的一半。不過，印度的經濟模式有別於中國的「市場史達林主義」（market Stalinism），身為世界最大的自由民主國家，印度的高經濟成長率歸因於其1990年代初期引進的自由經濟改革，遠比中國開始市場改革的時間晚了十多年。如今印度在電腦軟體與生物科技等產業居世界領導地位，寶萊塢電影也成為全球性的娛樂。另一方面，日本在1945年後的「經濟奇蹟」，使其得以經濟強權的姿態興起，並在1970年代成為世界第二大經濟體。事實上，在1990年代前，日本與德國都還廣泛地被認為是經濟強權與二十一世紀非軍事化大國的典範。

　　然而，一個繼續由中國帶領的亞洲並不能視為理所當然。日本經濟在1990年代停滯不前（日本「失落的十年」），而且日本在二十一世紀的政經影響力，很大程度是視其與亞洲其他新興強權的關係而定，尤其是中國與印度。日本曾經在1950年代創下經濟成長率達10%的紀錄，卻在接下來的十年逐漸衰弱，這也許可以作為中國與印度的借鏡，思考如何長期維持穩定的高經濟成長率。印度要崛起成為一個新興強權，本身受到許多因素的限制。印度仍然受貧窮與文盲的問題所苦，快要無法控制的人口快速成長危機，更讓這些問題火上加油。另外，雖然印度在2001年加入「核子俱樂部」（nuclear club），但印度對軍力投射的興趣遠低於中國，部分原因來自於區域的緊張關係，最主要的對象是巴基斯坦與中國，

全球行為者……

中國

形態：主權國家　　・人口：13.538億　　・人均國民所得：9,146美元
人類發展指數排行：101/187　　・首都：北京

毛澤東於1949年10月1日成立中華人民共和國。1950年代，中國共產黨（CCP）尋求建立一個對整個中國的全面性控制，不只是政治上的控制，還包含集體主義經濟的建立，以及中國社會與文化在意識形態上的整合。1966年，毛澤東發動「無產階級文化大革命」，大舉清算共產黨，以及政治與文化菁英。1976年毛澤東與他忠實的副手周恩來相繼過世，當時二度崛起的務實派鄧小平引進市場取向的經濟改革，使中國發生巨大的變化。中國是一黨專政的共產國家，主要有以下兩大機構：

● 全國人民代表大會：由將近3,000人組成的立法機構，會期短。

● 國務院：由總理主持（國家主席只是象徵性的國家領導）。

在當代的中國，政治變遷遠比經濟變遷還要來得慢，這表示中國政治體系最重要的面向還由中國共產黨占居領導地位。黨員在所有主要的政治機構和大眾媒體（包括網路）中擔任重要職位，進行嚴格的管控。

重要性：中國重新復甦回到世界強權的位子可以回溯到1949年的革命，但當代的中國崛起卻是要等到1977年引進市場導向的經濟改革之後。每年約10%的經濟成長率持續超過三十年，讓中國成為僅次於美國的世界第二大經濟體。此外，中國也是世界第二大的貿易國、世界最大的出口國與第二大的商品進口國。如果這樣的態勢能繼續維持，中國將在2020年成為世界最大的經濟體。雖然中國世界強權的地位與她的經濟復甦密切相關，可是中國在其他面向的影響力也不容小覷。中國的軍隊數是全世界最多，擁有僅次於美國的軍事支出。中國為了確保能源與原物料的供給而在非洲注入的鉅額投資，讓中國對非洲的影響力擴展得特別快。從中國在G-20的影響力、在世界貿易組織扮演的角色與2009年哥本哈根氣候變遷會議的結果，也可以看出中國的結構性權力同樣正在成長。而中國的軟權力則是與反殖民主義及其擁有將自己描述為南方國家代表的能力有關。

然而，中國的全球權力不應該被誇大。首先，中國離挑戰美國成為世界第一強權還有一段距離。事實上，中國領導階層似乎認知到維持美國霸權對中國有許多好處，尤其是中國可以擁有全球性的權力而無需擔起全球責任。舉例來說，2007年至2009年的全球金融危機主要是由美國扛而非中國扛起責任的重擔。同樣的，中國也不願意獨自扮演全球性的角色，而是將重心放在與其他國家一起行動，例如金磚四國。按此脈絡，中國的外交政策的目標大多數是為了創造讓其經濟成功的條件，較少放在建構全球性權力的投射上。儘管如此，許多人認為內在矛盾最終會限制中國的外在影響力。其中最重要的是，經濟自由化所帶來的政治壓力可能會使一黨專政的統治難以維持。這意味中國共產黨壟斷的政治權力在不久的將來會對持續的經濟成長造成阻礙，或經濟改革將不可避免地增強要求政治改革的壓力，製造更多的不穩定，甚至是中國共產黨的垮台。

使得印度無法將焦點放在扮演更重要的世界角色上。至於中國是否能被視為美國重要的競爭對手也受到幾個理由質疑。一方面，中國的經濟依舊必須依靠大量的廉價勞工，另一方面過渡到更高科技化的經濟所需的先進技能與生產技術尚未完成。中國在1979年開始的一胎化政策，意味著中國將是人口老化速度世界第一的國家，經濟前景堪慮。不過，對中國而言，最嚴峻的挑戰或許是如何去調和政治與經濟結構之間的緊張。當中國政治體系依舊嚴守史達林主義，由中國共產黨一黨專政時，她的經濟體系卻快速地朝向市場導向與緊密地嵌入全球資本主義體系。儘管在管理大規模的經濟變革與推動冒進的基礎建設計畫等方面，獨裁主義可能有許多益處，但卻可能無法應付市場資本主義帶來的多元化與自由化壓力。

　　從兩個主要面向可以看出俄羅斯已重回大國之列。首先，自1990年代俄羅斯的經濟快速衰退，採用震撼療法過渡到市場經濟後，經濟已經有明顯的復甦。俄羅斯的經濟成長主要由石油與天然氣產量的擴張所驅動，此得利於俄國廣大（七百萬平方公里，遠大於其他國家）且多處尚未開發的領土，以及國際原物料價格的穩定上揚。儘管俄羅斯的經濟嚴重缺乏多樣性且過度依賴世界原物料市場，但俄羅斯仍然是一個能源上的超級強國。舉例來說，俄羅斯能夠藉由控制石油與天然氣資源的流量與價格來影響東歐和其他國家。其次，在經濟成長帶來的信心與增強的民族主義刺激之下，俄羅斯又重新找回曾為軍事大國的自信，特別是與其所謂「近鄰」的關係，此點可以從2008年與喬治亞的戰爭中看出。然而，俄羅斯的軍事支出落後北約組織許多，大多數的軍事裝備也是冷戰沿用至今，此外，廣大與缺乏天然屏障的邊界也讓俄羅斯具有許多戰略上的弱點。

　　無論如何，二十一世紀世界秩序的多極態勢並非全部都與新興強權有關。有三項更廣的發展支持著全球權力的分裂與多元化，或許同時暗示所有以國家為中心的世界秩序模式（兩極、單極或多極）與全球權力分配已經不合時宜。第一項發展是全球化的展開。當所有的強權都或多或少地被嵌入全球經濟安排之中，並且參與緊密連結的資本主義體系時，全球主義者認為，對於國家利益的追求即代表整合與合作的增加。這意味強權競爭所導致的地緣政治衝突與世界大戰都將走入歷史。在互賴與互聯增加的情況下，經濟競爭有可能取代軍事競爭（至少在強權之間）。第二項發展是全球治理或區域治理有逐漸增長的趨勢。國家目前面臨的主要挑戰逐漸帶有跨國的性質，如氣候變遷、犯罪、移民與疾病等，所以只有透過跨國合作才能解決。此項發展強調權力之於合作的關係，就如同權力之於衝

焦點⋯⋯⋯ **攻勢或守勢現實主義？**

　　國際體系的不確定性與不穩定是否鼓勵國家將生存與尋求支配列為優先目標？國家是否滿足於維持國家安全，抑或無止盡的追求權力（power after power）？諸如此類的問題一直都是新現實主義理論所探討的主要議題核心，也就是在無政府的國際秩序下，國家的主要動機為何。「攻勢現實主義者」（offensive realists）如米爾斯海默（Mearsheimer）認為，無政府狀態與對他國行為的普遍不確定性，迫使國家不斷追求權力的累積，意味著國家的主要動機是增進自己在權力層級中的地位。按此觀點，所有的國家都有可能成為超級強國或全球霸權，因此大國之間永恆的相互競爭是不可避免的。另一方面，「守勢現實主義者」（defensive realists）如馬斯坦多諾（Mastanduno）認為，雖然國家有可能為了阻止其他國家獲利而願意付出代價，藉此達到相對利益，卻不代表她們一定要追求自身所得的最大化。換句話說，國家的主要動機是確保自身安全，權力僅是一種達到目的的手段。舉例來說，美國以良善與支持的態度回應日本在二次戰後的工業進步。然而，不論是攻勢現實主義或是守勢現實主義本身，都無法提供具說服力的全球政治模式，前者主張無止盡的戰爭與暴力，後者則稱國際事務具有和平與穩定的特性。這幾乎是現實主義者分析的基石，儘管這兩種現象都沒有一個與現實相符。

突的關係（這些發展將在第18、19、20章有更多的討論）。

　　最後，全球化與全球或區域治理的趨勢對非國家行為者在世界事務的角色有強化的效果。這些非國家行為者為數眾多且種類多元，範圍從跨國企業（TNCs）、非政府組織（NGOs）到恐怖主義網絡與國際犯罪組織等。有論者以為，全球公民社會的興起正逐步體現世界民主（cosmopolitan democracy），從而增加弱勢或邊緣團體與運動的力量（Archibugi and Held 1995），這些將在第21章進行討論。如果全球權力分散於強權、國際組織與非國家行為者之中，那麼多極的觀念就可能受到質疑，代表這個世界秩序可能具有零極的特性（Haass 2008）。

多極秩序或失序？

　　如果二十一世紀的世界秩序具有多極特性，那這對戰爭、和平與全球穩定有什麼意義？二十一世紀會是充滿流血事件與混亂，還是合作與繁榮？多極世界秩序有兩種不同的模式：第一種強調的是全球行為者權力分散可能導致的悲觀結果。新現實主義者特別警告多極體系的危險性，認為多極體系主要的結構動態特徵是不穩定與混亂。因此，米爾斯海默（1990）對冷戰兩極的結束感到失望，警告歐洲的未來將會回到過去（即多極競爭的體系）。他提到多極世界秩序下，國

約翰‧米爾斯海默（生於1947年）

美國政治科學家與國際關係理論家。米爾斯海默是攻勢現實主義的主要提倡者，也是新現實主義穩定理論的開山鼻祖。在1990年的「回到未來」（Back to the Future）一文中，他認為冷戰對於歐洲和平的維持有很大的幫助，並警告冷戰兩極對立結束將會造成國際衝突日趨增加。另外在2001年的《大國政治的悲劇》中，他指出由於無法確知維持生存所需的權力多寡，因此強權總是會追求霸權，當他們相信自己享有超越其他競爭國的權力優勢時，行為也會較具侵略性。長久以來米爾斯海默不斷批評美國的中國政策，認定此舉會壯大中國的實力，最終美國將會為此付出代價。此外他同時也直言不諱地反對伊拉克戰爭，認為武力的使用會助長阿拉伯與伊斯蘭世界的反美主義。米爾斯海默的重要著作還包括與史蒂芬‧沃特（Stephen Walt）在2007年合著《以色列遊說集團與美國對外政策》。

際體系內的權力平衡持續不穩定，因此允許有野心的強權追求擴張的目標，從而導致第一次與第二次世界大戰的發生。按此觀點，與兩極體系相比，多極體系確實是內含不穩定性，因為行為者越多，就會增加發生衝突的可能並且製造更多的不確定性，同時加劇各國的安全困境。此外，眾多行動者不斷變換結盟的對象，顯示權力平衡的變化會更頻繁，也許還會更激烈。攻勢現實主義者特別指出在此情況下將導致不安與野心的產生，使強權更傾向不守規範與走險棋，而為全球和平帶來無法避免的後果。

　　除了關注多極體系結構所代表的意涵之外，還有許多斷層線與緊張地區也一一浮現，其中，最廣為人知的就屬舊霸權美國與新霸權中國之間發生戰爭的可能性。中國是否會持續和平崛起？那些對美中之間權力更迭抱持最悲觀看法的人認為，現存的霸權無法輕易且和平地調適自身衰弱中的地位，崛起中的霸權則遲早會尋求與自身經濟優勢地位相符的政經權力。再者，美中之間存在許多潛在的衝突來源，例如自由民主的美國與儒家思想的中國之間有著文化與意識形態上的差異，如同文明衝突論的主張，雙方的敵意與誤解將日趨增加。如此一來，十九世紀的英國霸權之所以能夠和平地轉移給二十世紀的美國全球霸權，可能是由於歷史、文化與政治上的相近性，讓英國不因美國的崛起而感到威脅。此外，美中之間也可能因為在臺灣、西藏與人權議題的看法分歧，以及在非洲、中東與其他

聚焦…… 平衡或扈從

　　新現實主義者傾向將權力平衡視為國家之間權力（或能力）分配下所產生的結構性壓力的結果。這種國際體系中偶然的權力平衡是如何出現的？面對國際無政府狀態下的不確定性與不穩定性，國家必須在平衡（與弱小國家聯合起來對抗崛起中或主要的強權）與扈從（向崛起中或主要強權靠攏）之間做選擇。新現實主義者主張在多數情況下，平衡比扈從的行為更普遍。這是因為在無政府狀態下，崛起中或主要的強權如何對待弱小國家是不受約束的，因此成為他國特別畏懼的對象。簡單的說，強國不可信，也正因為如此，國際體系的態勢傾向選擇權力平衡。這同時有助解釋即使國家之間存在政治與意識形態上的歧異，也會形成聯盟，如同二戰時的美蘇同盟。

地區的資源爭奪而爆發衝突。然而，其他人則提出中國崛起尚不具有威脅性的觀點。中國與美國不僅被經濟互賴的紐帶所約束（美國是中國最主要的出口國，中國則是美國最重要的債權國），在二十一世紀的進程中，美中兩國或許會創造出新形態的兩極體系，如同新現實主義者所言，此一體系將導向更高程度的安全與穩定。此外，美國希望中國承擔更多全球責任，一起分擔責任，並鼓勵中國選擇**扈從**，而非**平衡**。

　　另一個引發全球緊張的來源是俄羅斯的再起與強勢作為，這導致有些人開始宣稱新的冷戰即將來臨。儘管俄羅斯的國內生產毛額比北約組織內國內生產毛額排名第二十五位的國家還低，但因為俄羅斯的核武儲備使她成為全世界唯一可以摧毀美國的國家。因此，美國的俄羅斯政策，一方面嘗試將俄羅斯整合進全球治理的制度中（例如G-8的會員權），另一方面美國為了避免俄羅斯回歸擴張主義與領土影響力至上的可能性，透過支持歐盟與北約組織東擴至前蘇聯聯盟，以及在波蘭與捷克布署反彈道飛彈（不久後放棄）來達成目的。無論如何，這些發展都不太可能產生新冷戰，因為自超強年代以後，美蘇雙方的關係態勢在全球脈絡的變動下已經有顯著的改變。儘管如此，凱根（Kagan 2008）提出另一種可能性，宣稱民主與獨裁（主要是崛起的中國與俄羅斯）之間緊張關係的加深是「歷史重現」（return of history）。然而，此種觀點的難題在於，民主國家（例如美國與歐洲）之間的緊張與獨裁國家（例如中國與

扈從（Bandwagon）：為了增加安全與影響力，而選擇向強權靠攏的行為；又稱「跟上流行（西瓜偎大邊）」（jump on the bandwagon）。

平衡（Balance）：因害怕孤立無援，而選擇反對或挑戰崛起中或強盛國家的行為。

全球政治行動⋯
二十一世紀的中美關係

事件：2012年11月，世界兩大強國中國與美國先後做出關於政治領導高層的重大決策，時間只相差幾天，可說是相當巧合。美國在11月6日舉行總統大選。民主黨提名的現任總統歐巴馬擊敗了共和黨候選人羅姆尼（Mitt Romney）。美國總統大選的隔天，中國共產黨第十八次全國代表大會登場，目的在於完成中國每十年一次的政治領導班子更新。習近平在十八大當選中國共產黨總書記。2013年3月，全國人民代表大會確認習近平為中國國家主席。

意義：個別政治領袖，或者是政權對外交政策的影響，始終是個熱門話題。自由派相信政治權力的內部組織，可能會對於一個國家的外在表現，產生深遠的影響。現實主義者與批判理論家則是傾向用結構性因素解釋外交政策，例如權力平衡、全球資本主義、父權社會（patriarchy）等等。然而對歐巴馬與習近平而言，無論是他們塑造自己的命運，進而塑造國家的命運，還是有更大的力量主宰他們的命運，他們的世界究竟會是什麼模樣？中美關係在二十一世紀更將如何發展？新現實主義者並不看好未來，尤其擔心權力轉移的後遺症，也就是「舊」霸權受到崛起的「新」霸權挑戰，所引發的種種後果（Mearsheimer 2001, 2006）。這是因為其他國家遇到新崛起的強權挑戰，往往會選擇「制衡」（也就是反抗或挑戰強權，以免自身陷入危機），而不是「靠攏」（充當「牆頭草」，投向強國陣營）。因此中國會採取越來越堅定，甚至是具有攻擊性的外交政策立場，畢竟中國的經濟實力日益增強，也開始想要追求政治權力與戰略權力。例如中國為了爭奪位於東海與南海的幾個島嶼的主權，屢屢與日本等國發生

衝突。美國則是由歐巴馬政府於2010年提出「轉向」亞洲政策，出手壓制日漸崛起的中國，也在過程當中鞏固自身的霸權地位。按照這個政策，美國加強在亞洲各地的防禦部署，也提高美國海軍在太平洋地區的能見度。

頑固的美國對抗野心不斷膨脹的中國，這種超級強國之間日益嚴重的對峙看似悲哀，其實有不少值得質疑的地方。第一點，也是最重要的一點，目前的中美關係是前所未有的相互依存，多半是因為全球化的關係。美國也好，中國也好，都從跨國生產模式，以及開放的交易系統獲得大量的利益。倘若中美關係繼續惡化，甚至開戰，都會危及兩國的利益。最重要的是，中國持有大多數的美國主權債，兩國的命運等於是綁在一起。第二，美國與中國的軍事力量差距很大（美國的國防支出持續大幅超越中國），意思是說中國就算有「制衡」美國的打算，也只能採取「軟性」（非軍事）策略，而非「硬性」（軍事）策略。於是中國會繼續走在「和平崛起」的道路上，著重貿易而非戰爭。第三，中國的政策制訂者並不想挑戰美國，也不想取代美國，而是體認到美國的霸權得以延續，對中國是有好處的。中國得以專心追求經濟發展的首要目標，由美國承擔維護現有的全球體系的結構面與制度面責任。

俄羅斯）之間的緊張，可能也跟民主與獨裁之間的緊張一樣顯著。

　　然而，還有另外一種對多極體系抱持比較樂觀的看法。首先，認為新興強權與相對衰弱的美國或許可以在某種程度上維持和平並控制競爭的情況。基於「開明的自利」（enlightened self-interest），以及為了打消其他國家追求更高地位的念頭，美國選擇接納其潛在競爭國。此舉見於1945年後美國對日本重建的支持，以及對歐洲整合的持續鼓勵。另外，美國也採取類似的方式針對中國、印度與俄羅斯。此種方式鼓勵新興強權選擇扈從而非平衡，成為以美國為首的全球貿易與金融體系的一分子，而非阻礙美國。再者，此舉也有助於削弱「美國對抗全世界」（USA versus the Rest）的觀點，讓潛在的競爭國不至於把焦點集中在美國身上。美國一反過去在單極世界秩序所採的單邊主義，改採多邊主義，這不僅反映出其已認知到法治權力的重要性與功效，也強化美國處理權力轉移的能力，同時維持和平與合作。

重點摘要

- 以最廣義的概念來說，權力是一種能夠影響事件結果的能力。儘管如此，權力還是可以區分成潛在／實際的權力、關係／結構性權力、硬／軟權力。將權力視為利用物質的權力來控制他者的論述，已經遭致越來越多的批評，關於權力的討論因此更細微，也更多層面。

- 冷戰是以美國為首的西方與以蘇聯為首的東方之間的兩極緊張關係為其特徵。冷戰的結束宣告新世界秩序的到來。然而，新世界秩序的定義並不精確，很快就不受重視。

- 作為僅存的單一超強，美國普遍被視為全球霸權，特別是在911事件後發起的反恐戰爭，並在外交政策上採取新保守主義，使其全球霸權的意涵變得更加明顯。然而，此舉已經使美國深陷問題重重的軍事干預泥沼之中。

- 儘管新保守主義者辯稱美國已經建立一個「良性的全球霸權」，但包括現實主義者在內的批判者、激進主義者，以及南方國家（特別是穆斯林國家），都認為美國的動機是為了確保經濟利益與控制戰略資源，為此甚至做出「流氓超級強權」的行為。

- 二十一世紀的世界秩序越來越具有多極的特性，而證據就是新興強權的崛起，特別是中國；不過這也是廣泛發展的結果，包括全球化與全球治理，以及非國

家行為者重要性的增加。

- 對新現實主義者而言，多極將會分散全球行為者之間的權力而容易導致不穩定，甚至是戰爭。但另一方面，多極體系也可能會增強多邊主義的趨勢，進而產生穩定、秩序與合作的傾向。

問題與討論

- 「權力是一種能力」的論述為何遭到批評？
- 結構性權力在何種程度下會影響全球事務的結果？
- 硬權力在世界事務中是否已經變得不重要？
- 冷戰的兩極對立較易導致穩定與和平，還是緊張與不安？
- 新世界秩序的概念是否只是一種將美國霸權合法化的工具？
- 霸權對世界秩序的意義為何？
- 反恐戰爭對美國的全球地位有何影響？
- 中國是否正朝向成為下一個霸權之路邁進？
- 在全球政治中，美國與其他國家之間的緊張關係是否是一條正在成長的斷層線？
- 多極體系的興起應該受到歡迎還是害怕？

第十章 戰爭與和平

「戰爭是政治的另一種延續。」

——卡爾·馮·克勞塞維茲《戰爭論》，1832年

前言

軍事力量一直是傳統國際政治的籌碼，國家以及其他行為者大多會透過使用武力等威脅在另一方身上施予影響力，使得戰爭成為人類歷史常見的特徵，任何時代、文化以及社會都有。然而，即使戰爭的出現與人類的歷史相若，但是對其本質仍有許多疑問。戰爭與其他暴力類型有何差別？造成戰爭與和平的主要原因為何？以及，在世界某些地區爆發戰爭的機會降低，是否意指戰爭已經過時與軍力在全球政治中已是多餘？可隨著時間更迭，戰爭的本質已大大改變，特別是因為戰鬥的科技與軍事戰略已大幅精進。以前的武器從長弓發展至能上膛的槍，接著是來福槍與機槍等等。最主要的改變在二十世紀，有「總體戰」的出現，工業化科技起到推波助瀾的效果。冷戰結束之後同樣也出現非常不同的戰爭類型，所謂「新式」戰爭傾向以內戰的形式來呈現（特別是小規模或低強度的戰鬥），但也模糊了軍民的界限，而且常常是不對稱的形式。「後現代」戰爭高度仰賴高科技武器，但這些新戰爭類型到底有多新，以及他們的影響為何？最後，許多長久以來爭辯著的問題，在何種情況下戰爭能算合法。有些論者相信戰爭與和平的問題能由頭腦清楚地依國家利益的判斷來做決定。其他論者則堅持戰爭必須符合正義原則，更有論者仍拒絕戰爭在任何情況下發生。到底戰爭如何才能算合法？道德原則能否以及應否適用於戰爭當中？

關鍵議題

- 戰爭是什麼？戰爭有哪些類型？
- 戰爭為什麼發生？
- 在後冷戰時期，戰爭的面貌為何以及如何發生改變？
- 為什麼戰爭的結果越來越難估量？
- 如果可能，在什麼時候訴諸戰爭手段才是正義的？
- 戰爭能被「永久和平」所取代嗎？

戰爭的本質

戰爭的類型

什麼是戰爭？戰爭如何區別於其他類型的暴力行為：謀殺、犯罪槍擊或種族屠殺？首先，戰爭是政治團體間的衝突。傳統上，所謂政治團體是指國家，國家間的戰爭，通常是為了國界或資源的掠奪，被視為戰爭的原型。然而，國家間的戰爭在近幾年較不常見，取而代之的是**內戰**和非國家行為者的介入，例如游擊隊、反抗運動和恐怖組織。第二，戰爭是有系統的，它是由訓練有素的軍隊或戰士根據特定的戰略所實行的結果，並非是任意和偶發的攻擊。**常規戰爭**是高度組織化且紀律嚴謹的事務，包含受到制服、訓練、敬禮及階級約束的軍隊，且因為戰爭法（在第十四章討論）的出現，戰爭行為有一定的規範。現代的戰爭在本質上較不組織化。它包含了非正規的戰士，他們沒有嚴謹的組織，還可能拒絕遵守規則來打仗，這樣的發展讓軍隊和平民的界線變得模糊，這些會在後面的章節做討論。

第三，戰爭通常可由規模的大小來做區別。一系列的小規模攻擊，且只造成少數人死亡的情況，很少會被視為戰爭。聯合國認為至少每年造成1,000人的死亡，才會被定義為「大規模衝突」。但是這個分類太武斷，這將讓全世界視為戰爭的1982年福克蘭群島戰爭不被定義為戰爭。最後，戰爭通常發生在一段特定的時間內。也就是說，有些戰爭很短，像是1967年以色列與鄰國埃及、敘利亞和約旦的六日戰爭。有些戰爭卻可能無限延長，而且可能在戰爭中還存在一段和平時期，所以很難明確說出這類戰爭何時開始和何時結束。舉例來說，百年戰爭事實上是英法兩國一系列的戰爭，傳統上認為是從1337年到1453年，而從更久遠的角度來看，兩國的衝突可追溯至1066年英國入侵諾曼地。同樣的，雖然一戰和二戰通常被視為兩個不同的衝突，但一些歷史學者認為一戰、二戰只是中間穿插了20年休戰的同一場衝突。

然而，因為軍事科技和戰略研究的發展，戰爭被重新設計，戰爭的本質也因此有了巨大的變化。戰爭反映了當代的科技和經濟發展。從以前使用上膛的槍，士兵排成棋盤狀的年代，戰爭變得越來越有彈

內戰（Civil wars）：在一國內，不同政治團體所產生的武裝衝突。通常是為了國家的控制權或是為了成立新國家。

常規戰爭（Conventional warfare）：戰爭方式根據國際規範，且使用傳統軍事武器（非核武）和戰場戰術的戰爭。

性，像是來福槍的出現，到帶刺的鐵絲網，還有機關槍和間接射擊的問世，以及坦克和延伸行軍的發明，後兩者讓德國在二次大戰得以發動**閃電戰**。隨著工業化和動員能力的提升，總體戰的現象在二十世紀更常見，二十世紀的兩次大戰就是**總體戰**最好的例證。

戰爭可由規模和目的來作區別。一個極端的例子是**霸權戰爭**，有時又被稱為「全球」、「全體」、「體系」或「世界」戰爭，這類戰爭牽涉一系列的國家，每個國家都動員自己的整體經濟和社會資源來防範或重新塑造全球的權力平衡。

相反的，也有規模較小的「有限」或「區域」戰爭，這類戰爭通常是為了較小的目標，例如領土的取得或驅逐敵軍的占領，例如1991年的波斯灣戰爭（將伊拉克從科威特驅逐），以及1999年美國主導北約組織（NATO）對科索沃的轟炸（為驅逐塞爾維亞軍隊）。最後，核武和生化武器的使用（在第11章討論），或新形態的戰爭，例如**游擊戰**，這些衝突被視為非傳統戰爭的例子。

戰爭為何爆發？

每場戰爭的發生都有它特殊的歷史環境。第2章已經討論過一戰、二戰和冷戰的起因。然而，歷史上持續發生戰爭的事實，讓許多理論家認為可以有適用於每個階段與社會的更深層解釋（Suganami 1996）。肯尼茲‧華爾滋（Kenneth Waltz）在著作《人、國家與戰爭》（1959）中，認為戰爭應從三個層次來分析：人性的本質、國家的特性和體系的壓力。最常見的用來解釋戰爭的理由，就是人類與生俱來的天性和欲望。修昔底德

概念澄清：戰爭（War）

戰爭是指兩個或更多集團（通常是國家）間的軍事衝突。現代戰爭是組織化和有目的性的活動，這種形態的戰爭和歐洲早期國家體系的發展有關。國家發布的戰爭宣言有正式或準法律上的性質，發布宣言不一定要伴隨著軍事行動的展開。後冷戰時期常被視為一種新形態的戰爭。新形態戰爭比傳統戰爭涉及更多方面，例如國內種族衝突，先進軍事科技的使用，還有如恐怖組織或游擊隊等非國家行為者的介入。

閃電戰（Blitzkrieg）：先用空襲耗損地方抵抗能力，再利用裝甲部隊快速深入敵營的戰術。

總體戰（Total war）：戰爭牽涉社會各層面，包括大規模徵兵，發展經濟以實現軍事目標，還有摧毀敵方的平民和軍隊，造成大規模毀滅，達到敵人投降之目的。

霸權戰爭（Hegemonic war）：為了達到支配世界，調整權力平衡的戰爭。

游擊戰（Guerrilla war）：可說是暴動或人民戰爭。通常是非正規軍隊，善於利用地形戰術，強調機動性和突襲。

修昔底德（西元前460年至406年）

古希臘的歷史及哲學家。他最著名的著作《波羅奔尼薩戰爭》，細述了雅典和斯巴達為了爭奪在希臘的控制權，在西元前431年到前404年的一系列戰爭，最終雅典落敗。修昔底德解釋這場戰爭是種權力政治和相對權力的有力實證。因此，他是第一位用現實主義觀點來解釋國際衝突的學者，甚至可以說他最早提出一個國際關係理論。他對人性的悲觀影響了後世的霍布斯（Hobbs）。在「梅洛斯人的對話」中，修昔底斯提出權力政治不講道德的論點，這個訓誡有時被視為真理。

（Thucydides）就認為戰爭是「人類因為貪婪和野心而對權力的渴望」所造成。戰爭會一直發生就是因為人類的欲望無窮，但是可以滿足人類欲望的資源有限，為了搶奪資源，流血和暴力的鬥爭是無可避免的。人類的自私可由達爾文的進化論和其後的社會達爾文主義者的「適者生存」來得到科學驗證。像是奧地利的動物學家康拉德・洛倫茲（Konrad Lorenz 1966）就認為，侵略行為是生物的本能，尤其是雄性動物。不論是為了保衛家園，取得財富和資源，贏得國家榮耀，實現政治或宗教原則，或是建立種族優勢地位，戰爭就是會激發人類好鬥的本性。

　　以上的論述支持了古典現實主義關於權力政治的概念。古典現實主義學者認為國家或政治團體是將個人的自私和好鬥集合到集體的層次。當然，這種用生物學來看戰爭的看法還是有缺點。學者們太過強調人類的天性是與生俱來，而忽略了社會、文化、經濟和政治等後天因素，都會形塑或修正人類的行為。再者，就算好鬥是天生的，也絕不代表大規模且有組織的戰爭是必須的。

　　第二個來分析戰爭的層次是國家的特性。舉例來說，自由主義的國家因為憲政及政府職能的關係，要發動戰爭較不易，所以發展出民主和平論的觀點。相反的，獨裁國家和帝國較傾向於實踐**軍國主義**和發動戰爭。這是因為此類型的國家必須依

> **梅洛斯人的對話**（Melian dialogue）：從修昔底德的著作《波羅奔尼薩戰爭》中擷取出的一段梅洛斯人和雅典人的對話。雅典人不接受梅洛斯人維持中立的希望，圍攻且屠殺了彌羅斯人。
>
> **軍國主義**（Militarism）：係指一種以軍事為優先的文化或意識形態氛圍，此思想與價值觀瀰漫在整個廣大的社會當中。

賴軍隊來維持國內穩定，又缺少議會制度，以及鎮壓國內其他異議團體，所以這種國家國內的政治菁英通常就是軍人。此種讚揚軍隊的政治文化會形塑英雄主義和自我犧牲的信仰，並認為戰爭不但是合法的政治工具，而且還能充分展現愛國精神。

　　社會建構論者特別注重文化和意識形態的因素對戰爭的影響。國際環境有威脅和不穩定，或是國家自我定位為軍國主義或擴張主義，都會讓戰爭更可能發生。十九世紀在歐洲盛行的社會達爾文主義，導致國際局勢緊張，最終造成第一次世界大戰；而冷戰之所以持續則是因為美國害怕共產國際的擴張，蘇聯害怕資本主義的圍剿。同樣的，德國亞利安人的種族優越主義以及支配世界的想法，導致第二次世界大戰的發生；伊斯蘭教國家與西方國家的宗教衝突，激化穆斯林走向恐怖主義。國家進行侵略行為的內部原因，包括為了轉移國內對政府不滿的情緒（例如阿根廷在1982年攻擊福克蘭群島），也可能是因為國內的人口壓力，尤其是在經濟不景氣的情況下，成年且可作戰的男性人口數增長，造成社會上的混亂（杭廷頓以此來解釋伊斯蘭世界日益增加的極端政治主張）。

　　關於戰爭的理論，其中最有影響力的是新現實主義，其主張在國際體系的無政府狀態下，戰爭是無可避免的結果，因此各國只能尋求自助。新現實主義理論中又以攻勢現實主義最悲觀，攻勢現實主義者相信，不論國家的體制或政府結構如何，國家就是要追求權力最大化而非安全，國際體系注定要因為資源有限而永無休止的爭鬥，軍事衝突是不可避免的命中注定。國家間的不確定性和懼怕產生的安全困境，剛好突顯攻勢現實主義的想法，國家傾向將別國的防衛性行為視為潛在或實在的攻擊性行為。對現實主義者來說，能永遠止戰的方法只有建立世界政府，結束國際體系的無政府狀態。

　　其他有關戰爭的理論多半強調經濟因素。例如馬克思主義認為戰爭是資本主義的產物。為了搶奪與控制新市場、原料或廉價勞工以維持所得水準，資本主義國家之間一定會有衝突。所有的戰爭就是因為資產階級為了掠奪利益所造成的結果。經濟民族主義也會造成戰爭的產生，國家各自成為**自給自足**的經濟單位。對自給自足的追求讓國家傾向保護主義政策，然後走向殖民主義，加深經濟競爭和戰爭的可能性更高。然而，隨著對國際貿易的接受度大過擴張主義和掠奪，戰爭的經濟理論自1945年後開始式微。經濟上的互賴和整合都削弱了戰爭的可能性。

> **自給自足**（Autarky）：藉由擴張殖民地和切斷國際貿易來達到經濟自足。

觀點⋯⋯⋯　戰爭與和平

現實主義觀點

　　現實主義學者認為，戰爭是國際關係和國際事務中持續存在的現象。國家追求自身利益和國家間權力政治的角力，造成國與國之間衝突不斷，而這些衝突有時就會演變成軍事行動。現實主義者用兩個面向來解釋這種訴諸暴力的政治行為：首先，古典現實主義強調國家自我本位，認為政治行為體之間的競爭就是反應出人類自私、愛計較及有侵略性的本質。再來，新現實主義者認為國際體系是無政府狀態，國家只能尋求自主來保障自己的生存和安全，所以必須確定自己所擁有的武力，特別是現實主義者認為增加軍備是帶來戰爭的重點因素。不過無論是哪一個類型的現實主義者，都認為防止戰爭爆發的首要策略乃是權力平衡。

　　國家如果覺得贏面不大，就不會訴諸戰爭。要不要發動戰爭都是經過成本效益分析，仔細考量過的。就算是追求和平的國家，也必須為戰爭做準備，因為要防範潛在的侵略者或防止他國居於優勢地位。

自由主義觀點

　　自由主義學者認為和平是國際關係的本質，但不是必然會發生的。戰爭起於三個因素：第一，回應現實主義者，國家的確自我本位，國際體系的確是無政府狀態，所以衝突與戰爭難免。然而，無政府狀態可以藉由超國家實體建立一套國際秩序與法律的方式來取代。第二，自由主義者認為，經濟民族主義和自給自足最容易造成戰爭，而自由貿易或其他形式的經濟互賴，讓戰爭的成本過高，戰爭可能會造成不可想像的悲劇。

　　第三，國內體制對一國訴諸戰爭與否也有很大的影響。獨裁國家傾向軍國主義和擴張主義，習慣用戰爭來達到政治目的。民主國家則較愛好和平，至少民主國家與民主國家間的關係都滿穩定的。

批判主義觀點

　　批判主義理論中，馬克思主義就將戰爭歸咎於經濟問題。例如，第一次世界大戰是帝國主義國家在非洲和世界各地競爭殖民地的結果（Lenin 1970）。所以戰爭的起源就是資本主義的經濟體系，戰爭就是用來取得更多經濟利益的手段。這樣的論點暗示說社會主義就是和平的保證，而社會主義運動通常具有反戰或和平主義的傾向，這都是由國際主義的承諾所形塑。無政府主義傳統中的批判主義者如喬姆斯基則認為，大國利用戰爭來維持或擴張其在國際體系中的經濟及政治利益，所以霸權會引起戰爭，而和平必須要從全球權力重新分配而來。女性主義則將性別的概念套用進戰爭與和平，認為戰爭本質上不僅是男性之間的戰爭，而且國際政治的現實景象也是傾向衝突與暴力，這點明顯反映在「男性特質」的基本假設上，例如男性是自利、競爭性強且具有控制慾。特別是對差異女性主義而言，戰爭的本質若非來自男性好戰的天性，就是源自於父權的體制。相反的，女性則較傾向互相交流與合作，有可能是基於女性的和平「天性」，或者是因為女性的世界觀與生活經驗，傾向聚焦在人與人之間的聯繫以及合作關係。

卡爾‧馮‧克勞塞維茲（1780-1831）

普魯士的將軍及軍事家。克勞塞維茲12歲就入伍，38歲成為普魯士將軍。因為念過康德的哲學，又經歷了普魯士軍隊的改革，他將自己對軍事戰略的看法集合成《戰爭論》一書。書中除了闡述戰爭是必要的政治行為，且是政策的工具，還提出三位一體的戰爭理論：（1）人民，被民族情感所煽動；（2）軍隊，設計一套考量到戰爭中所發生的意外的戰略；（3）政治領導人，為軍事行動設立目標。克勞塞維茲被視為最偉大的軍事理論家。

戰爭作為政治的延續

最有影響力的戰爭理論由克勞塞維茲所提出。克勞塞維茲認為戰爭都是有目的性的：戰爭是政治的另一種延續。因此，戰爭就是用來迫使敵方接受我方的政治意願的手段。不論是戰爭還是和平，都是行為者理性追求自利，只是追求的手段不同而已（Howard 1983）。國家會訴諸戰爭都是經過縝密的計算，他的想法和現實主義者認為戰爭經過成本效益分析，且是政治的工具不謀而合。克勞塞維茲的觀點是西發里亞國家體系下的產物，在此體系內，國際事務就是各國間的關係。十九世紀時，國家流行將戰爭視為達到政治目標的手段，且當時五分之四的戰爭贏家都是發動國。況且，當時的戰場較侷限，也只有軍隊會參與，一般的民眾較不會被影響到，因此，戰爭的計算較容易。

克勞塞維茲的觀點當然引來了一些批評，多數的批評者是道德主義者。克勞塞維茲將戰爭視為常態又不可避免，而且只為了國家利益而非全體人類的正義，也就是說，為了一國的國家利益，就必須忽略道德的角色。另一方面，克勞塞維茲所謂訴諸戰爭是經過縝密計算和分析，這在現代戰爭中根本做不到，批評者認為克勞塞維茲的觀點早就過時了。第一，現今的經濟和政治環境讓訴諸戰爭不再像以前一樣可以有效達到政治目標，也不再是達到政治目的的唯一手段。如果國家不願訴諸戰爭，那麼軍事力對國際事務的影響就變得較小（van Creveld 1991; Gray 1997）。第二，戰爭的工業化以及全體戰爭的現象，讓戰爭的利弊變得很難計算，所以，戰爭是否能達到政治目的令人懷疑。最後，也有批評家認為戰爭的本質已經改變，這讓克勞塞維茲的觀點不再適用。什麼樣的現代戰爭可以被視為後克勞塞維茲式的戰爭呢？

爭辯中的議題……　在全球政治中軍事力量是否已經變得不重要了？

軍事力量傳統上被視為國際政治的主要工具。然而，近幾十年來，學者認為威脅和使用武力已經過時。

支持	反對
戰爭已經過時。 因為大規模、高度緊張的衝突已經不存在於世界大部分的角落，因此軍事力量也變得多餘。民主政治的擴張，形成廣大的「民主和平區」，民主國家間的戰爭日漸消弭。1945年後的聯合國也正式聲明了戰爭的不合法，改變了世界對戰爭的道德態度。總體戰和核武的出現代表戰爭會帶來無可挽回的破壞，所以戰爭已經不是一個可實行的政策手段。最後，國家現階段較注重的是社會福祉及社會福利。	**戰爭不會結束。** 現實主義者不考慮戰爭會消失這個觀點。國際體系中還是有支持衝突的觀念。軍事力量依然是國家生存與安全的重要保障，且無法解決的安全困境顯示出恐懼和不安全感依然在。更何況，和平區也可能因為全球化造成經濟民族主義，大國間的敵意加強（一次大戰就是因為這樣開打）。最後，世界秩序在變，很可能變成多極體系，而更不穩定。
要貿易不要戰爭。 全球化是戰爭過時的關鍵原因之一。全球化在至少三方面減少了戰爭的發生。第一，國家已經不需要透過戰爭來取得經濟效益，貿易是一個更簡單、成本更少的方式。第二，全球經濟互賴，戰爭可能造成貿易夥伴的毀滅、國外投資的消失等讓人無法想像的經濟成本。第三，貿易和其他經濟互動建立起國際共有價值觀，一起對抗侵略性的國家。	**新的安全挑戰。** 國家間戰爭減少不代表世界變得安全，有更新和更多的安全威脅正在產生，特別是恐怖主義。全球化助長了恐怖主義，因為恐怖分子取得毀滅性武器的管道更簡單，而且還能夠跨國運作。國家在面對這樣的威脅時，需要強調發展更複雜的軍事戰略、更嚴謹的保障國家安全，還有打擊國外恐怖分子基地的能力。
打不贏的戰爭。 戰爭本質的改變，讓戰爭的結果很難預測。就算是不對稱戰爭，已開發國家不一定會贏。例如美國在越戰和伊拉克、阿富汗戰爭。美國的強大軍事力也無法獲得勝利。相反的，用非軍事力的手段來增加對國際的影響力，對國家來說更有吸引力。	**人道戰爭。** 冷戰結束之後，戰爭的目的與軍事武力的使用都有了重大的轉變。特別是軍隊越來越常被用來達成人道目的這點。例如保護人民免於國內屠殺或政府的壓迫，像是北伊拉克、獅子山共合國、科索沃、東帝汶，在這些例子中，人道考量比國家利益考量更多。若沒有外來的軍力介入，通常一國的內戰、種族衝突、人道災難會威脅到區域的穩定，也會導致難民遷徙，甚至是更大規模的分裂運動。

改變中的戰爭面貌

從「舊的」戰爭形式到「新的」戰爭樣貌？

後冷戰時期最大的辯論其中之一，就是討論後冷戰如何影響了戰爭。現代戰爭被稱為後現代、後克勞塞維茲或後西發里亞戰爭（Kaldor 2006）。

傳統上，戰爭是兩個敵對國家間的武裝衝突，在西發里亞國家體系時期，戰爭與克勞塞維茲的說法吻合。此時，戰爭是由一群有組織、著制服的男人來執行國家政策。武裝衝突也有一套規則與規範，包括如何正式宣戰、如何保持中立、簽訂和平條約和戰爭法。然而，戰爭的面貌改變了。隨著1950年至1960年代的民族自由運動，在阿爾及利亞、越南和巴勒斯坦，以及後來的索馬利亞、賴比瑞亞、蘇丹和剛果，新形態的戰爭開始發展。1990年代蘇聯和南斯拉夫的瓦解後，新戰爭也發生在波士尼亞與高加索（特別是車臣），而阿富汗與伊拉克戰爭則是反恐戰爭的一部分（war on terror）。

雖然新戰爭不盡相同，但都有下列特徵：

- 偏向國內的戰爭而非國家間戰爭。
- 身分的認同通常是重要議題。
- 戰爭通常是戰力不平等的兩方造成不對稱戰爭。
- 軍民之間的界限瓦解。
- 比舊戰爭更殘暴。

後冷戰時期，新形態的戰爭越來越多。從1990年代中期開始，大約95%的衝突是發生在國家之內，而非國家之間。例外只有1980年至1988年的兩伊戰爭以及2008年俄羅斯和喬治亞的戰爭。國家間戰爭減少和某些地區放棄使用戰爭（所謂的和平區）的原因，包括民主思想的擴散、全球化程度的增加、對戰爭態度的改變、軍事科技的發展，尤其是核武的出現，讓戰爭會帶來比以往更大規模的毀滅。另一方面，內戰常發生在新獨立的國家，因為殖民主義帶來部落或種族互相仇視的遺毒，經濟發展的落後和國家在國際上沒什麼權力，因此出現了「準國家」或「失敗國家」。最弱的國家集中在非洲撒哈拉以南的地區，像是索馬利亞、獅子山共和國、賴比瑞亞、剛果。這些國家甚至都無法維持最基本的國家權力：無法維持國內秩序和人民個人安全，也就是說國內衝突甚至內戰成為常態。

因為這些國家的邊界通常是由前殖民者按照自身利益畫分的，當這些殖民地獨立建國後，國內人民包含很多種族、宗教及部落，造成人民之間衝突不斷，所以這些後殖民國家成為混亂區（zone of turmoil）。

現代戰爭通常被描述成**認同戰爭**。舊戰爭是因為地理或意識形態的不同而發生，而新戰爭則是因為身分不同造成不合。經濟和文化全球化的壓力產生認同政治的問題，尤其是在那些後殖民社會和社會不那麼團結的國家。並非所有的認同政治都會帶來仇恨和衝突。

一團體排外的認同，威脅到其他身分認同，這種仇恨就很有可能發生。學者沈恩（Sen）表示，當一個團體有強烈的身分認同，且認為他們自己的身分認同就是全人類的認同時，認同政治就很容易導致暴力行為，這樣的認同會鼓勵人們去排除與自己文化不同的人群，失去對其他文化正確及全面了解的機會。這個現象從激進的種族主義、宗教和民族主義運動的增加可以明顯看出。1990年代在南斯拉夫爆發的戰爭、伊斯蘭教和印度教在印度的衝突、巴勒斯坦人在加薩地帶和約旦河西岸的暴動，以及美國全面的反恐戰爭（特別是對阿富汗和伊拉克），皆可被視為身分認同戰。因為身分認同戰起因就在於別人如何看待自己，所以通常都伴隨著不正常的激情和殘暴。戰爭通常會維持很久，而且很棘手，反而變成國家的累贅。

傳統國家間的戰爭幾乎發生於相同程度的經濟體之間，但是現代戰爭卻通常是不對稱的，工業先進且軍備優良的國家對抗明顯是三流國家的對手。例如美國在越南、科索沃、伊拉克、阿富汗，以及俄羅斯對車臣的戰爭。**不對稱戰爭**指雙方因為經濟及軍事力量上的差異，採用多層級的軍事戰略與戰術，代表不對稱戰爭沒有一定的贏家或輸家。游擊戰就是常用計謀和突襲，埋伏或攻擊軍備精良的強大敵人。這種突襲也被恐怖分子所採用，範圍更廣，從鐵路爆炸道自殺攻擊。有時衝突和民眾有強烈關聯，戰爭演變成一種人民的反抗或是**叛亂**。此時，就不是要打敗精良的軍隊，而是要挫挫敵人的士氣並且崩潰其政治意願，像是在越南、以色列、

認同戰爭（Identity war）：係指一種為尋求文化重生的戰爭，人們公開表達他們的集體認同，並欲藉此獲得政治認可，這是爆發衝突的主要動機。

不對稱戰爭（Asymmetrical war）：明顯在軍事、經濟和科技都不再同一個層級的兩國所發生的戰爭。弱國更需要運用戰略。

叛亂（Insurgency）：武裝起義，包括非正規的士兵，目標是推翻現有政權。

重要事件⋯

前南斯拉夫的衝突

1919年　在奧匈帝國瓦解後，《凡爾賽條約》承認南斯拉夫為獨立國家。

1945年　南斯拉夫成為共產國家，包含六個共和國（塞爾維亞、克羅埃西亞、波士尼亞、赫塞哥維納、斯洛維尼亞、馬其頓、蒙地內哥羅）和塞爾維亞境內的兩個自治省（科索沃和伏伊伏丁那）

1986-1989年　1987年米洛賽維奇執政，塞爾維亞民族主義崛起（聯邦中最大、最有影響力的共和國）。

1990年　隨著共產主義在東歐崩潰，各共和國分別舉行多黨選舉，支持斯洛維尼亞和克羅埃西亞獨立。

1991年　隨著斯洛維尼亞、克羅埃西亞（6月）、馬其頓（9月）和波士尼亞·赫賽哥維納（1992年1月）相繼宣布獨立，南斯拉夫開始瓦解。至1992年四月，南斯拉夫僅剩塞爾維亞和蒙地內哥羅。

1991年　斯洛維尼亞的分離引發了「十日戰爭」（Ten Day War），斯洛維尼亞成功抵抗塞爾維亞領軍的南斯拉夫軍隊。

1991-1995年　克羅埃西亞獨立戰爭。該戰爭是一場對少數塞爾維亞人發動的激烈內戰，並由南斯拉夫軍隊支援塞爾維亞人。

1992-1995年　波士尼亞內戰爆發。其成為二十世紀後半葉歐洲為時最長、最激烈的戰爭。起因於塞爾維亞人反對波士尼亞脫離南斯拉夫，波士尼亞境內的穆斯林在內戰中慘遭大量屠殺和「種族清洗」，穆斯林和克羅埃西亞人也遭塞爾維亞人逐出其勢力範圍。雖然1995年的達頓協定（Dayton Accord）企圖重新建立一個完整的國家，波士尼亞目前仍舊分裂為兩個自主的實體，各由穆斯林克羅埃西亞人和塞爾維亞人掌控。

1996-1999年　科索沃戰爭爆發。科索沃解放軍（Kosovo Liberation Army）與塞爾維亞軍進行武裝對抗，雙方都被指控進行屠殺和種族清洗。1999年，美國領軍的北約轟炸行動迫使塞爾維亞自科索沃撤軍，並造成在貝爾格勒的米洛塞維奇政府於2000年垮台。科索沃在2008年宣布獨立，脫離塞爾維亞。

伊拉克和阿富汗的戰術。已開發國家逐漸採取小規模、低強度的反暴亂戰爭，顯然想捨棄過往的「地面作戰」式戰爭，尋求別的類型。

同時平民和軍隊的分界線也越來越模糊。三十年戰爭（1618-1648）後，戰

鬥人員和平民有明顯的差異，當時戰爭被侷限戰場上，而且只有軍隊去作戰。

　　然而，現代戰爭對平民有更大的影響，這是因為現代戰爭擴散的本質，一連串的小規模戰爭而非一場有主要戰場的戰爭，傳統戰爭上戰場的概念已被遺棄。戰爭發展成「人民之間的戰爭」（Smith 2006）。界線模糊的原因還有因為平民在現代戰爭中，成為軍事行動的目標（透過地雷、自殺炸彈、汽車炸彈和其他恐怖行為），軍事行動造成經濟與社會的動盪以及削弱敵人的決心和主戰的心理。

　　所以現代戰爭通常伴隨著難民問題，成千上萬無家可歸的人尋找暫時或永久的避風港（在第7章討論）。平民與軍隊的分界點也因為軍隊本質的改變而變得很模糊。以游擊戰為例，就是由自願的非正規軍隊和發起暴動的平民為組成的大多數。而**傭兵**則是非洲軍事衝突中重要的特色之一，例如2004年赤道新幾內亞的政變。非正式軍隊的使用也出現在已開發國家的戰爭中，例如在2007年中以前，美國私人軍隊受雇於黑水公司（Blackwater，現名Xe Services）和哈里波頓公司（Halliburton）的人數比軍隊人數還高，致使這場戰爭號稱史上最私有化的戰爭。黑水公司有時甚至可以指揮美國海軍陸戰隊，例如在2004年納扎夫（Najav）暴動的平定上。

　　最後，新戰爭通常比舊戰爭更野蠻、更嚇人，因為適用於傳統戰爭的規範都被拋諸腦後。例如綁架、虐待、強暴，以及由地雷、汽車炸彈和自殺攻擊所導致的恣意攻擊等，皆已成為現代戰爭的常態。此現象有時可以解釋為政治認同的一部分。與其藉由角色或行為判別他者的屬性，「作為特定團體的一分子」成為了定義敵人的方式。

　　因此，整個族群、種族或文化可被定義成「敵人」。此種作法意味著這群人基本上是「惡魔」或不值的，無論軍民，皆是可攻擊的目標。

　　因此宗教、種族或民族主義運動，通常被視為透過恐怖主義和暴力行動突顯**好戰性**的活動。這也解釋為何社群間的衝突常與「**種族清洗**」有關。

「後現代」戰爭

　　戰爭一直為科技的發展所影響。歷史

傭兵（Mercenaries）：服務外國勢力的雇用軍。

好戰性（Militancy）：升高或極端的承諾；一種熱情與激情，通常與鬥爭或戰爭有關。

種族清洗（Ethnic cleansing）：對於異族的強制驅離或消滅，「集體屠殺」的委婉說法。

當代重要的戰爭理論家

瑪莉・卡多爾（生於1946年）

英國學者和國際關係理論家。在2006年的《新戰爭與舊戰爭》中，卡多爾將私有化和全球化所造成的國家正當性危機與新型戰爭進行連結。其指出，透過暴力鬥爭以進入或掌控國家，將導致人權的嚴重踐踏。暴力總是以認同之名進行，並主要針對平民。卡多爾的其他著作包括2003年的《全球公民社會》和2007年的《人類安全》。

馬汀・范・克里費德（生於1946年）

以色列軍事歷史學家和戰爭理論家。其1991年的著作《戰爭的改變》，試圖解釋自1945年以來低度衝突和非傳統戰爭的支配性，對已開發國家軍事能力明顯下降所造成的影響。在此背景下，克勞塞維茲關於政治戰的想法不再適用，因為戰爭常成為目的，而非國家力量的工具。范・克里費德主要的其他著作包括1977年的《供給戰爭》和2000年的《戰爭的藝術》。

大衛・克里庫蘭（生於1967年）

澳大利亞前軍官和軍事顧問，專事反恐和反暴亂。他認為當代的衝突環境通常很複雜、多樣、零散和高度致命的，因此反暴行動必須掌握整體環境，並特別關注文化問題。克里庫蘭的想法影響美國對反恐戰爭所採取的轉變。其作品包括2005年的《對抗全球暴動》、2009年的《游擊戰》以及2010年的《對抗暴動》。

上，兩個軍事科技大幅發展的例子是長弩和長程飛彈。在1415年的亞金庫爾戰役（Battle of Agincourt），長弩助兵量較少的英國部隊和弓箭手擊敗法國遊騎兵。

彈道武器和長程核子武器則在1945年後出現。許多意見主張，自1990年代以降的武器技術和軍事戰略發展，尤其是美國的軍事發展，具有與長弩和長程飛彈一般的影響力，促成所謂的「**軍事革命**」。因此，現代戰爭被後現代戰爭所取代，後者有時候又稱「虛擬戰」、「電腦戰」或「網路戰」（Der Derian 2001）。雖然對不同人而言，「後現代戰爭」一詞的含意也不盡相同，後現代戰的主要特徵

軍事革命（Revolution in military affairs, RMA）：美國軍事戰略的新發展，主要利用高科技和智慧型武器迅速達成決定性的成果。

焦點……　伊拉克戰爭是「新」戰爭嗎？

伊拉克戰爭在很多方面可被視為「舊」戰爭。首先，這場戰爭最初是國與國之間的戰爭，由美國領軍的聯軍對抗伊拉克的海珊政權。其次，美國以「自我防衛」的理由為2003年對伊拉克的入侵行動進行辯護。美國的目的是在伊拉克進行「政權演變」（regime change）。基於伊拉克持有大規模毀滅性武器（事後證明沒有）以及海珊政權與蓋達等恐怖組織有聯繫並資助後者（仍值得懷疑）等理由，美國認為伊拉克對其造成威脅。第三，批評者常認為此次戰爭是傳統的帝國主義戰爭，其目的主要在於加強美國對於波斯灣地區油源的掌握。

無論如何，伊拉克戰爭也展示許多「新」戰爭的特徵。在戰爭的第一階段，美軍在三個星期內占領巴格達並推翻執政24年的海珊政權；隨後，衝突發展為複雜的游擊戰。自2004年起，衝突逐漸升高。游擊戰有兩個層面。

其一是美軍與遜尼派游擊隊的衝突，游擊隊成員主要是前海珊政權的支持者以及為數越來越多的宗教狂熱分子和蓋達戰士。另一方面，伊拉克境內的遜尼和什葉社群亦發生衝突，導致一連串的宗教暴力。由此可見，身分認同的相關議題與傳統政治議題糾纏不清。隨著戰爭拉長，美國也開始改變戰略以因應新戰爭的挑戰。自2007年初開始，美國的軍事策略圍繞在反游擊隊的目標上，尤其是透過所謂的「升高」（surge）策略。除了增加美國在伊拉克的部隊以外，此策略將更多美軍派到坊間，以期增進與當地人民的關係，並培植美軍和遜尼游擊戰士間的同盟關係（透過美國和日後由什葉派主導的伊拉克政府所提供的好處，收買遜尼派的「伊拉克子民」）。美國寄望後者能協助其消滅宗教狂熱分子和蓋達戰士。

通常是依賴科技，而非傳統的大規模衝突。後現代戰大力帶動武器發展，並盡力克制強權之間的實際衝突（Gray 1997）。1991年的波灣戰爭揭示了後現代戰的本質。

波灣戰爭見證人類首次大規模地使用一系列的新科技，這包括利用電腦和衛星技術來執行「外科手術式」攻擊、閃避偵測的反雷達技術、反彈道飛彈、大範圍的電子監測系統，以及複雜的軍用通信網路系統。就許多方面而言，使用精確導引（precision-guided）、射程達幾百公里的戰斧巡弋飛彈（Tomahawk cruise missile）已成為新型戰爭的主要象徵。後現代戰不僅追求大幅提升軍事行動的精確性和殺傷力，並有效率地達成目標，其也希望在追求目標的同時，降低人員損傷。就某個角度而言，後現代戰是一種將民主政治納入考量的作戰方式。民主政治下的選民通常拒絕接受如越戰一般，傷亡慘重、時間拉長的衝突。此發展也解釋空中轟炸在後現代戰爭中的重要性。因此，1999年由美國主導、迫使塞爾維亞部隊撤出科索沃的北約行動，即是一個「無傷亡戰爭」的例子（當然，僅有一方

無傷亡。）

　　後現代戰究竟有沒有效？波灣戰爭和科索沃戰爭暗示，至少就完成有限的目標（例如，驅逐伊拉克和塞爾維亞的部隊）而言，後現代戰的效率頗高。

　　再者，就鞏固全球軍事影響力及其霸權地位而言，美國在「高科技」武器的大幅優勢至為關鍵。美國的軍事發展也使其他國家選擇屈從而非平衡。另一方面，一如既往，軍事科技和戰略的發展不見得能轉化為戰略效率的提升。原因之一是無法只靠空軍就贏得戰爭。例如1940年至1941年德國在倫敦展開的**閃電戰**、1945年聯軍轟炸德國德勒斯登、2006年7月和2008年12月以色列分別空襲真主黨和哈瑪斯等，所有的例子皆突顯空中作戰很少不搭配陸地作戰，而前者反而更強化敵方堅守的決心。即使就科索沃的例子而言，聯軍原計畫為期三天的空襲最後進行了78天，並且僅在俄羅斯宣布不在總體戰中支持塞爾維亞時，塞爾維亞才撤軍。另一個原因是，就規模小、強度低的戰爭而言，尤其是在敵人機動性強、難以和一般人民區分時，高科技戰爭的作用有限。例如，在伊拉克戰爭初期，美國對巴格達進行的「震懾」（shock and awe）攻勢雖然快速地導致海珊和復興黨政權的垮台，但勝利未能防止伊拉克暴發高度複雜、長期的反侵略戰爭。反暴亂的侷限越來越明顯，發展新形態戰爭的壓力越來越大，尤其是大肆應用**無人機**以及其他無人操作的裝置。

戰爭的合理化

　　雖然戰爭的本質隨著時間劇烈改變，關於戰爭是否可被合理化、在哪種情況下能被合理化等問題的辯論，自古羅馬時期即展開。如希波的奧古斯丁（Augustine of Hippo）（354-430）和阿奎納斯（Thomas Aquinas）等歐洲中古時期哲學家，皆是辯論的代表人物。關於此議題的辯論，可分為三方面：

* 現實政治（Realpolitik）：作為政治行為，戰爭無須以道德合理化。
* 義戰論：戰爭僅有在遵守道德原則的情形下才能合理化。
* 和平論：作為「非必要的惡行」（unnecessary evil），戰爭無法被合理化。

> **閃電戰**（Blitz）：一種密集且持續的空襲。
>
> **無人機**（drone）：一種無人駕駛的飛行器，用途包括監測與空襲。

全球行為者……

北大西洋公約組織

類型：政府間軍事同盟・**成立時間**：1948年・**總部**：比利時，布魯塞爾・**成員國**：28國

北大西洋公約組織（NATO）成立於1948年，由比利時、英國、荷蘭、法國與盧森堡簽定北大西洋公約（有時候稱「布魯塞爾條約」）。隔年，美國、加拿大、丹麥、挪威、冰島、義大利和葡萄牙等七國加入。至2010年，北約有28個會員，新成員多數為前共產主義國家。北約的宗旨是以政治或軍事手段保障成員國的自由與安全。作為軍事同盟，其主要原則是當一個或多個成員國遭受攻擊時，該舉動被視為是對所有成員國之攻擊（北約憲章第五條）。北約的所有決定皆由共識決產生。

重要性：北約是全球最主要的軍事同盟。拜美國之賜，北約成員國的總軍事支出占全世界的70%。北約是冷戰時期的產物，而這個身分維持了約四十年之久。其主要目的是對抗來自蘇聯與其東歐衛星國所組成的華沙公約組織（1955年）的威脅。

如北約首位祕書長伊斯美（Lord Ismay）所言，北約的角色是「排除俄羅斯、拉住美國、壓制德國」（to keep the Russians out, the Americans in and the Germans down）。因此，北約在1945年後維繫了美國與西歐之間的關係，並與其對手——1955年成立的華沙公約組織——形成冷戰時期常見的軍事對峙。

然而，隨著冷戰在1990年結束，北約必須重新定位自己的角色。北約將自己定位為維持歐洲暨全球和平以及危機處理的一股勢力。

作為聯合國維和部隊，北約在1996年波士尼亞內戰中扮演重要的角色。此外，透過成立「和平夥伴關係」（Partnership for Peace，PEP），北約擴大其影響力，並讓前華沙公約成員和其他國家能與北約建立雙邊互動。PFP成員資格通常被視為成為北約正式會員的第一步。在1993年至1996年的南斯拉夫動亂中，北約透過維和及執行任務清楚地展現新角色。1999年，北約進行了首次大規模軍事行動，透過為期11週的轟炸（盟軍行動）（Operation Allied Force），使塞爾維亞軍退出科索沃。雖然北約通常是在聯合國的同意下採取行動，但是對於必須經過聯合國安理會批准北約進行軍事攻擊的改革，多數的北約國家表示反對。

911事件使北約史無前例地援引憲章第五條。此舉對北約有重大意義，最終可能賦予其一個全球角色。2003年，北約接掌在阿富汗的國際安全援助部隊（International Security Assistance Force）。此舉標示北約首次在北大西洋地區以外執行任務，並使北約更貼近「反恐戰爭」，賦予其一個複雜的反游擊任務。與歐盟東擴一樣，由於北約在2000年過後擴張至東歐的前共產主義等其他國家，其任務重心開始改變。然而，相較歐盟較不具爭議的擴張，北約擴張成為其與其他國家間的緊張來源，尤其是與美國和俄羅斯的關係。擴張促使部分評論者表示，北約正在恢復冷戰時期的傳統角色。此外，關於烏克蘭和喬治亞加入北約的議題，也格外具有爭議。喬治亞加入北約的可能性是導致2008年俄羅斯對喬治亞開戰的原因之一。與

俄羅斯的衝突也浮現在北約飛彈防禦系統的議題上。此計畫將與美國計畫在波蘭和捷克建立的飛彈防禦系統互補，不過這些計畫在2009年宣告終止。

現實政治

政治現實主義（又稱「**現實政治**」）主要的論點是，戰爭與和平不在道德討論的範圍內。戰爭與和平應該由國家利益決定。就此觀點而言，戰爭是人類歷史的常態。雖然戰爭間可能有很長一段和平時期，但和平總是短暫。

現實主義者認為，人類固有的侵略性是鬥爭和武裝衝突的起點。在有限的資源無法滿足無限的欲望的情形下，人類更為好鬥。無論如何，此觀點暗示現實主義主張**消極和平**。消極和平指「沒有戰爭或暴力」的現象（Dower 2003）。

然而，現實主義者並非戰爭愛好者，也並不忽略戰爭可能造成的死傷與破壞。例如，卡爾‧施密特（Carl Schmitt 1996）反對義戰，因為義戰，尤其是人道戰爭（humanitarian war），通常會因為代價高昂的目標和其背後的道德狂熱而導致總體戰。施密特認為，由於在目標是政治利益的戰爭中，主事者在明確的戰略目標下進行活動，因此戰爭所帶來的破壞較有限。對於烏托邦主義者幻想的「永久和平」，現實主義者的部分批評是前者基本上完全誤解國際政治的本質，而弔詭的是，與其減少戰爭的可能性，前者的主張使戰爭更可能發生。例如，在兩次大戰期間，在國際自由主義的迷幻下，英、法兩國決策者並未對德國的重新崛起採取行動，導致二次世界大戰的爆發。因此，現實政治的內涵是「寧誤殺，也不要誤判」。就此觀點而言，權力平衡是維持和平的唯一方法，唯有權力能制衡權力。再者，若將現實主義視為與道德無關，也可能造成誤解。其實，現實主義呈現一種道德相對主義（moral relativism）。某種道德的國家主義（ethical nationalism）為現實主義提供道德基礎，此種意識形態將國家利益置於所有其他的道德考量之上。換言之，現實主義的敵人是普世的道德原則，而非道德本身。

然而，現實主義者遭受嚴厲的批評。首先，現實主義的假設是權力政治、衝突、貪婪和暴力是「自然秩序」的一部分，它們是造就戰爭和武裝衝突的合理因

> **現實政治**：（Realpolitik，德文）字義上表示現實或實際政治。一種由實際考量主導的政治或外交模式，而非理想、道德或原則。
>
> **消極和平**（Negative peace）：不受即將爆發或正在進行中的戰爭威脅的一段和平時期。然而，引發戰爭的勢力仍存在。

湯瑪斯‧阿奎納斯（1225-1274）

義大利道明會修士、神學家與哲學家。生於那不勒斯地區的貴族家庭，阿奎納斯違反家人願望，加入道明會（Dominican order）。阿奎納斯於1265年開始創作龐大、始終未完成的《神學大全》，內容探討神、道德和法律的本質——永恆、神聖、自然和人性化。受到亞里斯多德和奧古斯丁的影響，阿奎納斯主張戰爭須符合三項條件才具有正當性：（1）需由擁有正當權威的人宣戰；（2）戰爭必須有正當的理由；（3）主戰者必須有正確的意圖（希望和平，避免戰爭）。阿奎納斯在1324年被封聖；在十九世紀，教皇利奧三世將阿奎納斯的著作視為天主教神學基礎。

素。女性主義者認為，現實主義者所強調的國家利益和軍事力量，無非只反映國際政治的男性觀。此種觀點建立在「男性作為戰士」的神話上（Elshtain 1987; Tickner 1992）。

其次，就戰爭造成的破壞和傷亡而言，現實主義者所強調的「戰爭與和平超乎道德討論（無論是普世道德或其他）的範圍」，無非反映道德意識的嚴重矮化。因此，大多數關於戰爭如何及在何時能被合理化的思考，聚焦在戰爭及戰爭行為如何能與道德原則並行不悖。所謂的「義戰」，是化解上述矛盾的答案。

義戰論

義戰的理念是基於戰爭可被合理化，並應該基於某種道德準則才能予以評判。因此，義戰論介於現實主義或現實政治與**和平主義**之間。前者主要以「對於權利和自身利益的追求」解釋戰爭，後者則否定任何為戰爭和暴力進行道德辯護的理由。然而，義戰論比較像是哲學或道德反思，而不是一種確立的教條。其源頭雖然可追溯到古羅馬思想家西瑟羅（Cicero），但希波的奧古斯丁、阿奎納斯、弗朗西斯科‧維多利亞（Francisco de Vitoria）和格勞秀斯（Hugo Grotius）等人是最初系統性地提出義戰論的哲學家。提倡義戰論的現代學者則包括麥可‧

義戰（Just war）：目的和行為皆合乎某種倫理標準的一種戰爭。其也因此擁有道德正當性。

和平主義（Pacifism）：對於和平的承諾，並反對任何情況下的戰爭與暴力行為〔「和平」（pacific）一詞來自拉丁文，表示「製造和平」（peace-making）〕。

瓦瑟（Michael Walzer）、珍・貝克・愛爾斯坦（Jean Bethke Elshtain）和大衛・羅丹（David Rodin 2002）。

正義原則是否可適用於戰爭？正義對戰爭的影響為何？義戰論者的理念基於兩個主要假設。首先，人性有好有壞。人可以努力為善，但總是有能力犯罪，包括殺害其他人。換言之，戰爭無可避免。其次，對戰爭進行道德規範可減輕戰爭造成的傷害。當政治人物、軍隊和民眾對義戰原則和戰爭法具有意識時，戰爭和傷亡將減少。

概念澄清：權力平衡（Balance of power）

權力平衡被用於許多方面，用政策來說，此為一深思熟慮，利用外交或戰爭，追求國家間的平等，避免其中一國處於優勢地位。用系統來說，權力平衡是沒有一個國家可以凌駕於其他國家之上，遏止國家稱霸的野心。雖然權力平衡可能只是僥倖，但新現實主義者認為國際體系會傾向平衡，因為國家會聯合抵制可能的強權。

因此，義戰論者主張，戰爭的目標必須是重建正義與和平。然而，戰爭是否曾達到如此崇高理想？第二次世界大戰常被認為是典型的義戰。1930年代，納粹黨日增的侵略性無非證實希特勒大膽擴張，甚至統治世界的野心。二次大戰間，六百萬名猶太人和其他族群的喪生，清楚突顯納粹統治將帶來的暴力與恐怖。如第14章所討論的，人道干預也包括在義戰論的範圍內。

義戰論討論了兩個不同但相關的議題。其一與開戰的權利有關，即所謂的**開戰正義**。其次與戰爭的正當行為有關，即所謂的**交戰正義**。雖然前述義戰論的兩個分支互相補充，但各自有不同意涵。例如，一個為正義而戰的國家可能運用不正當的手段。無論如何，究竟戰爭是否要符合戰爭權和戰爭法的所有條件，還是符合多數條件，就能被視為義戰，目前仍未有定論。此外，就不同的情況而言，義戰論者中也出現關於優先目標的辯論。例如，部分意見認為，義戰應該主要強調戰爭是否訴諸於正義，但其他意見認為更重要的是，戰爭應該永遠被視為最後手段。

同樣的，部分的義戰論者認為，就道德上的說服力而言，「開戰正義」的條件比「交戰正義」的原則更讓人容易接受，因為最終的結果使手段具有正當性。最後，義戰的條件雖然看起來淺顯易懂，但是在實踐時，往往引出令人三思的政治、

開戰正義（Jus ad bellum）：正當訴諸戰爭的權利，反映在限制合法使用武力的原則。

交戰正義（Jus in bello）：正當的戰爭行為，反映在規範戰爭如何進行的原則。

焦點⋯⋯　義戰原則

開戰正義的原則（訴諸戰爭的正當理由）：

- **最後手段**。必須在所有非暴力的選項用盡後才能訴諸戰爭。此條件有時被視為是「必要原則」。
- **正義的理由**。戰爭的目的是為了回應錯誤所造成的傷害。此條件通常指以自衛回應軍事攻擊——開戰最簡單的理由。
- **合法的權威**。通常指一主權國家具合法性的政府，而非個人或團體。
- **正確意圖**。戰爭的意圖必須在道德上被接受（可以與正義的理由相同或不一樣），而非基於報復或傷害的意圖。
- **合理地預期成功**。毫無希望的戰爭不該打，以避免無謂的傷亡。
- **比例原則**。戰爭帶來的益處應該比壞處多。決策者應該衡量對於侵略所採取的任何回應，回應必須符合比例原則（有時被視為「宏觀比例原則」，以與戰爭法原則區別）。例如，全面侵略並不是邊境交鋒的合理回應。

交戰正義的原則（作戰的合理手段）：

- **區別原則**。由於平民與非戰鬥人員是無辜的，火力必須只針對軍事目標。因此，只能在平民作為蓄意攻擊或**間接傷害**中意外和無可避免的喪生者時，方得允許平民傷亡。
- **比例原則**：與開戰正義原則相同，此原則指出，不能使用多餘的火力來完成合理的軍事目標，回應也不能大於觸發衝突的原因。
- **人道原則**：永遠不得對被俘虜的、受傷的或受控制的（戰俘）敵方人員施暴。隨著時間發展，人道原則與其他戰爭法原則被正式稱為「戰爭法」。

道德和哲學問題。

　　例如，將戰爭視為最後手段的原則，實際上忽略傷害擴大的可能性。若推遲軍事行動，敵人可能變得更強大，使兩造刀槍相見時，傷亡更慘重。此情境無疑發生在1930年代的納粹德國。然而，不同看法使正義原則更加複雜。此原則是否僅暗示以牙還牙的報復行動，還是延伸至「預防性攻擊」（pre-emptive attack）等國家對自身防衛的預期需求（anticipated need）。此外，「正當權威」（legitimate authority）原則同樣具有爭議。部分意見主張，唯有實行憲政和民主的政府才有正當性。「軍事行動必須有成功的可能性」這點也備受批評，因為有時候人類必須不計代價地對抗霸凌和威嚇

間接傷害（Collateral damage）：在軍事行動中，不經意或意外造成的傷害或損害。

麥可・瓦瑟（生於1935年）

猶太裔美國政治哲學家。瓦瑟對於如何思考戰爭倫理作出重大貢獻。在《正義戰爭與不義戰爭》（1997, 2006）中，他以法律的典範為基礎，發展出一套義戰論，將個人的權利與義務與政治社群（也就是國家）的權利與義務進行連結。此說法暗示，國家或許可透過預防性攻擊等方式抗拒侵略（義戰），但是為追求自身利益而侵略他國是不正當的（非義戰）。瓦瑟也認知到，在「最危急的緊急狀況」（supreme emergency）中（對國家急迫和重大的威脅），可能需要先將規則擺到一旁，進行人道干預。瓦瑟主要的其他著作包括1983年的《正義的範圍》和2004年的《論戰爭》。

（例如1940年代芬蘭抵抗俄羅斯侵略）。在相對實力難以衡量、成功機率難以計算的新型戰爭中，難以將勝負的可能性納入考量。

　　無論如何，對於義戰論仍有更深層的批評。首先，無論義戰的理想多麼令人嚮往，構成義戰的條件可能為國家設下不可能達成的標準。在過去的戰爭中，是否有國家完全遵守義戰原則，仍值得懷疑。就算是屬於「善戰」（good war）的二戰，英國也曾使用地毯式轟炸對付毫無軍事重要性的德勒斯登等城市，讓德國平民陷入恐懼。對日本的戰爭是在廣島和長崎投下原子彈後結束，過程中殺死大量平民。由於現代的作戰手法無法避免傷害民眾，義戰論越來越不受重視。其次，嘗試落實義戰原則可能導致出乎意料的結果。由於戰爭權與戰爭法的條件可能互相矛盾，正義的一方可能在綁手綁腳的情形下作戰，使其面臨被打敗的危險。當戰爭發生時，決定軍事策略的到底是道德因素，還是要確保能快速取勝？此議題與打擊恐怖主義特別有關，有時候與所謂的「**髒手問題**」有關，例如瓦瑟所指出的「定時炸彈情境」（ticking bomb scenario）。在分秒必爭的情形下，決策者可下令以極刑對待可能的恐怖主義分子，逼其供出炸彈地點，以挽救許多人的性命。第三，義戰論可能僅適用於交戰雙方享有相同或類似的文化和道德價值。只有這樣，其中一方才能被視為代表正義，另一方則是不正義。由於許多現代戰爭是跨文化的戰爭（甚至是文明衝突），例如以「反恐戰爭」為名的軍事行動，主事雙方因此無法享有共同的文化和

髒手問題（Dirty hands）：指政治家必須為了政治社群而逾越普遍接受的道德原則，使錯誤的行為擁有正當性。

全球政治行動…
阿富汗戰爭是「義戰」？

事件：2001年10月，美國及其北約同盟攻擊阿富汗，以推翻提供基地、支持蓋達恐怖組織的阿富汗塔利班政權。在地方軍閥和部族領袖的支持下〔尤其是「北方聯盟」（Northern Alliance）〕，2001年12月盟軍成功推翻塔利班政權，多數恐怖分子被殺或被迫逃亡至巴基斯坦邊境。然而，隨之爆發的是綿綿無期的反游擊戰，打擊塔利班政權的殘黨以及反親西方的新喀布爾政府的其他宗教武裝勢力

等。後者聚集在南阿富汗的赫爾曼德省（Helmand）和其他鄰近省份。

重要性：就許多方面而言，阿富汗戰爭可被視為「義戰」。首先，此戰爭可被視為防禦戰爭，以保護美國和西方世界免於恐怖主義的威脅，例如911對紐約和華盛頓進行的攻擊。愛爾斯坦（Elshtain）等評論家認為，「反恐戰爭」符合正義原則，因為其宗旨是反抗「終極恐怖主義」（apocalyptic terrorism）所帶來的種族滅絕。終極恐怖主義是一種可能不分軍民，並威脅所有美國人民和猶太人的戰爭。因此，阿富汗戰爭是反恐戰爭關鍵的一環。2001年對阿富汗的攻擊行動也有一個明確和具體的目標：剷除塔利班政權；其與蓋達組織的關係清楚、不具爭議。再者，美國與其盟友是具有正當性的權威。兩者有北約作為後盾，並受到包括俄羅斯和中國在內的廣泛國際支持。最後，911事件的主謀無法透過外交或非暴力的國際壓力加以剷除。例如，聯合國沒有能力、權力和意願去回應伊斯蘭教恐怖主義對全球安全所造成的威脅。

然而，批評者認為，阿富汗戰爭不正義，也不具有正當性。其論點包括下述。首先，就美國希望鞏固其全球霸權並加強其在中東地區對石油的控制權而言，戰爭的目的和動機不符合正義原則。就此方面而言，攻擊阿富汗是站不住腳的侵略行為。其次，美國與其盟邦無法被視為具有正當性的權威，因為與1991年波灣戰爭不同的是，阿富汗戰爭並未獲得聯合國授權。第三，雖然成功推翻塔利班政權的可能性很高，但是透過阿富汗戰爭擊潰伊斯蘭恐怖主義分子的論點值得質疑。因為，侵略行為可能激化伊斯蘭輿論，而在反游擊戰中以技術優勢對付傳統游擊戰略的作法是否合適，同樣令人質疑。第四，美國對待戰俘的方式（戰俘被分發至關達那摩監獄並遭受不同形式的酷刑），以及攻擊塔利班與蓋達組織時常造成平民死傷的後果，皆違反戰爭的傳統規範。第五，伊斯蘭教徒主張，正義是站在塔利班和蓋達組織一方，而非侵略者，因為他們正在進行聖戰（jihad），以淨化伊斯蘭文化並驅逐外來勢力。

價值觀。雙方也因此各自宣稱擁有正義，突顯雙方價值觀和道德信念的不相容。

和平論

　　相較義戰論試圖在正義的架構下調和戰爭與道德，和平論者則認為戰爭與道德無法相容。簡言之，和平主義主張「戰爭就是不道德」。此立場基於兩條思路，二者結合成和平主義的論述（Holmes 1990）。首先，戰爭是錯誤行為，因為殺戮是錯誤的。此項拒絕戰爭與殺戮的原則基本上主張生命的神聖和完整，並扎根於宗教信仰。在基督教義中，尤其是貴格會和普里茅斯兄弟會，能找到和平主義的蹤跡。

　　印度教，尤其是甘地的非暴力倫理，以及佛教和耆那教的教義中，同樣帶有和平主義的影子。因此，強烈的和平主義信念也為「**良知抗拒**」提供道德基礎。第二項主張有時又稱「有條件的和平主義」（contingent pacifism），其強調非暴力為全人類所帶來的廣泛和長期利益。就此觀點而言，訴諸暴力從來不是解決之道，因為暴力造成憎恨和復仇的心理，滋生更多暴力。此種論述反映在訴諸和平主義或非暴力的政治策略中。此種策略的影響力在於其論述在道德上是純淨的。1960年代金恩博士（Martin Luther King）在美國所領導的民權運動，是第二項主張的明顯例子。

　　和平主義主要以兩種方式影響國際政治。首先，透過所謂「法律的和平主義」（legal pacifism），和平主義者為建立國家聯盟和聯合國等超國家實體進行辯護。這些超國家實體希望透過國際法確保國際爭端的和平解決。也因此，和平論者是世界聯邦或世界政府最積極的倡導者之一。就尋求超越主權國家為主的世界而言，和平主義者擁抱所謂的**積極和平**，將和平與政治和社會正義的發展進行連結。其次，和平主義協助「和平運動」的發展。作為核武的回應，和平行動主義（peace activism）最初在核武時代初期出現。歐洲核武裁減（European Nuclear Disarmament）和英國的核武裁減運動（Campaign for Nuclear Disarmament）等組織的形成，反映許多人意識到核子武器已基本上改變人員傷亡的內涵和戰爭的道德含意。1960年代，這類組織受到廣大支持，尤其在1962年的古巴飛彈危機之後。

良知抗拒（Conscientious objection）：基於良知而拒絕軍隊徵召。論者相信，作為戰爭的代理人是一種道德缺陷。

積極和平（Positive peace）：和平作為和睦與整體的氛圍。戰爭不僅不存在，戰爭的理由也不存在。

甘地（1869-1948）

印度精神與政治領袖〔又稱「聖雄」（Mahatma），「偉大的靈魂」（Great Soul）〕。作為在英國受訓練的律師，甘地曾在南非工作，並組織反種族歧視運動。1915年回到印度後，他成為民族主義運動的領導者，為印度獨立鞠躬盡瘁。印度最後在1947年獨立。甘地的「非暴力抵抗」（nonviolent resistance; satyagraha）倫理和禁欲主義，賦予印度獨立運動龐大的道德權威。甘地的政治哲學奠基於印度教的教義，其認為崇高的真理（satya）規範宇宙，而人類最終將合而為一。甘地在1948年被印度教狂熱分子刺殺，成為印度獨立後，印度教與穆斯林衝突下的受害者。

和平主義也強化了反戰運動。對於越戰的反戰遊行為伊拉克等日後的反戰活動提供典範。雖然反戰抗議並非全因和平主義而起，但這些抗議已限縮政府訴諸或維持軍事行動的能力。

　　儘管如此，和平主義也在許多方面備受批評。例如，和平主義者被視為膽小鬼。此外，和平主義者也犯了「搭便車」的毛病，因為其在道德不受損的同時，享受軍隊和其他願意上戰場的人的保護。

　　因此，和平主義者不切實際地相信可以金盆洗手，完全擺脫政治。

　　和平主義也面臨更深的道德與哲學難題。首先，和平主義的內涵被視為矛盾的。其主張雖然建立在生命權上，但是在某些情況下，唯有透過武力保護自身或其他人，才得以保障生命權（Narveson 1970）。就此觀點而言，不受攻擊的權利需包括自我防禦的權利，並在必要時，以武力制服攻擊者。第二項難題是關於避免殺生的優先目標及其影響。此立場將自由、正義和尊重等其他考量視為次要。

　　然而，生命的價值無法避免地與個人的生活情形緊緊相扣，暗示著避免殺生與保護其他價值之間必須取捨。此種權衡被用於為人道戰爭提供辯護。就保護國內人民而言，減少人民痛苦和保護人權能平衡強制侵略的道德成本。第13章將繼續討論此議題。

重點摘要

- 戰爭是兩方以上團體，通常是國家，進行武裝衝突的一種狀態。然而，隨著時間發展，在軍事科技和戰略的影響下，戰爭的本質已有重大改變。然而，關於「戰爭為何發生」的辯論從未停歇。許多說法聚焦在人性、國家的內部特質或來自結構或系統的壓力。

- 如克勞塞維茲所論述一般，傳統上，戰爭被視為政治的另一種延伸。然而，克勞塞維茲對於戰爭的概念被批評為忽視戰爭的道德影響。此外，批評者也指出，傳統的概念已過時，因為戰爭作為政策工具的效用已式微，現代戰爭也難以透過工具式的角度進行詮釋。

- 許多人認為戰爭的本質在後冷戰時期就已經改變。所謂的「新戰爭」不再是國家間戰爭而是內戰，其焦點也環繞在認同問題。普遍而言，新戰爭屬於兩個實力不對等的團體之間的不對稱戰爭，常模糊平民和軍隊的區分，並具有更高程度的隨機暴力。

- 戰爭也受到高科技和智慧型武器發展的影響，促成所謂的「後現代」戰爭。雖然這類戰爭在波灣戰爭和科索沃戰爭中表現優異，但其戰略效用卻備受質疑，尤其是在小規模的低度戰爭中。在低度戰爭中，敵人的機動性高，並難以與平民區分。

- 關於戰爭與道德的關係，主要有三種立場。現實政治認為，戰爭作為政治行為，不需要道德正當性。義戰論試圖為戰爭辯護，但後者必須符合戰爭權和戰爭法的道德原則。和平主義認為，作為一種不必要的惡行，戰爭永遠無法被合理化。

問題討論

- 戰爭與其他形式的暴力有何差別？
- 傳統戰爭與非傳統戰爭間是否有具有意義的差異？
- 戰爭是否無法避免？為什麼？
- 「戰爭作為政治」的想法具有多少說服力？
- 為何難以在不對稱戰爭中獲勝？
- 「新戰爭」是否真的比「舊戰爭」更野蠻、凶殘？
- 反暴亂在哪些方面「失敗」？
- 現實主義是否不承認道德與戰爭之間的連結？
- 傳統的開戰正義原則合理嗎？
- 就有效的戰爭行為而言，戰爭法原則是否為一種阻礙？
- 為何和平主義者反對戰爭？

第十一章　核擴散與裁軍

「人類不能與核武共存。」

—— 日本長崎市市長伊藤一長
（Iccho Itoh，1995年－2007年）

前言

1945年，核武的發展與使用象徵著戰爭史與人類史上重要的轉捩點。轉眼之間，人類製造與累積的核彈頭數量已經足以摧毀好幾個文明，這也是人類首次擁有消滅自己的能力。隨著冷戰的展開，世界也籠罩在核彈的陰影下。雖然有些人認為核武能夠有效地遏止強權之間的戰爭，是嚇阻體系不可或缺的關鍵；然而，也有人認為核武競賽是持續緊張和不安全感的來源。核武嚇阻理論行得通嗎？核武究竟是提升了政治家的責任感，還是刺激了擴張主義者的野心？無論如何，在後冷戰時代，人們對於核擴散已經越感憂慮。不但「核子俱樂部」的成員已經由五個增加為至少九個，還有許多人指出，先前約束核武使用的力量已經遭到嚴重削弱。國家取得核武的誘因在哪方面增加了？核武現在是不是更容易落入「不法分子」手中？最後，近年來軍備控制和裁軍議題所受到的重視，也反應出國際對核擴散的憂慮。儘管防止擴散策略用盡了外交壓力、經濟制裁和直接軍事干預等各種手段，核武管制仍然難以達成。在這樣的背景下，核不擴散和核裁軍承諾的關係越來越緊密。為什麼防止國家取得核武如此困難？為什麼創造無核武世界的目標越來越受到重視？

關鍵議題

- 核子武器和其他類型的武器有何不同？
- 核不擴散最完整的解釋是什麼？
- 究竟核武是促進、還是威脅了世界的和平與穩定？
- 如何控制甚至遏止核武擴散？
- 後核武時代是可行或可期的嗎？

核擴散

核武的本質

人類首次也是唯一一次於戰爭中使用的**核子武器**，是由曼哈頓計畫（Manhattan Project）所開發的原子彈。1945年8月6日與9日，兩顆原子彈分別在廣島和長崎爆炸。這些原子彈在美國物理學家羅伯特‧奧本海默（J. Robert Oppenheimer）的科學指導下研發，並於1945年7月16日於新墨西哥（New Mexico）沙漠首次試爆，為劃時代新式武器的代表。原子彈的能量來源是核分裂，也就是高濃縮鈾（uranium，通常是鈾235）或鈽（plutonium）原子核的分裂。每一次的核分裂會釋放出數個中子，中子又會造成更多的分裂，核分裂武器便是透過這種連鎖反應來運作。氫彈是威力更大的核子武器，其基本原理是核融合（原子核的結合），但核融合只有在極度高溫和高壓的條件下才會發生。因此，核融合武器有時又稱為熱核武器。核彈製造破壞的方式有三種，即衝擊波效應、熱輻射與核輻射。衝擊波效應與熱輻射於強烈爆炸威力下產生，兩者的結合將形成移動時速上百英里、溫度達攝氏一千度的火風暴，並造成立即性的破壞。不過，核輻射的影響時間更長，範圍也更廣。核武的爆炸除產生立即的核輻射脈衝之外，爆炸後的產物也將形成放射塵。只要暴露在任何一種輻射來源之下，都將導致輻射中毒與長期性疾病，包括各種癌症。氫彈核武的破壞力極為驚人。比起近年試爆的熱核武器，廣島和長崎原子彈的威力要小得多，有些熱核武器所釋放的破壞力可達當年日本兩顆原子彈的兩千倍以上。

核武的大規模毀滅能力對國際和國內政治的影響是其他武器所不能及的。1948年，聯合國通過**大規模毀滅性武器**（weapons of mass destruction，簡稱WMD）的定義，而核武便是此類新型武器的原型。大規模毀滅性武器現在還包括生化武器（chemical and biological weapons，簡稱CBW），因此有時合稱為核生化武器（atomic, biological and chemical weapons，簡稱ABC）。大規模毀滅性武器和傳統武器的差別主要有三：

> **核子武器**（Nuclear weapons）：一種武器，利用核分裂（原子彈）或核融合（氫彈）所引起的爆炸、高溫和輻射摧毀目標。
>
> **大規模毀滅性武器**（Weapons of mass destruction）：一種武器類型，包括核子、輻射、化學和生物武器，具有大規模與無差別的毀滅性。

- 如同字面上的意思，大規模毀滅性武器可能引起大規模的間接傷害，造成平民百姓的死傷。
- 大規模毀滅性武器的巨大影響已經引發嚴重的道德疑慮，相關言論指出這些武器是「不合法、不人道」的戰爭形式。
- 大規模毀滅性武器的嚇阻效果特別好，擁有大規模毀滅性武器的國家幾乎不可能遭受攻擊。

　　然而，把這些武器通通歸類為大規模毀滅性武器是有問題的，部分原因在於這些武器各有不同的效果。例如，生化武器的破壞規模較小，可能比核武更「可以使用」，以此來看，核子武器可能是唯一的大規模毀滅性武器。同樣的，在近年不採用高爆炸力核武的趨勢之下，出現了兩種核武類型，即「不可使用」的策略性核武與可能「可以使用」的戰術性或戰爭用核武。此外，傳統武器和大規模毀滅性武器的區別在某些方面也不可靠。這是因為大規模毀滅性武器的使用可能需要倚賴傳統武器系統（例如使用洲際彈道飛彈發射核武），而傳統武器的持續性空襲也可能造成大規模的間接傷害，造成平民百姓的傷亡。

冷戰時期的核擴散

　　核武空前的破壞力解釋了為什麼自1945年以來，**核擴散**議題一直是國際安全議程的重點。要怎麼完整地解釋核擴散呢？一般的邏輯是，任何武器都有擴散的傾向。這是基於安全困境的概念，此概念認同武器同時具有象徵性的意義和軍事性的目的。簡單來說，一國的防禦性武器可能會被其他國家視為潛在或實際的攻擊性武器。如此一來，其他國家便會傾向強化其本身的軍事防禦能力，而這樣的舉動可能又會被另一些國家解讀為具有攻擊性的行為。因此，國際政治無可避免地在一定程度上具有恐懼和不確定感的特性，而典型的軍備競賽就是由這樣簡單的事實發展而成。此外，不作為（inaction）的成本（將攻擊性的軍事部署視為防禦性）也遠大於採取行動所耗費的成本（對防禦性的軍事部署採取不必要的行動）。

　　然而，就核武而言還須考慮其他因素，其中又以核武的嚇阻效果特別重要。

> **核擴散**（Nuclear porliferation）：即核武的散布。主要有兩種形式，一為無核武國家或其他行為者獲得核武（水平擴散），二為已經擁有核武的國家製造更多核武（垂直擴散）。

鑒於核武的毀滅性，攻擊有核國家幾乎是難以想像的。因此，美國在1945年對日本的原子彈攻擊，促使蘇聯更加努力發展核武，並於1949年首次進行核子試爆。另一因素是，核武能迅速取得重要的象徵性意義，特別是擁有核武所帶來的政治威望。因此，「核子俱樂部」的成員通常被列為一等國家。冷戰期間，「俱樂部」進一步囊括了聯合國安理會常任理事國的全部五個成員（又稱P-5），英國、法國和中國也分別在1952、1960和1962年進行核子試爆，這些都絕非偶然。

冷戰期間（又稱為「第一核子時代」）的核擴散主要是垂直的，而非水平的。當時防止核擴散的重點在於限制核武擴散對象不要超出「五個核武大國」，主要措施以1968年締結的《核不擴散條約》（Nuclear Non-Proliferation Treaty, NPT）最為重要，該條約在1995年被無限期延長。除了印度、巴基斯坦和以色列等著名的特例之外，幾乎所有的國家都簽署了《核不擴散條約》。與此對比的是，美國和蘇聯同時也發展出足以摧毀世界好幾次的核能力。至2002年為止，美國和俄羅斯的核能力占全世界核彈頭總量的98%（見圖11.1）。雙方都迅速發展出強大的**第一擊**能力，並擁有**第二擊**能力，使其能夠在抵抗敵人攻擊的同時，繼續摧毀主要的戰略目標和人口稠密區。1960年代早期，兩大超強已經擁有無懈可擊的第二擊能力，也就是說，核子戰爭將導致相互保證毀滅（Mutually Assured Destruction, MAD），因此完成傑維斯（Jervis 1990）所謂的「核革命」。這個核武嚇阻的體系創造了「恐怖平衡」，有些學者將其視為權力平衡能夠維持和平與安全的最佳證明。的確，核子戰爭對於環境破壞所帶來的威脅至鉅，核爆本身即可能造成生命的滅絕，更別提隨之而來的**核冬天**。

概念澄清：軍備競賽（Arms race）

軍備競賽是指兩個或兩個以上的國家為了回應對方的武力部署，而同時增加武力部署或增加軍力的現象。在第一次世界大戰爆發前英德的海軍軍備競賽，以及冷戰期間美蘇的核武競賽都是經典案例。可能導致軍備競賽的原因包括：防禦性的評估或誤判（安全困境），或者當一個或多個國家為了採取防禦性政策而尋求武力優勢的時候。雖然軍備競賽可能因為增加恐懼與被害妄想，強化軍國主義與侵略性的民族主義而引發戰爭，但軍備競賽也可能有助於維持整體的權力平衡並確保嚇阻的效果。

第一擊（First strike）：對敵人採取先發制人或突襲。

第二擊（Second strike）：回應敵人第一擊的報復性攻擊。

核冬天（Nuclear winter）：核爆引起的煙塵將遮蔽陽光並導致地表溫度劇烈下降的理論。

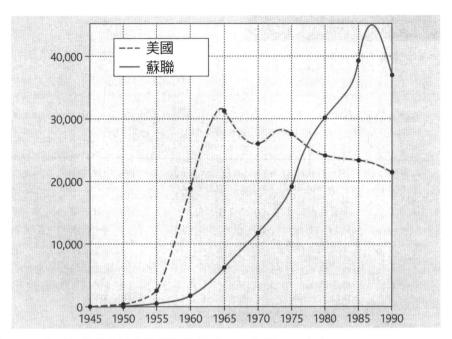

圖11.1　美國和蘇聯積累之核彈頭數量（1945年至1990年）

資料來源：Norris and Kristensen（2010）

冷戰時代的核擴散

在冷戰結束之初，許多人樂觀地認為核擴散議題的重要性將逐漸降低。如果說東西對抗激化了核武競賽，並導致恐怖平衡，那麼只要情況沒逆轉，則東西對抗的結束當然有可能為終止核擴散帶來希望。的確在1991年簽訂的《第一階段削減戰略武器條約》（Strategic Arms Reduction Treaty, START）和1993年簽訂的《第二階段削減戰略武器條約》（START II），強化了終止核擴散的樂觀預期。在這兩項條約中，美國和俄羅斯首次同意減少核彈頭的數量，並削減多彈頭陸基洲際彈道飛彈等特定類型的武器。然而，這樣的樂觀只是曇花一現。導致後冷戰時代（又稱為「第二核子時代」）對於核擴散的憂慮不減反增的原因至少有四個：

- 原有的核武強權持續使用核武策略；
- 國家取得核武的誘因增加；
- 核武和核技術更容易取得，核擴散也更加容易；

觀點⋯⋯ 權力平衡

現實主義觀點

　　權力平衡是現實主義理論的核心概念。華茲（Waltz 1979）便曾指出，權力平衡是一種國際政治理論。這反應出現實主義的核心假設，即權力在形塑國家行為，以及權力關係在形塑國際政治上扮演關鍵角色。權力平衡意指兩個或兩個以上的強權國家之間維持大致均勢的狀態。現實主義者對權力平衡的解讀相當正面，其認為由於只有權力可以制衡權力，所以權力的平衡將帶來和平與穩定。然而，現實主義涵蓋了兩種相當不同的權力平衡概念。對古典現實主義者而言，權力平衡基本上是一種政策，是政治干涉和國家運作的產物。這種「唯意志論」（相信自由意志與個人承諾）的看法認為，外交政策的核心決策者享有相當大（雖然並非完全無限制）的操控自由。另一方面，對新現實主義者而言，權力平衡較像是一種體系或自動產生的一組安排，而不是決策者依自我意志行動的產物。這種「決定論」（主張人類行動完全受外部因素制約）的看法認為，權力平衡基本上是「隨事件而生」，受國際體系變動所面的政治家只是對其做出反應而已，這是因為在自助的體系裡，國家會傾向防止單一霸權的出現。儘管如此，相較於多極或單極體系，兩極體系較容易發展出權力平衡。

自由主義觀點

　　自由主義者一般對權力平衡的概念持批判態度。他們認為，權力平衡確立了權力政治與國際競爭的正當性，造成國際體系本身的不穩定，並深化國家間的不信任感。由於權力平衡的基本假設為，其他國家或國家聯盟將威脅本國安全，只有增加與之匹敵的權力或成立與之對抗的聯盟才能遏止威脅，所以，持權力平衡的觀點更容易引發戰爭，而不是防止戰爭。因此，自由主義對國際政治的看法多著重在尋找替代方案或更有效的機制，以確保和平與安全。自由主義主要的解決方案就是成立有能力整頓國際無序狀態的國際組織，像是國際聯盟（League of Nations）或聯合國（United Nations）。這麼做的部分原因在於，雖然權力平衡助長了國家間的祕密協定，但國際組織能夠增加囊括大多數國家在內的公開協定，因此增加了共同安全的體系形成的可能性。

批判主義觀點

　　批判主義對於權力平衡的看法已發展出各家學派。例如，社會建構主義者著重於認知、觀念和信仰對於評估權力平衡的影響。因此，國家的自我認同和其對他國的認知，都將影響其對權力平衡的評估。簡而言之，就如溫特（Wendt 1999）對於無政府狀態的主張所言，權力平衡是國家所造成的。同樣的，國際社會主義理論家也認為，權力平衡是人為的，也就是權力平衡的形成，源於國際存在共同的規範與價值，以及國家欲避免戰爭的共同願望。所以權力之所以能平衡，是因為國家「希望」能達成權力平衡（Bull [1977] 2002）。女性主義和自由主義者持相同的看法，即權力平衡的思維將激化國際衝突，反而更容易導致戰爭，而不是避免戰爭。這也反應出權力平衡的性別化（gendered）概念，因為在權力平衡的思維中，權力幾乎都是指「凌駕於人」（power over）的能力，也就是控制或支配他人的能力。所以，權力平衡將無可避免地導致權力的爭奪。最後，後殖民主義

者認為，權力平衡基本上是歐洲或西方國家的遊戲，根本沒有將世界其他地區列入考量。因此，十九世紀末歐洲的權力平衡體系正好與「瓜分非洲」的結果，以及全球不平等與不平衡的深化不謀而合。

● 對於核武落到「不法分子」手中的憂慮越來越深。

　　第一，在取得初步進展後，減少核儲備或鼓勵核武國家放棄核武的努力日漸消退。1999年，《第三階段削減戰略武器條約》（START III）的談判於莫斯科召開，不過由於在重啟《反彈道飛彈條約》（ABM Treaty）的談判上無法取得共識，START III的談判因而瓦解。2002年簽訂的《戰略攻擊武器裁減條約》（Strategic Offensive Reduction Treaty, SORT）頂多算是「君子協定」，條約中沒有規定稽查措施，美國和俄羅斯可部署1,700至2,200枚的彈頭，剩餘的彈頭僅須儲存起來而不須摧毀，此外，美俄雙方只須在三個月前提出聲明即可退出條約。如果在缺乏冷戰提供的「正當性」下，有核國家仍能保有大部分的核武庫，此即顯示核武有更廣大的戰略重要性，也弱化了有核國家可以對無核國家施加的道德和外交壓力（2010年，美俄試圖重啟裁軍而簽訂的削減核武協議將於本章最後一部分討論）。此外，有證據顯示有核國家正積極發展新一代的武器，包括低當量核武，或較便於使用的迷你核武，以及飛彈防禦系統，例如美國已經計畫在波蘭和捷克設置飛彈防禦系統，以防止伊朗或俄羅斯的攻擊。2007年，英國也決定更新和替換其三叉戟（Trident）核武系統。

　　第二，許多案例顯示，無核國家取得核武的壓力越來越大。原因有很多，例如，兩強時代的運作有一部分建立在「延伸性」嚇阻體系，此體系又來自於美蘇給予同盟國「**核保護傘**」的能力。基於美蘇可能收回核保護傘的考量，許多國家傾向發展獨立自主的核能力，對緊張情勢正逐漸升高的地區而言尤其如此，1990年代的南亞就是一例。由於喀什米爾和其他議題的衝突日益升高，加上美國縮減對巴基斯坦的支持，蘇聯也不再是印度的靠山，於是印度和巴基斯坦在1998年相繼進行核武試驗，最後都加入「核子俱樂部」。中東地區的緊張局勢也是驅使以色列取得核武、伊朗尋求核能力的重要原因。儘管如此，比較伊拉克和北韓的例子可以發現，防止強權國家的干預仍是一個國家發展核武的最主要誘因。1991年波斯灣戰爭和其後所揭露的證據顯示，海珊

核保護傘（Nuclear umbrella）：主要核武強權給予無核國家和次要核武國家的保護承諾；一種延伸性嚇阻的形式。

政權擁有核武計畫，並且有意取得大規模毀滅性武器，美國因此在2003年對伊拉克發動攻擊（不過，美國最後沒有發現大規模毀滅性武器，顯示海珊可能在1990年代就已放棄核武計畫）。雖然美國對北韓也有相同的疑慮，不過，自從2006年北韓進行第一次核子試爆後，美國干預北韓的能力便大幅降低。一直要到2009年，北韓進行了與廣島原爆規模相當的核試爆，國際才做出相應的反應。為了防止美國的干預，伊朗也相當渴望取得核武。（圖11.2為核武國家持有的彈頭數量）。

第三，核武的取得或發展較冷戰期間容易許多。在「第一核子時代」，核武的生產有賴於基礎深厚且成熟的技術結構，以及具備關鍵科學技能的勞動力，這樣的條件有效遏止了核武的水平擴散，只有少數國家達到發展核武的技術門檻。然而，至1990年代，發展核武的相關技術已經向外擴散，如同印度和巴基斯坦的例子所示，兩國皆輕易地跨過門檻，並取得完整的核能力。1990年代，蘇聯的瓦解和俄羅斯的政經動盪特別令人不安，人們憂慮俄羅斯的核技術和放射性核裂變材料將流入公開市場。過去，製造核武的科學技術和零件由紀律森嚴的軍工複合體掌控，一旦流入市面，核武的技術和零件似乎將任由最高出價者取得。

最後，由於擔憂國家和其他行為者可能取得核子武器，人們對於核武擴散的憂慮逐漸上升。過去「核子俱樂部」的成員全為安理會常任理事國，因此可以說核武是由負責任的國家所擁有，從總體軍事策略的計算到核武的使用，都是基於縝密的成本效益分析。在這樣的情況下，謹慎行事終究會勝過魯莽行動，且核武在嚇阻系統裡的重要性永遠是象徵意義大於實際效用。然而，隨著水平擴散的阻礙逐漸消失，核武落入國家和行為者手上的可能性與使用的機率也同步增加。所謂的「流氓」國家就是明顯的例子，這些國家通常是軍事獨裁政府，國內飽受族群、社會衝突與經濟落後之苦，對外採取侵略性的外交政策，面對區域不穩定時尤其如此。後冷戰時代，防止流氓國家取得核武逐漸成為美國外交政策的重點，尤其是2002年被總統小布希稱為「邪惡軸心」的伊拉克、伊朗、敘利亞、利比亞和北韓特別受到關注。然而更嚴重的是，核武可能落入非國家行為者的手中，特別是持激進政教意識形態的恐怖分子，對他們而言，傳統使用大規模毀滅性武器的限制（有一部分是基於害怕受到報復）根本不適用。關於「核恐怖主義」的討論詳見第12章。

然而，並不是世界上所有的國家都意圖取得核武，更別說所有的非國家行為

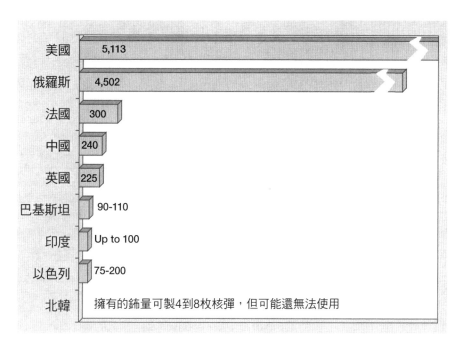

圖11.2　核武國家擁有的核彈頭數量（2012年）（可作戰武器之估計值）

資料來源：Arms Control Association（2013.4）

者。的確，相較於無政府和自助體系底下可能產生的核擴散，當前核擴散的程度已經比我們預期的低很多。像澳洲、加拿大、德國、日本和南韓等一些顯然擁有發展核武所需之經濟技術的國家，已經承諾不會發展核武。另有一群國家已經自願放棄核武計畫和核武，包括巴西、阿根廷和南非都曾一度是「不透明」的核武國。蘇聯解體後，烏克蘭、白俄羅斯和哈薩克各自從蘇聯接收核武，但之後已將核武交還給俄羅斯，以換取美國的經濟援助。美國入侵伊拉克的結果則顯示，海珊政權在國際原子能總署（International Atomic Energy Agency, IAEA）（聯合國機構，負責監督國家是否遵守《核不擴散條約》和其他不擴散協定）的施壓下，在波斯灣戰爭結束後不久即放棄了核武計畫和生化武器。另外，2003年利比亞為了換取對美國和英國的自由貿易協定，以及終止外交孤立，也放棄了所有大規模毀滅性武器的發展計畫。國家採取這種單邊自律或自制的原因很多，包括國家認為取得核武的成本可能大於效益、國際社會普遍認為擁有核武是非法的，以及五大核武強權本身也偏好核不擴散。

爭論中的議題…… 核武有助於促進和平與穩定嗎？

關於核擴散意涵的看法南轅北轍。現實主義者將核武解讀為冷戰之所以能維持「長期和平」的主要構成要素，其他人則警告，核武對和平與安全造成的威脅一直存在，且威脅的程度正在增加。

支持	反對
核武戰爭不存在。 核武最了不起的地方在於：它極少被使用。核武唯一一次被用於戰爭是在1945年，當時是為了促使日本投降，以盡早結束太平洋戰爭（雖然美國也希望向蘇聯發出訊息）。之後，核武未再被使用，兩個核武強權間也從未爆發傳統戰爭，由此可見，核武是非常特殊的武器。核武的重要性幾乎是象徵性的，而非實務性的。	**嚇阻體系不可靠。** 核武嚇阻理論是天真且危險的。世界存在核武，就存在核武戰爭的威脅。嚇阻永遠可能因為計算錯誤或意外而失敗。例如，一國對他國是否擁有無懈可擊的第二擊能力或者是否擁有核武，可能有錯誤的估算。此外，決策者常陷入戰時的狂熱氣氛中，此時所做出的錯誤決定，也可能使傳統戰爭升高為核戰爭。
有效的嚇阻。 嚇阻是取得核武的主要動機，由於侵略者可能會遭受大規模毀滅，因此可預防戰爭。由於核武擁有巨大的破壞力，作為防禦性武器又相對較無效率，故核武特別適合擔任嚇阻的角色。這意味著國家在核戰中不太可能做到第一擊就打倒敵方，因為核武強權一定會試著發展第二擊能力。因此，兩個有核國家間基本上是不可能發生戰爭的。	**核不平衡的危險。** 核武的垂直擴散或水平擴散無法保證能夠維持權力平衡。的確，核擴散無可避免地將造成短暫的不平衡，侵略國家便可能藉此見縫插針。畢竟，廣島和長崎原子彈的投擲就是利用這種軍力的不平衡。
國際穩定。 由於核武的垂直擴散傾向維持權力平衡（儘管是透過「恐怖平衡」），因此國際政治尚未因核武的垂直擴散而不穩定。此外，核武的水平擴散是平緩的（「核子俱樂部」的成員從1964年的5個擴大到2005年的8個，其中，以色列和伊朗被視為「不透明」的有核國家）。可以這麼說，核武的緩和擴散比不擴散或快速擴散更能維持國際穩定。	**可以使用的核武。** 近年的發展逐漸著重在生產影響範圍較精準且可控制的核武，使核武「可以使用」。這些「戰術性」或「作戰用」核武的重要性不再只是象徵性的。核運用目標選擇（nuclear utilization target selection, NUTS）理論由此應運而生，此理論否定相互保證毀滅的邏輯，但認為有限的核戰爭是有可能發生的。
核武治國。 國家可能因持有核武而較有責任感，決策也更加謹慎，先前較傾向冒險主義	**不負責任的核子國家。** 雖然核武的嚇阻效果在兩極的「第一核子時代」能發揮作用，在「第二核子時代」這個相對不穩定且多極的環境下，此嚇阻效果就不再那麼可靠。核第一擊的可能性取決於政治或經濟領導人是否願意冒險，或者領導人是否基於價值與信仰，而在策略性的考量之外，採用象徵性的

和侵略的國家亦是如此。例如，印度和巴基斯坦在各自擁有核武後，區域緊張演變為戰爭的可能性已大為降低。

暴力作為「全面戰爭」的方法。因此，最令人憂慮的是，核武是否落入對使用核武較無顧忌的軍事獨裁政權，甚至恐怖分子手中。

核武管制與裁軍

武器管制與反擴散戰略

核子**武器管制**已經被視為是遏止衝突與確保全球安全的主要方法。儘管如此，核**裁軍**的目標比武器管制更為遠大，其目的在於降低國家的軍事規模和軍力，也可能會裁撤國家的武器。武器管制則是藉由限制武力的增長或使用方式，達到管制武力水平的目標。武器協定並不是新的概念，例如，西元前600年，中國各地的諸侯國就形成了裁軍聯盟。不過，二十世紀以前，正式的雙邊與多邊限武或裁軍協定相當稀少。隨著科技先進武器的發展，出現工業化戰爭以後，局勢才發生改變。因此，毫無意外地，自1945年開始，武器管制的議程開始以限制大規模毀滅性武器（特別是核武）的擴散為主。主要的實踐方法為簽訂各種條約和公約，試著建立安全建制，以對抗安全困境下所產生的不確定感、恐懼和偏執。

那麼，核武管制的效果如何呢？就好的一面而言，儘管只是部分，但核武管制確實有成功之處。例如，《部分禁止核試驗條約》（Partial Test Ban Treaty）對減少大氣核試驗相當有幫助。同樣的，核武管制唯一最重要的條約——《核不擴散條約》，是減緩核武水平擴散速度的主要功臣，尤其在抑制那些顯然已擁有取得核武所需之經濟技術能力的已開發國家間的擴散特別有效。除此之外，雖然美蘇雙邊條約的具體條款實際並不受到重視，但這些條約至少有助於減緩緊張，並促使國家小心謹慎，也可以說為冷戰的終結鋪路。然而，就壞的一面而言，鑒於美國和蘇聯各自建立了規模驚人的核武庫，核武條約和公約對於防止冷戰期間核武的垂直擴散格外失敗。例如，雖然START I和START II的簽訂只是為了減少核武的增長，而不是減少核武，但也只是形同虛設而已。

為什麼武器管制的執行如此困難？第一，誠如現實主義者所指出的，安全困境是棘手的問題，也就是安全建制永遠可能失敗，且軍備競賽無可避免。第二，國家

> **武器管制**（Arms control）：由限制武器生產、分配和使用的相關協定所組成，以防止武器擴散的機制。
>
> **裁軍**（Disarmament）：透過縮減軍事規模或力量（或是減少武器種類）來降低作戰能力的措施。

重要事件…

主要的核武管制協定

1959 南極條約——禁止在南極進行武器測試與部署（多邊）

1963 部分禁止核試驗條約——禁止在大氣層、水下和太空進行核試驗（多邊）

1967 外太空條約——禁止在太空部署核武

1968 核不擴散條約（NPT）——（a）無核國家不得取得核武；（b）五大核武國承諾逐步減少並解除核武（多邊）

1972 第一階段戰略武器限制條約（Strategic Arms Limitation Treaty 1, SALT 1）——限制戰略武器，把洲際彈道飛彈凍結在1972年的水平（美國／蘇聯）

1972 反彈道飛彈（ABM）條約——限制彈道飛彈的數量（美國／蘇聯）

1987 中程核武條約（Intermediate Nuclear Forces（INF）Treaty）——裁減歐洲所有的中程核武（美國／蘇聯）

1991 第一階段削減戰略武器條約（START I）——限制核彈頭的數量和發射系統（美國／蘇聯）

1993 第二階段削減戰略武器條約（START II）——進一步限制核彈頭的數量，並削減特定種類的彈頭（美國／俄羅斯）

1996 全面禁止核試驗條約（Comprehensive Test Ban Treaty, CTBT）——禁止武器測試，但美國、中國、印度、巴基斯坦和北韓未批准（多邊）

2002 戰略攻擊武器裁減條約（SORT）（又稱莫斯科條約）——限制核彈頭的部署數量（美國／俄羅斯）

2010 新削減戰略武器條約（New START Treaty）（又稱布拉格條約）——將美俄雙方的核彈頭分別限制在1,550枚以下，較SORT之限制數量減少30%、較START I之限制數量減少74%（美國／俄羅斯）

安全和集體或國際安全的意義不同，前者是基於特定國家利益的計算，後者則是建立在雙邊或多邊協定之上。換句話說，就提供防禦和確保嚇阻而言，不管那些歡迎她們加入或她們已經加入的國際條約如何規定，國家總是傾向將武力的部署視為合法的。因此印度、巴基斯坦與以色列從未簽署《核武禁擴條約》（NPT），北韓則是於1985年退出。第三，確保一個有效且可執行的武器管制最困難的地方在於，其試圖控制武力最強大的國家，也就是世界最有權力的國家。大國（特別是強權）只有在符合國家利益的情況下，才會願意受安全建制約束。直到2010年，美俄之間核裁軍的實際進展僅限於冷戰後的一小段時間，形成所謂「和平紅利」的一部分。然而，兩國的安全優先順序很快就改變了。至1990年代

末，美國（後冷戰時期限武議題最重要的行為者）逐漸修正其對核擴散危險性的計算與對抗核擴散的方法。

目前各國（特別是美國）對核擴散的憂慮聚焦在「流氓」國家帶來的威脅。就其本質來看，這些國家不容易受到安全建制所形塑的壓力影響。這樣的情況在波斯灣戰爭結束後特別被突顯出來，當時武器檢查員揭露，自1968年起即為《核不擴散條約》締約國的伊拉克，一直在祕密發展核武。國際原子能總署的檢查員在聯合國特別委員會（UN Special Commissioners, UNSCOM）的協助下，獲權解除伊拉克所有的核子、生物和化學武器。然而，海珊政權不願持續與聯合國特別委員會合作，武器檢查員又說服許多美國和盟國的人相信，伊拉克隱匿重要的核武計畫，而且檢查流程畢竟可能存在漏洞。這些因素導致美國和英國在1998年發動名為沙漠之狐行動（Operation Desert Fox）的短期空襲，以伊拉克境內可能藏有核生化的設施為轟炸目標。911事件後，美國對待「流氓」國家（特別是伊拉克）的態度出現了極大的轉變。美國完全摒棄圍堵的概念和對外交的依賴，另外採取「**布希主義**」，宣稱未來將透過先發制人和政權轉移對付「流氓」國家和大規模毀滅性武器的威脅。2003年的自由伊拉克行動（Operation Iraqi Freedom）和伊拉克戰爭的爆發，便是由此而來。不過，美國入侵伊拉克後，並沒有發現大規模毀滅性武器儲存或伊拉克正在進行核武計畫的證據，這顯示海珊政權在不配合的態度背後，雖然可能只是權宜之計，但確實已經銷毀武器並放棄他的核武計畫。

由美國對伊朗和北韓的關係可以明顯看出，美國對可能持有或正在尋求大規模毀滅性武器的「流氓」國家採取了更強硬的立場。2003年，國際原子能總署檢查員發現，身為《核不擴散條約》締約國的伊朗，已經在納坦茲（Natanz）和阿拉克（Arak）兩地分別建造鈾濃縮廠和重水工廠，伊朗極有可能在巴基斯坦的技術協助下，非法發展核武計畫。於此同時，伊朗對於美國在伊拉克戰爭爆發後可能進行的干預（可能利用以色列作為美國的代理人）也越來越焦慮。儘管如此，伊朗當局仍堅持它們的設施僅用於和平用途，突顯

和平紅利（Peace dividend）：強權對抗終止後，各國得以減少軍事支出，進而增加經濟與社會支出的機會，通常比喻為把「槍砲」變成「奶油」。

布希主義（Bush doctrine）：採取先發制人軍事行動的主義（其內容不一定總是很具體），其目標可能在於政權轉移，對象則是美國認為正在發展大規模毀滅性武器和（或）庇護恐怖分子而對美國造成威脅的國家。

出核技術既可生產民用核能又可用來生產武器原料之「兩用」問題。然而伊朗不顧美國與歐盟三強國（法國、德國與英國）接連的外交施壓，也不理會美國可能重施在伊拉克的故技，逕自在伊朗發動政權更替。伊朗不懼這些壓力，在2006年宣布，第一，將要重新開始製造小規模的濃縮鈾，後來又證實已經重啟核發展計畫。伊朗邁向核國家的道路，在2009年取得重大進展，成功發射第一個自製衛星。外界紛紛議論，擁有核能力的伊朗對於區域穩定，以及整體的全球事務，會有怎樣的影響。不過羅哈尼在2013年當選伊朗總統，伊朗與西方在核武問題的僵局，也算是露出了外交破冰的曙光。

對於北韓取得核武的不安，則主要來自於擁有核武的北韓將會對南韓造成威脅，進而迫使南韓起而效尤，因此可能導致朝鮮半島的核武競賽。北韓攻擊美國本土的可能性則是另一個更深遠的憂慮。然而，儘管911事件後孤立北韓的壓力日增，美國對北韓的外交影響力卻很微弱，甚至造成反效果，特別是北韓和中國具地緣鄰近性，讓美國不太可能採取先發制人的政權轉移手段。北韓在2003年退出《核不擴散條約》之前，一向拒絕開放其核設施給國際原子能總署檢查。2006年，北韓引爆了一個核裝置，成為世界第九個有核國家。然而，在中國主導的六方會談（參與國另包含美國、南韓、北韓、俄羅斯和日本）結束之後，北韓在2007年宣布，其已經凍結核武計畫。不過，北韓卻在次年又繼續進行鈽再處理（製造原子武器的前置步驟）。2009年，長程彈道飛彈的發射（雖然不成功）、將核武檢查員驅逐出境的決定，以及永遠退出六方會談的聲明，似乎都顯示出北韓意圖成為正式核武國家的決心。儘管如此，從後殖民主義的角度來看，不論是將處理核不擴散的精力都集中在伊朗和北韓等國家，以及核不擴散與「流氓」國家「問題」之間存在的廣泛連結，主要都是受到歐洲中心觀點和假設的驅使。

建立飛彈防禦系統是在核擴散的世界中確保安全的替代方案。飛彈防禦系統背後的概念是：由於終究不能倚賴武器管制和安全建制來防止核攻擊，尤其是洲際彈道飛彈的攻擊，因此反彈道飛彈網還是最可靠的保護形式。美國是目前唯一擁有經濟和技術資源，且認真考慮以這種方法進行核防禦的國家。戰略防禦計畫（Strategic Defence Initiative, SDI）是美國的第一個嘗試，此計畫又稱「星際大戰」（Star Wars），由雷根總統於1983年提出。戰略防禦計畫原本欲用於替代相互保證毀滅政策，但從未發展或部署完成，不過在加速美蘇的軍備競賽上，戰略防禦計畫對蘇聯的經濟造成很大的壓力，進而加速了冷戰的終結。國家飛彈防禦

全球政治行動…
伊朗與核武

事件：伊朗從1950年代開始走向民用核國家（civil nuclear power）之路，當時的伊朗是在美國的支持之下，依據聯合國的原子能和平用途計畫（Atoms for Peace）進行核計畫。伊朗在1979年「伊斯蘭革命」之後，終止了暗中進行的核計畫，但後來可能在兩伊戰爭期間，再度展開小規模的核武研究。2002年，伊朗位於納坦茲（Natanz）與阿拉克（Arak）的核設備「曝光」，美國、以色列等國都有不少人認為，

伊朗的民用核計畫，只是掩飾發展核武的幌子。伊朗不願全面配合國際原子能總署（International AtomicEnergy Authority，IAEA）的檢查，因此受到越來越嚴厲的經濟制裁。2009年，伊朗成功發射第一個自製衛星，不僅代表伊朗在太空也有一席之地，也引發外界質疑伊朗是否要發展長程彈道飛彈。2010年，伊朗宣布成為「核國家」，有能力製造醫療用途的，濃度為百分之二十的濃縮鈾。

意義：羅哈尼自從2013年當選伊朗總統，再三保證伊朗不會發展核武，但伊朗是否會發展核武，始終是全球安全議題的熱門話題。倘若伊朗當真擁有核子彈，會引發什麼樣的後果？伊朗一旦成為全球第十個擁核國家，會不會對區域安全與全球安全帶來無法承受的重大風險？伊朗「走向核子之路」，至少引發了三大疑慮。第一，擁有核武的伊朗會威脅到以色列的生存。提出這個觀點的人認為，伊朗的政體是神權政治與民主政治的綜合體，不僅是以色列的死敵，也不受傳統的核威懾邏輯影響。所以伊朗確實有可能不顧後果，率先對以色列發動核戰，先發制人摧毀以色列

的核武。伊朗就算不全面開戰，也有可能將核武移轉給哈馬斯、真主黨（Hezbollah）這些團體，讓他們去對付以色列。第二，擁有核武的伊朗會嚴重影響區域穩定，改變中東地區的權力平衡，土耳其、埃及、沙烏地阿拉伯這些國家為了不讓伊朗成為區域霸權，也會積極取得核武。第三，擁有核武的伊朗也會對美國形成威脅，也許會拿洲際彈道飛彈對付美國，或者是有了核武壯膽，便出手扶植世界各地的反美恐怖主義。

另一方面，也有觀點認為這種擔憂不是嚴重誇大，不然就是基本的理解錯誤。伊朗發展核武，與其說是想發動攻擊，不如說是畏懼以色列（中東地區唯一的核武國，大概從1960年代就擁有核武）以及美國，畢竟伊朗從十九世紀開始，不斷受到西方強國惡劣對待（尤其是英國）。況且擁有核武的伊朗與以色列的關係不但不會一觸即發，反而會改善，因為在核武的權力平衡之下，各方的行為都會比較謹慎，不想冒險。同樣的道理，伊朗擁有核武，也不見得一定會在中東地區掀起核武競賽，因為土耳其、埃及、沙烏地阿拉伯這些國家並沒有開展核武計畫，整個中東地區就只

> 有以色列擁有核武。而且就算中東地區真
> 的出現核武擴散，整個區域也只會更穩
> 定，而不是不穩定（Waltz 2012）。最後，
> 如果說依據核威懾理論，伊朗不可能攻打
>
> 以色列（無論是傳統戰爭還是核武戰
> 爭），那就更無法想像伊朗會攻打比以色
> 列強大太多的美國。

系統（national missile defence, NMD）的概念在小布希時代又再度復活，特別在
考慮到伊朗帶來的威脅之後，小布希承諾美國將在波蘭、捷克，可能還有其他東
歐國家建造飛彈防禦系統。

　　然而，飛彈防禦系統也有缺點。第一，飛彈防禦系統的發展所費不貲。這是
由於飛彈防禦系統的涵蓋範圍必須夠廣、夠精密，且考慮到一個核彈頭就可能造
成毀滅，因此還要保證能阻擋所有飛彈。第二，不論飛彈防禦系統的建造投入多
少資源，許多人對於飛彈防禦系統究竟能否提供絕對的保護提出懷疑，特別是飛
彈防禦系統的原理，是建立在一顆子彈「總是」能攔截另一顆子彈的假設之上。
第三，和取得其他武器的情況一樣，飛彈防禦網的建造可能被其他國家視為具侵
略性或攻擊性的行動。美國的國家飛彈防禦系統（特別是將之建在東歐國家的提
案）便因此招致俄羅斯的強烈批評，甚至可能是引發2008年俄喬戰爭的原因。美
國認知到國家飛彈防禦系統已經成為爭取俄羅斯支持其他迫切議題（例如伊朗問
題）的阻礙，因此總統歐巴馬於2009年宣布，將暫緩飛彈防禦網的建設。不過，
這只是支持走向無核（post-nuclear）世界的歐巴馬政權，對美國核不擴散戰略重
新進行重新評估的一部分而已。

沒有核武的世界？

　　長期以來，無核世界的概念一直為和平運動所提倡，事實上，反核運動主義
通常是和平運動最重要的動機。可以說，從世界進行第一顆原子彈的測試開始，
反核運動就誕生了。1945年7月，世界第一顆原子彈爆炸時，被譽為「原子彈之
父」的奧本海默（J. Robert Oppenheimer）曾引用《薄伽梵歌》（*Bhagavad
Gita*）裡的一句話：「現在我成了死神，世界的毀滅者。」之後，奧本海默反對
發展殺傷力更強的氫彈，但不成功。對許多人而言，核武可能造成前所未見的死
亡和破壞規模，這已經徹底改變了戰爭倫理的思維，義戰的概念可能根本是多餘
的。隨著冷戰期間核武競賽的升高，大規模的和平運動也開始動員，並且以反核

焦點…… 北韓是流氓國家？

　　當北韓於2006年成為世界第9個有核國家之後，對國際安全而言有何意涵？北韓經常被視為觀察「流氓」國家取得大規模毀滅性武器（特別是核武）之後有何反應的典型案例。北韓在取得大規模毀滅性武器後，非但沒有更加謹慎行事或展現國家風度，反而傾向採取核冒險主義，此舉不止對南韓，還對日本甚至是美國造成威脅。「北韓發動核武攻擊是真實且迫切的危機」這樣的論述至少基於三大要素：第一，北韓幾乎是世界上絕無僅有的封閉國家，由退出《核不擴散條約》、抵抗外交壓力（對中國也一樣）的行為來看，北韓對於國際意見不屑一顧，對於多邊條約也不在乎。第二，北韓的領導人既乖僻又獨裁（北韓的領導人金正恩，是北韓國父「偉大的領袖」金日成之孫），他和軍隊的關係親密（北韓有世界第四大的正規軍），且深受已被世界各地拋棄之馬克思列寧主義的影響。第三，由北韓政權進行內部暴力鎮壓的紀錄來看，北韓顯然意圖使用暴力達成政治目的。

　　不過，北韓這樣的形象也顯示出，一般對於北韓政權的理解是粗略且有限的，並且誇大具有核能力的北韓對國際安全造成的威脅。北韓作為一個居戰略位置的小國，在過去幾世紀歷經了戰爭的蹂躪和剝削，這是她對世界採取不合作與好戰姿態的原因。朝鮮半島在1945年結束日本殘酷的殖民統治後，俄國支持的北方和美國支持的南方卻在1950年代初期爆發內戰，造成好幾百萬人死亡。由於韓戰陷入僵局，並以暫時停戰而非永久和平作為結尾，因此就某種意義而言，北韓政權和其軍隊從未停止戰鬥。除此之外，蘇聯的垮台和中國漸進的自由化，使得北韓在政治和經濟上都陷入孤立，只能獨自面對訓練有素且有美國海軍撐腰的南韓軍隊，以及崩潰的經濟和普遍的饑荒。從這樣的觀點來看，和北韓進行外交互動時應該要認知到，北韓的第一優先是維持政權，這主要是出於恐懼而非侵略，特別是北韓並無真正的區域野心（可能和伊朗不同）。

武的抗爭為焦點。1958年，英國核裁軍運動（Campaign for Nuclear Disarmament, CND）成立，以消除世界的核武和其他大規模毀滅性武器為目標。另外，歐洲核裁軍運動（European Nuclear Disarmament, END）成立於1980年代早期，其試圖擴張反核運動至整個歐洲大陸，甚至到蘇聯集團（儘管成果有限）。1983年，北大西洋公約組織（NATO）決定將美國的巡弋飛彈和潘興（Perishing）中程飛彈設置在西歐，引來最大規模的抗議行動，估計倫敦有一百萬人參加示威，西德則約有60萬人走上街頭。2007年，國際廢除核武器運動（International Campaign to Abolish Nuclear Weapons, ICAN）成立，其代表組織超過200個，分布在全球約50個國家。國際廢除核武器運動的主要目標是建立具法律約束性且可檢驗的《核武器公約》（Nuclear Weapons Convention），根據此公約，不論何種原因，只要使用核武就構成違反國際法。

　　世界各地無核地區的設立也促成了反核武運動的進展。最早的無核地區出現

焦點……　核倫理學：不具正當性的武器？

核武應該被視為「常規」武器嗎？無論什麼理由，有正當使用核武的情況嗎？現實主義者常認為核武只是武器升級中的一環（雖然是很重要的一環）。就此意義而言，將核武視為常規武器就是鼓勵取得核武，甚至只要情況允許，就能使用核武。這樣的觀點在冷戰期間特別明顯，當時大部分的現實主義者基於嚇阻理論，特別是相互保證毀滅的定理，主張核武是正當的，賽局理論家卡恩（Kahn 1960）即持此論述。此觀點認為，關於核武的思考是「令人無法想像的」，核武是國家安全戰略應該納入或者必須納入的部分。儘管如此，現實主義者對核武的支持完全是條件性，而不是原則性的。例如，值得注意的是，隨著多邊主義的出現和非國家行為者帶來新的安全挑戰，傳統的雙邊嚇阻理論變得無用武之地，現實主義者對核武的支持也因此在冷戰後逐漸下降（Shultz等人，2007）。

然而，一般認為核武在任何意義上都不符合道德。和平主義者認為，核武只是展現了戰爭的瘋狂：考慮使用核武就是鼓勵消滅人類。除此之外，無論在何種情況下，核武戰爭都很難與義戰的原則調和，特別是就核武的本質而言，幾乎違反了交戰正義中的每一項原則，包括區分原則、比例原則和人道原則。儘管如此，奈伊（Nye 1988）仍提出「核倫理的五大基本原則」，嘗試調和核武嚇阻政策和廣義的義戰傳統：（1）自衛是擁有核威懾力量唯一可接受的理由；（2）絕不能將核武視為「常規」武器；（3）任何核武戰略的目的都必須極小化對無辜者（即非戰鬥人員）造成的傷害；（4）短期內，我們必須努力減少戰爭的風險；（5）長期上，我們必須減少對核武的依賴。

在南極（1959）、拉丁美洲與加勒比海（1967），以及南太平洋（1985）。之後，佩林達巴（Pelindaba）條約（1996）宣布非洲為無核區，曼谷條約（1997年）則宣布東南亞為無核區。總體來看，這些條約的簽訂意味著大部分的南半球都已被劃為無核區。有些原因促成了這樣的趨勢和走向。其中最重要的是，核武即使不是絕對的邪惡，在道德上也是站不住腳的。由此來看，發展、使用或威脅使用可能任意造成上萬、甚至上百萬人死亡的武器，在任何情況下都不正當。有利於核裁軍的政治和經濟條件須建立在以下的認知：發展核武的成本高昂、核武嚇阻策略只會激化不穩定的軍備競賽（這是增加而非減少核武戰爭的可能性），以及由於菁英的「核子俱樂部」嘗試支配世界，因此核武深化了國家間的不平等。此外，心理學也就反核武提出了相關論點，強調核武具有引起無止盡焦慮和恐懼的能力，例如後二戰（post-1945）世代一直活在炸彈的陰影中。

儘管如此，自由主義者與社會建構主義者總是強調，國家核武政策的範圍應該要超越狹隘的國家安全考量。在冷戰即將結束時，這個主張曾經短暫地表現在美蘇重啟裁軍的努力，但後來則必須等到歐巴馬政權強調無核世界的概念後，裁

軍的主張才再度浮出水面。2009年4月，在美國與俄羅斯簽訂《新削減戰略武器條約》的前夕，歐巴馬於布拉格城堡的城牆下發表演說，勾勒他對無核武世界的願景（儘管他也承認，全面核裁軍的目標可能無法在他有生之年實現）。2009年9月，歐巴馬成為第一個主持聯合國安理會會議的美國總統，該次會議的主要目的是呼籲終止核擴散，希望能在2010年5月進行《核不擴散條約》五年一次的審核之前，強化核不擴散建制。在俄羅斯總統梅德韋傑夫（Medvedev）的支持下，歐巴馬的策略以超越核武嚇阻的過時冷戰思維為目標，其主要動機是獲得道德權威，以對無核國家施加更多壓力，促使其放棄尋求核武。基此，這個策略承認核裁軍和核不擴散間具有關聯性。如果有核國家看起來不是真心要放棄核武，她們對無核國家的影響力將被嚴重削弱；的確，許多人只把有核國家對核不擴散的呼籲視為虛偽的表現。在這方面美國特別容易受人詬病，因為美國仍是世界領先的核武強權，卻一直不履行《核不擴散條約》下逐步放棄核武的義務，也還沒簽署《全面禁止核試驗條約》。

　　然而，美國的無核武策略至少有三個問題。第一，即使有穩固的道德權威為基礎，美國所施加的壓力能否影響伊朗和北韓等國家還是個未知數，為了追求她們眼中關鍵的國家安全目標，這些國家已經表現出承受國際社會譴責的決心。第二，主要大國對無核武議題的一致性可能很脆弱。例如，中國已經明確表示不會放棄核武，而且在全球權力版圖變更的背景下，中國幾乎沒有追隨美國領導的動機。無論如何，要在有核國家間建立條件與信心，使大家都認為廢除核武是比保留核武更安全的選擇，將是一項艱鉅的挑戰。第三，若要實踐廢除核武，必須克服關鍵的技術問題。其中最重要的是，如何證實核彈頭已被消除，以及是否能夠高度信賴核原料已受到監控。因此，廢除核武顯然不是一項簡單的任務，也沒有辦法在短期之內達成（Perkovich and Acton 2008）。

　　儘管如此，有些人認為即使消除核武是可能的，卻不見得是可行的。例如，有人擔憂核裁軍策略如果成功實行了，將會對戰爭的可能性造成影響。1945年以來，國家間（特別是大國間）戰爭的減少，在一定程度上是因為害怕傳統戰爭可能會升高為核子戰爭，因此，減少（更糟的情況是消除）核武庫可能只會再度為傳統戰爭的爆發創造條件。意味核武的嚇阻效果並未隨冷戰的終結而消失。有人更進一步擔憂，核裁軍雖然可能可以強化核不擴散，但諷刺的是，也可能會破壞這個機制。美國核保護傘的存在是近年遏止核擴散的主要因素。如果對核裁軍做

出可信的承諾，意味著減少美國核保護傘的範圍和有效性，那麼亞洲的日本、南韓和臺灣等國，以及中東和波斯灣地區各國，可能都會重新審視她們原本的無核武狀態。如此一來，創造無核武世界的努力可能因此適得其反。

重點摘要

- 核武的大規模毀滅能力意味著，核武可能以其他武器所不能的方式影響國際和國內政治。冷戰期間垂直的核擴散指的是，美國和蘇聯建立起大規模的核武庫。

- 有些人相信，冷戰期間的軍備競賽有效支撐了二次戰後的「長期和平」，在達到「相互保證毀滅」的條件後更是如此。另一些人則認為，「恐怖的平衡」和不穩定是一體兩面，而且嚇阻失敗的危險永遠存在。

- 後冷戰時期的特色是對於核擴散的焦慮日漸升高。原因包括，越來越多國家顯示出欲取得核武的興趣、核原料和技術更容易取得，以及核武可能落入可能使用核武的行為者手中。

- 儘管發展出大規模的防止核擴散建制，仍然很難達成有效的武器管制，因為國家對於國家安全的考量，通常優於遵守雙邊或多邊條約的義務。尤其對於北韓和伊朗的核擴散特別憂慮，因為一般認為這兩個政權較不穩定、有傾向冒險的本質，且兩國所處的地區存在高度的區域緊張。

- 無核世界的概念由和平行動者所提出，近年也出現在美國與俄羅斯高層政治人物的主張。歐巴馬政權的國防策略納入對於核裁軍的承諾，希望能藉此取得施加強烈道德和外交壓力的能力，以確保核不擴散。

- 儘管如此，核不擴散策略對於已經或即將擁有核武的「流氓」國家所能產生的影響力可能相當有限。此外，核不擴散策略可能缺乏主要國家的一致支持，導致國家間戰爭的可能性升高，並使過去受惠於美國核保護傘的國家對其國防的焦慮不斷增加。

問題討論

- 大規模毀滅性武器是特定的武器種類嗎？核武是大規模毀滅性武器中唯一的樣本嗎？
- 為什麼國家會想要取得核武？
- 為什麼有些國家卻不想取得核武？
- 核武嚇阻理論具有多少說服力？
- 核武落入「不法分子」手中的說法，只是一種歐洲中心主義的象徵嗎？
- 為什麼有效的核武管制如此難以執行？
- 擁有核武的伊朗會對國際和平與安全造成重大的威脅嗎？
- 致力於達成核不擴散主要是基於偽善和歐洲中心主義的思維嗎？
- 飛彈防禦網是一種解決核武攻擊的辦法嗎？
- 核武在道德上是站不住腳的嗎？
- 無核武世界是可行還是可期的？

第十二章　恐怖主義

「狂熱是弱者選擇的武器。」

——法蘭茲・法農，《黑皮膚 白面具》，1952年

前言

　　到1990年代為止，恐怖主義經常被國際政治相關的教科書所忽略，僅僅被視為是安全中的次要議題。然而，2001年的911事件卻徹底改變此種看法，並興起對恐怖主義的本質和重要性的重新評估。對一些學者而言，何謂「新」恐怖主義、「全球」恐怖主義以及「毀滅性」恐怖主義，已然成為二十一世紀早期的主要安全顧慮，這也反映出在全球化的條件下，非政府行為者（此指恐怖團體）甚至比國家更具優勢。

　　此外，反恐戰爭的揭幕更開啟新的分界線，更是為可預見的未來定義全球政治。然而，恐怖主義本身即有高度競爭的現象，以及受到強烈爭議的概念。例如，批判主義學者便主張有關恐怖主義最廣為接受的概念，均為一種刻板現象和誤解，並且通常因為意識形態之故，而將恐怖主義的重要性作過於誇飾的註解。

　　如何定義恐怖主義？學者在恐怖主義本質上意見不一的原因和方式為何？現代恐怖主義是否真的擁有全球性以及真正的毀滅可能性？而對恐怖主義本質和重要性上的意見歧異，也反映在如何進行反恐行動的爭論上。不僅是在不同反恐戰略作出有效性的異議，而且這些爭論也出現在保護社會遠離恐怖主義的侵襲，必須要付出何種代價。因為有些基本權利和自由會受到傷害。反恐行動是否應該透過強化國家安全，軍隊壓制或者政治協商？而採取這些戰略後的含意為何？

關鍵議題

- 何謂恐怖主義？
- 關於恐怖主義有哪些主要觀點？
- 恐怖主義的本質在近年是否有所改變？
- 恐怖主義是否已全球化？
- 現代恐怖主義的重要性為何？
- 是否以及如何對恐怖主義威脅進行反制？

了解恐怖主義

　　恐怖主義絕非新興現象，早期例子即有西卡里（Sicarri）組織（持匕首者），他們被視為是猶太教徒中的極端分裂派，在西元元年時採取暗殺及綁架的方式在猶太國（Judea）對抗羅馬人，以及與羅馬人合作的猶太人。在印度亦有相似例子，薩吉（Thugee或薩加斯,Thugs）為印度的宗教狂熱組織，以時母（Kali）女神為名進行儀式殺害的行為。這在十九世紀時特別盛行，也可能追溯到十三世紀即已存在。然而恐怖分子這名詞是源自法國大革命及1793年到1794年的恐怖統治而來，當時在羅伯斯庇爾（Robespierre）的領導下，高達4萬名被稱為是「革命的敵人」被法國激進派進行處決極刑。

　　西方社會中第一個廣泛的恐怖組織，是由無政府團體在十九世紀晚期以祕密暴力的方式竄起，並在1890年代達到高峰。而遭受其殺害者則有沙皇亞歷山大二世（1881）、奧地利女皇伊莉莎白（1898）、義大利國王翁貝托（1900）、法國總統卡諾（1894）以及美國總統麥金萊（1901）。無政府恐怖主義為一種行動宣傳（Propaganda by the deed），即採取暴力方式來提高政治意識，並刺激群眾反叛。有時更會對被視為壓迫及剝削的象徵人物進行攻擊，1894年在巴黎的塔米那斯咖啡廳事件就是一個明顯的證據。這起事件經證明是對中產階級社會的攻擊。而同年在倫敦格林威治的皇家天文臺附近的一起神祕自爆事件，這名自殺攻擊的男子爾後經證實為法裔的無政府主義分子（約瑟夫康拉德的《間諜》一書也啟發自此）。另一波無政府分子的攻擊浪潮也於1960年代及1970年代間展開。這些恐怖組織包含西德的巴德爾—邁因霍夫組織、義大利的赤軍旅、日本的赤軍連以及英國的憤怒旅。

　　大致而言，恐怖主義在1945年後期時帶有民族主義傾向，在1940年和1950年代則涉及在非洲、亞洲和中東的第三世界反殖民抗爭，由民族解放運動發起，如巴勒斯坦解放組織（PLO）及其他團體如黑色九月。此外，在已開發的西方國家中，一些不滿的民族或少數種族，如北愛爾蘭和英國本島的愛爾蘭共和軍（IRA）、西班牙巴斯克地區的艾塔組織（ETA），及魁北克的魁北克解放陣線（FLQ）。然而，發生在紐約和華盛頓的911事件，讓大眾發現恐怖主義已然從更危險也更新的方式重生，因此讓許多人認為恐怖主義已經成為對國際和平和安全的主要威脅。然而，在作此言論之前，我們必須了解到恐怖主義的本質為何？對恐怖主義不同的認知，以及恐怖主義在這些年所產生的改變。

定義恐怖主義

　　恐怖主義的主要特色即為一種政治暴力的方式，目的在藉製造恐懼和憂慮的氛圍以達到其目的（Goodin 2006）。因此，對暴力使用也有其特殊方式。

　　恐怖主義主要並非帶來死亡和破壞，而是藉製造死亡和破壞的可能性，來營造出不安和焦慮的氛圍。因此，恐怖分子的暴力行為通常是祕密進行，而且除非是意外，否則均含有特別創造的不確定和擴大恐懼的意外成分。雖然恐怖主義通常採取的是對市民的無差別攻擊，但是一些對權力人士的攻擊，以及對知名商人、高級政

概念澄清：恐怖主義（Terrorism）

廣泛而言，恐怖主義指的是透過暴力來創造恐懼、憂慮和不確定性的氛圍，藉以達到政治目的。恐怖主義最常見的形式包含暗殺、炸彈攻擊、人質扣押，以及劫機，雖然全球恐怖主義的出現（如911事件）可能會重新定義恐怖主義，但這個名詞還是具有高度的貶抑，並且被有選擇性的利用（一人的恐怖主義可能為他人的自由鬥士）。雖然恐怖主義通常被描述為是反政府活動，但政府也可能會採取恐怖行動對抗本國或他國的人民，如同「國家恐怖主義」一樣。不過恐怖主義仍然是個受到高度爭議的名詞。

府官員以及政治領袖的綁架或謀殺，均被認為是恐怖行動。以上即部分顯示出各方意見對恐怖主義定義不一的情形，恐怖主義可由以下行為的本質定義出：

- 行動本身：明顯無差別的祕密恐怖行動。然而，恐怖主義的本質並非是暴力行為本身，因為主要是在其意圖，特別是在脅迫和威嚇的意圖（Schmid and Jongman 1988）。這不僅表示出，恐怖主義通常是社會事實而非僅是殘酷事實。這也更顯示出恐怖行為後的意圖可能是具有複雜性或不確定性。（Jackson 2009）

- 受害者：無辜市民。然而這是否表示對軍事目標、人員或者對政治領袖的暗殺即非恐怖主義？更甚者，有些恐怖分子將市民認為是罪惡的，因為他們參與了國家或甚至全球層級的結構壓迫，並從中得利。

- 施暴者：試圖影響政府或國際組織的非政府行為者。然而此種觀點，也就是雷克爾（Laqueur 1977）所說的下層恐怖主義，卻忽略上層恐怖主義（有時被歸類於國家**恐怖主義**或受國家支持的恐怖主義）對非武裝市民所進行更大規模的屠殺。

國家恐怖主義（State terrorism）：係指由政府機構所執行的恐怖主義，例如警察、軍方，抑或是情報單位。

　　恐怖主義這個名詞僅有在能夠與其他的政治暴力方式明確區別時，才會具有意義。恐怖主義之所以會與其他傳統戰爭有所區別，是因為被視為是一種「弱者的武器」，當一方於實際武力戰爭中無法勝於對方時，即通常以恐怖行動作為達成目的的手段。（Crenshaw 1983）。當恐怖分子在公開衝突中缺乏組織力或破壞力時，即會依賴於挑釁和極化的戰略。恐怖主義確實會被視為無戰爭的存在，因為在恐怖主義下，攻擊目標通常難以甚至無法自我防禦。恐怖主義與游擊戰更加類似，因兩種均是運用不對稱的戰爭，在此類戰爭中，恐怖分子的戰略與戰術特別採用來應付科技、經濟或者（傳統）軍事實力較優越的對手。此外，恐怖主義與游擊戰兩者均是著重以長期的武力對抗，來降低敵人反抗的意願，此種同質性也可能更深層地擴大。因為在游擊戰或暴動中，恐怖主義也常被用來作為一種手段，如阿富汗的塔利班。以此方面著眼，恐怖主義可被視為是一種特別的新型戰爭（如第10章敘述），或者是新型戰爭中所使用的一種戰略。

　　第一，恐怖主義的特徵處在於：恐怖主義很大部分著重將其暴行公開化，藉此來塑造目標群眾的意識和行為（Phillips 2010）。這也顯示出恐怖分子對「行動宣傳」的高度重視。其暴力手段的高能見度和震懾性均設計用以突顯政府的無能，威嚇對手族群、宗教社群或一般民眾。更或者，以其傳統形式，來動員民眾支持及鼓動政治激進分子；第二，就恐怖分子的本質而言，其行動的隱密性大大限制其參考群眾行動的意見，反之，游擊戰隊卻十分依賴群眾的支持。

　　然而，這卻無法解決恐怖主義概念上的爭論。恐怖主義此名詞在意識形態上受到爭議，在情感上也相當複雜。有些人甚至拒絕使用此名詞，因為這是非常模糊或者是含有無益的輕蔑意義。其負面的含意是指，此名詞通常被用來賦予對手的行動，但卻對我方團體或支持我方團體的相似行動，並不冠上此名詞。因此，恐怖主義傾向被當作是政治工具，用來確定團體或政治行動的合法性或不合法性。這也產生出了恐怖主義本身是否為邪惡或是道義上的理由的問題。但是，目前對恐怖主義的主流研究通常將它視為對文明或人權價值的攻擊，甚至是一種**虛無主義**的例子。激進學者有時甚至提出，恐怖主義和其他形式的政治暴力可能促進政治正義的理由，並且對抗其他更大規模的暴力或傷害，以表示他們是可以被正當化的（Honderich 1989）。最後，批判理論學者認為以定義一人或群體特色的方式，來界定恐怖主義的本質是件危險的

虛無主義（Nihilism）：字面上是指什麼都不相信；換言之，拒絕所有傳統的道德與政治原則。

事，這表示身為恐怖主義是種身分，類似於國籍、宗教或種族。以此種標籤來描述如蓋達組織、真主黨（Hezbollah）、愛爾蘭共和軍（IRA）及艾塔組織（ETA），會模糊或忽略這些組織身處環境的歷史、政治、社會及文化的不同，以及他們興起的原因。

「新」恐怖主義的興起？

針對恐怖主義的進一步爭議，在於恐怖主義會以其他方式呈現，以及是否會（或已經）轉型。在911事件後，有些人認為一種全新恐怖主義已然成型。學者葉禮庭（Ignatieff 2004）將恐怖主義劃分下列四種類型：

- 暴動型恐怖主義：此種恐怖主義針對推翻政府（包括無政府主義者及革命型共產恐怖主義）。
- 孤獨者或議題型恐怖主義：此種恐怖主義針對宣傳單一的議題（如在美國發生的針對施行墮胎手術的診所爆炸案，以及1995年由奧姆真理教進行的東京地鐵沙林毒氣事件）。
- 民族主義恐怖主義：針對推翻殖民或占領〔通常為爭取種族、宗教或民族團體的獨立，如阿爾及利亞的祖國解放陣線（FLN）、斯里蘭卡的泰米爾之虎（Liberation Tigers of Tamil Eelam）、以色列占領區下的哈瑪斯（Hamas）和真主黨（Hezbollah）〕。
- 全球恐怖主義：針對世界強國造成損害或恥辱、或者志於改造全球文明關係（如蓋達組織以及其他形式的伊斯蘭教恐怖主義）。

然而，恐怖主義也可與游擊戰有所區分。**新興恐怖主義**的概念，即在於顯示恐怖主義的本質出現革命性的改變，此改變的發生更早於911事件，而是起始於1995年奧姆真理教在東京地下鐵的攻擊事件、以及1997年造成62名旅客死亡的埃及路克索屠殺事件。但何謂新興恐怖主義？ 或者是如何才為新興恐怖主義？ 假設新興恐怖主義雖然具有幾項特徵（Laqueur 1996,1999），但最重要且決定性的特徵即為恐怖主義的產生動機，已由世俗轉為宗教因素。

傳統恐怖主義的世俗特徵是源自於二次戰後的民族主義及分離主義運動。在這

> **新興恐怖主義**（New terrorism）：因其組織本質、政治特徵、動機和策略之故，而使此種恐怖主義比起傳統恐怖主義更為極端且更具破壞性。

● 「恐怖主義」此名詞的使用在於此種政治暴力形式可明顯與其他形式區分，因比起簡單的產生破壞而言，恐怖主義主要為引起恐懼。然而，就某種程度而言，所有的政治暴力或戰爭均將恐懼植入更廣大的人群中。這顯示出決定使用此名詞的因素，同時也暗示沒有任何恐怖主義的概念是客觀且不偏倚的。因此恐怖主義可被視為是一種政治或社會的結構。

概念解構……

「恐怖主義」

● 恐怖主義含有輕蔑意味，此名詞作為一種政治武器。而被貼上恐怖主義標籤的團體或行動，均被視為不道德及不合法的。如將恐怖分子套用於一人或一團體上，則暗示出他們為文明社會的敵人，他們造成死傷或破壞的行動，不再是為遠大的目標（不如自由鬥士或革命鬥士），而僅是為自我本身，以及他們是在祕密處行動的罪人

● 就慣例使用上而言，恐怖主義通常僅指非國家行為者。這也具有政治性的保守暗示。國家不會因此被指控為恐怖主義，表示國家暴力是合法且正當的。這也顯示出任何挑戰政府或推翻當權的意圖，均受到政治及道德上的懷疑。此推論也可適用於挑戰現代國際系統內的霸權或主導國家，特別是美國。

些例子中，恐怖主義的目標是狹窄且政治性的：志在推翻外來統治以及完成民族自決。這些民族恐怖主義有些受到更大的政治意識形態信念所啟發，特別是革命性馬克思主義，或是馬克思列寧主義。然而，1980年代開始，宗教成為政治暴力的重要動機，根據赫夫曼（Hoffman 2006）所述，直到1995年止，仍持續運作的56個恐怖組織中，幾乎半數在本質或動機上為宗教因素。蓋達組織受到伊斯蘭教廣大且激進的政治宗教意識形態的驅使，即為此種趨勢中的最佳案例，但卻非僅為單一個案。

　　新恐怖主義的倡議者表示，因恐怖主義已然從實用性的政策戰略成為宗教的必然性，即使僅為神聖的責任（sacred duty）使然，恐怖團體的本質與政治暴力的功能也已產生巨變，雖傳統恐怖主義可藉由有限的政治變化以及需求的部分容忍來得到滿足，但是新恐怖主義分子並不如此容易被收買，無形而廣大的目標使得他們無法變通且不容退讓。同樣的，宗教信念也改變了這些團體所依靠且使用

觀點……　恐怖主義

現實主義觀點

　　現實主義中對恐怖主義的思維，大幅地傾向國家與非國家行為者的二分法。恐怖主義通常被視為非國家行為者或對現存秩序挑戰的行動，以作為獲得權力的一種賭注。現實主義對政治的主張，均可適用於為追求權力和競爭的國家或非國家行為者上。以此觀點而論，恐怖主義的動機特徵是非常具有戰略性的。恐怖團體針對平民進行祕密行動的原因，最主要是因為這些團體在傳統武裝戰爭中無力挑戰國家。對於無法破壞的政府決策，他們採取內耗弱化的方式。現實主義對恐怖主義的研究最主要的特色即在於，雖然恐怖主義意圖要破壞平民秩序以及推翻政治系統，但國家對恐怖主義卻應該要不退讓。回歸馬基維利的政治傳統裡，在威脅下，政治領袖應有違反道德成規來保護政治系統的心理準備，此即為「髒手（dirty hands）」問題。因為政治領袖負有廣大的社會責任，因此有時必須將手弄髒，將良心顧慮置於一旁。因此現實主義者不在意反恐策略是否違法市民自由，而是在其是否有效。

自由主義觀點

　　如同現實主義觀點，自由主義也將恐怖主義視為非國家行為者所採取的行動。然而兩者對恐怖主義的動機卻有不同觀點，比起單純的權力追求而言，自由主義更重視意識形態所扮演的角色，在闡述恐怖主義最主要的因素就在於，政治或宗教的影響會創造一種過度的不正義感或敵視，因此遮蔽了暴力的施加者，並願以道德或生命為代價作出行為。無論如何，自由主義對恐怖主義的思維是受到反恐任務下的道德困境所主導著。

　　在一方面，自由主義主要將恐怖主義視為是對自由民主社會下的開放、選擇、言論、容忍等基本原則的攻擊；另一方面，自由主義卻急於確保在反恐行動中，是否也能遵守這些原則，尤其是不違反人權和市民自由。

批判主義觀點

　　此理論對恐怖主義有兩項主要的觀點。第一項反映出如喬姆斯基（Chomsky）和佛克（Falk 1991）等激進理論學者的觀點。於此觀點中，國家和非國家行為者都會採取對殺害非武裝式平民的恐怖行動。國家恐怖主義（批發型恐怖主義：wholesale terrorism）確實比起非國家恐怖主義（零售型恐怖主義：retail terrorism）更為重要，因為國家行為比任何非國家行為者更具威嚇能力。因此，恐怖主義即為一種機制，國家可透過此機制對人民使用暴力以維持權力，或者對其他國家擴展政治、經濟影響力。端看此觀點，可特別將美國的霸權宣傳作為例子，因美國被視為是世界主要的恐怖國家（Chomsky 2003）。

　　另一項主要觀點則受到結構主義和後結構主義所形塑。此觀點特徵在於目前對恐怖主義大部分或全部的認知，都來自刻板印象和誤解，恐怖主義在此觀點下是一項社會或政治結構，其主要是藉由連結特定的團體或政治動機，與不道德濫用暴力的印象，來將這些行為定義為非正當性，此思維可特別適用於反恐戰爭（war on terror）相關的言論，於這些言論中，全球政治系統中的主導國家利用「恐怖主義」一詞來定義敵人的非正當化。

暴力的道德脈絡。恐怖行動不再以戰略性為重心，僅為達成目的的手段，逐漸成為一種象徵性，並且傾向以總體戰來開啟。就此而言，恐怖行動成為一種宣洩的經歷過程，在暴力使用上的心理、道德和政治限制不再重要，促使新恐怖主義分子更可進一步採用無差別且致命的暴力方式。此種思維一直用來解釋恐怖主義與大規模毀滅武器（WMD）間關係的增長，甚至也可能增加了核武及**自殺式恐怖攻擊**。進行恐怖行動，道德因素的改變也符合了恐怖主義組織特徵的改變。傳統恐怖主義傾向採取軍事方式的命令控制結構，然而新恐怖主義則處於更擴散且無形的國際網絡，此網絡內的成員支援網路的連結也較薄弱（Wilkinson 2003）。舉例來講，蓋達組織常被描繪為是一種思維，而非組織，其成員網絡間的連結因過於鬆散，而被視為是無領導的聖戰（Sageman 2008）。

然而，新恐怖主義的概念始終受到批評，許多學者表示新恐怖主義與傳統恐怖主義間的差別大多都是人造的，或至少過於誇張（Copeland 2001）。例如，由宗教啟發的恐怖主義並非全新的現象。先撇除更早之間的例子，1928年建立的穆斯林兄弟會的成員就常與暗殺或其他的攻擊有關，而一些民族主義團體，如莫洛國家解放陣線（MLF），埃及伊斯蘭聖戰（Egyptian Islamic Jihad）及真主黨都擁有宗教和政治性的目標。

然而一些傳統恐怖主義的團體也如同這些被劃分成新恐怖主義團體一樣，在戰略上也具有狂熱和不容退讓的成分，在使用政治暴力也毫無限制，即如同泰米爾之虎、巴勒斯坦人民解放陣線（PFLP）以及庫德工人黨（PKK）。最後，新舊恐怖主義間對組織概念的劃分也可能有誤導之嫌，如臨時愛爾蘭共和軍、巴勒斯坦解放組織（PLO）中最大派系法塔（Fatah），均經常賦予個別恐怖分子成員很大的自治權力，允許他們能在任何命令控制結構外採取個別行動。

恐怖主義的重要性

不論911恐怖攻擊行動是否反映了恐怖主義本質的改變，但是人們普遍認為它為恐怖主義的意義帶來了深刻的轉變。恐怖主義所造成的威脅，突然被賦予歷史上前所未有的重要性，並認為恐怖主義成為界定二十一世紀全球政治的新斷層線。最明顯的是，這體現在「反恐戰爭」的推行以及恐怖主義發生之後不斷變化的世界秩序上（將於第九章詳細討論）。但

自殺式恐怖攻擊（suicide terrorism）：一種恐怖行動，一個人（或是一群人）以自殺的方式攻擊他人。

是，這些假設如何充分獲得成立呢？恐怖主義的效果與重要性是否明顯增加？如果是，那恐怖主義將如何發生以及為何會發生？恐怖主義可說朝兩個面向發展：第一是範圍的全球化，其次是潛在破壞力的大大增加。

恐怖主義邁向全球化？

　　恐怖主義具有國際性、跨國性或甚至全球性的規模已不在少數。舉例而言，十九世紀後期的無政府分子即將自己視為是國際性的行動，至少在西歐是以跨國性在運作著。1960和1970年代的極左派團體，如上述的巴德爾─邁因霍夫組織、日本赤軍連以及義大利赤軍旅都相信他們處於全球鬥爭中，並致力在推翻資本主義，或驅逐美國在西歐或其他地區的駐軍。真正可被稱為國際恐怖主義的誕生可回溯至1960年代後期，例如由巴勒斯坦解放組織等團體所發起的劫機事件。然而，恐怖主義發展至真正的跨國性——即使尚未到達全球性的地步——與全球化進展有關。現代恐怖主義有時因此被認為是全球化之子。這有以下原因：第一，人員、貨物、金錢、科技與思想等跨國流動性的增加都有利於非政府行為者，特別是恐怖團體更能有效利用此種高度流動性；第二，跨國移民的增加有助維持恐怖分子的活動，如海外的移民族群可成為支援泰米爾之虎的資金來源；第三，全球化所產生的壓力促成政治鬥爭的成長，這都將出現在對主流文化全球化和西方商品、思維及價值傳播的反抗上，或者對全球資本主義系統所造成的不平等，導致全球一些南方國家的貧窮及破壞。

　　全球化也許提供了一個背景，使得恐怖主義得以獲得跨國的特質來與其對抗，但全球化本身卻無法解釋跨國或全球性恐怖主義出現的原因為何，這更表現在如伊斯蘭教主義者或聖戰者這種明顯跨國的恐怖組織中。雖然伊斯蘭恐怖主義被視為是一種虛無主義行動或者是宗教復興運動的表現，但是更好的解釋是將其當作是一種暴力回應，並針對在政治宗教意識形態中所存在的政治條件和危機（Azzam 2008）。伊斯蘭主義是由1970年代後期開始，並經過三個主要階段的形塑：一開始，逐漸增加的穆斯林國家經歷了政府正當性的危機，面對貪腐及專制的政府，無法達成人民對政治和經濟的期待，因而導致民怨增加。阿拉伯民族主義的失敗導致以宗教為主的運動開始增加，這些運動以推翻當時在埃及、沙烏地阿拉伯、蘇丹和巴基斯坦中被稱為背教者（apostate）的穆斯林領導者。這些領導人及政權成為當時伊斯蘭教的近敵；第二，美國於此時開始在中東擴張，填補

1968年後期英國從當地撤軍至蘇伊士運河後，所留下的權力真空。因此美國這時成為遠敵。美國當時的政策如對以色列的強烈支持、美國駐軍在被稱為穆斯林「聖地」的沙烏地阿拉伯，以及對各區域的穆斯林背教者的支持，均讓美國成為伊斯蘭的威脅；第三，宗教基本教義派對政治參與有增長的趨勢，而這種趨勢在1979年伊朗的伊斯蘭革命後更急速增加（政治伊斯蘭的起源與發展於第8章有詳細討論）。

然而就伊斯蘭恐怖主義而言，在1970與1980年代時期，國內聖戰的重要性是居於全球聖戰之上的。此時對美國的仇恨以及與西方更激烈的鬥爭，僅是提供恐怖組織將觸角提高至國家層級的背景而已。而此種方式一直持續至1990年代中期，在政治伊斯蘭對國內目標的失敗後才開始轉變（Kepel 2006）。背教者的政權如期待中一般地保持穩定持續，甚至如埃及和阿爾及利亞，政府利用軍隊成功壓制伊斯蘭的反叛者。於此背景下，聖戰開始走向全球，逐漸增加的伊斯蘭運動成員，開始重新以聯合戰略來包圍遠敵：西方社會——特別是美國——對中東以及跨伊斯蘭世界的政策。以此而言，全球聖戰的崛起顯示伊斯蘭教的衰退，而非復興（Roy 1994）。1979年至1989年，將蘇聯軍隊驅逐出阿富汗的戰爭在促進恐怖主義全球化中也扮演著重要的角色，而為抵抗俄羅斯所崛起的跨國聖戰士也於不同背景甚至不同教義的伊斯蘭團體中形成「合作」的思維，並深化了堅信國內鬥爭是更大的全球鬥爭的一部分。

以上這些都構成蓋達組織崛起的背景因素。蓋達通常被認為是全球恐怖主義的最佳代表，但是它是如何展現伊斯蘭恐怖主義的全球面貌呢？

蓋達組織的目標即使不是為了（建立及保護）某種文明，至少也是跨國性的。總體而言，它的目標在於純化及重建穆斯林社會，方式是透過推翻背教的穆斯林領導者、驅逐西方——特別是美國——的影響，以及與被稱為西方十字軍勢力所代表的道德墮落進行更大的鬥爭。此外，它也與不同國家內的恐怖攻擊有關，如葉門、沙烏地阿拉伯、肯亞、美國、西班牙及英國，它在全世界也都具有成員或附屬組織。跨國或全球恐怖主義的崛起特別是一個警訊，這種恐怖主義的方式不僅可能攻擊任何地方、任何時間，而且其目標以文明的方式定義（推翻世俗且自由的社會），而可能遭受攻擊的目標也大幅增加。

然而，現代恐怖主義的全球特徵也可能在至少以下三個層面被誇大：第一，伊斯蘭教或聖戰者絕非有凝聚力的單一個體，它通常包括數個擁有不同信念和目

標的團體，這些團體中確實有許多更被視為是宗教民族分子，或者是泛伊斯蘭教的民族分子，而非全球革命者。如果將911事件、2002年及2005年的峇里島炸彈攻擊、2004年馬德里炸彈攻擊、2005年的倫敦七七爆炸案，以及2008年的孟買炸彈攻擊等這些事件連結，特別是那些具有共同原因和統一目的的事件，那麼就可能會被大幅誤導；第二，雖然恐怖主義影響了相當多的國家，但大多數的恐怖攻擊卻僅發生在相當少數的政治緊張國家，如以色列占領區、阿富汗、伊拉克、俄羅斯（特別是車臣）、巴基斯坦、喀什米爾、阿爾及利亞及哥倫比亞，世界上大多數的地方均無受到恐怖攻擊；第三，伊斯蘭恐怖主義的全球恐怖主義形象，大多來自其他人的回應，而非僅是它原本的內在特徵，以此方面而言，全球反恐行動的建立反而有助於創立和維持「全球恐怖主義」此名詞。

毀滅性恐怖主義？

除了恐怖主義已將觸角擴展至全球層級外，因為其影響力已大幅增加之故，而讓恐怖主義成為相當重要的安全威脅，911事件通常被用來支持此種觀點。無庸置疑地，2001年9月美國發生的恐怖攻擊即有深遠的重要性，恐怖分子對世貿中心、五角大廈以及預攻擊白宮的聯合航空93號班機，造成了約3,000人死亡，這也是恐怖攻擊歷史上所前所未有的。這事件的衝擊力之大，是因為恐怖攻擊針對的是美國經濟力、政治力以及軍事力的個別象徵。這事件對美國的心理情緒的衝擊也常與1941年的珍珠港事件相比，兩件均是在於打破美國無法摧毀的神話。然而，911事件本身卻無法顯示出恐怖主義的全球重要性，例如其死亡人數與其他形式的戰爭比起實屬少數，如1916年7月及8月的索姆河戰役中，就有多達150萬的士兵死亡，1945年8月也有20萬人死於廣島原子彈攻擊。

911事件所突顯的反而是一種高度嚴重安全威脅的崛起，這種威脅可能造成無法形容的破壞，但卻也難以防禦。

現代恐怖主義有時被稱為是「毀滅性恐怖主義（catastrophic terrorism）」（Carter *at al*. 1998）或「激進恐怖主義（hyper-terrorism）」，為何此種恐怖主義會如此極端且具毀滅性，卻難以反抗？這被認為是有三個原因：第一，恐怖主義本質上就特別難以、甚至是無法防禦。恐怖行動都是祕密進行，不像一般的軍隊；通常有小團體或甚至是個人執行，而這些人與一般群眾更是無法分辨的。此種困難性更被新恐怖主義的戰略所強化，特別是自殺式恐怖行動的增加。這種願

意犧牲生命只為取得他人生命的攻擊要如何防禦？因此，這也產生一種思維，認為雖然可能減少恐怖攻擊，但卻永遠無法根絕。

第二，恐怖分子掌有現代科技與特別是大規模毀滅武器，使得恐怖攻擊增強了範圍和規模。自從911事件後，各國政府即為恐怖組織使用生化武器做準備，因核子恐怖主義已經不再只是想像。艾利森（Graham Allison）指出，除非建立全球聯盟封鎖核子武器，否則在未來十年或更久的時間內，美國受到核子恐怖攻擊是在所難免的，這反映出核武材料和科技的高度取得性。這大多是因為蘇聯政體的解散以及相互保證毀滅（MAD）原則雖然能在冷戰時期防止核戰的發生，但卻無法適用在恐怖分子上，因為他們的身分和所在地都是無法得知的；第三，對新恐怖主義崛起的爭議中有時也指出，恐怖分子不僅容易取得大規模毀滅性武器，也願意使用這些武器，因為他們比上一代的恐怖主義更缺少道德和人性原則的限制。以伊斯蘭恐怖主義為例，其是由激進的政治宗教意識形態所啟發，在此意識形態中，西方社會與價值觀被視為邪惡以及腐敗的，也是伊斯蘭難以寬恕的敵人。

然而，還是有些學者表示無論是新式或全球恐怖主義，恐怖主義的威脅均被誇大。第一，恐怖主義的軍事有效性是受到質疑的，雖然一些特別的恐怖攻擊可能具有毀滅性的衝擊，但就本質而言，恐怖主義是由對不同目標的偶發攻擊所構成，與國家間具體、持續和系統性的戰爭所造成損害是有所不同的。事實上，恐怖攻擊造成的傷亡通常是少數的，自從1968年後，大約僅有二十次的恐怖攻擊是造成上百的死亡人數。此外，恐怖攻擊是無法推翻政府（雖然它可藉由暗殺來剷除政治領導人）或摧毀社會。就目前為止，恐怖主義的影響並非透過軍事衝擊，而是透過政治和人民如何面對其產生的恐怖和焦慮。

第二，恐怖行動成功的地方，通常也具有增進或防禦國家或民族利益的意圖，因此它的目標也受到人民廣大的支持，這可以用來說明1948年以色列建立前的猶太恐怖主義，以及由南非非洲民族議會（ANC）所雇用來對抗實行種族隔離政權的恐怖主義。而支持恐怖主義的少數區域，則可能會因此產生反效果，並引發民怨（而非人民的恐懼和憂慮），也會受到政府的軍事報復，這完全能夠說明十九世紀晚期和1960與1970年代的無政府恐怖主義，也或許能夠解釋伊斯蘭恐怖主義雖然在伊拉克、阿富汗以及其他地方的叛亂之中扮演著重要角色，但卻不能、也無法對西方社會造成嚴重威脅。

焦點…… 　**自殺性恐怖攻擊：宗教烈士還是政治策略？**

　　如何才最能解釋自殺性恐怖攻擊的崛起？更甚者，自殺炸彈是否等同於完成宗教使命？雖然自殺攻擊並非前所未有〔二戰期間約2800至3900名的日本飛行員死於神風特攻隊（Kamikaze）的自殺攻擊〕，但近年的自殺攻擊確有增加的趨勢，從1980年代中期每年平均有三件攻擊事件上升至1990年代每年有十次攻擊事件，2000年後每年更高達上百次自殺攻擊。此種趨勢被認為是因為宗教殉教行動的崛起，如蓋達組織和真主黨等伊斯蘭組織即為此例，就此方面而言，能夠說服人們以犧牲自我發動政治暴力所需的強烈熱情和絕對貢獻，最有可能在基本教義派的宗教信念中燃起，特別是這種信念與輪迴產生連結時，因此特別值得注意的是，伊斯蘭恐怖主義中期待進入伊斯蘭天堂的影響〔根據聖訓（Hadith）而非可蘭經（Koran）〕，在此天堂中，每個為宗教殉道的男子均有七十個處女等著。

　　無論如何，根據1980年至2003年主要的自殺恐怖攻擊事件，派普（Robert Pape 2005）總結出恐怖主義與伊斯蘭基本教義，或任何形式的宗教間存有任何的連結性。大多自殺恐怖攻擊的發生背景均是在於民族主義或分離主義的鬥爭中。斯里蘭卡泰米爾之虎則是自殺攻擊的主要施行者，它通常被認為是具世俗意識形態的民族主義運動。就這個例子來看，自殺攻擊最可能是因為戰略考量，而使用此戰略是因為防禦困難之故，自殺攻擊是種非尋常卻有效的恐怖攻擊形式。因此，雖然2007年發生的恐怖攻擊中僅有3%為自殺攻擊，但卻在所有的恐怖攻擊中占有18%的死亡人數。支持這種行動的是因為自殺攻擊常含有巨大的道德力量，能展現出啟發他們的信念力量，以及突顯出他們所受到不平的程度。

　　第三，對於恐怖主義的恐懼也可能被過分誇大，因為這些恐懼是建立在伊斯蘭與西方文明衝突的一套可疑的假設上，特別是由「反恐戰爭」此名詞所支持的。

　　在文明衝突興起的廣泛概念中不僅存在疑問，而且文明中對伊斯蘭恐怖主義的解釋也禁不起檢驗。伊斯蘭教，特別是聖戰者，與其將其視為穆斯林世界復興的前導者，不如將其認為是正統伊斯蘭教的墮落分支，在傳統伊斯蘭價值和文化中也並無明顯的存在。此外，雖然不包括以軍事方式的民主宣傳，但並無證據顯示穆斯林族群對西方價值，如人權、法律和民主都抱有敵意。批評理論學家更進一步地表示，反恐戰爭與對恐怖主義過大的恐懼都是為了合理化美國維持世界霸權的意圖（特別是美國在富有石油的中東地區的正當存在），以及宣傳更廣大的恐懼政治（Altheide 2006）。後者指的是反恐戰是建構意識形態的必要品，此種概念是由美國和其他西方國家所創造的。目的在於產生內部凝聚力以及建立社會的目標，使人們不再懼怕「共產威脅」。以此看來，無論是民主或威權社會，領導菁英會藉著創造一威脅體來鞏固自己的地位。以現代環境看來，這個威脅體的

全球行為者……

蓋達組織

類型：跨國恐怖網絡　·創立時間：1988　·規模：估計約500-1,000人

蓋達組織（阿拉伯語為「基地」）於1988年創立，背景是在1979年蘇聯入侵阿富汗的後期，其思想是繼承庫特布（Sayyid Qutb）及穆斯林兄弟會。如同其他反蘇聯組織，此時期也受到美國的金援和武器供應。蓋達組織的創始人賓拉登（Osama bin Laden）於2011年被殺身亡，不過他的形象比較貼近結構鬆散的跨國組織名義上的領袖。在經歷1991年波灣戰爭、美國在沙烏地阿拉伯的駐軍，以及沙烏地阿拉伯拒絕賓拉登的援助後，賓拉登對非伊斯蘭的穆斯林領導人以及西方世界，特別是美國的仇恨也深植於穆斯林世界中。蓋達組織的領導層在落腳塔利班控制的阿富汗之前，於1992年至1996年間則是位於蘇丹。自從2001年塔利班政權被推翻後，蓋達組織被認為是活動於巴基斯坦與阿富汗邊界的部落區域。除了2001年對美國世貿中心的恐怖攻擊外，蓋達組織也與以下案件有關：1996年沙烏地阿拉伯的寇巴大樓（Khobar Tower）爆炸案、1998年美國駐坦尚尼亞與肯亞大使館爆炸案、2000年科爾號驅逐艦（USS Cole）攻擊案、2004年馬德里火車爆炸案，以及2005年倫敦爆炸案。

重要性：蓋達組織通常被認為是重新定義恐怖主義本質的原因，對全球權力的重新分配也有一定影響。這至少發生在三個受到爭議的層面上：第一，蓋達組織對全球相互連結新環境的調適，例如，它以鬆散網絡的方式取代命令控制的組織，大量使用現代資訊和通訊科技（如電話、衛星電視、網路等等）；第二，蓋達組織已發展出一系列新的特別是具破壞性的恐怖技術，包括自殺攻擊，以及同時對不同目標的爆炸攻擊。此外，對武器的靈活運用也大幅增加恐怖主義可造成破壞的程度。第三，蓋達組織是綿延各地的組織團體的首腦，這些組織團體是現代伊斯蘭運動的武裝部門，影響遍及中東地區、北非、東非、亞洲、北美、歐洲等地。因此，蓋達組織也為伊斯蘭和西方世界的全球文明衝突提供貢獻。這均可由911事件、其他攻擊事件以及美國發動反恐戰的回應中可發現。

蓋達組織的持續重要性仍無定論，雖然有些人認為蓋達組織在伊斯蘭和西方世界文明衝突中，其所扮演的角色是被過分誇大的。例如，美國發動反恐戰的動機是混合且複雜的，也曾被指出蓋達組織僅是美國地緣政治策略的藉口，是用來鞏固它在中東石油產出區域的地位。再者，蓋達組織藉動員伊斯蘭世界以開啟全球聖戰這個思維也是具有疑問的，特別是當恐怖主義的策略受到批評嫌惡時，反而緩和並政治化伊斯蘭的行動。此外，當蓋達組織在尋求高曝光度同時，發動911事件可能變成它嚴重的戰略失誤，因為美國部署了所有的軍事和政治力量來摧毀這個組織，因此反恐戰不僅剝奪了蓋達組織在阿富汗的安全基地和訓練場所，也導致許多蓋達組織領導者和士兵的死亡，大大傷害它運作的有效性。最後，批判理論學者將重點置於蓋達組織於毀滅性恐怖主義的代表程度上，蓋達組織的毀滅性在其本質和威脅的代表性較少，反而是因為美國對911事件的回應是將蓋達組織妖魔化，並向世界宣傳其存在。

角色由恐怖主義所擔起，特別恐怖主義與大規模毀滅武器，以及核子恐怖主義連結時，更強化了對於恐怖主義的恐懼。

對抗恐怖主義

恐怖主義對既有的社會特別造成艱鉅的挑戰。不像其他的軍事威脅，恐怖分子通常沒有固定的基地或所在地，他們也可能無法與其他市民區分，除此之外，更無法從以保護，也難以預防，如綁架、武裝攻擊（可能導致人質拘禁）、汽車炸彈攻擊以及自殺攻擊。

而恐怖主義該如何最有效對抗呢？不同的反恐行動的可能利益和代價又是為何？下列為主要的反恐戰略：

- 強化國家安全
- 軍事壓制
- 政治交易

強化國家安全

在一些經歷過長期民族主義恐怖主義活動的國家，如以色列、斯里蘭卡、西班牙及英國，通常透過緊急立法而有較嚴密的國家安全。但911事件及隨後在如峇里島、馬德里和倫敦等地方發生的恐怖攻擊，促使更多國家開始修正且強化它們對國家安全的安排。在許多方面，這也反映出他們試圖剝奪恐怖分子從民主和全球化中獲得的利益。自由民主的社會通常在面對恐怖主義威脅時特別的脆弱，因為它們保護個人權力、自由且包含對政府權力的監督，然而全球化所建立的「無疆界的世界」卻賦予非國家行為者，如恐怖分子更廣的組織力和更強的影響。

主要來說，國家安全一直以來均透過擴展政治合法權力來強化，舉例而言，國家重申對全球資金流動的控制權、更嚴苛的移民規定，特別是在高警戒時期、對國內民眾監督控管的增加，特別是極端組織或恐怖主義支持者，以及在許多案例中可發現對疑似恐怖分子的拘留權力也受到強化。例如，英國的反恐怖措施即許可在無起訴情況下，仍可對恐怖嫌疑人士

> **非常規引渡**（Extraordinary rendition）：將外國的恐怖嫌疑分子已超出合法範圍的方式，引渡到第三國接受訊問。

●「反恐戰」的概念在敵人性質上產生疑惑（「恐怖」是個抽象名詞，恐怖主義則是個軍事戰術，而非組織、意識形態或機制），這為敵人所作的選擇引入武斷的成分，同時也藉由將他們稱為「恐怖」來與邪惡、不道德、無節制的暴力行為產生連結。

●「反恐戰爭」將恐怖主義形塑成單一現象，即「恐怖」，因此這口號模糊了不同的恐怖主義間的差異，以及忽略了恐怖主義可能力爭的政治、意識形態或其他目標。

概念解構……

「反恐戰爭」

●如將對抗恐怖主義的行動稱為「戰爭」，這就表示恐怖主義應該或者是只能透過軍事手段來面對，此種途徑只會完全著重恐怖主義的呈現方式，而忽略其產生的原因，因此而預先限定了反恐戰略的選擇。

●「反恐戰」的思維可能會造成反效果。就一般民眾而言，這會產生誇大恐怖主義威脅的風險，反而可能對恐怖主義意圖產生的恐懼和焦慮造成宣傳效果。以決策者方面端看，這會出現過分反應，也可能會因此讓邊緣化族群或人們產生不滿，而出現恐怖主義永存的風險。

拘留最多28天（後來權力於2011年失效，所以又改回14天），而美國的愛國者法案（Patriot Act 2001）也允許對移民人士的無限期拘留。

　　然而在其他案例中，國家安全措施也出現過不合法或最多半合法的特徵。911事件後，美國的布希政府則是最佳例子，如其在古巴建立關達那摩灣拘留營（Guantanamo Bay detention camp），及實行**非常規引渡**。

　　拘禁在關達那摩灣的恐怖分子受到軍事法庭權力的管制，其地位在2008年前是不受美國最高法院的管轄，而且布希政府拒絕將這些恐怖分子歸類為敵方戰鬥人員，因此否決日內瓦條約對這些被拘禁者所提供的保護。除此之外，在關達那摩灣的拘留營也會進行審問，如坐水凳（waterboarding，以水淹沒被拘禁者的臉達到近已溺水的方式），這已經被視為是

> **刑求**（Torture）：藉由使用手段引起對方強烈的身體或心理痛苦或折磨，來獲得資訊或自白的方式。

一種**刑求**的方式。

　　然而，國家安全在應對恐怖主義上至少有兩個主要缺點。第一，這樣做會侵犯自由派民主政治的自由，但之所以要反恐，就是為了保障這種自由。這將導致自由與安全之間的取捨難題，此議題在許多民主國家引起了激烈辯論。其次，國家在回應恐怖主義行動的措施可能會造成反效果，因為行動往往針對特定族群（通常是年輕男性穆斯林），從而使這些族群變得更加不滿，因此這些族群更有可能支持，或甚至可能加入恐怖主義的活動。因此，英格利敘（English 2009）認為恐怖主義所構成最嚴重的危害，其實是其所創造出來的恐慌氛圍，讓原本安逸國家的政府判斷錯誤，做出反而有利恐怖主義分子的反應。

　　值得注意的是，歐巴馬政府反恐政策的基調已經出現一些變化，特別是在導正自由和安全之間的不平衡。其中最具象徵性的承諾是在2009年1月宣布一年內關閉關達那摩灣拘留營（雖然並未實現），並停止布希政府時代曾使用的嚴酷審訊技術。

軍事鎮壓

　　以力量為基礎或鎮壓的反恐行動，特別在近年來運用在「反恐戰」上。軍方對恐怖主義的回應建立在兩項互補的戰略上：第一，切斷先前提供援助或贊助給恐怖分子的政權，這可由2001年推翻阿富汗的塔利班政權中清楚看出，雖然在2003年推翻海珊時也聲稱其政權與恐怖組織有關；第二項戰略則是直接對恐怖組織訓練營和領導人發動攻擊，因此於1998年，美國為駐坦尚尼亞和肯亞大使館爆炸案進行報復，直接空襲阿富汗和蘇丹的恐怖主義訓練營；2001年底蓋達領導層在阿富汗的托拉博拉山區（Tora Bora cave complex）遭到嚴重襲擊；2006年以色列在黎巴嫩南部對真主黨發起軍事攻擊；賓拉登於2011年在巴基斯坦亞波特巴德（Abbottabad）的一場特種部隊行動中被殺身亡。而大多直接透過軍事方式，試圖摧毀恐怖組織的具體行動均發生在車臣和斯里蘭卡。

　　在分離主義的不斷挑釁和恐怖攻擊的不斷增加下，俄羅斯發動第二次車臣戰爭（1999-2000），此戰爭導致25,000至50,000人死亡，並且摧毀車臣首都格羅茲尼市（Grozny）。2008年至2009年間，斯里蘭卡軍隊對泰米爾之虎發動攻擊，有效地摧毀分離主義運動的戰鬥部隊，並且結束長達26年斯里蘭卡的武裝衝突，據估計在戰爭最後階段喪生的民眾約7,000至20,000人。

全球政治行動⋯
賓拉登之死

事件：2011年5月2日，賓拉登在美國特種部隊於巴基斯坦西北部亞波特巴德的一場行動中被殺身亡。美國超過十五年來持續追捕或追殺賓拉登，早在1996年便由中央情報局成立專案小組，規劃一系列行動，要捉拿這位來自沙烏地阿拉伯的伊斯蘭領袖，至此總算告一段落。911事件之後，美國總統小布希下令捉拿賓拉登，「無論是死是活」，相關的工作更是如火如荼。2001年10月，阿富汗的蓋達組織基地遭到大規模轟炸，逃過一劫的賓拉登撤入阿富汗東部的托拉博拉（Tora Bora）山區，後來又越過邊界進入巴基斯坦。他主要在巴基斯坦西北部的瓦濟里斯坦區（Waziristan）一帶活動，經常搬遷，有一小群保鏢隨侍在側。他可能早在2005年開始，就住在亞波特巴德一帶特別建造的，附有圍牆的大院。

意義：美國以保衛國家為由，主張獵殺賓拉登的行動完全正當，也認為911事件過了將近十年，賓拉登仍然威脅到美國的安全（無論是透過他所領導的基地組織，或是以精神感召的方式發動聖戰）。美國將賓拉登視為「合法的軍事目標」，是依據《聯合國憲章》第51條，「行使單獨或集體自衛之自然權利」，以及聯合國安理會在911事件之後通過的1368與1373號決議案，將911事件定義為威脅國際和平與安全的攻擊事件。但也有人批評賓拉登的死是「法外殺人」，是美國為了剷除頭痛人物，所採取的全球暗殺政策的體現。賓拉登是被槍殺（而不是被捕），據說屍體還被拋進海裡，更顯得於法無據。美國發動的這場突襲，顯然違反了巴基斯坦的國家主權（巴基斯坦並沒有事先接獲通知），也可以說是扼殺了一個逮捕賓拉登，移送國際法院的機會。

賓拉登被殺對蓋達組織有什麼樣的影響？又會如何影響對抗伊斯蘭好戰分子的戰役？有人認為賓拉登之死，對蓋達組織是重大打擊，因為賓拉登不僅長期主導蓋達組織的行動，更是魅力獨具的領袖，也是伊斯蘭對抗美國與西方的重要象徵但是這種理論可以說是誤解了蓋達組織的本質。如果蓋達組織真如許多人所說，是一個基本沒有領袖的組織，也就是說賓拉登的地位始終是象徵意義大於實質意義，那他即使身亡，也仍然能發揮精神感召的力量。所以也有人說，殺掉賓拉登主要是為了找回美國的尊嚴，也提高歐巴馬總統順利連任的機會。但是賓拉登之死，也引發了各界討論「斬首」（逮捕或殺掉高層人士）做為反恐策略是否合適。「斬首」的目的是要破壞一個組織的凝聚力與運作能力，也要給這個組織的成員與支持者帶來心理打擊。「斬首」所需的人力物力相對來說相當低廉（需要的是情報，以及無人機與特種部隊，並不需要大規模軍隊），所以是個很有吸引力的選擇。從另一方面來看，「斬首」就像其他以武力為主的反恐策略，向來是無效就已經算是不錯了，最慘還會造成反效果。這是因為「斬首」往往會引發暴力反擊，或是招致當地人強烈的憎恨，何況「斬首」要是造成當地的平民傷亡，受到的反彈會更強烈。

爭辯中的議題……　反恐需求是否能夠合理化對人權和基本自由的限制？

恐怖主義是種不尋常的安全威脅，因為它是剝削自由民主社會的脆弱性。有些人認為當人民需要受到保護時，那麼權力和自由就必須縮減；然而也有人表示這種手段在道德上是站不住腳的，也會造成反效果。

支持	反對
強者的弱點。自由民主社會下所享有的權利，如遷移自由、結社自由、合法或憲法賦予對政府權力的監督，均反而會成為弱點，受到恐怖組織的利用。因為他們較為隱密，並是以鬆散組織的小規模方式運作。換言之，公開、信仰自由和合法都會成為這些社會最強大的敵人，因為反對這些原則的團體也同時享有同樣利益。有效的反恐措施就必須從恐怖分子身上剝奪這些權利，這就表示在個人權利和自由上有選擇性且適當的限制。	**反效果的反恐措施**。在一定意義上，所有恐怖主義都希望挑起政府的過度反應。恐怖主義藉由政府對攻擊的反應以達到目標，而非暴力攻擊本身。政府如採取嚴厲的反恐措施，即正中恐怖分子的下懷，因為如果民眾所支持的團體受到恥辱及憤怒的話，這些恐怖分子即能獲得支持、同情甚至成員得以增加。如果政府陷入過度反應的循環中，則事件更是越發棘手，到時如根絕恐怖威脅策略的失敗，只會導致採用更壓迫的政策。
較小惡原則（lesser evil）。當一行動的對與錯建立在是否可為大多數人帶來最大利益時，限制權利和自由在道德上即可能被正當化。當限制是為保護社會而抵抗利益時，就可以稱為「較小惡原則」（Ignatieff 2004）。舉例而言，在無經過審判就拘禁恐怖嫌疑分子等違反他們人權的作法，在與人類自由最重要的——生存自由相比之下，即被認為是可行的。同樣的，如果為大眾的權利，而違反個人或少數族群權力的行為也是可行的。	**自由為基本價值**。對人權的支持者而言，道德並不是交易，也不能列入利益獲得的計算，而是特定事件本身的是非問題。當人權價值是普遍的、基本的、絕對的及無法分離時，那麼如果限制人民自由或任何違反自由的行動即是錯的，儘管在政治上是不得已的。
髒手的必要性。「髒手」原則思維是建立在大眾的道德與個人道德不同時。因此如果是為了大眾道德而行時，政治領袖做錯事時反而是對的。這種原則最典型的適用環境就在於，當面臨高度危險時，政治人物必須為了確保政治社群的生存，而將自我道德棄於一旁（Walzer 2007）。此原則甚至可在所謂的	**人權受到的威脅將更加嚴重**。一旦政府開始將道德視為一種交易品，那麼他們就開始滑向威權統治的那端。政府將逐漸開始習慣使用武力，以及忽略人權，安全機構也開始變得更加強大，也更難以信賴。 **道德權威及軟權力**。恐怖主義不能僅靠強大的國家安全措施來對抗；就一些重要層面而言，恐怖主義是項「全心全意」的議題。如果恐怖行動和反恐措施中無明確的道德界線的話，政府就會喪失道德權威，也會失去本國和外國的民眾支持。例如頗受爭議的關達

「定時炸彈理論（ticking bomb scenario）」將刑求合理化，當為了拯救數百人的生命，而必須從恐怖嫌疑分子身上得知炸彈所在處時，使用任何手段都是被允許的。

那摩灣拘留營議題，確實損害美國的軟權力，並且削弱了國際對反恐戰的支持，特別不僅是穆斯林國家。因此，在打擊恐怖主義以確保和維持道德的崇高性時，也能維護人權和基本自由的話，才是具有道德和政治的意義。

然而，在一般案例中，單靠軍隊力量難以擊敗恐怖組織。舉例而言，對恐怖組織和團體發動戰爭是針對問題呈現的形式，而非針對其根本原因。因此單以力量為基礎的反恐行動結果較差，如以色列、北愛爾蘭、阿爾及利亞和車臣，這些國家以大規模的暴力反抗恐怖主義，但也導致遭受更大程度的恐怖攻擊。軍事鎮壓特別可能造成反效果。因為以軍事行動對抗恐怖主義被視為是忽視人權和人民利益，2004年美國在伊拉克阿布賈里布（Abu Ghraib）監獄虐囚案的曝光嚴重打擊美國為自由世界捍衛者的形象，並在穆斯林世界掀起反美聲浪。再者，如伊拉克和阿富汗等國家，恐怖主義成為更大規模內戰的一部分，就傳統定義來說，更是難以看出如果以軍事武力贏得戰爭。許多軍事將領表示恐怖主義和內戰只可能降低至可管理的程度，並無法一起根絕。

政治交易

針對恐怖主義問題，可採取政治解決方式。就此而言，大多恐怖主義活動均有政治目的，因為恐怖行動之所以無所成效，是因為隨著時間，恐怖活動的領導者更傾向受到尊敬以及擁有憲法政治。再者，各國政府也在尋求能夠鼓勵恐怖分子放棄政治暴力的戰略，使其重回談判和外交程序。例如，與臨時北愛爾蘭共和軍開啟政治談判的意願，成為北愛爾蘭共和軍結束恐怖主義的基礎，此過程最後促成「貝爾福特協定（Belfast Agreement）」〔有時稱為耶穌受難日協定（Good Friday Agreement）〕，透過此協定確定北愛爾蘭的地位和未來。同樣的，1990年至1993年間，由戴克拉克（de Klerk）領導的南非政府與非洲民族議會進行協調，鋪下走向終結種族隔離的道路，並於1994年將南非建立成多種族的民主國家，由非洲民族議會的領導人曼德拉（Nelson Mandela）擔任總統。反恐的政治途徑包括「全心全意（hearts and minds）」戰略，試圖去解決恐怖主義的政治因素，而非表現形式。政府也試圖說服恐怖分子如在政治過程中放棄對抗，採取合

作反而更有成果。以伊斯蘭恐怖主義為例，政治性解決方法可能必須包括「巴勒斯坦問題」的進展。確實地，以阿衝突中停火協議的失敗，即是因為兩方均偏好以軍事手段解決，而非政治解決方式。

　　然而，與恐怖分子採取政治交易，或接受其訴求的方式也會引來批評。第一，這有時會被視為是種姑息主義，為遭受威嚇和暴力下的道德退讓，甚至是不願意有主張自我的信念。當軍事手段藉由弱化及可能摧毀恐怖組織的方式來遏制恐怖主義，政治手段反而可能因為讓恐怖分子和其尋求的目標視為正當性，而使恐怖分子更加猖狂。此外，政治手段在民族恐怖主義的例子中更可能有正面成果，因為交易可以權力共享、政治自治甚至是主權上著手。但另一方面而言，伊斯蘭恐怖主義的目標可能不是政治手段能夠解決的。例如，對此種恐怖主義的政治解決方式，可能必須在西方社會建立神權統治，或者推翻自由民主的機制和原則才行。最後，恐怖主義、內戰和其他形式的犯罪之間的連結，在冷戰後越加明顯，這種連結可能會阻礙政治交易替大規模政治暴力提供全面性解決方法的能力（Cockayne et al. 2010）。在一些地方如阿富汗、巴爾幹半島、剛果民主共和國、瓜地馬拉及索馬利亞，和平的道路和協調對這些地方的恐怖分子確實無吸引力，因為這些地方可以藉由販賣毒品、針對性的暴力及其他非法行為賺取大量金錢。

重點摘要

- 廣泛而言，恐怖主義指必須是透過暴力來創造恐懼、憂慮和不確定性的氛圍，藉以達到政治目的。恐怖主義不僅是個廣受爭議的名詞，因為它是一個具高度貶抑的詞彙，也通常被當成政治工具使用。主流、極端和批判觀點均對恐怖主義的本質及其概念的價值，提供相當不同的看法。

- 新恐怖主義思維的主張者表示，自從1990年代後，更極端且更具破壞性的恐怖主義形式崛起，其政治特性、動機、戰略和組織都與傳統恐怖主義不同，特別是宗教動機的重要性提高。但是此種區分本身也產生許多重要疑問。

- 一般普遍認為：911事件顯示出更重要的恐怖主義形式已經興起，其可在任何地方、任何時間發動攻擊。然而，雖然很多人接受現代恐怖主義與全球化進展間有重要連結，但也有一些人懷疑恐怖主義是否真的走向全球。

- 恐怖主義影響力的增加，是因為新恐怖主義戰略的出現，以及對大規模毀滅武

器的輕易取得，及使用意願的提高。然而，批判主義學家表示恐怖主義的威脅性過於誇大，通常是因為反恐戰爭與宣傳恐懼政治的相關談話之故。

- 主要的反恐策略包含強化國家安全、使用軍事鎮壓，以及政治交易。國家安全和軍事手段通常具有反效果，以及對自由和安全間的適當平衡也出現廣泛的爭議。

- 對於恐怖主義有效的解決方法通常具有：藉由將恐怖分子引入談判和外交的程序中，以鼓勵恐怖主義放棄暴力。雖然這種方法在民族恐怖主義中有所成效，但這也被視為是姑息政策，以及不適合運用在伊斯蘭恐怖主義上。

問題討論

- 如何才能分辨恐怖主義與其他形式的政治暴力？
- 國家恐怖主義是否真的存在？
- 是否有任何環境能將恐怖主義正當化？
- 宗教動機重要性的增加是否改變了恐怖主義的本質？
- 911事件是否突顯恐怖主義的真正全球面？
- 核子恐怖主義是否是被創造出來的恐懼？
- 恐怖主義為何成效不佳？在什麼環境下才能夠有所成效？
- 當與恐怖主義的威脅相較之下，對自由的限制是否僅是較小的罪惡？
- 以軍事手段處理恐怖主義問題時，為何會有反效果？
- 與恐怖分子間應該有政治交易嗎？

第十三章　人權與人道干預

「人人生而自由，在尊嚴和權利上一律平等。」

——《世界人權宣言》第一條，1948年

前言

　　道德和倫理問題在國際政治中一直十分重要。但是，自從冷戰結束後，當全球正義議題與更傳統的問題如權力、秩序與安全競爭時，其吸引了更強烈的興趣。此外，隨著正義與道德問題的升高，通過人權信條，世界越來越強調各地的人們享有相同的道德地位和權利。人權已開始與國家主權競爭作為主導國際事務和人類發展的規範語言。這造成了人權和國家權利之間的緊張，因為前者意味著正義應該超越國家邊界。儘管如此，人權仍引發難題；最少不僅是關於它的本質和正當性。在哪些觀念下權利是「人」權？它們又涵蓋哪些權利？其他辯論還涉及到人權在實踐上被保護的程度，以及其是否真的具有普遍性，適用於所有人民和社會。人權應用到實踐上有多深遠？又它們應該被應用到多深遠的程度？國家權利和人權之間的緊張自1990年代以來，「人道干預」的增長變得尤為深刻。大國被假定有權軍事干預其他國家的事務，以保護他國的國民免於虐待和可能死亡，通常是從他們自己的政府之手。如何、以及到何種程度，是這種干預與人權相連結的呢？干預可以是真正的「人道主義」嗎？並且，不管其動機如何，人道干預能實際發揮功效嗎？

關鍵議題

- 人權是什麼？其主張是建立在什麼基礎上？
- 如何、以及如何有效地使國際人權得到保障？
- 人權信條為何被批評？
- 如何解釋人道干預行動的增加，以及其後續行動的減少？
- 在何種情況下干預他國事務是正確的？
- 為何人道干預會遭致批評？

人權

定義人權

在全球政治中的個人

國際政治傳統上被認為是指集團方面，特別是國家。個別需求和利益因而常被納入更大的「國家利益」概念。所以，國際政治很大程度是國家間與國家中權力鬥爭的總和，很少考慮到個人的含意。人，以及因人衍生的道德（個人的幸福、痛苦和一般福祉），是被分解出局的。然而，國家政策和個人的分離，和造成的權力與道德分離，逐漸變得難以維持。

許多文化和文明發展出人類個體固有的價值和尊嚴。然而，這些理論傳統上根植於宗教信仰，這意味著個人的道德價值立基於神權，人類通常被視為上帝的造物。現代人權觀念的原型以「**自然權利**」的形式，發展於早期現代歐洲。政治哲學家如格勞秀士、霍布斯和洛克（1632-1704）進一步改進其內涵，比如將權利描述為「天賦的」，是上帝賜予的，且因此是人類本質非常核心的一部分。自然權利不僅作為道德主張存在，且被認為是反映人類最根本的內在需求；它們是人類生存最重要的基本條件。在十八世紀末，這樣的想法被表現於「公民權利」（rights of man）概念上（後來被女性主義者擴大到包含婦女權利），透過定義屬於公民自治領域的方式，它被用以限制政府權力。美國獨立宣言（1776年）宣布：生命、自由和追求幸福的權利是不可被剝奪的，即表達了這樣的理念，法國人權宣言（1789年）亦同。

這種思想於十九、二十世紀，通過嘗試設定國際標準，通常是基於**人道主義**，逐漸在國際上成型。舉例來說，人道主義道德觀的增長有助於啟發廢除奴隸貿易；其得到了維也納會議（1815年）的認可，並於布魯塞爾公約（1890年）達成，最終，奴隸制度正式透過「禁奴公約」（1926年）非法化（即使實踐上奴役形式依然存在，如契約勞工、強制婚姻、

概念澄清：人權（Human rights）

人權是身為人所被賦予的權利；其是一個現代且世俗的「自然權利」版本。人權是普世的（在觀念上屬於所有人類，無論種族、宗教、性別或其他差異），基本的（是一個人類不能被剝奪的權利），不可分割的（公民及政治權利，並與經濟、社會和文化權利相關且同等重要），絕對的（活在真實人生的基本，不能被限制）。「國際」人權始於聯合國和其他條約及公約的集合。

自然權利（Natural rights）：上天賦予人類且因此不可被剝奪的根本權利。

人道主義（Humanitarianism）：對全體人類福祉的關心，通常透過同情、慈善或博愛行為表示。

販運童工和婦女）。1837年成立的反奴協會，或許可以被視為世界上第一個人權的非政府組織（NGO）。其他人道主義事業則被轉變為國際標準制定的形式，包括「海牙公約」（1907年）和「日內瓦公約」（1926年）規定戰爭的行為，以及成立於1901年，率先試圖改善工作條件的國際勞工局，和其繼任者——成立於1919年的國際勞工組織——它屬於凡爾賽條約的一部分，至1946年，並成為聯合國第一個專門機構。

　　儘管如此，直到二戰結束，這樣的發展依然零星，且大多對於推動國際政治僅有微弱的效果。聯合國大會通過的世界人權宣言（1948年），以及後來的公民及政治權利國際公約和經濟、社會、文化權利國際公約（皆1966年立法），透過規範成員國內部政府的法規，建立了現代人權議程，也讓人權取得了國際習慣法的地位。此時的國際社會深受二戰慘況的影響（特別是納粹德國屠殺六百萬猶太人、吉普賽人和斯拉夫人的所謂「最終解決方案」），故世界人權宣言反映了當時思想風氣的主要變化，造就了大量的法律制定和標準設定，尋求建立人權的全方位國際保障。也因此，1948年的發展真正終結了自西發里亞條約（1648年）三百年以來國家主權不受挑戰的國際政治原則。然而，雖然宣言創造了人權的競爭規範，國家權利和人權間的緊張在1948年並未解決。在此之際，有必要檢驗人權的性質和含意。人權是什麼？以及為什麼它們應該得到尊重？

人權的本質和類型

　　權利是一種在特定方式下行動或被對待的資格。因此，權利意味著義務：主張權利乃施加義務於他人的行為，也或許是避免某種特定方式的行動。人權本質上是道德或哲學上的主張，但自1948年後，已經擁有一定的法律內涵。人權，最基本的是賦予身為人類的資格，因此其為普世權利，在這個意義上，其屬於全人類，而非任何特定民族、種族、宗教、性別、社會階級或其他任何成員。這個**普遍性原則**明確表示於美國傑佛遜（Thomas Jefferson，1743-1826）起草的獨立宣言，它宣布：「我們認為這些真理是不言而喻的，所有人生而平等，被造物主賦予這些不可剝奪的權利。」不過，關於人類應該享有哪些權利，一直有非常深刻的分歧。事實上，有關人權內容的思考隨著時間的推移已有顯著發展，這使得人權被

> **普遍性原則**（Universalism）：可能發現某些價值和原則的信念，這些原則適用於所有人民和社會，無論歷史、文化和其他差異。

定義為三種不同的類型或「世代」，即：

- 公民與政治權利
- 經濟、社會與文化權利
- 集體的權利

公民與政治權利是最早的自然權或人權形式。透過十七世紀的英國革命和十八世紀的法國和美國革命，目前核心的公民與政治權利是生命、自由和財產，雖然其已被擴展至包括如不受歧視的自由、免於奴役的自由、免於受到酷刑或非人道懲罰的自由、不被任意逮捕的自由等等。公民與政治權利往往被視為**消極權利**，或「忍」（forbearance）的權利：其僅能藉由限制他人得到。消極權利因此定義出一個私人領域，域內的個人可享受獨立，免於他人的侵犯和干涉。故而，消極權利密切對應到古典的**公民自由**，比如言論自由、出版自由、宗教和信仰自由、行動自由、結社自由。不過，並非所有公民與政治權利在這一方面都是「消極」的。例如，不受歧視的權利，僅能透過立法和政府強制架構來維護，而自由和公平審判的權利需要一個警察和司法體系的配合。公民自由因此往往不同於**公民權利**，後者涉及對政府部門的積極行為，而不是簡單的容忍。公民與政治權利的雙重性，在人權和民主間的複雜關係中是顯而易見的。

經濟、社會與文化權利的運動在二十世紀取得了重大的成就，特別是在1945年後。藉由對照傳統「自由」的權利，這些所謂「第二代」權利通常基於社會主義的假定，認為資本主義發展會走向社會不公義和階級力量不平等。社會經濟權利——包括社會福利權、工作權、帶薪休假權、醫療權、教育權等等——旨在制衡市場資本主義的不平等現象，保護勞工階級和殖民地人民免於剝削。這些權利是**積極權利**，因它們意味著國家高度干預，通常以福利供應（福利權）、勞動市場監管（勞工權）和經濟管理的形式。

消極權利（Negative rights）：藉由他人的不作為取得的權利，特別是政府，經常看到（有些誤導）的是「免於干預」（freedoms from）。

公民自由（Civil liberties）：定義屬於公民而非國家的「私人」領域的存在；免於政府的自由。

公民權利（Civil rights）：參與和取得權力的權利，通常是投票和政治權以及不被歧視權。

積極權利（Positive rights）：只能透過積極干預政府得到的權利，通常與「自由選擇權」的概念有關。

焦點……　**民主作為一種人權？**

　　在早期的構想，自然權或人權極度地反民主，這是因為它們的目的是賦予個人權利，而這意味著限制政府的權利，無論政府是民主或獨裁。民主，的確是主權從個人轉移到人民的威脅，其創建出一個特別的情況：民主法治將導致「多數暴力」，這可能威脅到少數人的權利和個人自由。所謂自由民主維護人權的程度是在於「自由」（即實行有限政府）多過「民主」（即由人民確保政府體系）。這意味著人權在自由民主下，有時作為公民自由，乃優先於民主。

　　然而，人權和民主間的緊張，隨著時間的推移減少，甚至許多人視「促進民主」為現代人權議程的關鍵要素。這種情況的發生是基於實踐和理論的因素。在實踐中，民主化如果不完善，於共產主義後或前獨裁政權，一般會導致更加的尊重人權，有助於建立兩者間的聯繫。在理論方面，保障傳統的公民自由已經越來越被視為自由的政治參與之先決條件。同樣的，現在越來越強調公民權利和獲致權力管道的保障，是促進其他所有權利的途徑。

　　然而，深切的爭論包圍了經濟與社會權利。支持者認為，經濟與社會權利在某種意義上是最基本的人權，它們是維持享有其他所有權利的前提。在這個看法下，相較於沒有自由權，人的尊嚴被貧窮、疾病、無知和其他社會不利條件更嚴重的威脅。然而經濟權利與社會權利在大多數人的心目中，頂多算是二等人權，甚至根本就是虛假的道德口號，美國在內的西方國家尤其是如此。批評者則聲稱：第一，這種權利的維護需要很多國家根本不具備的物質資源和政治能力。經濟與社會權利，因此只能被視為理想而非權利。第二，目前還不清楚誰或什麼負責支持經濟與社會權利。如果，由於缺乏資源或能力，一個國家政府無法提供經濟與社會權利，這些責任會因而落在其他國家（如果是，是哪些國家？）、國際組織或以某種方式落在世界某些人身上嗎？第三，從經濟自由主義的角度來看，經濟與社會權利可能會適得其反，國家高度干預（儘管出於好意）可能破壞資本主義經濟的活力和效力。

　　自1945年權利更進一步的設定以集體權的形式出現，或所謂「第三代」權利。其涵蓋了一個廣泛的權利光譜，主要特點是附屬於社會團體或整個社會，而不是單獨的個體。它們有時因此被視為集體權利或國民的權利。鑑於「第一代」權利由自由主義所塑造以及「第二代」權利由社會主義所塑造，「第三代」權利由對南方世界的關注所形成。自決權因此與1945年後去殖民化和民族解放運動的興起相連結。其他類似的權利包括發展權、和平權、環境保護權與多元文化權。

世代	形態	關鍵主旨	權利	關鍵文件
第一代 （18和19世紀）	公民與政治權	自由	●生命、自由和財產 ●不歧視 ●免遭任意逮捕 ●思想自由 ●公民與政治權利國際公約	●聯合國宣言第3至21條
第二代 （20世紀）	經濟、社會與文化權	平等	●工作 ●社會福利 ●醫療 ●教育 ●帶薪休假	●聯合國宣言第22至27條 ●經濟、社會、文化權利國際公約
第三代 （1945年後）	集體權	友愛	●自決 ●和平 ●發展 ●環保	●1972年斯德哥爾摩人類環境公約 ●1992年里約地球峰會

表13.1　人權的三個世代

集體權因此被用於提供發展、環境永續和文化維護等議題的一個道德面向。然而，對「第三代」權利的批評強調其過於模糊，更嚴重的是，質疑人權是否真的只適用於團體而非個人。從這個觀點來看，人權的理念是基於個人的自我價值模型，其在每當人們想起其團體身分時有被削弱的危險。

人權對全球政治的涵意

就其本質而言，人權對全球政治已產生深遠的影響。何以如此？第一個回答是：人權身為普遍和基本的權利，施加政府強大的義務，影響其國內外政策。根據自由派觀點，保護與實現人權是政府的關鍵角色也是核心目的，但國家間的互動也至少有人權的面向。故至少在理論上，人權是施加於國家政府行為上一個主要制約，無論其如何對待國內民眾或與他國人民打交道。受到影響的國家事務包括訴諸和引導戰爭、對外援助和貿易政策。更極端和爭議的是，這些義務可能擴展到採取行動，或許是軍事行動，以防止或阻止其他國家境內的人權被侵犯，即是所謂的「人道干預」。這些在本章稍後將會討論到。

人權對全球政治的第二種意義是其意味著對道德關注的界線超越國家邊界；事實上，它們無視國界。人權對於全人類不亞於所有人性需求（Luban 1985）。

因此人權學說日漸普及，越來越成為一種世界性的情感。對柏格（Pogge 2008）教授來說，人權滿足了世界主義的三個要素：個人主義（一種對人類或個人而非團體的最終關注）、普遍性（對所有個人道德價值平等的認可）和一般性（對每人而言個人是關注的主體，無論國籍或其他）。人權的世界性意義是顯而易見的，不僅試圖用國際法（雖然通常是「軟」法）為國家行為設立標準，同時也試圖強化區域和全球治理，以限制或重新定義國家主權的本質。然而，儘管人權法不斷在強化，且特別將人權視為普世價值的想法在增加，但理論上人權的影響力仍因實踐與道德考量而有所抵銷。這使得保護人權成為一個複雜且困難的過程。

保護人權

人權制度

自1948年以來，國際已發展出一套詳盡的制度以促進和保護全球的人權。此一制度仍保留聯合國世界人權宣言的核心。雖然1945年聯合國憲章極力促進「普遍尊重並監測人權與基本自由」，它仍未說明國家應保證和尊重哪些人權。聯合國人權宣言修正了這項缺陷；雖然其並非是具有法律拘束力的條約，而通常被視為國際習慣法的一種形式，作為運用外交和道德壓力予違反任何條款的政府之工具。因此國家不能再任意違反人權，它們的行動將進入聯合國主要機構的議程。宣言也挑戰了國家對其公民排外的管轄權，並削弱了對國家內務的不干涉原則。此外，宣言將人權編纂入一個具有法律拘束力的法律——人權法——是成功的，這基本上是透過1966年的公民與政治權利國際公約以及經濟、社會與文化國際公約來完成。總的來說，1948年的宣言和這兩項公約通常被稱為「國際人權憲章」。

直到1960年代中期，聯合國的作為主要集中在發展人權規範和標準。隨後，它更致力於強調實踐。在這個方向的主要步驟是成立聯合國人權高級專員辦公室，這是1993年維也納世界人權會議的關鍵計畫。高級專員的作用是促進全世界尊重人權條約創造的國際法主體之人權。然而，高級專員辦公室在突顯人權侵犯之事實上的作用，比落實人權法大得多。其主要的手段是公布和譴責——點名和羞辱——個別國家的違反人權的作為。因此該辦公室在很大程度上依賴遊說和監測來促使政府改善人權政策。2006年，聯合國47名成員組成的人權理事會取代了備受批評的聯合國人權委員會，並提出違反人權情況的報告。但這個新單位除了

觀點…… 人權

現實主義觀點

現實主義者傾向視關注人權充其量是一種國際事務的「軟」議題，相對於「硬」或「核心」問題，諸如追求安全和繁榮。其他現實主義者更進一步相信人權考量對國際和全球議題完全是錯誤的。這是因為現實主義者認為，用道德觀點來看國際政治，是不可能且不可取的。道德和國家利益是兩種截然不同的東西，國家將無法滿足其國民（和一般其他國家），當其允許倫理方面的考量——特別是像人權這種本質模糊而混亂的——去影響其行為時。現實主義者反對人權文化至少有三個基礎。首先，他們認為支持人權的人性本質上是樂觀的模式，強調尊嚴、尊重和理性。其次，現實主義者首要關注集體行為，尤其是國家為人民確保秩序與穩定的能力。因此，國家利益應優先於任何個別的道德概念。第三，在實證的基礎上，現實主義忠於堅持科學的憑據。這意味著其關注的是什麼（實然面），而非應該是什麼（應然面）。

自由主義觀點

現代人權學說很大程度上是自由主義政治哲學的產物。事實上，與自由主義假定糾纏的是一些懷疑人權是否可被描述為「至高」的意識形態的分歧，軸承西方自由主義文化的烙印。在哲學層面，人類作為「權力持有者」的印象來自於自由主義的個人主義。在政治層面，自由主義常用於自然或人權的概念，以建立合法性基礎。因此，社會契約論認為政府的主要目的是保護不可剝奪的權利，個別被描述為「生命、自由和財產」（Locke），或者「生命、自由與追求幸福」（Jefferson）。

如果政府成為暴君，侵害或未能保護這些權利，他們打破政府和人民之間的隱性契約，人民有權反抗。英國、美國和法國革命都是合理使用這樣的想法。二十世紀時，自由主義越來越被用於這種思想去概述國際合法性的基礎，主張國家應被約束，最好是依法有所規範，以支持國內民眾及其他國家的人權。1948年的聯合國宣言因此對自由主義者，具有近似宗教的意義。儘管如此，自由主義者傾向認為只有公民與政治權利是基本權利，有時對經濟權和其他團體權利嚴重懷疑。

批判主義觀點

對人權的批判途徑傾向修改或重訂傳統自由主義的觀點，或者已經公開敵對這個觀點本身。全球正義運動以經濟與社會權利作為，呼籲基本權力和資源重分配的基礎，包括國家之間與國內的（Shue 1996；Pogge 2008）。基於道德世界主義，人權因此成為全球社會正義原則。對他們來說，女性主義者證實了對人權的興趣與日俱增，特別是他們試圖改變人權的概念與實踐，以更好地考慮婦女的生活，強調「女權」議題（Friedman 1995）。這標誌著對國際人權架構中女性主義活動力量的認可，特別是它將女性議題放在主流議程的能力。人權因此已被重新定義為包括剝削和違反婦女權利。同時，女性主義者批判說，男性設法保護的某些權利，如商業、言論自由和文化權，往往被用於童婚合法化、拐賣婦女、以及兒童色情等行為。

正文中的主體檢驗後殖民的人權批判，見本書376-378頁。

重要事件⋯

主要國際人權文件

1948	世界人權宣言	1969	消除一切形式種族歧視公約
1949	關於戰時囚犯待遇與保護人民日內瓦公約	1975	對酷刑的宣言
1950	歐洲人權公約（為保護人權和基本自由公約）	1981	消除對婦女一切形式歧視公約
1951	種族滅絕公約（防止及懲治危害種族罪公約）	1984	禁止酷刑和其他殘忍、不人道或有辱人格的待遇或處罰公約
1954	關於難民地位公約	1990	兒童權利公約
1966	公民與政治權利國際公約（1976年生效）	1993	維也納人權公約（維也納條約法公約）
1966	經濟、社會與文化權利國際公約（1976年生效）	2000	歐洲聯盟基本權利憲章

對聯合國大會提出建議外，並無實際權力，而大會也只能對安理會提出建議。人權理事會也如其前身一樣，被批評偏見且被揭露侵害人權表裡不一。其成員不僅包括本身有可疑人權紀錄的國家，且成員國間往往互相包庇（一般是發展中國家）以免於批判。不過這些國家倒是非常樂意強調以色列違反人權的狀況。

人權制度的主要特點之一，是廣泛的非政府組織在其中扮演重要角色。例如，超過1,500個非政府組織參與了維也納世界人權會議，而2000年登記的國際非政府組織達到3萬7千個，其中大多數聲稱有某種人權或人道目的。一些非政府組織如紅十字會、無疆界醫生及樂施會，則執行現地救援工作，扮演的正是促進人權條約和遵守人權法案的角色。提倡非政府組織最著名的是人權觀察（最初叫赫爾辛基觀察，設立目的是響應東歐政治異議團體的活動）和國際特赦組織。這些組織通常站在道德立場，執行人權活動並透過媒體曝光來施加壓力。如此，非政府組織對於增長世界人權文化做出重大貢獻，不僅影響了政府，也影響了跨國公司，比如在海外工廠的給付與工作條件。非政府組織對人權制度的影響遠不僅如此，特別是透過幕後遊說政府代表和專家，以及起草決議。國際特赦組織和國際法學委員會在1972年至1973年發起的活動，因此開啟了導致1975年反對酷刑宣言的進程。此外，非政府組織也在起草1990年的兒童權利公約上扮演了特別重要

的角色，並對建立1997年的反地雷條約有高度影響力。儘管如此，非政府組織的行動也受到一些限制，包括不能強迫政府改變其方式，且它們在聯合國內對安理會的影響是最弱的，而安理會卻是唯一有權強制執行聯合國決議的機構。最後，非政府組織有時被批評採用隨波逐流的方式，加入流行、或媒體主導的議題以期提高它們的地位或吸引資金。

歐洲可說是對人權的保護最先進的地方。這很大程度反映了《歐洲人權公約》（1950）被廣泛接受的地位，後者是由歐洲理事會主導，並以聯合國宣言為基礎的國際條約。歐洲理事會（Council of Europe）全體47個會員國均已簽署《歐洲人權公約》。歐洲人權公約則由法國斯特拉斯堡的歐洲人權法院強制執行。斯特拉斯堡法院可接受簽署國或更普遍地公民個人提出訴訟。超過4萬5千個案件被提交到歐洲人權法院。這造成了大量的累積，以至於案件通常要經過3到5年才能辦理，增加處理的成本。儘管如此，法院的裁決幾乎完全被執行，這證明了這種保護人權機制的有效性。由於該法院判決在規定時間內執行率高達90%，這使得歐洲人權公約最接近於人權的「硬」法律。

世界各國的人權

保護人權的關鍵難題是，國家是唯一能強制促進人權的行為者，但同時也是人權的最大加害者。如同文森（Vincent 1986）所關注的（雖然他可能包括國內政策），這反映了人權和外交政策與生俱來的緊張關係。然而，人權和國家權利很難不對立的印象是一種誤導。首先，國家在國內法建立公民自由和人權早於國際人權制度的出現。第二，國際人權標準沒有被強加給不願者——例如，來自非政府組織、公民運動或國際機構壓力——反之，這些人權標準其實是某些特定國家的產物。美國和其他西方國家在建立1945年後的人權制度上扮演了領導角色，從1990年代起，被許多後共產國家和越來越多的發展中國家所支持。保護人權在歐洲比其他國家更有效的主要理由是：歐洲國家間對人權的重視具有高度共識。

那麼，為什麼各國會接受，甚至擁護人權事業？事實上，舉例來說，幾乎所有國家都簽署了聯合國宣言，其中大多數也都簽署了兩項非必要的國際公約。從自由主義觀點，支持國際人權僅是一個自由民主國家基本的外在價值和承諾的表現。有鑒於此，外交事務可以且應該具有道德目的；對國家利益的追求應與全球促進自由民主並進。國家簽署人權公約更進一步的理由且至少支持人權信條的

全球行為者……

國際特赦組織

類型：非政府組織　　・成立時間：1961年　　・總部：倫敦　　・人員：約500
會員：300萬

國際特赦組織（俗稱特赦或AI）是一個國際非政府組織，關注人權侵害和遵守國際標準活動，特別強調政治犯（「被遺忘的囚犯」或「良心犯」，特赦組織創始人和祕書長的用語，Peter Benenson，1961-1966年）的權利。透過成為一個小型作家、學者、律師和記者的團體，特殊組織已發展成一個全球性組織，有50個部門，在100多個國家擁有代表。國際理事會代表特赦組織的各個部門、國際網路及附屬團體。它選舉的國際執行委員會，奠定了該組織的廣泛戰略。國際祕書處由祕書長領導，負責該組織的指導和日常事務。

重要性：特赦的首要目標是政府，尋求釋放政治和宗教犯，確保被捕者的公平審判，消除酷刑、死刑等嚴厲的懲罰，並將侵害人權者送審。其主要方式是宣傳、教育和政治壓力。這通常是施加在個別案例，其中大赦成員採訪受害者，鼓勵他們被大赦「吸收」，支持寫信活動並公布詳細報告。這樣的行動受到廣泛運動的支持，當前包括反恐與安全、中國人權、難民與庇護、軍備控制、反婦女暴力、貧困與人權，以及停止網路鎮壓。自1970年代以來，大赦已越來越多地參與提議和起草人權法案，比如1975年的聯合國酷刑宣言。

特赦組織被廣泛認為是提倡人權領域的主導力量，比其他多數團體加在一起更有分量（Alston 1990）。1974年，國際執行委員會主席麥克布萊德（Sean MacBride）被授予諾貝爾和平獎，而特赦本身也在1977年因其「確保自由、正義及從而對世界和平做出貢獻，」獲得相同獎項。該組織在1978年被授予聯合國人權領域獎項。國際特赦組織的優勢，包括全球歷史最長，最廣泛的知名度，和在人權領域組織的公眾形象。注重艱苦的調查與公正的報告撰寫為其加強了聲譽。特赦組織的自我加強有限委任也是一個優勢。主要集中在政治犯，特赦已建立顯著共識於其事業的正義性以及提供許多受害者援助。特赦因此具有明確的目的，並透過個別案例的成功，帶給成員不少的成就感。

然而特赦組織在兩個重要方面受到批評。第一，其自我認知傾向不成比例地注重相對民主和開放國家的人權，這意味著它有時對一些世界上人權侵犯最嚴重的國家給予太少的關注。特赦對這個成見的辯解是，它傾向集中公眾壓力，而這總是有區別，且其需要建立可信度，故進而影響到南半球人權侵害在北半球受到的重視。第二，特赦被指控具有意識形態偏見，有時被中國、剛果民主共和國、俄羅斯、南韓、美國（因反死刑和關達那摩灣囚犯營）和天主教會（關於其墮胎的立場）批評為固執地堅持人權主義。

是，自1948年以來，其已被視為國際社會成員的先決條件，能帶來外交或貿易和安全上的利益。支持人權因此是國際體系轉變為國際社會的共同規範之一。不過，這允許國家在理應支持和其實際對國民和他國做到的國際標準間，存在顯著的鴻溝。在其他情況中，各國可能疑忌地使用人權議程。例如，現實主義者認為，在人權主義和道德目的的外衣下，人權往往纏繞著國家利益的考量。這反映在選擇性的運用人權上，即如果其在敵方受到侵犯將得到重視，但發生在友方時則通常會受到忽略。美國因此在1970年代被蘇聯集團譴責侵犯人權，當集團同時和拉丁美洲與其他地方的專制政權維持密切外交、經濟和政治關係時。對於激進的理論家，如喬姆斯基（Chomsky）而言，美國已使用人權作為其霸權野心的道德外衣。

如果國際人權的成功是由它們是否改善國家及其他主體的行為來判斷，特別是有助於防止野蠻和有系統的鎮壓行為，紀錄上通常是不起眼的。當二者發生衝突，國家主權通常勝過人權。這在強權國家特別是個現實，它們有時就是會對人權批評免疫（無論是在國內或國外），或是其他政府不太願意公開其違反人權行為，以防損及外交關係和經濟利益。很少有證據顯示蘇聯受到人權紀錄譴責的影響，且這些批評肯定沒有阻止1956年華沙公約組織入侵匈牙利，及1968年蘇聯入侵捷克斯洛伐克和1979年入侵阿富汗，以及1990年代俄羅斯殘酷鎮壓車臣暴動的行為。另一方面，蘇聯集團內部和外部的人權活動則最終促成了東歐共產集團政權的瓦解。這些活動同時促進了（集團內部）政治自由化的欲望，從而削弱了這些政權的合法性，並有助於1989年傳遍整個東歐的民眾抗議浪潮。還值得注意的是，蘇聯共產黨總書記戈巴契夫（Mikhail Gorbachev），1985年至1991年用人權的說辭來證明自己的經濟與政治改革，以及蘇聯與世界其他地區關係的重整，認為人權原則超越資本主義與共產主義的分歧。

自1989年天安門廣場抗議活動之後，中國一直是美國和國際特赦組織與人權觀察等團體人權批判的對象。中國的人權爭議主要集中在鎮壓不同政見者，廣泛使用死刑，對宗教少數如法輪功的支持者的待遇，政治壓迫中國西北以穆斯林為主的省份，如新疆，以及最特別的，占領西藏並有系統地征服西藏文化、宗教和民族認同。值得注意的是：中國作為一個經濟超強，卻沒有相應的政治改革欲望。中國在人權議題上更加強勢，包括作為不斷增長的自我強硬態度和為了遏止已被釋放的經濟改革壓力。當中國的經濟復甦日趨明顯，其他政府的譴責也越來

越小。

就美國而言，其人權和人道法的承諾經「反恐戰爭」被嚴重質疑。對於許多人來說，9月11日標誌著冷戰結束後普遍接受人權規範乃不可抗拒的頂點。如果主要負責建構1948年後國際人權制度的國家似乎明顯違反人權，還有什麼希望其他國家會加入這項事業？

人權在衝突的情況下特別難以維持。在某種程度上，這反映了一個現實，安理會常任理事國間的強權政治通常阻止聯合國在人權議題上採取明確作為，這導致世界上許多嚴重侵犯人權行為的出現。特別是發生在1994年盧安達種族滅絕大屠殺的悲劇，其中約80萬，主要為圖西族和一些溫和的胡圖族被殺害，且在1995年斯雷布雷尼察大屠殺中，估計有8千名波士尼亞成人和孩童被殺。無論如何，從1990年代起，更大的重點放在擴展國際法以確保涉及嚴重違反包括種族滅絕、危害人類罪和戰爭罪等權利。國際刑事法庭，及2002年起的國際刑事法院（ICC）處理違反人權的作用和成效在14章討論。

挑戰人權

儘管發展日益顯著，人權信條卻已受到越來越大的壓力，特別自1970年代起從各種來源的壓力。最近人權攻擊的要點是挑戰支撐它們的普遍性假設，創造一個普遍主義與**相對主義**之間的鬥爭。然而，普遍主義至少有兩個地方被譴責。第一個視普世者途徑為哲學謬誤，而第二個將之描繪成政治損害。

哲學的反彈

讓人權學說得以伸張的普世自由主義權威正受到兩個西方主要哲學發展的挑戰。從社群主義的觀點來看，自由主義是有缺陷的，因它將個人視作一個反社會、分化且「未受阻礙的自我」，這幾乎沒有什麼道理（Sandel 1982；Taylor 1994）。社群主義相比之下強調自我是嵌入社群的，在這個意義上，每一個個人是社會被他的欲望、價值與目的所形塑的化身。個人的經驗與信念因此不能從賦予其意義的社會脈絡中被分離。這意味著權利與正義的普世理論必須讓道給那些地方性和特定者。後現代理論家已達成類似的

相對主義（Relativism）：相信思想和價值只在特定社會、文化和歷史條件下有效，這意味著沒有普遍的真理（認識論相對主義）或價值（道德或文化相對主義）。

結論，儘管在不同的基礎上。後現代主義促進了對「啟蒙計畫」的批判，表現在政治意識形態傳統為自由主義和馬克思主義等，它們假設能夠建立客觀的真理和普世價值，通常與信仰和進步因素有關。相反的，後現代主義強調現實的分化和多元本質，即任何形式的思想皆是不健全的。用李歐塔（Jean-François Lyotard 1984）的話，後現代主義可被定義為「對原敘事的懷疑」。人權和其他普世正義理論因此必須被同時放棄或僅用於嚴格限制的方式，出於衍生想法的政治和文化脈絡之下。

後殖民批判

鑒於西方關注人權很大程度在哲學面向，後殖民問題在政治上已更為清楚。後殖民思想家捍衛相對主義基於兩個理由。第一，社群主義和後現代思想一致，後殖民理論家認為，每個社會與文化的情況如此不同，以至於需要不同的道德價值，至少是不同的人權概念。對一個社會正確的，不一定對另一個社會正確，一個觀點認為外部世界應尊重個別民族國家的選擇。第二且更激進地，後殖民理論家把一般情況下的普世價值，特別是人權，描繪成一個文化帝國主義的形式。這種想法在薩依德（Edward Said 1978）的《東方主義》（2003年出版）是顯而易見的，有時被視為後殖民主義最有影響力的文本。

薩依德發展出一個對歐洲中心主義的批判，其中東方主義透過建立輕視或貶低中東人民或文化的刻板印象的方式，來確保了歐洲特別是一般在西方的文化和政治霸權，這種歧視有時被擴大到包含所有非西方人民。

在亞洲和穆斯林世界，藉由操作「普世」人權學說企圖強調文化偏見已變得特別重要。正如第8章中討論的，亞洲對人權的批評強調與之競爭的「亞洲價值」的存在，其據稱反映了亞洲社會獨特的歷史、文化與宗教背景。關鍵的亞洲價值包括社會和諧，對權威的尊重和對家庭的信念，其中每個都是為了維持社會凝聚力。正因為如此，他們挑戰，並尋求平衡人權傳統觀念關於權利大於義務、個人超越社會的偏見。另一項差異是，從亞洲價值觀點，政治合法性更緊密的與經濟和社會發展，而非民主和公民自由相連結。雖然那些擁護亞洲價值想法的人原則上很少拒絕人權，他們通常更注重經濟與社會權利，而不是「西方」公民與政治權利。1993年亞洲各國領袖在維也納世界人權會議前夕通過所謂曼谷宣言，透過主張亞洲文化的特殊性和人權不可分割與相互依賴的特質，來試圖抗衡西方

● 人權的想法促進了人類間相似性大於分歧的概念。這意味著共同人性的存在，其中每個人類都是一個表現。這種觀點視人類間的民族、文化、社會和其他差異為至多第二考量。

概念解構……

「人權」

● 人權，最多是哲學和道德建構。沒有外在操作能揭露人權或證明我們有權。因沒有客觀的人類本質模式，任何人權概念必然要基於特定的意識形態和道德假設。當人權被戰略性地部署於全球背景下，其概念因而不斷發展，例子包括「女權」。

● 人權的想法認為，人類本質上是「權利的擁有者」，定義上，它們可以對他人主張，而非基於他們的權利或義務。人權的概念因此不僅是原子論的，意味著每個個人很大程度是自我實現的，同時也藉由暗示這些是人類特徵，合法化利己與自利。

人權的觀點。值得注意的還有中國政府經常回應對其人權紀錄的批評，認為集體社經權利比公民與政治權利來得重要，強調其政策成功讓三億人脫離貧困。

　　伊斯蘭對人權的異議自1948年沙烏地阿拉伯拒絕承認聯合國人權宣言後日趨明顯，理由是其違反了重要的伊斯蘭原則，特別是拒絕叛教（拋棄或脫離信仰）。伊斯蘭批判人權的基礎，如同開羅伊斯蘭人權宣言所指出（1990年），是無論權利以及所有道德原則，都從神的權威而非人的獲得。因此，對於這個問題，聯合國宣言或任何人的原則和法律都是無效的，如果其與神聖的伊斯蘭律法概述的價值和原則相衝突。事實上，前者在原則上應來自於後者。從這個角度來看，普世人權學說僅是一個政治經濟主導的文化表現，而西方國家則習慣性地將其施加於中東以及穆斯林世界。確實，亞洲價值辯論提出的許多與伊斯蘭政治思想共鳴的問題。這些包括對西方社會的世俗本質的批判，特別是對宗教權威的敵視，以及過度強調個人主義以致威脅傳統價值與社會凝聚力。簡言之，西方就是道德頹廢的象徵，並通過其人權思想將道德頹廢輸出，危害世界上其他國家。不

過，伊斯蘭的批判與其說是文化相對主義，不如說是另一種形式的普遍主義，也就是伊斯蘭像自由主義一樣，包含一套適用於所有文化與社會的普遍準則。

人道干預

人道干預的崛起

國家體系是建立在反對**干預**的基礎上。這反映在國際法很大程度上是建構在尊重國家主權的事實上，這意味著國家的邊界應該且不可侵犯。然而，以**人道主義**為理由的干預行為早已存在。舉例來說，維多利亞（Francisco de Vitoria，1492-1546）和格勞秀斯（Hugo Grotius）都承認防止國家虐待臣民的干預權，這使他們成為早期的人道干預理論家。這種干預的例子，雖然傳統上罕見，仍可以看到。在1827年納瓦瑞諾灣戰役，英國和法國在希臘西南邊摧毀了土耳其和埃及的船隊，以支持希臘獨立事業。1945年之後，人道面向是干預行動的一個重要因素，包括發生在孟加拉和柬埔寨的案例。1971年，印度軍隊干預東、西巴基斯坦間短暫但殘酷的內戰，幫助東巴基斯坦獨立成為孟加拉。1978年，越南軍隊入侵柬埔寨推翻波爾布特（Pol Pot）的紅色高棉政權，後者導致1975年至1979年間1至3百萬人因飢荒、內戰和處決死亡。然而，這些軍事行動沒有一種被以「人道干預」的形式描繪。印度和越南都堅定地以維護國家利益和恢復區域穩定的需要來將其行為合法化。現代人道干預的想法是後冷戰時期的創作，並與建立「世界新秩序」的樂觀期盼密切相關。

人道主義干預和「世界新秩序」

1990年代有時被視為人道干預的黃金時代。冷戰結束似乎代表著，以大國競爭和「恐怖平衡」為特點的權力政治時代已結束。相反的，基於一個國際規範和道德標準的認知，「自由和平」即將君臨。這樣的關鍵是基於全球化的時代，國家不再能限制其本國人民的道德責任（Wheeler 2000）的信念。為了解釋人道干預在後冷戰時期早期的熱潮，有兩個問題必須解答。首先，為什麼這麼多的人道

> **干預**（Intervention）：一個國家對另一個國家採取強制行動而未取得對方同意。
>
> **人道主義**（Humanitarian）：關注人類利益，特別是希望促進福利或減少他人的痛苦；利他。

緊急情況出現呢？第二，為什麼他國要干
預？

建立一個和平與繁榮的世界新秩序在
後冷戰時代很快就被稱為「風暴區」，或
「前現代世界」（Cooper 2004）的無秩
序與混亂戳破（Singer and Wildavasky
1993）。然而，這樣的動盪與混亂可以從
兩個完全不同的方式做解釋。它們可以被
解釋為內部因素，是社會自身錯誤與失敗
所致。這些包括獨裁政府、腐敗猖獗、根
深柢固的經濟和社會落後，以及不斷惡化

概念澄清：人道干預
（Humanitarian intervention）

人道干預是追求人道而非戰略目標地實
行軍事干預。然而，這個詞一直具有爭
議性。因此使用這個術語必然是主觀價
值的。不過，有些定義人道干預是從意
圖方面：如果首要動機是希望防止傷害
他人，干預就是「人道」的，即使干預
總是出於摻雜的動機。其他則就其結果
定義人道干預：只有在導致改善和減少
人類苦難，干預才是「人道」的。

的部落或種族對抗。另一方面，它們也可被解釋為外部因素的影響，是全球體系
的結構不穩與不均所致。這些包括殖民主義傳統、經濟全球化產生的緊張，以及
有時國際貨幣基金組織（IMF）、世界銀行或其他機構實施結構調整計畫的影
響。在人道危機由內部升起時，干預似乎被授權作為解救「前現代世界」的方
式。不過，如果外部因素很大程度導致陷入人道緊急情況，很難見到進一步的軍
事干預將如何提供一個合適的解決方案。

有四個因素有助於解釋1990年代政府越來越願意在人道利益受威脅危急關頭
情況下進行干預。首先，如現實主義者和新現實主義者傾向辯論的，人道考量通
常與國家利益考量重疊。人道干預的動機總是混合且複雜的。舉例來說，美國干
預海地，部分動機是希望阻止海地難民流入美國。同樣的，北約在科索沃的行動
很大程度受到希望避免難民危機和防止區域不穩之影響，因干預那些可能需冒更
多政治風險。簡單的事實是，即使有道德藉口，在重要國家利益不受威脅的情況
下，國家仍不願承諾出兵。第二，在每天24小時的世界新聞、時事和全球電視的
通訊覆蓋下，政府在面對人道危機和緊急事件時，往往面臨公眾要求採取行動的
壓力，尤其是「不干預」未能阻止盧安達和斯雷布雷尼察大屠殺。這有時也被稱
為「CNN效應」，顯示了全球資訊和通訊流動如何使政府越來越難限制其對人
民的道德責任。

第三，冷戰對峙的結束，和美國以世界唯一超強的姿態出現，產生一種新情
況，即強權更容易建立傾向干預的共識。無論是當時苦於蘇聯瓦解政經動盪的俄

重要事件…

人道干預的重要案例

1991 北部伊拉克。灣戰後，美國開始了提供安樂行動以建立「避風港」給北伊拉克的庫德人民，透過美、英、法三國飛機守衛其建立的禁飛區。

1992 索馬利亞。在一個人道災難之際，一個聯合國授權和美國主導（恢復希望行動）的干預，尋求為南索馬利亞的人道行動創造一個受保護的環境。

1994 海地。經過一場越來越無法無天且加速海地移民到美國軍事政變的背景下，1萬5千個美軍部隊被派往海地恢復秩序，並幫助建立公民權威。

1994 盧安達。經過盧安達大屠殺和一次圖西的盧安達愛國陣線獲得該國大部分控制權，法國為胡圖族難民建立一個逃難的「安全區」（綠松石行動）。

1999 科索沃。擔憂對阿爾巴尼亞人「種族清洗」情況下，一個以美國領導的北約部隊空襲活動，強迫塞爾維亞族同意從科索沃撤軍。

1999 東帝汶。由於印尼加速了恐嚇和鎮壓活動，一個澳洲領導的未授權維和部隊，控制了印尼的島嶼。

2000 獅子山。經過長期內戰，英國政府派遣一支小型部隊，最初是為保護英國公民，不過最終支持民選政府對抗被指控實施暴行的叛軍。

2011 利比亞。利比亞爆發反對格達費總統的人民起義。以美國為首的聯軍同時對利比亞軍隊展開空襲與飛彈攻擊，北大西洋公約組織立刻接手維護禁航區的秩序。

羅斯或中國，都不足以阻攔或挑戰背後推動大多數干預行動的美國。第四，鑑於對建立「世界新秩序」的可能之高度期望，政治家和其他決策者更願意接受人權信條設下的道德指導標準。對聯合國祕書長安南（Kofi Annan 1997-2007）、國家領導人如美國的柯林頓總統（1993-2001），及英國首相布萊爾（1997-2007）而言，人權的概念提供一個建立何時何地國家「有權干預」他國事務的嘗試之基礎。建構主義者芬尼莫爾（Martha Finnemore 2003）考量到關於國家軍事干預行為的改變，強調「社會的影響加上內化，使人們關注新規範的影響，對於有關誰是人類，以及我們拯救這種人的義務」。

人道干預和「反恐戰爭」

「反恐戰爭」將人道干預議題投入一個十分不同的觀點。在2001年以前，越

來越多人相信人道干預太少——未能防止盧安達和波士尼亞的大屠殺和暴行是國際社會的道德汙點——但自那時以後，則認知到有太多的人道干預。這是因為有爭議的阿富汗和伊拉克戰爭都是有正當理由的，部分是人道理由。嚴格說來，阿富汗戰爭或伊拉克戰爭都不是人道干預的案例。在這兩個事件中，自衛是軍事行動的首要理由，他們的目的是防止「未來的911」，而不是「未來的盧安達」。不過，戰爭的支持者都或多或少將其描繪為人道任務。在阿富汗的案例中，塔利班被視為一個殘暴和壓迫的政權，特別是侵犯女權，將其從教育、職業和公眾生活中完全排除。在伊拉克案中，海珊被視為一個對北部庫德人和多數什葉派人口的造成威脅的政權，這兩個族群都被排除在政治權力之外並遭受攻擊。通過推翻塔利班和薩達姆・海珊的「政權更迭」，承諾帶來對人權的尊重、更大的寬容和民主政府的建立。在這個過程中，「反恐戰爭」的支持者更進一步擴大人道干預信仰，但是，可以說，人權概念遭汙染到這種程度使其變得更難適用在其他情況。

1990年代的人道干預都有嚴格限制的目標。軍事行動採用於緊急情況下，以恢復和平和秩序，並允許人道救援部署。干預一般與更大的社會重建無關，在東帝汶、獅子山和科索沃（導致2000年米洛塞維奇垮台）的結果之一是建立一個多黨的民主進程。在阿富汗與伊拉克，人道干預則被描繪成**自由干預主義**的一種。自由干預主義是基於兩個假設。其一，自由價值和制度，尤其是基於市場的經濟和自由民主應該被普遍適用，且優於其他價值和制度。第二，當自由主義在一個國家內的發展受到嚴重阻礙，其人民沒有任何能力可以推翻獨裁和鎮壓的政府時，以自由民主國家有權利——甚至責任——去提供支持。這種支持可能採取外交壓力或經濟制裁的形式，或者，當基本人權被公然侵犯，可能採取軍事干預。然而，這種干預的目的不僅要提供人道救援，也要更進一步解決問題的根源：政府或政權成為對其人民的威脅。自由干預主義者因此連結人道干預到更廣泛與更長遠的政權更迭和民主促進目標。這種想法重疊、並有助於知會形塑美國「反恐戰爭」戰略方針的新保守主義。

然而，與「反恐戰爭」的關聯使這個想法產生了問題，即干預可以並且應該被用於促進人道或更廣泛的自由主義目標。首先，很多人認為人權的理由對於干預阿

自由干預主義（Liberal interventionism）：認為自由價值和制度是普遍適用，且（在適當情況下）應藉由干預他國事務來獲得實踐。

富汗和伊拉克僅僅只是門面。雖然塔利班和海珊政權的紀錄都有人道緊急情況或種族大屠殺的危機，事實上，「反恐戰爭」激進的批判者認為，像政權更迭和民主促進的目標，只是美國鞏固其全球霸權和確保中東石油供應大戰略的藉口。其次，對阿富汗和伊拉克的干預，被證明比當初的估計有更多的一環。隨著兩個戰爭演變成曠日持久的鬥爭，更突顯出陷入干預困境的危險，特別是國內支持干預的聲浪，遲早會被「屍袋效應」（body bag effect）削弱，無論其背後的動機為何。其三，「反恐戰爭」提出了有關支持自由干預主義普世說者之假定的嚴重問題。浮現的問題不僅關於「由上」實行西方式的民主，也關於阿富汗和伊拉克戰爭在許多方面加深了伊斯蘭世界和西方的緊張。如果自由主義的價值觀，如人權和多黨民主不是普遍適用的，則很難見到如何可基於人道或道德，建立干預的統一標準。

　　這些問題有助於解釋為何自2001年以來，動員支持人道干預變得更加困難，特別是對達佛、辛巴威、緬甸和敘利亞等地「不干預」的態度。自2004年以來，西部蘇丹的達佛區衝突導致至少20萬人死亡，超過250萬人面對暴行與摧毀村莊被迫逃離家園。然而，聯合國已丟下維和任務給相對較小的非洲聯盟部隊。而更加系統化和協同的干預已遭受中國與俄羅斯的反對；和阿富汗與伊拉克戰爭相比，美國公眾也缺乏支持意願；聯合國更是缺乏介入的資源和政治意願。2000年在辛巴威，穆加貝（Robert Mugabe）總統主持一個經濟破碎的國家，其中貧困和失業是地方特色，政治紛爭與鎮壓乃司空見慣。然而，它已被證明難以動員西方干預的支持，不僅是因為這種行動會被認為是在非洲許多方面回到殖民主義，且因為南非，即該地區域強權的反對。在緬甸，軍政府自1988年以來，已遭到嚴重侵犯人權的指控，包括對平民強迫遷移、廣泛使用強迫勞工，包括兒童，及殘酷鎮壓政治反對者。然而，儘管廣被視為**邊緣國家**直到2011年至2012年開始實施政治改革，干預緬甸的壓力一直受限於兩個因素：其並不構成對區域穩定的威脅，以及中國對任何形式西方行動都會斷然拒絕。以敘利亞的例子而言，其他的國家似乎是袖手旁觀，眼睜睜看著從2011年春季開始的一系列和平示威，一步步演變成二十一世紀至今最血腥的武裝衝突。如此看來，北大西洋公約組織2011年在利比亞的干預行動，看在很多人眼裡很是意外，但這次干預究竟是反常，還是代表一種贊成干預的新趨勢出現，目前尚不

邊緣國家（Pariah state）：一個行為規範不符合國際社會秩序的國家，往往導致外交孤立並引起廣泛譴責。

全球政治行動……
人道干預在利比亞

事件：2011年3月19日，以美國為首的聯軍
發動一連串的空襲與飛彈攻擊，攻打效忠
格達費總統的利比亞軍隊。當時的利比亞
內戰爆發在即，支持格達費的軍隊逐漸逼
近反抗軍位於班加西（Benghazi）的根據
地，極有可能形成歐巴馬總統所說的「翻
天覆地的暴力」。聯軍是依據聯合國安理
會1970與1973號決議案發動攻擊，目的是
要對利比亞實施武器禁運，建立禁航區，
以及動用「所有必要的手段」保護利比亞
平民以及平民居住的區域。聯軍的攻擊行
動維持了幾天，美國就按照計畫，將軍事
行動的指揮與控制的責任，移交給北大西
洋公約組織。北大西洋公約組織的干預行
動，等於是殲滅了利比亞的空軍，同時也
重創利比亞的重武器，也可以說是扭轉了
衝突的趨勢，讓局面變得對利比亞反抗軍
有利。到了10月初，利比亞全國過渡委員
會（the Libyan National Transitional
Council）已經控制了整個國家，反抗軍也
抓獲格達費，並將他處死。北大西洋公約
組織的軍事行動維持了222天，於10月31日
結束（Daalder and Stavridis 2012）。

意義：利比亞的事件究竟是反常，還是代
表各國又開始支持人道干預？自從1999年
的科索沃（Kosovo）與東帝汶（East
Timor），以及2000年的獅子山共和國，至
今再也沒有出現大型的人道干預行動，因
此有人認為人道干預的時代已經結束，利
比亞的事件，只是反映出後冷戰時代早期
盛行的一種異常現象，就是很多人認為全
球政治應該符合道德原則，而美國則是全
球唯一的超級強國。人道干預之所以不再
出現，原因有兩個，一個是美國越來越不
願意派兵到國外進行干預行動（有阿富
汗、伊拉克的戰事的前車之鑒）。另一個

則是中國與俄羅斯崛起，美國比較不能隨
心所欲處理這一類的事情。但是利比亞的
事件也證明了，人道干預行動還是會出
現，未來也不排除會再度上演。

種種的動機促成了利比亞的干預行動，其
中有自身的利益考量（石油），也有真正
的人道關懷。撇開動機不談，這次的干預
行動背後還有很多複雜的成因。第一，班
加西這個城市大約有75萬人口，遭到屠殺
的危機就在眼前，因此美國總統歐巴馬、
法國總統薩柯奇（President Sarkoz），以
及英國首相卡麥隆（Prime Minister
Cameron）大力支持干預行動。這些西方領
袖要是坐視不管，任由利比亞上演大屠
殺，本身的政治形象也會遭遇重創，何況
是先前還公開支持過阿拉伯之春的幾起人
民起義。第二，這次的干預行動得到不少
來自國際與區域的支持，似乎在法律上站
得住腳。這次干預行動除了有聯合國安理
會授權，也得到阿拉伯聯盟（the Arab
League）、海灣阿拉伯國家合作委員會
（the Gulf Corporation Council）在內的主
要區域組織支持，能順利成功，也是因為
格達費的利比亞是一個被排斥的國家，沒
有幾個可靠的朋友，與俄羅斯跟中國也並
不親近。北大西洋公約組織的軍隊有瑞

典、阿拉伯聯合大公國、約旦與摩洛哥派兵助陣，增加了合法性。第三，這次的干預行動在軍事上是可行的。利比亞的空軍與飛彈的防禦力相對較弱，北大西洋公約組織以空襲與摧毀軍事設施為重心，所以能將傷亡減至最低（實際上是完全零傷亡），而且也可避免「地面作戰」。最後，當時的軍事評估與政治評估，都看好干預行動的結果。根據當時的預測（後來證明還挺準確的），利比亞反抗軍有北大西洋公約組織助陣，用不著打一場曠日廢時的血腥內戰，也能推翻格達費政權。而且利比亞全國過渡委員會將在後格達費時代，建構一個穩定且有效的政府（但備受質疑）。

得而知。

人道干預的條件

如果人道干預可行，可以想見所有的注意力都會聚焦在何時人道干預才是正常的。這反映了一個事實，人道干預的案例需要正義戰爭理論以大膽和具有挑戰性的方式擴展。人道干預所帶來的道德挑戰包括以下：

- 它違反了現存的「不干預」國際規範，也就是「邊界不可侵犯」的想法。因此，很難調和人道干預與傳統國家主權，於其下國家得以被視為平等、自治的實體，專門負責發生在其境內之事。任何國家主權的削弱，可能會威脅世界秩序的既定規則。
- 它超越了正義戰爭的觀念，即自衛是使用武力的關鍵理由。反之，人道干預的情況中，使用武力是以防禦或保護不同社會的他人而正當化。人道干預因此源自世界倫理理論，使各國能夠冒著自身軍事人員的生命風險去「拯救陌生人」。
- 它是基於人權信條提供可適用於所有政府和人民的行為標準。然而，這可能沒有充分考慮到道德多元和在世界截然不同的道德架構下，宗教與文化的差異程度。
- 「最後手段」原則是多數義戰論的核心，人道干預則把此一原則降級。然面對迫在眉睫之種族滅絕或正發生的人道緊急情況之危險，在武力可被合理使用以前，浪費寶貴的時間去耗盡所有不干預選項，可能變得在道德上是站不住腳。在此訴諸武力可能成為回應的「第一種手段」。

●描述這樣的干預為「人道」使之披上了道德正當與合法性。「人道干預」這個術語因此包含其自身的理由：這種干預提供人類利益，藉由可能減少痛苦和死亡。這個術語至少是似是而非的，因其未能承認干預不變的混合與複雜動機。

概念解構······

「人道干預」

●「干預」指的是不同形式的干涉他國事務。因此它掩飾了事實，即干預是有問題的，在本質上，涉及使用武力的軍事行動和某些程度的暴力。「人道軍事干預」或「軍事干預」因此是一些人的首選。人道干預就此而論，可被視為一個矛盾。

●「人道干預」的概念可能重現重大的權力不對稱。干預強權（總是在已開發西方國家）具有權力與道德的善意且認為人民需要被「挽救」（總是在發展中國家）其被描繪成生活在混亂和殘暴情況的受害者（Orford 2003）。這因此加強了現代化即為西方化，甚至是美國化的觀念。

　　鑒於這樣的考量，出於人道目的的軍事干預必須始終是一個例外和特殊的措施。如果沒有明確的指導方針有關何時、何地以及如何可以且應該採取人道干預，國家將總是能夠以道德理由遮掩其擴張主義的野心，使人道干預可能成為一個新的帝國主義形式。兩個關鍵的議題已引起特別的注意：「正義理由」批准軍事干預，以及「正當權威」在實踐上合法化干預。

　　雖然人權信條提供人道干預的道德架構，已被廣泛接受，但人權本身不足以為干預提供充分的理由。這是因為人權是多樣且不同的——例如，聯合國人權宣言（1948年）包含了29條——意味著「侵犯人權」在一個難以界定的範圍內將合法化干預行為。「違反人道罪」的概念提供了一個更好的指南，這個概念出現在二戰結束後的紐倫堡大審。然而，使用最廣的人道干預理由是為了阻止並預防種族滅絕——這被視為可能危害人類最甚的罪，「罪中之罪」。儘管如此，很難看到種族滅絕如何能提供人道干預一致和可靠的「正義理由」起點。這是因為種族

滅絕通常被視為一種蓄意的行為，如果不
是有計畫的屠殺和消滅，許多大規模殺害
是透過暴力的隨機行為或政治秩序的徹
底崩毀而出現，沒有任何一方有「種族滅
絕的意圖」。關於建立對種族滅絕的軍事
干預原則，最完全且深思熟慮的嘗試為加
拿大政府2000年設立的干涉與國家主權
國際委員會（ICISS）出版的保護責任
（Pesponsibility to Protect, R2P）報告。
R2P概述了兩個正當軍事干預的分類：

概念澄清：種族滅絕（Genocide）

種族滅絕是企圖摧毀全部或部分的民
族、族群、種族或宗教團體。聯合國的
種族滅絕公約（1948年）確定了五種種
族滅絕行為：（1）殺害某團體的成
員；（2）導致某團體成員嚴重的身體
或精神傷害；（3）故意強加條件予某
團體，算計帶給其整體或部分的物理性
毀滅；（4）實施措施意圖防止團體內
的生育；（5）強行轉移某團體兒童到
其他團體。種族滅絕必須涉及一個明確
的決定、計畫或程序去消滅一個特定的
人類團體。它可能會與「種族清洗」重
疊，儘管後者還包括強制搬遷某族群。

- 大規模生命損失，實際或可意料的，無
  論是否有種族滅絕意圖，其產生於國家
  蓄意的行為，國家無能或忽視的行為，或失敗國家的情況。

- 大規模種族清洗，實際或可意料的，無論是由殺戮、強制驅逐、恐怖行動或強
  奪引起。

當這些條件得到滿足，ICISS聲稱不僅有權干預，也有國際責任保護那些上
述行為的受害者，及正有危險成為受害者的人。這樣做的優點是比一般的「違反
人道罪」更為具體，同時也允許干預被「大規模生命損失」啟動，而非源於蓄意
的人類行為。干預因此可以是合理的，例如，為了防止人類餓死，如果國家不能
或不願提供援助。

然而，一旦人道干預的標準被建立，我們剩下的問題是：誰應該決定標準何
時被達到？誰有「正當權威」授權人道目的之軍事干預？普遍接受對這個問題的
答案是：最適當的機構是聯合國安理會。這反映了聯合國的角色是作為國際法的
主要來源，安理會的責任是維持國際和平與安全（如第18章中討論）。不過，兩
個困難由此產生。首先是，如同進一步在第14章討論的，人道干預的國際法徘徊
在聯合國憲章明令禁止的和廣泛接受但定
義不明的國際習慣法之間。由於這些困難
來自國家主權所涉及的法律和道德問題，
人道干預的支持者通常尋求重塑主權自身

責任主權（Responsible sovereignty）：
國家主權的想法是取決於國家如何對待
其公民，基於相信國家的權威最終源自
主權的個人。

爭辯中的議題⋯⋯　人道干預是正當的嗎？

人道干預是全球政治最具爭議的議題。雖然有些人視它為世界事務受到更新穎與開明的世界情感引導的證明，其他人則視人道干預為深刻的誤導和道德混淆。

支持	反對
不可分割的人性。 人道干預是基於人類有共同人性的信念。這意味著道德責任不能僅僅侷限於「自己的」人或國家，而要延伸到全人類。因此，如果有資源去做且成本不是太高，就有「拯救陌生人」的義務。	**違反國際法。** 國際法只有在自衛的情形下明確授權干預。這是基於假設尊重國家主權是最可靠的，即使其作為維持國際秩序的手段仍不完善。為人道目的的干預如果被允許，國際法在最好的情況下也將變得混淆，且世界秩序建立的規則將被削弱。
全球互賴。 對世界另一端的事件之行動責任，隨著認知到全球互聯與互賴的增加而增加。國家不再能把自己當作孤島。人道干預因此被開明自利的理由正當化，例如，預防難民危機可能造成他國的政治與社會深厚壓力。	**國家利益的規則。** 如同現實主義者認為的，由於國家總是受到國家自利動機的驅使，主張軍事行動出自人道考量始終是政治虛偽的示例。另一方面，如果干預真的是人道的，相關國家為了「拯救陌生人」將置自身公民於風險中，違反其國家利益。
區域穩定。 人道緊急情況，特別在國家失敗的情況下，往往對區域權力平衡有劇烈影響，造成不穩與廣泛動盪。這提供了鄰國誘因去進行干預，以及強權去選擇干預以防止可能出現的區域戰爭。	**雙重標準。** 許多案例中急迫的人道緊急情況，干預是被排除或不考慮的。這可能發生，因為缺乏媒體報導或干預在政治上的不可能（例如車臣和西藏），使其他國家沒有利益受到威脅。這使得人道干預理論在政治和道德上無可救藥地混亂。
促進民主。 在瀕危或痛苦的人們不具有紓解困苦的民主方式之情況下，干預是合理的。因此人道干預總是發生在獨裁或威權的背景下。「促進民主」是干預一個合法的長期目標，因為這將加強對人權的尊重，並減少今後人道危機的可能性。	**簡化政治。** 干預的案例總是基於政治衝突中過於簡化的「善對抗惡」印象。這有時是扭曲的結果（例如誇大暴行），但它忽略了伴隨所有國際衝突的道德複雜性。事實上，這種簡化人道危機的傾向有助於解釋「任務漂移」和干預錯誤的趨勢。
國際社會。 人道干預不僅提供國際社會分享價值（和平、繁榮、民主與人權）之承諾的證據，也藉由體現「責任主權」，為政府應該如何對待人民建立一個清楚的方式，加強了那些承諾。人道干預從而有利於發展一個以規則約束的全球秩序。	**道德多元論。** 人道干預可被視為一種文化帝國主義的形式，其是以西方人權概念為基礎，未必適用於世界其他地區。因此，歷史、文化和宗教差異使之不可能建立政府行為的普遍準則，也使得替干預建立「正義理由」成為無法實現的任務。

的概念。身為聯合國祕書長,安南試圖調解國家主權和人權間的緊張,透過主張在全球化和國際合作的背景下,國家應被視為「人民公僕,而非反之」(Annan 1999)。這種想法導致**責任主權**的概念更加被廣泛接受,例如,R2P與ICISS的建議一致,將更多的道德內容置於主權之中,國家的權利是否為主權取決於其履行保護公民的義務。鑒於此,國家僅僅是主權的守衛,其最終屬於人民。

第二個問題是很難獲得聯合國安理會授權人道干預,因為它的五個「否決權國」可能關切全球權力議題甚於人道考量。R2P的原則承認這個問題,要求實行任何軍事干預應先尋求安理會授權,但同意替代選項應是可用的,如果安理會拒絕提案或未能在合理時間內處理。在R2P下,這些替代選項的人道干預提議應由聯合國大會中的緊急特殊會議,或區域或次區域組織來考慮。在實踐上,北約經常成為被選中成為協助人道干預合法化的組織,並作為實行干預的軍事機器,例如在科索沃和阿富汗。

人道干預有用嗎?

人道干預的好處大於成本嗎?簡言之,人道干預確能拯救生命嗎?這是為了判斷干預的結果,而非就其動機、意圖或國際法而論。不過,這是一個難以解決的問題,因為這需要比較實際的結果與那些假設環境下將發生的案例(包括會出現干預和不會出現干預兩種可能)。因此,關於如果國際社會干預1994年盧安達內亂,將可能拯救成千上萬的生命的假設將永遠無法證實。不過,也有些確實的干預案例,產生了本來不可能發生在其他情況下的有益結果。1991年在北部伊拉克建立的「禁飛區」,不僅防止了可能的報復攻擊甚至庫德族暴動後的屠殺,也允許了庫德地區發展相當程度的自治權。1999年在科索沃的干預,成功地完成從該區驅逐塞爾維亞軍警的目標,幫助結束了人民大規模流離失所並防止了可能的進一步攻擊。很多人認為2011年的干預行動,確實防止了利比亞革命演變成一場曠日費時的血腥內戰。這三起行動都是以北大西洋公約組織的空襲為主,因此傷亡人數極少,僅限於參與干預行動的軍方人員。儘管如此,科索沃的死亡人數仍在1,500(北約估算)到5,700(塞爾維亞的數字)之間。對獅子山的干預有效結束了長達十年之久、導致5萬人死亡的內戰,並為2007年的議會與總統大選提供基礎。

然而,其他干預遠不夠有效。當人道災難已發生(剛果民主共和國),聯合

國維和部隊有時被冷落，而其他干預也因不成功（索馬利亞）或曠日持久的平叛纏鬥（阿富汗與伊拉克）被迅速放棄。這裡最深刻的問題是：干預可能弊大於利。以外國占領部隊取代舊有獨裁者可能只會增加緊張，製造更大的內戰風險，然後使公民陷入一個不斷交戰的狀態。如果內亂起於政府當局的垮台，外國干預可能使事態變糟而不是變好。因此，在政治穩定的同時，民主治理和對人權的尊重，都可能是可取的目標，它不可能由外人強加或強制執行。這可能是能以減輕達佛、緬甸和辛巴威或敘利亞的恐怖行徑的基本作為。從這個觀點來看，人道干預應被視為一個從一個長遠的角度，而非下意識的反應，來處理人道緊急情況或增加公眾認為「應該做某些事」的壓力。許多人道干預的失敗是因為重建和提供重建的資源規劃不足。R2P原則因此強調不只是「保護的責任」，而且是「預防的責任」和「重建的責任」。這些問題的長期進展因此越來越與建立和平或建立國家的努力與實踐有關。第18章將對此有所討論。

重點摘要

- 人權應是普世的、基本的、不可分割的和絕對的。儘管如此，有必要區分公民與政治權利，經濟、社會與文化權利，以及團結權利之間的差別。人權意味著各國政府有重大的外國國內義務，以及正義已具備了國際性質。

- 保護人權的一套詳盡制度，包括有國際人權檔案的擴充、聯合國的支持、廣泛的非政府組織和各國致力於促進人權。然而，國家也是最大的人權侵犯者，反映了人權和國家權利的內在緊張。

- 自1970年代以來，支持人權的普遍性假設受到了越來越大的壓力。共產主義者和後現代主義者認為，人權是哲學上的不健全，因為道德總是相對的。後殖民理論家通常視人權學說為西方文化帝國主義的案例，即使他們可能接受其廣泛的概念。

- 人道干預是實行軍事干預以進行人道而非戰略目標的追求。由於對自由的期待，與對「世界新秩序」的盼望及美國霸權（暫時）相連結，它盛行於1990年代。然而，深切的關注隨著美國軍事介入阿富汗與伊拉克進行人道干預而升起。

- R2P基於大規模生命損失已定下人道干預的條件，其通常是因為種族清洗，當有關國家不願或不能自己採取行動時。這種想法往往涉及嘗試做主權的重新思

考，特別是透過「責任主權」的概念。

● 鑒於生命損失和人類痛苦，人道干預在好處大於成本時發揮功效。雖然這種計算很難客觀，但仍有明顯成功的例子。不過，其他干預有可能是弊大於利的，有時是因為棘手的經濟和政治問題的本質。

問題討論

• 人權與其他權利有何區別？

• 經濟與社會權利是真正的人權嗎？

• 到何種程度的非政府組織能有效確保維護人權？

• 國家權利和人權之間的緊張是無法解決的嗎？

• 人權只是一種西方帝國主義的形式？

• 為何人道干預在1990年代顯著增加？

• 有過真的是「人道」的軍事干預嗎？

• 人道干預能與國家主權的規範調解嗎？

• 人道干預不會只是加強全球權力不對稱嗎？

第十四章 國際法

> 「法律消失時，暴政隨之而起。」
>
> ——約翰·洛克《政府論次講》，1690年

前言

　　國際法是個不尋常的現象。傳統上認知的法律包含了一套義務和強制法規，反應出主權國家的意志。然而，國際政治卻沒有一個中央權威可以強制執行法規和法律，有些人藉此否定國際法的概念。不過國際法仍有其重要的意涵，特別是在國際法被遵循時，它成為國際行為者互動時的一個重要架構，而且重要性與日俱增。國際法的本質到底是什麼？它的來源為何？如果國際法在傳統上很少具有強制力，國家為何需要遵守？國際法日益增加的重要性，自二十世紀初期開始，即反應在其範圍、目的及運作的改變上。這些包含了從「國際」法——單指國家間的關係，擴大至「世界」法或「超國家」法——將個人、團體、私人組織納入國際法主體，使得國際法在人道標準上產生爭議，尤其表現在其涉及戰爭法時。這也是冷戰結束後，嘗試以國際刑事法庭和法院作為架構，審判各級政治和軍事領袖危害人權需負擔的個人責任。「國際」法轉變至「世界」法的範圍到達了什麼程度？戰爭法是如何發展至人道法？國際刑事法院和法庭是否已經被證明為維持秩序和全球正義的有效方法呢？

關鍵議題

- 國際法與國內法的差異為何？
- 國際法源有哪些？
- 為什麼國際法會被遵守？
- 近幾年來，國際法是如何轉變，又為什麼會轉變？
- 「個人將對違反國際人道法負責」主張的影響為何？

國際法的本質

法律是什麼？

　　法律可以在所有的現代社會中被發現，通常被視為文明存在的基石。但法律與社會規範是如何被區分？法律在國際或甚至全球層次上又是如何運作？「國際法」真的存在嗎？以國內法而言，很容易區分幾個主要的特色。首先，法律由政府制定並適用當時全體社會。這樣的法律不僅代表國家的意志，使其優於所有其他規則及社會規範，也讓國內法在某一獨特的政治社會中具有普遍管轄權。第二，法律即是義務，人民不能自由選擇其所欲遵守或忽略的法律，因為法律以其強制和懲處的系統作為後盾。因此法律需要法系統的存在，亦即由法律規則被創設、解釋及執行的一套規則及組織。第三，法律具有「公開」性質，包含編制、公告及公認的法規，這尤其表現在法律頒訂時需要經過正式、公開立法的過程。甚者，相較於專橫逮捕及監禁的隨機、獨斷性質，違反法律的懲處可被預測，也可被預防。最後，法律的適用範圍通常是公認的，即使某些法律被視為不具公平正義。因此法律與單純的強制命令不同，還包含道德上的主張，暗示法律規則「必須」被遵守。

　　雖然「國際法」一詞在十九世紀才廣為接受，國際法的概念卻早就存在，並可追溯到古羅馬時代。國際法成為**制度**，可追溯至十六到十七世紀的歐洲，當時由一系列的條約組成新興國家規範系統，演變成為國際公法的基礎。這些條約如下：

- 1555年奧格斯堡和約：由一系列條約組成，重申日爾曼諸公國從神聖羅馬教廷獨立，並被允許自由選擇其宗教信仰。
- 1648年西發里亞條約：由奧斯納布呂克

概念澄清：國際法（International law）

國際法是一種治理國家與其他國際行為者間的法律。國際法有兩種分枝：私法與公法。國際私法是指個人、公司及其他非國家行為者間的國際活動規範，據此，國際私法與國內司法系統有管轄權的重疊，因此有時亦稱為「衝突的法律」。國際公法適用於國家，國家被視為具有法律「人格」，因此可用來處理政府間關係，以及政府與國際組織間或其他行為者間的關係。國際法與國內法不同處在於它缺少了國際立法組織及執法系統。

制度（Institution）：規範、規則與實踐的主體，形塑行為和期待，不一定需要包含國際組織的實體性質。

條約、閔斯特條約組成，以國家主權、君王擁有常備軍、建築邊防與增稅的權利開啟新的中歐政治秩序。

● 1713年烏德勒支條約：烏德勒支條約將主權自主與領土疆界作連結，確立了主權原則。

　　國際法概念與理論在此背景下浮現，特別是表達在雨果・格勞秀斯的作品上，其為國際法早期新興階段的重要人物。

　　早期的理論發展大多著重於義戰的條件。除此之外，國際法在許多方面都被證明與國內法不同。最重要的是國際法無法用國內法的方式來強制執行，舉例來說，沒有最高立法權威能制定國際法，也沒有世界政府或國際警察、軍隊來強迫國家履行其義務。1945年建立的聯合國為最類似的機關，在理論上賦予某些超級強權、最高司法機關——國際法院（ICJ）來執行。然而，國際法院並沒有強制的權利，甚至擁有執行武力和經濟制裁權的聯合國安理會，也沒有一個獨立確保決議落實的機制，即使其決議理論上是全體聯合國會員國有義務遵守的。由上述得知，國際法是「**軟法**」而非「**硬法**」。另一方面，國際法及國際私法被落實的程度出人意表的高，即使用國內標準來看。這反應出國際法的矛盾面——缺乏傳統上強制執行的機制，國際法也能運作良好。在某種程度上，格勞秀斯認了這點，他認為國際法的強制力基礎在於國家間團結一致的默契。

　　當國際法持續發展時，逐漸浮現兩個截然不同的本質，特別是在法律與道德的關係。一派學者認為國際法必須根植於道德體系，也就是**自然法**。在所有自然法中最主要的論點，即是法律必須依循道德標準，這暗示法的目的是為了落實道德。傳統學者如湯瑪斯・阿奎納斯（Thomas Aquinas）因此斷言人類法律必有道德之基礎，他認為自然法是透過上天賦予的自然本質，指引我們朝向美好的人生。然而，上述思想受到十九世紀興起的**實證法**學派批評。

　　實證法學捨棄道德、宗教和神意的看

軟法（Soft law）：法律沒有約束力或無法被強制執行；準法律工具只存在道德義務。

硬法（Hard law）：法律可被強制執行，並可建立法律上的約束義務。

自然法（Natural law）：主張人類法律乃道德體系中的一環，應該被遵守；根源自神意、自然、與理性的自然法為人類提供普遍的行為標準。

實證法（Positive law）：由許多強制性法令組成的系統，運作時無關道德。

雨果・格勞秀斯（1583-1645）

荷蘭法學家、哲學家及作家。出生於臺夫特的專業律師家族，格勞秀斯成為外交官和政治顧問，並且成立若干政治辦公室。在1625年的《戰爭與和平法》一書中，他發展出一套世俗的觀點，認為國際法立基於理性而非神學。這個論點完成在其義戰的理論中，以自然權利為基礎。對格勞秀斯而言，義戰成因有四：（1）自衛；（2）強制執行權利；（3）因傷害而報復；（4）懲罰破壞者。格勞秀斯強調國際社群的普遍目標，建立國際社會的概念，並限制國家因政治目的而開戰的權利，進而發展出「新格勞秀斯」英國學派。

法，從湯瑪斯・霍布斯（Thomas Hobbes）在法學理論裡的論點：「法律以其語言有權控制他人」中，可見一斑。直到十九世紀，這樣的看法發展成為「法律上的實證哲學」理論，不從是否符合高道德或宗教原則作討論，而以政治強權、主權人格或全體制定及執行的事實來界定法律，打破人們認為被遵循的法律即是法的這種觀念。上述理念使國際法概念備受質疑，舉例來說，條約和聯合國決議無法被強制執行時，則它們將被視為道德原則和觀念，而非法律。雖然實證法學派的興起使自然法在十九世紀漸趨黯淡，自然法卻在二十世紀重獲青睞，部分是因為納粹及史達林恐怖主義倚仗合法性託詞的發生，造成普遍的不安。

　　為了建立一組國家法律無法判斷的更高道德價值，是紐倫堡大審（1945-1949）及東京審判（1946-1948）所面對並嘗試處理的一個問題。自然法概念解決了這個問題，即使它是以現代人權觀念表述。的確，國內法及國際法皆應遵循人權主義的高道德原則已為普遍認知，就國際法而言，它表現在**國際人道法**的大幅擴張，我們將陸續在此章節討論。

國際法的來源

　　國際法的來源為何？在缺乏世界政府及國際立法組織的情況下，國際法的來源十分多元。以國際法院規約的定義來看，國際法有以下四種來源：

- 不論普通或特別國際協約，確立訴訟當事國明白承認之規條者；

國際人道法（International humanitarian law）：國際法的一部分，大多為戰爭法，用來保護衝突時的戰鬥員和非戰鬥員。

- 國際習慣，作為通例之證明而經接受為法律者；
- 一般法律原則為文明各國所承認者；
- 司法判例及各國權威最高之公法學家學說，作為確定法律原則之輔助資料者。

　　條約最常見的國際協約形式，也是最重要的國際法源，由國家間同意參加、禁止特定的行為，而簽訂的正式且書面之文書。條約可以是雙邊或多邊的。雙邊條約為兩國家間締結，例如美國與蘇聯簽訂的「削減戰略武器條約」（START）協定雙方削減核子武器的儲備物資。大多數的條約為多邊，由三個或更多的國家締約。有些多邊條約為特別規定，例如1968年的核不擴散條約（NPT）；有一些則內容廣泛且深遠，例如聯合國憲章。

　　條約因其兩個關鍵成為國際法中獨特的形式。首先，除了聯合國憲章可能的例外，它違反一項法律普遍的特性——法律自動且無條件適用於政治社會中的全體成員。相反的，條約僅適用於國家為締約一方的情況，雖然某些條約像是核不擴散條約，因廣為大家尊崇並成為習慣，以至於非締約國也有義務遵守。第二，條約中的法律義務明白根基於**共識**，所以國家可自由選擇參與條約。一旦條約被簽署並批准，就必須被遵守，這顯現於**條約必須遵守原則**。這樣的共識是有條件的，當簽署條約當下之情況有重大的改變時，國家可終止條約，在一些案例中，**情勢變遷原則**可被援用。條約及協約的契約性質顯示其為傳統實證法學的觀點，因為國際法在此乃主權國家談判下的產物，非神意或高道德標準的驅使。國際法由此被認定為互惠協議。

　　國際**慣例**，或者常稱為習慣國際法，是第二重要的國際法源，雖然在二十世紀條約大量產生前，它曾經是最重要的法源。習慣國際法來自於國家的實踐，為國家間存在已久的普遍實踐，從而被視為具有法律效力。習慣的約束力產生於國家被期待能遵循過往所允許的行為而維持一致行動。不像條約，習慣法不需要明確的共識，而是顯露在國家自身的行為。另一方面，習慣法通常

條約（Treaty）：兩個或多個國家間的正式協定並具國際法約束力。

共識（Consent）：贊同或允許一項具有義務拘束力或更高權威的自願協議。

條約必須遵守原則（Pacta sunt servanda）：（拉丁文）條約對各締約方有約束力時，必須善意履行。

情勢變遷原則（Rebus sic stantibus）：條約締結時之情況發生基本改變，當事國得援引來終止其條約義務。

慣例（Custom）：係指一種習以為常且廣為接受的作法，久而久之成為具有法律效力的國際習慣。

被假設具普遍司法效力,大部分立基於堅守的規則及道德原則中,與傳統自然法學相關。習慣法包含外交事務的運行,這是長久以來國家間相互給予便利,發展出的行為準則,例如對於外交人員的**外交豁免**之實踐。

習慣法的弱點在於其為國家實踐產生,而非正式、書面的協議,這造成了定義上的困難,以及國家實踐要多普遍才能成為習慣的問題。因此,目前的趨勢傾向於將習慣編纂入條約和協約中。維也納外交、領事關係公約(1961,1963)將許多與外交行為的規範納入書面法律;另外,1926年的禁奴公約亦正式承認了禁止奴役和販奴的慣例。然而,當習慣法為深植於道德觀點的情況下,可能會較條約法來的重要。舉例來說,種族滅絕是普遍承認的習慣禁令,儘管國家未簽署1948年的種族滅絕公約,仍都須遵守,使得種族滅絕的禁止成為全體須遵守的道德規範。

最後兩種國際法源與條約或習慣相比,顯得較為次要。通常在國家間沒有正式條約清楚界定權利義務,或沒有習慣和國家實踐時,才會訴諸「一般法律條約」及「法律權威學說」。「一般法律條約」暗示被國內法視為犯罪的行為,如果發生在國際社會上亦應被視為犯罪。雖然侵略其他國家的領土以及嘗試用武力兼併其他國家,可能違反條約義務或忽視主權國家應該和平相處的習慣,這些行為也可以視為破壞了一般文明行為的準則,進而違反國際法。在法律權威學說方面,國際法院承認最受尊崇、最具資格之法官和律師的著作,在沒有其他三種法源支持的情況下,可以用來解決國際法爭點。

為什麼國際法會被遵守?

那些駁斥國際法概念的人傾向於將法律嚴格視為命令,意謂著強制力是唯一能帶來法律服從的有效方法。如果把對法律的服從當作法律系統有效的核心要點,則國內法律也鮮少符合此資格。強暴、偷竊及謀殺這些法律禁止的罪刑,依然在世界每個國家中發生。的確,如果法律從來沒有被破壞過,一開始也不需要它了。此外,大規模不守法紀——社會秩序解體、暴力及威脅層出不窮,也很難被視為法律系統已發揮功效。所有法律系統中,服從與違規須達成平衡,在國際法裡也不例外。然而,國際法的特點在於其通常被高度服從,雖然國家違反國際法的

外交豁免(Diplomatic immunity):外交人員在國外所獲得的特權與豁免,通常為免受逮捕及刑事審判,及旅行及通訊自由的權利。

行為常被宣傳（Frank 1990）。即使知名的現實主義學者漢斯‧摩根索（Hans Morgenthau）（1948）也說：「國際法存在的400年間，在許多案例中都受到嚴謹的關注。」如果傳統上對違反國際法的強制處罰，都僅是例外而非常規，又該如何解釋國際法被高度服從的現象呢？國家傾向遵守國際法的原因相當多元，包含以下幾種：

- 自利與互惠
- 懼怕失序
- 懼怕孤立
- 懼怕懲罰
- 對國際規範的認同

　　國家遵守國際法的最主要原因是符合自身利益。國家並不需要被強迫遵循自己建立或明確同意的法則，這通常被稱為功利主義下的服從，因為國家是經由計算此行為長期下可能帶來的獲益或減少的損害，才選擇遵守法律。這種獲益的關鍵在互惠——國家間的相互交易關係，確保彼此施惠或相互懲罰（Keohane 1986）。譬如外交豁免有時意謂他國外交人員犯下不道德或甚至罪大惡極的罪刑時，本國也無法懲處，但世界各國視此為確保本國外交人員在國外生活和工作之安全代價。同樣的，國家支持世界貿易組織中的條約——關於自由貿易和關稅及非關稅貿易障礙的廢止，通常是因為他們可經由其他國家的互惠行動受益。

　　國家會遵守國際法的第二個要素，是因國家普遍偏好有秩序大於無秩序狀態。一方面，國際法能創設一套普遍的共識，使國家間認知到「遊戲規則」。國際法幫忙建立及宣示的規則架構，可消減國家間的不確定性及疑慮，彼此分享行為期待，並藉由規則增加可預測性。換句話說，國家因此能預期其他國家的行為。更深層的因素，則是國家害怕混亂與無政府狀態。這通常發生在負面的互惠上，一開始較輕微的違反國際法的行為，最後卻導致一連串的報復，逐漸將國際秩序及穩定破壞殆盡。守勢現實主義者強調這樣的考量，就像所有的現實主義學者一樣，相信國際秩序本質上相當脆弱，不過他們認為國家主要動機是維持安全，而非增加權力。

　　第三，國家對國際法的肯認是使其成為國際社會成員的關鍵要素。因此國際法透過國家間文化連結、社會整合，是國際社會中促進合作及相互支持的一個主

要制度。國家遵守國際法的紀錄可以增加其聲望及地位，使其擁有更大的軟權力並鼓勵其他國際社會成員與其交往而非排擠。這些考量也會影響強權國家，譬如在2003年美國及其聯軍入侵伊拉克，被聯合國祕書長安南批評為違反國際法，美國因此受到強大的壓力訴求其必須遵守國際法。為了讓反恐戰爭得到更廣泛的支持，美國逐漸被迫在聯合國決議框架下運行。國家慣於違反國際法會面臨被孤立的風險，更可能被國際社會摒棄，有時更會在外交及經濟上付出更高的代價。利比亞的處境即是一例，因為它與恐怖主義連結及嘗試建立大規模毀滅，遭受幾十年的孤立。長期的孤立迫使利比亞在2003年改變態度，承認其在國際法下的義務。

　　第四，雖然國際法無常規性的強制力，很多時候遵守國際法是因為害怕懲罰。懲罰不是由世界警察執行，而是由國家本身，個別地或集體地實施。的確，國際法承認報復權，當一個國家破壞規範及原則時，其他國家得以其原本不被允許的行動進行報復。聯合國憲章第51條規定國家在遭受其他國家武裝攻擊時，有權進行自衛。1967年六日戰爭時，以色列據此認定其摧毀埃及空軍的行為，是基於埃及和敘利亞發動攻擊後的自衛反應。同樣的，1991年的波斯灣戰爭，可被視為法律授權下對伊拉克想要以武力吞併科威特的懲罰。「新世界秩序」的特色在於後冷戰嘗試以集體安全來懲罰軍事冒險主義。

　　最後，如果假設國際法僅因上述短期或長期上的利益考量而被遵循，則為一種謬誤。在大多案例中，遵循國際法不是因為違反國際法後果的代價過高，而是因為國際法被視為正確且具道德義務（Buchanan 2007）。這就似國內法，大多數的市民在大部分情況下，會約束自己不去從事偷竊、攻擊和謀殺等行為，這並不是因為刑事法律系統的存在，而是因為他們認為這樣的行為是受人厭惡的、不道德的。同樣的，國際法也是如此，尤其當國際法的規範廣泛地受到支持時，例如禁奴、不訴諸武力或禁止種族滅絕。自由主義者，相信人類是理性且道德的動物，對於國家遵循國際法的行為，可能較現實主義者強調道德動機因素。然而，

概念澄清：互惠（Reciprocity）

代表兩個或多個締約方彼此交易，彼此連動影響。與對方為善，則對方與你為善；與對方交惡，則對方亦會報復，雙方同等對待即為互惠的表現。正向的互惠（我幫你在背上抓癢，你也幫我抓癢），解釋國家間在缺乏一個中央強制權威下，如何及為何會選擇合作，例如對國際法的服從、建立國際建制與多邊主義。負面的互惠（你捅我一刀，我也回敬你一刀），則解釋以牙還牙下衝突升高、產生軍備競賽的情形。

很多人則同意國家行為由背後潛藏各種動機，可能是實際的考量——自利或害怕懲罰，並與各種道德考量糾結。建構主義者，則強調國家利益與國際道德在某種程度上是社會建構的，也就是說，為國際法本身形塑而成。

國際法的轉變

二十世紀初期開始，國際法不僅日漸重要，也更具政治爭議。國際法的範圍、目的及本質在很多方面都有了轉變，包括以下幾三點：

- 從「國際」法轉變為「世界」或「超國家」法；
- 戰爭法發展成為國際人道法；
- 國際刑事法院及法庭的廣泛使用。

從國際法轉變為世界法？

傳統上來看，國際法一直都是國家中心。這也就是其被稱為國際法的原因：一種治理國家及決定國家間關係的法律形式，其主要目標為促進國際秩序。

在這觀點下，國家主權是國際法基本原則。國家間法律地位一致，彼此承認**主權平等**的原則。沒有世界政府、國際社群或公共利益能凌駕在國家體系之上，而且條約及協定確立的法律義務完全是國家意志的表現。

這個傳統觀點可畫分成四項特色。首先，國家是國際法中的主要主體。因此，國家超越司法是一項事實：國際法僅是承認國家間體制建立的結果，它無法自行組織各個國家。1933年蒙特維多國家權利與義務公約肯認國家得以成為國際法律社會一員，只要其符合下列三項標準：有穩定的政府、控制一定的領土、人民的許可。其次，國家是國際法中主要的行為者。換句話說，國家是唯一一個有權規劃、制定以及強制執行國際法的行為者。第三，國際法的目的在於制度化國家間關係，而實際上代表其支持重要的主權原則。主權不僅界定國家法律地位，也暗示**民族自決**與**不干涉原則**的規範。最後，國際法的範圍在議題處理上應嚴格限縮於

主權平等（Sovereign equality）：不管國家間的差異，國家享有國際法下平等的權利和保障。

民族自決（Self-determination）：國家應該是自治的個體，在國際體系下享有主權獨立與自治的權利。

不干涉原則（Non-intervention）：國家不相互干涉另一國的國內事務。

觀點······ 國際法

現實主義觀點

　　現實主義學派通常質疑國際法及其價值，並突顯國內法和國際法的強烈差異。國內法源自於主權權威的存在，制定並執行法律，而國際現實無政府狀態意謂著「國際法」可能僅僅是道德原則和觀念的集合。就像霍布斯所云：「沒有共同的強權，就沒有法律存在。」對摩根索來說，國際法相當於「自然法」，與遠古時代設立的行為法則相似。即使如此，僅少數的極端現實主義者全然否定國際法，大多數的現實主義者接受國際法在國際體系中的關鍵角色，雖然國際法仍是受限的。國際法受限於國家——尤其是在國際舞台上的主要強國，意謂著國際法大部分反應出或侷限於國家利益。現實主義者也相信適當的、合法的國際法目的為堅守國家主權的原則，這也導致他們對「超國家」或「世界」法的趨勢有所質疑——國際法蛻變為全球正義，從國家權利轉而對個人權利發聲。

自由主義觀點

　　自由主義者非常肯定國際法的角色及重要性，這源自於對人類正義及理性的信念。因為國際社會是道德的，中心倫理原則應該被寫入國際的框架裡。對理想主義者而言，這樣的想法暗示國際政治，像國內政治一樣，為了處理無政府導致的混亂與失序的情況，需要建立一個合法的最高權威來創造國際法則。國際聯盟的建立、1928年「凱洛格—白里安公約」（巴黎非戰公約）禁戰，都顯示「和平須透過法律維持」的教義。雖然現代自由主義者，尤其是新自由主義者已經不再採信上述理想主義的看法，他們仍然相信國際法在全球事務上扮演重要且具建設性的角色。對他們來說，國際法律建制反應出將政治家集合的共同利益及共同理念。藉由將國家間協議視為授權、增強信賴程度及彼此間的信心，國際法得以加深互賴並促進合作。互賴似乎藉由國際行為的正式法則逐漸鞏固，這一趨勢反應在功能主義的整合概念中，將在第20章作討論。

批判主義觀點

　　對國際法的三個主要批判觀點，源自於社會建構主義、批判的法律研究以及後殖民主義。雖然仍未有完善的或一致的建構主義學說闡述國際法的本質，他們卻主張政治實踐強烈受到規範的影響，同時也認知到這種規範是經由國家認同及國家所追求的利益所構成。這也解釋了國家行為日新月異的原因和演變，舉例來說，國家曾經接受的蓄奴、雇用外籍傭兵以及虐囚行為，現在幾乎不會出現。後殖民主義分析、批判的法律研究突顯國際法本質的不確定性，而這種不確定性乃源自於國際法律字詞存在多元及互相矛盾的解釋。上述觀點被女性主義者用來暗示國際法蘊含了父權的偏見，表現在法律「人格」（包含個人或國家）面——男性規範為基礎，或是以女性為犧牲者的形象上。後殖民主義則視國際法為西方世界主導的多元表現（Grovogui 1996；Antony 2005），從這觀點出發，國際法乃是基督教及歐洲中心思想的法律、政治秩序之延續，並受到殖民主義或可能存在的種族主義汙染，藉由類似國際法院等的制度運作，充斥著已開發的西方國家之利益。

秩序的維護，而非主導正義。因此，國際法的存在是為了維持和平及穩定，不應該被進一步擴大使用。如果要將人道議題、分配問題、環境、性別正義等列入法律的框架，則應該僅於國內法層次中作討論，這是國家作為一個主權個體，可以依其個別社會中的價值、文化、傳統來界定道德的權利。國際法院的角色和權力即為此傳統觀點下的典範。

然而，傳統的觀點逐漸被挑戰，現今有人嘗試以國際法作為建立全世界憲政秩序的基礎，哈伯瑪斯（Habermas 2006）將這種過程稱為「國際法的憲法化」。這種國際法立憲主義觀點日漸成為國際**法律學**下的主流。國際法欲將國家限制於較高權威的法規及規範的框架下，類似**憲法**的功能，這為國家與國際法設立水平的關係，將國際法轉變為「超國家」法或「世界」法（Corbett 1956）。這可能源自於第一次世界大戰對西方世界的影響，與全球治理的出現有密切關係，並且顯露於以下四種主要發展。

首先，個人、團體與私人組織作為國際法主體的地位已逐漸被承認。國家，換句話來說，不再是唯一的法律主體。這個現象尤其表現在現代國際法中關注個人權利的事實上——國際人權法規史無前例的發展與戰爭法規的實質擴充，這些將在下個小節被探討。其次，非國家行為者成為國際法重要的行為者，因為越來越多的文明社會組織，尤其是非政府組織幫助形塑、甚至起草國際條約及公約。國際刑事法院於2002年創立，大致上是由一群非政府組織共同起草的《羅馬規約》所促成。第三，國際法的目的已經在管理國家間關係上實質地擴大，尤其是在管理國家於其內部領土上的行為而言。例如，國際貿易中最重要的法律主體——世界貿易組織，在處理貿易爭端時，具有實質權力命令國家放棄關稅及非關稅障礙。最後，國際法的範圍已經發展完善到超越了維持國際秩序的範疇，現已列入維持最低程度的全球正義使命。這種現象不僅表現在某些領域中國際標準的建立，例如婦女權、環境保護及難民待遇，也移轉至國際刑事法律的強制執行，例如設立特別國際刑事法庭及國際刑事法院。

國際法概念之間的衝突有時會產生爭議、緊張和疑惑。爭議的一方是現實主義者，而自由主義、世界主義學者與其他學派則代表另一方。對現實主義來說，任何

法律學（Jurisprudence）：法律的科學或哲學觀、法律體系或法律主體。

憲法（Constitution）：成文或不成文的一組規則，規範了政府各部門的責任、職權及功能，也規範了政府各部門間、政府與個人間的相互關係。

全球行為者……

國際法院

類型：國際法院　·成立時間：1945年　·地點：荷蘭海牙

國際法院（通常稱為世界法院或ICJ）是聯合國中主要的司法機關。它於1945年6月由聯合國創建，並在1946年4月正式運作。國際法院的角色在於依國際法來解決國家送交的法律爭端，並為隸屬於聯合國的機關和特殊組織在法律問題上提供諮詢意見。國際法院由15個法官組成，任期9年，經由聯合國大會及安全理事會個別選舉投票產生。國際法院每隔三年重選三分之一的法官。國際法院的法官中必定有聯合國安理會常任理事國的派駐法官，然而，如果訴訟國在國際法院沒有代表該國家的法官時，得以指派一個特派法官。主席（自2009年日本籍小和田恆開始）及副主席各一人，每三年經由法院內不記名投票產生。主席須出席法院中的所有會議、指導會議任務及法院內各小組工作，並且在案件投票票數相等時作出最終裁決。

重要性：國際法院是現今最廣泛使用國際法規處理國際爭端的機構。國際法院確實為如何審判爭端成功地樹立原則，譬如劃分領海基線、捕漁權及海底大陸架的計算等。在處理國際爭端上，法院也留下許多著名的成功案件，例如薩爾瓦多與宏都拉斯的邊界糾紛而引起的「足球戰爭」，以及喀麥隆與奈及利亞對蘊藏石油的半島主權之爭，在2002年解決。除此之外，法院也作出一些「諮詢意見」，為國際爭端後續定下基調，例如1971年宣告南非在奈米比亞的行為為非法，最終使南非接受奈米比亞在1989年的獨立。

然而，國際公法有許多重大缺失。首先，法院的管轄權只限於國家。個人、企業、非政府組織及其他非國家實體無法直接參與審判。這使得法院無法對人權及人道議題有所行動，必須建立其他的法庭（例如盧安達及前南斯拉夫特別刑事法庭、國際刑事法庭）來負責處理國際法院無法審判的事件。

其次，國際法院最重大的弱點在於缺乏強制管轄權，並且沒有強制執行判決的機制。締約國可以自行決定加入任擇條款（此條款規定締約國得以事先選擇同意或不同意受法院裁決的約束），賦予法院強制管轄權，目前只有三分之一的締約國同意。甚者，締約國可以撤銷任擇條款的承諾，例如美國於1984年面對尼加拉瓜的控訴時的作為，當時尼國訴請法院裁決美國中情局在其港口布雷是否違反國際法。理論上來說，法院可以請求安理會執行判決，不過至今從未發生。最後，法院廣受發展中國家的批評，尤其在初期法院的運作僅依循西方國家的利益，這部分是因為它們在安理會代表中具有優勢，並反應在法院本身。不過，隨著冷戰結束後，訴諸國際法院的案例大量增加，爭端當事國更多元，因而這樣的批評已經減少。

嘗試以世界法律建構世界憲政秩序的企圖，都可能會減弱國家主權，使國際秩序遭受風險（Rabkin 2005）。一旦國際法停止深植於國家主權的承諾，它就不再具有合法性。對自由主義及世界主義來說，他們總是對不受拘束的國家主權感到憂心，希望藉由國際法為全球政治注入道德價值（Brown 2008）。緊張和困惑則源於「世界」法本身其實是國際法的合併及延伸的表現的事實，它並沒有取代國際法。因此，國際法持續承認國家主權的重要性，同時亦接受人權及建立人道規則的必要性。「國際」概念相較於「世界」概念，仍然享有政治優勢。國際法未來的發展必須考量如何成功調和相互排斥的規範及原則間的緊張。

　　人道干預合法性的爭議描繪了這樣的緊張關係。自1990年代初期，藉由國際法進行人道干預的次數大幅增加，然而，國際間尚未對此種法律產生共識。就字面而言，無論為何目的，「干預」通常是違反國際法的行為。舉例來說，聯合國憲章第二條規定：「各會員國在國際關係上不得使用威脅或武力，或其他與聯合國宗旨不符之方法，侵害任何會員國或國家之領土完整或政治獨立。」第七條則規定：「本憲章不得認為授權聯合國干預在本質上屬於任何國家之國內管轄事件。」聯合國大會在1965年達成的2131號決議更清晰的指出：「沒有任何國家有權去干預另一國家的內政及外交，無論直接或間接，或以任何理由達成。」

　　然而在此同時，又有各種用以確保文明、政治、社會或經濟上權利的法律被制定出來，而這在某種程度上又與主權原則重疊，使得不干預的規則備受爭議，這包含了防止種族滅絕的公約以及聯合國於1966年另外制定的兩個人權公約。雖然對於人道干預尚未有清楚的定義，也沒有具合法約束力的條約出現，但仍可被理解為習慣法的一環。

　　1999年科索沃干預事件正顯示了這樣的矛盾。在這個事件中，當聯合國安理會無法授權阻止塞爾維亞軍隊的軍事行動時，美國及其盟邦轉向區域組織——北約執行任務。聯合國祕書長安南認為此次干預明顯非法，但也暗示了其道德的正當性，因此他建議國家主權原則應該修正為「負責任的主權國家」，意謂賦予國家主權的同時也需要負擔保衛國家子民的義務。第13章探討過「保護責任」（簡稱R2P）的概念，現已廣泛地被視為人道干預的合法基礎。然而，這樣的觀點並未被普遍接受，人道干預似乎將維持其在國際法中的不確定地位，徘徊於概括且模糊界定的習慣法以及明確禁止的條約法律中。

戰爭法的發展

「國際」法轉變為「世界」法的一項最明顯證據，即是戰爭法演進成一系列的國際人道法規。工業化國家的戰爭以及二十世紀兩次世界大戰的經驗，改變了正義之戰理論中的兩個觀點：（1）發動戰爭的權利，或稱訴諸戰爭權；（2）戰爭法，即作戰行為的規定。前者是對於十九世紀時「國家從事戰爭是主權的基本權利」信念之反彈，在這觀點下，主權主要根植於國家對領土及人民控管的能力，這意謂征服及擴張也可被視為具有正當性。歐洲十九世紀帝國主義導致第一次世界大戰，德國、義大利及日本的擴張主義則導致第二次世界大戰，這都是明顯的證據。所謂強權即公理，不過1945年的聯合國憲章將戰爭合法性作了重大限縮，只有在兩種情形下才能合法使用武力：自衛——國家遭受另一個國家激烈攻擊時有無條件使用武力的權利（第51條）；依安理會制裁而授權使用武力，為執行和平任務的一環（第42條）。紐倫堡原則藉由建立「違反和平罪」的概念，將上述觀點延伸至國際刑事法律中，允許將個人在犯有下述行為時被起訴：「即計畫、準備、發動或從事一種侵略戰爭，或參加戰爭之共同計畫或陰謀。」

另一個關於作戰行為的觀點，相較於戰爭的合法性，這個原則發展出「**戰爭罪**」的概念。不過，起訴戰爭罪並非創新的作為。因行為不當或濫權受到合法起訴的案例可追溯至古希臘時代，1474年對彼得・馮・哈根巴赫（Peter von Hagenbach）的審判，經常被視為第一次戰爭罪審判。哈根巴赫被控在奧地利作戰時期實施暴行，在神聖羅馬帝國的特別法庭審判下，最後被定罪斬首。對戰爭罪的現代思維則起源於1899年及1907年的海牙和平會議，從中建立了永久的仲裁法庭，提供國家爭端解決的服務，並且編立一系列公約來限制戰爭的殘酷行為。海牙公約成為現代戰爭罪行的基礎，並且禁止從氣球上投擲投射物和爆炸物、禁止使用達姆彈或任何入身變型槍彈，更設立處理戰犯及中立國權利的相關規則。戰爭罪在紐倫堡原則中被承認的有謀殺、虐待人民、人質及戰犯。1949年的四個日內瓦公約、1977年的兩個附加議定書以及2005的第三個附加議定書，為戰爭罪編纂入法典最廣泛且詳細的嘗試，也成為國際人道法的一道基石。上述公約內的戰爭罪界定如下：

- 謀殺。
- 酷刑或非人道待遇，包含生化實驗。

戰爭罪（War crime）：對法律或戰爭習慣法的違反，個人可被視為負有罪刑責任。

- 意圖對人身或健康造成重大痛苦及嚴重傷害。
- 強迫人民或囚犯為敵國服務。
- 意圖剝奪人民或戰犯的公平審判權。
- 視為人質。
- 非法驅逐、轉換監獄。
- 非軍事必要而惡意破壞或挪用財產。

　　戰爭罪中一個具有重要意義卻也極具爭議的發展，就是「**違反人道罪**」的成形。早期違反人道罪概念（即使當時未使用這個名詞）於廢止販奴的抗爭中浮現，1815年禁止販奴宣言譴責販奴行為違反「人道原則及普世價值」，這樣的行為第一次被視為犯罪，則是由於1915年至1917年時奧圖曼土耳其帝國對於境內的亞美尼亞人、希臘人及亞述人進行大規模的屠殺，國際隨後對於「亞美尼亞種族滅絕」的反應。三國協約中的盟國——俄羅斯、法國及英國——宣稱大屠殺構成「違反人道及文明罪」。1945年的紐倫堡憲章更進一步地正式區別戰爭罪及違反人道罪，從而成為國際司法的準則。無論戰爭罪是否「違反戰爭法或習慣法」，違反人道罪都具有以下三種特徵：

- 針對平民的罪刑。
- 必須是廣泛或有系統的進行，且不只一次犯罪。
- 必須是故意犯罪。

　　將許多罪行編纂並歸類於違反人道罪，其中最詳細且最具企圖心的一次即為1998年羅馬規約，從而建立了國際刑事法院。規約中特別強調的罪行包括謀殺、滅絕、奴役、驅逐、虐待、強暴或性奴役、種族上或其他形式的迫害以及種族隔離。雖然種族屠殺很明顯的是違反人道，然而它卻被視為獨立的罪行，分別列於「防止及懲治危害種族罪公約」以及羅馬規約中。違反人道罪、禁止種族滅絕的概念合併於國際法之目的，是為了處理大規模暴行的問題，因此傳統上不被視為戰爭罪的行為，可訴諸個人責任而囊括其中。違反人道罪的概念是道德世界主義的表現，對人道的支持是一種尊敬、保護及援助，是人性在道德面上不可分割的。批評者反駁這樣廣泛的罪行定義是否

> **違反人道罪**（Crimes against humanity）：故意犯罪且罪行構成廣泛、具有規模且不只一次地攻擊平民。

真的具有意義，並質疑假定為真的普遍道德原則基礎。國際人道法受到的關注更加急切，乃是由於國際刑事法庭與國際刑事法院的設立，支持戰爭罪、違反人道罪及種族屠殺須負擔的個人責任。

國際法庭與國際刑事法院

紐倫堡及東京審判後，強權國家不同意國際刑事法庭繼續在冷戰時運作。訴訟案件多在國家法院中執行，例如1971年美國法院認定陸軍中尉威廉・卡利在1968年越戰期間，指示梅萊村屠殺，判決其終身監禁，卡利服刑四年後，尼克森總統於1974年將其特赦。冷戰的結束以及聯合國安理會的破冰提供國際法庭重建的契機。前南斯拉夫的大規模屠殺和種族清洗事件，促成前南斯拉夫國際刑事法庭（ICTY）於1993年在荷蘭海牙設立，是繼紐倫堡及東京審判後頭一次召開的國際法庭，也是首次於審判中訴諸防止及懲治危害種族罪公約。法庭被委託起訴南斯拉夫戰爭期間違反人道罪、戰爭罪及種族滅絕罪行的罪犯。前南斯拉夫國際刑事法庭指控的對象中，最著名的人物是前南斯拉夫總理米洛塞維奇，他也是第一位依據國際人道法（international humanitarian law）被起訴的國家元首。米洛舍維奇在2001年被逮捕，隨後以66次的種族清洗、違反人道罪及戰爭罪名受審，不過米洛舍維奇於2006年猝逝，審判也因而停止。到2012年11月為止，共有161人遭到前南斯拉夫問題國際刑事法庭審判定罪，最重被判無期徒刑。前南斯拉夫問題國際刑事法庭原本計畫在2013年完成所有審判，但終究因為前波士尼亞塞爾維亞政治人物卡拉季奇（Radovan Karadži），以及穆拉迪奇（Ratko Mladi）與哈季奇（Goran Hadži）被補的時間比其他被告晚很多，所以延宕到2013年之後完成。

1994年盧安達種族滅絕事件發生，造成80萬名盧安達圖西族及溫和胡圖族的死亡，聯合國因此授權設立第二個國際法庭——盧安達國際刑事法庭。法庭設立於坦尚尼亞的阿魯沙，1997年開始第一次的審判。到2012年11月為止，一共針對74名被告，發出54項判決。這些審判中，最著名的是盧安達前總理康巴達，他在1998年被判處無期徒刑，是唯一且首位以種族滅絕罪定讞的國家領袖。2002年聯合國與獅子山共和國設立獅子山特別國際法院，處理十年內戰期間嚴重違反人道的罪行，包括賴比瑞亞前總統查爾斯・泰勒（Charles Taylor）因觸犯戰爭罪而遭到起訴定罪。2003年，聯合國與柬埔寨政府達成協議，將紅色高棉（Khmer

Rouge）幾位仍然在世的領袖予以引渡審判。紅色高棉在1970年代末在柬埔寨展開4年的恐怖統治，造成超過100萬人死亡。

　　有些案件則以國家層次的刑事法院受理，譬如設立於2002年的東帝汶法庭，對印尼占領及控管期間違反人道的罪行進行調查；伊拉克設立的戰爭刑事法庭，在2006年宣判薩達姆‧海珊（Saddam Hussein）於1982年在巴格達北方的杜賈爾村進行屠殺，判處絞刑。另外，關於智利將軍皮諾契特案，1998年西班牙法院以1973年至1990年統治時期違反人道罪起訴，皮諾契特於英國就醫時因國際通緝令被逮捕，不過2000年英國政府以其生病不適審判為由，將其遣回智利。皮諾契特隨後以隱退為條件，享有訴訟豁免權。

　　這些各式各樣的法庭和法院，尤其是特別為前南斯拉夫及盧安達暴行設立的法庭，對國際刑事法的發展影響深遠。首先，它們讓大規模違反人道的罪行重新受到重視，對於高階政治人物的審判更備受矚目。

　　藉由加深個人必須為戰爭罪、違反人道或種族滅絕罪行負責的概念，降低大規模暴行的發生，因為領導者醒悟到他們的行為再也無法逃脫國際法的約束。其次，鑒於過去戰爭罪的審判均針對國家間的戰爭行為，前南斯拉夫及盧安達國際刑事法庭承認違反人道罪也會發生於國家內部的武裝衝突，甚至在和平時期，因此擴大了國際人道法的適用。第三，法庭突顯龐大的經費需求，以及以聯合國主導設立的特別法庭，來審理違反人道法規的這種機制，通常毫無效率。舉例而言，提交案件到前南斯拉夫及盧安達國際刑事法庭，到開始受理案件需要等待至少兩年的時間，許多審判可能長達數月或甚至數年。2000年的這些審判約占聯合國預算的10%，估計至2009年總花費需要16億美元。上述原因促使設立永久的全球司法機制——國際刑事法院，來汰換特別法庭的需求更顯急迫。

　　1998年來自160個國家的代表、33個國際組織及非政府組織聯盟於羅馬召開集會，共同起草羅馬規約。羅馬規約建立國際刑事法院，將其塑造為「最高法院」，只有在國家法院不願或無法進行調查或起訴時才行使管轄權。國際刑事法院於2002年開始運作，有廣泛的權力可以起訴種族滅絕罪、違反人道罪、戰爭罪，或者侵略罪（侵略罪目前被決定保留到某一時期，不過被加入的可能性極低）。雖然國際刑事法院及國際法院的總部均在荷蘭海牙，國際刑事法院卻是獨立的國際組織，非聯合國附屬機構。然而，國際刑事法院與聯合國安理會的關係既密切又具爭議性。美國身為國際刑事法院初期且熱心的籌畫者，提議安理會扮

全球政治行動⋯⋯
泰勒觸犯戰爭罪成立

事件：2012年4月，獅子山特別法庭
（Special Court for Sierra Leone）判決賴比
瑞亞前總統泰勒11項戰爭罪與違反人道罪
成立。同年5月，他被判處50年有期徒刑。
泰勒在1997至2003年間擔任賴比瑞亞總
統，2003年流亡奈及利亞。但他的罪行在
於涉及鄰國獅子山共和國從1991至2002年
的血腥內戰。獅子山特別法庭認為泰勒並
沒有直接下令殘害百姓，但他確實「長期
大量支援」獅子山共和國的叛軍組織「革
命聯合陣線」（Revolutionary United
Front）。革命聯合陣線嚴重違反國際人道
法，罪行包括殺人、強暴、性奴役、奴役
等等的違反人道罪，以及殺害平民、以大
砍刀砍斷平民的四肢，以及徵用（並且毒
害）兒童軍人之類的戰爭罪。革命聯合陣
線也屢屢贈送泰勒所謂的「血鑽石」作為
報答。

意義：泰勒是從二次世界大戰後的紐倫堡
審判（Nuremberg trials）以來，第一個被
判決戰爭罪成立的國家元首，因此他的有
罪裁決具有歷史意義，也代表著一種新趨
勢，亦即政治領袖很容易因為在執政期間
所犯下的罪行而被起訴。1990至2009年
間，大約有65位前任國家元首與政府首
長，因為涉嫌嚴重違反人權，或是嚴重的
金融罪行，而遭到起訴。比較受到矚目的
例子是皮諾契特（Augusto Pinochet，智
利）、藤森（Alberto Fujimori，秘魯）、
米洛塞維奇（Slobodan Miloševi，前南斯
拉夫），以及海珊（Saddam Hussein，伊拉
克）。泰勒的有罪判決，也是執行國際人
道法的重要里程碑。贊成將泰勒起訴，也
認同將犯罪的政治領袖一一起訴的人認
為，這樣做可以讓世界各地的暴君與獨裁

者心生警惕。這些例子證明了政治領袖並
不能凌駕於法律之上，現任的政治領袖看
到犯罪的下場，就不會觸犯戰爭罪與違反
人道罪。以如此公開的方式執行國際人道
法，應該可以降低全球各地發生暴行的頻
率與嚴重程度。在制度制衡失靈，公共責
任歸屬無法追究的環境，國際法院與法庭
的存在，也能遏止暴政與濫權。

但是也有人批評這種趨勢，認為如果起訴
政治領袖只是為了拿名人開刀，「殺雞儆
猴」，那麼同樣有罪，只是名氣沒那麼大
的人就比較不受矚目。以獅子山共和國的
內戰為例，有人認為革命聯合陣線的領袖
桑克（FodaySankoh，2003年在等候審判期
間去世）對於暴行所該負的責任，遠遠超
過泰勒。也有人認為泰勒被起訴象徵著一
種新殖民主義（neocolonialism），國際刑

爭辯中的議題…… 國際刑事法院是執行秩序與正義的有效方式嗎？

國際刑事法院是具有高度爭議性的國際組織。有人將它視為維持正義和人類權益的絕對保障，其他人則認為其充滿瑕疵，有時更會威脅到國際秩序及和平。

支持	反對
增強國際人道法規。 國際刑事法院已經將從紐倫堡及東京審判時廣為認可的規範編纂入國際人道法規，提供關於種族清洗、違反人道罪、戰爭罪最具權威、最詳細的定義。與特別法庭系統相較，國際刑事法院對法律的執行提供必要的一致性，使得安理事會的干預降到最低，並可能地防範五大常任理事國逃脫其應負擔的責任。	**對主權及國家安全的威脅。** 法院面臨的最普遍的批評，乃是提供了干涉主權國家事務的機會。國際刑事法院的管轄權可能會擴展至尚未簽署羅馬規約的國家人民，因而威脅國家主權。上述情形通常會因犯罪判刑發生於接受法院管轄權的國家，有時則是因聯合國安理會的委託受理。美國身為世界唯一的超級強權，相較於其他國家，經常在許多衝突熱點上部署軍隊，故美國尤其關注這個問題。
處理全球正義的缺口。 全球正義的缺口迫使數百萬的人民受到虐待和壓迫，無論是因為在高壓政府的統治下，或是因為政府無力或不願去防止大規模的人權迫害。國際刑事法院即是針對這個問題建立，當缺乏國內救濟時，得以提供外力干涉的基礎。然而，這項任務卻因許多強國不願加入國際刑事法院而顯得困難重重，部分是因為這些國家想維持軍事調度的自由，另一部分則是希望能使盟友免受批評，因此導致全球領導上嚴重的挫敗。	**對個人咎責的無用迷思。** 將焦點放在個人罪刑責任而非國家，國際刑事法院使國際法得以延伸至各種道德目的，這一趨勢帶來隱憂。個人犯下人道罪刑的問題不僅複雜，一旦國際法被當作增強國際正義的工具時，國際法的變數將不受限制。甚者，擴大關注及優先處理個人罪刑與起訴罪犯，國際刑事法院會損害和平政治解決可能性，例如起訴蘇丹總統巴席爾（Bashir）產生的爭議。
嚇阻未來可能的酷刑。 國際刑事法院的設立，不僅僅是要起訴那些在2002年犯下的罪刑，也要為全球在政治或軍事的未來領導人立下行為準則。這個觀點認為，暴行的產生部分是因為領導者斷定他們的行為不會受到處罰。對政府最高領導人的審判意義重大，因為它們代表未來可能不再如此。現在沒有任何領導人可以凌駕於國際法之上。懼怕可能會遭受國際刑事法院審判，也成為勸誘烏干達聖靈抵抗軍（Lord's Resistance Army）領導人加入2007年和平談判的一項利器。	**西方世界的政治工具。** 國際刑事法院被批評具有西方歐洲中心偏見。首先，它具有西方價值觀與法律傳統——人權基礎，然而這是部分亞洲及穆斯林國家所抗拒的，顯示全球對於道德之共識分歧。其次，在歐盟成員國家都簽署羅馬規約的影響下，國際刑事法院被視為分配不均。最後，國際刑事法院起訴之案件幾乎皆發生在發展中國家，因而營造出窮困國家混亂且野蠻的印象。

事法庭與法院，尤其是國際刑事法院（International Criminal Court，ICC），是新殖民主義的打手。這些人認為國際人道法是以西方的自由派價值為基礎（尤其是關於人權的部分），帶有文化上的偏見，而且國際刑事法庭與法院還推廣一種思想，好像西方世界還是必須出手干預，「拯救」混亂野蠻的開發中世界（到2013年為止，國際刑事法院起訴的對象全都是非洲人）。最後，以違反人權的罪名起訴國家元首或政府首長，可能會有過於強調個人罪責與政治領導的問題，忽略了其他更深層的原因。獅子山共和國內戰的起因還包括各層面的貪腐與不當管理，日常生活的暴力相當普遍，以及教育系統崩潰，這些問題至少從1960年代便已開始，可能是殖民時期的遺毒。更何況獅子山共和國還有鑽石這種「被詛咒的資源」。

演法院的守門員角色，反應安理會維持國際和平與安全的主要責任。這項提議遭到拒絕，因為其他國家擔心美國及其他安理會常任理事國得以藉由行使否決權，讓其國民面臨違反人道罪的控訴時，逃避法院的審判。不過，隨後「新加坡妥協方案」的出現，改以允許安理會在認定國際刑事法院有介入其維持國際和平與安全任務時，得以將起訴延滯12個月。安理會採此手段時，必須通過決議才能要求法院停止審判，這樣也可防止任何常任理事國使用否決權來杯葛法院的調查。

國際刑事法院的本質在成立時期就極具爭議。當時120個國家投票贊成羅馬規約，21票棄權，包括印度、阿拉伯及加勒比海的幾個國家，7票反對。據信，反對規約的國家應為美國、中國、以色列、利比亞；伊拉克、卡達及葉門（雖然並未有正式資料顯示是這些國家）。到2013年2月為止，122個國家是國際刑事法院的會員國，另外還有31個國家簽署《國際刑事法院羅馬規約》，只是尚未批准。非會員國包含了中國、印度、俄羅斯及美國，這使得國際刑事法院的管轄權範圍減少很多，威脅其在國際上的可信度，暗示著法院或許會走上國際聯盟失敗一途。僅有兩個安理會常任理事國——英國和法國這兩個最不具權力的成員——批准羅馬規約。沒有任何歐洲以外的核武國簽署條約，意謂國際刑事法院為歐洲、拉丁美洲及非洲所主導。美國對國際刑事法院的反對力量漸減，前總統柯林頓於2000年卸任的前一天，簽署了羅馬規約，但表示由於此條約根本上的缺陷，不會交由美國參議院批准。小布希領政時期，蓄意不讓此約通過，並採取建設性的手段防止美國受到國際刑事法院的管轄。小布希藉由雙邊豁免協定（BIAs），有時亦稱「第98條協定」，盡可能與所有國家簽署此協定，以防止雙方將其國民引渡至另一個受國際刑事法院管轄的國家。目前至少談判出100個

雙邊豁免協定，雖然它們的法律地位是不明確的。歐巴馬政權目前採取多邊主義的政策，多少修正了布希時期對國際刑事法院充滿敵意的表現，但這不代表承諾重新簽署羅馬規約及批准的行動。美國及其他國家對於國際刑事法院有所保留且意見分歧，主要是因為他們的出發點為實用主義及國家利益，這也是他們長久以來遵守的原則。

重點摘要

- 國際法是治理國家其他國際行為者的法律，但它僅被廣泛地視為「軟法」，因為其在多數情況下，無法被強制執行。國際法兩個最重要的法源為條約和國際習慣。前者的法律義務立基於國家間共識；後者則源自於長久以來的實踐和道德規範。
- 國際法受廣泛遵循，乃因國家經由計算此行為長期下可能帶來的獲益或減少的損害，才選擇遵守法律。其他原因尚有：懼怕失序、懼怕孤立、懼怕懲罰、對國際規範在正義及道德上的認同。
- 傳統上來說，國際法是堅守國家中心的，這立基於「國家主權」的原則。然而，這個概念逐漸被「國際法的憲法主義者」挑戰，有時稱為「超國家」法或「世界」法，範圍包含了最低限度的全球正義維護。
- 國際法轉變為「世界」法的最明顯證據，即是戰爭法演進成一系列的國際人道法規。這樣的發展是經由戰爭罪刑概念——允許個人對違反戰爭習慣負有刑責，而此刑責源自於對人性的侵害。
- 冷戰的結束讓國際人道法得以藉由國際法院及法庭被廣泛的執行，例如設立特別法院審查前南斯拉夫及盧安達的專權者犯下之罪刑，最具代表性的莫過於建立並從2002年開始運作的國際刑事法院。不過國際刑事法院時常被視為對國際秩序及和平的威脅。

問題討論

- 國際法真的是法律嗎？
- 如何及為何條約成為國際法最重要的法源？
- 為何遵守國際法與國家利益相符？
- 國家遵守國際法的道德動機有多強烈？
- 建構主義觀點詮釋的國際法對國際法學有何意涵？
- 「國際」法與「世界」法相容的程度？
- 人道干預在國際法中的合法性？
- 國家主權之權利是有條件的嗎？如果有，是在什麼情況下？
- 違反人道罪的概念是否太模糊，使其合法性受到質疑？
- 政治領導者應該以個人身分違反國際人道法規而受審嗎？

第十五章　貧窮與發展

> 「貧窮是最糟糕的暴力。」
>
> ——莫罕達斯・卡拉姆昌德・甘地，1869-1948年

前言

　　第二次世界大戰結束以後，發展與減貧的議題越來越受到重視。戰後初期，去殖民化並沒有促進第三世界的經濟與社會進步，同一期間，西方工業發達國家的經濟成長卻達到前所未有的水平。隨著全球經濟差距擴大，有人認為殖民主義已經由「新殖民主義」取代，政治支配也由影響較為間接但效果不變的經濟支配取代。有些人則宣告，「南北分岐」（North-South divide）的時代即將到來。在這樣的背景下，性質殊異的各種行為者，像是世界銀行、國際貨幣基金，以及各種非政府組織與行動團體，開始將縮減國家之間貧富差距的任務視為道德責任。然而，貧窮與發展是相當複雜且富爭議性的議題。究竟「貧窮」只是單純缺乏金錢的經濟現象，還是涉及其他更廣更深的面向？「發展」是否就意味著貧窮社會應該依據西方已開發國家富裕社會的基礎進行改革？全球不平等的性質、程度與原因牽涉到的議題範圍更廣。究竟這個世界已經變得更加平等或不平等？全球化對於全球貧窮與不平等的模式有何影響？除此之外，對於如何才能確保發展也有相當激烈的爭辯。1980年代以來的發展策略以市場導向的途徑為主，相關辯論特別著重於此種途徑的功過優劣，像是世界銀行和國際貨幣基金之類的組織是否無助於全球的貧窮人口？富裕國家是否有幫助貧窮國家的道德責任？如果有，要如何履行？提供國際援助、取消債務，改變貿易模式，還是其他方式？

關鍵議題

- 貧窮是什麼？
- 如何理解「發展」？
- 全球貧窮與不平等的主要趨勢為何？
- 全球化如何助長或削弱全球貧窮？
- 官方發展政策的成效如何？
- 國際援助與債務減免有用嗎？

了解貧窮與發展

貧窮在世界史上是一個常見的現象。在古代,即使是制度發展已經相當成熟的組織化社會(像是古中國、羅馬與印加帝國等),經濟活動的技術性仍低、生產力有限,人民因此極其貧窮。就連在當時被視為富裕的人,就現代的標準來看,大部分仍然是貧窮的。因此,貧窮並非例外,而是常態。從這個角度來看,現代西方社會所享受的富裕才是例外,而且就連西方的富裕也是極近代才發生的事。直到十九世紀末,歐洲和北美社會才開始大幅提升生產力,此一現象無疑挑戰了馬爾薩斯(Thomas Malthus)的預言。馬爾薩斯認為,任何生產力的提升只會被人口擴張抵銷。那麼西方社會是如何避開馬爾薩斯的陷阱呢?這個問題的答案就是「**發展**」。發展確實與西方國家一系列創造工業革命的技術與組織創新息息相關。至於西方已開發國家的富裕究竟是如何創造的,特別是富裕和發展如何在非西方世界複製?這些問題已經引起重要的討論。在進入既複雜又具爭議性的發展議題之前,我們必須先深入探討究竟何謂貧窮?貧窮又該如何測量?

定義與測量貧窮

貧窮是什麼?「窮人」和「富人」有什麼不同?如果減貧是國家、區域或全球的政策目標,那我們就有必要了解什麼是貧窮,以及如何測量貧窮。然而,貧窮是一個複雜且具爭議性的概念。表面上來看,貧窮就是缺乏生活的必需品(像是充足的食物、燃料、庇護所、衣服等),而使「生理效能」(physical efficiency)無法維持。因此,就原始的意義而言,貧窮是一個「絕對」的標準,一旦低於此標準,人類就很難維持生存。舉例來說,一名成年男性為了維持體重,他每天必須攝取2,000到2,500卡的熱量。若依此定義,貧窮幾乎不存在於美國、加拿大、英國與澳洲等已開發工業國。這些國家的窮人甚至比世界上大多數的人活得更好。總而言之,**絕對貧窮**是以「基本需求」為衡量基礎,與馬斯洛(Maslow 1943)「需求階層」(Hierarchy of Needs)論中的生理需求相同(見圖15.1)。

然而,絕對貧窮可能遺漏了一個貧窮

發展(Development):成長,是一種正在改善、擴張或精煉的行為;發展通常和經濟成長有關,但這個詞爭議性很高。

絕對貧窮(Absolute poverty):一種測量貧窮的標準,指收入水平或資源(特別是食物、衣服和庇護所)可得性不足以「維持生存」。

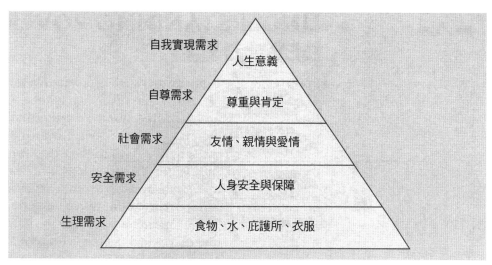

圖15.1　馬斯洛的需求階層

的重要面向。人們之所以覺得自己貧窮，有時不是因為物質上的貧乏或基本需求未得到滿足，而是因為他們沒有其他人所擁有的，也就是他們覺得自己未享有社會多數人所享有的標準、條件與樂趣。就此意義而言，貧窮是一種社會現象，而不僅是生理現象：它是依據人們在社會秩序中的「相對」位置而定。**相對貧窮**將貧窮定義為「較不富裕的」（less well off），而不是「困乏的」（needy）。舉例來說，經濟合作暨發展組織（Organization for Economic Cooperation and Development，簡稱OECD）和歐洲聯盟（European Union，簡稱EU）皆採用以相對貧窮門檻為基礎的「貧窮線」作為定義貧窮的標準，此線設於家庭收入中位數的一半或一半以下。換句話說，窮人指的是收入大幅低於其居住國一般收入的人。儘管如此，相對貧窮仍牽涉到政治問題，因為相對貧窮的概念將貧窮和不平等連結在一起，意味只有透過財富重新分配和促進平等才能削減或根絕貧窮，之後本章將有進一步討論。

　　相對貧窮以窮人和社會其他人的差距，而產生的相對剝奪感和相對劣勢為基礎，因此是主觀的計算。絕對貧窮則是完全客觀的認定。但什麼程度才是絕對的貧窮呢？依據世界銀行的定義，以**購買力平價**（purchasing power parity，簡稱PPP）

相對貧窮（Relative poverty）：一種測量貧窮的標準，指人們缺乏他們所處社會所慣有的生活條件和舒適感。

購買力平價（Purchasing power parity）：將各國的相對物價與通貨膨脹率納入考量的購買力計算方式，有時候以「國際元」（international dollar）為單位。

● 窮人常被視為是某種社會不正義下的犧牲者。就此意義而言，貧窮是一種發生於人身上的現象，剝奪人的權力並使其喪志，即使其貧窮來得理所當然。

概念解構……

「貧窮」

● 一般將貧窮塑造為一種遭受剝奪或痛苦的現象，此暗指貧窮等於「惡」，而財富等於「善」。因此，貧窮的概念反映的是物質主義與消費主義的道德標準，忽略了自願性的貧窮可能有益道德與精神修養（例如某些宗教傳統所鼓勵的），也未考慮到自給自足（sufficiency）的概念（例如某些環境與發展運動所支持的）。

● 一般相信富裕和勤奮工作與能力有關，而貧窮至少有部分和懶惰與個人失敗有關。這樣的思維其實意指窮人是「不值得幫助」的，而嘗試解決貧窮是錯誤且不符合道德的行為。

計算，每人每日一美元的收入水平即為極端貧窮的標準。依此標準（現已調整為每日1.25美元），根據世界銀行估計，2012年共有12億9,000萬人活在國際貧窮線以下。不過，貧窮線的標準並不是單一固定的，有些人仍偏向採用每日2美元或2.5美元。根據後者的標準，全球貧窮人口將為世銀估計的兩倍以上，達24.7億人，占全球人口的35%。

然而，越來越多人認為，以所得定義貧窮過於狹隘。因為窮人相對剝奪感的來源不只一種，而是同時包括物質與非物質的不滿足。如同阿瑪蒂亞·沈恩（Amartya Sen）所指出的，飢荒往往不是由於缺乏食物，而是源自於複雜的社會、經濟與政治因素，像是飆升的食物價格、效率不佳的食物分配系統，以及低落的政府效能。因此，除了收入與資源的匱乏之外，有限的機會與自由（特別是積極自由）也是造成貧窮的原因。這樣的觀點特別強調「人類發展」，且已經成為聯合國處理全球貧窮的主要途徑。聯合國每年發布《人類發展報告》（Human

積極自由（Positive freedom）：根據自我實現與人類能力發展來定義的自由；也就是可以成為（to be）什麼或做（to do）什麼的自由。

Development Reports），回顧各種與貧窮和發展相關的議題，並將國家依據人類
發展指數（Human Development Index，簡稱HDI）排名。

發展：不同的觀點

關於貧窮的討論不能僅著重於貧窮的本質，也應著重如何解釋貧窮，以及如
何解決貧窮；也就是如何促進「發展」。然而，發展的概念牽涉到政治與意識形
態的爭議，像是「已開發」社會與「開發中」或「低度開發」的社會究竟有什麼
不同？以下我們將發展的觀點概分為兩大類來論述：傳統的（orthodox）與非傳
統的（alternative）。

傳統的觀點

傳統對於發展的看法源自於經濟自由主義。此觀點由經濟角度出發，將貧窮
定義為：由於缺乏收入與資源，而無法滿足基本物質需求的狀態。因此，減少
（甚至消除）貧窮的成效和刺激經濟成長的能力緊密相關。傳統上，經濟成長的
能力依人均**國內生產總值**（Gross Domestic Product，簡稱GDP）計算。發展則成
為經濟成長的同義詞。但什麼才是刺激經濟成長的最佳方式呢？傳統觀點認為答
案是自由市場機制。自由市場的優點在於：它放任個人追求自我利益的自由，給
予人們工作、貿易、從商等活動的誘因，確保長期的經濟穩定，並協助供給和需
求的驅動力（市場力量）達到平衡。因此，市場是製造財富與提供無限經濟成長
可能性的唯一可靠來源。「落後」或「低度開發」的社會，注定要轉型為「現
代」或「已開發」的社會。**現代化理論**充分反應了此種觀點，其中羅斯托
（Rostow 1960）的經濟成長階段論就很明顯。羅斯托所提出的經濟成長五階段
如下：

- 傳統社會階段：此社會的特性為低階的
  技術、前科學時代的價值觀與規範，以
  及自給自足式經濟。
- 準備起飛階段：此階段社會已經出現資
  金流動（銀行與貨幣）與企業家階級。
- 起飛階段：此階段經濟成長的相關規範

國內生產總值（Gross domestic
product）：一經濟體所生產之商品和服
務的總值，是國家收入的核算方法。

現代化理論（Modernization theory）：
此理論主張發展的路徑是單一且線性
的。例如，西方國家的轉型是由傳統、
前工業化與農業的社會，演變到現代、
工業化與大眾消費的社會。

焦點······　人類發展

　　人類發展是測量人類福祉的標準，其考慮到人類是否能充分發揮潛能，並依據自身需求和利益朝向令人滿足且具有創造力的生活發展；通常簡單定義為擴充人類選擇範疇的過程。受到沈恩（1999）所提出的「發展即自由」的影響，人類發展的概念已經透過人類發展指數達到最完整的闡述。自1993年起，聯合國《人類發展報告》即依人類發展指數將國家排名。重要的人類發展指標（Human Development Indicator，簡稱HDIs）包括：

- 長壽和健康（預期壽命和健康評估）
- 獲得知識（教育和識字率）
- 取得維持合理生活水平的資源（燃料、衛生設備、庇護所等）
- 為後代保留資源（人口趨勢和永續性）
- 確保人類安全（糧食、工作、犯罪、個人壓力）
- 達到男女平權（教育、職業／工作、政治參與）

已經完備，以特定經濟部門領導的成長成為常態。

- 邁向成熟階段：此階段的特色為經濟形式越發多元、貧窮大幅減少、生活水準提高。
- 大量消費階段：此階段的經濟逐漸趨向生產現代消費品，財富越來越普及。

　　從1945年開始，傳統的觀點一直被有關貧窮、不平等與發展等議題所主導。1970和1980年代，在新自由主義興起、全球經濟治理制度轉變、國家數目的成長，以及美國的領導下，越來越多國家支持自由市場的經濟哲學；除此之外，在1990年代，有許多前共產國家開始引進自由市場改革，這些事件都增加了傳統觀點的影響力。儘管如此，支持成長與自由市場的發展觀點在近年遭致越來越多的批評。批評者認為，經濟改革把國家暴露在風雲莫測的市場與國際貿易體系中，可能會產生反效果，導致經濟社會失序，而非穩定成長與減少貧窮。對此，本書在關於發展策略的部分將有進一步討論。此外，1990年代，批評者特別關注國際貨幣基金與世界銀行「結構調整計畫」（structural adjustment programmes，簡稱SAPs）的影響，進一步質疑以市場為基礎的解決方案是否公平地照顧到所有國家與區域的利益。例如，新馬克思主義者認為，全球資本主義體系的特色就是深層的結構失衡。

觀點⋯⋯　發展

現實主義觀點

　　現實主義並沒有發展的相關理論。不過，在解釋經濟發展的現象上，現實主義者主要採用重商主義的觀點。重商主義強調經濟和政治的相互作用，特別強調健全和穩定的國內經濟在某種程度上有賴於國家的強力干預，在對外經貿關係的管理上尤是如此（暗指保護主義）。現實主義對於自由主義的主張（即市場經濟將自然傾向平衡與成長）高度懷疑，其認為市場永遠是需要管理的。

自由主義觀點

　　自由主義對於發展的看法源自於經濟自由主義的觀點。古典自由主義著重於描述個人主義和理性主義關於人性的假設，強調人類行為主要受物質消費的欲望驅動。因此，自由主義為「發展即成長」的傳統觀點提供了基礎。自由主義認為，市場是創造財富的重要機制，而市場的運行是依照個人的自由意志與決定。市場的魅力在於它是一個自我約束的機制，且自然傾向促進經濟成長與福利。然而，個人欲望與市場力量本身有時不足以推動經濟發展。對自由主義者而言，「發展失敗」的原因來自於社會內部，包括阻礙個人追求私利的文化與宗教規範、僵硬與威權的國家制度、長期的腐敗，以及破壞社會秩序的族群與部落衝突。跨越這些阻礙的最佳辦法就是透過市場改革（包括私有化、金融自由化、勞動彈性化、減稅等），以及國家經濟與全球資本主義經濟的整合（推動自由市場與開放經濟）。

批判主義觀點

　　批判主義關於發展的看法主要來自於新馬克思主義。新馬克思主義強調阻礙發展的是外部因素，特別是來自於全球資本主義體系的結構動力。新馬克思主義關於發展的概念主要由兩個理論分支組成。依賴理論聚焦第二次世界大戰後，傳統帝國主義轉化成新殖民主義的程度，後者有時又稱為「經濟帝國主義」，或更具體的「美元帝國主義」。儘管第三世界國家已經正式獨立並擁有主權，但由於不對等的貿易關係、跨國企業的影響，以及偏好照顧工業先進國利益的國際貨幣基金與世界銀行等組織，第三世界國家仍舊受制於經濟依賴。新馬克思主義的另一重要分支是世界體系理論（World-systems Theory）。世界體系理論將世界經濟視為一個環環相扣的整體，由核心、邊陲與半邊陲三個區域組成。在這樣的體系裡，經濟先進與政治成熟的核心區域會統治並剝削低薪、低技術與仰賴農業和初級生產的邊陲區域。

　　在所有批判主義的觀點中，綠色政治（green politics）以提倡「發展即永續」的論調來挑戰一般強調經濟成長的傳統主張，且通常和永續發展的概念相連結。這樣的觀點認為，經濟成長應該和其付出的生態代價取得平衡，因為只有在健康環境下的發展才有意義。世界主義者認為，發展應被置於「促進全球正義」的大框架下來看待。女性主義將發展的各種觀點連結在一起。有些女性主義者認為，顛覆性別的不平等是發展的重要元素，因此他們強調應改變第三世界的社會結構、制度與文化習俗。其他女性主義者則探討在「發展即成長」的概念中，有哪些元素是屬於男性主義（masculinist）的建構，或者女性

在促進發展方面扮演了何種重要（即使常被忽視）的角色。後殖民主義者有時會挑戰發展本身的意義，進而提出「後發展」（post-development）的概念。傳統的發展模式將西方的制度與價值觀強加於非西方社會，「後發展」則讓每個社會基於其固有特性與文化遺產，採取適合的經濟與社會運作模式。

非傳統的觀點（其他關於發展的觀點）

自1980年代以來，隨著傳統技術官僚的、由上而下的與成長導向的發展策略一一破滅，非傳統的觀點也越來越受到重視。非傳統觀點的來源很多，包括「全球南方」（global South）的抵抗運動〔例如，墨西哥恰帕斯州（Chiapas）的薩帕蒂斯塔（Zapatista）運動與南印度卡納塔卡邦（Karnataka）的農民抗爭活動〕、聯合國機構、發展型非政府組織與各種論壇（例如世界社會論壇），以及更廣泛的反資本主義與反全球化運動。不過，與發展相關的非傳統觀點並不是一組單一且一致的概念。其中，激進派強烈反西方、反企業，並且非常強調自我管理與環境主義；改革派則可能只對傳統自由主義原則的應用稍加調整，希望在主要國家的優先考量與全球經濟的治理制度之間重新達成平衡。儘管如此，在非傳統觀點中還是存在某些總體性的主題，最重要的幾項陳列如下：

- 由人道主義的角度看待貧窮，強調機會、自由與賦權（如此才能同時滿足物質與非物質的需求）。
- 自力更生，而不是倚賴富裕國家、國際組織或市場。
- 生態平衡、永續性與全球公共財（包括水、土地、空氣與森林）的保存。
- 透過尊重文化多元性與邊緣團體（例如婦女與原住民團體）的利益，實現社會與文化包容。
- 透過社區行動與民主參與達成地方治理。
- 貧窮具有結構的特性，這是源自於全球貿易體系與其他體系本身的不平等。

在傳統的觀點中，發展帶有「一體適用」的意涵，且傳統觀點認為，發展是一個由「傳統」社會過渡到「已開發」社會的線性過程，拉美、亞洲和非洲國家終究會走上和「全球北方」國家一樣的現代化道路。對此，非傳統觀點表示不以為然。也就是說，非傳統觀點認為開發中國家並不是已開發國家的追趕者。的確，在很大程度上，開發中國家的貧困可以歸咎於外部因素以及西方國家與跨國企業自利行為的影響（例如，援助體制的設計常是根據捐贈國的需要，以及跨國

● 發展這個詞可被視為貶義，因為發展是基於「低度開發」或「開發中」國家與地區和「已開發」國家與地區的對照而來。相較之下，前者較為粗糙、原始，並且在某方面有所不足；後者則較為完整、精緻且進步。

概念解構……

「發展」

● 由於發展也指個人或物種的生物成長過程，因此發展暗指一種單一且線性的轉變過程。所以，發展意味著「低度開發／開發中」國家注定要走已開發國家走過的路。因此，一般傾向將發展視為西方特有的現代化模式。

● 「低度開發／開發中」國家和「已開發」國家最基本的差異，在於財富的多寡。相較於非物質的層面，這樣的觀點更偏好物質的商品和價值觀。舉例來說，鮮少有人關心貧窮國家可能在道德、精神與文化層面比富裕國家更成熟。

經濟整合的需求）。但就另一方面來說，很少有「非傳統」觀點的支持者認為應該將開發中國家與全球經濟分離，或者嘗試去發展一個與資本主義性質不同的替代方案。相反的，他們希望將成長導向的經濟政策與地方和區域的需求和利益結合，並強調文化多元、生態平衡和自力更生。在這樣的觀念下，「南方共識」的發展模式往往允許國家擁有較多的干涉權力，而且這個干涉權力通常比經濟自由主義者所能接受的還要多。因此，比起自由市場，採用新重商主義的東亞四小龍，更仰賴國家為了追求國際競爭力而採取的政策，並且特別重視教育與訓練。不過，最令人印象深刻的南方發展經驗，仍屬中國將市場經濟與史達林主義政治控制混合的模式。（女性主義對於發展的看法與女性在促進發展上扮演的角色，將於第17章討論。）

焦點······ **南北分歧**

　　布蘭特報告（Brandt Reports）分別於1980年與1983年發表《北方—南方：生存的計畫》（*North-South: A Programme for Survival*）與《共同的危機：南北合作，重建世界》（*Common Crisis: North-South Cooperation for World Recovery*）兩份報告以後，「南北分歧」的概念開始為人所知。由於工業發展傾向集中於北方，貧窮與發展的不利條件則傾向集中於南方（澳洲除外），因此世界被分為「全球北方」與「全球南方」。所以南北分歧一詞的定義基本上是屬於概念和理論的，而非地理上的。

　　南北分歧關注的焦點在於援助、開發中國家債務，與跨國企業是如何強化高所得、高投資的工業化北方，與低所得、低投資、以農業為主的南方之間結構上的不平等。布蘭特報告也特別指出南北之間的互賴關係，強調北方的繁榮有賴於南方的發展。不過，也有人質疑南北分歧的概念是否仍符合現況，特別是南方國家之間的發展越來越不平衡（例如，中國與撒哈拉以南的非洲之間的差異）、南方國家的政治影響力日漸增加〔例如，二十國集團（G-20）的興起〕，不同的南方國家也逐漸和北方發展出不同的關係，而不僅是建立於權力與依賴關係之上。

更不平等的世界？

了解全球不平等

　　貧窮與不平等是一體兩面。從相對貧窮的角度來看，貧窮與不平等在本質上的確息息相關，因為不平等的擴大，實際上就意味著貧窮的擴大。儘管如此，關於全球不平等的議題仍有許多爭辯。有人聲稱最富與最窮國家之間的差距在近幾十年來不斷加深，雙方差距甚至到了不可思議的地步。這樣的主張通常也對全球化與不公的世界貿易體系提出批判。例如，《1999年人類發展報告》提到，世界前三名首富的財產已經超過所有「低度開發國家」國內生產總值的總和，而後者的人口總計約6億。「富者越富、窮者越窮」的現象，不僅在相對意義上是如此，在絕對意義上可能也是如此。不過，也有越來越多的評論者認為，世界在近幾年已經變得更加平等（Kay 2004;Wolf 2005; Friedman 2006）。

　　儘管如此，全球不平等的辯論仍面臨一些困難。不僅在不平等的測量上非常困難，不平等的趨勢本身也不只是單純的貧富差距。既然我們可能無法歸結出全球不平等的發展「趨勢」，那麼我們應該將討論的焦點轉移到全球不平等的「輪廓」。原因如下：

● 缺乏明確的測量標的：包括收入、預期壽命、教育機會、乾淨用水的取得等。

焦點……   墨西哥的薩帕蒂斯塔運動：正在進行中的另類發展
（alternative development）？

　　薩帕蒂斯塔民族解放軍（Zapatista Army of National Liberation, EZLN）的命名源自
1910年墨西哥的革命領袖與農民運動的中堅分子埃米里歐‧薩帕塔（Emiliano Zapata,
1879–1919）之名。當代薩帕蒂斯塔運動的主要發言人為副總司令馬可斯（Subcomandante
Marcos），別名「零號代表」（Delegate Zero）。1994年，在北美自由貿易協定（NAFTA
Agreement）簽署後的幾小時內，一支看似臨時由學生、知識分子、激進分子和當地農民組
成的隊伍從恰帕斯地區的叢林竄出，並向墨西哥政府宣戰。墨西哥聯邦軍隊被迫從該地區
撤退以後，薩帕蒂斯塔軍建立了一個有效自治的地區。自1994年開始，薩帕蒂斯塔民族解
放軍便成為一股足以和墨西哥政府抗衡的力量。

　　結果，恰帕斯的山區、叢林和部分市區運作著一套和其他地區截然不同的準則和規
範，這套規範又稱為「薩帕蒂斯塔主義」（Zapatismo）。薩帕蒂斯塔主義綜合了無政府主
義、自由意志主義、社會主義與馬克思主義的思想。薩帕蒂斯塔運動值得注意的理由有
三。第一，薩帕蒂斯塔運動完全不接受全球化、資本主義與新自由主義，而傾向建立自我
管理的議會與合作社。因此，薩帕蒂斯塔主義為反資本主義運動革命派的代表。第二，薩
帕蒂斯塔運動和其他左翼革命團體不同，它無意取得代表人民的統治權，也不支持某個特
定的世界觀或經濟制度。這種「非垂直」（non-vertical）或「後意識形態」（post-
ideological）的政治形式意味著，薩帕蒂斯塔運動是透過與當地人民和農民團體結盟來運
作，而非「由上而下」的統治。第三，薩帕蒂斯塔運動特別強調對新通訊技術的利用，以
使它們的理念在反資本主義運動中脫穎而出，並為世人所知。

- 用以測量不平等的資料本身可能不可靠或有失偏頗。
- 不同時期將呈現不同趨勢。
- 「富人」與「窮人」的定義不清。
- 國內的不平等趨勢可能和跨國的不平等趨勢一樣顯著或更加顯著。

　　任何關於不平等的討論首先都會遇到測量標的選擇的問題。究竟是什麼的不平
等？世界銀行與大部分的國際組織都採用所得（特別是人均國民所得）作為不
平等的測量依據。一方面，所得的相關資料比其他資料（像是健康照護或乾淨水
資源）更容易取得與計算；另一方面，按購買力平價調整後的所得資料能夠呈現
較為廣泛又可靠的人民生活水平樣貌。不過，也有一些不只以所得為測量依據之
外的替代方案，像聯合國《人類發展報告》不僅涵蓋的層面更加多元，也將關注
的焦點從經濟不平等轉移到機會不平等，也就是更強調平等的生活機會。其次，
用以判斷全球不平等的資料並不一定完整或可靠。世界銀行發布的年度《世界發

展報告》（*World Development Reports*）特別在所得分配的部分，提供了最廣泛也最常用的資料。不過，世界銀行的中立性仍有爭議。而且直到2000年初為止，世銀的許多資料都沒有對不同國家間的匯率、生活費用與通貨膨脹率等因素給予應有的考量。資料蒐集與詮釋方式的改變，迫使研究者必須在不同時期大幅度地修正他們對於全球不平等之本質與程度的看法。除此之外，在某些領域（尤其是關於許多窮國內部的不平等），所得不均的相關資料依舊不可靠或不齊全。

其三，測量的時間範圍對於全球貧窮的趨勢具有關鍵性的影響。若將眼光放遠來看，也就是將十九與二十世紀的整體趨勢納入考量，會發現富國與窮國之間的差距有穩定擴大的趨勢。舉例來說，據估計，美國在1800年的人均所得大約比非洲多3倍，然而到了2000年，美國的人均所得比非洲多了20倍，若與非洲最窮的國家相比，差距可能有50到60倍之多。這些趨勢顯然是已開發的北方國家工業化的結果，反應出北方國家自十九世紀以來穩定成長的生活水準。從1945年到今天的這段時間範圍內，不平等擴大的趨勢依然很明顯，這是因為1950和1960年代所謂的「長期榮景」（long boom）幾乎完全集中在工業先進國家。然而，1980年以後，關於不平等的面向有更多的爭議、消除不平等的努力也有所進展，因此若以1980年作為測量全球不平等的起點，測量的結果將複雜得多。除此之外，在後1980年代的不同時期也有不同的趨勢。例如，不平等的差距在1990年代有擴大的跡象，這可歸因於開發中國家累積的債務危機，以及俄羅斯和其他前共產國家經歷「震撼療法」（shock treatment）轉型為市場經濟後的經濟崩潰。相較之下，從2001年911事件之後，到2007年至2009年全球金融危機之前的這段期間，世界經濟強勁成長，有時候窮國或低收入國家的獲利比富國還要多。

其四，關於誰是「富人」與誰是「窮人」，並沒有一組確定或客觀的定義。舉例來說，我們應該取一國前10%最富人口與最窮人口的平均收入作比較，還是取前20%，甚至前30%？這樣的問題並不只是在學術上具重要性而已，甚至可能影響到整體不平等趨勢的呈現。《2001年人類發展報告》因此得出這樣的結果：1970年到1997年間，擁有世界前20%最富人口的國家與擁有前20%最窮人口的國家之間，平均所得的比數下降了（從15比1降為13比1）；不過，若比較世界前10%最富國家與前10%最窮國家的平均所得，比數反而上升（從19比1升為27比1）。這是因為近幾十年發展最快速的開發中國家已經脫離最窮國家之列的緣故。

最後，全球不平等的分析通常都是以「國家」，而不是以「人」或「家戶」作為比較基礎，侷限了全球不平等研究的發展。人均國民所得是概念上一國平均所得的計算，而不是人民實際收入的測量（可能沒有人的收入正好落在「平均所得」）。除非將國內的所得分配納入考量，否則國家間的所得比較將有所侷限或者產生誤導。的確，如果國內的所得差距有穩定擴大的趨勢，那麼，即使富國與窮國之間的差距縮小了，富人與窮人之間的差距仍可能是擴大的。這也提醒了我們，並不是只有貧窮國家才有貧窮的問題，富裕國家裡也有窮人。一國國內的不平等情況常用吉尼係數（Gini coefficient）來測量，該係數介於0與1之間，0代表完全平等，1則代表完全不平等。舉例來說，丹麥的吉尼係數為0.24，納米比亞則為0.74。

全球不平等的輪廓

在上述考量之下，近幾十年全球不平等的輪廓可以歸納為三大重點趨勢：

- 漸趨平等的趨勢，主要源自於中國與印度的經濟成長。
- 漸趨不平等的趨勢，大致反應出2000年代之前撒哈拉沙漠以南非洲日益加據的貧窮。
- 國內不平等的總體趨勢持續成長。

富國與窮國各擁有世界25%到30%的人口，雙方差距的縮小主要可歸因於中國和印度近年的高經濟成長率。自1990年代以來，中國一直維持8%到10%的經濟成長率，印度的經濟成長率也有約7%到8%。相對地，工業先進國的經濟成長率只有約2%到3%。由於中國和印度的人口合計約占全世界的40%，因此兩國的經濟成長影響深遠。其中中國的減貧政策特別受到關注。根據中國對貧窮人口的計算（其計算方法是依據人類維持生存所需的食物攝取量），從1978年改革之初到2001年為止，絕對貧窮人口已經從2億5千萬減少為2千800萬。世界銀行的數據稍微低一些，不過世銀也認為中國減貧的成效是有史以來最顯著的。根據世界銀行的評估，中國從1981至2008年，將每天只有不到1.25美元生活費的人口，減少了6億6,300萬人。這表示光靠中國的經濟成長，就已經將「在2015年以前將極端貧窮人口減半」的千禧年發展目標提早3年完成。在國際組織的合作（主要是世界銀行）之下，中國推動一系列的減貧措施，包括大幅擴大工業產出（特別是出

口導向的產業）、投入大規模基礎建設項目、控制人口（主要透過「一胎化」政策），以及提升扶貧的標準。不過，中國的減貧成就也付出許多代價，像是日益嚴重的汙染、都市化下大量的人口移動、對於工作安全的憂慮，以及家庭結構的崩解。

　　雖然世界各地都有經濟成長的跡象，但撒哈拉以南的非洲成了最主要的例外，幾乎自成「第四世界」。在《2009年人類發展報告》中，人類發展指數最低的24個國家全都位於撒哈拉以南的非洲地區，撒哈拉以南非洲國家也全部在「低人類發展水平」地區之列（見表15.1）。撒哈拉以南非洲的預期壽命在2010年僅54.17歲（世界平均預期壽命為69.6歲）；估計有74%的人口處於營養不良的狀態；只有46%的人口可取得穩定與乾淨的水資源，另只有30%的人生活於較好的衛生條件中。

　　為什麼撒哈拉以南非洲如此落後？因為該地區已經陷於**貧窮的循環**，使其很難、甚至不可能掙脫貧窮。貧窮與疾病的環環相扣讓問題雪上加霜。撒哈拉以南非洲尤其飽受愛滋病毒的摧殘。2007年，世界68%的愛滋病例與76%的愛滋死亡病例發生在撒哈拉以南非洲，其中又以南方非洲國家的情況特別嚴重，史瓦濟蘭有26.1%的人口罹患愛滋病，波札那23.9%，賴索托有23.2%。瘧疾死亡病例也有九成發生在非洲。全世界有八成的瘧疾患者為非洲兒童。在殖民主義遺緒與族群和部落衝突的影響之下，國內衝突、犯罪、貪腐、國家失靈與貧窮的結合更使非洲處於相當不利的地位。其他因素還包括稀少的教育機會、低投資率、不受控制的人口擴張（世界前30名人口成長最快的國家中，有27國在撒哈拉以南非洲），以及所謂「富足的矛盾」（paradox of plenty）與貧窮的結合。

　　不過，也有證據顯示，撒哈拉沙漠以南非洲的衰退趨勢可能已經結束。根據世界銀行數據，撒哈拉沙漠以南非洲的1.25美元貧窮率，在2008年降至47%，是史上第一次降至50%以下，也比1999年的高峰58%低很多。這大致上反映了非洲大部分國家的經濟成長率有所提升。雖然2007至2009年發生了全球金融危機，撒哈拉沙漠以南非洲的經濟在2000至2011年間，仍以平均每年4.7%的速度成長。

非洲經濟崛起的背後有許多原因，目前有人提出的原因包括鉅額國際援助，尤其是債務減免，另外還有高昂的商品價格（中國崛起的影響很大）、非洲大多數國家的

> **貧窮的循環**（Poverty cycle）：由於貧窮對健康、國內秩序、政治和經濟表現與其他因素的影響，導致貧窮無限延續下去。

表15.1　人類發展指數排名前十名和末十名的國家

前十名	末十名
1.　挪威	=178.　蒲隆地
2.　澳洲	=178.　幾內亞
3.　美國	180.　中非共和國
4.　荷蘭	181.　厄利垂亞
5.　德國	182.　馬利
6.　紐西蘭	183.　布吉納法索
7.　愛爾蘭	184.　查德
8.　瑞典	185.　莫三比克
9.　瑞士	=186.　尼日
10.　日本	=186.　剛果民主共和國

資料來源：聯合國《2013年人類發展報告》

內戰結束，以及世界銀行與國際貨幣基金所鼓勵的以市場為重的經濟改革。但是對非洲的經濟繁榮樂觀之餘，也要瞭解非洲大多數國家的政治局勢仍然不穩定，撒哈拉沙漠以南非洲的製造業生產量，目前佔GDP的比例，仍舊與1970年代的比例相同（Devarajan and Fengler, 2013）。

　　最後，越來越多的證據顯示，雖然國家間的不平等縮小，國家內部的不平等卻增加了。柯尼亞（Cornia 2003）的研究發現，1980年到2000年間，在73個樣本國家中，有三分之二的國家有國內不平等增加的趨勢，且雖然有程度上的差別，但各種類型的國家都有這樣的情形。在OECD國家中，以最熱情擁抱新自由派經濟學的國家（例如美國和英國）最為明顯，這是金融自由化、社會安全支出緊縮，以及個人與企業稅負減少的結果。國內不平等擴大的趨勢在東歐前共產國家和拉丁美洲國家尤其顯著。東歐國家的經濟轉型大規模地廢除共產體系所慣有的經濟與社會支持，此舉不僅導致相對貧窮人口的增加，還造成絕對貧窮水平的提高與預期壽命的減少，俄羅斯的情況就是如此。1980和1990年代，拉丁美洲的所得差距顯著擴大，一般認為這是拉丁美洲被迫實施經濟自由化和去管制化的緣故。中國的經驗則同時顯示國家間不平等縮小與國內不平等增加兩種趨勢。雖然自1978年的經濟改革以來，中國的平均所得廣泛提升、絕對貧窮人口大幅減少，不過貧富差距也急速惡化，尤其反應在城鄉差距的擴大。農村貧窮的現象和全球

化的影響將一併於下節做更詳細的討論。

全球化、貧窮與不平等

從1990年代初期開始，關於全球化對貧窮與不平等的影響一直辯論不斷。全球化的支持者認為，全球化將為所有人帶來更多機會（Norberg 2003; Lal 2004）；批評者則認為全球化導致對立，並強化了劣勢者的次級地位（Held and Kaya 2006）。不幸的是，僅靠實證分析來解決此爭辯是不夠的。在此議題上，最常見的研究途徑是指出經濟全球化與所得不均之間的關係。然而，前文已經討論過不平等趨勢的複雜性與矛盾之處，而且就算全球化與所得不均之間有相關（正或負皆然），也不代表兩者一定存在因果關係或兩者的關係具有顯著性，因為其他因素也可能影響貧窮與不平等的趨勢。

主張全球化與不平等的擴大趨勢有關係的研究者，主要關注以下幾種現象：第一，全球化被視為一場勝負遊戲，也就是說贏家的獲利來自於輸家的損失。這樣的觀點使世界體系理論提出的核心／邊陲模式重新受到重視。北方國家處於全球經濟的核心區域，擁有精密且高科技的產品（包括大部分的「全球商品」）與世界首屈一指的跨國企業。南方國家是全球經濟的邊陲區域，經濟活動大部分仍限於農業生產與原物料供給。東方國家（中國、南亞等國家）則屬於半邊陲區域，這些國家已經成為全球經濟的製造工廠，不過在研發與高科技方面還未能與北方國家匹敵。在這樣的情況下，全球化犧牲較貧窮的南方、將利益集中在北方，就算沒有擴大也至少維持了國家間的不平等。跨國企業對南方國家原物料和廉價勞工的剝削，以及將利潤帶回北方國家的行為，也是國家間持續存在不平等的原因。第二，全球貿易體系固有的傾向，特別是自由貿易的原則，加劇了國家間的不平等。如同第19章所討論的，批評者認為自由貿易更利於富裕國家，因為富裕國家得以藉此進入貧窮國家的市場，富裕國家的市場卻不必暴露於類似的脆弱環境。這解釋了為什麼工業先進國主要透過世界貿易組織（WTO）對其他國家施壓、鼓勵其他國家支持經濟開放，而美國與歐盟卻能繼續採取農業保護等違反規則的行為。

第三，農村貧窮的惡化與城鄉差距的擴大與全球化的推進有關。每天依靠不到一美元生活的人口有四分之三生活於鄉村地區。這主要是因為全球經濟的壓力已經對開發中國家的農業活動造成嚴重干擾，農民趨向種植現金作物以供出口，

而放棄符合當地需求的自給自足式農業。第四，全球化至少透過兩種途徑助長國內的不平等。第一種途徑是強化社會階級。企業幾乎握有改變投資與生產策略的完全決定權，而得以藉此行使更多的政治影響力；工會卻擔心要求加薪或改善工作環境的抗爭行動只會威脅到勞方的飯碗。在這樣的情況下，企業權力逐漸上升，工會力量則逐漸衰弱。第二種途徑是全球化造成的經濟越加開放與競爭，已經在某種程度上迫使國家解除經濟管制與調整稅制，同時縮減社會福利支出與重新分配機制，導致富者越富，窮者越窮。更糟的是，從各地的實際情況來看，「**下滲**」理論被證明不過是神話罷了。

　　另一方面，全球化的支持者確信全球化能夠減少貧窮與不平等，主要由兩方面論述。第一，全球化是非零和遊戲：參與全球經濟將促成利益的雙向流動。這就是佛里曼（Friedman 2006）所謂的世界已經比以前變得「更平」，意指全球化已經將工業先進國和新興經濟體置於同一個競賽場。因此，從1980年代早期全球化開始迅速發展以後，新興工業化國家（newly industrializing countries，簡稱NICs）紛紛崛起，過去貧窮與低度發展的國家也出現了顯著的經濟成長。除此之外，新興工業化國家的發展是建立在參與全球經濟的策略上，而不是退出全球經濟。它們主要採用**進口替代**的工業化模式和出口導向的發展戰略，並重點扶植足以在全球市場競爭的產業。

　　中國是新興工業化國家利用全球化獲利的最佳案例。儘管國家間有些許的差異，但印度、巴西、墨西哥、馬來西亞和東亞「四小龍」（香港、新加坡、南韓、臺灣）等國也採取了類似的策略。證據顯示，參與全球經濟整合（至少是「策略性」整合）的國家人均國民所得普遍上升，拒絕參與整合或整合失敗的國家，則通常面臨低成長率或經濟蕭條，撒哈拉沙漠以南非洲的經驗就是如此。全球化的支持者也不認為跨國企業是南方國家的敵人與全球正義的威脅。事實上，

跨國企業為南方國家帶來許多好處，包括就業機會、較高的薪資、技術訓練與投資，以及現代化的科技。除此之外，開發中國家政府常常為了滿足自身利益而與跨國企業結盟，而不是被跨國企業支配。最後，即使下滲理論看似失敗了，但全球化的支持者仍聲稱，如果國內不平等的加劇

> **下滲**（Trickle down）：此理論主張採用自由市場政策將導致經濟成長並提升總體生活水平，屆時不分貧富都能雨露均霑。
>
> **進口替代**（Import substitution）：保護國內產業，使其至少在其萌芽階段免於外國競爭的經濟策略。

焦點……　世界體系理論

　　世界體系理論從新馬克思主義的角度分析全球經濟的本質與運作，代表學者為伊曼紐·華勒斯坦。世界體系理論的核心論點為，十六世紀以來的資本主義擴張，創造了一個由三大部分組成的全球經濟體系：

● 核心區域的特色為較高的薪資、先進的技術與多元化的生產（包括消費品產業與精緻農業）。
● 邊陲區域的特色為低薪資、較為初級的技術，以及以滿足生活必需品（像是穀物、木材、糖等）為主的簡單生產。
● 半邊陲區域為核心與邊陲區域經濟特色的混合。

　　核心─邊陲模型特別關注強國如何對弱國強制執行不平等的交換。由於經濟盈餘由邊陲區域移轉到核心區域，弱國只得持續依賴強國，經濟也無法得到發展。邊陲區域賺取低薪與低利潤的生產者一向為核心區域高薪、高產量的生產者提供服務與支持。半邊陲區域則在世界體系中扮演緩衝的角色，以確保核心國家不會遭受團結一致的反對聲浪。政治制度的差異更強化了核心與邊陲區域的此種關係，前者通常擁有民主的政府、有效率的國家機器與成熟的社會福利服務，後者則通常擁有威權的政府、效率低或無效率的國家機器，以及貧乏的社會福利。因此該理論主張：若要終結全球經濟中的貧窮與區域發展不均，就要廢除資本主義的世界體系，或讓資本主義因其本身的不穩定與一再發生的危機自取滅亡。

是由於富者越富，那麼重點就不在於窮者能否追上富者，而是窮者已經不如以往那麼窮了。這樣的觀點等於是對不平等議題的重要性提出了更多質疑。

全球不平等重要嗎？

　　傳統上，一個人對於平等的看法塑造了他的核心意識形態傾向。左翼人士一般支持平等與社會正義，右翼人士則認為不平等是必然的現象，甚至可能帶來效益。對於平等的看法也決定了全球化的辯論走向。全球化的批評者多是平等主義者，全球化的支持者則多是非平等主義者。關於社會正義的評斷有三大考量：權力、衝突與個人福祉。平等和權力之間的關連在於：社會不平等將影響權力關係。富人對經濟與社會資源的掌控使他們得以控制和壓迫窮人。由此觀點來看，富人之所以為富或更富，是因為他們對窮人的不合理對待。因此，不平等的世界是不正義且剝削的，也就是說要達到全球正義，不僅需要減少絕對貧窮，還需要縮小貧富差距。

　　不平等和衝突的關係是顯而易見的，因為不平等的社會將滋生怨恨、敵意和鬥爭。貧窮國家內部的不平等尤其令人憂慮。普遍貧窮與貧富差距擴大的結合（這可能是全球化對開發中國家造成的主要影響之一），根本是族群與部落衝突的溫床，甚至可能導致國內秩序全面崩潰。如此看來，全球不平等不僅可能促成國家失靈與人道危機，還可能導致更多新的戰爭與恐怖主義的興起。不平等和個人福祉的關連在於：人類對於其自身社會地位的觀感來自於和別人的比較，而人類安全與福祉將受此影響。一個人如果覺得無法享有一般社會大眾皆享有的利益與報酬，他會覺得受到排擠且失去權力（Wilkinson and Picket 2010）。這在國內的不平等可能更明顯，因為窮人就生活在富人的周遭。不過，隨著全球資訊與通訊技術的進步，這種不公平的感受也可能出現在國家間的不平等。例如，由於意識到「地球村」其他地區的生活更加繁榮，因此刺激了大量移民由窮國往富國流動。

　　然而，有些人對不平等議題的重要性提出質疑，他們甚至認為縮減貧富差距的舉動是錯誤或注定會失敗的。其中一種論點將焦點置於貧窮而不是不平等的議題上，認為絕對貧窮才是應該探討的議題。比起貧富差距，飢餓、缺乏乾淨水資源和衛生設備、低預期壽命等社會弊病，對個人幸福與福祉的威脅更嚴重。若是這樣的話，國家、區域與全球政策應該以減少極端貧窮為目標，不論這樣的政策對於相對貧窮的影響為何。因此，只要窮人過得比以前好，那麼富者越富，甚至變得超級富有也無所謂。

　　另一種論點則指出不平等能帶來特定的經濟利益。經濟自由主義者一向主張追求社會平等將導致經濟蕭條，因為創業與勤勞工作的野心將受到限制，追求利潤的誘因也沒有了。由此觀點來看，相對平等的社會結構即是造成低經濟成長率和國家社會主義政體垮台的原因之一。擴大的貧富差距可能只是工業發展「起飛」階段的特色而已。最後一種論點認為，不管在國內或國家間，所得或財富的分配過程比分配結果更具道德與政治的重要性。由此觀點來看，自由比平等來得重要。在個人層次，每個人都應該有在社會成功或失敗的機會，最後的結果端視個人的抱負、能力與工作意願而定。在全球層次，國家應享有抵抗外國干預的主權與自由，讓國家得以利用本國資源制定發展政策，以提升國家在全球經濟的地位。即使國家相對於其他國家的經濟排名將影響其本國人民，但只要國家享有政治獨立，就不會產生全球正義的問題。

發展與援助政治

從結構調整計畫說起

1950和1960年代，帝國的終結對於開發中國家的政治有深遠的影響，對經濟的影響卻相當有限。世界經濟的分工並沒有改變，工業化的北方依舊是製造業生產的重鎮，貧困的南方則依然是初級生產（特別是原物料與糧食）的主要來源。經濟的單一化增加了南方國家的經濟脆弱性，許多開發中國家僅依靠單一或少數產品的出口為收入來源（有些國家直到現在都是如此）。2005年，多達43個國家仍有超過20%的出口收入僅仰賴單一產品的出口。因此，單一產業的不景氣（多由世界出口市場的波動造成），可能產生嚴重後果。不過，自1970年代以來，世界銀行和國際貨幣基金開始採取激進的發展措施，也就是所謂的結構調整計畫。為什麼會有這樣的政策轉向？結構調整計畫的本質和目的又是什麼呢？

發展策略轉向結構調整的原因有二。第一個原因是開發中國家越演越烈的**債務危機**。1973年，由於石油輸出國組織（Organization of Petroleum Exporting Countries，簡稱OPEC）的決議，油價急速攀升，西方銀行和其他私人機構因此湧入大量「石油美元」（petro dollars），開發中國家也於此時向西方金融機構大量借款。然而，利率的提高加上1970年代世界經濟的疲軟（部分原因在於世界石油危機），使得開發中國家普遍面臨經濟停滯，開發中國家因此難以、甚至不可能支付貸款的利息。在這樣的背景下，為了解決收支危機的開發中國家轉而向國際貨幣基金借款，為了籌措發展資金的開發中國家則向世界銀行借款。由於原有的貸款對經濟成長的幫助有限，因此全球金融機構面臨越來越多追加或重組貸款的壓力。第二個原因是1970年代早期布雷敦森林體系的崩潰與「華盛頓共識」的出現所造成的意識形態轉移。國際貨幣基金和世界銀行認為，債務危機和其他問題的產生是源於許多開發中國家經濟結構的無效率，以及差勁與錯誤的政府政策。因此，這兩大機構開始設定新的**貸款條件**（conditionality）。條件設定的目的在於對一國經濟政策行市場導向的結構調整，使之符合新自由主義的原則。

結果，結構調整計畫的實施引發很多

債務危機（Debt crisis）：一國的經濟盈餘不足以償付貸款利息的情況。

貸款條件（Conditionality）：在簽訂貸款協議或核發貸款以前，規定借款國未來經濟政策走向須滿足特定條件的要求，通常由國際貨幣基金與世界銀行提出。

爭議。計畫的制定顯然是基於經濟自由主義的思維。對國際貨幣基金和世界銀行的官員來說，因為市場改革能夠提升市場動能、培養創新能力和創業精神，這些都是促進經濟成長、提升就業率與減少貧窮的基本要件，因此，市場改革是發展的不二法門。國際貨幣基金和世界銀行的官員相信，貧窮國家的政府引進這樣的改革將為其國內人民帶來長期利益。除此之外，結構調整計畫的實施是個別國家和國際組織之間協商與同意的結果，因為國家已經認知到沒有其他的貸款來源，並且推測接受市場改革能夠帶來的好處。對於不願意或拒絕採納結構調整計畫的政府，國際貨幣基金和世界銀行並不會強制執行計畫。據稱，結構調整計畫最主要的優點在於：自由貿易和市場改革將有助於國家和全球經濟的整合，因此很有機會提升經濟成長率並結束貧窮的循環。的確，從非洲和東亞天差地別的經濟表現來看，這種說法似乎有幾分道理。在1950和1960年代，許多非洲國家的人均國民所得和大部分的東亞國家相差無幾，有時甚至還比較高，而像中國和印度這樣的國家，在當時連自力更生都有困難。然而，之後東亞國家的經濟開始突飛猛進，先是東亞四小龍採取出口導向政策，再來是中國自1978年開始實施市場改革，以及印度在1991年以後加速市場改革的腳步，這些國家都獲得了成功。1957年，迦納的國民生產總值（gross national product，簡稱GNP）比南韓還要高，但到了1996年，南韓的國民生產總值幾乎比迦納大了七倍，透過此例可以明顯看出亞非差距的擴大。儘管如此，由於東亞國家還採取了國家補助和保護主義措施（如第4章所討論的），因此對於東亞的經濟成長是否可歸功於自由貿易，還需謹慎的思考。

　　儘管近年成功取得經濟成長和減貧的國家皆重視貿易與經濟整合，但這並沒有證明結構調整計畫的效益。事實上，如同國際貨幣基金和世界銀行最後所承認，結構調整計畫在達成經濟成長和減貧的目標上效率極低（Przeworski and Vernon 2000; Easterley 2001）。由國際貨幣基金和世界銀行的技術官僚（通常接受美國訓練）所設計的自上而下的市場改革計畫，通常相當嚴苛且沒有考慮到接受國的需求與環境。在智利（其改革計畫由承襲佛里曼思想的芝加哥學派經濟學家所設計）、阿根廷和墨西哥的案例中，市場導向的結構調整造成的經濟低迷與政治動盪達數年之久。值得注意的是，在1997年的亞洲金融風暴之後，比起接受國際貨幣基金貸款並遵照國際貨幣基金指示的泰國和南韓，拒絕接受貸款和貸款條件的馬來西亞復甦得更快。中國和印度的經驗（前者尤是）則顯示，只有將市

結構調整計畫

　　一般認為低效率的結構組織是阻礙開發中國家經濟成長的重要因素，而結構調整計畫，（又稱結構調整貸款（Structural Adjustment Loans，簡稱SAL））便是國際貨幣基金和世界銀行用來克服這個問題的工具。特別在1980和1990年代，結構調整計畫是兩大國際組織核發貸款的基礎，計畫本身反應了強烈的經濟自由主義，並且以自由市場為理由，希望撤銷國家的管制和干預。基本上，所有國家採用的結構調整計畫在目標和組成上都相當類似。主要的改革包括：

- 透過削減社會福利來減少國家支出，或者增加政府稅收（像是提高政府服務費用）以平衡政府預算。
- 減少或取消對國內產業的補貼（補貼通常是進口替代策略的一部分）。
- 減少或取消關稅、配額與其他進出口限制。
- 取消總體經濟管制，特別是外資的管制，以達到所謂的資本市場自由化。
- 私有化或出售國有企業與服務。
- 實施匯率貶值以鼓勵出口、減少進口。

場導向和出口導向的改革納入國家發展政策，也就是讓國家依自身的情況參與全球經濟，改革才會有效。

　　結構調整計畫有哪些缺點呢？首先，如經濟學家史迪葛里茲所指出的，結構調整非但沒有減少貧窮還加劇貧窮。例如，減少政府支出的壓力往往導致社福、教育與健康預算的縮減，弱勢者（尤其是女性）受到的衝擊往往比其他人都來得大。同樣的，為達到勞動彈性化（labour flexibility）而使相對弱勢的經濟暴露在國際競爭的環境中，往往導致失業率居高不下、薪資低落，工作條件也更差。此外，流入的外國投資多生產世界市場所需的消費品，而不是建造學校、道路、醫院等報酬率低的項目。其次，比起開發中國家的需求，結構調整計畫更有利於主要捐贈國（尤其是美國）尋求投資與貿易機會的需求，更不用說能帶領貧窮國家隨全球經濟水漲船高。這樣的情況的確反應了國際貨幣基金和世界銀行內部根深柢固的成見，原因在於兩者的運作主要依賴西方或受西方訓練的高級官員與分析家，而遭受飢餓、疾病、貧窮與沉重債務之苦的開發中國家，在面對國際組織時，掌控權往往相當有限。

　　最後，可能也是最關鍵的一點，許多人認為結構調整計畫是根據有缺陷的發展模式所制定，不僅缺乏實證的支持，也沒有任何經濟發達國家的經驗完全和該發展模式相符。因此，關於結構調整計畫，工業先進國實際的意思是說：「做我

全球行為者…

世界銀行

類型：政府間組織　·成立時間：1944年　·總部位置：華盛頓特區　·成員數：188國

世界銀行為重建與發展提供貸款和金融與技術援助，近年則越來越著重減貧任務。世界銀行係根據1944年的布雷敦森林協定設立，並於1947年核發第一筆貸款（給予法國2億5千萬美元用於戰後重建）。銀行由兩大機構組成：

- 國際復興開發銀行（The International Bank for Reconstruction and Development，簡稱IBRD）。

- 國際開發協會（The International Development Association，簡稱IDA）。

世界銀行總裁負責銀行的整體管理。理事會負責監管貸款和擔保的批准、新政策、預算與重要決策。世界銀行內部的投票權重根據成員國認購的股權而定。雖然國際復興開發銀行是透過在世界金融市場出售債券來籌集資金，國際開發協會的資金來源則集中在40個捐贈國，其中又以美國為最多。因此，一直以來世界銀行的總裁都是由美國財政部長提名的美國公民擔任。1945年，世界銀行的資本額為100億美元。至2003年，資本額已經成長為1,895億美元。從1993年開始，銀行每年貸出的金額已經達到200億美元。

重要性：世界銀行早期以協助戰後重建為主。不過，長期下來，促進發展逐漸變成世界銀行的主要任務。這樣的轉變經歷了幾個階段。在第一階段〔又稱為「全力現代化」（modernization without worry）階段〕，世銀主要支持運輸、能源、通訊等大型基礎建設項目。1970年代，在總裁麥納馬拉（Robert McNamara, 1968-1981）的領導下，銀行開始重視減貧任務，像是支持鄉村發展計畫，並將焦點放在滿足人民的基本需求。1980年代初期開始，許多開發中國家的債務危機日益嚴重，意識形態也逐漸轉移至以「華盛頓共識」為代表的新自由主義經濟。在這樣的情況下，世界銀行和國際貨幣基金決定共同採取「結構調整」策略。結構調整計畫為貸款和其他援助設下條件，要求接受國執行一系列的市場改革，甚至要求改善政治條件。計畫的目的在於盡快重建開發中國家的信用，以使它們再度專注於打擊貧窮的任務上。到了1990年代，由於結構調整計畫遭受許多抨擊，許多計畫也的確行不通，世界銀行因此不再強調總體經濟的改革，而更注重結構、社會與人類層面的發展。1999年，世界銀行與經濟合作暨發展組織、國際貨幣基金和聯合國合作，提出「全面發展架構」（Comprehensive Development Framework，簡稱CDF），設定在2015年以前達成六大減貧目標。此向策略又被稱為「後華盛頓共識」。

世界銀行是發展與減貧議題的領導機構。世銀的支持者強調，透過發展計畫，世界銀行成功地將資源由富國移轉到窮國。他們也指出，世界銀行已經從先前的經驗記取教訓。例如，世銀已經認知到，應該採取更有彈性與創意的減貧措施，給予國家更多的主導權。此外，世界銀行也是發展資訊的主要蒐集者與傳播者，其出版物包括《世界銀行年度報告》、《世界發展報告》，以及《全球

發展金融報告》。批評者則從各方面對世銀提出批判，包括對發展的資金支持不足、減貧的成果不佳等。此外，儘管放棄了公式化的結構調整計畫，世界銀行與世界貿易組織和國際貨幣基金仍然偏好新自由主義，並且傾向維持全球經濟秩序的不平衡和不平等，而非挑戰現狀。

們所說的，而不是我們所做的。」美國、日本、德國，以及近年中國的經驗顯示，早期的工業化通常伴隨著對本國產業的保護，直到本國產業有能力和外國進口品競爭為止。這些國家一直要到經濟達成熟階段、確保國內產業不再脆弱以後，才轉為採取自由貿易與經濟自由主義的政策。相對地，結構調整計畫是建立在自由市場發展的迷思之上，將開放經濟視為發展的前提而不是結果。1990年代，批評結構調整計畫的聲浪越來越大，計畫因此面臨改革的壓力。連國際貨幣基金和世界銀行都承認，結構調整計畫至少會造成短期的經濟與社會震盪，也不見得可以刺激經濟成長。從2002年開始，國際貨幣基金和世界銀行已經不太使用「一體適用」的結構調整計畫，轉為實施降低貧窮策略計畫書（Poverty Reduction Strategy Papers，簡稱PRSPs）。降低貧窮策略計畫書為結構調整計畫的修正，在作法上更有彈性，給予國家更多主導權、更加著重降低貧窮的行動，並給予更長期的貸款（最長可達七年）。儘管如此，強調市場經濟和增加出口的看法依然沒有改變。

國際援助與發展倫理

1980年代以來，關於發展的政治、發展的倫理，以及如何達到發展的辯論越來越多。這多少反應了「傳統」與市場導向發展途徑的破滅，批判性與反思性的「非傳統」發展理論則逐漸受到重視，後者跳脫北方國家技術官僚的想法，給予南方國家的觀點更多發揮空間。沈恩（1999）所提出的「發展即自由」，以及越來越受重視的「人類發展」研究途徑，都是「非傳統」觀點興起的例子。除此之外，全球反貧窮運動開始出現，成為反全球化運動與反資本主義運動中最重要的一支。反貧窮運動的理念由各種發展型非政府組織發起，包括「千禧年免債運動」（Jubilee 2000，呼籲在2000年以前免除開發中國家債務）、「讓貧窮成為歷史」（Make Poverty History）運動、1985年的「現場援助」（Live Aid）演唱會（為衣索比亞飢荒募款），以及2005年企圖向蘇格蘭葛倫伊格（Gleneagles）八國峰會（G8 Summit）施壓的「現場八方」（Live 8）演唱會和抗議活動。在這

些運動的影響之下，開始有人願意大膽主張傑佛瑞‧薩克斯（Jeffrey Sachs 2005）所稱的「終結貧窮」（end of poverty），並且為此設下野心勃勃的目標。其中，千禧年發展目標的設立就是終結貧窮與重振發展計畫最重要的嘗試，不過也有人覺得不算成功。

　　在這些思潮演變的背後，隱含的是新的發展倫理，反應現實主義觀點的影響力逐漸式微，世界主義的意識則逐漸抬頭。現實主義宣稱，發展、援助，以及其他給予外國的支持，都是出於國家利益的考量。現實主義假設人類的道德義務基本上受制於國籍和文化，因此人類只會對擁有同一國家認同、屬於同一社群的其他人產生道德義務。這種道德民族主義的觀點認為，對他人與外國困境的關心，應該是基於一種開明的利己（enlightened self-interest）。例如，富國提供國際援助的目的主要是為自己開拓更有活力的新市場。相對的，世界主義認為道德意識是普世性的，也就是不分國家，所有的人和團體都擁有同樣的道德觀。如此一來，基於全球正義的原則，世界主義為發展和減貧的行動提供了更強而有力的基礎。道德義務的範圍（特別是我們是否對世界所有人都負有責任）因此成為激烈爭論的議題。

　　支持世界主義發展倫理的論點至少有三。第一種論點建立在普遍善意（general benevolence）的原則之上。例如，功利主義偏好能夠促進整體幸福、減少整體痛苦的行為。彼得‧辛格（Peter Singer 1993）在這樣的觀點上進一步主張：「如果我們不需要做出太大的犧牲就能預防壞事發生，那麼我們就必須行動。」因此，如果絕對貧窮是不好的，而且至少有些絕對貧窮是不需做出太大的犧牲就可以預防的（例如慈善與抗議活動），那麼不去改善絕對貧窮就是錯誤的，根據辛格的說法，這麼做甚至在道德上等於是謀殺。第二種論點建立在人權的觀點之上。在經濟權和「第三代」團體權（如同第13章所討論的）的結合之下，出現了「發展權」的概念。發展權對所有人皆賦予重要義務。例如，在發展權的基礎上，學者舒（Shue 1996）指出，人類不只有不剝削他人的義務，還有使他人免於被剝削的義務。一旦接受此種義務的存在，則全球的財富與資源分配都將重新洗牌。第三種論點立基於對歷史不正義的矯正。如果北方的財富大部分都是由壓迫與剝削南方而來（特別是透過殖民主義與新殖民主義），那麼北方國家就有為過去行為給予賠償與補償的義務。顯然，許多不得不背負減貧責任的行為者本身可能並沒有參與剝削，不過，作為一連串剝削因果關係的一部分，他們

全球政治行動……
千禧年發展目標

事件：史上規模最大的全球領袖會議於2000年9月登場。147位國家元首與政府首長齊聚紐約市，參加千禧年高峰會（Millennium Summit），並於會後發表《千禧年宣言》（Millennium Declaration），隨後提出中長期發展計畫「千禧年發展目標」（Millennium Development Goals，簡稱MDGs），同年12月由聯合國大會通過。千禧年發展目標的八大項目分別為：一、消滅極端貧窮和飢餓。二、實現普及初等教育。三、促進性別平等並賦予婦女權力。四、降低兒童死亡率。五、改善產婦保健。六、與愛滋病毒／愛滋病、瘧疾以及其他疾病對抗。七、確保環境的可持續能力。八、全球合作促進發展。聯合國全體193個會員國，以及至少23個國際組織，宣示要在2015年以前達成以上目標。

意義：設置千禧年發展目標的目的，是要在人類發展的主要領域，建立具有挑戰性的目標，再次敦促全球發展的進程。千禧年發展目標的重點不只是財富的移轉，還要改變全球經濟的規則，去除結構性不平等。第八個目標特別強調這一點（也是唯一沒有列出具體數字的目標），細項目標包括設置開放的交易與金融制度，要以規則為基礎，而且必須是可預測的，不帶有任何偏見與歧視。千禧年發展目標的意義，通常是以主要目標達成的程度，或是即將達成的程度衡量。以這種標準衡量出來的成績有好有壞。在2012年發表的千禧年發展目標報告，聯合國開發計畫署表示，達成千禧年發展目標「雖不容易，但有可能」。重大成就包括每日生活費不到1.25美元的人口比例，從1999年的47％，下降到2008年的24％（包括撒哈拉沙漠以南非洲在內，所有的開發中區域的貧窮率，也出現史上頭一次的下降）。將無法

Call to Action on the Millennium Development Goals

poverty hunger　Education　Gender Equality　Health　Environment　Partne

取得理想水源的人口減少一半的目標已經達成。在2010年之前，開發中區域的兒童的初等教育淨註冊率，已經達到90％。但令人擔憂的是產婦死亡率，以及罹患愛滋病的人數依然居高不下。在2011年，核心發展援助也出現十幾年來第一次的實質下降。

但千禧年發展計畫受到的批評更多。例如完全沒有政治權利與文化權利相關的目標，也沒有關於平等的主要目標與指標，因此千禧年發展目標呈現出來的是一個偏頗，甚至方向可能不正確的發展藍圖。同樣的道理，某些項目出現的進展，可能是由與千禧年發展目標完全無關的因素所造成，或是反映出少數國家的發展。撒哈拉沙漠以南非洲的經濟成長幅度之所以擴大，高商品價格可能是主因。每日生活費不到1.25美元的人口減半的目標已經達成（比預定時間提早3年），也純粹是因為中國經濟崛起的關係。何況要蒐集可靠的進步數據並不容易，報告採用的是當地政府提供的貧窮降低數據，往往有浮報的嫌疑。而且有些進步是完全無法量化的，尤其是與衛生相關的目標。千禧年發展目標具有一些深層的結構問題。這些目標是由聯合國規劃，相當倚重北半球大力支援南半球，也就是一種「由上而下」的發展模式，總之是依循自由派的發展模型，對開發中國家的影響有好有壞。

當代重要的戰爭理論家

賈格迪什・巴格沃蒂（生於1934年）

印度裔美國經濟學家，曾任聯合國與世界貿易組織顧問。巴格沃蒂是自由貿易的提倡者，他認為全球化具有人性化的一面，只是還需要更多具有說服力的證據。他早期的著作，啟發了印度目前正在進行的經濟改革，著有2004年的《捍衛全球化》和2008年的《貿易體系中的白蟻》。

蘇珊・喬治（生於1934年）

法裔美籍政治學家以及行動分子。喬治是國際貨幣基金和世界銀行「不正常發展」（maldevelopment）政策的激進批評家，她毫不留情地批判資本主義對世界貧窮造成的影響。著有1976年的《另一半是怎麼死的》、1988年的《比負債更糟的命運》和2004年的《另一個世界的可能性》。

傑佛瑞・薩克斯（生於1954年）

美國經濟學家，哥倫比亞大學地球研究所（Earth Institute）所長。薩克斯是永續發展的主要倡議者，特別關懷極端貧窮與飢餓，並為聯合國達成千禧年發展目標提供政策建言。著有2005年的《終結貧窮》、《投資發展計畫》和2008年的《66億人的共同繁榮》。

阿瑪蒂亞・沈恩（生於1933年）

印度福利經濟學家與哲學家。沈恩將發展的思維由經濟模型中抽離，並將發展的內涵轉移至能力、自由與選擇。人類發展指數（Human Development Index）便是依照他的構想創建。著有1981年的《貧困與饑荒》、1999年的《以自由看待發展》和2009年的《正義觀》。

當代重要的戰爭理論家

穆罕默德‧尤努斯（生於1940年）

孟加拉銀行家、經濟學家、諾貝爾獎得主。尤努斯創建了全世界第一家微型銀行—鄉村銀行（Grameen Bank），並於2011年卸任該銀行的董事總經理。他的影響力在於他將微型借貸發展成一種可行的商業模型，有效降低貧窮人口。著有2003年的《服務窮人的銀行家》、2008年的《創造一個沒有貧窮的世界》和2010年的《打造社會企業》。

史迪葛里茲（參見本書541頁）

仍舊是過去或當前剝削行為的受惠者。

國際援助是已開發國家履行發展責任與協助其他國家促進社經發展的主要方式。援助的內容包括資金、資源、設備，或技術人員與專家。然而，儘管已經有一連串的國際發展倡議（多是增加援助的承諾），但實際給予的援助究竟有多少，一向是人們關心的議題。雖然富裕國家已經承諾會達到聯合國設定的目標，即撥出0.7%的國民生產總值作為援助支出，但實際情況遠不如理想。2007年，只有五個OECD國家（挪威、瑞典、盧森堡、丹麥、荷蘭）達成目標。多數國家約撥出國民生產總值的0.2%到0.4%；而2007年，美國撥出的援助金額僅占其國民生產總值的0.16%。除此之外，官方援助數據是出了名地不可靠，因為官方數據通常包含債務減免與捐贈國的行政費用等非直接經濟援助的金額。另一方面，官方數據僅納入政府支出，而忽略私部門各種形式的援助支出，事實上私部門的捐贈往往更多。例如，美國私部門的援助金額是政府國際援助預算的兩倍以上，個人由美國匯往開發中國家的金額則約是政府援助預算的三倍。總體而言，國際援助的規模仍不足以支持有意義的發展行動，千禧年發展目標也可能因此無法如期完成。雖然在初等教育、愛滋病治療與安全飲用水的取得等領域已經獲得了長足的進展，但是，撒哈拉以南非洲國家的貧窮大約僅減少了1%，這些國家可能無法在

托賓稅（Tobin tax）：針對外匯交易課徵的交易稅，由美國經濟學家詹姆士‧托賓（James Tobin）提出。

綠色革命（Green revolution）：引進殺蟲劑和高產量作物以提升農業生產力的行為。

2015年達成目標。除此之外，受到全球金融危機的影響，已開發國家在2007到2008年間縮減了援助預算，公平發展的目標因此仍遙不可期。

　　為了解決援助資金匱乏的問題，國際開始出現開發新財源的嘗試，像是以抑制金融市場波動為目標的**托賓稅**（Tobin Tax）、機票徵稅，以及國際融資機制（International Finance Facility）（例如在金融市場銷售政府擔保債券）。不過，國際援助的問題不是只有金錢而已，國際援助的品質和數量一樣重要。薩克斯（2005）指出，成功的國際援助必須具體、有目標、可測量、可究責、可調整（使之符合任務的規模），且須足以支持

概念澄清：國際援助（International aid）

國際援助（又稱外國援助或海外援助）是貨品或服務由一國移轉到另一國的行為，至少有部分的動機是希望受贈國或受贈國人民能夠受惠。雙邊援助是國家對國家的直接援助，多邊援助則是由國際組織提供。

人道援助（又稱緊急救援）和發展援助不同，前者的目的在於解決立即且基本的需求，後者則為較長期的計畫。援助這個詞本身即有爭議性，因為援助意味著利他，但實際上援助往往帶有條件，也不完全符合人道精神（例如，貸款通常被歸類為援助），因此援助可能是利己的。

「三重轉型」（triple transformation）。在農業部門，成功的援助往往能藉由創造「**綠色革命**」（green revolution）來提升糧食產量，並結束飢餓的循環。在健康部門，成功的援助將改善營養狀況，以及提供更乾淨的飲用水與基礎保健服務。在基礎建設部門，成功的援助將藉由改善整體運輸設施、供應鏈與連結性，解決經濟孤立的問題。

　　然而，國際援助對於發展的幫助並非完全沒有爭議。經濟自由主義者甚至認為援助是「貧窮的陷阱」，只會強化剝削和全球貧富不均。這是因為國際援助將增加開發中國家的依賴性、弱化發展計畫的執行，並破壞自由市場的運作。例如，伊斯特利（Easterly 2006）指出，過去四十年來富裕國家共給予非洲5,680億美元的國際援助，非洲的人均所得卻一點也沒有提升。日益嚴重的**貪腐**歪風是援助成效如此不彰的主要原因。影響體制內部貪腐程度的因素包括，外部檢查的有效性、行政紀律的約束力、內部規範的效力，以及總體經濟發展的程度。因此，以

貪腐（Corruption）：因為追求私利而沒有實踐「應負的」或公務的責任，通常牽涉到賄賂或侵吞行為。

糧食傾銷（Food dumping）：為了維持市占率和支撐糧價，而將多餘的糧食免費或低價捐贈給貧窮國家。

爭辯中的議題…… 國際援助有用嗎？

傳統上，國際援助被視為對抗貧窮、刺激窮國經濟成長的主要工具。這樣的思維認為，如果要促進發展，就必須要付出更多。然而，令人道主義者煩惱的是，援助的有效性仍缺乏有力的證據支持。

支持	反對
更平坦的競賽場。基本上，經濟自力更生或全球市場力量並不能使所有國家雨露均霑。全球經濟的結構本身傾向以犧牲貧國利益來成全富國利益，自由貿易和集中於北方的企業權力只是更強化了此種傾向。因此，貧國並不是與富國站在同一個起跑點上。藉由反轉金錢和資源由南方向北方流動的方向，國際援助將能縮減這些差異。有人進一步指出，提供國際援助是道德責任，因為北方的富裕與繁榮基本上是建立在北方對南方的剝削之上。	**無助於解決貧窮**。缺乏直接的證據顯示，援助措施對於經濟成長和減少貧窮確實有效。非洲（特別是撒哈拉沙漠以南）的經驗就是援助效率的反例。幾十年來的國際援助並沒有為非洲帶來有意義的經濟成長，在某些國家甚至造成反效果。事實上，援助非但沒有挑戰、還可能深化了全球不平等的模式，使受援國失去積極發展和自力更生的動機，造成受援國的經濟依賴。無論如何，援助並不足以改變窮國和窮人的處境。
提升國內生產力。一般人容易誤解援助只是提供金錢讓受援國任意使用。事實上，國際援助逐漸以長期發展項目為目標，未來將更著重能力建設。項目包括，改善經濟基礎建設（水壩、道路、橋樑、機場）、增加糧食產量（「高科技」作物、殺蟲劑、灌溉計畫），以及改善健康服務和教育（特別是初等教育）等。中國、印度、巴西、泰國等過去的主要受援國，現在都已發展出自己的戰略援助計畫，正是援助已有成效的證據。	**扭曲市場**。任何援助或外部協助的形式都將對脆弱的市場均衡造成干擾，而市場經濟才是窮國獲得長期發展的最佳方式。援助不僅將減少經濟誘因並抑制創業精神，也使資源無法得到最佳配置，最終導致經濟的無效率和低生產力。因此，援助可能掏空一國經濟，迫使當地企業和產業出走，或至少限制當地產業的成長。例如，糧食援助往往削弱當地農業生產，而造成農村貧窮的擴大。
緊急救援。近年，以緊急救援為目的的人道援助越來越多。這是因為內戰、種族衝突與全球暖化下的氣候變遷等人道危機越來越普遍的緣故。提供緊急救援的理由很簡單，就是拯救生命，內容包括提供糧食、乾淨水、避難所與疫苗等。國際社會已經逐漸認同，對人道危機採取行動是一種道德責任。	**貪腐和壓迫**。在權力集中和問責機制極不成熟的受援國，援助必然會經手政府與官僚。因此，援助往往有利貪腐的統治者和菁英，而無法惠及人民。威權統治者可能不僅將援助資金用於享樂，還可能為了擴大政治控制，將資金用於消滅反對者和攏絡支持政權的種族或部落團體。如此一來，援助的確可能助長貪腐歪風並強化政府對人民的壓迫。除此之外，援助雖然多附帶「善治」的條件，但往往無法實際執行。

關鍵議題⋯

主要的國際發展倡議

1970年	富國承諾將完成聯合國所設定之目標，即提供國民生產總值的0.7%與官方援助項目給貧窮國家。
1974年	聯合國通過新國際經濟秩序（New International Economic Order，簡稱NIEO）宣言，呼籲徹底重新分配南北資源。
1980年	由西德前總理威利‧布蘭特（Willy Brandt）主持的國際發展問題獨立委員會（Independent Commission on International Development Issues）發表布蘭特報告，提出南北分歧與共同利益的概念。
1987年	世界環境發展委員會（World Commission on Environment and Development）發表布蘭特報告──《我們共同的未來》（Our Common Future），內容強調「永續發展」原則，並將經濟發展、降低貧窮與環境保護三者連結起來。
1992年	聯合國環境與發展會議（UN's Conference on Environment and Development），又稱地球高峰會（Earth Summit），嘗試將永續發展的概念轉化為具體政策計畫。
2000年	在千禧年發展目標之下，約有189個國家和至少23個國際組織簽署了一系列大膽的減貧目標，預計將在2015年以前完成。
2005年	在蘇格蘭葛倫伊格召開的八國峰會決議增加對非洲援助，並擬定取消債務計畫。

威權或獨裁政體為對象的政府間援助往往落入統治菁英的口袋，而無助於減少貧窮或剝削。這也是為什麼從1990年代開始，援助計畫開始強調須符合「善治」（good governance）的條件。除此之外，援助通常都是帶有私心的。現實主義者認為，任何一分援助都是反映捐贈國的利益，也都會附加條件。美國的官方國際援助就常附帶貿易協定，歐盟近年則積極反對此種做法。同樣的，用以舒緩飢荒的糧食援助往往變成「**糧食傾銷**」（food dumping），受贈國農民的生存權因此遭受衝擊，沒有競爭力的農民可能會失去工作並陷入貧窮。

債務減免和公平貿易

　　1970和1980年代的債務危機之後，開發中國家的債務議題開始受到重視，這個危機為北方和南方國家都帶來了問題。許

債務減免（Debt relief）：取消外債或將債務減少到「可負擔程度」的協定，通常會附帶有助於善治的條件。

多北方國家的銀行因為貧困國家（從1982年的墨西哥開始）無法再償付貸款利息而面臨倒閉。更嚴重的是，南方國家由於債務龐大、經濟疲弱，所得多用於償還不斷擴大的債務，而無法建造學校和醫院、投資經濟基礎建設，以及減緩貧窮。即使世界銀行和國際貨幣基金已經為開發中國家提供了最優惠的貸款條件，開發中國家依然債臺高築。例如，辛巴威的外債即由1970年的8億1,400萬美元增加到1990年的70億美元左右。在這樣的情況下，提倡**債務減免**的運動開始出現（George 1988）。

然而，債務減免卻面臨挑戰聲浪。例如，有人擔憂債務減免會對世界金融體系造成影響，也讓貧困國家對於遵守金融規範的必要性產生錯誤理解。另一方面，北方國家則意識到，日增的債務負擔不僅讓南方國家無法脫離貧窮，也增加了北方國家擴大國際經援與其他援助方式的壓力。因此，1989年，美國發行「布雷迪債券」（Brady Bonds），同意取消拉丁美洲1970到1980年代部分積壓的債務。根據1996年的重債窮國（Heavily Indebted Poor Countries，簡稱HIPC）減債計畫，世界銀行和國際貨幣基金同意將債務減免擴展至40個世界最貧困的國家。在此計畫之下，烏干達是第一個享受此一債務減免計畫的國家，至2006年，共有29個國家享有債務減免，減免金額合計約620億美元。2005年，葛倫伊格八國峰會達成協議，決定完全免除國際貨幣基金與世界銀行所發行的債務，債務減免的進程因此又向前邁進了一大步。到2013年為止，有資格以及可能有資格獲得援助的39個國家當中，有35個獲得國際貨幣基金及

> **公平貿易**（Fair trade）：一種貿易形式，除了經濟標準之外，也符合消除貧窮、尊重貧窮地區產銷者利益等道德標準。

其他借貸方的全額債務減免。比起增加援助或以公平貿易取代自由貿易，債務減免的進展顯然比較快。不過，有論者認為，由於債務減免的金額通常列入國際援助預算，因此削弱了增加援助的壓力。

除了國際援助和債務減免，全球貿易體系是反貧窮計畫中的第三支柱。反貧窮運動主張，自由貿易必須由**公平貿易**取代。全球貿易體系中的結構不平等有利於最富裕的已開發國家，卻犧牲了最貧窮的低度開發國家。這樣的現象往往和貿易上的不平等有關，因為由開發中國家生產的初級產品價格相對較低，由已開發國家生產的製造品價格則相對較高。因此，所謂「自由」的貿易卻可能剝奪開發中國家人民應有的生計，使他們無法擺脫貧窮。若忽略全球貿易體系的問題，僅

依賴國際援助和債務減免，注定無法促進發展。在這樣的考量下，許多發展型非政府組織開始呼籲支持公平貿易，如此一來就能為開發中國家的產品設定價格以確保薪資水平和工作條件。這類活動往往將重點放在改變已開發國家的消費者偏好，促使企業調整商業操作；然而這對於消除貧窮的效果顯然非常有限。若要在公平貿易上取得突破，就必須改革全球貿易體系本身。此議題在第19章將有更深入的討論。

重點摘要

- 絕對貧窮和相對貧窮的差別在於，前者是根據「基本需求」的滿足程度來定義，後者則認為窮人是生活「較不富裕」的人，而未必是生活「困乏」的人。不過，隨著人類發展的概念逐漸受到重視，僅以所得定義貧窮的方式往往被認為是有限制的或錯誤的。

- 「傳統」的發展觀點將經濟成長視為發展的目標，並認為現代化等同於西式的工業化。「非傳統」的發展觀點則對於技術官僚的、由上而下的與成長導向的發展策略不以為然，但非傳統觀點所包含的內容和研究途徑的範圍比較廣泛。

- 全球不平等的趨勢通常相當複雜且矛盾。一般認為，近幾十年來，新興經濟體的崛起有助於促進平等，但撒哈拉以南非洲貧窮的加劇與國內不平等擴大的趨勢，卻抵銷了此股力量。

- 實證研究無法顯示全球化對於貧窮與不平等影響程度的全貌。有些人宣稱全球化就像一股高漲的浪潮，所有國家最終都將隨這波浪潮「水漲船高」。其他人則認為，全球化是建立在不平等的結構上，因此必然會犧牲某些國家與地區，以使其他國家獲益。

- 在1980和1990年代，官方發展政策是建立在以消除開發中國家經濟成長阻礙為目標的結構調整計畫之上。不過，這樣的發展政策有時非但沒能解決貧窮，還深化了貧窮，因此招致許多爭議，而在近年做出了某些調整。

- 國際援助常被視為是促進發展的關鍵機制。在富國有義務支持窮國與減少全球不平等的發展倫理支持下，國際援助取得了正當性。儘管如此，批評者認為，援助將削弱市場運作，並且有支持貪腐與壓迫的傾向，因此援助對窮國來說並沒有實際效益。

問題討論

- 富人和窮人的差別為何？
- 為什麼人類發展逐漸成為評估貧窮的方式？
- 「發展即成長」的模式有何優缺點？
- 什麼是南北分歧？為什麼南北分歧一詞的適當性受到質疑？
- 為什麼關於全球不平等的趨勢有這麼多不同的意見？
- 全球化對於貧窮的增加須負多少責任？
- 為什麼官方發展政策將開發中國家的結構調整設為目標？
- 千禧年發展目標只是做做樣子而已嗎？
- 國際援助是否矯正了全球經濟的不平衡？
- 就道德和經濟的意義而言，應該取消開發中國家的債務嗎？

第十六章　全球環境議題

> 在**太空船地球**上沒有任何人是乘客，我們都是船上的一員。
>
> ——馬歇爾・麥克魯漢，引述自《認識媒體》，1964年

前言

　　環境經常被視為全球議題的典型案例。這是因為環境的過程沒有國界並且擁有跨國的特徵。每個國家都有其獨特的脆弱性，因此環境議題往往只有在國際或全球的層次上才能取得有意義的進展。儘管如此，國際合作等事宜有時非常難以達成，導致這種情況發生的原因有很多：首先，環境已經成為特定意識形態和政治之爭的場域。不只是因為若以環境為優先時總是會與經濟發生衝突，而且在環境問題的嚴重性和本質，以及究竟應該如何著手處理上已經出現分歧。究竟在這個既存的社會經濟體系下，環境問題是否能夠被處理？或者這個體系才是這些問題的根源？人們對於這些爭論的熱情特別表現在全球環境議程中最核心的問題——氣候變遷。儘管已經出現一些關於如果不重視氣候變遷這個挑戰，將可能發生毀滅性結果的預言，但在這個議題上的國際行動仍然以令人沮喪的速度緩慢前進。究竟在氣候變遷議題上的國際合作存在著什麼樣的障礙？如何才能使國際行動達到一致呢？最後，氣候變遷並非全球環境議程中唯一的議題，另一個重要的議題是能源安全，某些論者以新國際能源秩序的方式來討論，意即在一個國家的層級結構中，國家的排名是以其是否擁有豐富的石油和天然氣的儲存量，或者是否具有取得這些資源的能力來決定。究竟能源安全已經將全球秩序重新塑造成什麼樣子？而擁有自然資源是否就是一種幸福呢？

> 「**太空船地球**」（Spaceship Earth）：這個概念是由美國科學家巴克敏斯特・富勒（R. Buckminster Fuller）所提倡，其主張地球就像太空船，大家必須依賴有限資源維持生存。

關鍵議題

- 環境如何以及為何發展成一種全球性議題？
- 當代的環境問題是否需要改革者或徹底的解決方法？
- 導致氣候變遷的原因及其可能造成的結果是什麼？
- 在氣候變遷議題上，國際行動進展的程度為何？
- 國際間在氣候變遷議題的合作上，存在著什麼樣的阻礙？
- 能源安全如何塑造國家之間和國家內部的衝突？

綠色政治的崛起

環境是一種全球性議題

　　就某種意義上來說，雖然環境政治的形成可以追溯到十九世紀的工業化，但是強烈反對工業化社會的**生態主義**或綠色政治直到1960和1970年才成為一個重要的國家或國際議題。這個時期環境運動開始出現，其關注的是逐漸成長與日漸富裕所帶來的環境成本，尤其是已開發的西方國家，呼籲人們重視人與自然之間日益加深的鴻溝。早期的綠色政治特別受到生態觀念的影響（參見圖16.1），綠色政治的先鋒包括瑞秋・卡森（Rachel Carson）的

概念澄清：生態（Ecology）

「生態」一詞是1866年由德國動物學家恩斯特・海克爾（Ernst Haeckel）所創立。這個字起源於希臘文的「oikos」，意思是家庭或棲息地，用來指涉「一種對動物與其生存的有機和無機環境之間相互關係的調查」。生態學之所以發展成一門生物學中獨立的學科，主要是因為人類逐漸了解由於自然體系（即由生物與非生物組成的生態體系）能夠自我調節，所以動植物才能夠生生不息。而生態系統最簡單的例子是一個區域、一座森林或一個池塘（如同圖16.1所示）。生物學家認為所有的生態系統會藉由自我調節系統趨向一個和諧或均衡的狀態，如同體內平衡。

《寂靜的春天》，批評殺蟲劑和其他農業化學用品的使用已經對野生動物和人類世界造成損害，另一位梅利・布克金（Murray Bookchin）的《我們的合成世界》則是檢驗殺蟲劑、食品添加物和X光如何使人類產生疾病，甚至是癌症。從1960年到1970年之間也是新一代的行動派非政府組織蓬勃發展的年代，範圍從綠色和平組織、地球之友到動物解放行動分子與所謂的「生態戰士」（eco-warrior）團體，從事的議題有汙染的危險性、**化石燃料**儲存量的減少、砍伐森林和利用動物進行實驗等。從1980年以來，由於那些存在於大部分工業化國家中綠色政黨的努力，使環境問題保持在政治議程中高度關切的項目，並經常以德國綠黨這個先鋒的努力作為模範。環境運動提出三種普遍的問題：

- 資源問題：透過減少非再生資源的使用（碳、石油、天然氣等等）與增加可再生資源（例如風、海浪和潮汐發電）的使用來保護自然資源，並降低人口成長以減少資源的消耗。

生態主義（Ecologism）：是一種以相信自然是一個相互連結的整體（包括人類、非人類和無生命的世界）為基礎的政治意識形態。

化石燃料（Fossil fuels）：化石是有機體死亡後，因為長期被掩埋在地下並逐漸分解而形成，因此含有豐富的碳，包含石油、天然氣和碳。

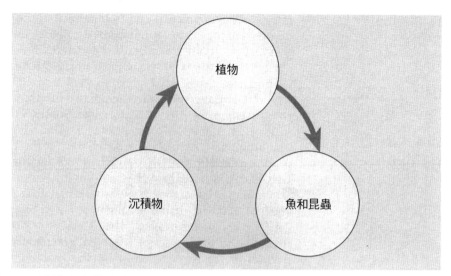

圖16.1　池塘的生態系統

- 降低問題：例如透過降低汙染程度、增加回收和發展綠能（低汙染）技術以減輕經濟活動產生的廢料所帶來的傷害。
- 道德問題：透過對野生動植物和荒野（或原野）的保護，希冀能恢復人類和自然之間的平衡，像是對其他領域的尊重（動物的權力和福利）以及改變農業政策（有機耕作）。

　　1970年代，環境政治特別著重於資源議題。這反應出人們逐漸意識到自己生活在一個「整體有限性」的世界，尤其1973年的石油危機發生後，這樣的意識更加強烈。其中「太空船地球」的比喻對環境運動特別有影響力，因為這個概念強調的是財富資源的有限性且非取之不盡。肯尼斯・鮑丁（Kenneth Boulding 1966）主張傳統上人類的行為就像生活在「牛仔經濟」時代，意即經濟就像美國西部開拓時期，擁有無限的機會。但太空船是一個太空艙，這是一個封閉的體系，而且所有封閉的系統都顯示出「**熵**」的證據，證明在沒有持續外來輸入的情況下會呈現衰退的現象。最終，不管是人們採取多麼聰明或謹慎的行為，地球、太陽、實際上是所有的行星和星星終將無法逃避資源耗竭和死亡的命運。此外，同樣關注整體有限性的還有非官方的聯合國報告《地球只有一個》（Ward and Dubois

> **熵**（Entropy）：意指所有封閉的體系都存在一種遲早會走向衰弱或崩壞的特徵。

1972）和羅馬俱樂部的報告《成長的極限》（Meadows *et al.* 1972），後者因為推測出五個可能在1992年導致世界石油供給枯竭的變數而帶來驚人的影響。儘管後來某些預言隨後被揭露過於誇大，對於使用這個方法論的批評也相當普遍，但「成長極限」的觀念仍然支配了有關環境的思想至少十年之久。

　　環境問題成為國際關注的主要焦點，反應出環境問題擁有潛在跨國性質的意識正逐漸成長：也就是他們對國家疆界一視同仁（無國界）。因此國家在環境上的脆弱性也會對其他國家內部的經濟活動發生影響，最明顯的例子是，1970年由於人們越來越關注**酸雨**對區域的影響，而且造成**臭氧層消耗**的是人為的化學物質〔例如氟氯碳化物（CFC）和海龍〕排放所導致的結果。於是1972年聯合國在斯德哥爾摩首次召開針對環境議題舉辦的國際會議，即人類安全會議（UNCHE），並促成「聯合國環境規劃署」（UNEP）的成立，該組織的責任在於促進國家和國際組織在環境行動上的協商，以促進更好的區域或全球環境保護。然而1970年發生的經濟蕭條和1980年初期開始的「第二次冷戰」，導致國際議程中的環境議題不再受到重視，後來環境議題重新受到重視的原因，部分是因為受到像1984年的博帕爾化學工廠的災難和1986年的車諾比核災這樣的環境浩劫所影響，同時人們也逐漸認知到環境的退化其實與全球化的進展有很緊密的關係，進而激勵許多研究者（特別是南方）將環境和發展議題進行連結。1987年的布倫特蘭委員會的報告《我們共同的未來》特別強調永續發展，並為後來理解和撰寫環境議題提供了重要的主流架構，也為1992年的里約地球高峰會鋪路（官方稱為聯合國環境與發展會議，簡稱UNCED），正式取代具有20年里程碑意義的斯德哥爾摩會議。

　　從1990年起，環境的辯論越來越關注**全球暖化**所帶來的氣候變遷議題。最初對氣候變遷的關注是集中在氟氯碳化物的排放，但隨著時間逐漸將焦點轉移到所謂「**溫室氣體**」的影響。地球高峰會中的一項成果便是「聯合國氣候變化綱要公約」

酸雨（Acid rain）：這種雨水含有硫酸、硝酸和其他種不同的酸，主要是因為燃燒化石燃料後產生的氣體釋放到大氣層中的結果。

臭氧層消耗（Ozone depletion）：意指在地球的平流層中臭氧總量的下降，特別是在南極上空出現所謂的「臭氧層破洞」。

全球暖化（Global warming）：指地球溫度上升，一般相信這是因為熱能被溫室氣體（如二氧化碳）困住而變熱。

溫室氣體（Greenhouse gases）：在地球較低的大氣層中，這些氣體（如二氧化碳、水蒸氣、甲烷、氧化亞氮和臭氧）會困住熱能。

（UN Framework Convention on Climate Change，簡稱FCCC）的建立，這是首次嘗試將溫室氣體濃度穩定在一個水平，以避免人為（人類活動）引起的氣候變遷。1988年成立的「政府間氣候變遷小組」則負有對FCCC的執行成效進行報告的責任，直到1997年的「京都議定書」才同意根據FCCC採取控制溫室氣體排放量的措施。根據「京都議定書」，工業化國家同意於「承諾減量期」（2008年至2012年）將溫室氣體排放量削減至比1990年的排放量再減少5%。後來又接連在哥本哈根（2009年）、德爾班（2011年），以及杜哈（2012年）舉行會議，目的在於擬定繼《京都議定書》之後的下一個協定。但這幾場會議以不同的方式，呈現出在氣候變遷的議題上，各國要採取一致且有效的行動是多麼困難。最根本的原因在於國家利益和國際社會的集體利益之間的不相符，這可以用「公地悲劇」的觀點來說明，這個問題也可能適用於所有的環境議題。

綠色政治：改革主義或激進主義？

環境是一個特定意識形態與政治爭論的場域。環境問題的嚴重性和本質以及環境問題應該如何處理上的分歧，其實源自更深層的、關於人類和自然世界之間關係的哲學辯論。傳統的政治思想是以人類為中心的方式來理解，經常被稱為**人類中心主義**。完成人類的需求和目標具有道德上的優先性，自然不過是促進這些需求和目標的手段而已。正如早期英國哲學家洛克（John Locke，1632-1704）所言：「人類是自然的主人和擁有者。」相反的，環境的思想則是以生態的原則為基礎，著重於包含了所有生活形式（包括人類生活）的關係網絡。而綠色政治包含廣義的兩大傳統，分別為改革生態學和激進生態學。

改革生態學

改革生態學追求的是調和生態原則與資本主義現代性（追求自我、物質主義、經濟成長等等）的核心特徵，所以有時又被稱為「現代主義」生態學。很明顯的，這是一種人文主義或**淺層生態學**的形式。改革生態學的核心特徵是承認成長的極限，以及環境的退化（例如，汙染或使用

人類中心主義（Anthropocentrism）：相信人類的需求和利益超越道德和哲學的重要性。

淺層生態學（Shallow ecology）：一種綠色意識形態的觀點，利用生態對人類的教訓來修正需求與目標，特別是與永續性和保護等價值有關。

重要事件…

主要的國際環境倡議

1946 「國際補鯨管制公約」,為此設置了國際補鯨委員會(International Whaling Commission,簡稱IWC)。該組織為了保護巨鯨而支持暫停國際上的補鯨行動。

1950 「世界氣象組織」(World Meteorological Organization,簡稱WMO)為聯合國中為氣象(天氣和氣候)及其相關的地球科學所建立的專門機構。

1959 「南極條約」的目的是將南極預留為科學保護區,因為南極是地球上唯一未經人類開發的大陸。

1972 聯合國於在斯德哥爾摩召開的人類安全會議中,為國際層次中的環境行動提供了基礎,並且提出成立「聯合國環境規劃署」(UNEP)。

1973 「瀕臨絕種野生動植物國際貿易公約」(CITES),主要以確保國際上的野生動植物貿易不會危急其生存為目的。

1982 「聯合國海洋法公約」定義國家在使用世界海洋的權利和義務,以及為海洋自然資源的商業、環境和管理建立準則。(1994年生效)

1985 「維也納保護臭氧公約」確認南極臭氧層破洞的存在,並且試圖減少氟氯碳化物(CFC)的使用。(1987年生效)

1987 「布倫特蘭報告」(Brundtland Commission Report),著重於永續發展的觀點。

1987 「蒙特婁議定書」(Montreal Protocol)為了達到在2050年完成修補臭氧層破洞的目標,而逐步淘汰氟氯碳化合物等物質的使用。

1988 「政府間氣候變遷委員會」(International Panel on Climate Change,簡稱IPCC)的報告推動了「聯合國氣候變化綱要公約」(FCCC)的建立。

1992 聯合國於里約熱內盧召開的環境與發展會議(UN Conference on Environment and Development,簡稱UNCED),一般稱為地球高峰會。會中通過FCCC、生物多樣性公約和永續發展委員會(Commission on Sustainable Development,簡稱CSD)的成立。

1997 從「京都議定書」到FCCC,為工業化國家建立起一個在階段性過程中能夠限制溫室氣體排放量且具有法律約束力的承諾。

2009-2012 聯合國氣候變遷會議普遍於哥本哈根、德爾班及杜哈舉行,目的在於擬定「京都議定書(Kyoto Protocol)之後的下一個協定。

焦點⋯⋯　**公地悲劇**

　　共享的資源是否總是被濫用或過度使用？共同擁有的土地、森林和漁場是否無可避免地一定會遭到破壞？這對當代的環境問題來說，又有什麼樣的意涵？哈丁（Garrett Hardin）利用「公地悲劇」的概念來解釋英國的圈地運動，並將全球環境退化與公地的命運劃上等號。他主張如果把草地完全開放，那麼每個牧羊人就會盡可能的在這塊公有地上畜養牛羊。按照公有地的邏輯，當畜牧的數量超越土地的**承載能力**之後，遲早會出現悲劇。每一個牧羊人都會認為增加放牧數量帶來的正面效益會超過對草地帶來的負面影響，這些負面影響相對來說是微不足道的。於是哈丁指出，「公地的自由將帶來整體的破壞」。「公地悲劇」的概念特別關注「**全球公共財**」（有些時候被視為共有資源）的重要性以及人口過多（哈丁特別關注這點）、汙染、資源耗竭、棲息地破壞和過度捕撈帶來的威脅。

　　那麼，「公地悲劇」是否是一個無法解決的問題呢？哈丁本身偏好加強政治上的控制，特別是限制人口成長，甚至是對於世界政府的概念表示贊同。自由主義認為最有效的解決方法便是藉由擴大財產權來取代共同擁有，允許市場（價格機制）來控制資源的使用。儘管公有地逐漸變成私人所擁有，但資本主義還是無法解釋要如何將私有化運用到全球的公共財上。但Ostrom（1990）仍主張已經有很多社會成功地透過多元的、且經常是由下而上的、制度化的協商來管理共有資源。除此之外，也有些人否定「公地悲劇」的概念，特別是社會主義者和無政府主義者。歷史上也有很多公地成功地被共同管理的證據（Cox 1985），例如澳洲的原住民，但這個主張也是一種循環：他的結論是假設人類的本質是自私且無法改變的（Angus 2008）。事實上，生態主義者認為自私、貪婪和過度的使用資源，都是私有化體系造成的結果，而不是起因。相反的，共同擁有才會懂得尊重自然資源。

不可再生資源）最終會威脅到繁榮與經濟的功能。因此這種形態的生態主義的口號就是永續發展，即所謂的「弱」永續性。以經濟的詞彙來解釋，便是「緩慢地致富」（放慢致富的步調）。就改革生態學的觀點，環境受到的損傷是一種**外部性**或社會成本，基於對這些成本的考量，現代主義生態學者嘗試在現代化與**永續性**之間找到平衡。

　　影響改革主義生態學的主要意識形態是功利主義，這是一種典型的自由主義思

承載能力（Carrying capacity）：生態系統能夠支持的最大人口數量，像是提供食物、棲地、水源和其他必需品。

全球公共財（Global commons）：意指無主和超出國家管轄範圍的領域和自然資源，像是大氣層、海洋和南極洲。

外部性（Externality）：一種經濟活動帶來的成本，具有廣泛的影響，但卻不會出現在企業的資產負債表或構成國家國內生產總額的一部分。

永續性（Sustainability）：一個體系能夠長時間維持其健全和持續生存的能力。

想。按此觀點，改革主義生態學的實踐可以被稱為進化版的人類中心主義，他們鼓勵個人以長期利益為考量而不僅是短期利益。英國的功利主義哲學家兼政治家約翰‧彌爾（John Stuart Mill, 1806-1873）認為一個穩定狀態的經濟（沒有成長起伏）能為人們帶來「崇高」的樂趣。辛格（Peter Singer）強調的是動物的權利，其認為並非只有人類，而是所有種類的生物都有權利免於遭受傷害。一般而言，功利主義認為環境退化對人類生活品質造成影響，是因為其承認下一代的利益，最明確的例子便是儲存資源是為了極大化人民的財富和快樂，同時也是為了生存以及為了那些尚未出生的後代子孫做考量。最後，改革生態學是以處理環境問題的工具來定義，故成為主流的環保運動為代表。改革生態學提供了三種解決環境退化的方式：

- 市場生態主義或綠色資本主義：包含了使市場考慮到對環境造成的傷害，將外部性內化到商業或組織中，使保護環境成為一種責任，例如**綠稅**。
- 人類的聰明才智和綠色技術的發展（如：耐旱作物、節能的運輸形式和潔淨碳）。這種發明和創新的能力最初建立了工業文明，同樣也可以用來建立一個對環境友善的工業化版本。
- 國際建制和跨國管理系統：全球治理所提供的保護雖然不至於能夠完全消除「公地悲劇」的影響，但至少能夠降低傷害。

激進生態學

　　激進生態學則是透過各種不同的方式要求進行更加廣泛甚至是革命性的改變，這些理論家並非尋求將生態的原則調整成符合資本主義現代性的特徵，而是將資本主義者主張的現代性和價值觀、結構和制度視為導致環境退化的根本。因為這些觀點都強調人類和自然的平衡與社會結構有關，因此被歸納為「**社會生態學**」。這些生態原則主張激進的社會改變過程。而這些社會的改變至少可以從三種不同的方式來理解：

> **綠稅**（Green taxes）：藉由稅收來懲罰那些生產廢棄物、製造汙染、排放溫室氣體或消耗有限資源的個人或企業。
>
> **社會生態學**（Social ecology）：意指生態的原則能夠且應該被運用在社會組織，最初這個名詞主要是生態無政府主義者所使用。

焦點……　永續發展：如何平衡生態與成長？

　　發展是否能夠維持生態的永續性?經濟發展與環境保護之間是否必然存在著緊張關係？自從1987年的布倫特蘭報告開始，「永續發展」的概念已經主宰了環境和發展的議題。布倫特蘭報告中對「永續發展」做出相當具有影響力的定義：永續發展是一種符合當代的需要，又不需要下一代為此讓步的能力。這包含了兩個主要的概念：（1）需要的概念，特別是世界上那些應該被優先給予的窮人的需要；（2）透過國家的技術和社會組織將有限的概念加諸在環境的能力，使其符合現在和未來的需要。

　　實際上也有很多關於永續發展的意義和成長與生態應該如何平衡的討論，其中我們稱為「弱的」永續性接受的是，經濟成長是可行的，但是成長必須受到限制以確保生態的成本不會對長期的永續性造成威脅。簡單來說，也就是減緩致富的速度。這個觀點的支持者認為，應該用自然資本來取代人類資本，舉例來說，更好的道路和機場能夠補償棲息地和農業道路的損失。就這個觀點而言，永續性的必要條件就是所有可以被下一代使用的自然和人類資源不能少於當代可以使用的量。但另一種「強的」永續性則深受激進生態主義者所偏好，他們拒絕弱的永續性所支持的發展，強調儲存和維持自然資源，並且將人類資本視為對自然的破壞。某些時候反應在自然資源應該以人類的**生態足跡**來評估的概念上，這具有基進平等的意義。

- 生態社會主義（Ecosocialism）：主張對資本主義的環境批判。對生態社會主義者而言，資本主義的反生態偏見是源自於私有財產制度和他們的「**商品化**」趨勢。他們認為必須減少對自然資源的消耗，並且主張維護生態永續發展的唯一希望就是建構一個社會主義的社會。

- 生態無政府主義（Eco-anarchism）：主張對層級和權威的環境批判。對生態無政府主義者而言，對人類的支配將導致對自然的支配，意味著只有透過對國家的終止、去中心化的建立和自我管理的社群，才能修補人類和自然之間的平衡。

- 生態女性主義（Ecofeminism）：主張對父權的環境批評。對生態女性主義者而言，對女性的支配導致對自然的支配（Merchant 1983, 1992），他們認為男性因為天生具有對工具性理性的依賴以及控制和征服的傾向，使其成為大自然的敵人，他們應該學習尊重自然的需求並建立一個後父權社會。

　　因為社會生態學將激進的社會改變視

生態足跡（Ecological footprint）：以計算世界人口消耗的自然資源和吸收他們的廢物所需的生物生產力土地面積（公頃）來評估生態承載的能力。

商品化（Commodification）：將某些東西轉化成能夠被購買、販賣和僅具有經濟價值的商品。

焦點…… **對下一代的義務？**

我們有義務要對下一代負責嗎？在我們決定採取行動之前，是否應該為尚未出生的後代子孫著想呢？其實這些問題都是相互關連的，因為很多在自然環境中發生的變化，是來自於人類行為的結果，只是可能要等十年後、甚至是一個世紀我們才會感受到。例如，工業化始於約兩百年前，也就是在我們開始關注有限的石油、天然氣、碳資源的消耗或是溫室氣體的排放等議題之前。這促使生態主義者提出有關跨代正義的概念，主張我們不只對於當代有義務，對於下一代也有義務（包含既存和尚未出生的生命）。

這種「重視未來」的觀點已經在很多方面被接受。對下一代的關心和義務有時也被視為一種「自然責任」，一種對於我們的孩子、甚至是別人的孩子的道德關懷。對於下一代的關懷也經常與「生態管理」的概念進行連結，也就是把當代視為對上一代留下的財富進行託管，而為了下一代的利益則應該繼續保存。但這種跨代正義的概念也遭到批評，有些人認為所有的權利都應該以互惠為基礎（權利之所以受到尊重是因為某些事情的做與不做是取決於彼此的態度），所以這些人認為透過對現在活著的人們加諸責任來賦予那些尚未出生的人權利是非常荒謬的。尤有甚者，因為我們無法確定下一代的規模，因此這個由來世所加諸的責任有多大，實際上是無法估計的，也就是說，當代為了下一代利益所做的犧牲可能使下一代過得更好，或者他們現在的犧牲可能完全不符合未來的需要。

為生態永續發展的關鍵，這種「**深層生態學**」更加強調典範的轉變，一種存在於我們的核心思維和對於世界假設的轉變。這包含拒絕所有形式的人類中心主義，取而代之的是**生態中心主義**。因此深層生態學提倡的是一個激進的整體性，意味著這個世界應該用相互聯繫和相互依存的方式來理解。人類只是大自然中極小的一部分，與其他的部分相比，其實人類沒有那麼重要、也沒有那麼特別。這些生態中心主義的思考是建構在各種基礎上，範圍從新物理學（特別是量子力學）和系統理論到東方的神祕主義（特別是佛教和道教）（Capra 1975, 1982, 1997）、前基督教的精神思想，以及在所謂的「蓋亞假說」（Gaia hypothesis）中強調的「大地之母」（土地是我們的母親）概念。深層生態學家從根本上修正傳統的倫理思維，主張道德泉源並非來自於人類而是來自於自然本身，並且支持「**生命中心平等**」（biocentric equality）的觀點。除此之

深層生態學（Deep ecology）：一種綠色意識形態的思維，他們拒絕人類中心主義，並且維護自然為優先，其與生命中心平等、多樣性和去中心化等價值相關。

生態中心主義（Ecocentrism）：一種認為維持生態平衡應該優先於完成人類目標的理論取向。

生命中心平等（Biocentric equality）：這個原則強調的是在生態學中，所有的有機體和實體都具有平等的道德價值，每一個生命都是整體的一部分。

焦點……　蓋亞假說：一個活的星球？

　　蓋亞假說是由詹姆士‧洛夫洛克（James Lovelock，1979、1989、2006）所提出，他提出一個概念主張地球應該被視為一個為了生存而行動的活的實體。在小說家威廉‧高汀（William Golding）的建議下，洛夫洛克借用希臘神話中大地女神之名將這個星球命名為「蓋亞」。蓋亞假說的基礎是地球的生態、大氣層、海洋和土壤都是能夠自我調適，如同生命的一種形態，所以儘管太陽系已經發生重大的改變，蓋亞總是維持著「和諧」、動態平衡的狀態。最明顯的證據是儘管太陽已經比生命起源開始時上升25%，但是地球的氣候和大氣組成仍然維持幾乎不變。蓋亞的觀點已經演變成一種生態的意識形態，傳達了一個有力的訊息告訴人類必須尊重地球的健康，並且要盡力去維持她的美麗和資源。這也包含了一個關於有生命和無生命之間關係的革命性觀點。然而蓋亞哲學也被譴責為一種憤世嫉俗的生態學，因為蓋亞不具人性，而且蓋亞理論主張星球的健康比任何現在存活的個體更加重要。洛夫洛克還主張只要是曾經興盛的物種，都有助於蓋亞管理它自身的存在，至於任何可能對蓋亞的平衡造成威脅的物種（如當今的人類），都可能遭到滅絕。

外，他們通常也對消費主義和物質主義做出激烈的批判，並且相信這些觀念已經扭曲了人類和自然之間的關係。

氣候變遷

　　氣候變遷不僅是最顯著的全球環境議題，甚至有些人認為這是當前國際社會面臨最緊急且最重要的挑戰。然而這個議題卻因充滿爭議且無法達成一致而相當混亂。主要的分歧如下：

- 氣候變遷的「成因」：氣候變遷是否已經發生？人類行動造成的結果占了多大部分？
- 氣候變遷的「重要性」：氣候變遷帶來的影響有多嚴重？
- 氣候變遷的「改善方法」：處理氣候變遷最好的方式是什麼？

氣候變遷的成因

　　什麼是氣候變遷？氣候（climate）不等於天氣（weather）：氣候指的是一個地區長期或普遍的天氣條件。美國的作家馬克‧吐溫（Mark Twain）曾寫到：氣候是我們所預期的；天氣則是我們確實得到的。但這並不意味著地球的氣候是穩定且不易改變的，事實上，在過去46億年的歷史中，地球的氣候便曾發生劇烈的變化，不但經歷了數個冰河期，中間還穿插溫暖的間冰期（兩次冰河時期之

觀點⋯⋯　自然

現實主義觀點

在傳統上，現實主義並不太關注環境的思維，而且如果主張現實主義能夠與有關自然的特定概念進行連結時，經常會受到高度質疑。但確定的是，現實主義對於生存的關注更甚於永續性。儘管如此，現實主義仍然針對人類和自然世界之間的關係提出兩種觀點：（1）首先，古典現實主義經使用在其他動物身上和從大自然本身的發現，來解釋人類的行為。於是自私、貪婪和侵略成為人類共同的本質，其認為這些特徵在所有物種身上都可以發現。就大範圍來說，現實主義相信鬥爭和衝突這些人類生存的根本特徵，可以追溯到自然本身就是「殘酷、血淋淋」的事實，衝突和戰爭因此被視為一種適者生存的證明。（2）現實主義因為認知到資源的稀少經常帶來戰爭，導致國際緊張關係，因此也了解自然的重要性。這些思維在地緣政治的觀念中可以得到印證，尤其是地緣政治本身就是一種環境主義的形式，這也反應出許多（或許是大部分）的戰爭都是所謂的「資源戰爭」的觀點。

自由主義觀點

自由主義將自然視為一種滿足人類需求的資源，這也解釋了為何自由主義很少質疑人類對自然的主宰。自然本身是沒有價值的，只有當其被人類的勞動力轉變或者為人類的最終目的而被利用時，自然才會被賦予價值。這也反應在洛克的理論中，即財產權是源自於事實上自然與勞動的混和。自然因此被「商品化」，被設計出經濟的價值，劃入市場經濟的過程。由於自由主義贊成自利的物質主義與經濟成長，並且強調自由市場資本主義的優點，因此許多生態學家都將其與對自然貪婪的剝削進行連結。自由主義反自然或反生態的偏見有兩個主要的來源：（1）自由主義的信念是建立在個人主義之上，因此是強烈的人類中心主義。（2）自由主義對科學的理性和技術有強烈的信念，這促使他們對於自然採取問題解決途徑，並且非常依賴人類的智慧。儘管如此，還是可以從自由主義中其他的傳統發現在研究自然上較為正面的途徑，包括當代自由主義著重的人類發展或許可以透過對自然的思考，和功利主義所強調的快樂極大化與痛苦極小化（或趨樂避苦）來促進，這樣的觀點也許可以應用在其他物種或人類的後代子孫身上（Singer 1993）。

批判主義觀點

女性主義和綠色政治是批判理論中最明確提及自然議題的兩個理論。女性主義基本上將自然視為有創造力且良善的，這個觀點非常類似生態女性主義。對大部分的生態女性主義者而言，女性和自然之間存在著本質上或自然的連結，事實上女性生育和哺乳代表著女性無法與自然的循環和過程分開，相反來說，也意味著傳統女性的價值（互惠、合作、養育等等）具有柔軟或生態的特徵。所以女性是自然的動物，但男性卻是文化的動物。男性的世界是虛構或人造的，是人類智慧下的結晶而不是自然的創造物，因此環境的衰退是家父長式權威下無可避免的結果。從綠色政治的觀點來看，自然是一種相互連結的整體，包含了人類和非人類，以及沒有生命的世界。自然因此具有表現出和諧和整體性的原則，意味著人類的滿足感是來自於更貼近大自然，而非企圖主宰大自然。深層生態學者非常支持

這種整體的觀念，對他們而言，自然是一種資源或全部的價值。因此自然是一種道德共同體，也就是所有人類都是普通的公民，沒有任何人擁有較多的權力或無權得到與其他人一樣的尊重。

間）。最後一次冰河時期是發生在更新世（the Pleistocene epoch）（大約在一萬年前結束），在北美大陸上的冰川最南曾到達五大湖，冰原擴及北歐，最南曾在瑞士留下它的足跡。相較之下，約55萬年前古新世的結束和始新世的開始，出現地質史上最極端且速度最快的暖化事件之一，這些改變源自於各式各樣的發展：太陽輻射輸出的改變；地球的改變與其繞太陽公轉的軌道有關（例如地球的軌道從橢圓變成圓形，以及當地球轉軸傾斜的角度發生改變）；地球大氣層的組成發生變化等等。在過去的一個世紀裡，特別是過去幾十年，一個氣候變遷相當快速的新時期已經出現，氣溫從間冰期的正常水平迅速攀升，然而這次氣候變遷在很大程度上，甚至全部都是來自於人類活動的結果。

　　在1990年代，全球暖化的議題因為氣候變遷而在國際環境議程中取得越來越顯著的地位，這是導因於環境團體（像是綠色和平組織和地球之友）的努力，及其致力於以行動來阻止地球暖化的發生。此外「國際氣候變遷委員會」（IPCC）的成立也成為氣候變遷議題中首次出現的權威性科學論述來源，該委員會的發展在很大程度上終結了「究竟氣候是否已經發生」這種最根本的爭論。直到2004年至2005年，一群由美國石油公司所資助的「否認（氣候變遷）遊說者」仍不斷質疑氣候變遷的說法，並宣稱地球大氣層溫度變化的數據是不確定或矛盾的。但2005年在《科學》期刊中出現的一系列文章證明「否認（氣候變遷）遊說者」所使用的數據存在嚴重缺陷，這個發現協助建立一個新的共識：即世界變得越來越熱，這已成為一個不容質疑的事實。根據2013年IPCC的第五次評估報告，自1850年開始記錄地球表面溫度以來，氣溫排名最熱的前12年中，就有11個是出現在1995年到2006年之間。報告也指出，從1998年開始的所謂氣溫上升「暫停」，延續的時間還不夠長，不足以代表長期趨勢。更重要的是，1956年至2005年50年間的暖化直線趨勢，是1906年至2005年100年間的將近兩倍。儘管全球暖化已經成為一個難以否認的事實，但關於暖化的成因有時仍存在許多爭議。

　　氣候變遷懷疑論者（而不是「否認」）對於全球氣候暖化和人類活動之間的聯繫提出質疑，特別是所謂的溫室氣體排放。他們強調即使是在間冰期期間，地球的氣候也會自然地發生變化。例如，持續到十九世紀下半葉，歐洲和北美都還

因為所謂的「小冰河期」而遭受嚴寒的冬天，冰島則是經常冰封著。其他的懷疑論者則嘗試將地球的氣溫與太陽黑子活動等因素進行連結。美國小布希政府（2001-2009年）並不否認全球暖化的事實或者暖化是人類行動所造成的部分，反而巧妙地利用科學界對於溫室氣體與氣候變遷之間確切關係的分歧，對大型的應對氣候變遷計畫的價值提出質疑。雖然氣候變遷懷疑論者利用不確定性和科學的分歧，為冷處理政策提出辯護，但相反的，堅定的環保分子則主張使用**預警原則**。然而，隨著時間的推移，溫室氣體的排放量和氣候變化之間的關係變得更難以質疑，這是因為除了氣候變遷的科學已經能夠以「溫室效應」的方式來理解之外，全球暖化率和溫室氣體排放量之間的相關性日益明顯。在2001年IPCC的第三次評估報告中表示，溫度上升「可能」是因為受到已經觀測到的人為溫室氣體濃度增加所影響；在2007年的第四次評估報告中，IPCC宣稱這樣的因果關係是「非常有可能的」，意味著至少有超過90%的可信度。更不用說的是，關於氣候變遷的討論在政治上有其必要性，因為這涉及到的不只是這個問題如何解釋，更重要的是應該如何處理。

氣候變遷的後果

氣候變遷議題的顯著性是取決於：如果無法解決，將為人類福利、甚至是人類的未來帶來災難性的影響。那麼氣候變遷究竟會帶來多麼嚴重的後果？長期氣候改變又會帶來什麼樣的影響呢？我們居住在一個正逐漸暖化的地球，但有時對於全球暖化是否確實發生，以及是否與人類活動有關等議題仍然發生激烈的爭論。尤其是在早期的氣候變遷研究中，經常認為溫室氣體排放量的增加只會對數十年後的未來發生影響，並且被描述成一種對後代子孫的義務，而與當代的人類無關。然而氣候變遷的影響來的比預期早，也更加劇烈，也就是說氣候變遷不能再被視為「下一代」的議題。儘管如此，氣候變遷仍然具有顯著的未來性特徵，也就是儘管在短期內採取激烈的行動，它的影響還是會延續到當代的孩童和他們的後代身上。

在2013年發表的評估報告中，聯合國氣候變遷政府間專門委員會提出全球氣候出現的變化，包括以下幾種：

預警原則（Precautionary principle）：這個假設支持對那些與主要的生態有關和其他在科學上是可能、但不確定的議題採取行動，因為不採取行動的成本遠超過採取行動的成本（可能是不必要的）。

●目前不論在國家或全球的層次，官方在討論暖化現象時，「全球暖化」已經逐漸被「氣候變遷」這個名詞所取代。舉例來說，雖然1992年成立的氣候變化綱要公約（FCCC）提出的聯合國報告中曾經同時使用這兩個名詞，但也只提到「暖化」的觀點而非「全球暖化」。

概念解構……

「氣候變遷」

●儘管可能是因為科學的理由而偏好「氣候變遷」這個詞（例如，這個詞可以適用於氣候的上升與下降），相較於「全球暖化」可能造成的恐慌也比較小，後者是一種較為情緒化的指控，或許會讓人與重大災禍連結在一起，而「氣候變遷」聽起來較為溫和也似乎比較中立，因此成為不願在這個議題上採取緊急行動的政治家和國家的首選。

●「氣候變遷」具有模糊的優點，主要與它起源有關，因為它似乎涵蓋了自然和人為活動對氣候的改變。這種模糊性又反過來支持這個現象的因果關係的不確定性與矛盾，相對來說，暖化意味著有一個行為者正在導致暖化，因此主張人類活動可能是造成這個問題的原因。

- 1983至2013年，可能是（可能性66-100％）北半球至少1,400年來，溫度最高的30年。
- 幾乎可以確定（可能性99-100％），地球海洋從海面到700公尺深的這一層海水，從1971至2010年，溫度有所上升。
- 可以很有把握地說，格陵蘭與南極的冰層，在過去20年來不斷縮小。幾乎全球各地的冰河也是不斷縮小。
- 熱浪發生的頻率很有可能（可能性90-100％）會更高，持續時間也很有可能會更久，不過偶爾還是會出現極端寒冷的冬季。

　　氣候變遷對人類的影響已經變得非常重要，並且可能正在增加。儘管比較溫暖的晝夜可能會減少人類因為冷暴露而死亡的機率，但是氣候變遷大部分的影響都是負面的。熱帶氣旋活動的增加將會帶來更多因為洪水以及由食物與水源傳染的疾病而死亡或損傷的風險，導致人口出現大規模的移動。從1990年代中葉開始，大西洋颶風的活動增加了40％，根據科學家的研究指出，最具威力的熱帶氣

全球行為者……

政府間氣候變遷委員會

類型：政府間組織　　·**成立時間**：1988年　　·**地點**：瑞士，日內瓦

政府間氣候變遷委員會（以下簡稱IPCC）是一個由科學家和研究者組成的國際委員會，專門為國際社會提供關於氣候變遷的建議。IPCC是由世界氣象組織和聯合國環境大會在1988年建立，主要為決策者和其他對氣候變遷這個越來越複雜和矛盾的議題感興趣的人提供客觀的資訊來源。IPCC並不從事任何研究或監控氣候變遷相關的資料或數據，它的角色是從事全面的評估、並發布全球最新的科學、技術和社會經濟文章，使其透明化。IPCC的功能可以被理解為：（1）氣候變遷的人為風險；（2）觀察和評估帶來的影響；（3）提供適應和減緩的選擇。

重要性：IPCC最重要的工作是出版報告，其中最重要的便屬評估報告。這些報告是全球各地幾百位科學家的智慧結晶，他們或編寫，或投稿，或審查內容，大量參考經過審查且已出版的科學文獻。目前已經發表五份評估報告：

- 1990年IPCC的首次評估報告，在領導FCCC上扮演了決定性的角色，並且為1992年里約地球高峰會的簽署拉開序幕。

- 1995年IPCC的第二次評估報告，為協商提供了關鍵性數據，進而導引出1997年的「京都議定書」。

- 2001年IPCC的第三次評估報告，提供更多與FCCC發展和「京都議定書」有關的資訊。

- 2007年IPCC第四次評估報告，提供了更多證據來證明氣候變遷和人為溫室氣體濃度之間的關連性。

- 2013年IPCC第五次評估報告，結論指出已經有95％確定，人類是造成全球暖化的「主因」。

IPCC擁有眾多的會員，它的聲望建立在客觀性上，並且仰賴全球的科學專家給予IPCC塑造國際社會如何理解和回應氣候變遷議題的影響力。IPCC在科學家和國家政治人物之間建立共識（關於氣候變遷確實存在以及這是人為溫室氣體排放帶來的結果，並與燃燒化石燃料相連結）上扮演領導的角色。隨著IPCC影響力的崛起，也可以視為氣候變遷已經成為一個對國際社會來說需要更加關注的議題，使得俄羅斯、澳洲、美國、中國和印度等國不能再置身事外。IPCC也在2006年與高爾（美國前副總統）同時獲得諾貝爾和平獎。

然而IPCC也招來批評，有些人主張IPCC強調的那些已經出版的科學資料和嚴苛的評論（第四次評估報告就花了六年才完成），在評估和總結的部分可能已經嚴重過時，反而因此低估了氣候變遷挑戰的嚴重性。在IPCC的報告中有一個唯一專門提供給政治家和新聞記者閱讀的部分，這個政治協商文件稱為「決策者摘要」，但這個部分有時卻忽略了在其他報告中發現的矛盾意見。因此有些科學家對IPCC的內容和所做出的結論提出挑戰，例如IPCC對於全球暖化的預測是建立在關於海洋吸收二氧化碳能力的假設上，但許多環保人士認為這樣的假設並不健全。此

外，IPCC也被批評為過度敘述它的主張（例如，2007年評估報告中的發現，卻在2010再度翻修，強調喜馬拉雅山將在2035年消失），及其從事激進地要求減少排放量的作為也犧牲了原本科學中立性的威望。

旋出現的頻率是30年前的兩倍。中國的長江、黃河和其他流域深受洪水所害，隨著極端高海平面發生率的增加，將會導致因為溺水而死亡或受傷的風險變大，特別是世界上最大的河流三角洲，例如孟加拉的孟加拉三角洲、越南的湄公河三角洲、埃及的尼羅河三角洲和長江的中國三角洲。如果海平面持續上升，在這個世紀中孟加拉就有六分之一的土地面積會被淹沒，即使沒有這麼快，也將導致全國13%的人口無處可住或耕種。住在低窪群島的人們（例如馬爾地夫）前景更加淒涼，因為這些地方可能完全消失。而大規模旱災的發生和沙漠化程度的惡化都會導致食物和糧食短缺、營養不良，並且帶來由水和食物傳染的疾病。

　　氣候變遷已經對全世界造成影響，但是這個影響卻不平均。氣候帶來的影響，非洲和北極（海冰在十年內已經萎縮了2.7%）可能首當其衝，接下來是地勢低窪的小島和亞洲的河流三角洲。IPCC評估如果這樣的趨勢繼續下去，到2080年約有12至32億人將面臨缺水、2至6億人會面臨營養不良或飢餓，並且在一年內約有2至7百萬人將遭受沿海洪水所苦。這些影響不只對移民趨勢和經濟發展造成影響，範圍將會拓及全球。根據估計，直到2050年約有2億至8.5億人可能因為水資源短缺、海平面危機、放牧地的退化、衝突和飢荒等等與氣候變遷有關的問題，而必須移動到更加溫暖的地區。伴隨著出生率和貧富差距的擴大，氣候變遷可能會深化已開發國家之間的種族和社會緊張。斯特恩報告（Stern Review, 2006）強調氣候變化帶來的經濟後果，指出全球暖化可能會破壞經濟和社會活動，如果這個問題未能解決將可能造成全球GDP降低約20%。

　　然而，有些環保分子已經描繪出一些與氣候變遷可能帶來的結果有關且更可怕的圖像，創造出一系列的「災難版本」。其中之一就是極地冰蓋的消失可能導致地球的溫度水平突然增加，因為白色冰可以將大約80%的陽光反射回去，有助於保持地球的涼爽，相較之下，海水能夠吸收與反射回去的陽光就比較少；其次，原本北半球大部分的高緯度地區被厚厚的冰凍土壤所覆蓋，一旦地球上的永久結凍帶開始融化，可能會釋放出過去被困在冰層裡的溫室氣體，造成全球暖化的加速；第三是北極冰融化釋放出來的冷水，可以「關閉」的墨西哥灣暖流，造

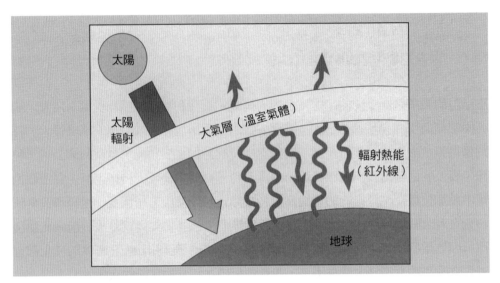

圖16.2　溫室效應

成許多北歐地區結凍（這種場景曾在2004年的好萊塢災難電影《明天過後》中出現過）。然而，也有其他人將這些災難場景當作危言聳聽，例如，IPCC認為墨西哥灣暖流「不太可能」在二十一世紀趨緩（可能性低於10%）。

氣候變遷應該如何應對？

　　應對氣候變遷的任務是非常困難的，有些人甚至擔心氣候變遷是無法處理的。就這方面來說，將應對氣候變遷的努力與對臭氧層消耗問題的回應進行比較是有益的。在臭氧消耗的案例中，對於導致臭氧層破洞的原因在科學上很少出現分歧（即認同氟氯化碳氣體的排放是來自於液化氣體和其他來源），普遍認同其帶來的後果是負面的，並且認為已開發國家和發展中國家都會受到影響，最重要的是這個問題擁有一個簡單的解決方案，並且在國家可以接受的成本之內——即禁止氟氯碳化物，並且轉換成其他具有經濟效益的替代品。1987年的「蒙特婁議定書」即證明了國家在環境問題上的合作同樣能夠非常有效率。氟氯碳化物的排放量從1990年代中期起開始減少，並且以2030年完全淘汰以及2050年臭氧層完全恢復為目標。相較之下，因為氣候變遷並非在使用特定物質、特定生產過程或某組商品時產生，因此更加難以辨認成因，但可以說是肇因於工業化過程本身。燃燒化石燃料（煤、石油和天然氣）不僅是工業化的基礎，也是過去200年或更長

焦點······ 溫室效應

十九世紀時，溫室效應背後的概念首次被英國物理學家丁達爾（John Tyndall，1820-1893）和瑞典化學家阿倫尼烏斯（Svante Arrhenius，1859-1927）提出來討論。太陽是地球唯一的外部熱能來源，陽光在白天通過大氣層，對地球表面加熱，再以長波、紅外線的形式釋放熱能。但是存在於大氣層中的溫室氣體會吸收並將這種輻射困在較低的大氣層，造成地球表面暖化（請見圖16.2）。事實上，我們的地球就是一個天然的溫室。這種溫室效應可以透過把地球的溫度跟沒有大氣層的月亮相比來證明，月亮晚上的溫度可以下降到零下173度，而金星擁有一層厚且充滿二氧化碳的大氣層，因此表面溫度可以達到極熱的483度。

但我們也知道溫室效應並非絕對是件壞事，如果沒有像二氧化碳這種可以捕捉熱能的氣體，那麼太陽的輻射就會直接折射回太空，留下一個酷寒的世界。然而，人為的溫室氣體（像是二氧化碳、甲烷和一氧化二氮，這些氣體已經在「京都議定書」中得到承認）排放量增加已經造成非常顯著的全球暖化趨勢，這些氣體的排放是工業活動且特別是燃燒化石燃料造成的結果。大氣層中的二氧化碳氣體（最重要的溫室氣體）的含量，已經從工業化之前的280ppm（百萬分之280）上升到2007年的384 ppm。

時間經濟成長的關鍵，但同時也是導致全球氣候暖化的溫室氣體排放量增加的原因。因此要解決氣候變遷問題，就必須重塑工業社會的性質，提供另一種「低碳工業化」的選擇，或者犧牲經濟增長和物質的繁榮。但國際社會共同應對氣候變遷的路途究竟還有多遙遠，以及達成有效率的國際行動可能會面臨什麼樣的阻礙呢？

氣候變遷的國際合作

1992年里約地球高峰會是首次聚焦在氣候變遷問題的國際會議。此次會議建立了《氣候變化綱要公約》（FCCC），呼籲各國應該共同努力並按照國家的「共同但有區別的責任和各自的能力」將溫室氣體維持在安全的水平，要求已開發國家負起帶頭的作用，承諾在2000年之前將溫室氣體排放量恢復到1990年的水平。然而，儘管有181個國家簽署這項公約，但《氣候變化綱要公約》只是一個框架，並不包含任何具有法律約束力的目標。這只是針對1990年代二氧化碳排放量持續上升的已開發國家，卻排除了實際上排放量正在急遽上升的發展中國家，特別是經濟崛起後的中國和印度。

在1997年協商後達成的「京都議定書」則是《氣候變化綱要公約》下最重要

的國際氣候變遷協議。「京都議定書」為已開發國家設定具有約束力的目標，要求這些國家在2012年之前將溫室氣體的排放量限制或削減到比1990年的水平再低5.2%。因此每個國家的目標各不相同，像歐盟和美國減少比例即分別占既定目標的8%和7%，然而其他國家如澳大利亞，則被允許超過1990年的水平。除此之外還設計了一個「彈性機制」——碳交易系統，這個系統設計的目的是為了協助各國達成他們的目標，建立了「總量管制和交易」的途徑，使其成為應對氣候變遷議題的主要戰略。「京都議定書」的優點包括，首次對溫室氣體的排放量訂定具有法律約束力的目標，並且將這些目標應用到37個已開發國家（所謂的「附件一國家」），並且為後來參與的137個批准議定書的發展中國家提供準備的方式。此外，也為**碳排放交易**提供了一個機制，促使碳的概念成為一種商品，並給予一定的執行彈性，使這個具有約束力的目標更容易被接受。例如，碳排放交易允許已開發國家透過對發展中國家的技術轉移和投資來達成部分目標，至少在理論上可以為減少他們的排放水平做出貢獻。然而，對碳交易的批評者指出，這是一個漏洞，不但允許國家超過他們的目標，也使它們不需認真看待氣候變遷問題，特別是這個系統沒有公權力來維持規則，因此出現越來越多濫用權力的情形。

　　無論如何，「京都議定書」的確有明顯的不足。首先，「京都議定書」以避免「氣候體系受到危險的人類活動所干擾」為目標是不適當的。舉例來說，歐盟作為一個氣候變遷議題領導者的角色，主動要求在2010年以前將溫室氣體排放量削減到15%，幾乎是議定書規定的三倍，時間也較為短暫。其次，美國否決京都議定書的原因最初源自柯林頓政府害怕美國參議院的否決，後來因為布希政府的公開反對，對議定書造成相當大的打擊，導致應對氣候變遷的過程至少倒退10年。正因美國這個排放量占全球排放量25%的最大排放國都不願意參與，使得一些開發中國家能夠置身事外，特別是印度和中國。最後，決定對已開發國家訂定拘束力的目標經常伴隨著妥協，美國經常以印度和中國作為其不參與議定書的藉口，而中國的碳排放量正持續快速增加，並從2007年開始超越美國，意味著氣候變遷不能再單純地視為已開發國家的問題。

　　「京都議定書」的制定從來不是為了能解決氣候變遷，而是為這條道路提供了必要的第一步，儘管這個過程走得相當蹣跚，但根據「京都議定書」的內容到2005

碳排放交易（Emission trading）：這是一種只要總排放量保持在目標之內，便允許「京都議定書」的締約者可以向其他締約方購買或出售碳排放量的機制。

年全球二氧化碳排放量增加的速度將會達到1990年的四倍，這種情況帶來的結果是我們必須從對「**減緩**」的強調轉變為「**減緩**與**調適**」並重。在2007年的IPCC評估報告中確認主要的減緩技術和實踐如下：

- 燃料從煤改為天然氣
- 更廣泛地使用核能
- 增加可再生熱能和電力（水電、太陽能、風能、地熱能和生物能）的使用
- 二氧化碳的捕捉和儲存（例如，從天然氣中移除二氧化碳）
- 使用更省油的車輛，例如油電混合車和清潔柴油車
- 從公路運輸轉變成火車、大眾運輸和非機動化運輸（腳踏車和走路）

　　IPCC的評估報告也強調「調適」的策略，主要內容如下：

- 居住地的搬遷，尤其是沿海地區
- 改善海堤和風暴潮屏障
- 提高雨水的收集和提升水的儲存與養護技術
- 調整種植的日期和作物品種
- 作物搬遷和土地管理的改善（例如，透過植樹控制水土流失和土壤保護）
- 改善氣候敏感疾病的監測和控制

　　跡象顯示已經有越來越多關於氣候變遷的存在、成因和影響的科學協議出現，以及民眾態度的轉變，部分是透過環保非政府組織的運作，這些現象都加強了國際間在氣候變遷議題的合作。例如，俄羅斯在2004年批准「京都議定書」，澳洲則在2007年批准（但俄羅斯、加拿大、日本與紐西蘭皆於2012年退出「京都議定書」的進程）。最重要的是，歐巴馬在2008年上任後與民主黨控制了國會兩院（至2011年），表現出參與制定繼任「京都議定書」（在2012年到期）的國際環保公約的意願，這也象徵著美國政策的一個重要轉變。更重要的是，儘管中國仍對其以煤為主的工業形態繼續成長不表歉意，但高碳工業化所帶來的環境成本已越來越明顯，例如，嚴重汙染的城市（全球10個汙染最嚴重的城市中就有8個在中

減緩（Mitigation）：緩和或減少某些事情的影響，特別指為了限制氣候變遷而減少溫室氣體的排放量。

調適（Adaptation）：根據新的環境訊號進行改變，特別是學習在氣候變遷中生存。

國）、青藏高原和全國各地的地下水位下降、冰川融化等。這為中國和其他發展中國家增加解決和處理氣候變遷議題的意願和興趣。面對這樣的情勢，聯合國開始思考設立一個後京都的氣候變遷管理機制，從2009年在哥本哈根召開的氣候變遷會議開始。但是大多數的人都覺得會議的成果不如預期，再次凸顯出各國要在氣候變遷的議題上達成共識，有多麼困難。

國際合作為何難以達成？

應對氣候變遷的國際行動如果要更有效率，首先就要排除國際合作時可能面對的一系列障礙。最主要的障礙如下：

- 集體利益和國家利益之間的衝突
- 已開發國家和發展中國家之間的緊張關係
- 經濟障礙
- 意識形態的障礙

首先，氣候變遷的議題可以被視為「公地悲劇」最典型的例子，意即國家普遍接受訂定減排目標對於整體來說是有利的，但是對於個別國家來說，他們所能得到的利益又不盡相同。因此乾淨的空氣和健康的大氣層是一種**集體財**，「全球公地」的關鍵因素。然而，應對全球暖化就必須投資在某些減緩和適應的策略上，並且必須接受較低的經濟成長率，這些都是加諸在個別國家身上的成本。這種情況下，國家被鼓勵去「搭便車」，只要享受健康的福利而不需付出任何成本，這也完全合乎理性，對於每個行為者來說，在克服氣候變遷問題的同時都會盡可能的減少付出，導致國家不願意同意具有約束力的目標，不然就是尋找其他方式，或者即使有約束力目標也可能設定在低於有效解決問題所需的水平。尤有甚者，經濟發展程度越高的國家，在應對氣候變遷時所需付出的成本也越高，也更加不願去採取一致的行動。在這樣的情境下，民主反而可能製造出更多的問題，特別是政黨之間的競爭經常圍繞在是否有能力提供經濟成長和繁榮的主張。

第二個問題是，氣候變遷暴露出已開發國家與開發中國家的重大分歧。換句話說，氣候變遷擴大了南北分歧。造成南北緊張的其中一個因素就是當今的排放水平，可以說因為「外包」（碳交

集體財（Collective good）：一種沒有任何人能夠被排除在外的整體利益，但也因此沒有任何誘因能使受益者付出。

易）而為設定目標提供了一個不公平的指標。隨著許多製造業逐漸轉移到開發中國家，以致實際上已開發國家有三分之一的溫室氣體是排放在其國境之外。另一個更深層的分歧則是責任分擔的問題。就南方國家的角度而言，已開發國家從工業化時代便開始累積碳排放量，因此負有歷史責任，實際上，已開發國家也已經用掉大部分大氣層的碳吸收能力，並且從經濟成長和繁榮中取得充分的收益。相較之下，開發中國家不但受到氣候變遷的負面影響，而且不管是採用減緩還是適應政策都很少有能力能夠應對它，意味著減排目標不應強加在開發中國家的身上，或者任何目標都應該考慮到歷史責任和相應的結構，已開發國家應該承受這比開發中國家更多的責任。

　　然而，從北方國家的角度來看，國家不應對當時行動結果仍然是未知的時代負責，而且那些應該為行動負責的人大多已經去世。在這種情況下，目標應該被設定在符合當今的排放標準，也就是已開發國家與開發中國家應該一視同仁。別的不說，像中國、印度和巴西這些新興國家的重要性正在崛起，意味著除非這些開發中國家在溫室氣體減排上扮演重要的角色，否則全球的目標很難被達成。儘管如此，如果將人口規模和人均所得列入計算，已開發國家和開發中國家之間的緊張關係會更加劇烈。舉例來說，儘管中國已經超越美國成為全球最大的排放國，但美國的人均排放量仍然高出中國四倍之多（在2010年美國的19.2噸，中國4.9噸）。南方國家的思考則往往是以權利為基礎，反應的是所有人類都應平等地享有世界上所剩的碳空間以及發展權的觀念（已經在北方的已開發國家實行），主張減排目標應該優惠占有世界大部分人口以及最貧窮人口的開發中國家。然而批評者認為，以權利為基礎來應對氣候變遷這種途徑所引用的平等主義假設，並不適用於生活的其他面向，為什麼在世界上剩餘的碳空間應該被公平地使用，但是卻沒有任何有關整體自然資源應該被公平地分享的協議？

　　激進的生態主義者（包括社會生態主義者與深層生態主義者）傾向強調應對氣候變遷的進程之所以不足，是因為有更深層的根源或是結構性的問題存在。這個問題並不只是單純地關於實現國際合作的困難度，而是關於塑造當代資本主義者的經濟和意識形態力量。就經濟因素而言，批評者經常強調資本主義體系在國家或全球的反生態取向，特別是利益極大化的商人總是希望用最容易取得且最便宜的原料來源：化石燃料。短期利益將會支配他們的思維，而不是生態的永續性。在這樣的觀點下，綠色資本主義僅僅是一個充滿矛盾的詞彙。就意識形態層

綠色政治的重要理論家

恩思特‧修馬克（1911-1977）

德裔英國經濟學家兼環保思想家。修馬克擁護人類生產規模運動和提倡強調道德和正確生活重要性的佛教經濟學（把人當一回事的經濟學）。代表著作為1973年的《小即是美》。

奈思（1912-2009）

挪威哲學家。奈思是一位深層生態學的倡議者，深受斯賓諾沙、甘地和佛陀的教誨所影響，主張生態應該平等地關注自然的每個部分，因為自然的秩序擁有一個內在的價值。他主要的著作有1989年的《生態、社群和生活方式》。

加勒特‧哈丁（1915-2003）

美國生物學家和微生物學家。哈丁最為人所熟知的即「公地悲劇」的概念，引起各界重視「個人無心的行為，對環境所造成的影響」。他發展出一種不妥協的生態主義，並對人口成長和自由的危險性提出警告。主要著作有1968年的《公地悲劇》和1974年的《救生艇倫理》。

梅利‧布克金（1921-2006）

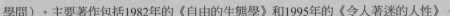

美國自由社會主義者。布克金透過「社會生態」的概念強調無政府主義和生態學之間的相似之處，同時也強力批判深層生態學中的「神祕」概念，他將之稱為「綠拉拉（eco-la-la）」（譯按：半吊子的假學問）。主要著作包括1982年的《自由的生態學》和1995年的《令人著迷的人性》。

卡洛琳‧麥茜特（生於1936年）

美國生態女性主義哲學家兼歷史學家。麥茜特將女性的自然描繪成仁慈的母親，但是卻因科學革命和市場社會的崛起而逐漸被對自然的「統治」模式所破壞。其主要的著作包括1983年的《自然之死》和1999年的《激進生態學》。

范達娜‧席娃（生於1952年）

印度生態女性主義行動家與核子物理學家。席娃對生物技術工業提出嚴厲的批評，她認為全球化的推進已經威脅到生物多樣性並且加深貧富差距，特別是女性。著有1993年的《心靈的單一文化》和1999年的《被竊的收成》。

詹姆士‧洛夫洛克（參見本書94頁）

爭辯中的議題……	氣候變遷問題只能採取激進的行動來解決嗎？

在綠色政治中，激進和修正主義之間的差異，可以從他們處理氣候變遷所採取的手段來區別。有些主張偏好結構經濟和意識形態的改變，其他則支持比較溫和且不費力的選擇。

支持	反對
危險的延遲。承認全球暖化問題以及有效率的國際行動之間有著越來越深的鴻溝。里約、「京都議定書」和哥本哈根會議的失敗，意味著溫和的減排行動已經不再適用。目前普遍的共識是全球氣溫如果上升超過2度，將會達到對人類造成危害的「引爆點」，但根據IPCC在2013年的預測，未來溫度可能會提升到4.8度。	**過度誇大恐懼**。對於氣候變遷的關注已經被一種環境的歇斯底里所驅使。環境的非政府組織透過不斷強調「世界末日」的可能情節，來抓住民眾的注意力和改變他們的態度，在這樣的過程中，媒體經常專注在製造聳動性和引人注目程度。決策者可能因此接受激進的策略，但卻不是處理氣候變遷問題，而是花更多的時間在減緩民眾對於氣候變遷的焦慮。
「輕鬆」解決的迷思。可悲的是，在經濟和政治問題上的策略經常是最沒有效率的。可再生能源僅能對減少使用化石燃料做出一小部分的貢獻。碳交易無法產生顯著的排放量減少，對氣候變遷採取的技術性「修補」，例如使用所謂的生物燃料、碳存放、乾淨的煤和核能，也經常被證明是昂貴且沒有效率，或者可能產生其他環境成本。	**適應改變**。大部分的環保人士都將全球暖化單純地視為某種必須停止、並且假設所有的影響都是負面的基礎上。然而，氣候變遷也可能帶來機會（新的旅遊目的地，提高工廠的可行性等等）和挑戰。此外，停止這些負面影響所需的成本可能會高的令人無法接受。在這種情況下，了解全球暖化的影響，並且找到適應它的生活方式可能會更容易，也更具成本效益。
經濟的重建。要解決全球暖化就必須提到經濟體系的改變。市場資本主義已經被證實是一個製造財富的高效率途徑，但它卻可以說是生態永續性的敵人。儘管生態社會主義者的觀點經常被嘲弄，但仍有許多環保人士要求激進的重新建構資本主義，特別是透過政府加強對永續政策的干預。	**市場解決方法**。資本主義絕對不是反對環保。資本主義的環保信譽是建立在回應來自生態敏感的消費者的壓力，並證明永續發展的策略也能讓公司獲益。此外，減少碳的使用量最好的方式並非譴責和禁止，而是透過市場機制來抑制碳的使用和刺激低碳或碳中和技術的發展。
後物質社會。如果繼續維持工業社會和成長主義的價值和欲望，經濟轉型是不可能發生的，因此應對氣候變遷的具體行動必須包含文化和心理層面。必須推翻需求「永遠不夠」的唯物主義，取而代之的是以「足夠」為基礎的穩定經濟狀態。唯有價值和情感的	**人類的才智**。低碳工業化背後的創新和創造能力一定能夠被充分用來建立碳中和企業、行業和社會。儘管對可再生能源的投資仍然不足，但是它的潛能是龐大的，特別是技術

改變，在國家和國際層次的決策者才有政治空間去發展更有意義的解決問題行動。

的善用（例如超高效風力渦輪機）。使用太陽能電池的太陽能發電廠在世界上變得越來越普遍，在中國、阿布扎比和其他地方也正在建設零碳排放的「生態城市」（eco-cities）。

次來說，國家與高碳工業化的連結，可能成為一種物質主義價值已經支配當代社會的證明，導致深層生態學者所主張的人類和自然之間徹底的脫節分離。物質主義和消費主義代表著經濟體系應該朝向經濟成長，以及生活水準的提升。從這個觀點來看，應對氣候變遷的困難性，並不只是說服人們至少放棄對他們物質繁榮的評估，更具有挑戰性的是：鼓勵人們修正他們價值觀的任務。

資源安全

　　儘管氣候變遷從1980年代末期開始，

> **概念澄清：地緣政治（Geopolitics）**
>
> 地緣政治是一種分析外交政策的途徑，用地理的特徵來理解國家間的行動、關係和意義，例如位置、氣候、自然資源、自然地勢和人口。地緣政治這個領域重要性的崛起是受到馬漢（Alfred Mahan）「海權論」的影響，其主張控制海洋的國家就能控制世界政治，相對的，麥金德（Halford Mackinder）則提出「陸權論」，主張控制德國和中亞之間大陸的國家就控制了世界政治。但地緣政治的批評者經常反對所謂的地緣決定論，也就是在國際政治中所謂的「地緣決定命運」。隨著全球化的崛起，地緣政治有時也被認為已經過時了。

成為全球環境議程中相當突出的議題，但這絕不僅止是一個重要的議題，實際上在經歷過去這麼多相同的時期，不可再生能源以及特定能源的來源，都逐漸被視為與安全、發展和衝突之間的關係有越來越緊密的趨勢。在許多方面來說，氣候變遷和**資源安全**已經成為國家間相互抗衡的優先目標，例如氣候變遷會鼓勵國家減少對化石燃料的使用，另一方面對於能源安全的要求也會刺激他們去尋求和探索新的化石燃料。然而環保主義者現在將可再生能源和非碳技術的投資，視為一種朝向資源安全的綠色道路，但前提是這些替代品必須擁有產生與化石燃料同樣程度能源的能力。其實在更早之前國家為了確保自身的權力和維持人口，就已經開始關注自然資源的充足性，這可以追溯到馬爾薩斯的人口論，當時他非常沮喪的預測，由於「人口學原則」所以任何國家的生活水準最終都將回歸到僅能維生的水平。儘管技術的革新和新能源的發現，

> **資源安全（Resource security）**：這種安全是以能源和其他資源是否能充分滿足國家的經濟和軍事需要來判斷。

湯瑪斯・馬爾薩斯（1766-1834年）

英國政治經濟學家和牧師。馬爾薩斯受到如雅克・盧梭（Jean-Jacques Rousseau，1712-1778）和大衛・休謨（David Hume，1711-1776）等啟蒙時代思想家的啟發。在1788年，他成為英格蘭教會部長。馬爾薩斯最為人所熟知的是1798年著名的的《人口論》。（這是他在小冊子所載的意見，後來擴展成為一本書籍並翻譯成許多版本）。其主要論點為人口是以倍數（幾何）成長，而食品和其他必需品的供應僅是按算數成長，因此人口的增長一定會超過維生手段的成長速度。人口成長總是導致飢荒、疾病和戰爭。有些人認為，馬爾薩斯的預言具有根本性的缺陷，因為他沒有考慮到農業和其他技術的改進，其他人則認為他的預言僅僅是被推遲而已。

使現實的情況與馬爾薩斯的悲觀主義有一段差距，但歷史上也確實曾出現幾個因為人們對資源稀少的焦慮而出海尋找的時期，例如十九世紀為了爭奪鐵和碳資源控制權的早期工業化國家，還有第一次世界大戰結束後，拚命地在國外尋找石油能源的歐洲強權。

在1970年到1980年代對於資源的焦慮開始消退，一方面是因為發現新的且看似豐富的化石燃料，另一方面則是全球化的加速為能源和其他資源帶來一個更大且反應更迅速的市場。無論如何，從1990年代開始，他們已經恢復特定的力量，特別是使能源議題的重要性重新回到國際議程。舉例而言，**資源戰爭**的次數正逐漸成長，過去一度被視為已經衰亡的地緣政治突然再度復活，究竟這一切是怎麼發生的？至少有三個發展能夠幫助我們說明：首先，對能源的需求快速成長（特別是石油、天然氣、煤炭）。這是因為國際能源市場上出現新的競爭者，例如中國和印度，除此之外還有像巴西等其他比較小的新興經濟體。其次，世界主要的能源消費者——美國，越來越重視其國內石油（較便宜）供給量的減少及其對國外石油（昂貴且較少）的依賴正逐漸增加的問題。最後，正如同需求的壓力增加，國際上對能源的焦慮再次浮出水面，對於世界上主要商品儲存量（特別是石油）已經萎縮的憂慮正逐漸增加（Deffeyes 2005），引發關注的是，不僅是表面上新的石油供應量無法跟上不斷增長的需求，更令人擔憂的是，預測（由某

資源戰爭（Resource war）：這是一種為了獲得或保有那些對於經濟發展和政治權利相當重要的資源控制權而發動的戰爭。

焦點⋯⋯ 富足的矛盾：資源是一種詛咒？

資源究竟是一種祝福、還是一種詛咒？為何那些擁有豐富自然資源的國家和地區往往是世界上最貧窮且問題最多的地方？首先，自然資源製造了經濟的不平衡和困難，包括增加政府稅收的波動，導致通貨膨脹，影響政府支出的景氣循環（繁榮與蕭條）。其他對於經濟造成的損害還包括自然資源出口後，可能帶來工資與匯率的上漲（這種情況有時被稱為「荷蘭病」，因為荷蘭雖然在1960年代發現了天然氣這項自然資源，卻反而導致其製造業的衰退）。但若缺乏經濟的多樣性也可能造成危險，因為一旦其他工業的獲利無法與自然資源的營利水準相比擬時，便無法發展。

其次，自然資源也對治理的性質和質量產生巨大的影響。一方面是因為自然資源所帶來的巨大資金會導致政治的腐敗，而且這些擁有豐富資源的國家其主要稅收通常並非來自一般民眾，所以這些政府往往較不重視民意。因此豐富的資源也經常讓人與威權主義聯想在一起。最後，自然資源可能、且經常引起衝突與內戰。衝突通常發生在為了控制和開發資源以及分配稅收的時候，意即擁有豐富資源的社會更容易導致族群衝突、分離主義革命和軍閥混戰。像是在非洲，「鑽石戰爭」已經變得相當普遍且相對衝突時間較短，而與石油相關的衝突則發生在阿爾及利亞、哥倫比亞、蘇丹、印尼、奈及利亞和赤道幾內亞等國，形式從低層次的分離主義鬥爭到發展成熟的內戰都有。

些人揭穿）的**石油頂峰**也可能很快就會達到。世界上的石油可能會用盡，而且目前看起來沒有任何其他能源的來源（不論是可再生或不可再生）可以取代它。這些發展已經導致全球權力出現重要的轉變和騷動，衝突也經常出現在那些受到神的祝福而擁有豐富石油和其他資源的國家。

資源、權力和繁榮

資源和全球權力的連結也可以視為一種新的國際能源秩序的崛起，因此國家在國家層級中的排名不再只以傳統的經濟或軍事能力來評估，而是以其石油和天然氣儲存量的多寡和該國是否擁有向其他國家購買（或取得）資源所能動用的財富（Klare 2008）。這個概念將世界區分成能源盈餘國和能源赤字國，並且更進一步以他們盈餘和赤字的程度進行區分。國際能源秩序的主要行為者像美國、中國和印度都是能源赤字國，而俄羅斯則是能源盈餘國。就美國而言，由於其國內的石油儲藏量逐漸減少，再加上國際價格的上漲，使得美國開始加強他在波灣地區（石油蘊藏量最豐富的地區）的地緣政治影響力，因此有些人認為1991年的波灣戰爭和2003年入侵伊拉克最主要的動機其

石油頂峰（Peak oil）：指石油的開採率達到最高點。

實是為了石油，還有另一種說法是，所謂「反恐戰爭」其實也可以被視為美國對於能源安全的關注（Heinberg 2006）。

　　中國和印度的經濟崛起也改變了世界的能源市場，例如石油、天然氣、碳、鈾和其他主要的能源來源，以及工業商品如鐵礦石、銅、鋁和錫等等，這種情況使這兩國有時被合稱為「Chindia」。就中國而言，尋求能源安全對國內和外交政策來說都有很重要的意義。在國內方面，能源安全促使中國積極鎮壓境內的分離運動以及增強對西方和西南方省分（如新疆和西藏）的政治控制，為其進入中亞和得到豐富的石油和其他資源提供了重要的管道。另一方面，中國正在萌芽的對外影響力也著重在加強與石油蘊藏量豐富的國家之間的關係，例如對伊朗和擁有全世界最多未開發能源和礦業供應量的非洲進行大規模投資。中國在非洲採取的能源「走出去」政策，其實在某些面向類似於十九世紀末為了尋找殖民地的「走出去」政策。而新的國際能源秩序使俄國成為世界最主要的能源盈餘國，使其從共產黨瓦解和經歷了後共產主義的十年動亂後，搖身一變成為能源超級強國，因為歐洲和其他國家對俄國石油和天然氣的依賴，使其能夠充分的發揮槓桿能力成為歐洲能源供應者中最有權力的掮客。而對能源安全的追求也促使俄國積極增強其對「近鄰」的控制，尤其是石油蘊藏量豐富的高加索地區。這也可能是導致俄國2008年入侵喬治亞的原因之一。

　　最後，自然資源往往被視為一種純粹的祝福，也普遍被視為國家權力的要素之一。能源、礦產和其他資源不只為國家提供了長期經濟發展的基礎，同時也是一種從其他國家獲得收入和執行影響力的工具，例如沙烏地阿拉伯和其他石油蘊藏量豐富的波灣國家、委內瑞拉和哈薩克，以及俄羅斯都是最好的例證。但實際上自然資源雖然為這些國家帶來祝福但也經常帶來許多問題，我們可以發現世界上許多最貧窮且問題最多的地區，通常也擁有豐富的能源和礦產，像撒哈拉以南的非洲和中東就是明顯的例子，這也帶出了「**能源詛咒**」的概念，有些時候也稱為「富足的矛盾」（paradox of plenty）。

重點摘要

- 環境經常被視為全球性議題的典型案例。環境過程固有的跨國特徵，意味著每個國家的環境都可能會受到發生在其

能源詛咒（Resource Curse）：指擁有豐富的自然資源的國家和區域卻經歷低經濟成長、發展受到阻礙，有時則是內亂的發生。

他國家的環境行動所影響，所以特別脆弱。因此，環境議題只有在國際或是全球層次獲得進展才有意義。

- 關於環境問題的嚴重性和本質，以及這些問題應該如何處理等這些爭論，經常根植在人類和自然環境之間關係的哲學辯論上，改革主義者和激進的策略，經常受到究竟應該以人類需求（人類中心主義）為優先，或者是以生態平衡（生態中心主義）為優先這兩種不同的觀點所影響。

- 從1990年早期開始，氣候變遷已經成為國際環境議程的主角，儘管仍然存在某些反對的意見，但在氣候變遷正在發生，而且是人類行動的結果（尤其是從工業化時代開始的溫室氣體排放）這些觀念上，已經逐漸達到共識。然而在氣候變遷所帶來的後果（和問題的嚴重性）以及應該如何解決這些問題上，仍然存在著主要的分歧。

- 應對氣候變遷的國際行動經常必須面對各種國際合作的障礙，最重要的是：（或許是最根本的）國家利益和公共財之間的衝突、存在於已開發國家與開發中國家之間的緊張關係、資本主義只關注成長的偏見以及根深柢固的物質主義與消費主義倫理。

- 能源來源已經漸漸被視為一種與安全、發展與衝突相關的問題，特別是石油、天然氣和碳的取得，已經成為決定二十一世紀世界秩序形態的關鍵因素。但這絕非代表著自然資源就是國家權力的來源，舉例來說，當自然資源導致經濟的不平衡並且吸引許多他們不樂見的外國勢力涉入時，這些資源就可能成為一種「詛咒」。

問題討論

- 為何環境議題逐漸成為國際關注的焦點？
- 「淺層」生態主義與「深層」生態主義有什麼差別？
- 永續生態這個概念代表的重要意義是什麼？
- 我們是否有義務對下一代負責？若有，又代表什麼意思？
- 關於「氣候變遷是由人類行動所造成的」這樣的概念，是否仍具有爭議性？
- 氣候變遷的負面結果是否被過度誇大？
- 已開發國家是否應該在應對氣候變遷上負起主要的責任？
- 溫室氣體排放量的目標是否應該以人均排放量為基礎？
- 對於資源安全的關注是否總是與氣候變遷產生衝突？
- 在什麼情況下自然資源會是一種「詛咒」？

第十七章

全球性別政治

「男人創造戰爭，因為戰爭讓男人更像男人。」

——芭芭拉・艾倫芮琪，《血祭儀式》，1997年

前言

　　國際政治的研究在傳統上都是性別盲目的。這個學門主要仍聚焦在國與國之間的關係，至於兩性政治和性別關係則很少被提及或被視為不相關。然而，自1980年代以來，世界事務中的女性觀點已日益高漲。在很大的程度上反應出人們逐漸接受他們對於這個世界的理解是受到社會與歷史的背景所形塑。這意味著，全球政治可以從「性別的視角」來理解。但所謂透過「性別的視角」來理解全球政治代表什麼意思？女性主義又是如何改變我們對國際和全球進程的了解？採取性別觀點來觀察國際和全球事務的其中一個意涵就是：為了讓女性的角色被看見，用以平衡這個過去主要以男性為主導的學科，僅關注男性所支配的制度和進程的偏見。換句話說，女性長久以來都是全球政治的一部分，只是她們的角色和貢獻總是被世界忽略。如果要從更深入且分析更透徹的層次來使用性別的角度觀察全球政治，意謂著要先承認傳統上用來理解世界的概念、理論和假設是帶有性別色彩的。因此，性別分析的目的是分析男性和女性的身分認同、符號和結構，及其如何形塑全球政治。這不僅揭露出主流理論的概念架構是受到「男性本位主義者」的偏見所主宰，而且這個概念架構在某些方面被改寫成女性主義的看法。這個世界上的男性和女性是否已經透過各自不同的方式去理解與行動？這對全球政治的理論與實踐來說，又代表何種意義？

關鍵議題

- 女性主義的主要學派為何？他們不同意什麼樣的觀點？
- 何謂性別？性別如何影響我們對政治的理解？
- 女性主義如何看待安全、戰爭與衝突？
- 國家和民族主義是否被建構在男性本位主義規範的基礎上？
- 對於性別關係的意識，如何改變我們對全球化和發展等議題的理解？

女性主義、性別和全球政治

女性主義的種類

　　女性主義大致上可被定義為一種女性的社會進步運動。例如，女性主義理論有兩個核心的信念：女性因其性別而處於劣勢，這個劣勢能夠、也應該被推翻。在此一方式下，女性主義強調他們所看到的兩性政治關係，都是呈現男性至上並且壓抑女性的現象（即使並非全部的社會都是如此）。雖然「女性主義」一詞可能起源於二十世紀，但這些觀點表現在不同的文化上，並可追溯至古希臘與中國的文明。例如：威尼斯的詩人克里斯蒂娜・德・皮桑（Christine de Pisan, 1365-1434）所撰寫的《女性之城》（*Book of the City of Ladies*），即為許多現代女性主義的觀點埋下伏筆，記錄著過去著名的女性提倡女性有權接受教育和對政治具有影響力的事蹟。然而，女性主義一直是高度多樣性的政治傳統，有時在次傳統的範圍中也是相當混亂，像是「自由」女性主義、「社會」或「馬克思」女性主義、「激進」女性主義、「後現代」女性主義、「心理分析女性主義」、「後殖民女性主義」、「女同志女性主義」等。以下兩個主要的區別對我們瞭解女性主義很有幫助。首先，第一個區別出現在女性主義的第一波與第二波浪潮之間。

　　第一波女性主義浪潮出現於十九世紀，主要展現在女性追求選舉權的運動上。它的核心信念是，女性應該與男性擁有同樣的法律與政治權利，並且特別強調女性的參政權，因為如果婦女可以投票，那麼其他性別歧視或偏見的形式將會很快消失。**第二波女性主義**則源自一種認知，意即達成政治與法律的權利並無法根本解決「婦女問題」。因此，第二波女性主義的目標不僅追求政治的解放，更希望達到婦女權利的解放，將目標訴諸於婦女解放運動之中，並於1960年代與1970年代出現具代表性的所謂「新」社會運動。這項運動的核心主旨是，婦女的解放不能單靠政治改革與法律改革，而是需要更深遠、甚至是造成社會變革的革命性過程才能達成。而第一波女性主義運動主要關切的是「公」領域的教育、政治與工作改革；第二波女性主義運動則試圖重新建構家庭與國內生活的「私」領域，反映

第一波女性主義：出現在十九世紀中期到1960年代，是女性主義的早期形式。主要是希望在法律和政治權利，尤其是選舉權領域上達到性別平等的解放目標。

第二波女性主義：出現於1960與1970年代，更加激進地關注「婦女解放」問題，尤其是在私領域的部分。

出「個人的即政治的」（the personal is the political）信念。第二波女性主義實行了「日常生活政治」，並且對男性與女性在家庭、個人和性別上的權力結構提出質疑。此一轉變反映出**激進女性主義**在女性主義理論中日益增長的重要性，表現了女性的從屬地位是源自於「父權」（patriarchy）制度的普遍性與系統性（Millett 1970; Elshtain 1981）。

　　然而，自1970年代以來，女性主義經歷了一個去激進化（deradicalization）的過程，試圖確立一個更明確的女性主義「第三波浪潮」，同時也變得更多樣性。女性主義內部的第二個區別變得越來越顯著：即女性主義究竟是追求「平等」，或是承認「差異」。女性主義歷來與追求兩性平等有著非常緊密的關係，意味著實現平等權利（自由女性主義）、社會平等（社會女性主義）或平等的個人權力（激進女性主義）。此種類型大致可稱為平等女性主義，「差異」意指壓迫或從屬，強調男性在法律、政治、社會或其他方面享有優勢，卻剝奪了婦女應有的權利，也就是婦女必須從差異中解放。儘管社會女性主義和大多數的激進女性主義信奉的是平等主義思想，但最具影響力的平等女性主義形式還是**自由女性主義**。自由女性主義主導了第一波女性主義思潮，塑造了美國第二波女性主義的改革傾向。自由女性主義的目標是確保女性和男性在「公」領域上享有平等的權利，例如支持女性接受教育、投票、參政和就業等權利。

　　這種想法的基礎是建立在相信人性為**雌雄同體**的基礎上。所有的人不論性別，都擁有來自父親與母親的遺傳，融合了男性和女性的屬性與特徵。因此男性與女性不應從他們的性別，而是應該以「個人」或「人」來評斷。就此觀點，「性」（sex）和「性別」（gender）之間產生了非常明顯的區別。在這個意義上，「性」（sex）是指女性與男性生理上的差異，且通常與繁衍後代有關；這些差異性是與生俱來且無法改變的。另一方面，「性別」是一種社會建構與文化的產物，而非自然出現的。性別的差異性通常是因為被添加像是「陽剛味」和「女人味」這種對比的刻板印象才出現。正如法

激進女性主義（Radical feminism）：女性主義的一種形式，認為性別畫分是政治上最顯著的社會分裂現象，並相信這些都根植於家庭或國內生活的結構。

自由女性主義（Liberal feminism）：相信性別的差異與個人價值無關，並且要求男性和女性在公領域享有平等的權利。

雌雄同體（Androgyny）：同時擁有男性與女性的特徵，意謂著人類是無性別的「人」（persons），在這個意義上，性別與社會角色和政治地位無關。

國哲學家兼女性主義者西蒙・波娃（Simone de Beauvoir，1908-1986）所言：
「婦女是被塑造出來，而非天生的」。

　　性別是一種社會建構的概念，最初被設想為一種駁斥生物決定論的手段；而此一概念受到反女性主義者的青睞。「生物決定命運」，意謂著婦女在國內或「私人」的角色是其身體與生理構造所產生之不可避免的結果。但它同時也意謂著性別的差異是根深柢固的，尤其是男性與女性之間在生理與心理上的兩性經驗有著相當大的差異（Squires 1999）。這也形成所謂的「女性主義立場論」（standpoint feminism），也就是從婦女經驗的獨特觀點或角度來理解世界（Tinkner 1992）。女性主義立場論認為婦女處於政治生活邊緣的經驗賦予她們對社會議題的觀點，從而提供了解世界事務的角度。雖然女性不一定優於男性，但婦女的意見為全球政治的複雜世界提供了有效的觀點。就其他案例來說，**差異女性主義**試圖將男性與女性在社會和文化中的差異，與更深層的生物學差異相連結。因此，他們用**本質論**（essentialist）來說明性別，假定不論其男性和女性是否受到社會化的影響，都存在一個能夠決定他們性別行為的「本質」。然而，不管男女之間是否存在生物、政治文化或心性起源上的差異，存在於男女之間根深柢固的信念和差異，已經對女性主義理論造成重大的影響（Held 2005）。特別的是，反女性主義者認為傳統上性別平等的目標是錯誤或不可欲的。

　　如果女性想要受到像男性一樣平等的待遇，就必須得到男性的認同，也就是她們必須以男性的角度和需求為目標。因此，要求平等體現在渴望「成為男性」之上，舉例而言，男性社會的特點就是競爭性與攻擊性的行為。相反的，差異女性主義認為女性應該自我認同，尋求解放而非一個無性別的個體，成為一個有發展力與實現自我的女性，讚揚女性的價值觀與特點。據此，女性應該從差異中獲得解放。

　　後殖民女性主義與後結構女性主義強調的也是差異而非平等的觀點。後殖民女性主義不贊成普世主義者對女性處境的分析及敘述，認為後者企圖把那些來自於自由資本主義社會中產階級女性經驗的政治議程，加諸在一般女性身上（Chowdhry and Nair 2002）。因此，後殖民女性主義抵制企圖透過「由上而

差異女性主義（Difference feminism）：女性主義的一種形式，認為無論是從生物、文化或實質經驗來看，男女之間都有著不可抹滅的差異性。

本質主義（Essentialism）：認為生物因素是決定心理和行為特徵的關鍵。

全球行為者…

婦女運動

類型：社會運動

一個有組織性的婦女運動最早出現於十九世紀中期，當時這個運動的主要訴求為女性的參政權，因此被定義為「第一波」的女性主義浪潮。十九世紀末期，追求女性參政權的運動也在許多西方國家蔓延。雖然女性參政權的目標已經在二十世紀的已開發國家中大致達成（此運動最早出現於1893年的紐西蘭），但諷刺的是，讓女性獲得選票卻反而弱化了婦女運動原本一致的目標與目的。直到1960年代，婦女運動才因「婦女解放運動」的誕生而得到重生。而此一運動經常被視為女性主義的「第二波浪潮」，反應了要改革婦女地位的不平等不能只靠政治改革，而是需要一個激進的過程，特別是「意識提升」（consciousness raising）與家庭、國內與個人生活上的轉型所帶來的文化轉變。這股女性主義積極行動的激進階段從1970年代初期開始逐漸消退，但婦女運動仍然持續增長，並且在國際層面越來越顯著。

重要性：社會運動的影響是難以估量的，因為他們的目標通常具有廣泛的性質，且在一定程度上運用無形的文化戰略施加影響。然而在婦女運動的案例中，數年來在文化價值與道德觀念的轉變為政治和社會改變帶來了深遠的影響。女性主義運動除了在投票權上的成就之外，從1960年代起，女性主義運動為西方社會結構帶來深刻且深遠的變化。女性接受教育、進入職場和公共生活的程度普遍擴大；女性也獲得自由避孕與墮胎的權利，婦女在法律與財政上越來越獨立；不僅

如此，強姦與暴力侵害婦女的問題也日漸受到重視。這些變化對家庭和社會結構帶來巨大的轉變，隨著越來越多婦女投入職場，使人們重新審視甚至重新改寫傳統的性別角色。在國際層面上也可以看到類似的發展，像是賦予和提升婦女問題在國際議程中的優先順序。例如，透過一個明確強調賦予婦女發展權利的倡議，提倡像是人類發展、人類安全和婦女人權等觀點；聯合國和世界銀行等機構還採納了「性別主流化」（gender mainstreaming）。

然而，婦女運動的意義和影響也在很多方面受到質疑。第一，在提升性別平等上，雖然已經發生，但卻能是來自資本主義現代性所產生的壓力，而較少來自婦女運動的影響。因為資本主義社會特別重視個人在生產過程中的貢獻，而非傳統的地位。第二，婦女運動所帶來的性別革命並不完整。婦女的教育、就業和參政機會的擴大，大部分仍侷限於已開發國家，甚至存在重大的差距。不僅婦女在專業、商業和政治領域中高階職位代表性的持續不足，而且事實上持家和育兒的責任仍然分布不均。第三，隨著時間的推移，婦女運動分裂成越來越多不同的流派。核心的傳統西方女性主義（自由主義、社會主義／馬克思主義和激進女性主義）已逐漸受到黑人女性主義、後殖民女性主義、後結構女性主義、心理分析女性主義和女同志女性主義等流派的挑戰。最後，社會保守派指責婦女運動鼓勵女性將事業發展和追求個人成就感擺在家庭與社會責任之前，進而造成社會分裂。

下」的國際政策過程來處理性別不公的情形，認為這些遭到干涉（介入）的「受助者」其實應該視為「受害者」。對後結構或後現代女性主義而言，他們對於是否存在一種固定的女性認同提出質疑，這種拒絕一致的概念源自於婦女的經驗具有差異性的看法（Sylvester 1994）。從這個角度來看，即使是「女性」的觀點也可能是虛構的，但由性別論述所塑造出來的女性和男性在生物學上的差異是無須爭論的（例如：並非所有女人都有撫養孩子的能力）。

全球政治中的「性別視角」

自1980年代末起，女性主義理論被廣泛應用於國際和全球議題的研究上，大約20年後，女性主義已經對其他社會學科領域產生影響。然而，自此之後性別的觀點越來越顯著，並伴隨著其他批判理論，用各種方式對主流的現實主義與自由主義研究途徑提出挑戰。女性主義也對所謂的國際關係「第四次大辯論」有所貢獻，開始對理論的本質與知識的政治提出質疑。這些新的觀點普遍接受所有的理論都是在特定的社會與歷史脈絡下產生的（Steans 1998）。但究竟何謂以「女性主義的視角」或「性別的視角」來觀察全球政治？像民族主義、安全或戰爭等議題要如何以性別的視角來分析？我們可以從經驗女性主義和分析性女性主義這兩方面，來說明性別關係如何改變全球政治的分析與理論途徑（True 2009）。

經驗女性主義主要目的是將女性加入現有的分析架構之中〔有時被貶低為一種「攪拌」（add women and stir）的研究方式〕。這種觀點本質上具有實證的傾向，主要受到自由女性主義的影響，因為傳統上國際關係這個學門仍聚焦在男性主導的機構和程序之中，經驗女性主義解決了女性代表性不足或不實陳述的問題。

經驗女性主義對國際政治的傳統研究途徑提出的批判可以歸納為一個問題：女性在哪裡？因此，女性主義者眼中的國際政治，意謂著承認以前那些無法被輕

易察覺的女性對塑造世界政治所做出的貢獻，例如：各種類型的工人、移民的勞工、外交官的妻子和軍事基地的性工作者等等（Enloe 1989, 1993, 2000）。這些思想造成的影響可以從聯合國和其他如世界銀行等機構已經採納**性別主流化**中發現，尤其是自從聯合國舉辦了婦女十年（1976-1985）活動之後開始。然而，儘管「將女性加入」證明了女性一直以來都與國際政治活動與全球進程有關，即便如此，這樣的性別角度也有其侷限。第一，採用性別的角度使我們認知到性別是一種經驗而非一種分析和分類，意味著它擴大了我們對全球進程的了解範圍，而非改變我們原先對它們的理解。第二，強調女性在國家、國際和全球的領導角色，可能會過度強調女性菁英分子的利益，反而忽略了如何修正這種性別失衡可能對全球行動者的行為造成的影響。

相反的，分析性女性主義強調性別偏見已經遍及主流國際理論的架構和主要概念，尤其是現實主義。分析性女性主義利用不同的女性主義的概念來分析關於世界是如何被看待和理解的議題。雖然主流的理論在傳統上被視為性別中立，但分析性女性主義揭露了隱藏在背後的假設，也就是事實上這些理論是在一個將男性主宰的社會與政治視為理所當然的情況下衍生出來的。因此主流理論的核心概念與思想反映出一種**男性本位主義**的偏見。女性主義立場論在證明國際政治的傳統理論是如何受男性主宰上，特別有影響力。以一個開創性的分析來說，蒂克納（J.Ann Tickner 1988）重新陳述摩根索的現實主義六原則，以顯示出這些看似客觀的法則其實反映的是男性價值而非女性。

概念澄清：父權制（Patriarchy）

父權制字面上的涵義為父親的治理（pater在拉丁文中是父親的意思）。儘管一些女性主義者在特定和有限的情況下，使用父權制這個詞語來描述家庭的結構，以及丈夫－父親對其妻小的支配；尤其是激進女性主義者使用這個詞語來描述在大部分的社會中仍是男性權力體系。因此父權制意謂著「男性的統治」。這個詞語暗示著婦女的從屬地位是反應且源自丈夫－父親在家庭中的主導地位。因此，密勒（1970）主張父權制包含兩種原則：「男性應該支配女性，年長的男性應該支配年輕的男性」。所以父權制的社會具有性別和世代壓迫的特徵。

性別主流化（Gender mainstreaming）：企圖將「主流」的性別概念套用在決策分析過程之中，也就是在做出決策之前先對可能對女性與男性各自造成的影響進行分析。

男性本位主義（Masculinism）：源自於男性或男性本位的觀點，總是將男性視為較優越、客觀或理性的一種性別偏見。

摩根索利用權力政治將國家描述為一個獨立自主的行為者，藉由獲取控制其他國家的權力來追求自利，此模型反映了傳統上家庭還是由丈夫－父親所支配，以及在社會中男性仍較具有優勢的情形。與此同時，這種權力的性別概念稱為「對他人的控制」或是統治，卻沒有考慮到各種形式的人際關係其實可能更貼近女性的經驗，像是關心、相互依存和合作行為。蒂克納重新描述的六項原則可歸結如下：

- 客觀是文化的定義並且經常與男性本位相連結，所以客觀永遠只是局部的。
- 國家利益是多面向的，因此它不能（也不應該）由一組利益來定義。
- 權力被視為具有支配與控制的陽性特質。
- 在國際舞台中，有可能利用權力作為提升集體力量的來源。
- 所有的政治行動都隱含道德的意義——道德與政治是無法分離的。
- 用獨立自主的政治現實來定義政治太過狹隘，排除了婦女的關注與貢獻。

性別化的全球政治

性別化的國家與性別化的民族

　　全球政治中的認同議題一直是由強調認同的民族國家所主導。這種認同特別強烈，因為公民（一個國家的成員）與民族性（一個民族的成員）對於根據領土界定出來的社群有著同樣的認同。此外，據稱民族國家的同質性有助於解釋為何有些形式的認同，例如社會階層、性別、宗教以及種族，在傳統上已經被政治邊緣化。在某種程度上，當代女性運動的興起已經培育起以跨國性別忠誠為基礎的「國際女性情誼」來對抗民族國家的忠誠，企圖藉由二十世紀的社會主義運動來灌輸一種「國際無產階級主義」的思想，只是影響力不大。然而，更重要的是，女性主義者試圖證明國家與民族之間對性別的假設與偏見，已經在某種程度上相互糾纏。

　　女性主義並不包含像國家這樣的理論（MacKinnon 1989）。再者，女性主義者通常不將國家權力的本質視為一個核心的政治議題，反而著重於男性權力的「深層結構」，例如像家庭這樣的制度。然而，激進女性主義者特別主張國家是父權制的運作，意味著國家實際上是一個父權制的國家。然而這種觀點又有工具

主義者與結構主義者兩種不同的論述。工具主義研究途徑視國家為一種男性用來捍衛自己的利益以及維護父權制度的「代理人」或「工具」。這種論述的輪廓描繪出女性主義的核心信念，亦即父權制度將社會畫分為公領域與私領域。傳統上，女性的從屬地位受到家庭與家庭責任等私領域的限制，使她們成為家庭主婦或母親，並將其排除在以政治與經濟為核心的公領域之外。這樣的觀點簡單來說就是：國家是由男性、也是為了男性所設計。而工具主義者的論述著重在國家的全體人員，特別是國家菁英；結構主義者的論點則強調，國家制度被嵌入更廣泛的父權體系的程度。當代的激進女性主義者特別關注福利國家的出現，將其視為一種新形態的父權表現。福利可以藉由將私人的依賴（如同身為家庭主婦的女性必須依賴男性負擔家計）轉移至公共體系的依賴以維持父權制度，如此一來，將有越來越多的女性受到擴張的國家機構所控制。例如，女性已變得越來越依賴國家，成為國家服務的客戶或顧客（如托兒機構、托兒所、學校以及社會服務等）和員工，特別是所謂「關懷」的職業（如護理、社工與教育等）。

　　國家的性別特質不止對鞏固與擴張男性權力的內部結構而言很重要，同時也形塑國家的外部行為與國際體系結構。在此，父權制決定了國家是競爭的，且至少在本質上是具有侵略性的，反映出這種社會互動的形式是男性社會的普遍特徵。因此，一個父權制的國家體系很容易產生衝突與戰爭。此外，這些傾向與行為被傳統上用來解釋父權概念架構所建構出國際體系的合法化。例如，從主權的案例便可發現。國家主權是西發里亞國家體系的核心原則，國家是一個單獨且獨立的實體，在無政府狀態中運作的自主性行為者。這樣的圖像可反映出男性主宰世界的觀點，因為在男性的成長過程中，一般強調培養其獨立自主、自力更生與堅強的性格。就像男孩與男人習慣於認為自己是獨立、自主的生物，因此很自然的認為國家也具有同樣的特徵，如同國際主流理論中，國家的首要動機就是國家利益一般。這可被視為源自於男性成長過程中對自我主張與競爭力的強調。事實上，就此觀點，古典現實主義者認為國家利己主義反映了人類利己主義的主張，或許應該改寫為：國家利己主義反映了男性利己主義。

　　在國家與民族主義的性別觀點也已經有所進展（Yuval-Davis and Anthias 1989; Yuval-Davis 1997），並且採取多種不同的研究途徑，性別民族主義最重要的面向之一便是聚焦於婦女在何種程度上被用來作為種族、宗教與國家團體等文化傳承的象徵。據此，性別與民族或文化差異的議題相互糾纏，這可以從我們通

觀點······　性別關係

現實主義觀點

現實主義並沒有關於性別的理論。事實上，現實主義者通常不認為性別關係與國際與全球事務有關。這是因為世界舞台的主要行為者是國家，它們的行為是由國家利益所形塑，而且事實上，在一個無政府狀態的國際體系中，它們被迫優先考量安全（尤其是軍事安全）。因此，國家是一個「黑盒子」：其國內政治與制度結構以及其他社會組成，像是性別、階級、族群、種族或其他部門，都對其外部行為沒有影響。但是現實主義者認為國家的自利來自於人類的自利，例如古典現實主義者摩根索，其主張所有人類都具有支配傾向，包括家庭。因此存在於「公領域」的男性與「私領域」的女性之間的父權制家庭與性別分工（Elshtain 1981），往往被認為是自然且不可改變的。

自由主義觀點

自由主義者長期以來一直關注性別平等的問題，所以自由女性主義是最早出現的女性主義學派，並且在一些國家（如美國）仍然相當具有影響力。自由女性主義的哲學基礎是個人主義原則，不論其性別、種族、膚色、信仰或宗教，每個人都有權被平等對待。即使要對個人依其性格、才華或是個人價值來作出評斷，也應該是在理性的基礎下。應該明確禁止任何形式的性別歧視。因此，自由女性主義的目標是打破那些限制女性追求事業與從事政治活動的法律和社會壓力，尤其是增加女性在公共生活與政治生活中高階職位的代表性。他們相信這將有助於維護司法利益（促進男性與女性的平等機會），並且盡可能地改變政治的運作方式。這是因為自由主義者通常假設男性與女性具有不同的本質與偏好。

至少在家庭與家庭生活這個部分，女性天生（至少部分）具有照護與養育特質。女性主義的思維對自由主義國際關係學者有很大的影響，例如，基歐漢（1989, 1998）特別接受女性主義立場論的概念，像是複雜的相互依存與制度的改變，可以建構出一個更豐富且更重視性別的結構。然而，作為一個自由理性主義者，他批評有些女性主義學者與後現代與後結構的方法論進行連結，認為這些知識只能作為發展中可驗證的假設。

批判主義觀點

全球政治的批判理論和女性主義的思維與性別觀點在許多不同的方面相契合。社會建構主義對於早期激進女性主義者的性別觀念有著顯著的影響，特別強調發生在家庭之內的社會化過程，亦即男孩和女孩往往被鼓勵去適應那些對男性（陽剛味）與女性（女人味）的刻板印象。因此，性別是一種社會建構的結果，與生物學上的性徵有所區別。法蘭克福學派的批判理論（源自馬克思主義的傳統）往往忽視性別或將其邊緣化，並將焦點集中在社會階層。然而女性主義批判理論傾向把女性主義立場論的基本要素與廣義的馬克思主義混在一起，並強調資本主義和父權制之間的聯繫，視其為環環相扣的霸權結構。在這樣的觀點下，女性團體具有相當大的解放潛力，可以作為對抗全球資本主義和跨國公司推進的一股力量。後現代與後結構女性主義者特別採取女性主義的形式，宣稱男女之間有著本質上的差異。最後，後殖民女性主義者也對歐洲中心論提出批判，女性解放的普遍模式未能認知到性別的認同可能與種族、民族和文化問題相互連結。例如，伊斯蘭女性主義的形式已經回到傳統道德與宗教原則上，被視為女性地位的提升。

常傾向使用性別的詞語來描述國家中發現，例如通常使用「母國」（motherland），有時使用「祖國」（fatherland）。從某種意義上來說，這些圖像只是反映出國家與家庭的相似之處，兩者都被視為「家」，而且都因為血緣關係而被塑造在一起或至少是血緣相似的關係。民族主義的言辭也經常被大量性別化，例如：在愛國主義的觀念中，他們熱愛自己的國家。當種族、宗教與民族認同的熱度消退時，性別形象就會特別顯著，因為他們傾向強調婦女在「國家中所扮演的母親角色」，作為種族或國家團體的重現以及獨特文化的傳遞者，特別強調女性的「純潔」。這可從宗教基本教義派與企圖重建傳統的性別角色之間緊密的連結中發現，以「理想化的女性形象」作為宗教復興運動的象徵。然而，這種傾向也可能帶來廣泛的影響，民族主義的衝突可能增加對女性使用暴力的可能性。這種將女性視為純潔與母性象徵的觀點，也意謂著民族主義的侵略可能以女性為目標，透過強姦或其他形式的性暴力來達成目的。而摧毀男性榮耀（保護婦女）和國家道德最好的方式，便是透過對女性身體上的攻擊來破壞其聲譽。這種性暴力事件時有所聞，例如，1990年在克羅埃西亞與波士尼亞，以及2002年在印度古吉拉特省的反穆斯林騷亂。

性別安全、戰爭與武裝衝突

女性主義分析特別強調安全與戰爭中正在發展的性別概念（Tickner 1992, 2001）。傳統的安全研究途徑視安全為國際政治的「最高目的」（Waltz 1979）。由此觀點，國家主要的責任是維持安全，此即為「國家安全」的概念。因此，主要的安全威脅是外來的，特別是來自其他國家。如此一來，暴力威脅或其他形式的物理脅迫，在本質上與國家間戰爭的景象有關。而國家安全則與預防此類戰爭息息相關，通常是透過強健軍事力量來威儡潛在的侵略者。這對女性主義者而言，則有兩點評論這樣的安全觀。首先，國家安全觀的前提是男性本位主義，並假設對抗、競爭與衝突不可避免。而傾向看這世界不斷上演著自主行為者在互動過程中追求權力，則更加強此種安全觀。第二，傳統的國家安全概念往往自掌嘴巴，導致**安全矛盾**的結果，這造成所謂的「安全的不安全」。

相反的，女性主義論者則持另一種安

> **安全矛盾**（Security paradox）：安全矛盾係指加強軍事能力原意是做為加強國家安全，但卻可能造成反效果，因為這會變相鼓勵其他國家採取更具威脅與敵意的舉措。

全球政治行動⋯
古吉拉特省反穆斯林暴動之性別暴力

事件： 2002年2月28日，在印度的古吉拉特省發生社群暴動。事發前一天，有58位印度好戰激進志願者在返回阿育提亞（Ayodhya）的火車中被活活燒死，為這個暴動提供了殺戮的藉口。古吉拉特省的動亂一直持續到3月3日，3月15日之後，隨即又出現新一波的暴動。估計在動亂中喪生的人數從1,000到2,000人不等，穆斯林的死亡人數遠遠超過印度教徒的死亡人數，比例為15：1。超過500座的清

真寺和神殿被破壞，並且有大量的穆斯林在古吉拉特省流離失所：4月中旬，將近有15萬人生活在約104個難民營。有證據顯示，古吉拉特省爆發的暴力事件是有預謀的，不但經過精算與規劃，而且還與以鼓吹「印度教徒的印度」為宗旨的國家志願者聯盟（Rashtriya Swayamsevak Sangh, RSS）組織有關。此次反穆斯林暴動中最顯著的特色是，利用侵犯女性作為行使暴力的工具。至少有250名年輕女性與女孩慘遭輪姦並且被活活燒死。其他的暴行包括要求女性集體裸奔數公里，或是將異物插入女性身體，並且在她們身上雕刻宗教符號。最重要的是，因為一般而言警察也不願意認真看待那些被印度教狂熱分子強姦的女性所提出的控訴，導致她們無法對侵略者採取任何行動。

重要性： 印度教與穆斯林之間的暴力行為，在印度已經成為一個不斷循環的政治特徵，約有75年或更長的時間。雖然他們經常將印度教徒與穆斯林之間的仇恨視為自發性的表現，但因激進印度民族主義軍事組織的涉入，已經使動亂提升到「制度化的動亂體系」（Brass 2003）。然而，實際上還有許多其他村鎮的動亂已經陸陸續續地出現在印度，但為何2002年發生在古

吉拉特省的性別暴力事件如此顯著？

這個問題的答案曝露出認同的危機。在面對伊斯蘭的潛在威脅下，印度人民渴望重申或淨化印度教的認同，並已陷入男性本位的危機之中。年輕的男性組織準軍事部隊，並將印度民族主義、男性本位以及暴力混為一談。這個證據不僅來自印度民族主義文獻中強調「男人即是戰士」的這種意象，而且事實上，印度民族主義的政治目標通常用性來表示。例如，穆斯林社區普遍擁有較高的生育率，這種壓力對印度教的身分認同產生威脅。因此對穆斯林的敵意往往表現在將穆斯林女性去人性化，然後將其視為性目標。因此印度民族主義者強暴和以其他形式攻擊少數女性，為的不僅是傷害她們的身體，同時也是為了破壞穆斯林社會的完整性與身分認同，將其視為「非我族類的敵人」（Chenoy 2002）。從這個意義上來看，穆斯林女性遭受的性暴力，標誌著2002年古吉拉特省的動亂是一種公開行為。攻擊穆斯林女性的目的有兩個：摧殘穆斯林女性以及詆毀穆斯林男性無法善盡保護女性的職責。以違背共同的榮譽為由，企圖恐嚇穆斯林以及將他們驅逐出「印度教的印度」（Anand 2007）。

全概念，通常稱之為「人類安全」。然而，人類安全的界線有時並不清楚。儘管部分論者認為它應該被定義為「免於恐懼的自由」（在這個案例中，對安全最重要的威脅是武裝衝突和人為的物理性暴力），其他論者則將它擴大到包含「免於匱乏的自由」（在這個案例中，貧窮、不平等和**結構暴力**變成重要威脅）。為了使人類安全變得更容易讓研究者或制定政策者應用在實務中，將人類安全的概念變得具可測量性的舉動引起了更多爭議。例如，人類安全相關資源的線上資料庫「人類安全門徑」（Human Security Gateway），將人類安全危機以不同情況做區分，每個情況處境至少發生1,000人死亡。但對有些女性主義者而言，這樣的趨勢隱含著物理性安全與軍事威脅凌駕於其他像是強姦、失去財產、食物短缺、環境惡化等威脅之上，只是因為這些威脅可能不會造成死亡，但是，這些威脅仍會導致他們深受不安全，以及有時候更容易受到進一步暴力的傷害（Truong *et al.* 2007）。

透過長久以來對婦女在家庭與國內生活受到暴力的關注，以及體認到婦女所受到的威脅逐漸增加，例如性奴隸與武裝衝突，女性主義者已經描繪出一個廣泛且多面向的安全概念。因此，從性別的角度來看，很明顯地將「戰爭」與「和平」區分清楚，這些主要關切國家之間戰爭的威脅，這非常的虛假，而且只不過是在隱瞞婦女受到其他廣泛的威脅。在傳統意義上，沒有戰爭很顯然不保證人民，特別是婦女的生活不會有恐懼，或是人身安全免於匱乏。然而，女性主義者已經想得比性別安全還要遠，他們也試圖應用性別透鏡（視角）來了解戰爭。

尤其對不同的女性主義者而言，戰爭與男性陽剛有緊密的關聯性，但這樣的關聯可能可以分為好幾個層次。第一，男性在政治與軍事生活的地位上較有優勢，這可能代表男性在戰爭與和平的決定上取決於他們的世界觀，他們認為武裝衝突是世界政治無法避免的特色，而且這也許是他們想要的。

不論是受到男性陽剛的刻板印象所影響，或者是來自於深層生物性本能的驅使，在衝突、對抗與競爭方面，這都是由男性之間的性格來看這個世界。從此分析而言，女人比男人較不好戰，女人在性格上傾向採取合作、建立共識，並且使用非對抗性的策略。因此，在世界事務上，如果增加女性代表在政治與軍事的領導地位，可以預期將減少武力的使用。的確，

結構暴力（Structural violence）：是一種起源於社會結構的暴力形式，這種結構會長久的支配、壓迫或是剝奪，與直接暴力是相反的，可能起源自個人或是團體的行為動機。

焦點…… **人類安全：個人處於危險之中？**

廣義而言，人類安全指的是個人安全而不是國家安全。就其本身而論，與「國家安全」對照之下，國家安全總是與國家和軍事力量有關，主要的安全威脅是來自其他國家的侵略行為。而人類安全試圖擴大和加深威脅的概念，人類安全的概念受到人類發展（此構想可追溯自1994年聯合國人類發展報告書）進而發展至人權的概念。人類安全可常見於以下多種面向：

● 經濟安全：基本收入受到保障。
● 食品安全：在物質上和經濟上能得到基本的食物。
● 健康安全：保護人們免於疾病與不健康的生活方式。
● 環境安全：保護人們免於受到人類引起的環境惡化所侵害。
● 人身安全：保護人們免於所有形式的物理性暴力。
● 社群安全：保障傳統認同與價值。
● 政治安全：人民權利與自由的存在，以保護人民免於暴政或政府的濫權。

對於人類安全的批評在於認為人類安全的概念，要麼在安全的概念上太廣泛與深奧，實質上是沒有意義的（特別像是它強調「免於恐懼的自由」，又包含了「免於匱乏的自由」），要麼人類安全的概念會造成對國際社群有錯誤的期待，認為國際社群有能力消除暴力與不安全。

這可能導致女性主義者成為自由主義者所偏好的「民主和平論」的另一個選項。女性主義者主張社會變得更和平不是因為他們擁護民主，而是因為他們在所有層面上促進性別平等。由此觀點來看，**女性本位的**（matriarchal）社會確實比男性本位的社會更為和平。但是，就經驗性證明以支持此想法而言是混合複雜的，因為有些證據顯示，當在國內層次上賦予女性權力時，通常會轉化成在國際政治也變得更為和平，但是，有女性領導人在處理危機時，可能有時會增加使用強烈的暴力手段（Caprioli and Boyer 2001）。這之所以會發生，因為女性領導者是在「男性的世界」掌權執政，因此會鼓勵她們採取「比男人更男人」的行為模式。

其次，戰爭與男性陽剛的第二種關聯性在於軍事化男性陽剛的角色，並作為在國際緊張與衝突時的國家理念，這最明顯的就是（不變地都是男性）「英勇戰士」的形象，而且強調軍事訓練培養的是「男性的」美德，這些美德像是紀律、服

女性本位（Matriarchy）：從字面上而言，是指由母親統治（mater是拉丁文中的母親），不論是歷史社會或假定的社會，都是由女性所治理。

從、無情等等，最重要的是，要訓練出不受情感影響而果決行動的能力。

軍事訓練甚至可以視為是一種有系統的意圖，企圖抑制陰性或「女性」的動機或是回應。因此，葛斯坦（Goldstein 2001）觀察到，大部分的好戰文化的性別偏見主義也最嚴重。葛斯坦認為戰爭和性別之間的關聯是被偽造的，藉由將戰爭建立成陽剛的特質藉以激勵士兵作戰，同時也藉由製造戰爭對男性陽剛特質產生影響。第三層關聯性，戰爭往往具有「保護的迷思」：這個概念是指男性戰士的角色是為了保護弱者和易受到傷害的人，通常是女人和小孩（Enloe 1993）。在這個意義上，戰爭不僅誇大了性別關係中陽剛與陰柔兩者的二分法，同時也正當化戰爭的性別意義。在戰鬥的時候，這種戰爭的陽剛之氣最容易延續下去，因為它是一個完全由男性主導的活動，至少在傳統軍隊上是如此。

然而，性別戰爭關注的不只是探討男性的陽剛與戰爭起因之間的關聯性，同時也認知戰爭和武裝衝突對男人與女人而言是有不同的意義。傳統上，武裝衝突被認為是「男人的世界」，並且將女性排除在軍旅生活之外，這代表戰鬥、殺戮以及死亡皆由男性所完成。至於女性在戰爭中所扮演的重要角色，則是保持堅守「自家門口」，誠如一次大戰與二次大戰期間，已開發國家大規模招募婦女進入職場就是明證。然而，男性戰鬥人員與女性非戰鬥人員之間的區別，仍隱瞞了女性受到武裝衝突各種廣泛的影響。職是之故，婦女與女孩的確成了戰爭與武裝衝突的受害者，且受害者日益增加。二十世紀「總體戰」的出現意味著婦女很可能如同男性一般成為戰爭中的傷亡名單之一。例如，有四千兩百萬的平民死於第二次世界大戰，相對於兩千五百萬的戰死者，其他大多數都是女性。然而如同第十章討論過的，新戰爭形態的發展對婦女和女孩的影響特別大。由於這些戰爭通常源自於種族、宗教亦或是民族分裂，也使用一些游擊戰和揭竿起義的戰術，導致大規模的平民受害。據估計，一般平民在這類衝突當中的傷亡人數，與二十世紀初僅僅只有5%相比多達75%。在當代的武裝衝突中，婦女與小孩不成比例的成為受害目標，在所有的受害者中也是占大多數（Moser and Clark 2001）。

特別令人關注的是，一直以來強姦與其他的性暴力形式都作為戰爭的手段，且是有系統、有組織的戰術。**戰爭強姦**絕對不只是一種現代的現象。例如，舊約聖經即指出強姦戰勝部落的婦女是一種家常便飯的行為，用以獎勵勝利者。事實上，士兵隨機的強姦可能是所有戰爭和武

戰爭強姦（War rape）：士兵、其他戰鬥人員或是平民在戰爭期間所犯下的強姦行為。

爭辯中的議題…… 女性本位的社會是否會變得更和平？

女性主義者對戰爭的分析是強調男性與男性本位（或譯陽性特質）之間的關連性。在某些情況下，這是以「和平的」女性與「具侵略性的」男性來做區別。但是，如果在領導階層上女性的比例大增，真的就能減少戰爭的可能性嗎？

支持	反對
生物本能是天生的。從不同的面向來看，保守派的反女性主義、本質主義的女性主義以及進化觀點的心理學家認為，男性和女性之間是基於生物學上的差異，這反映在他們之間明顯不同的行為傾向上。因此，福山（Fukuyama 1998）用男性具有「強硬的」侵略行為這個概念，來說明如果世界完全由女性領導者來支配會比只有少數女性領導更為和平。他用人類近親，黑猩猩殘暴的行為來作為證明。	**「天生的」侵略性是個迷思**。以生物性作為男性具侵略性的解釋是有缺點的。這樣的理論解釋忽略了其他例外的例子（倭黑的侏儒黑猩猩，如同猩猩一樣與人類是近親，其並沒有集體暴力的傾向），並且忽視關於人類文化與社會多元性的人類學證據，並且使得人類學相關證據變得很難，甚至不可能成為發展人類行為習性的通則。而男人是「具侵略性的」以及女性是「和平的」則是最好，也是最簡單易懂的概念。
軍事化的陽性特質。這種觀點認為，因為社會氛圍的關係，男人比女人更容易爆發戰爭，而非出於生物本能。自作主張、競爭和打鬥這些可視為是男生的「天性」，而這一般而言通常是為了幫助他們在公共領域上作準備，且如果有必要的話，也是為了軍旅生活作準備。相較之下，女孩被鼓勵要合作和順從，以便為她們為家庭責任的「私」領域作準備。因此，陽性特質和戰爭彼此增強了社會的結構。	**令人誤導的性別刻板印象**。只要男性與女性的行為真正受到檢證時，那種認為男性就是好戰而女性愛好和平的文化與社會條件就會被打破。例如，女性也會戰爭，女性恐怖分子與游擊隊就是明證。女性的領導者柴契爾夫人、梅爾夫人和甘地夫人也採納「男子漢」的外交政策途徑，而男性領導者如甘地、馬丁路德金（Martin Luther King）以及勃蘭特則擁抱非暴力與和解的戰略。
具侵略性的年輕男性。一種性別戰爭的另類觀點，較少關注政治與軍事領導者之間的性別失衡問題，反而比較注意更大的人口發展趨勢，特別是那些缺乏正當工作的年輕男性。在許多飽受戰爭蹂躪的地區，像是薩爾瓦多、前南斯拉夫和穆斯林的世界，普遍未婚且失業的年輕男子的比例相當高，他們更傾向甘冒風險，以增加他們所能取得的資源。	**權力勝過性別**。使政治和軍事領導人的行為變得好戰且具侵略性的社會因素條件，也許權威的因素大於性別因素。領導人不論男女，都容易因權力、增加自己的重要性以及擴大自己的權力而腐敗，也都很有可能訴諸軍事手段。男性領導者可能更易傾向訴諸軍國主義和擴張主義，但這種說法只是反映了多數政治領導者是男性的事實而已。
	國家製造戰爭。戰爭是複雜、精心策畫且具

女性就是和平製造者。女性具有和平而非戰爭的傾向，可能不僅源自生物上或社會學的因素，也源自武裝衝突本質的改變，使得女性特別容易受到傷害。由於現在武裝衝突的傷亡絕大多數都是婦女和孩童，而且她們所遭受的不只是死亡，甚至還有強姦、性侵害、殘害、羞辱和流離失所。因此，女性特別傾向避免戰爭，也願意在和平與和解運動中，扮演先鋒的角色。

有高度組織性的活動，無法簡單地以任何形式的個人行為特質來解釋。例如現實主義者反駁戰爭是受到性別的影響，而是源自固有的恐懼和無政府狀態下的不確定性。自由主義者則將軍國主義與諸如帝國、專制威權以及經濟民族主義的因素作連結。因此，認為外交政策是由多方廣泛的考量所形塑而成，與性別關係無關。

裝衝突的特徵，尤其在缺乏軍紀的情況下特別盛行。然而，強姦也被用來作為一種軍事戰略，使敵人的士氣低落、處罰敵人或是羞辱敵人。例如包括德國在第一次世界大戰中入侵比利時、1937年至1938年日本軍隊在南京屠殺以及俄羅斯紅軍行軍到柏林，直到第二次世界大戰結束。然而，現代的武裝衝突特別是以有系統的且廣泛的使用強姦作為戰略特徵。例如1993年澤尼察中心（Zenica Centre）統計，在波斯尼亞—赫塞哥維納中，戰爭罪和種族滅絕罪的登記記錄超過四萬件與戰爭有關的強姦案件，而且該中心相信有大約兩萬三千至四萬五千左右的科索沃阿爾巴尼亞族婦女在1998年至1999年與塞爾維亞衝突極盛期中被強姦。

這些事件可能是一系列的相關因素的結果——因為國內衝突與失序造成的社會流離失所，訓練不精的戰鬥部隊，以及最重要的是，強烈仇恨、男性本位（或譯男性特質）和暴力結合成一種很極端的認同政治。

女性和武裝衝突之間最後一個連結關係是軍事基地和賣淫。就某種意義上來看，歷史充滿著將婦女當作「戰利品」或「營妓」的例子，**軍妓**的現象很少會被分析，甚至被承認。但是，自1980年代起，世界逐漸開始公開承認這些有系統的軍事賣淫和對國家及個人安全的事情。1990年代初期，日本政府曾為二戰期間，向韓國那些所謂「慰安婦」的性奴隸道歉。沖繩、菲律賓、南韓和泰國周遭的美軍基地，其軍事賣淫增加的程度已經被理解為是當地和國家政府的幫助，以及軍事當局的縱容。美軍在海灣戰爭、阿富汗戰爭以及伊拉克戰爭的軍事布署，在中東增加了賣淫和販賣婦女的事件。然而，軍事賣淫的重要性也許超越了女性的身體、性和對女性的經濟剝削，因為其重要性對國際政治也有影響。例如，韓國軍妓與美國士兵之間的性剝削關係，有助於理

軍妓（Military prostitution）：為了迎合軍隊需要，有時甚至由軍隊所主導的賣淫現象。

解在戰後時期美國與南韓之間的不平等軍事聯盟關係（Moon 1997）。藉由管理妓女的性健康和工作行為，南韓政府試圖建立一個更適宜的環境給美軍，犧牲南韓女性的人類安全以換取南韓國家的安全利益。

性別、全球化以及發展

　　經濟議題長久以來一直是女性主義理論化的傳統重點，尤其是社會主義的女性主義。社會女性主義的中心思想，強調父權制與資本主義之間相互結合成壓迫體系。藉由男性主導公領域，女性侷限在私領域，這種性別的分工以許多不同的方式有利於資本主義的經濟利益。對有些社會女性主義來說，女性就像是「勞動力的後備軍」，當工作需要增加生產時，她們就會被徵召成為勞動力，但是，當經濟蕭條的時候，她們則很容易被資遣回家，且不會增加雇主或國家的經濟負擔。與此同時，女性作為家庭勞動力而言，對家庭的健康與經濟的效率是至關重要的。在生育和撫養子女上，女性將生產出下一代資本主義的勞動力。同樣的，女性作為家庭主婦的角色，女性要分擔男性養育子女和家務的重擔，允許他們將時間與精力集中在賺錢與生產的事業上。傳統家庭同時也提供男性工作者在面對宛如「薪水奴隸」一般充滿挫折的生活，一個必須的緩衝。

　　然而，這種性別勞動力的分擔過程很大程度地被傳統政治經濟學理論所忽略，傳統政治經濟學理論只關注在商業的交流與有酬勞的勞動力上。因此，使得大多數女性的生產貢獻化作於無形。這種性別偏見的現象隨著傳統政治經濟的概念架構之運作而更加突出明顯，特別是經濟自由主義。這現象尤其可見於女性主義對「經濟男性」概念的批評（Tickner 1992a）。認為人類是理性追求自我的生物，也就是以追求快樂為主，特別是以物質消費的形式，這也是市場資本主義的基本觀念。這種想法一直建構在男性是利己主義與競爭的假設上。換言之，女性主義認為「經濟女性」則會有不同的行為。

　　全球化的結果使得經濟模式的重組，這為性別關係帶來深遠的影響。首先，它帶來全球「工作女性化」。在開發中的國家，已經有證據顯示女性的工作機會增加，例如農業方面的工作，像是拉丁美洲以出口為導向的水果產業，透過全球產業的重組過程，這種生產製造的工作已經從已開發國家到開發中國家都可見到。這方面的例子還包括亞洲電子產業的成長以及墨西哥成衣廠的增加。發展中國家也見證了新「女性化」和「粉領」族的增長，這些工作藉由服務業的擴張而

在國際關係女性主義領域的重要理論家

珍・貝絲克・愛爾斯坦（1941-2013）

她是一位美國政治哲學家，其1981年出版的《公男人與私女人》一書，對女性主義的學術研究上有重大貢獻。主要探討的是在政治理論中的公私領域，性別角色如何在其中形成區別。在1987年出版的《女人與戰爭》一書中，她探討知覺的視角在戰爭中決定男人與女人的角色，並且交織著個人的敘述與歷史性的分析，以強調對於男人「正義戰士」與女人就是被拯救的「美麗靈魂」的迷思。在2003年出版的《義戰對抗恐怖》（暫譯）一書中，愛爾斯坦以義戰理論為基礎，為「反恐戰爭」作為辯護。

辛西雅・恩洛（生於1938年）

她是一位美國的女性主義學者，她寫作的目的在於強調女性在維持全球經濟力與國家間關係中扮演多樣性的角色。她的研究通常與女性主義的經驗主義有關，她一直關注對抗傳統典範的趨勢及其限制，通常以性別的形式。而一般經驗上，我們在知覺與概念方面，會有效的從分析中排除女性的角色。在她的作品中，諸如1989年的《香蕉、海灘與基地》、1993年的《早晨過後》和2000年的《軍事調動》（或《迴旋》）（暫譯），她都將國際政治中的女性經驗當作重要的事情來關心。

也可參閱**安・蒂克納（參見本書93頁）**

增加，例如零售業、清潔工以及資料處理等服務性工作。雖然女性擁有受薪工作的人數有所成長，但是，此趨勢同樣也附帶了女性脆弱性與剝削的問題。不只是女工通常較便宜（部分原因是勞動力供應充裕），她們往往也受雇於一些經濟部門，這些經濟部門少有勞工權利，工會組織也薄弱。因此，女性勞工深受低薪工作以及還得負擔家務事的雙重壓力。也因為新自由主義全球化的發展，減少了國家在衛生健康、教育以及基本糧食上的開支。

經濟全球化同樣也鬆綁開放以形成「移民女性化」的現象。不論在開發中國家或是已開發國家，都受到女性移民潮的壓力而促成此一趨勢。例如女性移民的移入，是因為富裕國家出現「看護赤字」的現象而形成吸引他國女性移入的拉力。隨著越來越多的女性進入受薪的職場工作，並且因為教育以及職業工作改變

了她們的願望。這不僅創造了保姆和女傭的需求增加，以取代傳統原本為母親的角色，同時也變得很難滿足這些傳統女性的工作，諸如清潔工、看護以及護士。因此，主要的女性移民潮發展是從東南亞國家移民至產油的中東國家或是新興經濟體的東亞國家、從前蘇聯集團地區移民至西歐、從墨西哥及中美地區移民至美國，還有從非洲移民至歐洲各地。同時，發展中國家的貧窮問題也促使女性向海外尋找工作賺錢。事實上，女性移民者她們會透過匯款把錢寄回家的方式，扮演支持她們自己家庭一個特別重要的角色。這些女性由於她們對家庭的牽絆與義務，通常會比男性勞工成為更可靠的經濟來源。職是之故，全球化的壓力重新定義了性別勞力分工在全球與民族上的意義，因為它創造了一種特別親密的依賴關係，例如已開發國家中富裕與中產階級家庭變得依賴女性外籍勞工，提供照顧小孩與做家事的服務（Ehrenreich and Hochschild 2003）。

當提到性的時候，全球服務業轉移與傳統女性的角色關係最密切。隨著走私與販賣女性的人數增長，全球化時代大大地帶動了國內與全球的色情產業。例如，泰國估計有50萬到100萬的婦女成為妓女，其中每二十個就有一個被奴役。在1970年代經濟繁榮期間，泰國的賣淫事業迅速擴大，這是因為男性勞工生活水平的提升造成需求面增加，而在供應面則有傳統貧窮的北部山區民眾為了食物而出賣子女為奴的現象（Bales 2003）。在全球層次上，性交易有各種不同的面貌。這包括了性觀光產業的增長，特別像是多明尼加共和國、泰國這些國家。

以及有些國外有「郵購」新娘的現象，像是北美與西歐地區的男性主要向東南亞與前蘇聯地區購買獲得妻子。性交易以人口走私與**人口販賣**這種最殘酷與剝削女性的形式呈現。全世界估計四百萬到兩億人口涉及某種形式的販賣人口，而且在所有的受害者中80%是婦女以及年輕的女孩。根據聯合國的統計，有87%的婦女與年輕女孩是為了性剝削的目的而慘遭販賣（UNODC 2006）。特別是亞洲部分地區深受此問題的影響。舉例而言，據估計有五千至七千名尼泊爾婦女與少女，每年主要被賣到印度（Crawford 2009）。

就發展而言，出現了一些不同的性別觀點。現代化理論將經濟發展與婦女從傳統角色的解放連結在一起。從此觀點來看，父權的控制與征服女性是促成傳統社會階級關係的關鍵之一。相反的，以市場為主的資本主義關係的增長，促進個人主

人口販賣（People-trafficking）：這種人口活動以欺騙與脅迫為主，通常透過販賣他們的性或是其他的奴役形式，以達到剝削他們的目的。

義的發展，並且藉由人們的生產貢獻定義人的價值，而非以傳統的地位決定人的價值。這反映出有更平等的家庭結構出現，所有家庭成員都能更充分參與家庭的活動。當現代化創造出一個需要更高技術且受過教育的勞力需求的同時，也使得女性受教育與進入職場的機會隨之大增。因此，在**性別不平等指數**（GII）的基礎上，沒有意外的是在聯合國的國家排名當中，已開發國家不斷地超越開發中國家（見表17.1）。總之，性別平等程度與現代性是並行的。

　　然而，從女性主義的觀點來看，「現代性」這個概念是建構在男性規範的基礎上。如上述已經討論過的，這適用於經濟自由主義，因此它也有明顯「發展即成長」的概念。女權主義者更進一步關注的是，傳統發展途徑已經無法了解貧困「女性化」的程度。如學者亞培（Abbott）等人（2005）所說：「婦女占世界人口的一半，卻占了世界工時的三分之二，僅獲取世界上收入的十分之一，只擁有世界財產的百分之一。」世界上的窮人約有70%是女性。沈恩（Sen 1990）試圖強調女性貧困的程度是被忽視的，並指出：「有超過一百萬的婦女是失蹤的。」他所指的「失蹤女性」在人口統計上是很明顯的，儘管正常的人口趨勢是女性略多於男性，但是在人口統計上，在世界上部分地區像是南亞與非洲，就是男多於女（雖然在出生率上，世界各地的男孩數量多於女孩，但是女性在成人社會中往往多於男性，這是因為她們有較長的壽命）。據估計，單單在印度就有五千萬的女性「失蹤」。因此，這種趨勢顯示在世界的某些地區，婦女和女孩的死亡率要高於男人和男孩。這部分解釋了有些父母偏好生男孩而非女孩，這是出於經濟與（或）文化方面（傳宗接代）的考量，因此導致在性別選擇上有墮胎或殺嬰的行為。

　　這種情況發生在東亞與南亞地區，特別明顯的是在中國（這跟中國的「一胎化」政策有關），還有一些印度國家。在其他情況下，女性和女孩相較於男性而言，生病與死亡率都比較高，這是因為她們無法受到與男性相同水準的醫療保健、食物以及社會服務。一般來說這種資源分配不當的情況在農村地區更為嚴重，對晚出生的女孩而言尤其嚴峻，更糟的是，有姐姐的女孩更難受到好的資源照顧。資源匱乏的家庭傾向選擇把資源用來多照顧男孩而不是

性別不平等指數（Gender Inequality Index）：聯合國用來衡量性別不平等所造成的人類發展退步的指標。性別不平等指數牽涉到三個層面：生育健康（reproductive health）、賦權（empowerment），以及勞動市場（labor market）。

表17.1　前10個與後10個國家在GII的等級表格

性別不平等指數（GII）	
1. 荷蘭	= 139. 茅利塔尼亞
2. 瑞典	= 139. 獅子山共和國
= 3. 瑞士	141. 馬利
= 3. 丹麥	142. 中非共和國
5. 挪威	143. 賴比瑞亞
= 6. 芬蘭	144. 剛果共和國
= 6. 德國	145. 沙烏地阿拉伯
8. 斯洛維尼亞	146. 尼日
9. 法國	147. 阿富汗
10. 冰島	148. 葉門

資料來源：聯合國開發計畫署（UNDP），2013

女孩，因為他們期待男孩長大可以賺錢，或是成為家裡的勞動力，而女生比較不容易賺取收入，在**嫁妝制度**存在的地方，女生可能會被視為家庭的負擔。

　　另一方面，後殖民主義的女性主義論者特別批評在發展中國家當中女性作為受害者的形象，例如貧困可憐、未受教育、受到壓迫，甚至被剝奪權利。他們認為女性通常在發展與減少貧窮的計畫中扮演主要的角色，特別是當這些計畫是以在地所有權且拒絕由上而下為主的官僚發展模式。而在這些計畫當中，特別強調女性在**微型信貸**中的角色已經擴大增加。這現象通常可見於發跡的起源地孟加拉的鄉村銀行（Grameen Bank），連同它的創始人穆罕默德‧尤努斯（Muhammad Yunus）在2006年被授予諾貝爾和平獎。微型信貸的優點在於，它是一種幫助非常貧困的家庭很有效的方式，透過自助團體的形式進而建立小型企業，或發展農業，或是推動農村計畫。據世界銀行的估計，大約90%的微型信貸人是女性。對貧困社區的女性而言，這主要的好處是比起消費她們自己，她們更願意投資她們的信用，而且她們比男性有更好的還款紀錄。印度和孟加拉已經成為這種發展計畫的主要受益者，類似計畫也可見於從波士尼亞‧赫塞哥維那、俄羅斯到衣索比亞、

嫁妝制度（dowry system）：一種習俗，新娘的家庭將新娘交付給新郎的家庭，也同時支付現金或商品。

微型信貸（Microcredit）：用於商業投資的非常小額的貸款，通常是給予那些無法取得傳統貸款的人。

摩洛哥與巴西等國。然而，「微型信貸革命」也可能有缺點。例如，批評者認為微型信貸的計畫有時會導致政府縮減社會支出，還款率可能會很高，但是可能會造成微型信貸長期依賴外在資本。而且，雖然它們往往旨在賦予女性權力，但為當地經濟所增加的現金量可能只增加了女性嫁妝的金額而已。

重點摘要

- 女性主義可以廣義的定義為一種女性的社會進步活動。然而，它具有許多不同的形式，特別是在傳統追求性別平等的女性主義以及那些強調女性要有「女性認同」之間有所區別。

- 在經驗女性主義的「性別視角」下，主要關注的是「將女性加入」至現存的分析架構當中，特別是試圖處理男女之間的性別鴻溝問題。因此，女性主義在國際政治的意義上，意味著承認以前那些女性看不見的貢獻，承認女性形塑世界事務。

- 相對的，在分析性女性主義的性別視角中，關注的是性別偏見，這些偏見遍及於理論架構和主流國際理論的重要概念中，尤其是現實主義。這些偏見的解構揭示了男性的偏見，反而有助於正當化性別階級，並使得女性邊緣化的現象持續延長。

- 女性主義者引起國家與民族性別角色的注意。國家主宰了父權式的偏見將使國家變得好鬥心強且至少具有潛在的攻擊性。當國家與民族主義常常與性別的形象糾纏在一起，也許會更突顯出特別強調女性的「純潔」。

- 女性主義一直批判著傳統國家安全的概念，認為人類安全這種較廣泛的概念更能突顯出女性的關注焦點。戰爭也經常被視為是一種性別現象，例如男性在政治與軍事生涯上明顯有居上位者眾的傾向，而且受到陽性特質與軍國主義迷思的影響，也會認為男性就需要像個「戰士」一樣保護女性和小孩。

- 在經濟議題上將女性主義理論化，傾向強調性別勞力分工如何服務資本主義的經濟利益，而且，概念化傳統政治經濟的架構一直是建立在以男性本位的基礎上。這種想法已經影響女性主義者對於全球化與發展的思考。

問題與討論

- 「第二波」和「第一波」的女性主義有何差異？
- 為何有些女性主義者反對性別平等的目標？
- 為何在女性主義理論中，性（sex）與性別（gender）之間的區別如此重要？
- 「性別主流化」是否為一種能夠有效處理性別不公問題的策略？
- 主流國際關係理論的重要概念是建立在男性本位的假設上嗎？
- 女性主義者從國家的性別角色刻畫出什麼意涵？
- 女性主義者如何批評國家安全的傳統概念？
- 為何女性主義者辯稱戰爭與性別在本質上是相關聯的？
- 經濟全球化對女性的生活是有益還是有害？

第十八章　國際組織與聯合國

「人類早在有歷史以前就已經共享相同的命運，唯有共同
合作才能主宰命運。」

——科菲・安南，摘自「千禧年談話」，1999年

前言

　　自1945年開始，國際組織在數量與重要性的成長，已經成為國際政治中最重要的特徵之一。其中規模較大的有聯合國（United Nations）、世界銀行（World Bank）、世界貿易組織（World Trade Organization），以及國際貨幣基金（International Monetary Fund）；另外也有些組織雖然鮮為人知，但仍然在特定的領域中扮演重要的角色。國際組織的出現為國家間共同合作解決問題提供了框架，在修正傳統權力政治的同時，也不會對全球或區域強權的崛起造成威脅。儘管如此，國際組織林立的現象也引起許多重要的問題。例如，國際組織的興起是受到何種因素與力量的推動？某種程度上是否反映會員的共同利益；抑或是這些組織只是由強權所設立，並且只為他們服務？國際組織會對全球局勢造成什麼樣的影響？上述的問題可以藉由探討世界國際組織的龍頭——聯合國，而得到較完整的答案。聯合國與其前身——國際聯盟不同，是一個真正的國際組織；同時也幾乎是國際政治舞台中不可或缺的部分。隨著經濟與社會議題的持續擴大，聯合國促進全球和平與安全的核心目標也逐漸臻至完善。聯合國是否已經達到創始國的期望？若有，應該如何繼續保持？究竟何種因素會對聯合國的功效造成影響？如何能讓聯合國發揮更大的作用？

關鍵議題

- 何謂國際組織？
- 為何會創設國際組織？
- 國際組織成長的意涵為何？
- 聯合國維持和平與安全的成效如何？
- 聯合國對於經濟與社會議題有何影響？
- 聯合國所面臨的挑戰為何，應該如何回應？

國際組織

國際組織的興起

國際組織的雛形最早出現於拿破崙戰爭之後，其中維也納會議（Congress of Vienna 1814-1815）中所建立的歐洲協調（Concert of Europe）一直運作到第一次世界大戰發生為止。國際組織的數量與成員在十九世紀到二十世紀初開始增長，到1914年為止總計有49個。在第一次世界大戰結束後，國際組織的數量開始激增（與拿破崙戰爭結束之後的情形類似），在1929年，也就是世界經濟危機開始的那一年，國際組織的數量達到戰間期的高峰，總數來到83個。第二次世界大戰的結束帶

來另一波的興盛，國際組織的數量迅速暴升到123個，諸如聯合國以及布雷敦森林體系（Bretton Woods System）。這不僅反映國家間相互依賴的加深，關注的議題也遍及權力政治、經濟危機、人權危害、發展不均與環境惡化等；另外也反映出美國扮演霸權角色的興起，並且將追求美國國家利益與提升國際合作當成共同的永續目標。在1980年代中葉，國際組織的數量總計為378個，平均每個組織的會員數目超過40個（相較於1945年18.6個與1964年的22.7個）。冷戰結束後，由於蘇聯集團內的國際組織跟著瓦解，導致國際組織的總數量有所減少，這多少掩蓋國際組織以及其所衍生出的機構數量仍持續增長的事實。無論如何，國際組織的形式萬千，國際組織的基本分類如下：

- 會員資格——可能有所限制或具有普遍性。
- 能力——專司特定議題或是全面性參與。
- 功能——計畫取向或是執行取向。
- 決策的權威來源——來自政府間主義或是超國家主義。

關於國際組織所產生的重要現象總是引起激烈的爭論，舉例來說，有些人視

國際組織為追求傳統權力政治的另一種機制；其他人則聲稱（或警告）國際組織內含可以生長成超國家與世界政府的種子；此外，國際組織與全球治理之間的關係也是爭辯的主題之一。儘管國際組織的興盛有時候被視為全球治理體系的崛起，然而全球治理的廣度與規模更勝國際組織。特別是全球治理包含正式與非正式過程，以及一系列的行為者，諸如國家政府、非政府組織（NGOs）、公民運動、跨國公司（TNCs），以及全球市場。儘管如此，雖然國際組織可能不是全球治理中最關鍵的元素，但卻是共同解決問題過程的關鍵，並在促進全球治理的過程中，扮演核心的部分（Weiss&Kamran 2009）。據此，國際組織代表的是全球治理中充滿活力的正式或制度的那一面（關於全球治理的本質將在第19章有更進一步的探討）。

為何會創設國際組織？

關於推動國際組織出現的力量與過程，引起許多政治與學術上的爭論。政治上的爭論反映出自由主義者、現實主義者以及其他學派的不同見解，創設國際組織的推動力究竟是源自一般國家的共同利益；抑或是出於主要強權、區域或全球霸權的利益。這些爭論對於國際組織的本質與合法性富含深遠的意涵。自由主義者主張國際組織有助於反映國家的共同利益，即基歐漢與奈伊於1977年所提出的「複合相互依賴」（complex interdependence），其所產生的共同脆弱性會同時影響強國與弱國。職是之故，基本上國際組織扮演中立的裁判或仲裁員的角色，能夠在傳統國家體系的權力政治中立於超然，或者至少是平行地位來發號施令。另一方面，現實主義者宣稱權力政治依舊在國際組織中運作，只是附屬於國家體系，或僅僅是強權所控制的工具，並未另闢疆土（或許只是站在道德高位上）。國際組織與權力政治的關係同樣反映在新現實主義者與新自由主義者的爭論上，究竟國家主要關注的是「相對利得」（relative gains）或是「絕對利得」（absolute gains）。

此外，關於國際層次上出現的整合與制度建立的動機與過程，則引起更進一步的爭論。主要有三種理論：聯邦主義、功能主義與新功能主義。聯邦主義意指透過領土上的權力分配，主權是由中央（國家或國際）與邊陲所共享。從聯邦主義的觀點來看，國際組織是政治菁英決策下的產物，通常是為了解決國家體系內的地方性問題，特別是戰爭。在無政府狀態下，如果戰爭的發生源自於無政府狀

羅伯特・基歐漢（生於1941年）

美國國際關係理論家，長期與喬瑟夫・奈伊共事。基歐漢對於現實主義者分析跨國關係與世界政治的核心假設提出質疑，強調非國家行為者與經濟議題在世界中重要性與時俱增。在1977年出版的《權力與相互依賴：轉變中的世界政治》一書中，基歐漢與奈伊基於國際合作與國際建制重要性增長的趨勢，首創複合相互依賴理論，另闢有別於現實主義的途徑。在1984年出版的《霸權之後》一書中，基歐漢嘗試結合結構現實主義與複合相互依賴，並將此混合體稱為「修正結構現實主義」或「新自由制度主義」。其他相關著作包括1989年的《國際制度與國家權力》以及2002年的《不完全全球化世界中的權力與相互依賴》。

態下主權國家對於自身利益的追求，則唯有國家讓渡部分的主權給更高的聯邦，才有可能達到和平。相反的，功能主義認為比起單打獨鬥的方式，透過集體行動更能將政府功能發揮到淋漓盡致，視國際組織為漸進性的過程。因此，整合的出現係因為認知到經濟或其他領域相互依賴的增長。大衛・梅傳尼（David Mitrany）於1966年提到：「形式跟隨在功能之後（form follows functions）。」形式代表制度的結構；功能則代表政府的主要行動。新功能主義隨後修改了功能主義的觀念，並解釋為何在**外溢**的過程下，有助於國際合作的廣化與深化。這些制度建立的相關理論已經廣泛地發展成解釋區域整合的方法，特別是歐洲整合，將在第20章將有更深入的探討。

聯合國

從國際聯盟到聯合國

　　無庸置疑的，於舊金山會議（1945年4-6月）中創設的聯合國，是至今最重要的國際組織，同時也是有史以來第一個名副其實的全球性組織，擁有193個會員國，並持續增加中。如同聯合國憲章所載，聯合國主要的宗旨如下：

- 為了避免後世再遭受戰爭的浩劫，致力於維護和平與安全。

外溢（Spillover）：一種政策領域中的整合有助於外溢到其他領域，並產生新的目標與壓力的動態過程。

- 重申對基本人權的信念。
- 堅持對國際法的尊重。
- 促進社會進步與生活水平的改善。

　　儘管如此，聯合國並非第一個用來保證世界和平的組織，其前身——國際聯盟（建立於1919年的巴黎和會）也有非常類似的目標，諸如推動**集體安全**、仲裁國際爭端與裁減軍備。國際聯盟的構想來自美國威爾遜總統的十四點和平原則，希冀能為第一次世界大戰後的歐洲帶來長期的和平。然而，國際聯盟卻充滿諸多缺陷，也讓後來聯合國的創始國開始思考如何避免再犯類似的錯誤。尤其是國際聯盟從來就名不符實，許多主要的國家都未加入，最著名的例子即是美國（當時美國國會拒絕批准美國加入），後來其他國家也陸續退出。例如，德國於1926年加入，並在1933年納粹取得政權後退出；日本在占領中國滿州後引發批評，遂於1933年退出；義大利則是在占領非洲阿比西尼亞（今衣索比亞的舊稱）後遭致非議，於1936年退出；蘇聯於1933年加入，直到1939年入侵芬蘭後遭到逐出。除此之外，國際聯盟缺乏有效的公權力，只能做出不具約束力的建議，建議必須是匿名的；也沒有能夠對抗流氓國家的武力或經濟行動機制。因此，當1930年代德國、義大利與日本相繼發動侵略戰爭，最後導致第二次世界大戰爆發（見第2章）時，出於自身權力之不足，國際聯盟幾乎無力回應。

　　國際聯盟與聯合國分別成立於兩次世界大戰之後絕非巧合，兩者的目標皆是促進國際安全與和平解決爭端。以聯合國創設的時空環境來說，二次大戰造成的軍民死亡人數約6,700萬，並對全球與各國國內經濟帶來巨大的災難，加上1930年代的大蕭條更是激化了國際緊張局勢。聯合國創立始於第二次世界大戰期間的1942年1月，當時26個國家共同發表聯合國宣言，誓言戰勝軸心國。在美國總統法蘭克林‧羅斯福（Franklin D. Roosevelt）的帶領之下，聯合國於大戰的最後幾年內成立。1944年8月在美國華盛頓特區的敦巴頓橡園裡，來自美國、蘇聯、中國與英國的代表共同規劃成立聯合國的藍圖，並在1945年6月26日的舊金山會議中簽署聯合國憲章，隨後聯合國在10月24日正式成立（此即所謂的聯合國日）。

　　聯合國是一個龐大且複雜的組織。聯合國第二任祕書長道格‧哈瑪紹（Dag

> **集體安全**（Collective security）：為共同防禦的觀念與實踐，由一定數量的國家基於「我為人人、人人為我」的原則，保證維護彼此的安全。

焦點……　相對或絕對利得

　　究竟國家之間的合作可以達到什麼樣的程度？這是一個現實主義者與自由主義者長期以來一直在爭辯的議題。前者相信基於對權力的追求讓國家間的合作趨近於零；而後者則堅信基於國家間利益的和諧，合作能夠勝過衝突。自1980年代開始，對於合作的看法區分為新現實主義者與新自由主義者，爭論的角度也開始轉變。新現實主義者堅持國家早已被相對利得（追求相對於其他國家更高的地位）所占據，按此觀點，無政府狀態使國家擔心自身安危，又因權力是確保生存的最終保證人，國家只好不斷地監控自身在國際權力階層中的地位。只有當國家相信合作能夠帶來相對利得時，合作才是可行的；同時當國家害怕自身利益少於他國時，就會放棄合作。因此縱使貿易會為兩國帶來利益，一旦A國評估B國將獲得較多的收益時，A國將會拒絕與B國簽訂貿易協定。按此邏輯，權力就是零和遊戲，一國之所得即她國之所失。

　　另一方面，新自由主義者辯稱新現實主義者的觀點過於簡化。新自由主義者並未否定相對利得的考量（因為他們也接受國家利己主義的假設），但是他們強調國家或許更關注在絕對利得（以絕對的角度來增加一國的地位）。舉例來說，因為國家對於自身安全有信心，因而能夠更輕鬆看待自己相對其他國家的權力。此想法有可能是出於相信他國意圖是和平的，不管他國的相對權力如何；也有可能因為實際上國家與許多國家享有多元的關係，使得計算相對權力變得不切實際。只要國家間的合作能夠確保絕對利得的獲得，國際間合作的機會將是相當可觀的。

Hammarskjöld）曾將聯合國描述為一個：「奇怪的畢卡索式抽象藝術」（Weird Picasso Abstraction）。聯合國的規模與複雜程度，使其能夠回應大量的利益以及處理廣泛的全球議題，但卻同時使這個組織攬上許多麻煩與衝突，更有論者聲稱聯合國注定一事無成。聯合國是一個混合體，內部存在著許多相互競爭的考量，在接受強權政治的現實考量之外，還需要顧及到會員國的主權平等。這種情形下，導致聯合國分裂成兩部分，一個是安全理事會，另一個則是聯合國大會。安全理事會是聯合國最重要的組成部分，專司維持國際和平與安全，理事會由五個擁有否決權的常任理事國所主導，分別為美國、俄羅斯（1991年繼承蘇聯的代表權）、中國（中華人民共和國於1971年繼承中華民國或臺灣的代表權）、英國，以及法國。另一方面，聯合國大會則是一個議事體，代表所有會員國。然而安理會經常因其代表性不足以及受強權控制而遭受批評。反之，聯合國大會則是過度代表，在權力高度分散的情況之下往往只能成為宣傳的場域。兩者之間的分歧隨著1960年初期，新興獨立與發展中國家的影響力與日俱增、五個常任理事國在理事會中的退讓，變得越來越明顯。但無庸置疑的是，聯合國的完整與否仍有賴兩

觀點……　國際組織

現實主義觀點

　　現實主義者對於國際組織抱持高度的懷疑，將之視為成效不彰，並且質疑其威信。國際組織的缺陷在於國際政治的現實一直以來就是國家彼此對於權力的需求，也就是相對利益的追求。假使世界政治是透過權力的鬥爭所形塑，並非利益的和諧，則合作與互信的機會將是微乎其微，國際組織也將無法發展成有意義與重要的形體。除此之外，國際組織的成長通常也被視為不可欲。因為國際組織多少隱含主權的象徵，因此任何形式的國際組織皆傾向侵蝕一國之主權。然而現實主義者並非完全漠視國際組織的角色。舉例來說，新現實主義者注意到國際組織與霸權之間的關係。當霸權國擁有最高的權力時，將是唯一能夠容忍他國採取相對利益，而本身只要絕對利益的國家。職是之故，國際組織的功效也與全球霸權的興起有關，諸如十八與十九世紀的英國、1945年之後的美國、1990年蘇聯瓦解後更是如此。不過長期而言，這種不相稱的負擔可能導致霸權國的衰弱。

自由主義觀點

　　自由主義者一直以來都是國際組織最忠誠的支持者，此點反映在自由制度主義的概念上。從制度主義者的觀點來看，國家受到利益的驅使而合作，但這並不表示國家的利益永遠不會互相衝突，而是唯有當共同利益是重要且富有成長性，同時國家彼此是理性與明智時，合作才會出現。因此，國際組織反映出全球體系中一定程度的相互依賴，國家認知到團結合作比單打獨鬥更有利。在一些共同利益的領域上，國家對絕對利得的渴望通常比相對利得還要得多。然而，新自由制度主義者認知到國家之間存在的複合相互依賴不會自動導致國際組織的出現。儘管存在共同利益，國家還是可能會選擇不合作，或害怕他國不合作，造成合作難以達成。職是之故，國際組織的其中一項目的即是減少不合作的發生，包括增加國家間的互信以及協助她們適應法治行為。自由主義者質疑現實主義者認為國際制度需要霸權國參與的說法，主張只要確定上述方法能夠在全部的國家間實行，國家彼此在權力階層中的高低將不再是考量的重點。

批判主義觀點

　　儘管新現實主義與新自由主義者對於國際組織的看法有所分別，但兩者皆假設國家是受到客觀利益所驅使的理性行為者。而社會建構主義者對此提出挑戰，認為現實主義與自由主義忽略了觀念與認知的角色。國家體系是主體之間互動的場域，因此國際體系中合作的程度有賴於國家如何建構我者與他者的認同與利益。除此之外，國家在國際組織中的成員與互動也會發生變化。換句話說，基本上國際組織本身就是觀念的產物。另外，其他學者則批判國際組織在某種程度上強化了國際結構，擴大了全球體系的不平等與不平衡。舉例來說，法蘭克福學派強調世界銀行或國際貨幣基金已經將新自由主義內化，為全球資本主義的利益所用。女性主義者則突顯出國際組織中的性別結構，反映出傳統男性菁英的主宰，以及被內化的男性沙文主義觀念與政策途徑。在批判主義者的觀點中，綠色政治可以算是例外，他們將國際組織或是世界政府視為「公地悲劇」（tragedy of common）的解決之道。

伍德羅・威爾遜（1856-1924）

於1913年至1921年擔任美國總統，父親是長老會主任牧師。威爾遜曾任普林斯頓大學校長（1902-1910）、紐澤西州共和黨州長（1911-1913），並於1912年當選美國總統。在他任內初期，美國並未加入第一次世界大戰，但是他為了讓民主在世界中得以存續，遂於1917年4月參戰。威爾遜的理想國際主義有時也被稱為「威爾遜主義」（Wilsonoianism），體現在1918年1月的國會演說上所提出的十四點和平原則，諸如民族自決、公開協議，反對祕密外交、貿易與航行自由、透過國家組成組織以達成軍備裁減與集體安全。威爾遜的自由主義經常讓人聯想到一個以美國為模範，並且所有民族國家都是民主體制的世界最能夠避免戰爭的發生。

者的結合。除此之外，聯合國家族中還有祕書處，以及負責龐大的資金、機構與計畫的經濟社會理事會（ECOSOC）。

促進和平與安全

消除戰爭的苦難？

根據聯合國憲章第一條所載，聯合國的首要目標是維持國際和平與安全，這同時也是安理會的責任。更確切地說，聯合國的成效在某種程度上可以從她能在激烈的軍事衝突中拯救多少人類的性命來評斷，但也並非如此容易。一方面，自從二十世紀發生兩次世界大戰後，到目前為止尚未再次發生世界大戰便被視為聯合國最大的成就（比起國際聯盟實屬一大進步）；另一方面，現實主義者辯稱之所以沒有再次發生世界大戰與聯合國的成立沒有太大的關係，而是歸因於冷戰時期美蘇雙方發展核子武器所導致的恐怖平衡（balance of terror）。然而，如果沒有成立聯合國，全球與區域衝突將會演變成何種結果、冷戰是否會引發另一次世界大戰，這是一個無解的問題。不過，事實上聯合國確實無法建立一個完全且持續的

概念澄清：集體安全（Collective security）

集體安全是一群國家為了遏阻侵略行為，或是當國際秩序遭到破壞時懲罰達抗者，而誓言保護彼此的一種理論或實踐。集體安全的核心概念認為侵略行為可以透過國家的集體行動來抗衡，也是解決權力政治所造成的不確定性與不安全感的唯一方法。成功的集體安全有賴三個條件：第一，國家實力必須相當，或至少沒有一個壓倒性的強權；第二，所有的國家都必須願意承擔防衛的成本與責任；第三，必須有一個具備道德權威與政治能力的國際機構能夠採取有效的行動。

焦點…… **聯合國的運作**

安全理事會

　　安全理事會專司維持國際和平與安全，同時代表聯合國扮演調解者、觀察員、維和員，以及最終擔任和平執行者的角色。理事會有權通過具有法定約束力的決議、暫停會籍或開除會員、採取經濟制裁或軍事行動以維持或恢復和平與安全。理事會由15個會員國所組成，其中美國、俄羅斯、中國、英國，以及法國等5個國家（稱作Big Five或是P-5）擁有否決權（veto powers），可以攔阻其他理事國做出的決議。其他10位非常任理事國則在區域平衡的原則下，每兩年由大會選出。

聯合國大會

　　聯合國大會係聯合國主要的議事機構，有時也被稱為萬國議會（parliament of nations），大會包含聯合國全體會員國，一國一票。大會的功能包括討論與通過任何憲章涵蓋的決議案、審查與通過預算案、決定會員國的捐獻，同時得以選出非常任理事國、聯合國祕書長、國際法庭法官等。任何重要決議案需要大會三分之二的會員同意，但只具建議性質，而非國際法的強制力。除此之外，大會不具立法的權力，也無法監督安全理事會或祕書處。

祕書處

　　祕書處是聯合國的主要機構，同時也是執行計畫與政策的行政中樞。儘管祕書處的活動主要集中在美國紐約的聯合國總部，但在世界各地皆設有辦事處，人員約有四萬名。聯合國祕書長作為聯合國的象徵，同時也是最高的行政首長，祕書長一職由大會根據安全理事會的推薦而任命，一任五年，並得連任。祕書長必須與來自不同國家與文化的官僚人員所組成的機構共事，並且嘗試維持聯合國的獨立性，常常得與五個常任理事國對抗。儘管如此，祕書長還是有能力影響聯合國的事件發展與政策方向。

經濟與社會理事會

　　經濟與社會理事會由大會選出，共有54個會員國。主要的角色是協調聯合國與轄下組織的經濟與社會工作，包括監督計畫、資金與特定代理機構的運作，例如世界銀行、國際貨幣基金、世界貿易組織（WTO）、國際勞工組織（ILO）、國際衛生組織（WHO）、聯合國教育、科學與文化組織（UNESCO）以及聯合國兒童基金會（UNICEF）。聯合國經濟與社會機構的擴張很大部分是受功能主義的影響，隨著特定經濟與社會問題的出現，導致許多相關機構的成立與發展。

集體安全體系，同時也無法改變國家依賴武力保護自身安全的想法。

　　聯合國推行集體安全的能力大大受到限制的原因在於：其僅是會員國所創造出來的產物，也就是說沒有會員國的同意，特別是五個常任理事國的批准，聯合國無法展現自身的意志。因此，聯合國的角色被限縮在為和平解決國際衝突提供

機制，但是成果依舊有限。儘管如此還是有成功的例子，例如1959年成功地促成印巴雙方停火、1960年在比屬剛果（後來改名為薩伊，現在稱為剛果民主共和國）維持和平、1962年調節荷蘭與印尼在西依里安（今新幾內亞）的爭端。但在大部分的時間中，聯合國的運作往往因為兩大強權的對抗而癱瘓。尤其在冷戰時期，美蘇雙方在大部分的議題上皆採取對立的態度，導致安全理事會無法採取任何決定性的行動。

造成這種情況的因素還有兩個：首先，常任理事國所擁有的否決權大幅地降低安全理事會針對侵略行為、和平與安全之威脅採取行動的能力。事實上，直到1971年中華人民共和國取代臺灣的代表權之前，安全理事會針對爭議性議題的表決結果往往分為兩方，即蘇聯與其他四個常任理事國。冷戰期間蘇聯是最常使用否決權的理事國，總計從1946年到1955年間超過82次。而美國自1970年首次使用否決權後，便視此為理所當然。第二，儘管聯合國憲章規定安全理事會得設立軍事參謀委員會作為附屬機構，但五個常任理事國不允許聯合國擁有自己的武力，意味著每當聯合國有權採取軍事行動時，就必須向外徵求武力支援，例如美國（韓戰與波斯灣戰爭），或是區域性組織如北約（在科索沃）、非洲聯盟（在達佛）；或是集結多國部隊共同組成的「藍盔部隊」（blue helmets）或是「藍帽部隊」（blue berets）。因此，集體安全體系能夠被有效執行的關鍵之一，也就是聯合國永久部隊的成立，至今依舊無法實現。

在冷戰的大部分時期內，聯合國的運作幾乎呈現停頓與癱瘓的狀態。唯一一次安全理事會同意採取軍事行動的機會，則是在1950年韓戰爆發的時候，但以當時的時空環境來看，只能視為一次例外。聯合國之所以有機會介入韓戰，係因為蘇聯短暫地從安理會中退席，抗議「赤色中國」（中華人民共和國）被排除在聯合國之外。然而此次的介入卻加深了外界對於聯合國是由西方所掌控的看法。而少數幾次的非軍事行動則是針對兩個為世界所遺棄的國家——羅德西亞以及南非。1966年羅德西亞國內的少數白人政權片面宣布獨立，對和平產生威脅，因而遭到經濟制裁。1977年南非則因為實施種族隔離政策，以及鎮壓黑人而遭到武器禁運，如果當時沒有聯合國的介入，戰爭與衝突將無止境地持續下去。1956年的蘇伊士危機則有重要的意義，因為英國與法國首先針對美國譴責以色列、英國與法國三方的行動行使否決權，但是美國與蘇聯在外交上施加壓力，並支持埃及的納瑟政權，最後迫使英法等國撤軍，這也顯示出五個常任理事國中，還是有些國

家比其他國的力量更加突出。1962年發生古巴危機，核子大戰一觸即發時，聯合國只能當個無力的旁觀者。同時聯合國也無法阻止蘇聯入侵匈牙利（1956）、捷克斯洛伐克（1968），以及阿富汗（1979），或是阻擋美國在1960年至1970年間在越戰中的行動。類似的情況還有聯合國在處理以阿戰爭的問題時也是一籌莫展。

冷戰的結束帶來新的開始，許多人開始期待聯合國能夠有所作為。長久以來聯合國一直因為美蘇兩大強權的對抗而遭致邊緣化，如今聯合國突然被視為能夠帶來集體安全體系的載體。舉例來說，五位常任理事國使用否決權的次數驟減，從1996年至2006年間只使用13次。1991年的波斯灣戰爭則繼韓戰之後，聯合國第二次有權進行大規模軍事干預，似乎證明了聯合國重新肩負嚇阻侵略與維持和平的能力；此外，為了避免有獨立於聯合國外行動的疑慮，美國也決定不進入伊拉克追捕逃兵。事實上，聯合國積極的行動也是建構由美國老布希總統所提出的「新世界秩序」（new world order）的主要因素。自1990年開始，聯合國安理會同意無數次的非軍事行動，例如在阿富汗、安哥拉、衣索比亞、厄立特里亞、海地、伊拉克、盧安達、索馬利亞，以及前南斯拉夫聯邦等等，而軍事行動，或稱為**維持和平**行動（peacekeeping operations）也變得比過去更常見。

儘管如此，那些懷抱聯合國將在新世界秩序中扮演主導地位的美夢很快就幻滅。不僅是因為在盧安達與前南斯拉夫聯邦維和行動的失敗，更重要的是未能阻卻美國在2003年不顧其他安全理事會成員的反對，執意攻打伊拉克的行動。在後冷戰時期，聯合國開始遭遇新的問題與衝突，包括東西對抗結束之後，許多國家因為不再感受到威脅，而對集體安全的維持或是防衛地球另一端的國家意興闌珊。除此之外，美國單極世界秩序的出現，對聯合國的威脅就如同冷戰時期的兩極對立所造成的傷害一般。從2003年美國與盟國還沒得到聯合國安理會明確同意，就逕自攻打伊拉克即可看出。然而敘利亞內戰卻也凸顯出，新出現的多極（multipolarity）也會約束聯合國的權力。

最後，國際政治的焦點已經轉移，過去聯合國的角色是在資本主義與共產主義對抗的世界下維持和平，現在聯合國則需要在一個全球資本主義的世界結構下，面對財富與資源分配不均所引起的大量衝突，找到新的角色定位。這意味著聯合國

> **維持和平**（Peacekeeping）：一種用以維持和平的技術設計，當戰火暫停時，介入並協助執行由和平促成者所達成的協議。

●聯合國是一個名不符實的組織，因為所有聯合國會員的代表是政府，明顯是「主權國家」（states），而不是「民族」（nations）。但不使用United States的部分原因是為了有別於美國（United States），而且對民族的強調意味著人民或民族的參與或同意，而不僅僅是領導人，同時也隱含組成聯合國的國民政府具有民意基礎。然而，事實上民主從來就不是加入聯合國的標準，因為這會減少會員國的數量（關於民主的定義也會引起衝突）。

概念解構……
「聯合國」

●「聯合」一詞同樣也引來許多爭議，聯合意味著成員必須基於共同利益，並言行一致。再者，聯合一詞也隱含世界主義的構想，企圖建構一個超越個別國家利益與考量的組織。然而此構想不僅不切實際（因為聯合國還是主權國家的產物，聯合國憲章也奉國家主權為圭臬），同時也是不可欲的（暗示聯合國只是一個世界政府的雛形）。

的角色從原本的促進和平與安全，還要再加上確保經濟與社會正常發展的任務，這兩者的合併使維持和平的內涵從傳統的（traditional）轉變成多面向（multidimensional）或健全的（robust）。

從維持和平到重建和平

儘管「維持和平」一詞並未明確載於聯合國憲章的條文當中，但維持和平作為聯合國用以維持國際和平與安全最重要的方式早已行之有年。由於聯合國的維和行動一方面承諾用和平的方式解決爭端，諸如透過協商與協調（憲章第6章），另一方面亦採行更有強制力的方式維持安全

概念澄清：維持和平（Peacekeeping）

聯合國將維持和平定義為：「一種幫助那些深受衝突所苦的國家創造永續和平的方式。」因此基本上是一種用以在戰後維護和平，並且堅持執行由維和人員所達成的協議手段。傳統或標準的維持和平方法為，監控與監視衝突後的和平進程發展，維和人員必須在雙方達成停火協議（除自衛外不再進行戰鬥）後開始行動。此種形式的維持和平需要交戰雙方的同意，以及求援國的授意，優點在於能夠公正地報告停火協議，為交戰雙方建立互信。

全球政治行動…
敘利亞與聯合國

事件：敘利亞於2011年3月爆發反對阿薩德政府的示威抗議，這一波抗議與中東地區的抗議運動「阿拉伯之春」有關。敘利亞政府派兵鎮壓抗議人潮，衝突迅速上升，短短幾個月就演變成複雜而棘手的內戰，至少有四個主要元素牽涉其中。敘利亞政府軍有沙比哈組織（Shabiha）撐腰。沙比哈是一群支持敘利亞政府的民兵，多半來自阿薩德總統所屬的阿拉維少數族群（Alawite）。敘利亞政府軍在2013年之後，又得到總部位於黎巴嫩的什葉派伊斯蘭激進組織真主黨（Hezbollah）支持。反抗軍的最大勢力，是組織鬆散且有西方勢力撐腰的自由敘利亞軍（Free Syrian Army），但基地組織相關的外國激進勢力，也在反抗軍陣營逐漸嶄露頭角。長期反對阿薩德政府的敘利亞庫德族，則是在敘利亞的東北部建立半自治政權。敘利亞內戰在兩年多來演變成二十一世紀至今最血腥的衝突，聯合國則是被晾在一邊。然而在2013年8月，大馬士革（Damascus）郊區發生沙林毒氣（sarin nerve gas）攻擊事件。聯合國安理會於同年9月通過決議案，要在2014年中之前，消滅敘利亞所有的化學武器。不過這項決議案並沒有明訂如果敘利亞政府不配合，會受到怎樣的懲罰。

意義：聯合國既沒有採取有效的干預手段，終結敘利亞的內戰，也沒能降低流血衝突的規模（光是將敘利亞的化學武器除役，也不足以達成這兩個目標），沒有作為的背後有一個主要的原因。那就是聯合國安理會對敘利亞問題沒有共識。這種情況再次凸顯出聯合國嚴重受制於安理會的否決權，以及只要安理會內部的意見分歧，就能癱瘓整個聯合國。美國、法國與英國大致支持敘利亞反抗軍，希望阿薩德政權垮台之後，繼任的會是一個親西方的民主政府，對以色列比較沒有敵意。中國

與俄國則是堅定支持敘利亞政府。任何決議草案只要是譴責阿薩德政府參與衝突，要求阿薩德辭職下台，或是揚言制裁敘利亞，一律遭到中國與俄國封殺。在這個方面，俄國與敘利亞的關係特別重要。敘利亞是俄國在中東地區的重要盟友，兩國至少從阿薩德家族在1971年掌權以來，就發展出密切的軍事、經濟及政治關係。

然而2013年8月在大馬士革近郊爆發的化學武器攻擊，倒是給了聯合國積極處理敘利亞問題的契機。安理會通過化學武器相關的決議案，由聯合國的武器檢查員負責執行。但這樣的轉折絕非自動出現，也並非無可避免。美國對於化學武器攻擊的最初反應，是揚言要針對敘利亞政府，發動「規模有限，乾淨俐落」的軍事攻擊，也表示就算沒有安理會同意，也要出兵攻打敘利亞政府。美國的反應得到法國支持，原先也得到英國支持。美國要是真的出兵，聯合國的地位將更為邊緣化，與2003年美國出兵伊拉克的情景如出一轍，況且美國與俄國的關係也會嚴重受損。情況在9月初出現轉機，俄國呼籲敘利亞放棄化學武器，接下來的幾個禮拜，美國與俄國展開密集的外交交涉，敲定後來通過的安理會決議案內容。透過聯合國的機制行動，俄國得以避免阿薩德政權遭受軍事攻擊，美國則是既能回應化學武器攻擊事件，又不必承擔自行出兵干預可能造成的政治、軍事與戰略後果。

（第7章），因此聯合國第二任祕書長道格‧哈瑪紹稱維持和平為憲章的「第6章半」（Chapter Six and a Half）。聯合國在1948年至2013年間，共執行67次維持和平行動，至2013年為止，尚有15項行動持續進行中，總計有116個國家參與、78,000名部隊，其中有12,500名警力與1,800名軍事觀察員。除此之外，聯合國的維持和平行動得到來自海外約5,000名文職人員、11,700名當地文職人員，以及超過2,000名志工的協助。2012年至2013年間，聯合國在維持和平行動的預算支出約為73.3億美元。

　　傳統的或「第一代」的維持和平行動包含停戰協議簽署後，聯合國的力量將會介入爭端雙方間。1948年聯合國維和員在第一次以阿戰爭中監督停戰後的局勢；一年之後因為印巴分裂造成大規模的死傷，聯合國軍事觀察團遂進駐監控；1956年發生蘇伊士危機，聯合國派遣6,000名多國維和武力進駐以色列與埃及邊界，作為緩衝區，並協助英國與法國軍隊自該地撤退，上述的行動堪稱是第一代維持和平行動的模範。藍盔部隊只有在求援國的授意之下才能進入，目的是避免戰火再度發生，而非進一步解決衝突的來源或是執行永久性解決辦法。在東西衝突的背景之下，比起企圖影響雙方，中立與公正地監控衝突後的局勢似乎才是聯合國能夠維持和平的唯一方法。

　　然而，傳統的維持和平方式在冷戰後顯然無法控制局面，特別是對聯合國維持和平行動的需求越來越高。需求量增加的原因有兩個：首先是超強影響力的衰弱，使得種族與其他問題開始突顯，造成平民衝突與人道危機的增加；再者，安全理事會的一致決，讓成員國傾向偏好採取干預。此外，重要的是維持和平行動因為暴力衝突的本質發生變化，而變得更加複雜與困難。雖然國家之間的戰爭日益減少，內戰卻越來越常見，許多衝突皆涉及種族、文明衝突與當地社經環境。同時也反映在1990年以來兩大維持和平行動的發展：首先，有越來越多的維和部隊被派駐到那些暴力持續造成威脅（即使不是現實威脅）的地區，將會有更多人關注「健全的」維持和平行動，有時被描繪為「**強制和平**」。第二，當衝突情況變得更加複雜時，人們開始意識到維持和平行動的設計與焦點也應該與時俱進。導致「多面向」維和行動的出現，包括實施全面性的和平協議，為了達成人道干預的目的使用武力，以及提供緊急援助並逐步朝向政治重建。意味著維持和平行動的

強制和平（Peace enforcement）：一種強制性方式，包括在侵略發生時使用武力以維護和平與安全。

重點從維持和平逐漸轉向重建和平。

聯合國的維持和平是否有效？

　　多面向維持和平在後冷戰時代的成效如何？若與衝突，以及衝突所帶來的人員、經濟損害相比，聯合國的維持和平行動一直被視有效且經濟實惠（Collier and Hoeffler 2004）。根據蘭德智庫在2007年出版的一份研究報告指出，聯合國的八次維和行動中，有七次成功帶來和平，六次協助促進民主（Dobbins 2007）。包括剛果、柬埔寨、納米比亞、莫三比克、薩爾瓦多、東帝汶、東斯洛文尼亞，以及獅子山。當然，也有維持和平失敗的例子，諸

概念澄清：重建和平（Peace-building）

重建和平是一個漫長的過程，目的是為永續和平創造有利的條件，要以複雜的方式，解決引發暴力衝突的那些根深蒂固的結構性原因。嚴格來講，重建和平係和平進程中的一個階段，位於製造和平與維持和平完成之後。然而這些行動或多或少都會有重疊的部分，建立和平作為一種長期的衝突解決方案，牽涉到各種策略。具體內容則包括：經濟重建、經濟與社會建設的修復或改善、清除地雷、前戰鬥員的解散或再教育、流徙人士的再安置、社區與組織的建立，以及政府再造或國家重建。

如盧安達、索馬利亞，以及波士尼亞。1994年在盧安達發生的種族滅絕事件中，聯合國只能扮演一個旁觀者的角色；1995在聯合國授權下，美國於索馬利亞的行動最後以羞辱般地撤退作為收場；另外在1995年的波士尼亞－塞爾維亞戰爭中，在聯合國荷籍部隊駐紮的安全區域——斯雷布雷尼察，遭受自第二次世界大戰以來歐洲地區最嚴重的大屠殺。有論者以為上述的事件證明在這些缺乏法治與合法政治機關的化外之地，聯合國的干涉往往會遭遇到意想不到的困難，然而也不乏其他論者聲稱這些事件突顯出聯合國體系的瑕疵與缺點。包括任務不明確，特別是干涉工作與維和員遭遇到的安全挑戰之間的落差、維持和平力量的質量不一與指揮系統混亂、過度依賴「存在即嚇阻」（deterrence by presence）的思維，反映在當維和部隊面對和平破壞者不受拘束、惡意犯罪地使用武力時，仍不願以武力回應。除此之外，還有安全理事會與大會成員的政治決心、衝突優先順序與議題的不足。

　　然而，許多證據顯示聯合國已經學到教訓。1992年聯合國的《和平議程》（An Agenda for Peace）報告中也指出僅依靠維持和平不足以確保和平的持久。所以重建和平日益受到重視，顯示出聯合國為了避免衝突再度發生，以及建立「積極性」和平，亟欲找出一種能夠強化以及鞏固和平的結構。儘管軍事依舊是

大部分維持和平行動的骨幹，但如今許多維持和平具有多面向的特質，開始包含行政人員、經濟學家、警察、法學專家、地雷清除員、選舉觀察員，以及人權觀察員與公共事務與治理的專家。2005年聯合國安全理事會與大會之下成立附屬諮詢機構——重建和平委員會，目標是支持在衝突不斷的國家內進行的和平工作，並藉由匯集相關行為者（諸如國際捐贈者、國際金融機構、國家政府、提供部隊的國家）、分配資源，為重建和平與復原提供整合性策略。儘管只是一個諮詢性機關，重建和平委員會還是可以達成一些目標，重建和平對聯合國更重要的意義在於認知到傳統的維持和平早已不合時宜，並且不容易達成，可能只有在特殊情況下才能成功。無論如何，重建和平展現出聯合國擁有強硬與柔軟的兩種力量，也在促進和平與安全之餘，促進經濟與社會發展。

促進經濟與社會發展

從一開始聯合國的締造者就已經認知到經濟議題與政治議題的關連性，多半是受到大蕭條所造成的經濟混亂、政治極端主義興起與國際衝突增加的影響。因此聯合國憲章承諾提升「社會進步與更好的生活水平」（social progress and better standards of life）。儘管如此，在初期階段聯合國對於經濟與社會議題的關注僅侷限於戰後的重建與恢復，特別是在西歐地區與日本。一直要到1960年代後，聯合國才開始重視促進經濟與社會發展。原因有三：首先是去殖民化的推動與開發中國家影響力的增長，使得聯合國將更多焦點放在世界財富分配的不平等上。在聯合國內，南北差距取代了東西對抗；其次是對於相互依賴的重視，以及自1980年以來全球化的影響，兩者皆使世人認知到世界上某一區塊的經濟與社會問題確實會影響到世界的其他區塊，此種貧窮與不平等的形態也與世界經濟結構相互連結；最後一點則是從製造和平轉變到重建和平的認知，內戰與種族衝突的興起突顯出一個事實，即和平與安全、正義與人權係密不可分。

聯合國的經濟與社會領域是由龐大且持續擴大中的一系列計畫、基金與專門機構所組成，並由聯合國經濟與社會理事會負責協調。主要的領域包括人權議題（第13章）、發展與減少貧窮議題（第15章）、環境議題（第16章）。就發展而言，主要負責全球發展政策的主體是聯合國發展計畫署（UNDP），該署在1965年成立，目前的參與國共有166個，目標是共同解決全球與國家發展的挑戰，以及幫助開發中國家有效地吸引與運用援助。人類發展報告（HDRs）聚焦在全球

重要事件⋯

聯合國的歷史

1944年	敦巴頓橡園中（美國、蘇聯、中國與英國）規劃聯合國的目標與結構。
1945年	50個國家在舊金山通過聯合國憲章（波蘭並未出席，但隨後簽署，成為聯合國第51個創始國）。
1946年	特呂格韋・賴伊（挪威籍）為首任祕書長。
1948年	聯合國通過《世界人權宣言》。
1950年	安全理事會通過對朝鮮半島的軍事行動。
1950年	聯合國設立聯合國難民署（UNHCR）。
1953年	道格・哈瑪紹（瑞典籍）擔任聯合國祕書長。
1956年	聯合國首次派遣維和部隊前往蘇伊士運河。
1960年	聯合國監督比利時將政權交還給剛果人民。
1961年	宇譚（緬甸籍）擔任聯合國祕書長。
1964年	聯合國維和部隊前往塞普勒斯。
1965年	聯合國發展計畫署正式成立。
1968年	聯合國大會通過《核子不擴散條約》（NPT）。
1971年	中華人民共和國取代中華民國（臺灣）成為安全理事會成員。
1972年	聯合國於斯德哥爾摩首次舉辦環境會議，並設立聯合國環境計畫署（UNEP）。
1972年	聯合國於墨西哥首次舉辦婦女會議，並將此年定為國際婦女年。
1972年	庫爾特・瓦爾德海姆（國內譯為華德翰，奧地利籍）擔任聯合國祕書長。
1982年	哈維爾・培雷茲・德奎利亞爾（國內譯為培瑞茲，祕魯籍）擔任聯合國祕書長。
1990年	聯合國兒童基金會召開世界兒童高峰會。
1992年	布羅斯特・布特羅斯・蓋里（埃及籍）擔任聯合國祕書長。
1992年	地球高峰會於里約舉辦，並通過促進永續發展的全面性計畫。
1992年	安全理事會發表《和平議程》提出製造和平、維持和平與重建和平三大途徑。
1997年	科菲・安南（迦納籍）擔任聯合國祕書長。
2000年	聯合國通過《千禧年發展目標》。
2002年	國際刑事法院（ICC）正式成立
2005年	聯合國重建和平委員會正式成立
2007年	潘基文（南韓籍）擔任聯合國祕書長。

對於發展議題的爭辯，並提供新的衡量方式（如人類發展指數，HDI）、從事創新式分析與提出爭議性政策的計畫。藉由將焦點放在「人類發展」的論述上，聯合國發展計畫署同時也針對貧窮與剝奪提出革新的思維，跳脫傳統對於貧窮的狹隘定義。1994年聯合國祕書長布羅斯特・布特羅斯・蓋里（Boutros Boutros-

Ghali）發表的《發展議程》（為補充兩年前提出的《和平議程》），試圖在全球化年代與後冷戰世界為永續發展建立一項協調計畫。

　　然而，自1990年代後期開始，全球不平等情況的加劇，特別是次撒哈拉非洲地區的困境，讓人對於聯合國發展計畫署的能力憂心忡忡。例如1999年出版的《人類發展報告》中指出，全球前五分之一富有國的人民占全球出口貿易量的82%；相反的，全球最窮五分之一的國家人民僅擁有約1%。對於聯合國發展計畫署能夠發揮效力的迫切需求，催生了2000年所發表的《千禧年發展目標》（MDGs），期望能夠在2015年達成下列目標：極度貧窮減半、終止HIV/AIDS的擴散、提供初等教育等。聯合國在2012年發表千禧年發展目標的進度報告，指出要在2015年前達成目標「雖不容易，但有可能」。進度緩慢的主因包括天然災害，以及全球金融危機。儘管過程充滿困難與挫折，但聯合國對於緩和開發中國家的經濟與社會問題所作出的努力，還是比其他任一組織或國家來的更多。

聯合國的未來：挑戰與改革

　　聯合國從來不乏爭議或批評，尤其是聯合國立意之高，在期望與結果上難免會產生落差。然而隨著時間推移，聯合國所面臨的挑戰也有了巨大的改變，二十一世紀的聯合國將會如何發展？全球權力的分配將是決定聯合國影響力的最主要因素。聯合國在二十世紀時主要受限於冷戰的兩極體系，一直到1990年代中期才開始有實質影響力，並在冷戰結束後與五個常任理事國有一小段的蜜月期，此後，聯合國便依附在唯一的超強——美國之下，自此聯合國成為美國霸權的外交政策工具，任美國恣意而為。但另一方面，多極體系的興起，特別是中國的崛起，以及印度、巴西、南非等國家影響力的提升，也對聯合國產生一定的影響力。儘管這些影響力難以實際測量，但不可否認的是全球權力的分配更傾向多邊主義，以及由聯合國主導的集體安全制度，而不是以武力的方式尋求自助。從另一個角度來看，多極體系卻也容易讓人聯想到衝突與不穩定，一旦強權的對抗使國際調解與協調變得更加困難與不可行，聯合國可能重蹈國際聯盟的覆轍。不論多極體系是好是壞，可以確定的是，在全球權力的轉變之下，關於安全理事會的改革將會持續成為討論的焦點。

　　如今聯合國所面對的安全挑戰已經與過去幾十年前大不相同，除了核子恐怖主義、國家無法正常發揮功能以及傳染性疾病的擴散之外，戰爭與武裝衝突本質

全球行為者…

聯合國

類型：政府間組織　·成立時間：1945年　·總部：紐約　·會員國：193個

聯合國為國際聯盟的繼承者，於50個國家齊聚舊金山共同簽署聯合國憲章後，正式成立，轄下主要有五大機構：

- 聯合國大會
- 安全理事會
- 祕書處
- 國際法院
- 經濟與社會理事會

聯合國另外還包括一些特定機構、基金會與計畫，諸如國際貨幣基金（IMF）、世界銀行（WB）、世界衛生組織（WHO）、聯合國教育、科學與文化組織（UNESCO），以及聯合國兒童基金會（UNICEF）。

重要性：聯合國是一個擁有獨特國際特徵的全球性組織，根據聯合國憲章的規定，理論上聯合國有權針對任何領域採取行動。聯合國主要關注的領域有環境、難民保護、災難救濟、打擊恐怖主義、軍備裁減、人權、經濟與社會發展等。不過聯合國最主要的角色還是維持國際和平與安全，特別是透過安全理事會通過具有約束力的決議，針對違反承諾之事件採取軍事或非軍事的制裁，這也讓聯合國成為國際法的主要來源。

在冷戰時期兩大超強的對抗之下，常任安全理事會所擁有的否決權讓安全理事會的行動陷入僵局。加上聯合國從來無法發展自己的武力，使得聯合國必須仰賴會員國提供部隊，因此限制了聯合國對於和平與安全的影響力。然而冷戰的結束為聯合國主導的新世界秩序帶來一絲樂觀，例如1991年的波斯灣戰爭中，聯合國批准以美國為首的多國部隊，驅逐入侵科威特的伊拉克軍隊。聯合國的維持和平行動在數年之內成長一倍，維持和平的預算增加四倍。然而冀望聯合國在後冷戰時代能夠發揮更大功效的願望，卻因兩大因素而遭受打擊：首先是東西緊張結束後，許多國家不願意再接受中立與多邊的干涉；另外則是美國減少財政與軍事的支持。雖然維持和平（如莫三比克與薩爾瓦多）與重建和平（東帝汶）確實有其成效；但1990年代中期的盧安達事件與波士尼亞戰爭爆發的大規模屠殺仍然重挫聯合國的威望。

儘管如此，聯合國還是持續在開發中世界運用軟權力，同時成為這些國家在經濟與社會發展上的主要支持者。聯合國是最接近全球治理的國際組織，為國際社群提供一個關注議題的框架，範圍包括和平與安全、軍備裁減、防止核武擴散、環境保護、消除貧窮、性別平等與緊急救援。鑑於聯合國獨特的角色與道德威望，大多數人都同意一旦聯合國不存在，便需要再創造一個來取代的觀點。不過聯合國仍然遭致許多非議，其中最嚴重的一點是將聯合國描繪成一個不具合法性的世界政府雛形，既不具民主憑據，也不尊重國家主權；更有論者聲稱聯合國只是一個口舌之爭的場所，因為如果國家不授權（特別是安全理事會），聯合國將一事無成。另外也有論者以2003年聯合國的「石油換食物」（Oil-for-Food）醜聞，批評聯合國內部的官僚主義造成的管理不當與成效不彰。

焦點⋯⋯ **改革安理會？**

　　為何一直都有要求安全理事會改革的聲浪？而改革為何如此困難重重？要求安全理事會改革的重點有二：首先是常任理事國擁有的否決權；其次是成員國的身分。常任會員國以及否決決議的權力，意味著聯合國在關於和平以及安全的核心議題上，幾乎都是強國政治支配下的結果，也顯示出常任理事國比其他會員國更平等。除了少數例外的情況（韓戰與波斯灣戰爭），五位常任理事國的一致決也閹割了聯合國的集體安全理念。尤有甚者，常任理事國的會員權也被視為二戰後大國政治下的產物，已經不合時宜，甚至也不符合冷戰時期兩大超強的國際局勢。常任理事國的存在將使多數國家不敢挑戰美國、中國與俄羅斯（至少就核武力量來看）的正當性；而英國與法國早已退居次位。隨著時間的演變，有論者以為基於經濟實力，日本和德國也應當成為常任理事國。近年來，隨著新興國家的崛起，不少人認為印度、巴西、奈及利亞、埃及、南非等國家也可以成為常任理事國。現存的常任理事國反映出區域的不平衡，沒有任何一個常任理事國來自非洲與拉丁美洲地區。針對常任理事國的會員權進行修改可以讓常任理事國更具代表性與反應現況，同時也能獲得更廣大的支持與影響力，此舉將有助於聯合國在執行製造和平與維護和平上更有效率。

　　儘管如此，安全理事會的改革之路仍相當遙遠，否決權將是擋在路中央的一顆巨石。除非常任理事國同意，否決權不可能取消，但常任理事國也不可能自願放棄這項特權。除此之外，否決權的存在也是確保聯合國能夠得到這五大國家支持的一種（可能是必要的）方式。另外針對常任理事國會員權的擴大或變更也相當困難，因為一開始就會遭到五個常任理事國的反對，特別是最脆弱的英國與法國。其他常任理事國也害怕改革會帶來利益與影響力結構的改變。再者，也有些國家對於有望進入常任理事國的候選名單提出異議，例如許多歐洲國家反對德國加入；南非與奈及利亞則互相反對對方的加入；阿根廷則是反對巴西的加入等。最後，因為全球的權力分配總是不斷在改變，修改後的會員權可能需要定期評鑑。

的改變，也讓聯合國在維持和平與重建和平上遭遇困難。永續和平難以達成的原因很多，諸如因認同問題所導致的戰爭、內戰衝突、人道與庇護危機以及國內犯罪等問題，都激化了要求全球正義與尊重國家主權這兩者之間的對立。以2000年間發生的達佛事件為例，當事國便禁止聯合國介入維持秩序以及提供人道救援。儘管如此，只要聯合國認為自己有「保護的責任」，干涉將無止境地持續下去。除此之外，聯合國也面臨到預算不足的問題，聯合國的維持和平、發展與其他活動不斷擴張，主要捐贈國在提供財政資助時開始變得不情願地，有時甚至以此為槓桿影響聯合國的政策。在2006年底，聯合國會員總共積欠23億美元的會費，其中光是美國就占了43%。聯合國要如何在不減少必要工作的情況之下，維持財政的穩定？又應如何打破聯合國內部預算資助與政策影響之間的掛勾？

爭辯中的議題…… 聯合國已經過時且不必要？

聯合國長期以來一直是一個充滿爭議的實體，儘管過去的60年來，所有國家都承認聯合國存在的價值與必要性，但主要和根本的批評仍持續針對聯合國及其相關組織。

支持	反對
世界政府的雛形。 聯合國當初被設計成一個管理世界體系的超國家機構，使其存有本質上的缺陷。因此聯合國擁有所有世界政府的缺點，缺乏合法性、可課責性與民主憑證。聯合國不僅妨礙主權國家的運行（表現在聯合國並不支持國家主權），同時也瓦解了權力平衡體系的運作，危害和平與穩定。	**不可或缺的機構。** 儘管聯合國有無數缺陷與缺點，但無法忽略的一點是：這世界因為聯合國的存在而更安全。儘管聯合國永遠無法防止戰爭發生，以及解決所有衝突，但其仍然替國際社群的合作提供一個不可或缺的框架。儘管未臻至善，但聯合國已經減少國際衝突走向戰爭的機會。即使戰爭爆發，聯合國也會儘速進行維持和平與重建和平行動。
口舌之爭的場所。 對許多人來說，相較於干涉國際事務的能力，聯合國最大的問題是她的成效。如許多人指出聯合國成立之後，發生戰爭的頻率遠多於成立之前；同時聯合國也不斷在一些重要的國際事務上遭到邊緣化。安全理事會常因難以通過決議，或是無法獲得區域的同意與美國的支持而癱瘓。	**成功的維持和平。** 當維持和平行動的失敗一再出現在螢光幕上時，聯合國維持和平的效力也因此遭到質疑。但大部分的研究顯示出聯合國的維持和平行動成功的機率大於失敗，另外在執行層面上，聯合國的表現也比其他組織還要好，包括小規模的維持和平、人道救援與監控選舉等。維持和平行動朝多面向發展的轉變也開始發揮功效。
缺乏道德基準。 聯合國創立之時擁有明確的道德目標，即對抗法西斯主義，以捍衛人權與基本自由。然而隨著聯合國擴張成為一個全球性組織，聯合國變成一種道德相對主義，將所有事務加諸在所有會員國身上。因此，聯合國在對抗獨裁者、譴責侵犯人權的行為、為了避免種族屠殺以及其他類似的行為而進行干預的紀錄是貧乏的。	**新議題與新思維。** 聯合國並未拋棄最初的任務，而是適應與重新詮釋這些新的全球挑戰。聯合國不僅發展成一個促進世界經濟與社會發展的領導組織，同時也具有形塑與全球性議題相關議程的能力，範圍從氣候變遷與兩性平等，到人口控制與防治流行性疾病等。
過時且故步自封。 許多人皆同意聯合國的改革有迫切的需要，但從何著手仍未明朗。但因常任理事國擁有否決權，所以改革安全理事會已經是不可能的。聯合國本身功能紊亂，組織龐大、複雜，且業務重疊性高；此外，試圖讓聯合國的運作更流暢的努力，似乎只是事倍功半。	**修正，但不要結束它。** 儘管聯合國並非完美，但就此將之視為無法改革也是謬論。近幾年在維持和平與人道救援的執行與戰略途徑上，已有顯著的改進，進一步的改革也將陸續引進。舉例來說，聯合國的一些機構可以相互調和；也可以授權其他國際行動合法性，而不需事必躬親，同時加強與區域性組織之間的關係。

從這些挑戰來看，聯合國的改革越來越重要。1990年代末，時任祕書長的安南推動一系列大刀闊斧的改革方案，力求增進聯合國經濟與社會計畫間的協調，以及強化多邊體系的形式。然而大部分的人認為這些方案依舊是不完整，同時必須將範圍擴張到聯合國的其他活動中。無論如何，其他重要的改革包括和平行動、人權以及發展等領域。2000年發布的《布拉西米維和報告》（Brahimi Report on Peacekeeping）對維持和平行動有很大的貢獻，不僅回顧維持和平行動，更間接催生了2005年成立的聯合國重建和平委員會。聯合國一直關注自身能否擁有「快速部署能力」（rapid deployment capacity）──即能夠快速、有效地將維和部隊運送到世界上各個角落。目前聯合國仍缺乏此項能力，所以聯合國維和部隊的部署速度往往太慢，並且常常被要求進行高難度的行動。聯合國在改革方面遇到的主要問題是如何促進聯合國內「功能失調家族」（dysfunctional family）之間彼此相互協調與避免業務重疊。聯合國內已經有「合而為一」（delivering as one）的目標，但在實踐上，增強效率與減少行政成本還是很難達成。關於人權問題，聯合國很成功地創立一個國際人權立法組織，以及其他能夠監視與報告全球人權問題的組織。不過聯合國係在既定的利益範圍內運作，所以很難確保這些機關可以在健全的方式下行動。雖然飽受批評的人權委員會已經被人權理事會所取代，但在2009年斯里蘭卡與泰米爾之虎的內戰中，因為人權理事會的無作為，這個嚴重違反人權的事件還是無法得到制裁。

重點摘要

- 國際組織係由三個或以上的國家所組成，並設有正式程序與會員權的機制。國際組織可視為國家追求自身利益的工具、國家論辯的場域以及能夠對國際局勢造成影響的行為者。

- 國際組織由許多因素組成，包括國家間相互依賴的存在，鼓勵決策者相信國際合作能夠促進共同利益，以及霸權國的存在能夠承擔創立與維持國際組織運作的成本。

- 聯合國是唯一貨真價實的全球組織。儘管聯合國是一個混合體，內部有許多考量相互競爭，在接受強權政治的現實考量之外，還需要顧及到會員國之間的主權平等，使其成為「兩個」聯合國。

- 聯合國的核心目標是維持國際和平與安全，這是屬於安全理事會的責任。不過

聯合國在執行其目標時，經常受到常任理事國所擁有的否決權所限制，並且缺乏獨立的軍事能力。聯合國在維持和平這個領域上的綜合表現，已經顯示出其越來越重視重建和平的過程。

- 聯合國的經濟與社會責任是由一個龐大且不斷擴大的一系列計畫、基金會與專門機構負責執行，主要的範圍包括人權、發展、減貧，以及環境議題。這些廣泛的議題讓聯合國得到來自開發中國家的強力支持。

- 聯合國的改革面臨一連串的挑戰與壓力，包括在興起的多極體系中，全球權力分配的改變、針對安全理事會的權力與成員，以及聯合國的財政狀況與官僚組織的批評。

問題討論

- 國際組織與主權國家有何不同？
- 國際組織如何與全球治理連結？
- 國際組織是否只是國家運用不同手段來追求利益的機制？
- 國際組織的創立是否仰賴霸權國的力量？
- 國際組織在何種程度上是觀念的產物？
- 為何聯合國比國際聯盟要來得成功？
- 為何聯合國在建構集體安全體系時，只獲得有限的成功？
- 聯合國維持和平的途徑如何演進？又為何演進？
- 聯合國履行經濟與社會責任的成效如何？
- 為何安全理事會的改革如此困難？

第十九章　全球治理與布雷敦森林體系

> 「市場是一個好僕人，但是一個糟糕的主人。」
>
> ——經濟箴言（有時同樣適用於金錢）

前言

　　各方對於全球治理的關注已增加，尤其是在1990年代以降。此現象可歸因於幾個理由。就廣泛的意義而言，冷戰結束代表世人對國際組織的期待提升，特別是對聯合國的期盼。全球化的加速激起關於世界經濟趨勢和規範制度兩者之間關係的探討。再者，各方也認知到越來越多國際問題已超出國家各自解決的能力範圍。然而，飄忽在以主權國家為主的西伐利亞世界以及「世界政府」的狂想之間，「全球治理」是一個難以分析和評估的概念。我們如何有效理解「全球治理」？全球治理存在嗎？或僅僅是一種理想？無論如何，經濟政策的制定（economic policy-making）是全球治理發展最成熟的領域。此發展源自1944年的布雷敦森林協議。協議試圖透過國際貨幣基金、世界銀行和關稅暨貿易總協定（被「世界貿易組織」取代）等三個新實體，或統稱「布雷敦森林體系」的創立，以建立戰後國際經濟秩序的結構。然而，隨著時間發展，此體系也隨著世界經濟「改變」的壓力而調整，有了巨變。相較最初對於歐洲戰後重建和第三世界發展落後的關心，布雷敦體系的主要支柱從1970年代以降便陷入爭執的深淵。布雷敦體系的重心轉向經濟自由化，並開始與新自由主義和全球化的力量緊密結合。布雷敦森林體系成立的背後因素為何？其任務如何改變？布雷敦森林制度究竟是裨益，還是一股損害的力量？

關鍵議題

- 什麼是「全球治理」？
- 全球治理是迷思或現實？
- 布雷敦森林體系如何被建立？為什麼？
- 布雷敦森林制度如何轉向經濟自由化？
- 為何布雷敦森林制度飽受批判？
- 2007年至2009年的全球危機為全球經濟治理的需求有何提示？

全球治理

　　全球治理被形容是「存在當下世界各個不同層次，跟治理相關的正式和非正式活動、規則和機制的集合」（Karns and Mingst 2009）。如是，全球治理指許多不同的合作及解決問題的安排。就社會關係的協調而非「政府」而言，這些安排的共同特徵是促進「治理」，意指透過可貫徹決策的系統所產生的秩序性統治（ordered rule）。這些安排已成為冷戰結束後，全球政治中越來越明顯的特徵，尤其是作為對全球化的回應，或在某種程度上，作為形塑全球化過程的一種嘗試。然而，全球治理是無法簡單定義或說明的複雜現象。首先，全球治理常與國際組織混淆。兩者被混淆的程度甚至到有些時候，全球治理是一個形容所有既存的國際組織的統稱。雖然全球治理和國際組織並非同義詞，全球治理受重視的重要層面在於國際組織的量和重要性的提升。再者，作為國家似乎可以不放棄主權而進行合作的一組過程，全球治理是一個難以歸類的現象。特別是該如何分辨全球治理與世界政治的其他模型？

全球治理是什麼？不是什麼？

　　全球治理可被理解是一個在全球層次上，廣泛、動態和複雜的互動式決策過程。但這代表什麼？全球治理的特徵是什麼？或許定義全球治理最好的方式是突顯其和其他世界政治形態的異同之處，尤其是：

- 國際無政府狀態
- 全球霸權
- 世界政府

國際無政府狀態

　　國際無政府狀態是傳統上用來理解國際政治的模型，其起源可追溯至十七世紀西發里亞體系的發跡。無政府狀態也是現實主義理論的核心假設之一。就此觀點而言，國際體系的主要特徵是缺少一個可以

概念澄清：全球治理

（Global governance）

全球治理是在全球層次上，廣泛、動態、複雜、互動式的決策過程。此過程包括正式和非正式機制以及政府和非政府機構。國家和政府仍是反應公共和全球社群利益的主要制度，但全球治理也包括政府間組織，有時候更包括超國家組織。全球政策在一個水平和垂直式交叉互動的系統產生；不同政府機關裡的官員與其他國家的同僚以及非政府的行動家、科學家和銀行家共事。「全球治理」一詞有時候狹義地指：「實現以上互動的制度」。

規範國家行為的超國家權威。因此，國家是被迫依靠自我保障生存和安全的主權實體。國際體系也因此屬於動態的，並充滿爭端，特別是由安全困境引起的恐懼和不安全感所帶來的衝突。然而，國際無政府狀態不全然是無止境的混亂和失序。反之，某些和平或較有秩序的時期可能出現，尤其是當權力平衡的發展說服國家放棄追求侵略性的野心之時。再者，隨著國家追求安全的極大化（避免戰爭）而非權力的極大化（透過征服和擴張而產生的利得），戰爭的可能性也隨之減少。

國際無政府狀態是否仍是常態？此模型最大的弱點在於：自1945年，透過國際組織的協助，並將國家行為立基於提升信任和互惠的慣例和規則之上，世界各地區的國家展現了一種永續合作的能力。例如，歐盟的合作否定了現實主義的假設。因此，許多人認為國際體系已發展成國際社會，意指國際無政府狀態已發展成布爾（Bull）（〔1977〕2002）所稱的「無政府社會」（anarchical society）。然而，自助和權力政治並未全然消失。例如，中東地區大部分的國際關係仍適合以權力平衡理解；911事件被認為是傳統地緣政治再崛起的分水嶺。再者，現實主義學者不認為國際秩序可在超越權力政治邏輯的情形下被創造出來。

全球霸權

由於國家之間有層級，現實主義者一向認知到國家體系附有某種程度的組織。雖然就主權範圍內的權利而言，國家是平等的，但是就資源和能力而言，則高度的不平等。因此，大國將其意願強加於小國，尤其是透過帝國主義。「全球霸權」的概念只是將「由上而下」的國際秩序的概念再推進一步。一個霸權國家擁有優越的軍事、經濟和意識形態資源，因此可以在區域內（區域霸權）或全世界（全球霸權）遂行其意願。如此強烈不對等的權力分配或許可能招來敵意或怨恨，但通常鼓勵小國「屈從」，以求獲得安全和其他獎勵。全球霸權因此可以和國際秩序不衝突，尤其是當霸權國可提供穩定的金融體系、可靠的國際貨幣並扮演「世界警察」——解決區域等其他爭端的能力——等集體利益。

許多學者認為霸權是理解現代全球政治的關鍵。在1945年取代英國成為西半球的霸權以後，美國因冷戰結束和蘇聯瓦解而成為全球霸權。如是觀點也暗示，國際組織自1945年以降的增長，反映美國累積「結構」權力的現象，而非國家之間普遍上更有合作的意願。然而，美國雖在建立世界銀行、國際貨幣基金

（IMF）、世界貿易組織等全球治理的制度上扮演主導的角色，並持續鼓勵歐洲整合，將國際制度僅視為是美國追求國家利益的機制則未免過於簡化。

此看法常反映在美國和聯合國之間不平順的關係。再者，如第9章提到的，美國的全球支配能力以及全球治理制度的領導能力，正在多極的世界秩序中流失。

世界政府

在本節考慮的所有模型中，世界政府最無法呼應現代全球體系的結構和發展過程。全球治理更可以被形容是「沒有世界政府的國際合作」。明顯的，世界政府的想法並不受歡迎。然而，並非總是如此。追朔至古希臘時期的芝諾（Zeno）和羅馬時期的馬可・奧里略（Marcus Aurelius），「世界政府」的概念充斥著國際關係思想史。格勞秀斯（Hugo Grotius）重視一個規範所有人和國家的法制體系，康德（Immanuel Kant）則強調，透過普世友誼的串聯，由自由國家組成的聯邦可建立「永久和平」（雖然這不意味「世界政府」有一個簡單的藍圖）。國際聯盟（1919-1946）和聯合國的創始宗旨皆圍繞在世界政府的理想。另一方面，愛因斯坦（Albert Einstein 1879-1955）、邱吉爾（Winston Churchill 1874-1965）、羅素（Bertrand Russell 1872-1970）和甘地（Mahatma Ghandi）等人皆曾表示支持聯邦式的世界政府。世界政府的背後邏輯和古典自由主義支持國家的邏輯一樣──社會契約論。如同在利益相異的個人中，確保秩序和穩定的唯一方法是建立主權國家，在自利的國家之間防止爭端的唯一方法是建立一個至高無上的超國家實體（Yunker 2007）。然而，此種願景現在被普遍認為是不實際和不受歡迎的。

世界政府是不實際的，因為沒有明顯的跡象顯示國家或人民，願意將主權讓渡給一個「全球國家」（global state）或世界聯邦。如歐洲經驗所呈現（第20章有進一步的討論），即使在一個大陸內，跨國政治認同的建立往往大幅落後跨國制度的建立。這項觀察暗示，若可能建立世界政府，其可能表現為世界帝國的形

概念澄清：世界政府（World government）

世界政府是將全體人類統合在一個共同政治權威下的想法。所有關於世界政府的概念皆立基於將立法和行政權集中在一個超國家實體。然而，世界政府有兩種截然不同的模式。在單一（unitary）模式裡，「世界都會」（cosmopolis）或「世界國」（world state）享有合法使用武力和建立層級式世界秩序的壟斷權。在聯邦（federal）模式裡，中央權威將被授予法治和維持秩序的權力，其他的組成單元（之前的國家）則繼續掌控地方和國內事務。

態（最明顯的例子可能是羅馬帝國），一個極為制度化的全球霸權。至少有四個理由反對世界政府的建立。首先，其有可能創造脫離制衡和無法制衡的強權，意指可能產生專制的情形。其次，若考慮文化、語言、宗教等其他差異，對於地方或區域的政治效忠可能永遠比對全球的情感來的強。三、在世界政府的體系下難以有有效運行的民主制度。四、由於全球治理的成功和道德式世界主義（相對於世界國家式的世界主義）的流傳，呈現在沒有「全球國家」的情形下，世人依然可以處理戰爭、貧窮和環境退化等問題，許多自由主義論者放棄了世界政府的想法。

概念澄清：超國家主義（Supranationalism）

超國家主義指國家之上存在更高的權威，其有能力將自身意願加諸於國家。超國家主義因此將主權和決策權從國家轉移到國際或區域組織。權力轉移可透過建立國際聯邦進行。過程中，主權由中心和邊陲實體共享，稱之為「主權集中」（pooling sovereignty）。超國家主義的發展被視為是全球政治中整合趨勢中的一部分。然而，全球主義的批判者，尤其是現實主義者，聲稱此趨勢不僅危害主權，更威脅國家認同和民主，甚至含有世界政府的種子。

世界政府雖然已鮮少被視為是有意義的政治計畫，其背後的「超國家主義」原則無疑越來越受到重視。例如，聯合國安理會（透過在聯合國憲章第25條下，關於和平與安全事務的權力）、國際法院、國際刑事法院以及部分歐盟機構中的超國家權威，至少皆有世界政府的部分特徵。

全球治理的輪廓

雖然世界政府逐漸被視為是一種過時或非常不具吸引力的想法，但全球治理的概念卻得到越來越多的關注。全球治理不是一個研究課題，它比較像是一個研究領域。全球治理雖然與特定的制度和可辨識的行為者有關，其基本上是一個或一套過程。簡言之，全球治理是在沒有中央政府的情形下管理全球政策。因此，全球治理與國際無政府狀態的差異在於：前者具有某種程度的永續合作，以及在自助體系中不可能會有的集體行動偏好。全球治理體系中的國家自願合作，並認知到合作符合自身利益。全球治理會出現，因為國家接受在越來越多的政策領域，其無法獨自有效地回應問題。全球治理與全球霸權和世界政府的差異在於：後兩者皆假設一個超國家權威的存在。因此，全球治理可被形容為「無政府狀態下的合作體系」（Oye 1986）。全球治理也因此暗示，可以在不用建立世界政府

或忍受世界霸權的情形下，克服國際無政府狀態（見表19.1）。全球治理的主要特徵包含以下：

- 多元中心主義（Polycentrism）——儘管聯合國在現代全球治理體系中扮演主導角色，全球治理是多元而非單一的。全球治理在不同的議題範圍有不同的制度架構和決策機制。

- 政府間主義（Intergovernmentalism）——國家和政府在全球治理體系中保有相當的影響力。此現象反映在普遍國際組織對於共識決的傾向以及微弱的執行力。

概念澄清：政府間主義
（Inter-governmentalism）

政府間主義指國家在主權獨立的基礎上進行的互動。政府間主義也因此與超國家主義有所區分，後者指國家之上有更高的權威。條約或同盟是政府間主義最普遍的形式。雙邊共識是最簡單的政府間主義。另一個主要的政府間主義是聯盟或邦聯，例如聯合國、石油輸出國組織（OPEC）和經濟合作暨發展組織（OECD）。在這些組織裡，一致的決策過程（unanimous decision-making）保障國家主權。至少就至關重要的國家事務，各成員國皆擁有否決權。

- 不同參與者（Mixed actor involvement）——國家和國際組織除外，全球治理的參與者包括非政府組織、跨國企業及其他屬於全球公民社會的機構。公私交界的模糊代表在國內政治中國家和公民社會的分辨，在全球決策中不存在。

- 多層次過程（Multilevel processes）——全球治理的運行係透過不同層次的團體和機構（市、省、國家、區域、全球）之間的互動，沒有一個層次擁有支配性。

- 去正式化（Deformalization）——全球治理通常是透過基於慣例以及非正式的國際建制來運行，而非正式的法律實體。

全球治理：迷思或現實？

現代世界政治在哪種程度上符合全球治理體系的特徵？尤其是自由論者，他們主張世界無可非議和無可避免的趨向全球治理。國際組織的增長提供證據，證明國家之間有更大的意願合作及參與集體行動，並透過強化互信，帶動進一步的合作，使國家習慣在規範下行動。就全球治理與全球化密切相關的角度而言，前者的影響力可能不固定，但可能隨著相互依賴和相互連結形成無法抵擋的趨勢，進而隨著時間增加。國際遷徙、全球恐怖主義、跨國犯罪集團、全球傳染病等發

展，皆是此現象的例證。然而，我們不該誇大全球接受秩序和規範的程度。更準確而言，全球治理是一個竄起中的過程，而非一個已建立的全球治理體系。再者，全球治理的規範和規則在世界上某些地方發展地較完善。例如，基於歐盟成功地集中主權並放棄權力平衡，庫柏（Cooper 2004）將歐洲描述成所謂「後現代」世界的核心。無論如何，歐洲是一個特例。流氓國家（rogue state）和「邊緣國家」（pariah state）的存在，顯示世界上仍有許多地區不受國際規範和規則的影響。

全球經濟治理：布雷敦森林體系的發展

全球治理的趨勢在經濟政策的領域裡特別明顯。這是因為經濟是國家互賴最明顯的領域，也是國際合作失敗可能造成顯著損害的領域。自1945年起，全球經濟治理體系在一片茂密的多邊協議、正式制度和非正式網絡中竄出。其中，最重要的是由二戰結束前完成協商的布雷敦森林協議所建立的制度。協議背後的主要因素是各國不想再回到兩次大戰期間的經濟動盪和混亂。由於各國認知失業和經濟不穩在法西斯主義崛起，以及形塑二次世界大戰的情形中所扮演重要的角色（如第2章所探討），解決前述問題更顯得刻不容緩。

因此，1930年代大蕭條帶給各國最主要的教訓是，「以鄰為壑」的**保護主義**政策在經濟上無法自圓其說，在政治上則十分危險。然而，此種偏好唯有透過建立一套鼓勵國家進行經濟合作，並避免「福利困境」（welfare dilemma）的規範、規則和共識架構，方能回應。

布雷敦森林體系的建立

1944年8月，美英兩國和其他42個國家在新罕布夏州（New Hampshire）的度假小鎮布雷敦森林，召開聯合國貨幣與金融會議，構思戰後的國際金融和貨幣體系架構。布雷敦森林會議最主要的成果在於三個新實體的建立，統稱為「布雷敦森林體系」。這些實體是：

- 國際貨幣基金組織（IMF）——1947年3月開始運作。
- 國際重建與發展銀行（IBRD）或世界

> **保護主義**（Protectionism）：利用關稅、定額和其他措施限制進口，以保護國內產業。

表19.1　全球政治的模型

	無超國家權威	超國家權威
無具拘束力的規範和規則	國際無政府狀態	全球霸權
有具拘束力的規範和規則	全球治理	世界政府

資料來源：Adapted from Rittberger and Zangl（2006）.

銀行——1946年6月開始運作。

- 關稅暨貿易總協定（GATT）——1995年由世界貿易組織取代。儘管關稅暨貿易總協定通常被視為布雷敦森林體系的一部分，其成立於聯合國貿易及就業會議，並在1948年1月開始運作。

布雷敦森林協議明顯地反映1945年後越來越顯著的多邊主義。然而，我們不能將布雷敦森林體系簡單地視是多邊主義和相互利益的認知。此看法將使我們忽略美國扮演的關鍵角色——美國在二次世界大戰後成為全球的軍事和經濟霸權。聯合國貨幣與金融會議不僅由美國在其本土召開，美國也是協商中的主力，使其有效地決定某些主要成果。美國在布雷敦森林有兩項目標。

概念澄清：多邊主義
（Multilateralism）

多邊主義可被定義是基於普遍的行為原則，協調三個以上國家的行為的過程（Ruggie 1992）。一個完全多邊的過程須符合三項原則：非歧視性（須平等對待所有的參與國）、不可分割性（如集體安全一般，參與國須在單一實體的前提下行動）以及廣泛的互惠性（與其進行一次性的合作，國家之間的義務須有普遍性和持久性的特質）。多邊主義可以是非正式的，反映三個以上國家皆接受共同的規範和規則，但其通常是正式的，與政府間主義是同義詞。

首先，美國需確保國內經濟成長在戰後仍可繼續維持。二戰前夕和期間，美國透過軍事武裝和擴大出口大幅地提升工業產出，重新將國內經濟帶回小羅斯福總統的新政所無法達到的充分就業。美國需要建立一個開放和穩定的國際經濟體系以維持經濟發展。其次，意識到蘇聯的威脅及圍堵共產主義等兩項認知，形塑美國的思考。此認知鼓勵美國找尋方法帶動戰後歐洲的重建和振興，而隨著時間發展，將重建帶入戰敗的德國與日本。

布雷敦森林體系的核心是一個新的貨幣秩序，並由國際貨幣基金掌握局勢、維持穩定的**匯率**。布雷敦森林體系將所有貨幣與美元的幣值連結以達到穩定的匯

> **焦點……　福利困境？**
>
> 　　為何國家難以就經濟事務進行合作？如同安全困境可用於解釋安全議題為何及如何在國家之間醞釀不信任、恐懼和爭端一般，福利困境亦呈現類似的困境如何發生在福利和經濟關係兩者間。在沒有中央權威插手的國際經濟裡，國家可透過獨自決定貿易和貨幣政策造成福利困境（Rittberger and Zangl 2006）。在這種情形下，各國可試圖透過提高關稅（進口稅）、進口限制或貨幣貶值（使出口更便宜、進口更貴），增加自身的經濟大餅。無論如何，此種意圖透過「以鄰為壑」致富的嘗試得付出長期的代價，因為其他國家將以牙還牙，減少整個經濟大餅的大小。關於國家利益和國家社群整體福祉之間的衝突，福利困境近似「公地悲劇」背後的邏輯。公地悲劇說明國際合作在環境議題上的障礙。
>
> 　　然而，就某個角度而言，福利困境帶來的挑戰較安全困境和「公地悲劇」來得輕。此現象說明為何自1945年起，經濟領域內的國際合作通常較其他領域發展得更快。為何會有這種現象？首先，就經濟事務而言，國家通常較關注絕對利益。如此考量是合理的，因為與軍事差距擴大不同的是，經濟差距擴大通常不對國家生存造成威脅。其次，就經濟合作而言，國家之間較容易發展信任和透明度。相較新武器系統的發展，關稅及其他形式的保護主義較難隱藏。第三，經濟合作的代價相對小（排除「以鄰為壑」的機會），尤其相較於某些形式的環境合作，特別是在第16章討論過的氣候變遷議題。

率。美元成為所謂的「貨幣錨」（currency anchor），以一盎司對35美元的價格與黃金兌換。世界銀行與關稅暨貿易總協定透過建立新的國際金融和貿易秩序，補強新的國際貨幣秩序。

　　世界銀行主要負責對需要重建和發展的國家提供貸款，而比較像是多邊協議的關稅暨貿易總協定，則試圖透過降低關稅來帶動**自由貿易**。這些實體在彼此之間建立了一種「準全球經濟治理」。這種治理立基於一個引導國家之間未來經濟關係的規範架構。

　　但是布雷敦森林體系背後的思維為何？布雷敦森林體系確實反映一股支持經濟自由主義的信念，尤其是關於開放和競爭的國際經濟的好處。然而，就某個角度而言，各國之間必須透過制度安排以「監督」國際經濟並確保其穩定，反映各國對於古典政治經濟理論的強烈質疑，特別是關於自由放任主義（laissez-faire）的教條。古典政治經濟論的主要想法是不受規範的市場競爭趨向長期的平衡。因此，市場在不受政府干預的情形下最有效率，而在國際和國家層次皆是如此。另一方面，對於不受規範的國際經濟在本質上

匯率（Exchange rate）：某貨幣兌換另一貨幣的價格。

自由貿易（Free trade）：一個不受限於關稅或其他保護主義國形式的國家間貿易體系。

不穩定和趨向危機的恐懼，形塑布雷敦森林體系的構想。大蕭條戲劇性地反映對於經濟危機的顧慮。按照凱因斯的想法，市場需要被「管理」。此種思維在國內政治中的影響力日增，反映在一次大戰後所有工業國家逐漸接受凱因斯管理經濟的技巧的現象。財政政策被用來帶動成長（政府支出和稅收）及降低失業。布雷敦森林體系反映國家之間試圖為國際經濟建立凱因斯式的規範架構。此種嘗試認知市場競爭有其限制。相對「純」自由主義，布雷敦森林體系被形容是一種**鑲嵌的自由主義**（Ruggie 1998）。

無論如何，美國的目標和利益也關鍵性地形塑各國在布雷敦森林同意的具體制度架構。凱因斯提案的挫敗清楚證明美國在會議中的影響力。作為英國在布雷敦森林的首席談判者，凱因斯主張改革國際貨幣與金融安排。被世人誤冠上「國際貨幣基金啟蒙之父」的稱號，凱因斯提議建立一個名為「國際清算聯盟」（International Clearing Union）的全球銀行，而該銀行將發行名為「班可」（bancor）的自身貨幣。這些計畫較改革性的地方在於透過對債權和債務國的制約性條款，國際清算聯盟可以永久改變雙方在國際經濟的**貿易條件**。貿易出超國家需提升自身貨幣的幣值，增加進口並降低出口的競爭性。再者，凱因斯提議，為了刺激成長及增加出口產值，資本需被引進、而非流出貿易入超國家。這些提議被世界最大的債權國——美國拒絕，因為其希望建立一個更平等的國際經濟秩序。凱因斯提案的挫敗也意味貿易出超的累積將不受限制，而國際**收支平衡**的整個赤字重擔將託付於債務國。全球經濟治理的非議者指出，前述作法將結構性的不平等和失衡帶入世界經濟的管理。

布雷敦森林體系的命運

至少二十年的時間，布雷敦森林體系似乎是一項非凡的成就。相對於戰事結束、軍事支出的下降將全球帶回部分人憂心的大蕭條時期，布雷敦森林體系為戰後榮景（long boom）的到來起頭。世界經濟在戰後二十年歷經史上最長的經濟發展期。在1950和1960年代的「黃金期」，經濟合作暨發展組織的成員國，每年平均成

鑲嵌的自由主義（Embedded liberalism）：一種試圖平衡市場效率與廣泛社會群體價值的自由主義。

貿易條件（Terms of trade）：進口價格和出口價格之間的平衡。

收支平衡（Balance-of-payments）：一國與他國交易的總和，包含有形貿易（進出口）、無形貿易（服務）以及投資和借貸形式的資本流。

觀點⋯⋯　全球經濟治理

現實主義觀點

　　重商主義以及「國家為財富和相對利益進行角逐」的信念，形塑現實主義者對於全球經濟治理的觀點。現實主義者以政治解釋經濟。國家菁英主義和國際無政府狀態的組合確認在多數的情形下，國家在經濟事務上合作的範圍非常有限。此種情形僅在霸權出現的時候改變。霸權國具支配性的軍事和經濟地位意味其利益與自由經濟密不可分。如霸權穩定論所揭示，霸權是建立和發展自由經濟的必要條件，因為其是唯一有意願和能力建立和落實基本原則的強權。1930年代的大蕭條維持了好一段時間，因為衰退中的英國霸權不願、也沒有能力重新建立經濟穩定（Kindleberger 1973）。同樣的，布雷敦森林體系的成立標示美國霸權的誕生。就現實主義觀點而言，布雷敦森林體系在1970年代初的崩解反映了美國霸權的衰退，抑或美國「掠奪性霸權」的出現。

自由主義觀點

　　關於全球經濟治理，自由主義的觀點建立在對於市場和競爭至上的信念。由於非人性的市場力量將資源進行最適當的配置，並建立長期均衡的條件，任何干擾市場運作的障礙理所當然地需要被剷除。此種觀點暗示自由主義者對於國家、全球等任何經濟治理形式的排斥。無論如何，大部分的自由主義者接受經濟治理的必要性，只要治理促進、而非限制市場開放和自由競爭。因此，全球經濟治理架構的出現反映了在經濟相互依賴的情形下，國家有兌現規範和規則的共同利益。

　　然而，這些規範和規則的本質具有關鍵意義。就經濟自由主義而言，布雷敦森林體系自始便有瑕疵，因為其初衷即是調節自由經濟秩序，尤其是透過固定匯率。自由經濟秩序在開放、不受規範的情形下效率最高。因此布雷敦森林體系的崩解反映的不是美國霸權的衰退，而是體系本身在結構上的根本瑕疵。相較之下，由1980年代起華盛頓共識的興起所促成的新自由主義發展，標示自由主義對布雷敦森林體系下準重商主義的勝利。

批判主義觀點

　　關於全球經濟治理，兩個主要的批判途徑分別從社會建構主義和新（後）馬克思主義的觀點出發。魯杰（Ruggie 1998, 2008）等社會建構主義者，強調歷史和社會因素對經濟治理政策和制度架構造成的影響。因此布雷敦森林體系不僅反映國家影響力和利益的重新畫分，也使轉變中的社會期待、規範和經濟思維以「鑲嵌的自由主義」的模式出現。鑲嵌的自由主義廣為已開發國家所接受。同樣的，華盛頓共識的普及絕大部分歸功於新自由主義全面的影響力。新自由主義將開放的信念鑲嵌於全球市場中。基於全球治理反映所有團體和國家的利益，世界體系論者等新（後）馬克思主義者挑戰自由主義對於「中立的全球經濟治理制度」的假設（Soederberg 2006）。反之，全球經濟治理制度以全球資本主義體系裡的強權利益為主進行設計：美國是首要的資本主義國家，其次是跨國企業和銀行財閥等。對世界體系論者而言，全球經濟治理制度坐視很大部分的財富從「邊陲」地區轉移到「核心」地區（Wallerstein 1984）。

長率達4%到5%。對許多人而言，此榮景見證布雷敦森林體系為全球經濟引進的新穩定，以及自由貿易、資本流通和穩定貨幣等綜合的益處。然而，布雷敦森林體系對於戰後時期的經濟成長究竟貢獻了多少，仍有所爭議。例如，許多人認為，政府透過經常性債務以刺激國內成長，或所謂「國家式」的凱因斯主義，其造成的影響比國際凱因斯主義大（Skidelsky 2009）。激進論者將戰後榮景與「永久的軍事經濟」（permanent arms economy）或所謂的「軍事凱因斯主義」連結，指出成長的主要引擎是由冷戰支持的、持續性的大量軍事支出（Oakes 1944）。另一方面，該時期的經濟穩定或許不是新時期多邊治理下的產物，而是美國壓倒性的經濟霸權和美元所造成的。1950年，美國擁有工業世界中約60%的資本存量，並提供約60%的工業產出。因此，「黃金時代」（Golden Age）的獨特之處在於美國以自利為基礎，經營世界經濟的能力。布雷敦森林體系因此被視為是美國霸權的展示。

　　然而，戰後榮景在1960年代晚期開始消褪，導致1970年代經濟停滯、失業增加及高通膨，或所謂的「停滯性通膨」（stagflation）。美國經濟受到嚴重打擊——美國試圖在國內外處理花費大幅上揚的問題，而自1945年起，美國首次面對強勢的外部競爭。1971年，美國放棄固定匯率，實際上宣布結束布雷敦森林體系的原形。儘管如此，布雷敦森林協議所成立的制度度過了從固定到浮動匯率的轉變，雖然這些制度的角色和未來的政策目標在轉變初期仍不甚明朗。在此情形下，主要工業國家的領袖和財政部長開始定期會面，討論貨幣與其他和世界經濟相關的議題。至1975年，此發展促成七國集團（Group of Seven）或G-7。1970年代的經濟停滯也弱化關稅暨貿易總協定的進程，甚至在某些時候，受到工業國家推動**非關稅障礙**的影響，減少貿易障礙的努力因此倒退。經濟不景氣以及開發中國家厭惡貿易障礙的情形，掀起一股建立「**新國際經濟秩序**」（New International Economic Order, NIEO）的呼聲。儘管如此，建立新國際經濟秩序的嘗試發展有限，顯示世界經濟的權力平衡掌握在已開發國家手中。全球經濟治理的制度在1980年代反而重新倒向所謂的「華盛頓共

非關稅障礙（Non-tariff barriers）：妨礙進口的規則、措施或行為，例如政府的採購政策、系統性的邊界延誤（Border delay）或複雜的健康和國家標準。

新國際經濟秩序（New International Economic Order）：為發展中國家提供更健全的保護、改革世界經濟的提案，作法包括改變貿易條件、加強規範以及外國企業民營化。

焦點⋯⋯ G-7/8：被放棄的計畫？

G-7/8的角色和重要性為何？為什麼其重要性已下降？七國集團（Group of Seven）發跡於主要工業國家（美國、法國、德國、英國、日本、義大利和加拿大）之間，自1973年起所進行的一系列非正式的財政部長會議。這些會議在布雷敦森林體系的崩解以及1973年石油危機的背景下進行。1975年，這些會議被制度化，並延伸包含各政府領袖的年度高峰會。在俄羅斯於1997年加入政府領袖會議以後，G-7成為八國集團（Group of Eight）。然而，G-7的架構仍沿用於財長會議，因為俄羅斯未參與其中。G-7/8的主要角色是確保全球經濟治理體系的全面協調。就此方面而言，G-7/8有一些值得一提的斬獲。例如，在1970年代末，七國集團說服西德和日本再啟動通膨，以換取美國承諾以緊縮的財政政策降低通膨。七國集團亦施力解開威脅WTO烏拉圭回合談判的僵局。2005年，G-8同意啟動一個大膽的計畫，刪減世界上最貧困國家的債務。

無論如何，作為協調全球經濟治理的機制，G-7/8的效用已逐漸式微。很大程度上，全球化自1980年代起的加速，以及各國從傳統上的凱因斯管理主義轉向自由市場的思維，使G-7/8的效用式微，並限縮全球宏觀經濟政策的空間和意義。對於許多國家認為G-7/8無法或不願處理貧困、全球發展失衡、貿易政策和氣候變遷等議題的觀點，意味G-8高峰會已成為反全球化運動的目標，尤其是在2001年的熱內亞會議。G-8的有效性進一步囿於領袖之間的意見不合以及其作用有賴於各國達成共識。然而，G-7/8最嚴重的限制是全球經濟的權力分配已轉向發展中國家，使八國集團的正當性備受質疑。儘管G-8成員試圖將組織擴大至所謂的「外展五國」（Outreach Five）（中國、巴西、印度、墨西哥和南非），G-20作為處理2007年至2009年全球金融危機的主要管道，確認G-7/8作為全球經濟決策的主要論壇的作用已被取代。

識」。此發展代表，鑲嵌式自由主義的體系終於讓步給新自由主義。

評估全球經濟治理

國際貨幣基金組織

國際貨幣基金組織被賦予的責任是監管由布雷敦森林協議所建立的新貨幣秩序。其主要目的是透過解除外匯管制、穩定匯率以及在成員國之間建立一個多邊收付制度，以在貨幣領域鼓勵國際合作。成員國被納入一個匯率固定，但可適時調整的貨幣制度，由國際貨幣基金組織扮演某種「貨幣緩衝者」（currency buffer）的角色，對收支暫時失衡的國家提供貸款。

布雷敦森林協議所建立的固定匯率制

金本位制度（Gold exchange standard）：一種幣值以與黃金掛勾的貨幣（可兌換黃金）計算的收支制度。

度，立基於**金本位制度**，以美元為制度核心。理論上，金本位制的好處在於國際
商業可在穩定的情形下蓬勃發展，免於浮動匯率的恐懼；浮動匯率可能影響進出
口的價值。無論如何，基於他國貨幣與美元之間的固定匯率仍可能有1%的差
異，意指在他國之間匯差可能高達2%，彈性元素因此被引進匯率制度。就嚴重
的收支失衡而言，貨幣可被**貶值**，雖然國際貨幣基金的成員國認為這是終極手
段。

1970年代初期自固定到浮動匯率的轉變，基本上改變了國際貨幣基金組織的
功能。該組織放棄「貨幣緩衝者」的角色，開始聚焦在借貸給開發中國家，並在
冷戰結束後，將注意力擴大至後共產國家或**轉型國家**。國際貨幣基金組織的一個
重要功能在於防止諸如墨西哥（1982年）、巴西（1987年）、東亞（1997-1998
年）、俄羅斯（1998年）等金融危機的擴散，並避免危機對全球金融和貨幣體系
造成威脅。國際貨幣基金組織最受爭議的部分非「借貸條件」（conditionality）
莫屬。自1980年代起，這些條件在華盛頓共識的思考下形成。其要求接受援助的
國家落實基於市場教條的「結構性調整」（structural adjustment）。此種作法導
致國際貨幣基金貫徹一套「放諸四海而皆準」的新自由主義模型，包括將控制通
膨視為最高的經濟目標、移除貿易和資本流動障礙、銀行體制自由化、降低政府
在清償債務以外的所有支出以及資產私有化。

雖然結構性調整在南韓等部分案例中創造了必要的助益，其通常對發展中和
轉型國家造成的傷害更勝於好處。由結構性調整而生的負面影響在於：「震盪療
法」（shock therapy）式的市場改革對國家所帶來的動盪。減少政府支出和刪減
福利惡化貧困和失業問題，經濟開放則將脆弱的經濟體暴露在激烈的國際競爭
中，並將外國銀行和企業利益的影響導入國內。國際貨幣基金組織主導的結構性
調整也因此經常深化亞洲、俄羅斯等其他地區的經濟危機。依史迪葛里茲的說
法，此種作為反映國際貨幣基金組織就根本上回應「西方金融社群的利益和意識
形態」。國際貨幣基金組織確實是對全球
經濟治理的批評聲浪中的一個焦點。國際
貨幣基金組織被視為是跨國企業、國際銀
行集團等北方經濟體中強大經濟勢力的工
具，尤其是與美國有關聯的集團。此現象
暗示整個治理環境系統性地對發展中國家

貶值（Devaluation）：貨幣正式兌換率
的減少。

轉型國家（Transition countries）：自
中央計畫轉向市場資本主義的前蘇聯集
團國家。

史迪葛里茲（生於1943年）

美國籍諾貝爾獎經濟學家。美國前總統柯林頓經濟顧問委員會主任（1995-1997），世界銀行首席經濟學家（1997-2000）。對於全球經濟治理和全球化的批判觀點使史迪葛里茲廣為人知，在2002年的《全球化的失落與允諾》一書中，史迪葛里茲指出，國際貨幣基金對開發中國家所實行的政策通常加劇收支危機的嚴重性。與其改善貧困問題，國際貨幣基金的政策目標傾向協助銀行和金融業在開發中國家的利益。在2006年的《世界的另一種可能》，他將全球化與「美國化」、環境退化、民主衰退及發展不均加劇等問題連結，疾呼透過更強、更透明的國際制度，擴大經濟機會並預防金融危機。史迪葛里茲的其他主要著作包括1996年的《社會主義的盡頭？》、2003年的《狂飆的十年》以及2010年的《失控的未來》。

造成不利。國際貨幣基金組織和美國政府的緊密關係不僅止於該機構位於華盛頓特區，以及機構的首席副總裁永遠是美國人，董事會的投票權是依國家大小進行分配。由於大部分的決定需要八成五的多數支持，投票權的分配使美國擁有有效的否決權。

　　一般認為，相較其夥伴世界銀行，國際貨幣基金組織對於發展相關的批評反應較慢。無論如何，國際貨幣基金組織在2006年進行改革，強化發展中國家在決策過程中的角色。此趨勢在2008年全球金融危機後進一步持續。2007年至2009年的危機有效地重新調整國際貨幣基金的任務，削弱該組織作為改善發展中國家金融和宏觀經濟的仲裁者角色。國際貨幣基金被強化為一個監督全球金融的工具，其功能不僅只是限縮危機，而是防止危機發生。然而，若要有效地扮演新角色，國際貨幣基金組織需要進行大幅調整。本章最後一節將探討國際貨幣基金的改革。

世界銀行

　　就某種意義上而言，世界銀行是國際貨幣基金的相輔機構。兩者皆草創於布雷敦森林協議，皆座落於華盛頓特區的同一座建築裡，並皆擁有將各國經濟力納入考量的比例投票制。尤其在1980和1990年代，兩者皆抱持由華盛頓共識所形塑的新自由主義意識形態。無論如何，國際貨幣基金組織以及關稅暨貿易總協定/

全球行為者……

國際貨幣基金組織

類型：政府間組織　·成立時間：1947年　·地點：美國華盛頓特區
會員：188國

作為布雷敦森林協議的一部分，國際貨幣基金組織在1944年成立。其職責在於監督國際貨幣體系以確保匯率穩定，並鼓勵成員國廢除貿易和貨幣交易上的限制。此項功能在1971年布雷敦森林體系崩解時結束。在接續的十年內，國際貨幣基金組織的角色轉向協助國家處理浮動匯率的後果，以及1973年和1979年的石油危機。自1980年代起，國際貨幣基金組織的重點轉向援助為債務危機所害的發展中國家和轉型中國家。就其更廣泛的角色而言，國際貨幣基金組織負責管理金融危機，並協助確保國家或區域危機不發展成全球危機。國際貨幣基金組織屬聯合國下的特別機構，但擁有獨立的憲章、治理結構和資金來源。其最高決策實體是理事會（Board of Governors）。在理事會裡，投票權反映成員國的相對經濟實力。

重要性：就其最初任務——守護穩定匯率——而言，國際貨幣基金至少在二十年間功不可沒，協助維持工業世界在1945年後享有的經濟成長。

再者，隨著1970年代初匯率從固定到浮動的轉變，制度的崩解與國際貨幣基金組織的無能沒有太大關係（雖然可能反映其最初任務無法長期維持）。無論如何，自1970年代起，國際貨幣基金組織的爭議性逐漸擴大。爭議來自其將提供給發展中和轉型國家的貸款與「結構性調整」的條件綁在一起。此舉反映國際貨幣基金組織對自由市場和自由貿易的堅定信念。支持者指出，儘管短期內將

造成不穩和不安全感，朝自由市場經濟轉變是獲取長期經濟成功唯一可行的道路。國際貨幣基金的其他功能包括為走投無路的國家提供貸款，其利率也比其他管道來的低。國際貨幣基金組織亦提供詳細的諮詢服務，不外乎對成員國的經濟健全和穩定進行檢查並提出建議。

然而，國際貨幣基金常受到嚴厲批評。激進者和許多同情反資本運動的人士，將國際貨幣基金組織和全球經濟治理視為全球化的政治支柱。國際貨幣基金組織迫使貧窮和脆弱國家接受美國的商業模式。

與其為長期發展提供所需，美國模式對西方銀行和企業較有利。批評者亦指出，國際貨幣基金組織因為干預所造成的問題來自其具有瑕疵的發展模式。此模式未能辨識市場失靈的可能性或經濟開放的弊病。就借貸給軍事獨裁者而言，尤其是與美國政治關係緊密或與西方利益連結的軍事政權，國際貨幣基金亦被認為是民主和人權的敵人。市場經濟學家批評國際貨幣基金組織，指出「結構性調整」計畫是人為的，其未將發展在地企業文化和價值的需求納入考量。此外，貶值和增稅等特定「藥方」也可能削弱市場反應。在2007年至2009年的全球金融危機後，國際貨幣基金組織遭受全面性的批評。批評者指出該組織未能透過指認經濟不穩和發展失衡等現象，預防危機爆發。因此，改革國際貨幣基金的聲浪四起；國際貨幣基金組織需加強其調節全球金融系統的能力。然而，改革的呼聲迄今僅成就成員國間投票權偏向發展中國家的微調。

世界貿易組織的宗旨,皆是為國際經濟關係建立一個規範架構,世界銀行則主要提供重分配的功能。世銀最初專注於歐洲的戰後重建,但從1960年代起,其焦點逐漸轉向發展中國家,而在共產主義崩潰後,其焦點更轉至轉型國家。世界銀行透過提供低利率貸款及技術援助支援大型投資計畫,協助各國重建。然而,隨著時間,世界銀行的作法進行大幅轉變。在所謂的「無憂的現代化」(modernization without worry)初期,世界銀行主要支援能源、電信、交通運輸等領域的大型基礎建設計畫。然而,隨著前美國國防部長麥納瑪拉(Robert McNamara)在1968年被任命為世界銀行總裁以後,世銀的目光轉向有關基本需求的計畫以及貧困的根本原因。新方向將世界銀行帶入控制人口、教育和人權等領域。

然而,奧爾登‧克勞森(A.W. Clausen)在1980年取代麥克納馬拉(McNamara)成為世銀總裁,安‧顧格(Ann Krueger)則在1982年被任命為世銀的首席經濟學家,兩人皆批評發展援助的觀點並較為支持市場導向思維。在接下來的十年,兩人的立場將世銀的焦點專注在國際貨幣基金式的結構性調整政策。強調鬆綁政策、私人化和以出口帶動成長的政策,經常造成貧困在拉丁美洲、亞洲、非洲等地的滋生,而非減少。世銀調整計畫的層面通常比國際貨幣基金所推動的來得廣,並聚焦於長期發展。然而,透過強調擴大貿易以帶動成長的必要性,尤其是經濟作物的出口,世界銀行協助維持依賴性和貧困。發展失衡的現象因此深化,並在1990年代透過貿易上的結構失衡而惡化。已開發國家透過銷售高價和資本密集的物品致富,發展中國家則通常在高度動盪的市場裡銷售低價和勞力密集的物品。透過以上方式,世界銀行和國際貨幣基金一起目睹大量的財富從世界經濟的邊緣地區移轉到工業核心(Thurow 1996)。

雖然世界銀行始終擁護華盛頓共識下的新自由主義模式,從1990年代初期開始,世銀開始回應來自內外各界的批評,並承認改革的需求。批評聲浪融入對於工業化、都市化和大型基礎建設計畫的環境成本考量,協助世界銀行採納永續發展的概念。對於好政府和反貪腐政策的要求,也反映世界銀行開始拒絕教條式的小政府觀念。世銀作此轉變,因其認知到國家的角色不僅止於確保公民秩序及限縮犯罪和暴力,國家至少也需要提供基本的社會保障。再者,世界銀行的削減貧窮計畫自2002年起,逐漸在與接受國的協商過程中被形塑。世界銀行瞭解地方需要有更高程度的掌控權和義務,計畫也必須更符合地方需求。此現象反映在各方

越來越強調的「夥伴」概念。為了表示世界銀行有更高的意願接納發展中國家，尤其在2007年至2009年的全球危機後，世銀在2010年的春天將其資本額二十年來頭一次調升，調至860億美元，並在董事會裡為撒哈拉沙漠以南的非洲地區增加一席。發展中國家的投票權也增加到47%。世界銀行計畫在未來將發展中國家的投票權增加到50%。

世界貿易組織

世界貿易組織於1995年成立，取代1947年創立的關稅暨貿易總協定。然而，由於國際貿易組織未能成形，GATT才成為戰後國際貿易秩序的基石。1945年聯合國社會與經濟委員會提出國際貿易組織的構想。若成形，國際貿易組織將成為能與國際貨幣基金和世界銀行比擬的完整的國際組織，其權力將近似後來的世界貿易組織。由於杜魯門總統害怕參議院將視該組織為對美國主權的威脅，未將哈瓦那憲章（Havana Charter）提交給參議院批准，國際貿易組織因此胎死腹中。就本質而言，GATT是成員國之間同意就貿易議題採取非歧視和互惠等多邊主義原則的協定。以上貿易原則經由各國同意對所有貿易對象給予**最惠國**待遇而獲得保障。因此，沒有任何貿易對象能較他國獲得更優惠的待遇。

儘管如此，GATT貿易制度在多方面受限。首先，GATT僅以一套慣例和規則存在，其制度性特質在1960年GATT委員會的成立後才出現。再者，其焦點僅限於降低進口貨品的貿易障礙。這不僅代表GATT的議程裡不包括農產品和成長中的服務部門，也意味GATT防止「非關稅障礙」的能力有限。GATT解決貿易爭端的程序也顯得不足。然而，在有限的範圍內，GATT十分成功。在第五、六、七輪的關稅減讓協商中，特別是甘迺迪回合、東京回合和烏拉圭回合等三輪談判，工業製品的關稅被大幅降低。就實質意義而言，關稅幾乎完全削除。就進口商品的平均關稅而言，1947年是總值的40%，2000年則降到3%。最後三輪的GATT談判在「傾銷」（利用大量的廉價出口充斥市場以削弱一國工業）等非關稅障礙上進一步獲得進展，並開始關注服務業、智慧財產、紡織業和農業等其他主題。

儘管如此，GATT的整體限制在烏拉圭回合趨於明顯。烏拉圭回合於1993年結束並成立了世界貿易組織。就許多方面而

最惠國（Most favoured nation）：授予國家的一種地位。國家因此享有任何落實於他國的優惠貿易條件。

言，世界貿易組織的出現回應了1980年代國際貿易體系的轉變——新自由主義的全面勝利和全球化的加速。此現象迫使各國透過更強大、責任更廣的貿易組織來推動自由貿易，一個近似從未成形的國際貿易組織的組織。世界貿易組織的廣泛責任不僅由重新協商的GATT（有時候稱為GATT 1994，與原始的GATT 1947不同）和其關於工業製品的架構協議組成，也包括服務貿易總協定（GATS）和智慧財產權協定（TRIPS）。責任的擴大也突顯在各國正式認知到，自1970年代起便危害國際貿易、化身為非關稅障礙的「新興」或隱式保護主義。世界貿易組織比GATT強大，尤其就爭端解決而言。在GATT下，爭端解決需獲得陪審團的一致同意，包括GATT委員會成員和爭端雙方。相對而言，在世界貿易組織下，爭端的判決僅能在爭端解決機構（Dispute Settlement Body）所有成員反對的情形下被否決。爭端解決機構包括所有會員國。實際上，就貿易領域而言，如此作法使世界貿易組織成為訴諸國際法的主要對象。

　　然而，烏拉圭回合談判的主要國家的利益，也形塑世界貿易組織的規則。將農業和紡織業納入世界貿易組織的責任範圍是對於發展中國家的讓步。此外，發展中國家也大力呼籲降低非關稅障礙；大部分的障礙由已開發國家豎立。另一方面，已開發國家特別專注於將服務業納入貿易建制裡，因為其經濟開始由服務業主導，而工業生產也開始從已開發國家轉向發展中國家。再者，農業雖然被正式納入世界貿易組織的建制裡，但是各國就農業領域的共識不強，使各國有相當大的空間持續進行農業保護，這是一項美國和歐盟十分關心的議題。就某些層面而言，世界貿易組織似乎比國際貨幣基金或世界銀行顯得民主。世界貿易組織基於「一國一票」的原則作出決定，而表決也僅要求簡單的多數決。理論上，這種規則使發展中國家的觀點受到重視，因為發展中國家組成世界貿易組織裡三分之二的成員。然而，世界貿易組織是一個具有高度爭議的組織。世界貿易組織常是反全球化或反資本主義運動的首要對象，例如1999年的西雅圖之戰（Battle of Seattle）。

　　世界貿易組織的批評者強調，決策結構裡一些微妙的設計系統性地偏好已開發國家，包括普遍要求基於共識的決策。此規則使發展中國家處於不利，因為其在日內瓦的世界貿易組織總部沒有常設代表，而即使有，其團隊也比已開發國家小得多。此外，發展中國家也有可能被排除在已開發國家所占據的俱樂部式會議之外。同樣的，已開發國家較有可能提案至爭端解決機構，並較有可能作為影響

重要事件…

GATT/WTO 的回合談判

1947年 23國簽署關稅暨貿易總協定。GATT在1948年1月生效。	1964-1967年 甘迺迪回合——達成四百億美元的世界貿易關稅減讓。
1949年 第二回合GATT協商在法國安錫（Annecy）舉行。	1973-1979年 東京回合——達成超過三千億美元的關稅減讓以及非關稅障礙的移除。
1950年 第三回合GATT協商在英國托爾坎（Torquay）舉行。	1986-1993年 烏拉圭回合——貿易制度延伸至服務和智慧財產等領域；涵蓋農產品和紡織品的規則進行了調整；1995年同意成立世界貿易組織。
1955-1956年 第四回合GATT協商在瑞士日內瓦舉行。	2001年 世界貿易組織啟動杜哈回合。
1960-1962年 第五回合GATT協商，又稱狄倫回合（Dillon Round），以美國財政部長道格拉斯·狄倫（Douglas Dillon）命名。	

爭端解決過程的「第三方」，而大部分對於不公平貿易行為的控訴皆針對發展中國家。前述設計以及缺乏透明度和責任的決策過程，使世界貿易組織被形容是「富人俱樂部」（rich man's club）。然而，中國的經濟崛起（其在2001年成為世界貿易組織成員國）以及印度、巴西、埃及和南非等新興經濟體影響力的增強，已開始改變世界貿易組織中的秩序。此現象表現在杜哈回合談判的停滯。杜哈回合談判於2001年展開、2009年中斷，因為各國無法就農業和紡織業等議題取得共識，同時美國和歐盟不願意放棄保護主義。無論如何，關於世界貿易組織主要的意識形態辯論在於支撐該組織的自由貿易哲學。在部分人強調自由貿易帶來繁榮，並在過程中減少戰爭的可能性的同時，其他人視自由貿易為赤裸的不公以及造成結構性失衡的原因。

改革布雷敦森林體系？

全球經濟治理和2007年至2009年危機

對於全球經濟治理的關注實非新鮮事。各國共同建立全球經濟治理的制度架

構以因應1930年代經濟災難所揭示的問題。然而，自1960年代以降，金融和經濟危機頻繁發生，並自1980年代起，頻率和嚴重性越來越高。特別是在1997年至1998的亞洲金融風暴和2000年的網路危機（dot.com crisis）以後，批評者對於治理系統未能對主要的不穩定因素和危機趨勢提出充分的預先警訊進行非難。就亞洲金融危機而言，國際貨幣基金的介入被部分人認為是加深了危機的嚴重性，而非減輕其傷害。再者，關於全球經濟中的不穩定因素，知識界和學界的論述已形成多時。例如，蘇珊‧史翠菊（Susan Strange 1986, 1998）曾指出其稱之為「賭場式資本主義」（casino capitalism）的危險。全球資本不受規範的流動造成「失控的錢潮」（mad money）在世界各地以投機的形式竄出，進一步造成無法維持的「泡沫」和戲劇性的危機（關於現代全球資本主義危機的探討，請參見第4章）。

同樣的，一系列知名的經濟評論家，包括史迪葛里茲、克魯曼和索羅斯，皆指出潛藏在市場基本主義教條內的危險；市場基本主義支撐新自由主義下的全球化發展，並形塑華盛頓共識。儘管如此，這些警訊和批評並沒有得到回響，因為它們出現在三十年的全球經濟榮景中，而危機主要波及新興或轉型中的經濟體，而非世界經濟的核心國家。

然而，2007年至2009年的全球金融危機呈現一系列更深、更具有挑戰性的問題。首先，此次危機比過去幾次現代全球資本主義危機來得嚴重，造成世界經濟自1930年代以來最嚴重的衰退。根據世界銀行的報告，2009年全球GDP下滑了1.7%，世界總產值首次呈現下降的情形；世界總貿易量也下降6.1%，因此又稱為「大衰退」（與1930年代的大蕭條不同）。其次，雖然危機的嚴重性在國與國以及區域與區域之間不同，其影響基本上是全球性的，波及幾乎全世界的國家。第三，與其在新興或轉型中經濟體發生，危機的源自金融資本主義的大本營——美國（Seabrooke and Tsingou 2010）。在惡劣的環境下，尤其在2008年9月，全球股票市場崩盤、全球資本主義瀕臨崩潰邊緣，也難怪在2007至2009年的金融危機引爆大衰退之後，有人呼籲要盡快推動改革，建構全球經濟治理機制。至少在最初，呼聲圍繞在所謂的「新布雷敦森林體系」。

然而，新布雷敦森林體系究竟長什麼樣子？改革後的全球經濟治理模式不只一個，而有許多模式。或許在這些相互競爭的模式之間，唯一的共同點是沒有任何一個模式寄望完全回復到過往的布雷敦森林體系。換言之，沒有任何模式提出

爭辯中的議題…… 自由貿易是否確保繁榮與和平？

雖然自十九世紀起自由貿易即是各方辯論的議題，在現代全球政治裡，自由貿易與世界貿易組織支持的放任式（laissez-faire）自由貿易模式有關。自由貿易是否可帶來全球榮景並降低戰爭爆發的可能性？抑或自由貿易造成不公並將國家安全置於風險中？

支持	反對
專業化的益處。源自亞當‧斯密（Adam Smith）和大衛‧李嘉圖（David Ricardo）（1772-1823）的自由貿易論，主要的理論內涵立基於比較利益論（有時候也稱「比較成本」）。此觀點認為國際貿易有益所有國家，因為其允許各國專注於生產最適合其條件（天然資源、氣候、技術、人口等）的物品和服務。在國際層次上，自由貿易將經濟資源的效率極大化，促成繁榮的普及。	**自由貿易為新殖民主義**。自由貿易犧牲貧困的發展中國家以造福經濟成熟的已開發國家。因此，諸如十九世紀的英國和二十世紀中葉後的美國，是最用力推動自由貿易的支配性世界經濟強權。這些國家從貿易障礙的削減中獲益，因為移除貿易使這些國家的產品有更大的市場，並同時將原料和其他進口品的價格壓低。然而，此現象對發展中國家不利，因為其被迫服務世界經濟的需求。發展中國家被鎖在糧食和原料的生產中，進而限制進一步的經濟發展。
效率和選擇。自由貿易帶來進一步的經濟益處。專業化使大規模生產得以進行，促成效率提升的可能性。透過細部分工、以更便宜的價格買進原料和零件以及管理成本的縮減，自由貿易促成規模經濟。再者，消費者的福祉增加，因為有更多的外國和本國物品供其選擇，更有效率的低成本生產者使競爭加劇，進一步壓低價格。	**透過保護主義發展**。在不反對國際貿易的廣泛益處的情形下，有許多情況顯示保護主義確實有其經濟益處。最明顯的例子是經濟發展的初始階段。在發展的初階段，較強的經濟體可透過不公平的競爭手法扭曲或打壓貿易。將脆弱的經濟和所謂的「幼稚（新興）產業」暴露在國際競爭的全力衝擊下，僅確保這些發展中國家永遠不能發展。因此，我們需要策略性地運用保護主義措施，以創造更有利於發展的國內經濟環境。
和平和世界主義。自由貿易的核心政治論述在於自由貿易強化國際和平與和諧。此論述立基於兩個理由。首先，在自由貿易提升經濟互賴的同時，國際衝突的物質成本被拉高，使貿易夥伴之間的戰爭幾乎難以設想。其次，經濟聯繫和互動只會增進國家間的理解，並加強彼此對於各國文化和傳統的認知。相較之下，保護主義與戰爭有關，因為尋求資源但無法透過貿易換取資源的國家，傾向以侵略主義和征服的手段達成目的。	**國家安全的保護主義**。反對自由貿易的核心政治論述在於並非所有產業的戰略意義皆相同。簡言之，國家安全比經濟效率更重要。最明顯的例子是農業。許多國家皆盡量避免依賴其他國家供應糧食，以防這些管道為國際危機或戰爭所中斷。同樣的論點適用於關鍵性天然資源。許多論點越來越強調透過保護主義確保「能源安全」。

重新樹立以美元為基礎的金本位制，因為在現代全球化經濟的環境裡，回復到固定匯率被廣泛地認為是不可行的。再者，就市場基本主義的觀點而言，對危機的最好的回應是什麼也別做。此觀點認為在世界經濟維持了約三十年的成長以後，金融和經濟危機是輕微的代價，而任何嘗試加強全球或國家規範的作法，只可能使情形惡化。另一方面，對援引凱因斯或其他關於市場可能失靈的觀點的制度派人士而言，全球金融架構需要確實的改革，國家層次也需要新的制約性建制（Gamble 2009）。就此觀點而言，改革須聚焦在削弱新自由主義過於猖獗的地方。然而，即使以修正後的形態出現，華盛頓共識使任何改革淪為難事。各式各樣的改革方案被提出，尤其是關於國際貨幣基金和世界銀行，包括改變表決的配重和決策制定過程，以增加發展中國家的政治影響力並弱化北半球國家和這些治理機構的連結；提升國際貨幣基金和世界銀行支援受債務和危機所困的國家；以及加強國際貨幣基金和世界銀行監督和管理世界經濟的能力，使兩者不僅回應危機，更要預防危機發生。

　　儘管如此，尚有批評人士提出更激進的改革方案。全球主義者並不提倡改革現存的全球經濟治理架構，而是提議以一套全新的全球治理模式取代國際貨幣基金、世界銀行和世界貿易組織等有瑕疵的實體。新的全球治理架構必須建立在包容性更高的基礎上，納入對全球公民社會更全面的考量，並且以「世界主義民主」（cosmopolitan democracy）為導向（Held 1995）。然而，對於反資本主義者而言，金融危機與經濟大衰退暴露出的問題危害更深遠。與其揭示全球經濟治理架構中的瑕疵和缺失，反資本主義者反思全球經濟中的失衡與不平。就此觀點而言，全球經濟治理需要的是在國家社會和全球經濟中，大幅地進行財富和權力的重新分配（Monbiot 2004）。

　　除作為發展和協調世界經濟策略的G-20的重要性上升、G-7/8的重要性下降以外，尤其在全球層次，國際制度對於2007年至2009年的回應顯得微不足道。全球經濟治理的三根支柱度過了危機，如同全球過去度過布雷敦森林體系的終結。雖然在國際貨幣基金和世界銀行的體制中，投票權的比重進行調整後，偏向發展中國家，這些實體中基本的權力分配大致上仍維持不變。其中主要的制度發展是2009年4月成立的金融穩定委員會（Financial Stability Board, FSB），作為金融穩定論壇（Financial Stability Forum）的繼任制度。金融穩定委員會的想法在2009年在倫敦舉行的G-20高峰會中提出，其目標是在全球層次上，協調各國金融機關

全球政治行動……
全球經濟治理與「經濟大衰退」

事件：2008年9月，全球金融危機正值高峰期，美國、英國等地的銀行紛紛陷入危機，各國股市大肆崩跌，企業與消費者信心崩盤，引發自1930年代經濟大蕭條以來，最嚴重的全球衰退。在2008至2009年，也就是後來所謂的「大衰退」期間，大多數已開發經濟體都有所萎縮，開發中國家的經濟成長率更是大幅下滑。根據國際勞工組織（International Labour Organization）估計，僅僅在2008年，全球失業人口就增加了1,400萬。二十國集團（G-20）立刻成為國際社會回應經濟大衰退的主要機制。二十國集團在2008年11月的華盛頓會議，以及2009年4月的倫敦高峰會，敲定一個整合式的策略，包括迅速大幅調降利率（貨幣刺激）、經濟先進國家提升內需（財政刺激），也要抗拒調高關稅、回歸經濟民族主義的壓力。在2010年11月的首爾會議，二十國集團宣示改革國際貨幣基金，改革的方式是增加開發中國家在國際貨幣基金的代表與聲量，也要加強國際貨幣基金對各國及全球經濟情勢的監督。

意義：在很多人看來，2007至2009年的全球金融危機，代表全球經濟治理嚴重失敗。全球主要的經濟治理機構信奉新自由主義經濟學，造成銀行與金融管理制度失當。同樣的道理，經濟大衰退也證明了世界缺乏適當且有效的危機處理機制。二十國集團2010年在多倫多的高峰會，推翻了先前分別在華盛頓與倫敦敲定的總體經濟政策，因為越來越多的國家擔心債務不斷攀升，不願再走美國歐巴馬政府提倡的財政與貨幣擴張的老路，轉而投向撙節政策。從2011年開始，金融危機進入新階段，歐洲的主權債危機越演越烈。國際貨幣基金雖然與歐盟共同承擔紓困希臘、葡萄牙、西班牙等國的責任，卻也展露出缺乏領導，無法提出創新構想的缺陷（尤其是不知道該如何處理債務，又不傷及經濟成長），只能把歐元區危機的指揮權，交給德國主導的歐盟。國際貨幣基金自吹自擂的改革，真正落實的也只不過是微幅調整了配額分配，以及增加資金。而且國際貨幣基金在全球經濟扮演的角色，越來越像一個無關緊要的歐洲大西洋組織，真正的權力則是漸漸落到中國以及其他新興國家手中。

儘管如此，如果說經濟大衰退是全球經濟治理的「壓力測試」，那測試的結果也可以說是出乎意料地理想（Drezner, 2012）。雖然2008年金融危機開始之際，全球工業生產與世界貿易的下降幅度，比1929年華爾街大崩盤所造成的下降幅度更為嚴重，但2008年之後的反彈幅度，則是大幅超越華爾街大崩盤之後的反彈。經濟大衰退開始4年之後，全球工業生產比大衰退剛開始的時候高出10%。相較之下，經濟大蕭條開始4年之後，工業生產只是大蕭條之前的三分之二（Eichengreen and O'Rourke, 2012）。2008年之後的國際合作，比1930年代密切得多，這是因為各國更能意識到彼此的弱點（大概也是因為全球化的關係），美國的領導也比預期更為強勢。這

也表現在各國一致抗拒「以鄰為壑」的保護主義。因此到了2012年，貿易流量比 2008年多出5％，而1929年大崩盤之後4年，貿易流量仍比大崩盤之前少了25％。

焦點……　金磚四國：其他國家的崛起？

金磚四國的影響力究竟多大？金磚四國的崛起是否標示全球權利平衡的轉移以及美國霸權的結束？「金磚四國」（BRICs）一詞由高盛集團（Goldman Sachs）在2001年的一份報告中提出，強調巴西、俄羅斯、印度和中國等四個快速成長的大經濟體的重要性。關於金磚四國成長中的經濟力量，早期預測認為這些國家在二十一世紀中將超越G-7國家所有的經濟實力。此說被重複修正，最早可能在2021年發生。除了強調全球經濟權力平衡的轉移以外，世界產出的大部分成長來自發展和轉型中的經濟體。所謂「其他國家的崛起」（Zakaria 2009）的政治意義越來越重要。由俄羅斯發起的金磚四國外長會議和高峰會，自2006年起便定時舉行。這些金磚四國會議的主要目標在於平衡美國的影響力，以確保自身在G-20和金融穩定委員會等組織中的代表性。此外，會議亦尋求增加南半球的影響力，使金磚四國被視為是「發展中國家利益的守護者」。因此，部分人士認為金磚四國的崛起嚴重挑戰美國支配的西方自由秩序。

儘管如此，金磚四國崛起所帶來的影響可能言過其實。首先，金磚四國會議並未提出關於改變全球經濟治理制度的實質議程，或後西方經濟秩序的遠景。實際上，與其推翻現存秩序，金磚四國似乎更希望加強自身在秩序中的地位；與其以硬實力平衡美國，金磚四國更希望與美國建立夥伴關係。其次，成員之間政治、意識形態和經濟上的差異使金磚四國難以團結對外。巴西和印度是民主國家，中國和俄羅斯則是採取國家資本主義的專治國家。同樣的，巴西和俄羅斯是商品出口國，專事於農業和天然資源，以服務業為主的印度和以製造業為主的中國皆是商品進口國。即使各國追求所謂的「反美同盟」，中俄和中印競逐所產生的摩擦有可能大力阻礙這種聯盟的成形。第三，金磚四國是一個成員國實力高度不均的論壇。雖然俄羅斯擁有最大的政治話語權，中國顯然是最具有支配性的經濟勢力。與其反映「其他國家」之間的共同利益，金磚四國的主要內涵更在於其作為中國可以避免直接對抗、「軟性」平衡美國的管道。

和推動國際制度化的實體，並提倡調節、監督及其他金融政策的有效落實。實際上，金融穩定委員會作為全球經濟治理的第四個支柱，意味著即使改革後的國際貨幣基金，依舊無法有效警示國家、區域和全球等層次的決策者關於經濟中的結構性問題，並以此防範危機發生。金融穩定委員會的成員國雖然包括G-20的所有成員以及其他發展中和新興國家，大部分的發展中國家皆被排除在外。

改革的障礙

我們無法在短期內判斷全球經濟治理架構如何回應2007年至2009年的全球危機。即使是1930年代的大蕭條和1970年代的停滯性通膨危機，皆歷經十年的過渡期才有布雷敦森林體系和華盛頓共識等制度性回應。儘管如此，迄今主要的回答依舊是：一切照常（business as usual）。如何解釋此種反應？首先，G-20在國家層次上協調各國國內迅速地搶救銀行體系，以及推動凱因斯式反通膨政策的初步危機管理，顯然是有效的。

尤其是G-20克制住重返保護主義的壓力，在全球衰退中創造一點曙光，使許多人相信危機雖嚴重，但比部分人最初擔心的來得短。世界經濟中權力平衡的變化也是一個重要的因素。1944年布雷敦森林體系的建立以及1980年代中過渡到華盛頓共識等全球經濟治理發展的里程碑，皆展示美國的霸權能量。

雖然美國的歐巴馬政府一開始積極領導二十國集團針對金融危機做出回應，也承擔了提升國內通貨再膨脹（domestic reflation）的重責大任，但是，美國已無法恣意改變全球經濟治理的方向和內涵（我們永遠假設美國有這樣的欲望）。在未來，類似的發展可能會受到新興大國——特別是中國——以及印度、俄羅斯、巴西等金磚四國的觀點、利益和要求所影響。經濟體系的多極化將確定全球經濟治理的任何變化是漸進、審慎的。此種現象將有效地排除唯有霸權才可能推動的全面性結構調整。

重點摘要

- 全球治理是一個在全球層次上廣泛、動態和複雜的互動決策過程。就制度而言，全球治理位於西伐利亞國家體系和世界政府之間。雖然全球治理涉及約束性的慣例和規則，但並沒有一個強制規範的超國家權威。
- 自由主義者認為全球有一股確切、無法抗拒全球治理的趨勢。這股趨勢反映國家間相互依賴的增長，以及彼此有更高的願意採取集體行動。然而，與其認為全球治理是一個成熟的制度，其更像一個新興過程。
- 全球治理的趨勢在經濟領域裡特別引人注目。全球治理與二戰結束後成立的布雷敦森林體系有關。布雷敦森林體系立基於三個實體：國際貨幣基金、世界銀行以及1995年被世界貿易組織取代的關稅暨貿易總協定。

- 布雷敦森林體系最初透過維持穩定的匯率監督世界經濟。無論如何，隨著浮動匯率取代固定匯率制，布雷敦森林體系在1970年代崩解，促使體系下的機構轉向以經濟自由化為目標的實體。

- 由於與新自由主義式的全球化有所牽扯，國際貨幣基金、世界銀行和世界貿易組織各自以不同方式引發爭議。雖然支持者指出這些組織對於全球經濟傲人的擴張有所貢獻，批評者認為這些組織使全球發展不均的情形惡化，並造成本質上不穩定的金融秩序。

- 2007年至2009年的全球金融危機引起眾人迫切關注全球經濟治理的有效性，進而引發改革的呼聲。然而，改革之路被巨大的障礙擋住，其中不外乎新自由主義原則在許多國家中持續發酵以及全球政治的多極化發展。

問題討論

- 全球治理與國際無政府狀態如何不同？兩者的治理範圍如何相異？
- 有朝一日，全球治理是否能導向世界政府？
- 全球治理如何模糊公私領域的界限？
- 當代世界政治在什麼程度上可被視為一個運作中的全球治理制度？
- 為何全球治理在經濟領域中發展最成熟？
- 建立布雷敦森林體系的背後想法為何？
- 國際貨幣基金是否只是北半球國家中強大經濟利益者的工具？
- 世界銀行濟貧的績效如何？
- 世界貿易組織所建立的全球貿易體系是否公正、有效率？
- 2007年至2009年的危機如何影響全球經濟治理？

第二十章 區域主義與全球政治

「歐洲不曾存在……有人必須創造歐洲。」

——尚‧莫內，1888-1979年

前言

世界政治正在以全球形式重新劃分的普遍觀點，正逐漸受到來自「由區域組成的世界」（world of regions）觀點的挑戰。就此觀點而言，區域主義可說是民族國家的繼承者以及全球化外的另一個選項。從1945年起，區域組織如雨後春筍般在世界各地湧現。1960年代是區域主義第一階段的巔峰，但是要到1980年代末期，區域主義才有較顯著的發展，促成所謂的「新」區域主義。相較傳統區域主義倡導安全、政治、經濟等區域合作和整合，新區域主義反映在新區域貿易集團的建立或固有集團的強化。部分人士甚至相信新區域主義的發展正在創造一個貿易集團互相競爭的世界。但是區域整合主要的驅動力為何？區域主義是全球化的敵人嗎？還是全球化和區域主義是兩股互繫並進的趨勢？區域主義的發展是否會威脅全球秩序和穩定？無庸置疑，歐洲是世界上區域主義發展最成熟的例子。歐洲聯盟嘗試以政治、貨幣和經濟聯進行超國家合作。過程中，歐盟發展成一個既非傳統上的國際組織，也不是一個國家，但同時擁有以上兩種特徵的。該如何理解歐盟？歐盟在何種意義上是一個具有影響力的國際行為者或超級強權？歐洲的整合經驗是否是獨特的？歐盟經驗是否能作為其他地區效仿的模式？

關鍵議題

- 什麼是區域主義？它主要的形式有哪些？
- 為什麼區域主義的重要性上升？
- 區域主義與全球化之間的關係為何？
- 歐洲的區域主義和其他地區的區域主義有何不同？
- 歐洲整合的本質和重要性為何？

區域和區域主義

區域主義的本質

　　廣義而言，區域主義泛指特定地理範圍成為具政治或經濟意義的單位的過程。區域主義可作為合作或認同的基礎。區域主義有兩個面向。首先，它是一種次國家現象，一個在國家內部發生的**去中央化**過程。此種現象可見於美國、巴西、巴基斯坦、澳大利亞、墨西哥、瑞典、奈及利亞、馬來西亞和加拿大等實行**聯邦主義**的國家。權力分化也見於西班牙、法國和英國等實行**地方自治**的國家。區域主義的第二個面向則是跨國性。就此而言，區域主義指同一個區域內國家間的合作和整合過程，此為本章所關注的對象。

　　無論如何，次國家和跨國家區域主義其實不是那麼容易區分。首先，所有的區域主義皆擁有同樣的核心內涵。所有的區域主義接反映核心和邊陲的關係以及統合和多元兩股力量。其次，在跨區域主義的體系中，**中央化**可促成國家的形成，並由此造就次國家區域主義的出現。就此意義而言，美利堅合眾國可說是反映區域主義的重要性的最佳範例。1776年，大英帝國在北美洲的十三個前殖民區在獨立戰爭中獲勝、取得主權獨立，並組成**邦聯**。1774年至1781年，前殖民區首先組成大陸會議（Continental Congress），1781年至1789年則在邦聯條款（Articles of Confederation）下形成正式邦聯。然而，為了能擁有更大的對外影響力並在邦聯內部取得更佳的協調，這些殖民區在1789年批准美國憲法，聯手建立了美利堅合眾國。美國成為世界第一個聯邦制國家。美國的區域主義經驗成為其他次國家區域計畫效仿的模式。其也啟發了一些跨國家計畫，尤其是「歐洲的美國」（United States of Europe）的想法。第三，次國家和跨國家區域主義間的區別常被模糊，因為次國家區域有時候有跨國家的性質。次國家主義有時跨越國家邊界並

去中央化（Decentralization）：透過國家權力和責任的轉移，增加地方自主性。

聯邦主義（Federalism）：基於中央和邊陲主權共享的概念，進行區域內的權力分配。

地方自治（Devolution）：權力自中央政府轉移至從屬的區域機構。相較聯邦機構，這些區域機構並不分享主權。

中央化（Centralization）：將政治權力或政府權威聚集於中心。

邦聯（Confederation）：一個有條件的國家聯盟。國家保有獨立性，通常是絕對的決策權。

影響國家之間的關係。例如，諸如土耳其東部、北伊拉克以及敘利亞和伊朗等庫德族群聚的中東地區，促成遷徙潮和各種形式的分離主義。聖地牙哥、加州、第華納和墨西哥之間的經濟連結也形成了某種在不同層次上的微區域整合，與透過北美自由貿易協定（North American Free Trade Agreement）進行連結的美墨區域合作不同（Breslin 2010）。

無論如何，區域主義一直以來面臨建立本質和劃定地區範圍的困難。究竟什麼

概念澄清：區域主義（Regionalism）

區域主義是一種在由許多國家組成的區域內協調社會、經濟或文化事務的行為或理論。就制度層次而言，區域主義涉及慣例、規則和正式結構的增長。國家透過制度進行協調。就情感的層次而言，區域主義暗示政治認同和忠誠從國家到區域的轉移。從主權國家間基於政府間主義進行的合作到國家將權力轉移到中央決策實體的超國家主義，皆屬於區域整合的範圍。

是「區域」？就字面而言，區域是一個獨特的地理範圍。因此，我們可以透過地圖指認不同區域。此作法使我們習慣將「大陸」（continent）等同於區域，例如歐洲（歐盟）、非洲（非洲聯盟）和美洲（美洲國家組織）。

然而，許多區域組織屬次大陸性質，例如東南亞國協（Association of Southeast Asian Nations）、南非關稅聯盟（Southern African Customs Union）和中美洲共同市場（Central American Common Market）。此外，許多區域組織屬跨大陸性質，例如亞太經濟合作會議（Asia Pacific Economic Cooperation）以及北大西洋公約組織（North Atlantic Treaty Organization）。區域認同的另一種基礎來自社會文化，反映許多鄰國間類似的宗教、語言、歷史發展和意識形態。對阿拉伯聯盟（Arab League）和北歐理事會（Nordic Council）等組織而言，文化認同甚為重要。文化認同也適用於歐盟。歐盟會員國須明確表達對於自由民主價值的承諾。就此觀點而言，如杭廷頓文明衝突論所暗示的，區域甚至也是文明在地理上的化身。然而，經濟整合常聚焦在前敵對國家之間建立合作，或在文化或意識形態認同相左的國家間建立合作。假如區域的基本內涵包含基於文化的歸屬感，世界上將沒有「區域」，因為包括歐盟在內的所有區域組織，沒有一個可以挑戰和取代對民族國家的政治認同。

然而，區域認同通常是多重的，使區域主義的內涵更加複雜。例如，墨西哥屬北美的一部分（作為北美自由貿易協定的成員）、中美洲的一部分（前殖民時期的文化傳承）、拉丁美洲的一部分（語言、文化和受西班牙殖民的歷史背

景），還是亞太地區的一部分（作為亞太經濟合作會議的成員）？想當然耳，答案是以上皆是。區域認同並非相互排斥的，也並非與國家認同無法融合。總之，區域是政治和社會建構下的產物。與國家一樣，區域是「想像的共同體」（imagined community）（Anderson 1983）。「歐洲」、「非洲」、「亞洲」和「拉丁美洲」終究是想法，而非地理、政治、經濟或文化意義上的實體。作為政治建構，區域永遠是動態的。隨著合作的範圍和宗旨改變，以及新成員國的加入和既有成員國的離去，區域可被重新定義和重塑。這也說明為何區域認同常受爭議。例如，在不同的國家、政治集團或政治菁英和廣大民眾之間，可能浮現相互競爭的區域整合模式或計畫。

最後，依鄰近國家選擇在哪些主要領域進行合作，區域主義呈現不同風貌。我們可歸納三種區域主義：

- 經濟區域主義
- 安全區域主義
- 政治區域主義

經濟區域主義指透過相同地理範圍內國家間的合作，創造更大的經濟契機。此種區域主義是區域整合最主要的形式。其在1990年代初期所謂「新」區域主義的帶動下，反應在區域貿易集團的增長和既有貿易集團的深化，成為區域整合的代名詞。

此種趨勢一直沒有消退，因此到2005年，蒙古是唯一沒有加入任何區域貿易協定（Regional Trade Agreement）的世界貿易組織成員。截至2010年2月，關稅暨貿易總協定／世界貿易組織總共認可了462個區域貿易協定。這些貿易協定通常是建立**自由貿易區**，但也可能建立**關稅同盟**或**共同市場**。在平等對待所有貿易夥伴、給予所有成員「最惠國待遇」的原則下，區域貿易協定被世界貿易組織視為唯一例外。

安全區域主義旨在保護國家免於他國（鄰國或遠方國家）軍事威脅的合作。因

自由貿易區（Free trade area）：國家同意減讓關稅等其他貿易障礙的區域。

關稅同盟（Customs union）：一種一組國家對外部國家設立共同關稅的安排。對內關稅通常於同時取消。

共同市場（Common market）：由許多國家組成的區域，有時候又稱單一市場。區域內允許勞工的自由移動，各國間具有高程度的經濟融合。

此，區域整合可促成卡爾·陶意志（Karl Deutsch 1957）所指的「**安全共同體**」。安全共同體以兩種方式形成。首先，區域實體希望將內部成員嵌入一個「合作帶動和平」（peace through cooperation）的體制裡。在此種體制裡，互賴和整合的加深，尤其是經濟事務上的合作，使成員國之間放棄戰爭的想法。1952年成立的歐洲煤鋼共同體（European Coal and Steel Community）以及1958年成立的歐洲經濟共同體（European Economic Community），背後的主要動機莫過於防止德法再度交戰。區域合作背後的另一個安全動機是尋求保護，抵禦區域外部的共同敵人。因此，歐洲整合被視為是保衛歐洲免於蘇聯擴張主義威脅的手段；東協最初的角色也包括共同抵禦共產主義。南非發展協調會議（South African Development Coordination Conference）則在種族隔離時期的南非提供保護。安全區域主義也見證於全球支持區域維和行動的趨勢。此發展可見於來自許多亞太地區國家的警務和軍事人員在柬埔寨（1992-1993）和東帝汶（1999-2002）所作的貢獻。此外，來自西非國家經濟共同體（Economic Community of West African States）的軍事人員也被用於重建賴比瑞亞（1990-1998）的和平和穩定。

政治區域主義指同一地區的國家嘗試強化或保護彼此的共同價值，以提升區域形象和聲望，並獲得更具份量的外交發言權。此因素在建立歐洲理事會（Council of Europe）等國際組織的過程中至關重要。歐洲理事會於1949年成立，目標是在整個歐洲大陸上建立一個共同的民主法治區，確保區域內國家遵從人權、民主和法治。阿拉伯聯盟於1945年成立，目的是「拉近成員國之間的關係，協調成員國之間的合作，保護阿拉伯國家的獨立和主權，並通盤考量阿拉伯國家的整體事務和利益。」非洲團結組織（Organization of African Unity）於1963年成立，目的是推動政府自治、遵從領土主權並促進整個非洲大陸的社會發展。非洲團結組織在2002年被非洲聯盟（African Union）取代。然而，以經濟、安全和政治來區分區域主義的不同類型也可能造成誤導。雖然某些特定的區域組織確實以特定的目的為初旨（時間也沒有改變這些組織的初衷），大部分的區域實體是不斷演化的複雜制度，牽涉經濟、策略、政治等事務。

例如，非洲聯盟雖然是一個包含非洲議會（Pan-African Parliament）和非洲法院（African Court of Justice）的政治實體，其同時也促成次區域經濟整合，致力於各項發展議題，嘗試在非洲對抗愛滋病

安全共同體（Security community）：一個國家間合作和整合甚高的區域，使國家難以發動戰爭或動用大規模暴力。

以及對區域衝突進行軍事干涉。例如，自2005年起，非洲聯盟對蘇丹達佛地區的衝突進行干預。

為何是區域主義？

就許多方面而言，解釋區域主義為何興起的說法與國際組織的理論有所重疊。然而，區域整合的發展趨勢，尤其是歐洲對於超國家合作的嘗試，激起了理論性辯論。辯論圍繞在整合和制度建立在國際層次上形成的動力和過程。學者主要提出三種理論：

- 聯邦主義
- 功能主義
- 新功能主義

聯邦主義

聯邦主義是最早關於區域整合或甚至全球整合的理論，從十八世紀開始就為黑格爾（G.W.F. Hegel）（1770-1831）和盧梭（Jean-Jacques Rousseau）（1712-1778）等政治思想家所提倡。作為國內政治調和核心與邊陲緊張的工具，聯邦主義對黑格爾和盧梭等人充滿啟發。作為區域和國際合作的一種解釋，聯邦主義仰賴政治菁英理性的決策過程。國際聯邦的吸引力在於其對於困擾人類許久的國家體系問題，尤其是戰爭的問題，似乎提供了解決之道。若戰爭源自主權國家在無政府狀態下追求自利，和平也僅能透過國家將部分主權轉交給更高聯邦實體的方式取得。此方式又稱為「**共享主權**」。聯邦主義者認為，可透過國際和國家實體主權共享的制度落實「異中求同」（unity through diversity）的想法。此觀點對歐洲共同體的創始人無疑造成強烈影響。如羅馬條約（1957年）所言，即希望建立「更緊密的聯盟」。然而，對於更廣泛的整合過程或全球治理的發展趨勢，聯邦主義的影響是有限的。就要求國家主動犧牲主權而言，聯邦主義的理想過於崇高，甚至帶有烏托邦主義的色彩。另一方面，對聯邦主義懷有熱情的人不外乎政治和知識菁英，民族主義仍為普羅大眾所熱衷。

> **共享主權**（Pooled sovereignty）：在基於國際合作的體系中，國家共同分享決策權的現象。部分主權轉移至中央。

表 20.1　世界上主要的區域主義與集團

區域	區域組織	成立時間	會員數
非洲	非洲聯盟（AU）	2002	54
	中非關稅與經濟聯盟	1966	6
	西非國家經濟共同體（ECOWAS）	1975	15
	中非國家經濟共同體（ECCAS）	1983	6
	北非馬格里布聯盟（Arab Maghreb Union）	1988	5
	南非發展共同體（SADC）	1992	15
	南非關稅同盟（SACU）	1910	5
美洲	北美自由貿易協定（NAFTA）	1994	3
	南錐共同市場（Mercosur）	1991	6
	美洲國家組織（OAS）	1948	35
	中美洲共同市場（CACM）	1960	5
	安地諾集團（Andean Group）	1969	4
	拉丁美洲整合協會（LAIA）	1980	14
亞洲	東南亞國協（ASEAN）	1967	10
	東協區域論壇（ARF）	1994	27
	東亞高峰會（EAS）	2005	18
	南亞區域合作聯盟（SAARC）	1985	7
	海灣合作理事會（GCC）	1981	6
	上海合作組織（SCO）	2001	6
	經濟合作組織（ECO）	1985	10
亞太地區	亞太經濟合作會議（APEC）	1989	21
	太平洋經濟合作理事會（PECC）	1980	26
	太平洋島國論壇（Pacific Islands Forum）	1971	15
歐亞	歐亞經濟共同體（EAEC）	2000	6
	黑海經濟合作組織（BSEC）	1992	12
歐洲	歐洲聯盟（EU）	1952	28
	歐洲理事會（CoE）	1949	47
	北歐議會（Nordic Council）	1952	8*
	比荷盧經濟聯盟（Benelux Economic Union）	1958	3
歐洲－大西洋	北大西洋公約組織（NATO）	1949	28
	歐洲安全合作組織（OSCE）	1973	57

＊包括三個自治區。

功能主義

即使就歐洲的例子而言，聯邦主義很快地將通往整合的道路讓給**功能主義**。梅傳尼（David Mitrany 1966）的構想指出功能主義的主要內涵：形式隨功能而來（form follows function）。此觀點認為，唯有聚焦在能透過集體行動有效進行的特定活動（功能），合作才得以落實。因此，此過程產生制度（形式）建構的壓力；制度將帶動特定領域中的合作。歐洲整合很清楚地依循功能主義的道路前進。歐洲整合多半聚焦在推動經濟合作。許多國家認為經濟整合是「爭議最少，但最需要」的合作形式。功能主義者一般對於整合和國際合作的可能性抱持很大的期許，並相信人民的政治忠誠可相對輕易地從民族國家轉向新的功能性組織，因為後者被認為能有效地提供眾人所需（goods and services）。然而，功能主義的缺點在於其過度強調國家將職能交付給功能性組織的意願，尤其是在專業領域以外的政治領域。再者，沒有充分的證據顯示國際組織能取得與民族國家分庭抗禮的正當性基礎，無論其功能性為何。

新功能主義

基於前述聯邦主義和功能主義的缺陷，專家學者越來越強調所謂的「**新功能主義**」。根據哈斯（Ernst Haas 1964）等人的著作，新功能主義認知到傳統功能主義的限制——整合大致上取決於經濟和其他領域的互賴發展。反之，新功能主義更強調政治和經濟的交互作用。就此觀點而言，功能性合作有助於產生支持進一步合作的跨國社群，進而促成一股朝更廣泛的政治整合邁進的動力。此過程即所謂的「**外溢效應**」。基於菁英社會化以及「整合能隨著時間發展，被重塑和重新定義」等兩項主張，新功能主義近似建構主義者所提出的一些想法。無論如何，新功能主義在於其只能就特定意義上與歐洲的整合過程作連結，因為沒有充分的證據顯示其他區域組織也踏上歐洲的新功能主義路徑。全球治理制度與新功能主義之間的連結更是少的可憐。部分專家學者確實認為，新功能主義較像是對歐洲經驗的一

> **功能主義**（Functionalism）：理論。主張政府的主要功能是回應人類需求。功能主義與在特定的政策制定範疇內，以成員國掌控的速度逐步推動整合有關。
>
> **新功能主義**（Neofunctionalism）：對於功能主義的修正。其指出，區域整合透過「外溢」的方式帶動進一步整合。
>
> **外溢效應**（Spillover）：一種某領域經濟整合的形成和深化帶動其他領域進一步整合的過程。此過程可能導向政治整合。

在區域整合領域的重要理論家

大衛·梅傳尼（1888-1975）

羅馬尼亞出生的英國史學和政治學家。梅傳尼是國際政治功能主義理論的主要推手。其「功能—社會」途徑強調國際合作將始於特定的跨國議題，然後發展成更廣泛的現象。當「功能」實體證實自身比國家政府有效時，國家體系將發展為「可運作的和平體系」（working peace system）。梅傳尼主要的著作包括1966年的《一個可運作的和平體系》以及1975年的《政治的功能主義理論》。

卡爾·陶意志（1912-1992）

捷克出生的美國政治學家。透過強調區域整合如何改變國際無政府狀態的影響，陶意志挑戰國際關係傳統的現實主義觀。無論如何，由單一決策中心所促成的「融合」（amalgamation）將比「整合」來得罕見。「整合」（integration）允許主權國家在「多元的安全共同體」（pluralist security community）中進行互動。陶意志在國際政治的主要作品包括1957年的《北大西洋地區的政治共同體》以及1966年的《建立國家》。

恩斯特·哈斯（1924-2003）

德國出生的美國國際關係理論家。哈斯以作為新功能主義或「片段式的聯邦主義」（federalism by instalments）的創始者之一而廣為人知。其特別強調新功能主義對於歐洲區域整合的影響。哈斯認為，「外溢效應」將使政治行為者逐漸將其忠誠、期盼和活動自民族國家轉移至「更大的新中心」（a new larger centre）。然而，哈斯在1970年代開始放棄新功能主義的理念。哈斯的主要作品包括1964年的《民族國家後》以及1969年的《希望的纏繞》。

種描述，而非關於國際組織的理論。

　　無論如何，自1970年代中期開始，新功能主義便大膽斷言，新的超國家治理形式正在取代權力政治。此言論使新功能主義蒙上不切實際的陰影，因為事實發展似乎與新功能主義所言不符。其他形式的區域主義不僅不願跟隨歐洲聯邦式整合的腳步，國家的重要性以及強勢的民族忠誠使歐洲難以建立「更緊密的聯盟」。此種情形下，許多專家學者尋求以其他方式解釋國家間的合作，強調如相互依賴、多邊主義、國際建制或全球治理等概念。

　　無論如何，當學者認知到特定歷史因素對實際政治的影響後，決定放棄「人

類一廂情願追求整合」的論述。例如，非洲和亞洲的去殖民化其實對1960年代達到高峰的第一波區域主義起了推波助瀾的作用。新的獨立國家將區域主義視為在新國家間建立關係的一種機制，以及在新國家與前殖民母國間建立關係的一種手段。第二個因素是低度發展和差勁的經濟表現。兩者使國家將更緊密的區域合作視為刺激成長以及排除國際競爭的一種手段。此因素特別明顯地反映在區域主義和全球化複雜又矛盾的關係上。

區域主義與全球化

自1980年代末期開始，區域主義明顯地重新復甦。這波發展被視為區域主義的「再現」，並與所謂的「新區域主義」有關。然而，新區域主義究竟有什麼新意？新區域主義的基本內涵是經濟的，大部分呈現在區域貿易集團的建立。與其被納入歐盟式的超國家實驗，這些貿易集團明顯地成為國家可以互動的區域空間。在1990年至1994年間，共有33個區域貿易安排，其中將近三分之一從1948年就開始談判，向關稅貿易協定提交報告。亞太經濟合作會議在1989年成立，從最初12個成員國擴張到21國（包括澳洲、中國、俄羅斯、日本和美國），納入占全球人口近40%以及全球GDP逾50%的國家。1991年，亞松森條約（Treaty of Asuncion）的簽署催生了連結阿根廷、巴西、巴拉圭、烏拉圭和委內瑞拉等國的南錐共同市場（Mercosur）。

委內瑞拉的正式成員國入會申請尚待最後批准，智利、哥倫比亞、厄瓜多、祕魯和玻利維亞等國則是共同市場的合作會員（associate member）。這些國家的連結形成拉丁美洲最大的貿易集團。1992年，全球看到了北美自由貿易協定的簽署。該協定於1994年正式運行，連結加拿大、墨西哥和美國。1993年，全球相繼見證歐盟條約（Treaty of European Union）或馬斯垂克條約（Maastricht Treaty）的批准以及東協自由貿易區（ASEAN Free Trade Area）的建立。1994年，一個以建立美洲自由貿易區（Free Trade Area of the Americas）為宗旨的條約誕生。作為北美自由貿易的延伸，該條約的目標是融合北美和南美兩洲。

此波經濟區域主義的崛起與許多分歧的因素有關。首先，此現象反映發展中國家普遍接受出口導向的經濟策略。更多國家願意追隨日本和亞洲四小龍的腳步。其次，冷戰結束促使前共產主義國家將經濟整合視為支援其過渡到市場經濟的一種手段。此發展造成日後歐洲東擴的發展。第三，世界貿易組織的建立以及

其他全球經濟治理組織影響力的提升，使許多國家相信，區域主義是在多邊實體中提升影響力的方法。第四，從贊助區域主義到積極參與其中，美國的角色轉變有效地帶動區域主義的發展。最後，在所有因素背後是全球化在1980和1990年代的加速發展。隨著全球資本流量快速膨脹以及許多國家導向跨國生產的趨勢，國家作為獨立經濟單位的活力被削弱，進而提升區域主義的吸引力。因此，區域主義再次重生，作為國家管理全球化的一種機制。然而，關於區域整合如何作為全球化的管理機制，或換言之，區域主義對全球化的影響，依然引發諸多爭論。

如巴格瓦蒂（Jagdish Bhagwati 2008）所言，區域貿易集團究竟是全球體系中的「墊腳石」（building blocks）或「絆腳石」（stumbling blocks）？區域如何與全球互動？經濟區域主義的某個面向是防禦性的。區域實體有時候透過擁抱保護主義，對抗全球日益加劇的競爭，避免經濟和社會生活受到破壞。此觀點使「區域」被視為「堡壘」，如風靡一時的「歐洲堡壘」（fortress Europe）。

幾乎同時成立的北美自由貿易區、歐盟和東南亞自由貿易區皆被視為是「堡壘」，使世界蒙上一層區域集團相互競爭的陰影。在涉及歐洲和美國農業利益的部分個案中，防禦性區域主義（defensive regionalism）是次國家或跨國利益團體由下而上推動的過程。在歐盟內部，各國特別強調保護歐洲的社會模式。支持者企圖保護歐洲完善的福利制度，免於新自由主義全球化「向下沉淪」（race to the bottom）的挑戰。

無論如何，保護主義的傾向除外，競爭的本能帶動了新區域主義的發展。就這些例子而言，國家並不是為了抗拒全球市場的力量而形成區域集團，反而是希望能更有效地回應市場的轉變。雖然國家希望透過鞏固或擴張貿易集團以取得更廣泛、穩固的市場，其並沒有與全球市場望背而行。最好的例子是跨區域互動的成長以及國家試著影響世界貿易組織等其他多邊組織的嘗試。區域主義與經濟自由化攜手並進的事實，弱化了區域整合的堡壘。透過擁抱市場、競爭和創業精神，區域貿易集團變得更開放，並將觸角伸向全球，不侷限於區域自由貿易。透過平衡保護主義和競爭之間的矛盾，區域貿易集團與其像堡壘，更像是一張排除對內部利益和目標造成威脅的濾網。無論如何，區域貿易協定的穩步成長意味著全球自由貿易體系不再單調。新體系中充滿複雜、重疊的雙邊和區域安排。由於協定之間的目標相互矛盾，巴格瓦蒂（2008）將此現象稱為「義大利麵碗」體系（spaghetti bowl system）。

歐洲之外的區域整合

　　雖然在全世界皆能看見新區域主義的蹤跡，其造成的影響並不平均。部分地區的區域整合計畫相對高瞻遠矚，使整合成功和失敗各參。

亞洲的區域主義

　　東南亞國家協定（Association of South-East Asian Nations, ASEAN）是亞洲最重要的區域計畫。1967年，印尼、馬來西亞、菲律賓、新加坡和泰國共同組成東協，汶萊達魯薩蘭國（1984年）、越南（1995年）、寮國（1997年）、緬甸（1997年）和柬埔寨（1999年）則隨後加入。東協是冷戰期間的產物，最初聚焦在安全事務，尤其是與解決區域爭端和抗拒強權有關的事務。然而，東協穩定地朝經濟和貿易合作發展，於1992年達成建立東協自由貿易區的共識，預計在2007年建立東協自由貿易區。東協在政治區域主義上的發展主要是其強調所謂的「亞洲價值」（Asian values）（第八章有相關探討），有時又稱為「東協模式」（ASEAN way）。

　　不過東協的擴大以及其他方面的發展意味著這種「東協模式」已變成東協計畫中較邊緣或有爭議的面向。儘管如此，1990年代末以後，1997年至1998年的亞洲金融風暴所曝露的區域脆弱性，以及東協須與快速崛起中的中國和印度進行合作和競爭的需求，使區域整合擁有新的動力。此發展促成「東協共同體」（ASEAN Community）的提議，並預計在2015年完成，這使部分專家學者將東協和歐洲整合相提並論。再者，東協企圖營造和增進與強權間的政治和經濟對話，尤其是與亞太地區「三大強權」（big three）——美國、中國和日本——的對話。就此方面而言，東協特別強調強化與中國的關係。例如，2002年中國與東協同意共同建立世界最大的自由貿易區。此構想將包含約二十億人口，並已於2010年初正式運行。

　　東協也嘗試以不同方式帶動廣泛的區域合作，其中包括1994年建立的東協區域論壇（ASEAN Regional Forum, ARF）。東協區域論壇旨在亞太國家間就安全事務建立信心及增加對話。截至2013年，東協區域論壇有27個成員國。1997年建立的「東協加三」（ASEAN Plus Three）深化了東協十國與中國、日本和南韓之間的合作。東協加三最重要的成就是在2000年建立的清邁倡議（Chiang Mai

爭辯中的議題……　區域主義的發展是否會威脅全球秩序與穩定？

區域主義的擴張與深化是當代全球政治中眾所公認的明顯特徵之一。然而，在部分人士將「充滿區域的世界」（a world of regions）視為衝突和不穩的來源的同時，其他人主張區域主義將帶來安全並促進繁榮。

支持	反對
區域菁英主義。區域主義並未改變世界政治衝突的本質。區域體系中的權力政治反而正在取代國家體系中的權力政治。此發展有兩項原因。首先，如現實主義者所強調，人性並沒有變。因此，若區域正取代國家作為全球政治的主要單元，國家菁英主義正以區域菁英主義的面貌重現。其次，全球體系無政府的本質意味，當人類無法再透過國家確保生存與安全，其必須透過區域行為確保安全。因此，「堡壘式」的區域主義或許將不可避免地發展為具攻擊性的區域主義，甚至霸權式的區域主義。 **文化或文明衝突**。猶如「文明衝突論」所描述一般，文化差異是區域內產生衝突的另一個原因。就此觀點而言，區域整合主要由共同的價值、傳統和信念所帶動。這也解釋為何區域整合在承繼共同文化和意識形態的地區發展得特別快。然而，此現象也暗示，區域間可能因為不同的價值、文化和傳統而產生猜忌或敵意。因此，一個充滿區域的世界是一個價值體系對立、想法無法融合的世界。簡言之，區域是衝突和全球秩序混亂的來源。 **不斷深化的整合**。國家間一種逐漸深化整合的邏輯帶動區域主義的發展，使區域實體充斥著紛爭並將其焦點鎖在內部。新功能主義式的外溢效應將無可避免地使經濟整合成為政治整合。然而，此發展將會擴大區域菁英與被邊緣化的大眾之間的鴻溝。排斥整合的	**民族主義壓倒區域主義**。關於區域內部衝突增加的預測過於誇大。事實是區域主義與國家體系互補，而非超越後者。國家依舊是世界舞台上的主角，沒有區域或全球實體能與民族國家塑造政治忠誠和公民認同的能力相匹敵。超國家區域主義因此未能出現，也使區域實體更像是國家進行合作的政治空間。除歐盟可能是特例以外，區域實體尚未達到足以在世界舞台上作為獨立行為者的整合程度。 **全球支配區域**。事實上，「區域集團作為全球化的『絆腳石』」的想法無以為繼。此想法暗示全球經濟將逐漸成為區域競爭的舞台。若相互依賴的邏輯——當代國家須同心協力處理共同的問題——主導區域整合，此發展暗示合作必須超越區域，並包括跨區域和全球合作。諸如氣候變遷、自由貿易、發展失衡和國際安全等議題，均無法在區域層次上處理。因此，區域實體被迫開放、將目光投射到外部，成為更高合作的「墊腳石」。 **區域主義的限制**。區域主義若要邁向成熟，仍有許多障礙需要克服。建立以民主為基礎、允許民眾問責的區域組織殊非易事，因為這些組織通常能獲得的廣泛支持十分有限。再者，經濟規則和安排的融合或許終有極限。此觀察可見於歐洲建立共同市場時所遇到的困境。歐盟認知到，成熟的自由貿易和勞工及資本的自由流動，終究需要單一貨

大眾通常仍與民族象徵和認同緊密聯繫。此現象最明顯的例子是歐洲整合，而其他地區勢必步上歐洲的後塵。菁英和大眾間的鴻溝可能造成極端主義。尤其就在區域整合過程中自覺喪失權利的人而言，前述隔閡的影響將更深刻。

幣和共同利率的支持。無論如何，此種發展將造成經濟安排過於僵化，崩解只是早晚的事。

Initiative）。在清邁倡議下，東協加三國家啟動了貨幣互換（currency swap）的多邊機制，以防範未來金融危機的影響。東協也在東亞高峰會（East Asia Summit）扮演主導者的角色。東亞高峰會自2005年起每年召開，除東協國家以外，與會國包括中國、日本、南韓、印度、澳洲和紐西蘭。然而，區域整合在亞洲的發展不僅限於東協或東協相關倡議。亞太經濟合作會議和中國皆推動重要的非東協倡議。

上海合作組織（Shanghai Cooperation Organization, SCO，簡稱上合組織）是中國最重要的區域倡議。上海合作組織是在2001年由中國、哈薩克、吉爾吉斯、俄羅斯、塔吉克和烏茲別克等多國領袖共同成立；其中前四國是其前身、1996年成立的「上海五國會晤機制」（Shanghai Five）的發起國。上合組織的主要目的是在中亞地區推動安全合作，尤其是與恐怖主義、分離主義和激進主義等有關的議題。上合組織的活動範圍已擴大到軍事、經濟和文化等各領域合作。儘管如此，部分專家學者指出，在上海合作組織帶動的傳統區域主義發展背後，潛藏著更重要的地緣政治目的：制衡美國和北大西洋公約組織在歐亞大陸的影響力，尤其是在資源豐富、戰略地位重要的中亞地區。

非洲的區域主義

雖然大部分的非洲國家相信區域主義是解決其深沉經濟、政治和社會問題的一部分，但是貧窮問題、政治動盪、邊界爭端以及非洲國家間的政治經濟差異，皆共同影響區域整合的發展。

區域主義在非洲的早期嘗試來自反殖民主義運動，並通常立基於既存的殖民式安排。法屬西非聯邦（French West African Federation）在獨立後成為西非經濟暨貨幣聯盟（West African Economic and Monetary Union）。在非洲各國獨立後，殖民時期所成立的區域組織皆以另一種模式重生，例如1910年成立的南非洲

焦點……　亞洲的區域主義：複製歐洲經驗？

　　亞洲與歐洲的區域主義是否有共通點？東協是否正在成為歐盟在亞洲的化身？自1990年起，許多評論者已將東協的發展方向與歐盟區域整合相比擬。在2003年於巴里島舉行的第九屆的東協高峰會，東協各國同意建立「東協共同體」（ASEAN Community）的企圖，使評論者開始議論紛紛。東協以歐盟條約相似的言詞提出「三個支柱」：東協經濟共同體、東協政治安全共同體和東協社會文化共同體。如此升高合作的經濟面向值得關注，因為外界普遍認為東協建立自由貿易區的成就十分有限。東協經濟共同體旨在成員國間建立一個「無縫的生產基礎」（seamless production base）和整合市場。整合預計於2015年完成，東協內部的殘餘關稅以及大量的非貿易障礙將被削除。服務貿易將完全開放，而所有經濟領域的資本和技術勞工的流動也將一併開放。

　　然而，作為區域整合的模式，東協和歐盟間仍有所不同，而這些差異可望繼續存在。更準確地說，東協預計建立自由貿易區，並落實共同外部關稅（使東協成為正式的關稅同盟）。相較之下，歐盟發展地更快，建立單一市場並擁抱貨幣聯盟。然而，最重要的是東協仍保有政府間主義的特質，並未嘗試歐盟式的超國家治理模式。東協各國長期以來對國家主權的堅持阻止了建立一個決策權力更集中的政治架構。

　　我們該如何解釋東協和歐盟之間的差異？首先，相較歐盟，東協擁抱更高的經濟和政治多元性（例如，新加坡和緬甸象徵不同的經濟發展模式和程度）。其次，由於中國、日本、印度和南韓等區域內最大的經濟體皆在東協外，與其鞏固內部市場，東協更趨於強調廣泛合作。第三，作為成員國實力相當的一個組織，東協缺乏像德法等強權一般，能在區域內推動整合的國家。第四，就政治上的迫切性而言，東協的區域整合計畫不如歐盟高。歐洲必須克服德法對立以避免再度陷入世界大戰。

關稅同盟（South African Customs Union），其聲稱是世界上最早成立的關稅同盟。南部非洲發展共同體（Southern African Development Community）於1992年成立。其前身是1980年由9國組成的區域實體，目標是在南部非洲國家間推動經濟合作，並降低該地區在種族隔離時期對於南非的依賴。

　　南部非洲發展共同體目前包括南部非洲全部15個國家（南非在1995年加入），其宗旨是深化經濟整合，並將整合擴展到政治和安全領域。無論如何，非洲最主要的兩個區域組織發展是西非經濟共同體（Economic Community of West African States）以及2002年取代非洲團結組織（Organization of African Unity）的非洲聯盟（African Union）。

　　以歐盟憲法為典範的非洲聯盟憲章較其前身更具有野心。1963年成立的非洲聯盟以終結殖民主義以及支持政治解放為目標。1993年成立非洲經濟共同體（African Economic Community）以及2001年簽署非洲新夥伴發展計畫（New

Partnership for Africa's Development），皆屬於非洲聯盟廣泛的成就。非洲新夥伴發展計畫是一組旨在減少貧窮、鼓勵良性參與全球化的措施。然而，這些經濟計畫具體成效不彰，部分原因在於非洲各國仍有嚴重歧見，對於非洲是否應從傳統、市場導向的角度看待發展仍議論紛紛。由於非洲聯盟不確定是否應該放棄反西方主義，並就戰爭罪和種族屠殺等議題上與西方國家建立夥伴關係，因此就民主、人權和法治等議題而言，非洲聯盟在非洲的領導能力有限。

　　西非經濟共同體是非洲最大的次區域組織，包括15個國家，總人口數接近兩億人。由於區域政治不穩、貪腐肆虐，再加上西非經濟共同體組織脆弱、政治意願不足，西非經濟共同體對於成員國的經濟影響可說是微乎其微。西非經濟共同體於1990年代派遣維和部隊介入賴比瑞亞和獅子山共和國的內戰，造成非洲各國間意見相左，並促使聯合國插手、派遣維和部隊。受到聯合國的激勵，迦納和奈及利亞隨即採取行動，加強西非地區的維和能力。

美洲的區域主義

　　美洲地區有許多不同層次，並且通常相互競爭的區域主義。此現象在很大程度上反映次大陸地區的地緣、文化和政治重要性。北美洲最主要的例子是1994年形成的北美自由貿易協定；美國、加拿大和墨西哥等三國同意共同建立自由貿易區。北美自由貿易區的GDP總值達17.3兆美元，人口數達4億6,200萬。作為經濟整合步伐加速的一個回應，北美自由貿易協定希望為一個涵蓋整個西半球的經濟夥伴協議提供基礎。1994年，美洲各國同意建立美洲自由貿易區（Free Trade Area of the Americas），代表了北美自由貿易協定擴大的願景。然而，與歐盟相較，北美自由貿易協定的目標顯得卑微。北美自由貿易協定的主要目標是逐步廢除農產品和各種製造業商品的關稅，協助銀行和其他金融機構進入更大的市場，並允許貨車司機得以自由穿梭邊境。北美自由貿易區的組織結構比歐盟鬆散許多，前者的決策過程僅維持在政府之間，迄今成功抵擋新功能主義的壓力，未讓貿易合作溢出到經濟和政治領域。

　　無論如何，北美自由貿易協定在美國依舊引發爭議。批評者指控其加速了製造業流失到墨西哥的窘境。然而還有更嚴重的問題，例如美國與加拿大一方，與另外一方的墨西哥之間巨大的財富、教育及經濟結構的差異。而且這三個國家的國民的互相認識與互相理解，也存在著巨大差異。就美洲自由貿易區的倡議而

言，各國協商停滯不前，因為與19章所提到的世界貿易組織談判一般，已開發和
發展中國間的緊張使談判窒礙難行。

　　南美洲最重要的貿易集團是南錐共同市場。南錐共同市場在1994年擴大，阿
根廷、巴西、委內瑞拉、巴拉圭、烏拉圭和玻利維亞等國成為正式會員國，智
利、哥倫比亞、厄瓜多、祕魯則為合作會員。南錐共同市場的主要目標是在成員
國間推動貿易自由化，建立關稅同盟（不包括合作會員），並協助協調區域內的
經濟政策。南錐共同市場自始即擁抱「開放的區域主義」（open regionalism），
並在世界貿易組織等其他組織的建議下，採取市場導向策略。在1991年至1996年
間，南錐國家在區域和世界貿易上皆有大幅成長。然而，自1997年起，貿易發展
趨緩，原因不外乎於巴西和阿根廷爆發的金融危機。南錐共同市場更深層的長期
問題是，巴西與包括阿根廷在內的其他國家間國力相距甚遠，可能造成緊張。巴
西占南錐共同市場總人口數的79%，GDP更占71%。

歐洲整合

　　早在1945年以前，歐洲的概念（European idea）（廣泛而言，就是無視歷
史、文化和語言上的差異，歐洲構成一個單一的政治共同體）即誕生。在十六世
紀文藝復興前，普遍對於羅馬教廷的效忠使教皇擁有影響歐洲的超國家權威。即
使在歐洲國家體系成形後，盧梭、左派思想家聖西蒙（Saint-Simon）（1760-
1825）和民族主義者馬志尼（Mazzini）（1805-1872）等不同類型的思想家，皆
支持歐洲合作，甚至在有些時候，提倡建立一個泛歐洲的政治制度。然而，直到
二十世紀後半葉，歐洲區域整合仍被視為不可能實現的烏托邦。自二次世界大戰
結束後，歐洲卻經歷史無前例的整合過程，並且如部分意見所表示的，歐洲整合
的目標在於建立1946年邱吉爾口中所謂的「歐洲合眾國」（United States of
Europe）。部分意見確實在有些時候指出，隨著民族國家的缺陷越來越明顯，歐
洲整合將提供一個最終為全世界所接受的政治組織典範。

　　歐洲整合的過程顯然是戰後歐洲歷史環境下的產物，受一股強烈，甚至無法
抗拒的力量驅使。當中最主要的原因如下：

● 飽受戰爭蹂躪的歐洲需透過合作和建立更大的市場來重建經濟。
● 渴望一勞永逸地解決德法之間的惡性競爭以維持和平；兩國對立引發了普法戰

爭（1870-1871），並埋下1914年和1939年大戰的種子。
● 承認唯有將德國整合到歐洲體系裡才能解決所謂的「**德國問題**」。
● 渴望能確保歐洲免於蘇聯擴張的威脅，並突顯歐洲在兩極秩序中獨立的角色和身分。
● 美國希望建立一個繁榮、團結的歐洲，以作為美國商品的市場以及抵擋共產主義蔓延的壁壘。
● 許多國家，尤其是歐洲大陸，普遍認知到主權民族國家是和平和繁榮的公敵。

　　就某種程度而言，歐洲整合的發展是基於一種對於國際主義的理想，以及一種認為國際組織的道德權威更勝於國家的信念。這種理想和信念顯現在尚·莫內（Jean Monnet）和羅伯·舒曼（Robert Schuman）（1886-1963）等人關於歐洲聯邦的理想中。然而，早期對於歐洲國家將因此共享主權的憧憬終究無法實現，取而代之的是功能主義的途徑。這也是為何歐洲整合通常聚焦在各國經濟上的合作，因為這些合作被許多國家視為是最不具爭議性但也是最必要的整合形式。1952年，歐洲煤鋼共同體（European Coal and Steel Community）在莫內的推動下建立。當時莫內擔任法國外交部長舒曼的幕僚。歐洲經濟共同體（European Economic Community）在羅馬條約（Treaty of Rome）（1957年）下成立，其宗旨是建立共同的歐洲市場以及「歐洲人民之間更緊密的聯繫」。歐洲共同市場在1967年納入歐洲共同體（European Community）中，進而在1993年形成歐盟。然而，歐盟到底是怎麼樣的一個組織呢？歐盟的影響力又有多高？

歐盟是什麼？

　　歐盟是一個很難被加以歸類的政治組織。它是一個國家嗎？還是一個超國家？它是一個國際組織嗎？如果是，它又是怎麼樣的一個組織呢？歐盟只是一個成員國可以互動的場域或空間嗎？還是它在本質上已成為具有意義的行為者？理解這些問題的最好方法是先觀察歐盟的內部結構，再觀察歐盟和世界的關係。然而，理解歐盟結構的一個問題是，自1952年煤鋼共同體的成立起，歐盟歷經多次的大幅重整和制度改革。歐洲煤鋼共同體不僅讓位給歐洲經濟共同體、歐洲共同體和最終的歐洲聯盟，其他改革也促使單一

德國問題（German problem）：歐洲國家體系內結構不穩的問題，肇因於一個強大、團結的德國的興起。

尚・莫內（1888-1979）

法國經濟學家和行政官員。莫內基本上無師自通。在一次世界大戰期間，其負責協調英法的軍需供應，日後被任命為國際聯盟的副祕書長。莫內是1940年由邱吉爾所提出的英法同盟倡議的發想者，此計畫在維琪（Vichy）政權時被摒棄。1945年，莫內負責戴高樂政府下的法國現代化計畫，並在1950年提出舒曼計畫（Schuman Plan），作為歐洲煤鋼共同體和經濟共同體的基礎。雖然莫內拒絕政府間主義並支持超國家主義，但他並非歐洲聯邦主義的正式擁護者。

市場〔透過1986年的「單一歐洲法案」（Single European Act）〕、**貨幣同盟**（1993年歐盟條約）以及歐盟作為單一法律實體〔透過2009年的里斯本條約（Treaty of Lisbon）〕的出現。最重要的是，從經濟共同體到歐洲聯盟，歐盟歷經了大幅廣化和深化的過程。

從原本的6國（法國、德國、義大利、荷蘭、比利時和盧森堡）擴增到27國（見圖20.1），並透過數波整合浪潮將部分的決策權從成員國轉移到歐盟機構。

嚴格來說，相較最初的歐洲經濟共同體和歐洲共同體，歐盟已不再是一個由獨立國家組成、基於政府間主義運作的邦聯。1966年，所謂的「盧森堡協議」（Luxembourg compromise）吸收了各成員國的主權。此約接受了「部長理事會」（Council of Ministers）進行一致性投票的作法，並賦予每個成員國在重要國家利益受威脅時，絕對否決的權利。然而，至少有三個理由使歐盟的邦聯形象難以維繫。首先，從單一歐洲法案到歐盟、阿姆斯特丹、尼斯和里斯本等重大條約，歐盟在更多的政策領域內採用**條件多數決**。此作法使最大的國家也可能在理事會表決時落敗。條件多數決逐漸限縮各國否決權的範圍，進而削弱國家主權。其次，由於歐盟法律對所有成員國都具有約束力，主權弱化的趨勢更為明顯。這是歐盟與其他國際組織最不同的地方。在歐洲法院的支持下，在歐盟有裁量權的議題上，歐盟法高於國家法。歐盟法的創立有賴於成員國主動交出許多政策領域上的裁量權，以及一個更高的法治權威的發展（McCormick 2005）。第三，與前述發

貨幣同盟（monetary union）：在幾個國家合組的同盟中，發行單一貨幣。

條件多數決（Qualified majority voting）：一種視議題而決定多數門檻的表決制度，依國家大小決定選票的比重。

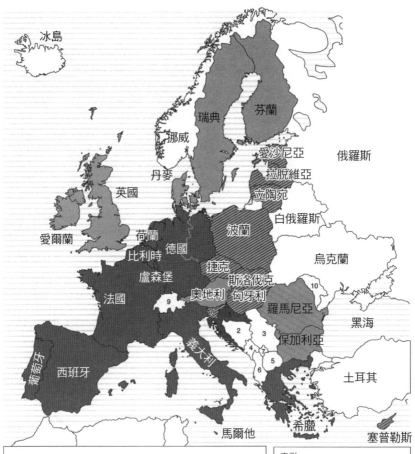

創始成員（1952年歐洲煤鋼共同體、1958年歐洲經濟共同體和歐洲原子能總署）：比利時、法國、（西）德國、義大利、盧森堡、荷蘭。1990年德意志民主共和國（東德）的領土被納入一個統一的德國。

第一次擴張（1973）：丹麥、愛爾蘭、英國

地中海擴張：希臘（1981）；葡萄牙、西班牙（1986）

歐洲自由貿易區（EFTA）擴張（1995）：奧地利、芬蘭、瑞典

2004 擴張：塞普勒斯、捷克共和國、愛沙尼亞、匈牙利、拉脫維亞、立陶宛、馬爾他、波蘭、斯洛伐克、斯洛文尼亞。

2007：比利時、羅馬尼亞

2013：克羅埃西亞

索引
1 克羅埃西亞
2 波士尼亞與赫塞哥維納
3 塞爾維亞
4 蒙地內哥羅
5 前南斯拉夫馬其頓共和國
6 阿爾巴尼亞
7 科索沃
8 斯洛文尼亞
9 瑞士
10 摩爾多瓦

圖20.1 歐洲與歐盟會員國

歐盟的歷史

1951　巴黎條約建立了歐洲煤鋼共同體。煤鋼共同體在次年運行，成員國包括法國、德國、義大利和荷比盧三國。

1957　羅馬條約在次年建立了歐洲經濟共同體和歐洲原子能共同體。

1967　歐洲煤鋼共同體、經濟共同體和原子能共同體合併，成為歐洲共同體。

1973　丹麥、愛爾蘭和英國加入歐洲共同體。

1981　希臘加入歐洲共同體。

1986　匈牙利和西班牙加入歐洲共同體。

1986　單一歐洲法案為建立共同市場提供基礎（1992年完成），並在許多地區廢除國家否決權。

1993　批准通過歐盟條約（或馬斯垂克條約）。歐盟成立並預計建立貨幣聯盟。

1995　奧地利、芬蘭和瑞典加入歐盟。

1997　簽署阿姆斯特丹條約。此條約成為歐盟東擴的基礎，並進一步減少國家否決權的影響力。

1999　歐元成為11個成員國間的官方貨幣。2002年，歐元正式取代各國通貨。

2001　簽署尼斯條約，以協助歐盟擴大後能有效運作。條約於2003年落實。

2004　10個新成員國加入歐盟，成員國數目來到25個國家。

2004　簽署歐洲憲法條約。然而，在荷蘭和法國的反對下，條約於2005年失效。

2007　保加利亞和羅馬尼亞加入，將成員國擴大至27國。

2009　批准里斯本條約。作為憲法條約的修正版，里斯本條約將新的決策安排納入歐盟中。

2010　歐洲主權債危機（又稱歐元區危機）從歐盟與國際貨幣基金紓困希臘與愛爾蘭開始

2013　克羅埃西亞加入，會員國總數達到28國

展有關，歐盟實體的權力增長伴隨著國家政府的弱化，造就歐盟成為融合國家間和超國家特徵的政治實體。

無論如何，儘管歐盟試著落實羅馬條約「更緊密的聯盟」的願景，遠超越戴高樂和柴契爾夫人關於獨立國家邦聯的構想，其離落實「歐洲的美國」仍有一段距離。雖然歐洲未建立聯邦或「超國家」，由於歐盟法凌駕歐洲各成員國的法律，我們或許可以合理地討論歐洲的「聯邦化」。

歐盟條約中的「地方原則」（principle of subsidiary）以及德法等主要國家對於整合所採取的實用主義觀，是制衡歐盟中央集權化的主要力量。「新歐洲」的

焦點⋯⋯ 歐盟如何運作

- **（歐盟）理事會（The Council）** 又稱 「部長理事會」（Council of Ministers）。 此會是歐盟的決策單位，由各國部長組 成。成員皆對各自的議會和政府負責。 理事會主席（由國家代表，而不是個 人）每六個月在成員國中輪替。重大決 議透過共識決決定，其他決議則有條件 或簡單的多數決決定。（政府間實體）

- **歐洲理事會（The European Council）** 又稱「歐洲高峰會」（European Summit）。此會由各成員國領袖、外交 部長會永久的歐洲理事會主席組成〔自 2009年起由赫爾曼・范榮佩（Herman Van Rompuy）擔任〕。歐洲理事會每年 召集四次，並為歐盟提供戰略性領導。 （政府間實體）

- **歐盟執委會（The European Commission）** 總部設於布魯塞爾（Brussels）、擁有約 兩萬名職員的歐盟委員會，是歐盟的行 政和官僚單位。此會由28位委員和主席 組成〔自2004年起由賀賽・曼努埃爾・巴 羅佐（Jose Manuel Barroso）擔任〕。歐 盟委員會提出法案、監督各國遵守歐盟 條約並負責落實政策。（超政府實體）

- **歐洲議會（The European Parliament）** 總部通常座落於斯特拉斯堡（Strasbourg） 的歐洲議會由766位議員（Members of the European Parliament）組成，每五年進行 改選。議員的位置依政治團體排列，而 非國籍。里斯本條約（Lisbon Treaty）賦 予歐洲議會更大的立法權，也讓歐洲議 會在40個領域擁有與歐盟理事會平等的 權利。

- **歐盟法院（The European Court of Justice）** 座落於盧森堡的歐盟法院主 要解釋和裁決歐盟法規和條約。法院有 27名來自各成員國的法官，以及8名建議 法院的佐審官（advocates general）。由 於歐盟法高於各成員國的國家法，歐盟 法院可不引用國內法。原訟法庭（Court of First Instance）負責處理個人和公司提 出的某些訴訟。（超政府實體）

- **歐洲中央銀行（The European Central Bank）** 座落於法蘭克福，歐洲中央銀 行是發行和管理歐元的主要銀行。歐洲 中央銀行的主要功能是維持歐元的購買 力，進而穩定歐元區物價。歐元區由16 個自1999年開始採用歐元的國家組成。 （超政府實體）

決策現正趨向多層次治理（如第5章所探討）的方向發展。

政策制定過程連結了次國家、國家、政府間和超國家等層次，層次間的關係 則隨著不同議題和政策領域而有所變動。相較國家主權和歐盟權威兩股力量角力 所呈現的僵局，前述複雜的政策制定過程更有助於外界理解歐盟。無論如何，由 於許多人希望將此複雜、有時候缺乏效率的決策過程更正式化，凝聚更多共識， 因此催生了歐盟憲法的想法。歐盟憲法納入重大的規定和原則，並涵蓋和超越所 有既定條約。雖然成員國領袖與政府在2004年接受歐盟憲法條約（Constitutional Treaty），但是2005年在荷蘭和法國舉行的公民投票未獲通過，導致歐盟憲法最 終胎死腹中。

歐盟憲法條約的內容後來被納入里斯本條約，並在2009年獲得通過。前述波折顯示出儘管歐盟歷經數十年的制度深化，歐盟成員本質上仍是國家，仍以國家利益為導向。

歐盟與世界

歐盟雖然明顯地擁有對外政策，但是其國際「能動性」（actorness）（在全球體系中作為單一實體的行動能力）引發眾人爭議，尤其就外交和國防政策而言。在歐盟的前身組織中，外交和政治結合並非歐盟計畫的重點所在。羅馬條約未提及外交政策，歐洲經濟共同體則基本上專注於經濟政策和議題。關於政治整合的倡議也只是零碎的，幾乎沒有影響力。例如，歐洲防禦共同體（European Defense Community）的構想在1950年推出，法國是該計畫最熱衷的支持者。然而，就權力而言，部分國家將歐洲防禦共同體視為對北大西洋公約組織的挑戰。1954年，在法國國會的反對下，歐洲放棄防禦共同體的想法。在共同外交與安全政策（Common Foreign and Security Policy）被設立為歐盟的第二根支柱的情形下，歐盟共同外交與防禦政策的想法又重新復甦。雖然共同外交與安全政策僅擁有定義鬆散的目標，但是在阿姆斯特丹條約催生「外交事務高級代表」（High Representative of foreign affairs）這一新職務的情形下，共同外交與安全政策又有了新動力。此外，歐盟高調任命前北約祕書長哈維爾·索拉納（Javier Solana）為高級代表，也使共同外交與安全政策重新受到矚目。

歐盟共同外交與安全政策擁有許多成就，包括24次以上的維和任務，派遣維和部隊、警官和人民赴波士尼亞、查德、剛果東部和印尼亞齊省（Aceh）等戰亂頻仍的地區執行任務。歐盟也透過共同外交與安全政策進行國際外交，例如「歐盟加三」（EU3）（歐盟加德、法、英等三國）試圖說服伊朗放棄發展濃縮鈾計畫。然而，失敗的例子較成功多。當歐盟面對阿富汗、巴基斯坦和北韓等當前最需要解決的國際問題時，其總是消失或置若罔聞。雖然歐盟在波士尼亞和科

概念澄清：地方原則（Subsidiarity）

地方原則（來自拉丁文裡的 subsidiarii，指一群輔助部隊）泛指決策權從中央到低層的轉移。其有兩種不同的理解方式。在德國等聯邦國家，地方原則指一項暗示權力分化和民眾透過地方制度進行參與的政治原則。歐盟條約也因此宣示歐盟的決定需「盡量貼近人民」。然而，地方原則通常被反聯邦主義者詮釋為邦聯原則。此種詮釋常用於保護國家主權不受歐盟制度的侵犯。就此觀點而言，歐盟條約宣示歐盟僅能干涉「成員國無法有效處理」的事務。

索沃的部隊有助於確保和平，歐盟的巴爾幹政策越來越不清晰、搖擺不定。由於本身缺乏軍力，歐盟在1999年科索沃危機時，只能將裁量權交給美國領導的北約部隊。當美國和大部分歐盟國家在2008年承認科索沃獨立時，五個歐盟國家並未承認科索沃，打碎1990年代歐盟各國就巴爾幹問題得來不易的共識。同樣的，斯洛維尼亞擋下克羅埃西亞進入歐盟的申請，因為兩國有邊界問題。同時，希臘阻擋馬其頓的申請，因為其不滿後者用的名稱（馬其頓也是希臘北部的一個地區）。

在歐盟內發展一個有效的共同外交與防禦政策依舊是問題重重。首先，就外交政策而言，英國等傾向「大西洋主義」（Atlanticist）的國家與法國等傾向「歐洲主義」（Europeanist）的國家之間存在著長期的緊張關係。對於前者而言，任何的歐盟防禦政策，尤其是發展軍事組織，必須在北約的架構下實現，而不是在北約以外或其他架構下落實。其次，相較經濟整合，成員國通常較不支持政治整合，尤其就外交與防禦政策而言，更是如此。

由於國家的核心目的是確保安全和生存等所謂「高階政治」，獨立掌握外交和國防事務被普遍視為國家主權最重要的層面。第三，由於歐洲各國無法確定誰代表歐盟，歐洲是否能發展成對外團結一致的實體，仍備受質疑。如季辛吉所言，「當我想打給歐洲時，我要打給誰？」就外交與防禦政策而言，歐盟傳統上由外交事務高級代表、歐盟對外關係事務委員以及現任理事會主席等三巨頭領銜主導。此安排所暗示的混亂，暗藏在依里斯本條約設立的「外交事務與安全政策高級代表」（High Representative for Foreign Affairs and Security Policy）一職。再者，歐盟任命資歷相對較淺的凱瑟琳·艾什頓（Catherine Ashton）擔綱首任高級代表，也暗示此職務將無法達到創建者的要求。第四，有效的共同防禦政策需要龐大的資金挹注，僅少數國家能負擔，尤其是在2007年至2009年的全球金融海嘯後。有效的防禦政策也需要武器等配備的標準化，甚至需要有一個統一的國防工業。目前而言，前述要求仍離歐盟太遠，甚至可能無法完成。

無論如何，歐盟在經濟事務上的對外角色，尤其是貿易上的角色，較為明顯。由於歐盟是一個擁有共同商業政策和對外關稅的關稅同盟，執行委員會負責與外部國家進行貿易，其中包括與世界各地的貿易協定以及與關稅暨貿易總協定或世界貿易組織的談判。歐盟執行委員會也負責與其他區域貿易集團和國家商談經濟合作，例如隔年舉行的亞歐會議（Asia-Europe Meeting）。歐盟的另一個對

外角色是進行國際援助和發展。基於英國、法國和比利時等主要歐盟成員國曾經是主要的殖民母國，以及南半球是歐洲重要的出口市場，歐洲已成為全世界最大的經濟開發援助贊助實體。2001年，歐盟提供的開發援助金額占全球520億援助金約一半以上。歐盟將多數援助提撥給次撒哈拉非洲地區，拉丁美洲分配到的比例則在近年有所增加。歐洲也提供大量的緊急人道援助，是全球僅次於美國的第二大糧食援助者。

歐盟陷入危機？

在歐盟的發展歷程中，對整合表示悲觀的論調，甚至歐盟崩解的預測，總是不絕於耳。對於部分人而言，歐盟失敗一直是遲早的事。此觀點認為，就歐盟在歷史、傳統、語言和文化等各層面的多元性而言，其永遠無法與民族國家的能力比擬，在人民間塑造政治忠誠，並在世界舞台上有效活動。然而，在二十一世紀初，有兩項議題顯得特別困擾。首先是歐盟擴張及其影響。

早期歐洲整合成功，在很大程度上可歸因於創始六國被強大的歷史、政治和經濟因素綁在一起。其中，歐洲有強大的動力確保德法之間的和平與穩定，以及德法和解可能為較小的鄰國帶來的利益。然而，在每個整合階段，有時後透過吸納英國和丹麥等較不忠於歐洲理念的國家，有時透過吸收西班牙、葡萄牙和希臘等經濟較不富裕的南歐國家，歐盟的擴張重塑了歐洲整合。無論如何，沒有任何一次擴張比2004年至2013年的歐盟東擴更重要、更具有野心。就某個角度而言，這些擴張是歐盟的最高成就。歐盟東擴在某種程度上支撐和完成了中東歐的政治經濟轉型，並藉此標示自由民主在歐洲的全面勝利。然而，這些發展也造成極深的困難，其中主要是在歐盟內部追求統一和多元的平衡過程中逐漸倒向後者（多元價值）。如果歐盟無法透過一小群大國（最主要是法國和德國，英國在某種程度上也是）進行「管理」，歐盟恐怕永遠無法有效的決策和一致的想法。若歐盟有未來，其可能不太像是一個經濟和政治聯盟，而比較像是一個多軌並行或二軌、三軌並進的歐洲。

歐盟面對的第二個主要挑戰是經濟而非政治。雖然外界普遍認為歐洲的經濟結合比政治結合成功，有許多原因揭示歐盟持續的經濟發展前景並不穩定。歐洲占世界貿易和生產的總量預計將下滑。此趨勢與具有影響力的成員國在面對全球競爭壓力升高時，主張維持社會保障和福利有關。2007年至2009年的全球金融危

全球行為者⋯⋯

歐洲聯盟

類型：國際組織　·成立時間：1993年　·總部位置：布魯塞爾
成員國：28國　·人口：5億1,000萬

1993年，透過批准歐盟條約，歐洲諸國成立了歐洲聯盟，承繼歐洲煤鋼共同體、歐洲經濟共同體和歐洲共同體等前身組織。歐盟是一個結合政府間和超國家特徵的組織。各成員國維持獨立主權，但將其主權集中，以獲得各自無法擁有的力量和國際影響力。歐盟由四個單位組成：

● 歐盟理事會（代表各成員國；主要的決策單位；每年召開四次各國領袖高峰會）

● 歐盟執委會（代表歐盟全體福祉；提出法案；歐盟的行政單位）

● 歐洲議會（進行審查和監督的直選單位）

● 歐洲法院（解釋和執行歐盟法）

歐洲聯盟由「三根支柱」組成：支柱一涵蓋既存的共同體（歐洲煤鋼共同體、歐洲經濟共同體和歐洲原子能共同體）；支柱二和三分別是外交和安全政策以及法律和國家事務，屬政府間合作的領域。在歐盟內，公民享有普遍的公民權，包括在歐盟內居住、工作和投票的權利。

重要性：歐盟是世界上區域主義發展最成熟的例子。歐盟擁有超過五億人口，為中國和印度之後世界上第三大政治單位，比美國大40％。歐盟無疑是經濟超強。其占全球總生產毛額逾23％，比美國高，並提供逾四分之一的全球商品貿易。1993年，歐洲完成單一市場，單一貨幣——歐元——則在1999年出現。在28個歐盟成員國中，19國參與歐元區。基於前述原因，歐盟有時候被視為美國霸權的重大挑戰。由於歐盟不再需要美國於冷戰時期提供的保護傘，有證據顯示歐盟和美國的世界觀越來越疏離（Kagan 2004）。歐盟的支持者指出許多益處，包括歐盟為戰後歐洲帶來和平與政治穩定；歐洲人民得以超越狹隘和封閉的民族主義；主權集中使歐盟國家在世界上擁有更大的影響力；經濟聯盟和單一市場增進了歐洲的經濟表現和工作機會。

雖然歐盟的經濟實力不容質疑，其在其他方面依舊是脆弱的全球行為者。就建立共同外交和安全政策而言，歐盟的成果有限，意味著外交和安全合作特別難以搓合。就重大的全球議題而言，成員國間的分裂常弱化歐盟，有時甚至凍結組織運作，例如歐盟對於「反恐戰爭」的回應、與中國的關係（尤其是關於人權和西藏問題）以及與俄羅斯的關係（特別是貿易和能源依賴問題）。部分人士認為，歐盟基本上不健全，有可能崩解。批評者指出，民族、語言和文化差異可能使歐盟無法塑造名副其實的政治忠誠。此外，擴大歐盟和深化歐盟兩者間可能有無法解決的矛盾。再者，整合大部分由政治和企業菁英推動，歐洲大眾的步伐尚未跟上。歐盟也可能不是一個有效的經濟模式，因為高社會福利削弱其全球競爭力，而就長期而言，單一市場也可能無法運作。

全球政治行動……
歐盟向東擴張

事件：2004年5月1日，歐盟完成前所未有的大規模擴張。前幾次擴張頂多只是增加了3個新會員國，這一次則是一口氣增加了10個，也就是會員國總數從15個增加到25個。值得一提的是，這次增加的10個會員國當中，除了馬爾他與賽普勒斯之外，其餘全都是中歐與東歐的前共產國家。其中3個，也就是愛沙尼亞、拉脫維亞，以及立陶宛，是前蘇聯的共和國，另外5個是捷克、匈牙利、波蘭、斯洛伐克，以及斯洛維尼亞，都曾經是蘇聯集團的一部份（在蘇聯時代，捷克與斯洛伐克是一個國家，叫做捷克斯洛伐克。斯洛維尼亞則是南斯拉夫的一個共和國）。2007年1月1日，歐盟的擴張再下一城，另外兩個前蘇聯集團國家，也就是保加利亞與羅馬尼亞，也加入歐盟。克羅埃西亞在2013年加入之後，歐盟的會員國總數上升至28國。

意義：歐盟將東歐納入版圖具有重大意義，原因有幾個。第一，這對歐洲地緣政治重整影響很大，完成了從1989至1991年，東歐藉由一連串的革命推翻共產主義，所開啟的進程，也就是終結鐵幕帶來的幾十年分裂，統一了整個歐洲。在整合的過程中，對於歐盟會員國身份的追求，也是推動東歐政經變遷的關鍵力量。這些新加入的中歐與東歐國家符合1993年制訂的，所有新加入的會員國都必須符合的哥本哈根標準（Copenhagen criteria），也就是支持民主政治、法治、人權，以及保護少數族群，同時也致力發展市場經濟，接受歐盟邁向政治、經濟及貨幣同盟的目標。在2004至2007年之後，自由派民主政治以野火燎原之勢席捲東歐，勢不可擋。

第二，歐盟向東擴張，也影響了歐盟內部的平衡，以及歐盟整體的方向，尤其是改變了歐盟的「西歐俱樂部」特質，歐盟不再被法國與德國的軸心支配，大國也不能像以前那樣隨心所欲。小國的聲音大幅增加，表示歐盟更重視扶植經濟與社會發展。從某些方面來看，歐盟的重心已經往東移，也將目光放在繼續向東擴張，土耳其、馬其頓、塞爾維亞，以及克羅埃西亞都有興趣加入。歐盟與俄羅斯之間的關係也越來越重要。

第三，歐盟的向東擴張，也影響了歐盟的經濟表現。歐盟的人口成長了20%，形成了更大的內部市場，提振了所有會員國的經濟。新會員國經濟繁榮，也會吸引更多國家加入歐盟。在另一方面，歐盟原有的會員國（15個）與後來加入的會員國的生活標準與經濟表現差異很大，再加上從中央規劃到市場經濟的轉型仍在持續，這些都帶給歐盟經濟上的挑戰。舉個例子，向東擴張只讓歐盟的GDP增加了5%，原有的15個會員國卻是壓力大增。這15個會員國從2007年開始，貢獻了歐盟大約90%的收入。最後，向東擴張也深深影響了歐盟的決策流程，簡單講就是需要滿足的國家利

益與政治利益越多，歐盟要做決策，要維持連貫的策略就越困難。很多人認為，歐盟的版圖擴張，反而很難深化。所以有人提出要設置《歐盟憲法》，建立更有效率，更為集權的決策流程。但是如今歐盟的權力更為分散，在某些方面來說更為分裂，要推行這樣的決策流程是不可能的。所以《憲法條約》在受到荷蘭與法國反對之後撤銷，由更溫和的《里斯本條約》取而代之。因此有人認為，歐盟的擴張只是讓「更緊密的同盟」的原始目標更遙不可及。

焦點⋯⋯　歐元：一個可行的貨幣？

　　推進貨幣聯盟是1992年達成的歐盟條約的主要特點之一。歐元〔原名為「歐洲貨幣單位」（European Currency Unit）〕於1999年問世，其貨幣和紙鈔在2002年1月1日正式啟用。之後，歐元區由12個原成員國擴張到16國。歐元已成為世界上第二大的儲備貨幣，僅次於美元。自2009年起，就歐元在世界流通的總值而言，其已超越美元。關於建立貨幣聯盟的主要論點是，其是歐洲單一市場成立後合理的延伸發展。此外，單一市場也將提升區域內貿易，促進繁榮。透過減少兌匯的費用和提升競爭力，消費者可在歐元區內的任何一個地方，更容易地評估貨品或服務的相對價格。一個區域貨幣可望比一系列國家貨幣更強勢、穩定，因為其較不易受投機客攻擊，而各國也無法再透過貨幣貶值取得優勢。

　　然而，批評者認為歐元是政治野心大於經濟事實的現象。首先，就競爭力和生活水準而言，一個成功的單一貨幣要求貨幣區內各地方的發展程度必須相近。

　　歐元區從來就不是如此。希臘和葡萄牙等國仍是相對未開發的工業國家。同樣的，歐元區內人員的自由流動雖然是回應區域差異的必要條件，但社會、文化和民族差異依然對人員流動造成阻力。歐元區主要的脆弱性來源一直是對共同利率（由歐洲中央銀行制定）的需求。然而，一套「全體適用」的利率並沒有（也無法）將歐元區內各國經濟表現的落差納入考量。此發展意味各國無法以貨幣政策回應經濟難題。由於歐盟並未嚴格監督各國政府支出和赤字規模，導致前述問題更加嚴重。此現象在2010年暴露無遺。希臘債務危機對整個歐元體系造成威脅，使歐元區成員和國際貨幣基金必須進行大規模紓困。歐債危機至少突顯歐元區的運作規則需進行改革。然而，危機也使單一貨幣的想法蒙上陰影。

機使這些長期問題加深。相較中國、印度和巴西等新興經濟體，對於歐洲而言，經濟問題所帶來的挑戰更為艱鉅。全球經濟衰退造成許多歐盟國家的赤字攀升，尤其是希臘、西班牙、葡萄牙、愛爾蘭，以及歐元區內的義大利和歐元區外的英國。這種債務危機往往與銀行危機有關，也導致歐盟、國際貨幣基金，以及歐洲中央銀行向希臘（2010與2012年）、愛爾蘭（2010年）、葡萄牙（2011年）、西班牙（2012年），以及賽普勒斯（2013年）紓困。

　　此次**歐元區危機**透露深遠的意涵。舉

> **歐元區危機**（eurozone crisis）：歐元區爆發的主權債危機與銀行危機的合稱，根源是低成長以及競爭力衰退。

例來說，這就凸顯了歐元區內部管理鬆散，不但沒有讓較弱的經濟體更有競爭力，反而成為一種避難所，南歐國家不需要改革經濟，只要用低利率吹大資產泡沫就好。這表示這種單一貨幣要能生存下去，經濟決策體系必須更為集權化，要從貨幣同盟走向**財政同盟**，而且在債務與撙節的年代，社會緊張與政治不穩定的現象會更普遍。歐元危機的進一步意涵是其對德國所造成的影響。德國是歐盟內最大的經濟體和整合的基底。相較任何其他國家，德國傳統上將歐盟的利益等同於其國家利益。

德國對希臘等國紓困，卻引來國內民眾嚴重質疑德國在歐元區應該肩負的責任，甚至質疑德國是否應該繼續採用單一貨幣。金融危機也大舉推升了德國在歐元區，以及在整個歐盟的地位。德國經濟的規模廣大，實力堅強，所以能夠一手主導金融危機的管理與解決方式。

> **財政同盟**（fiscal union）：幾個國家組成同盟，採用一致的稅務與支出政策。

重點摘要

- 區域主義指「地理區域成為重要的政治或經濟單位的過程」。區域可作為合作，甚至認同的基礎。視主要的合作領域是經濟、安全或政治而定，區域主義可有不同形態。

- 區域整合的趨勢，特別是歐洲對於超國家合作的嘗試，引發許多理論性探討。爭辯聚焦在整合和制度建立的動機和過程。聯邦制、功能主義和新功能主義是主要的區域整合理論。

- 所謂的「新區域主義」在本質上偏向經濟，通常代表區域貿易集團的發展。雖然部分意見認為這些貿易集團是全球化的墊腳石，使國家能更有效地回應全球市場的力量，但亦有部分意見視區域貿易集團為絆腳石。後者認為區域貿易集團是：為了避免廣泛競爭壓力以及保護經濟和社會利益的防禦性實體。

- 雖然亞洲、非洲和美洲都有不同形式的區域主義，歐洲的區域主義發展最成熟。獨一無二的歷史環境造就歐洲的發展經驗。無論如何，歐洲聯盟是非常難以歸類的政治組織。

- 歐盟就發展共同外交和防禦政策所做的努力，增進其在全球體系中以單一實體行為的能力。無論如何，「大西洋主義」和「歐洲主義」兩派間的緊張關係，以及各國對於國家主權受侵蝕的不安，協助解釋何以歐洲共同外交和防禦政策的進展緩慢。再者，歐洲各國也對安全區域主義可能對北約—美國和歐盟—美

國的雙邊關係帶來何種影響,感到惴惴不安。

- 在1980和1990年代,新的動力為歐洲區域整合注入活水以後,對於歐洲整合停滯的質疑也在同時興起。廣化和深化兩者間的矛盾,歐盟下降中的全球競爭力,以及貨幣聯盟是否能長期運作等問題皆備受矚目。

問題討論

- 什麼是「區域」?
- 次國家區域主義如何與區域主義連結,成為國際現象?
- 經濟區域主義能有哪些不同形態?
- 普遍而言,相較經濟或安全區域主義,為什麼政治區域主義的發展較慢?
- 區域主義如何阻礙全球化的發展?區域主義作為阻力的程度有多高?
- 新區域主義有什麼「嶄新」之處?
- 歐洲和亞洲的區域主義又共通之處嗎?
- 我們該如何解釋歐洲整合?
- 我們能解決歐盟廣化和深化兩項目標矛盾的問題嗎?
- 作為一個全球行為者,歐盟有多重要?
- 歐洲整合是否有瓦解的危機?

第二十一章　理論為何重要？

> 「理論上，理論與實務是一樣的。但在實務上，理論與實務是不一樣的。」
>
> ——愛因斯坦（Albert Einstein）

前言

　　研究全球政治，就不能不談理論。我們無法迴避理論，因為以最簡單的話講，事實是不會自己發聲的。我們如果想用觀察的方式，搞懂這個世界，那只會被排山倒海的複雜資訊沖垮。因此理論將意義帶給沒有形狀，令人困惑的現實，最明顯的就是解釋事件是如何發生的，又為何會發生。然而理論不但能解釋事實，還能將事實予以簡化，揭露偏見與偏差，也是行動的指南，還有很多其他功能。但這些用途都並非直截了當。例如我們除了用理論闡述事實之外，又該如何用理論分析事件？理論又是如何揭露所謂的「隱藏」的程序與結構？政治實務應該參考理論嗎？又該參考到什麼程度？我們就算知道理論有哪些功能，也無從得知該選擇哪一個理論來用。什麼叫做「好」的理論？要以什麼標準評斷理論的優劣？最後，諸如建構主義、批判理論、女性主義，以及後結構主義這些理論架構，近年來逐漸成為顯學，也引發各界更激烈討論理論的本質，以及理論所扮演的角色，提出一些更深入，更困難的哲學問題，例如理論架構或是「典範」的價值，有多少「現實」存在於我們能感受到的範圍之外、政治活動的理論與實務之間的關係，以及規範理論（normative theory）的地位與角色。

關鍵議題

- 理論為何重要？
- 如何評估理論的價值？
- 理論的典範是開導我們，還是限制了我們？
- 理論是不是發揮了「建構」這個世界的作用？
- 理論全都是「政治性」的嗎？
- 理論如何將現實「現在的樣貌」與「應該有的樣貌」連結在一起？

理論的重要性

　　這本書的第3章討論了全球政治的重要理論，每一章也都有專欄介紹各種理論。這一章要回歸理論這個議題，卻是為了另一種目的，也就是要探討理論如何幫助我們了解全球政治，又能了解到什麼程度。我們為何需要理論，理論能為我們做什麼？想了解理論的角色與重要性，可以想想學術研究與新聞工作的差異。新聞工作的目的，是要將發生的事情呈現出來，也就是要回答一個問題：誰對誰做了什麼，是什麼時候做的，又是如何做的？所以新聞頂多只是「歷史的初稿」。相較之下，學術研究牽涉到的思考分析比較多，要研究的不只是事件的表象，還有表象之下更深層的意義。理論就是揭露並探討這些深層意義的方法。因此理論除了能闡述之外，還有分析、解釋、詮釋與評估的功能。但對於理論能怎麼運用，該怎麼運用，至今仍有不少爭議。

理論的用途

　　國際政治的學術研究從問世至今，是以理論的發展作為定義。國際政治這個學門，是第一次世界大戰之後的產物，早期是以自由派國際主義為主，希望去除戰爭的毀壞，讓世界變得更美好。然而在第二次世界大戰即將爆發之前的那幾年，自由派國際主義理論受到越來越多來自現實主義的批評。於是國際政治這個學門的第一場「大辯論」登場，也就是自由主義與現實主義之爭。冷戰在1950年代成形，這場辯論由現實主義大獲全勝。到了1970年代，主流的現實主義典範不斷受到信奉馬克思主義的自由派與激進派攻擊，又稱「典範辯論」（inter-paradigm debate），帶動了現實主義與自由主義內部的發展，造就了新現實主義與新自由主義的崛起，因而形成「新新辯論」（neo-neo debate）。從1980年代開始，冒出不少國際理論，多半是因為共產主義垮台，冷戰結束的關係。但這些國際理論也比較支離破碎，因為越來越多人對於接連出現的理論「新聲音」感興趣。這些新聲音包括建構主義、後殖民主義、後結構主義、綠色政治（green politics），以及批判理論、女性主義這些歷史比較悠久的理論架構。然而從這些發展可以發現，理論發揮的不只是一個功能，而是很多功能，最重要的是下列這幾種：

● 分析與解釋事件

- 將世界簡化
- 讓我們的知覺範圍更大，更敏銳
- 定義我們的道德觀念
- 提供行動的指南

分析與解釋事件

如果我們不用理論分析，會發現這個世界正如史學家湯恩比（Arnold Toynbee，1889-1975）所言，只是「一個爛東西接著另一個」。理論最普遍的用途，是當作一種分析的工具，不只是闡述事件，也要解釋事件發生的原因。理論呈現出事件的**因果性**，發揮分析的功能。理論揭露了因果關係，也就是「連鎖效應」，才能呈現出世界的秩序與形態，否則世界看起來就只是一連串的偶發事件。例如民主和平論（democratic peace thesis）告訴我們戰爭與和平發生的模式，也指出民主國家之間很少會發生戰爭（有人說絕對不會）。我們知道了何人、何事、何時，就可以研究為何的問題。在這個例子，就是研究民主國家之間為何不會發生戰爭。民主國家不會交戰，是因為他們是民主國家，還是有其他的原因（例如經濟發展的程度）？如果民主政治能促進和平（至少是民主國家之間的和平），那麼民主政治又如何能遏止戰爭？是輿論的影響，以非暴力方式解決衝突的習慣，民主國家之間共通的價值觀，還是別的？也許民主政治與和平之間所謂的因果關係，只是反映了某些國家喜歡把敵國貼上不民主的標籤？

有些理論家認為結構比行動者更重要，因此將因果性衍生出社會發展與政治發展的各種「法則」，認為社會科學與自然科學相同，特色都是必然出現，且可預測的行為模式。這種傾向顯然與正統馬克思主義有關，主張所有的階級社會都有矛盾，這些矛盾帶動了歷史走過一個接著一個的可預期階段，最後也必將建立一個無階級共產主義社會。這種**決定論**終究無法盛行，不只是因為違反自由意志的觀念，也是因為越來越多人發現，在一個相互依存的世界，「一切都會影響其他的一切」，線性的因果關係越來越不可靠。

> **因果性**（causality）：一個事件或一種情況（起因）與另外一個事件或一種情況（結果）之間的關係，後者是前者造成的結果。

> **決定論**（determinism）：一種思想，認為人類的行為與選擇，完全受到外部因素控制，也主張自由意志是一種迷思。

焦點┈┈ 國際關係：幾場「大辯論」

國際關係這個學門，是在第一次世界大戰（1914-1918）之後出現，主要目的是找出方法，建立永續的和平。國際關係這個學門的重點，在於研究國家之間的關係，主要是從外交、軍事與戰略的角度分析。然而國際關係這個學門的本質，以及關注的重點，後來出現重大的變遷，也是經由一連串所謂的「大辯論」完成轉變。

- 第一次「大辯論」發生在1930-1950年代，一方是強調和平合作的可能性的自由派國際主義，另一方是相信權力政治（power politics）無所不在的現實主義。到了1950年代，現實主義稱霸國際關係學門。
- 第二次「大辯論」發生在1960年代，是**行為主義**與傳統主義在爭論，內容是關於國際關係有沒有可能發展出客觀的「法則」。
- 第三次「大辯論」，又稱「典範辯論」，發生在1970與1980年代。一方是現實主義與自由主義，另一方是以經濟解讀國際關係的馬克思主義。
- 第四次「大辯論」從1980年代晚期開始，是實證主義與所謂的後實證主義在爭論理論與現實之間的關係，反映出「新的」批判觀點，例如建構主義、批判理論、後結構主義、後殖民主義、女性主義，以及綠色政治，在國際關係這個學門當中逐漸成長的影響力

將世界簡化

理論扮演的第二個角色，是提供概念**模型**，將世界簡化。模型一般來說是一種東西的代表，通常比這個東西規模更小，例如娃娃屋、玩具飛機等等。也就是說模型的目的，是要盡可能貼近原本的物品的樣貌，越逼真越好。但是概念模型，以及概念模型所要解釋的對象，完全沒有相像的必要。要求一個經濟體的電腦模型，看起來必須與經濟體本身一模一樣，未免太過荒謬。概念模型應該是一種分析工具，價值在於能將意義賦予一堆混亂且令人困惑的事實。所以理論的主要功能在於選擇（選擇要看哪些，忽略哪些），以及訂出優先次序（決定哪些比較重要，哪些比較不重要）。

沃爾茲（Kenneth Waltz）的著作《國際政治理論》（Theory of International Politics 1979）是探討新現實主義或「結構性現實主義」的鉅作，就闡述了這個觀念。沃爾茲給予現實主義理論一個更堅實的科學基礎，藉此克服古典現實主義的侷限。他以三大假設為基礎，建構了一個國

行為主義（behaviouralism）：認為所有的社會理論，都應該以觀察得到的行為為基礎，要提供可量化的數據以供研究。

模型（model）：將實證資料以理論的方式呈現，目的在於凸顯重要的關係與互動，以便瞭解。

際政治的概念模型。第一個假設是，如果沒有一個至高無上，不可挑戰的權力，國際體系就會成為一種「自助」體系，也就是每一個國家都必須將生存與安全列為首要目標。第二，國家是國際體系最重要的行動者。第三，國家是理性的行動者，意思是說國家採取的行動步驟，一定是最適合他們一貫既定的偏好。沃爾茲認為，所以在多極的國際體系，強權戰爭發生的頻率，會比兩極的國際體系更頻繁，因為兩極的國際體系，比較容易產生穩定的權力平衡，能防止各國走上冒險主義的道路。不過我們還是要記得，概念模型頂多只能說是其所代表的現實的簡化版，只是理解的工具，本身並不能提供可靠的知識。所以最好不要以「對錯」論斷概念模型，應該研究是否「有用」就好。

讓我們的知覺範圍更大，更敏銳

理論的第一個與第二個角色，都與**解釋理論**有關。解釋理論又稱「實證」理論，涵蓋可以用「硬」證據測試的因果命題與概念模型。所謂硬證據，指的是我們感覺不到的資料。相對來說，那些擴大了我們的感覺，或是讓我們的感覺更敏銳的理論，叫做**詮釋理論**，又稱「建構」理論。詮釋理論認為人類的反思是一種社會過程，「真實世界」是由一連串相互矛盾的事實與詮釋所構成。也就是說理論是觀察世界的「鏡頭」，也可以說是「世界觀」。那我們為什麼需要用理論讓感覺更廣博，更敏銳？第一個原因是如果我們只是觀察世界的「現狀」，也就是不運用理論，那就會看到我們認為會看到的。所以所有的觀察都是選擇性的。理論的用處，在於讓我們了解以前可能不知道的關係、過程與結構。舉個例子，我們透過「女性主義鏡頭」看世界，會看見以往「看不見」的女性對全球政治的影響，還會看見如果大家把女性的價值與擔憂當成最重要的事，全球事務又會呈現怎樣的面貌。如此一來，我們對於全球化、發展、安全、戰爭，以及武裝衝突這些議題，都會有新的看法（這在第17章也討論過）。

理論還能用第二種方式讓我們的感覺變得敏銳，那就是把「潛藏」的歧視與**偏見**呈現給我們看。有人認為用理論看世

> **解釋理論**（explanatory theory）：以概略的因果命題，解釋「真實世界」的各種事件、發展與議題的理論。
>
> **詮釋理論**（interpretive theory）：將事件或議題賦予意義的理論，目的在於了解而非解釋這個世界的現象。
>
> **偏見**（bias）：一種共鳴或是歧視，且（往往會在不知不覺間）影響人類的判斷力。偏見也有扭曲失真的意思。

界，跟不用理論看世界是兩種選擇。這種想法其實是迷思，因為所有的感覺都牽涉到詮釋。問題在於我們知不知道這些詮釋，有沒有意識到。在這個層面，理論是一種自我反省與批評的工具，是用來找出我們對於全球政治，認為「理所當然」的想法與理解。女性主義在這方面也發揮了很大的影響。女性主義除了要增加女性在全球事務討論的能見度，還要揭露主流思想對這類事情的態度是多麼充滿「**性別偏向**」。例如女性主義者曾經提出，傳統對於安全的概念，都是呼應現實主義對於「國家安全」，以及軍事為主的硬實力的重視，反映出一種「男性特質」（masculinist）的心態。

定義我們的道德觀念

理論的第四種功能，與我們「了解」事件、發展與情勢的能力比較無關，比較強調我們在道德上，甚至情緒上對於事件、發展與情勢應有的反應。這是**規範理論**的領域。實證理論與規範理論看似完全不同。其實實證理論的重點是事實（實證證據），規範理論的重點是價值（道德觀念），在實務上是息息相關的。國際政治與全球政治的所有主要理論，都是實證與規範兼備（Reus-Smit and Snidal 2010）。我們確實難以想像，全球事務的理論怎麼會只有實證而全無規範（即使是現實主義理論，也不可能全無規範，我們在這一章後面會談到這個）。任何一種社會活動，都會牽涉到道德問題，因為每一種社會活動，都會影響到其他人，也促使我們思考一個活動，或是一種社會安排是對是錯，是好還是壞。研究全球政治尤其是如此，因為研究戰爭與和平、全球貧窮、國際援助、氣候變遷、人道干預，以及恐怖主義這些主題，都會牽涉到對人類的福祉至關重要的議題。儘管如此，規範理論在全球政治研究的重要地位，以及應有的地位，至今仍然是頗具爭議的話題。而「現狀」與「現狀應有的樣子」之間該有什麼樣的關係，至今也沒有定論。這一章的最後一節會討論這些主題。

提供行動的指南

理論的最後一個功能是給我們指示，告訴我們在這個世界該有怎樣的行動，所以理論會與實務密切結合。這種用途必須結合規範與解釋。先以規範理論評估一個

性別偏向（gendered）：比較重視一種性別的經驗、偏見或傾向，也就是偏袒一種性別。

規範理論（normative theory）：規定價值與行為標準的理論，重點是「該有的樣子」，而不是「原本的樣子」。

焦點……　「解釋」與「理解」共產主義的垮台

　　「解釋」與「理解」給人的印象，是搞懂世界的兩種方式（Hollis and Smith 1991）。「解釋」的意思是發掘事件的起因（有時不只一個），使用的是自然科學衍生出來的方法。解釋的重點在於事實，也就是存在於行動者之外的證據，所以也算是一種「外在」（outside）因素。「理解」的意思是從參與其中的行動者的觀點，探討事件的意義。理解的重點在於感覺、動機與信仰，因此可以視為一種「內在」（inside）因素。解釋與理解雖然重點不一樣，卻都是搞懂事件的利器，也許應該搭配使用。

　　以1989-1991年一連串的革命，最後導致共產主義垮台的例子，主要的「外部」因素是從1960年代開始，以美國為首的西方國家，與以蘇聯為首的東方國家的經濟差距越來越大。原因可能包括蘇聯式的中央規劃（也許是致命的）結構缺陷、戈巴契夫混亂的經濟改革，以及西方想要「加速」全球化以刺激經濟成長率。但是這些「外部」因素也有很重要的內部成分，尤其是大多數共產國家的人民越來越想要西方的生活標準與政治自由，所以民怨逐漸沸騰。

　　共產主義的垮台還有一個「外在」因素，是冷戰時期的兩極動態，一再挑起美國與蘇聯之間的緊張情勢，所以雷根總統才會在1980年代初，開啟「第二次」冷戰，導致蘇聯不得不持續增加軍事支出，直到無以為繼，蘇聯的經濟也受到更嚴重的壓力。但也要留意「第二次」冷戰的「內在」因素，是雷根把蘇聯當成「邪惡帝國」。

行動、政策、制度或方法的對錯，進而訂出想要的結果。接著再以解釋理論呈現因果關係，探討如何以最可靠的方式，達到想要的結果。國際關係這個學門最顯著的特色，在於特別重視理論對實務的影響，向來著重於學術研究的「政策相關性」，甚至還提倡以理論為基礎的政策制訂。國際關係這個學門，是在第一次世界大戰之後出現，最主要的目的是以自由派的國際主義思想，避免日後的戰爭。古典現實主義由卡爾（E. H. Carr）等人在著作中提出。他們批評兩次大戰之間的自由主義世界秩序，尤其是不滿對於國際聯盟（League of Nations）之類的國際機構的依賴，認為這種政策會導致大戰更有可能爆發，甚至是無可避免。隨著冷戰到來，現實主義在國際關係這個學門的地位水漲船高，先是古典現實主義盛行，後來又由新現實主義取而代之。新現實主義的權力政治理論，給予美國發展核武與圍堵政策（policy of containment）的正當性。

　　然而理論家介入政策辯論，卻也不見得每次都成功。理論家與政策制訂者有時還會公開爭執，例如有一群知名的現實主義理論家，就曾經公開批評布希政府在「反恐之戰」的表現，尤其是2003年攻打伊拉克。儘管如此，自從冷戰結束後，國際政治的理論與實務之間的差距越來越大，或多或少也是因為建構主義、

批判理論、女性主義，以及後結構主義這些「新」聲音崛起，因此以理論為基礎的政策制訂的熱潮也大幅減退。越來越多人將理論視為一種詮釋世界的工具，而非解釋世界的工具，而且理論家也更為擔心，唯恐參與政策網絡，就必須犧牲自己的學術獨立性。不過這種政策制訂立場，也並不代表批判理論家非要將理論與實務區別得一清二楚不可。確實有不少批判理論家認為這種二分法是錯誤的。他們認為研究、調查與建立理論，各自都是政治實務的一種形式，所以有時候也將理論看成一種**實踐**。

哪一種理論最好？

什麼是「好」理論？理論可以拿來比較嗎？如果可以，比較的標準又是什麼？孔恩（Thomas Kuhn）的先驅著作《科學革命的結構》（The Structure of Scientific Revolutions，1962）提出一個觀點：要證明一個理論比另一個好，終究會是毫無意義。孔恩認為科學史的特色，是「革命」與「正常」階段不斷交替出現。在革命階段，敵對的理論互相競爭，知識的累積沒有進展，因為主角最在意的是自己的理論要稱霸。在正常階段，一種典範的地位高於所有的對手，知識雖然得以增加，但也僅止於稱霸的典範範圍之內。既然知識的尋求只會出現在一個典範之內，那就沒有一個客觀的外部標準，能評估敵對的理論。因此敵對的理論是**不可共量**的。敵對的理論並不會呈現出對於同一個世界的不同論述，而是會「看見」不同的世界，也會使用不同的語言描述這些世界。因此敵對的理論可以說是「雞同鴨講」。

將理論用來詮釋或是規範的人，應該會認同上面這段話。既然沒有一個客觀可靠的標準可以衡量理論，那麼要選擇一個喜歡的理論，可能就會比較重視政治信仰與意識形態，比較不重視以證據為基礎的分析。但是將理論用於解釋的人，一定會大表反對。他們認為理論是可共量的，也是可以分出優劣的。那麼「好」理論應該符合哪些標準？社會科學普遍採用的標準包括下列幾項：

- 符合現實
- 有解釋力
- 簡約優雅
- 邏輯連貫

實踐（praxis）：自由的創造活動，藉由思想與行動，力圖推翻壓迫，改變世界。

不可共量的（incommensurability）：無法比較或評斷敵對的信仰與命題，因為這些信仰與主張缺乏共同的特質。

全球政治行動……
理論家砲轟白宮

事件：2002年9月26日，正當美國布希政府如火如荼為進攻伊拉克做準備，33位國際關係學者，其中大多數自稱是現實主義者，在《紐約時報》的一則廣告上連署，表示「對伊拉克開戰不符合美國國家利益。」連署人包括沃爾茲、米爾斯海默（John Mearsheimer）、傑維斯（Robert Jervis），以及沃爾特（Steven Walt）這幾位知名學者。他們最主要的訴求，是伊拉克對美國並不構成立即的威脅，所以不應動用武力。他們也擔心美國開戰的理由（伊拉克擁有大規模毀滅性武器，海珊政權與恐怖組織有聯繫）頂多只能說未經證實。而且進攻伊拉克不但會造成區域不穩定，也會排擠更重要的對抗基地組織的行動的資源。何況沒有可行的退場策略，攻打伊拉克無論是對於進攻的部隊，還是鄰近的國家，代價都很高昂，還會助長全球各地的反美情結。學者的警告終究是一場空，布希政府仍然於2003年3月出兵伊拉克。

意義：表面上看來，這些現實主義學者提出的警告很有先見之明。所謂的持有大規模毀滅性武器，以及與恐怖組織有聯繫，後來證明是子虛烏有。而且雖然海珊政權很快被推翻，伊拉克戰爭卻演變成一場複雜的反暴動軍事行動，建立無宗派民主政治的希望很快就破滅，也是美國自越戰以來，規模最大，耗資最多，動用武力最久（僅次於阿富汗戰爭）的軍事行動。2010年8月，美國戰鬥行動結束，共計4,421位美國軍人死亡，估計約有高達60萬伊拉克人（包括平民與軍人）死於戰爭相關的暴力衝突。反對伊拉克戰爭的現實主義者認為，就算伊拉克戰爭的問題沒有那麼多，也還是完全沒有必要。在更深的層面，現實主義者也以伊拉克戰爭為由，認為霸權的美國可能會弄巧成拙，會因為強力使用武力而惹怒反對勢力。

不過伊拉克戰爭也不見得就能證明，外交政策制訂者就應該多多聽從學者的意見。第一，伊拉克戰爭也許是理論太多，而不是理論太少的結果。布希政府在軍事上的自信，主要是來自一種共和自由主義〔又稱「強硬」威爾遜主義（'hard' Wilsonianism）〕，認為要將和平與穩定帶給動亂的中東地區，最好的辦法就是引進美式民主政治，即使要付出「政權轉移」的代價也在所不惜。布希政府所受到的批評，並不是不聽理論家的建議，而是聽取理論家錯誤的建議，尤其是聽從新保守派政治人物與顧問，而不聽從現實主義學者（Mearsheimer 2005）。第二，就算有辦法判斷哪一種才是「最好」的理論，也很難從某一個理論，發展出明確的政策策略，因為每一種理論傳統的範圍很廣，又很複雜，總有一些模稜兩可。例如伊拉克戰爭與其說是違反現實主義的原則，還不如說是符合現實主義的原則，因為伊拉克戰爭修補了911事件之後美國弱化的形象，威嚇了挑戰美國的勢力。最後，現實主義者宣稱他們看見的是世界「現在的樣貌」，而不是他們「所希望的樣貌」，問題是理論與實務的差異如此之大，可見現實主義也是名不符實。

符合現實

　　任何理論的終極考驗，一般來說就是解釋真實世界的事件的能力，也就是所謂的**真理符應說**。新建構的理論只能稱為「**命題**」。命題必須通過特定的證據的測試，才能算是真正的理論。全球政治當然不是實驗室科學，所以命題只能以歷史紀錄測試。例如要測試新現實主義的穩定理論，可以找找看有沒有歷史證據，能證明兩大強權或兩大權力集團主宰世界的時代，比其他時代更和平，更穩定。解釋理論的興衰，也取決於未來的發展。新現實主義的穩定理論的地位，也會取決於在二十一世紀，新出現的多極是否與流動與不穩定有關，因為強國越來越蠢蠢欲動，越來越有野心。有人認為理論是否成立，要看是否符合歷史證據，但是理論往往又會被後續的發展推翻，所以任何理論的科學根據正如波普爾（Karl Popper, 1959）所言，是可以推翻的。這個道理用簡單的話講，就是如果完全不可能證明一個理論是不正確的，那這個理論就沒有價值。然而真理符應說是完全取決於「事實」能否確實成立，也就是是否客觀存在於我們的價值與假設之外。如此看來，我們應該記住，「歷史紀錄」受到選擇與優先次序定位的影響有多大，又有多少歷史是由勝利者所書寫，而非由失敗者所書寫。更何況歷史也經常被後來的世代改寫。

有解釋力

　　有些理論比其他理論更能解釋事件。強大的解釋力是由哪些因素構成？解釋力不是一種很明確的特質，而是涵蓋許多特質，包括一種理論能解釋的現象的範圍與複雜程度。所以好的理論通常有很高的普遍性，之所以比較有價值，是因為範圍很廣，而且不是只適用於特定的事件或特殊的情況。有效的解釋往往還有預測的能力，能提供較為完整且詳細的未來預測。如此說來，解釋與預測是平行的，各自涵蓋一群因果關係。理論如果能衍生出明確詳細的預測，就有造假的可能。最後，一個理論的解釋力往往與內部生產力相關。所謂內部生產力，指的是這個理論能夠改良、擴充，以求貼近更廣泛的現象的能力，或是能不斷製造有趣的問

真理符應說（correspondence theory of truth）：一種理論，認為命題一定要符合事實，才能成立。

命題（proposition）：證實或否認一件事情的陳述，陳述的內容或真或假，「聲稱的說法」。

題的能力。

簡約優雅

　　好的理論往往很簡短，理論家常常聽見的勸告就是「寫得簡單一點」。一個簡化的理論，尤其是優雅的理論，也就是簡單又蘊含智慧的理論，具有明確、簡潔，以及可理解的優點。相較之下，附帶許多變數與條件的複雜理論，不僅難以理解，甚至可以說表達的內容更少。諸如**理性選擇理論**，以及新現實主義，都屬於簡化理論。兩者都是以第一原則（first principles）為基礎。理性選擇理論將個別的行動者當成分析的基本單位，認為個別的行動者很理性、效率高，會將工具用途最大化。而在新現實主義，這種思想大致源自新古典經濟學，用來解釋國家在國際體系中的行為。但是簡化的理論不一定就是絕對的好，因為簡潔典雅的理論看起來比較能發揮解釋的功能，但代價卻是增加理論的抽象程度，降低理論與真實世界的連結。況且除非我們想分析的現實本來就很簡單，簡單的理論才有用處，問題是全球政治的東西很少有簡單的。因此簡單的理論幾乎無法解釋複雜的現實。

概念澄清：實用主義（pragmatism）

實用主義通常比較著重實務的情況，而不是理論的想法，比較在意在真實世界能實現的事情，而不是理想世界應該要實現的事情。作為一種哲學思想（代表哲學家包括詹姆士（William James，1842-1910）以及杜威（John Dewey，1859-1952），實用主義主張應該以一種思想實際造成的結果，評斷這個思想的意義與正當性。雖然按照定義，實用主義的政治與意識形態無關，但也不是不講原則的投機主義。作為一種政治思想，實用主義主張以審慎的態度面對改變，反對前途難料的全面改革與革命。

理性選擇理論（rational choice theory）：一種分析法，依據程序規則建構模型，通常是關於個人基於理性的利己行為。

邏輯連貫

　　好的理論的最後一項特質，是每一個部分都應該能夠「配合」，也就是具有連貫性。否則理論就會自相矛盾，最後無法成立。但是主要的幾種理論傳統，例如現實主義、自由主義、馬克思主義、批判理論等等，或多或少都有不連貫的問題，因為每一種都涵蓋幾個次級傳統，以及特殊的理論，各自著重的主題，造成的影響也不一樣。因此相互依存自由主義（interdependence liberalism），在某些方面與共和自由主義，以及新自由制度主義（neoliberal institutionalism）不同。

所以最好將理論傳統看成只有些許連貫，而不是絕對連貫。比較大的問題，在於對邏輯連貫的追求，是基於其實並不成立的**理性主義**假設。例如傳統的保守派就不認同「世界有一個理性的結構」。他們認為世界是「無邊無際，深不見底」，複雜深奧到超出人類的智慧所能理解的範圍（Oakeshott 1962）。如果真是如此，那理論也只是讓我們繼續認為，我們能解釋說穿了就是無法理解的事物，所以實用主義是最可靠的行動指南。

理論之辯

最近幾十年出現了一批理論界的「新聲音」（建構主義、批判理論、女性主義、後結構理論等等），世界事務研究多了更廣博，更多樣的理論工具，也引發世人深入思考理論的本質與角色。這就是**後設理論**的領域，又稱「關於理論的理論」。後設理論感覺非常抽象，（看在某些人的眼裡）可能淪為為理論而理論，但其實後設理論探討的是政治分析最有趣，也是最重要的問題。後設理論所探討的最基本的問題，是**本體論**的問題，也就是這個世界存在著什麼，這個世界是由哪些元素構成。我們覺得政治現實看起來怎麼樣？要回答本體論的問題，往往也會顯露出我們在**認識論**的立場，也就是我們對這個世界能了解多少，又該怎麼了解。我們對於政治現實能了解多少？要回答認識論的問題，就要採取特定的**方法論**。也就是一套能從世界獲得知識的程序，一種了解的方式。我們要如何了解政治現實？世界事務的研究掀起了一連串的辯論，也提到這幾個議題以及其他的議題。最重要的辯論包括下列幾項：

- 典範究竟是啟發了我們，還是限制了我們？
- 「外面」真的有一個真實的世界嗎？還是說一切都只存在於我們的頭腦之中？
- 理論能不能有中立立場？還是一定要支持某個人，某種主張？

理性主義（rationalism）：認為人類可以憑藉推理，理解並解釋世界的種種現象，因為世界具有理性的結構。

後設理論（meta-theory）：探討理論蘊含的哲學假設的理論，尤其是與本體論、認識論，以及方法相關的議題。

本體論（ontology）：研究世界是由哪些元素組成的，又有哪些有意義的特質的學問。

認識論（epistemology）：（源自希臘文episteme，意思是「知識」）研究我們如何有意義地洞察這個世界的學問。

方法論（methodology）：分析或研究的方式，包括發掘資料與證據的方法。

- 我們該如何將事情的本質（「現實」）與事情的理想狀態（「烏托邦」）連結在一起？

典範：是啟發，還是限制？

如同先前所述，孔恩（1962）分析科學史，得到的結論是所有的知識都是，也只能是，存在於一個特定的典範當中。根據孔恩的定義，典範是「一個社會的全體成員共有的思想、價值、方法等等的薈萃」。孔恩發明「典範」的概念，是為了用於自然科學，但後來也廣為應用於社會科學。因此研究世界事務的主要理論都統稱為典範，與孔恩的定義相符。典範的價值，在於幫助我們了解用其他方法無法理解的複雜現實。典範告訴我們哪些是值得研究的重點，也點出重要的趨勢、模式與流程，指引我們留意重要的問題與研究的方向，以及該如何詮釋研究的結果。越來越多人發現現有的典範的侷限，尤其是典範無法解釋的異常越來越多。知識的追求陷入瓶頸，就需要以**典範轉移**再創新機。所謂典範轉移，就是現有的典範瓦解，由一個新的典範取而代之。二十世紀初的物理學就出現過典範轉移，從牛頓力學（Newtonian mechanics）轉移到量子力學（quantum mechanics）。典範轉移的推手，是愛因斯坦提出的相對論。經濟學也是在1970年代與1980年代出現類似的典範轉移，凱因斯主義被貨幣主義（monetarism）取而代之。

但是典範可能會衍生出以管窺天的問題，也有可能妨礙思想的進步。典範也會限縮我們的知覺的範圍，也就是說我們只會「看見」我們所選擇的典範呈現出來的。典範也會製造從眾行為，學生也好，學者也罷，全都不能或不願跳脫主流（或是盛行的）典範的框架思考。冷戰結束後就曾經出現這種情形。冷戰結束雖然是1945年以來，全球政治最重大的事件，但不少國際關係學者卻跟其他評論者一樣大感意外。這或多或少是因為新現實主義思想，以及新自由主義思想，都忽略了戈巴契夫治下的蘇聯，對於國家利益的

概念澄清：典範

典範一般而言是一種模式或模型，會呈現出某一種現象當中有意義的特質。不過按照孔恩（1962）的定義，典範是一種思想的架構，內含相互關連的價值、理論以及假設，知識的追求就在這個架構之內發生。因此「常態」科學都是在一個既定的思想架構之內進行。「革命」科學則是要以新典範，取代舊典範。這種理論比較激進的思想，在於「真實」與「虛假」最終是不能成立的。「真實」與「虛假」只是存在於一個公認的典範當中的一種暫時的判斷，而這個典範終究會被取代。

典範轉移（paradigm shift）：一個知識領域的主流典範，被另一個敵對的典範取代的過程。

想法已經大有轉變。這個轉變最重要的意義，在於凸顯出不同於先前匈牙利（1956）與捷克斯洛伐克（1968）的人民起義，蘇聯在1989年不願再出手干預，扶持那些搖搖欲墜的東歐共產政權。

全球政治的領域更會凸顯典範的缺點，因為全球政治本來就有很多層面，超出任何一種典範的範圍，也超出任何一個學門的範圍。以這一點批判「典範思考」（根深蒂固依循某個典範的思考）最強烈的，大概是後現代理論家。後現代主義的中心思想，是李歐塔（Jean-Francois Lyotard, 1984）所說的「不相信**後設敘述**」，最明顯的例子就是自由主義與馬克思主義。後設敘述（可以視為一種發展得很完備，很有條理的典範）來自一種堅實、必然的感覺。這種感覺則源自於工業化與強大的階級認同所建構的「現代」社會。後現代主義者認為，越來越零散且多元的「後現代」社會出現，表示後設敘述已經不再重要。在他們看來，所有的知識都是片面的，局部的。

如果典範是思想的監獄，那我們又該怎麼辦？我們的思考能不能跨越典範，甚至超越典範？以現代全球政治如此「全球化」的傾向來看，個別的典範，無論是現實主義、自由主義、建構主義、女性主義還是其他什麼主義，都不太可能為任何一個議題或主題定調。不過這些典範在某些議題還是會比較重要，比較具有說服力。所以要選擇典範，不應只是選擇一個理論的「框架」，限縮自己的思考範圍，也不應該採取「什麼都有可能」的理論，那只會造成邏輯不連貫。如果沒有一種典範能完整解釋自己號稱能解釋的，幾乎是無限複雜的現實，那麼跨典範對話也許能將全球事務解析得更完整，更清楚。因此西爾與卡贊斯坦（Sil and Katzenstein, 2010）提出「分析折衷主義」（analytic eclecticism），也就是一種由問題主導，而非由典範主導的研究方法，以實用的知識理論為基礎。但是只要典範存在，典範之間的對話就必須滿足兩個條件，才會有建設性。第一，敵對的典範必須擁有足夠的共同點，才具有可共量性。第二，必須以開闊的心胸進行對話，而不是當作競爭。要做到這一點並不容易，因為從一開始就要明白，自己選擇的典範可能是錯的。

全都是想像出來的？

建立理論的傳統方法，是從**經驗主義**〔又稱「自然主義」（naturalism）〕

> **後設敘述**（metanarrative）：一種信條或者思想，是根據通用的歷史理論，將社會視為一個連貫的總體。

取得哲學根據。經驗主義發源自十七世紀，透過洛克（John Locke，1632-1704）與休謨（David Hume，1711-1776）等思想家的著作廣為散播。經驗主義認為經驗是知識唯一的依據，因此所有的假設與理論，都應該經由觀察與實驗測試。到了十九世紀，這種思想形成實證主義（positivism），是一種思想運動，經由孔德（Auguste Comte，1798-1857）的著作發揚光大。實證主義認為社會科學，也可以說所有的哲學研究，都應該嚴格遵守自然科學的方法。因此作為一種方法論傳統，實證主義是基於下列本體論與認識論的立場：

- 「外面」有一個真實世界，獨立存在於我們對世界的經驗之外。
- 世界是由常規與模式組成，而非由隨機的事件組成。
- 我們可以透過觀察與實驗，也就是孔德所說的「實證的知覺」，認識這些常規與模式。
- 事實與價值，以及經驗思想與規範思想之間，都有明確的界線。
- 經驗知識會隨著時間累積，累積的方式包括獲得新知識，以及提升現有的知識。

概念澄清：後現代主義（postmodernism）

「後現代主義」是一個備受爭議，也令人困惑的詞彙，一開始是形容西方的藝術、建築，以及整體文化發展的實驗運動。後現代主義作為一種社會分析與政治分析的工具，強調逐漸脫離工業化與階級團結構成的社會，轉向越來越分散，越來越多元的「資訊社會」，由個人主義取代對於階級、宗教與族群的忠誠。哲學的後現代主義最大的特色，是認為世界上沒有絕對且通用的真理。後現代主義者重視的是論述與辯論，不會想要消滅或打倒多元主義與差異，而是樂於接受。

經驗主義（empiricism）：認為經驗是知識唯一的依據，因此所有的假設與理論，都必須以觀察的方式測試。

然而從1980年代開始，實證主義對全球事務的思考，受到各種「後實證主義」理論的抨擊。這些後實證主義理論包括建構主義、批判理論、後結構主義、後殖民主義，在某些方面還包含女性主義。這些理論的共同點，在於質疑是否真的有一個「真實世界」獨立於觀察者的信仰、思想與假設之外。我們觀察這個世界，在過程當中也會賦予這個世界意義，也就是說我們只會看見我們認為存在的世界。這種思想衍生出更強調批判與反思的理論，不再只是解釋世界，也要「建

構」世界。理論所蘊含的偏見,以及潛
藏的假設,也因此更受重視,這也代表
客觀公正的學術研究,也許是無法達成
的理想。

建構主義在這個方面發揮的影響力
特別大,挑戰了主流的現實主義與自由
主義理論的一種傾向,也就是認為政治
行動者都有固定且客觀的利益與認同。
建構主義者認為也要考量規範、制度、
歷史等等的因素,這些因素會影響各國
如何看待自己,以及如何看待其他的國
家。例如美國對於英國擁有核武,以及

實證主義

實證主義是源自十九世紀的社會科學,
以及二十世紀初的哲學的思想運動。中
心思想是「科學是建立知識的唯一可靠
途徑」,以及「科學只能用來研究可以
觀察,可以直接體驗的實體」。實證主
義認為,自然科學的方法論也能用於研
究社會科學,尤其是因為人類的行為可
以觀察,也能客觀衡量。實證主義看起
來與新現實主義類似,但對於全球事務
研究的影響較為廣泛,但凡要建構解釋
理論,無論是否涉及量化,都離不開實
證主義。

對於北韓擁有核武,展現出來的態度就截然不同,因為美國把英國當成「朋
友」,把北韓當成「敵人」(Wendt 1995)。然而在實證主義與後實證主義的辯
論當中,建構主義的立場並不明確,因為建構主義本身也分裂成兩個陣營(Hopf
1998)。以溫特(Alexander Wendt)以及芬尼莫爾(Martha Finnemore)為首的
「傳統」建構主義者(又稱「主流」建構主義者)認為,社會概念(例如「朋
友」與「敵人」)在全球政治相當重要,但他們也仍然採取實證主義的認識論,
大致還是以因果關係解釋世界事務。相較之下,「批判」建構主義者(又稱「激
進」或「後現代」建構主義者)不接受客觀知識的存在,也認為不相關的「因」
與「果」無法解釋社會關係。

實證主義與後實證主義在本體論上的歧見是無法化解的,因為這兩種思想的
基本假設互相排斥,不過在目標上還是可以達成一致。例如後實證主義可以認同
實證主義的主張,也就是「外面」真的有一個真實世界,而不是採取**客觀主義**與
主觀主義涇渭分明的二分法。兩者之間最大的差異,應該是在於認識論,而非本
體論,因為是與我們對於這個世界的知
識是否可靠有關。後實證主義者也可以
像實證主義者一樣追求客觀,尤其是藉
由點出偏見的方式,但他們始終認為,
追求無可質疑,不可動搖的知識基礎,

客觀主義(objectivism):與客體相關
的判斷,真假區分得很清楚。

主觀主義(subjectivism):與主體
(人)相關的判斷,或為真或為假,但
與感覺、品味,以及道德相關。

瑪莎・芬尼莫爾（生於1959年）

美國國際關係學者芬尼莫爾率先使用建構主義分析國際關係，尤其是在她1996年的著作《國際社會當中的國家利益》以及2003年的《干預的目的》。她在《國際社會當中的國家利益》駁斥了新現實主義與新自由主義的一種傾向，也就是認為每一個國家的國家利益都很穩定，也大致相同，都是由權力、安全與財富所組成。她認為國家的利益，都是由其所屬的錯綜複雜的跨國社會關係與國際社會關係予以定義與再定義。她在《干預的目的》探討各國使用軍事干預的目的，在400年來呈現出怎樣的變化，特別著眼於越來越重要的新規範，也就是誰是人類，以及我們又該如何對待「陌生人」。

終究會是徒勞無功。

為目的服務？

　　後實證主義的全球事務理論，在批判理論領域獨占鰲頭。批判理論家認為世上沒有所謂價值中立（value-free）的社會科學，因為知識本來就帶有政治性質，所以理論辯論說穿了就是政治辯論。考克斯（Robert Cox, 1981）經常為人引用的那句「理論總是為某個人，某個目的服務」，也反映了這種觀點。這種思想源自馬克思意識形態理論。馬克思所謂的「意識形態」，指的是經濟強勢的階級（資產階級）的思想，目的在於操縱、欺騙受到壓迫的階級（無產階級），防止無產階級意識到自身所受到的剝削。因此意識形態提倡「虛假意識」（false consciousness）。但是馬克思相信他的思想〔由他的好友兼伙伴恩格斯（Friedrich Engels, 1820-1895）包裝成「科學社會主義」〕揭露了資本制度剝削的本質，因此撕去了層層操縱，引領無產階級走向革命的**階級意識**。以馬克思主義的觀點來看，我們的理論、思想與信仰總是與政治有關，因為都會牽涉到階級利益，會維護或推翻階級制度。

　　考克斯（1981）受到葛蘭西（Antonio Gramsci）的著作，以及法蘭克福學派批判理論的幾位重要人物的著作的影響，點出「批判理論」以及他所謂的「解決問題

> **階級意識**（class consciousness）：馬克思主義的詞彙，意思是一種對於階級利益的正確認識，將一個階級轉化成一個為己牟利的階級。

理論」的差異。解決問題理論傾向將現行的社會結構與政治結構合理化，因為正如考克斯所言，解決問題理論「接受世界的現狀」，也不會在現行的權力結構之外，另外建立一個能批判評估的立場。解決問題理論接受全球的現狀，而不是質疑全球的現狀。這種理論是用來「解決問題」，所以會確保現有的秩序「運作順利」。解決問題理論的經典例子，是新現實主義與新自由主義，兩種都是用來化解現有世界秩序內部的衝突、緊張與危機。相較之下，所有的批判理論都有一種解放的傾向，要反抗現代全球事務當中的主流勢力與結構，往往也會與被邊緣化，或是受到壓迫的利益團體結盟。考克斯（2008）認為，研究全球政治的目的，在於推動全球權力結構的基本變化，同時也要確保生物圈的生存，避免核武戰爭，縮小貧富差距，以及保護最弱勢的族群。

這種理論觀點也引來批評。第一，批判理論想要服務被邊緣化、受到壓迫的利益團體，就必須有能力發掘可靠的，甚至是客觀的知識。問題是後實證主義的方法論，卻嚴重質疑世上是否有所謂的「客觀的真理」。這兩者互相矛盾。這種矛盾可以追溯到馬克思的主張，也就是除了他自己的信仰體系之外，其他所有的信仰體系都具有意識形態（所以都是謬誤）。有些批判理論家也許會認為，自己追求的與其說是以客觀的方式，解決被邊緣化的族群的問題，還不如說是了解他們的經驗與觀點，給他們一個政治聲音，讓他們自己發展出解決方案。

第二，就算我們接受所有理論都會牽涉到政治，要判斷哪些政治目標是「解放」，哪些又是「壓迫」也並不容易，因為沒有公認的客觀標準，最後可能演變成由個人喜好，或是主觀的意識形態傾向作主。關於自由貿易的好處的辯論就是一個例子。第三，要「改善」世界，尤其要透過激進的社會動盪改善世界，在歷史上已經證明是成果有限。例如法蘭克福學派的學者就刻意淡出政治行動，專心在理論上，多半是因為他們排斥「實際存在」的社會主義，也就是蘇聯以及共產主義集團。換句話說，解放的理論不見得就會帶來實質的解放。

介於烏托邦與現實之間？

規範理論在全球事務研究的地位與角色，向來是各界爭論的話題。在全球事務研究的發展初期，規範理論位居主流，當時致力於找出戰爭問題的解決之道，承襲了阿奎那（Thomas Aquinas）以及康德（Immanuel Kant）的「理想主義」理論傳統。然而在二次世界大戰之後，規範理論的影響力大不如前，被排擠到學術

觀點⋯⋯　理論

現實主義觀點

現實主義者最注重「現實」（世界的「本貌」），嚴重懷疑理想與原則（世界「應該有的樣子」），所以對理論的表現是「輕裝上路」。古典現實主義大致以不帶感情的態度看待人性，解釋國家互動反覆出現的模式（甚至有時候包裝得比較不像理論，比較像「生活的現實」）。古典現實主義的理論思想向來是與務實主義互相比較，展現出來的特質就是重視治國才能，也著重於主觀評估各國領袖所創造的國際關係。然而隨著新現實主義到來，現實主義的理論變得較有系統，較為嚴謹，也更有結構。新現實主義最早出現於沃爾茲（1979）的著作《國際政治理論》，深受實證主義模型影響，尤其是經濟學所用的實證主義模型，創造了一種全球政治的科學。根據這種理論，國際體系的結構規範了國家的行為。現實主義者始終重視規範理論，並不代表排斥道德（畢竟很少現實主義者會質疑國家利益應該以道德為重），而是反對「道德主義」，因為道德主義認為遵守道德原則的重要性超過其他考量，導致國家領袖看不見世界混亂的現實。對現實主義者來說，道德絕對不應成為政治實務必須死守的方針。要講究道德，也應考量當下的時空與國家局勢。

自由主義觀點

自由主義特別重視理論，顯然是因為自由主義發源於啟蒙時代，相信科學的理性，也相信自由與進步。自由主義者相信普世的道德原則與理性原則，所以通常會把解釋理論與規範理論緊密連結，不過對於兩者的重視程度，也會隨著時間改變。早期的自由主義國際關係理論，於第一次世界大戰結束後的幾年成形，深受理想主義的影響，最大的目的是要找出戰爭問題的解決之道。然而在冷戰期間，自由主義國際關係理論的光芒被現實主義所掩蓋，於是自由主義積極擺脫理想主義，本身的規範也大為縮減。這個趨勢在1970年代與1980年代格外明顯，當時新自由制度主義崛起，社會科學方法論大行其道。所以這種「新新辯論」發生在實證主義的架構之內，新現實主義與新自由主義擁有相同的本體論與認識論的立場。但隨著冷戰結束，自由主義者又得以重新公開支持規範理論，尤其重視人權。然而這一次「回歸規範」，也並不代表完全回歸理想主義，因為自由主義內部更強調以可測試的命題為依據，建構解釋理論。

批判主義觀點

全球事務的批判理論，掀起了重新評估理論的本質與角色的浪潮，最重要的是要超越主流現實主義與自由主義理論的實證主義。後實證主義強調意識對於塑造社會行為的影響，並不會把理論當成客觀解釋全球事務的工具，而是當成讓我們對世界的感覺更敏銳、更廣闊的工具，也顯示出理論也有建構、詮釋的功能。不過也不能過份誇大批判理論之間（有時候是批判理論內部）在本體論與認識論的一致。例如「傳統」建構主義者（溫特就是一例）研究的是事件的互為主體的內容，採用的卻是社會科學的方法論。「批判」建構主義者（與後現代主義者相同）卻不認同「外面」有一個真實的世界，不然就是認為這個真實的世界埋藏在層層疊疊的概念意義與情境意義之下，我們不可能接觸得到。隨著後實證主義興起，更多人關注理論的規範層面，只是關注的方式不太一樣。建構主義告訴我

們，國家是如何超越狹隘的自我利益。法蘭克福學派（Frankfurt School）批判理論則是著重於揭發全球政治的壓迫與不公義的結構。女性主義則是挑戰不給女性道德地位的現有性別秩序。

焦點…… **全球政治研究能否維持價值中立，客觀公正？**

支持價值中立、客觀公正的全球政治研究的人，提出至少三個理由。第一，他們認為政治分析與政治倡議有明顯的分別。政治分析的動機，是想要了解並解釋政治的世界（要了解事情的「道理」），而不是要依據一個人的價值觀與喜好，重新塑造這個世界。也就是將政治理念放在一邊，因為政治理念會讓人看不見「不願面對的真相」。第二，教育與嚴謹的學術研究，本身就是客觀公正的研究的訓練場，鼓勵學生逐漸脫離社會背景與家庭背景所培養出的忠誠與偏見。最重要的第三項，是價值中立的研究的根本，在於相信並且追求「科學」客觀。根據這種觀點，科學方法（包括觀察、測量，實驗）是唯一能確實分辨真偽的知識累積方法。分辨的方式，是堅持將命題與我們所知的「真實世界」比較，驗證命題的真偽。這種取得知識的方式不僅適用於全球政治，也適用於所有領域的學習。

自然科學家就算能以客觀中立的立場進行研究，研究全球政治也無法客觀中立。所有層級的政治，討論的都是我們從小到大生活的社會的種種問題。家庭背景、社會經驗、經濟地位、政治傾向等等的因素，都會讓我們對於要研究的政治世界，存有根深蒂固的偏見。說真的，獲取可靠的知識的最大阻礙，與其說是與生俱來的偏見，還不如說是不承認有偏見，還謊稱學術中立。何況了解世界的方式可能不是只有一種，所以所謂的科學客觀性也許並不存在。從這個觀點來看，關於外面的「真實世界」，並沒有一個至高無上的真理，能獨立於觀察者的信仰、思想與假設之外。如果主體（學習全球政治的人）與客體（政治世界）無法以可靠的方式區分開來，那麼客觀公正的學術研究就只能是遙不可及的理想。

研究的邊緣。原因在於第一，現實主義的崛起也掀起了針對規範理論的批評，責怪規範理論這種「烏托邦主義」導致強國之間再起衝突，最後演變成在1939年開戰。批評者認為規範理論不切實際，盲目相信各國會透過國際聯盟之類的機構互相合作，導致政策制訂者忽視那些野心勃勃的新興強國所造成的威脅。第二，國際政治的「科學」從1960年代開始發展，強化了一種「事實與價值截然不同」的概念，也就是道德考量不應該「污染」對真理的追求。然而規範理論在1980年代再度崛起，也是因為世人不滿冷戰期間盛行的「無道德」權力政治理論。隨著超級強國對抗的陰影散去，世界秩序可能重新洗牌，也引起越來越多人對人權主義，以及相關的世界主義與國際正義感興趣。

不過正如先前所言，解釋理論與規範理論並不如表面上涇渭分明。實證分析

或多或少都是針對規範的問題，顯然「現狀」與「應有的現狀」是互相糾纏的。如果大家不關心世上的暴力與苦難，那又何必研究戰爭的起因與貧窮的起因？所以全球政治所有的的理論傳統，都受到規範目標的影響。例如現實主義者認為外交政策不應該被道德考量所左右，但之所以這麼想，多半是因為認為「務實」的外交政策比較符合國家利益。因此重點並不是接受或反對規範理論，而是要在不同的道德模型之間做出選擇，尤其是在社群主義模型與世界主義模型之間選擇。況且全球事務的道德判斷，也不得不處理與政治「現實」相關的議題，也就是說規範理論總會帶有經驗層面。例如想要降低全球貧窮（規範），就必須了解貧窮的起因，以及該如何減少或消滅貧窮（經驗）。

然而規範思想與經驗思想之間到底是什麼樣的關係，至今仍然充滿爭議。規範的抱負必須夠大膽才有吸引力，但也必須在政治上可行。因此「烏托邦」必須與「現實」結合，但是**現實的烏托邦**」這種概念有意義嗎？羅爾斯（John Rawls）在他1999年的著作《人民的法律》描寫他所謂的現實的烏托邦，也就是一個和平互助的國際秩序，道德的追求僅限於某些特定的目標，例如消滅不正當的戰爭與壓迫、終止宗教迫害以及對信仰自由的限縮，以及終結種族屠殺與大規模屠殺。羅爾斯認為，這些目標具有「實際的政治可

概念澄清：烏托邦主義（utopianism）

烏托邦的意思是理想或完美的社會。烏托邦主義一詞往往帶有貶意，意指偏離現實的幻想，相信不切實際且無法達成的目標。現實主義者將自由國際主義稱為「烏托邦主義」，指的就是不切實際。不過烏托邦主義也有正面的意義，意思是一種政治理論，在批評現有秩序的同時，也建構一個理想或是完美的替代方案（例如無政府主義與馬克思主義）。烏托邦理論的基礎，往往是對於人類的自我發展（實際或不切實際的）看法。烏托邦的特質是沒有匱乏，沒有衝突，也沒有壓迫與暴力。

概念澄清：社群主義（communitarianism）

社群主義的廣義定義，是自我或個人是由社群構成，也就是說個人是由所屬的社群所塑造，也有義務尊重社群，為社群著想。社群主義的學派在1980年代與1990年代出現，主要是反對自由主義，主張過於強調個人權利與自由，會如何傷害公共文化。在全球政治研究，社群主義通常與民族主義連結在一起，尤其強調道德是由某些民族獨特的歷史、文化與傳統所塑造，而不是由人權之類的普世原則所塑造。因此社群主義與世界主義是兩種敵對的規範理論。

現實的烏托邦（realistic utopia）：一種理想的境界，社會上的每一個人都擁有公平與和平的關係，但也足夠貼近「真實」世界，所以有可能達成。

能性」，因為是基於人權的最低標準，也不需要全面的經濟重新分配。哈伯馬斯（Jurgen Habermas 2010）則是認為，現實的烏托邦可以建設成「民主的全球社會」，人權便可實現。但哈伯馬斯也承認，民主政治一旦超出民族國家的範圍，就無法有效運作。他也承認全球治理頂多只能發展出一個「協商體系」，保障參與其中的各方都能得到公平的對待。然而無論是什麼形式的現實烏托邦，都會有一個缺點，那就是會受到兩邊的批評，不是被嫌「太烏托邦，政治上不可行」，就是被罵「太現實，嚴重違反道德」。

重點摘要

- 理論有許多用途，也有許多層面。用途包括分析與解釋事件、將世界簡化、讓我們的知覺範圍更遼闊，更敏銳、定義我們的道德觀念，以及提供行動的指南。解釋理論、詮釋理論，以及規範理論是不同的類型，但也有重疊的時候。

- 有些人認為，判斷哪個理論比較「好」是沒有意義的，因為敵對的理論是不可共量的。但也有人認為，社會科學的標準也可以用來衡量理論。這些標準包括理論與現實的相關程度、理論的解釋力、理論的簡約優雅，以及理論的邏輯連貫。

- 典範有助於提升理解，因為典範能定義值得研究的東西，凸顯重要的趨勢、模式以及程序，也點出重要的問題與研究的方向。然而典範也有可能限制我們的知覺範圍，意思是說我們只能「看見」我們所選擇的典範讓我們看見的。

- 實證主義認為，社會科學應該嚴格遵守自然科學所用的方法，才能建立客觀的知識。後實證主義則是質疑「外面」是否真有一個獨立於我們的信仰、思想與假設之外的真實世界。所以我們只會看見我們認為存在的世界。

- 批判理論反對價值中立的社會科學，認為知識本來就會涉及政治層面，所以理論辯論就等於政治辯論。這種想法也遭受批評，因為忽略了我們該如何正確判斷理論（據說含有的）政治目的。

- 「現實的烏托邦」的概念拉近了規範理論與以經驗為主的解釋理論，但也會有兩頭落空的問題，不是被嫌「太烏托邦，政治上不可行」，就是被罵「太現實，嚴重違反道德」。

問題討論

- 理論為什麼是必須要有的？
- 理論除了能描述全球事務之外，還能如何幫助我們分析全球事務？
- 理論能如何增加我們的知覺的深度與廣度？
- 理論是不是可靠的行動指南？
- 是否有可能「證明」一種理論優於另一種？
- 是不是所有的知識都存在於典範的框架之中？
- 「跨越」典範的思考是否利大於弊？
- 「外面」是否有一個真實世界？如果有，我們又怎麼知道？
- 天底下有客觀公正、立場中立的學術研究嗎？
- 經驗理論與規範理論有什麼樣的關連，又為何會相關？
- 「現實的烏托邦」的概念有任何作用或意義嗎？

第二十二章

全球未來的樣貌

「明天始於今日。」

——柯立芝，1875-1912年

前言

　　理論可以幫助我們了解世界。但如同前述幾章所清楚表達的，理論本身在幫助我們預測二十一世紀全球政治可能的樣貌上，仍存在著重大的限制。對於預測世界的另一種方式是由學者、政策分析家或政治評論家，針對全球未來所預測出的幾種可能發展。不論是宣布一個「無國界」的世界即將到來、主張這是「歷史的終結」、預測「文明間的衝突」正在出現，或認為這將是「中國人的世紀」，這些觀點對於學術圈外的世界經常有著重大的衝擊，也影響了公眾對於全球事件的討論。此類例如全球化進程的推進、冷戰的終結、以及全球恐怖主義的到來等全球政治的意象，在透過近數十年來所發生的轉移以及轉型之下相繼問世。當全球政治的輪廓變得模糊，舊有的思維模式受到新式思潮的質疑，一種對未來能提供精闢解釋及假設的需求——也就是意象（image）——於焉而生。這些作為全球未來遠景的意象是否具有說服力，又代表了何種趨勢？雖然因為這些意象而使得更多更大的問題逐漸浮現，尤其是有關人類對於未來是否永遠都無法了解，但若有機會，我們能看得多遠？雖然目前比以往在預測經濟，金融與其他事項上（不只是天氣預報），投入了更多的資源，但卻不見得代表能使我們對於未來有更深入、更精準的了解。我們做的這些努力是否具有價值？或者這些努力只是一種維持我們對於人類知識在程度上及可靠性上的錯覺呢？

關鍵議題

- 意象如何幫助我們了解現實？
- 在全球政治中意象扮演何種角色？
- 在現代全球政治中最有影響力的意象有哪些？
- 這些意象有哪些關鍵性的優勢與劣勢？
- 意象能否幫助我們揭示全球的未來？
- 想了解未來是可能的嗎？

意象與現實

　　「意象」可以表示一個個人、群體或事物（也可以是一個機構、事件或體系等等）。因此，意象也可以由我們的心靈所建構。但這並不意味著意象的重要性只是其內在的意涵。意象在知識與理解的建構上，也許正扮演了重要的角色，可供作為解釋全球性角色之行為的組成要素。當提到知識的發展時，比起一般所假設的情形，意象能扮演的角色得到了更為寬廣的延伸。舉例來說，在科學知識的發展過程裡，意象的重要性便不言而喻了。科學家們對於發展知識的見解往往只透過一個設計好的實驗過程，試著從嚴格的客觀知識中區別出所謂的「主觀元素」（例如偏見或是一廂情願的想法等等），而這種見解則常常使人誤解。像是達爾文的「天擇說」（現代生物學的基礎）、愛因斯坦的「相對論」（現代原子物理學與次原子物理學的基礎）；韋格納（Alfred Wegener）所發表的有關地球表面是由一塊塊不斷運動的巨大板塊構造所組成的理論；以及勒梅特（Georges Lemaître）聲稱的宇宙是由一個「大爆炸」所構成的概念；這些例子都說明了「科學發現」基於其本質，是無法藉由實驗方法所得出。相反的，這些例子在最初之際都是一個個的「意象」，而這些意象所展現出來的就是一個令人費解的現實情形。只有當實驗本身為這些意象提供了部分的支持後，理論才由此建立。就如同愛因斯坦所述：「比起知識，對於意象的想像力是更為重要。」

　　作為解釋全球層次內角色間行為的基礎，意象在形塑不論是人們如何看待自身或是人們如何看待其他角色上，都是相當重要的。在這部分與國家主義以及國家角色的意象是息息相關的。博爾丁（Boulding 1956）在他的研究中強調，國家的意象在諸如革命衝突以及建立和平等過程中都是非常重要的。當他預示了後建構主義的思想時，其認為決定吾人行為的關鍵在於我們是怎麼看這個世界，而非這個世界的真實情形。因此，一個國家對於他者是敵對或友好的意象，並不是真實世界的敵對或友好，而這也決定了國家間互動的情形。在博爾丁看來，意象可以被視為一個「行為單位的整體認知、情感與評價的結構」，而實際上也就是對其內部以及其運作的宇宙進行的觀察。然而，國家的意象並非一成不變、不可修正。相反的，政府以及政治領袖們常積極地參與改造和重塑國家意象，既為了國內消費也為了在世界舞台上投射的自身意象。在國際高峰會、會議和大型體育賽事中，便可以清楚地看到這種意象投影的過程。例如2008年的北京奧運，中國便希望能投射一種創新、現代、面面俱到的形象，更重要的是，宣告中國將以強權

姿態走向國際舞台。這很明顯地可從中國耗資鉅額所營造出來的開、閉幕儀式，大約31個先進的體育場館和大量相關的基礎發展建設（包括北京國際機場的翻新，增加新的第三航站，也成為世界上最大的機場航站），以及為奧運會的中國運動員所精心籌畫的準備（中國以51面金牌，在總獎牌數上首度超越美國），看出中國所欲達到的意象投射。

在現代全球政治中，後建構主義學者們大力地強調意象的角色與重要性。例如，詹姆斯‧德代元（James Der Derian 2009）檢視了在形塑高科技的幻想、低風險的道德戰爭時，意象是如何幫助美國的外交政策（特別是在後911時期）找出方向。拋棄那些過時又複雜的軍事工業想法，德代元特別指出了「新式『軍事—工業—媒體—娛樂』網絡」的角色概念。雖然人們暴露在電視中的現代戰爭、好萊塢的戰爭電影、軍事戰爭遊戲、電腦影音遊戲及諸如此類的媒體等等，但其目的皆在建立一個兵不血刃、強調人道、衛生乾淨的戰爭意象。這類的道德危機在於將「虛擬」與「道德」混為一談，人們對於戰爭的態度被那些消耗大量成本的真實戰爭所形塑。而有關道德戰爭的政治危機則在於，其通常會使政策制定者大大地涉入外交事務，對於自己現代軍事科技的效能感到過度自信，也往往會嚴重地疏忽軍事衝突所產生的戰略及其他複雜的要件。德代元提到，道德戰爭在2003年美國對伊拉克進行的侵略行動中躍居世界舞台中心，但接踵而來的是曠日廢時的對抗暴動，這卻是美國始料未及且對此並未準備完善。

爭辯中的全球未來樣貌

然而，意象不僅在國家如何與其他行為者互動，以及戰爭、和平等議題上有著不可或缺的重要性，其作為解釋工具的用途也變得更寬廣，在全球政治的發展裡，運用生動寫實的意象也成為趨勢。在近數十年間，此類無數的意象不斷地被拋出，包括國際關係學者、社會學家、政策顧問、期刊作者以及政客們，都競相將其對於全球政治的認知發表在學術殿堂以及公共領域。事實上，有關全球政治的爭辯是持續地增加，不論是這些意象或反意象都在壓縮現今彼此占據主流地位的空間。雖然目前尚無可靠的數據資料可以決定這些意象彼此相關的重要性，但以下僅提供一些現今最具影響力的觀點：

- 一個無國界的世界？
- 國際社群的增加？

- 一個民主國家的世界？
- 文明間的相互衝突？
- 一個屬於中國人的世紀？

- 全球概念下南方的崛起？
- 即將來臨的環境大災難？
- 邁向世界主義式的民主？

一個無國界的世界？

　　一個無國界的世界這個意象最早是由學者大前研一（Kenichi Ohmae）在其1990年的著作中首度問世。

　　此意象掌握了全球化中超全球主義模型的關鍵概念。它將全球化描述為一個在經濟、文化、科技與政治等方面，皆具影響力、甚至具革命性的轉移，並對於國家以及主權的傳統概念亦有戲劇性的意涵。隨著全球化的發展，人口、貨物、貨幣、科技與思想跨國界流動的增加，都弱化了國家作為一領土的實體，並大大削弱了各國政府掌控其國境內任何事件發生的能力。「一個無國界的世界」其樣貌究竟為何？最重要的，它將會是個全球相互聯繫且「加速」相互依存的世界。對超全球主義者而言，一個環環相扣的全球經濟體的出現，會為全體創造一個繁榮的前景。經濟資源不論是在世界上的任何角落，都將會被帶向對其來說最有利可圖的利用方式，所有參與在全球經濟中並獲得利益的國家與地區，形成「大聚合」（Mahbubani 2013）。從此觀點出發，重大的轉變是從二戰後，自由貿易的概念為人所認同下才於焉而生。透過世貿組織等機構的運作，以期實現富者更富、窮者較不窮的理想。然而在一個無國界的世界中，政治的影響依舊顯著。特別是在商業、相互依存的自由主義、全球自由貿易、跨國生產以及跨世界投資流動等概念下，建立廣泛且持久的和平前景。在此背景下，不僅戰爭的經濟成本高得令人無法接受，而且經濟和金融之間相互聯繫的增強，也將使國與國間能互相理解，甚至形成世界主義。

　　那麼，這個意象是否具有足夠的說服力呢？全球政治中超全球主義模型的主要問題即在它似乎誇大了全球化推進的程度、不只削弱了國家，也使得國界變得不再重要。在第五章的討論中，「後主權治理」概念的崛起下，國家已被掏空，實際上變得多餘且不再重要。國家在被進階版的全球化轉變的條件下，得以逃離被掃進歷史垃圾堆的命運。全球化在某些方面確實能強化國家，例如已獲得重新作為一個現代化代理人的中國與俄國所呈現的重要性一般。因此，在國家與國家系統持續施加影響力的程度下，全球政治的狀態仍將是一個相互依存的勢力與無

政府狀態勢力的戰場，而後者則頑固地拒絕屈服於前者。此外，若是「一個無國界的世界」能夠或是將會出現的話，它將會被定性為和諧、和平與繁榮；對此，這個概念基於至少兩個理由是值得被懷疑的。首先，全球化已經引起文化與政治的反彈，也因此可以假設全球化的過程存在著「政治—文化」的限制。我們可以從種族民族主義與宗教基本教義的崛起，以作為對於強加的、令人感到威脅的異族價值觀與實踐的回應。其次，對於一個無國界的世界是否能使參與其中的每個成員都贏得勝利、共享繁榮，目前尚無法得到一個較清晰的意象。相反的，如同以市場為導向的經濟體系總是會產生結構性的差異，任何從國家資本主義到世界資本主義的轉變都是非常有可能的，而這些轉變都會將這些差異重新形塑，而並非全盤否認或毀滅它。

一個民主的世界？

「一個民主的世界」之意象深植在共和自由主義內，並可以回溯自十七、十八世紀關於政府權力建立在契約式基礎之上的概念。在其現代版本中，強調的是一種不可抗拒、支持民主治理、反對專制與威權主義的趨勢。根據提倡「歷史的終結」理論等學者，如法蘭西斯・福山，其認為民主，或是更準確的用字，自由的民主代表的是人類歷史確定的終點。這也許是因為這個意象不僅將社會流動性與物質安全的前景，提供給社會中的所有成員，並且允許其公民不受政府的干預以追求個人自身發展的機會。對於多伊爾（Doyle 1986, 1995）等理論家而言，這波朝民主前進、不可抵擋的趨勢所帶來的主要成果包括：逐步擴散的和平以及國家間大規模衝突的降低。這個預測是基於「民主式和平」論點所進行的。隨著時間的推移，趨於一致的價值觀發生在國家們朝向自由民主基準的趨同行為，這也能用來解釋民主國家間戰爭次數為何減少的原因。至於為何趨勢會朝向民主來發展的歷史證據，則是由杭廷頓（Huntington 1991）所提出。他將研究重心放在三波「民主化的浪潮」上，第一波民主化浪潮發生在1828年至1926年間，主要國家包含了美國、法國與英國；第二波民主化浪潮發生於1943年至1962年間，主要國家包含了西德、義大利、日本以及印度；第三波民主化浪潮則始於1974年，隨著在希臘、葡萄牙與西班牙的右翼獨裁政府被推翻、拉丁美洲的將軍們紛紛退位，而影響最重大的則是共產主義集團從1989年開始的逐一崩解。至2003年為止，共有63%的國家，大約占全世界70%的人口總數，表現出一些民主

全球行為者……

世界貿易組織

類型：政府間組織　·地點：瑞士，日內瓦　·成立時間：1995年　·成員國：159個

世界貿易組織（WTO）創立於1995年1月1日，前身為「關稅暨貿易總協定」（GATT）。作為1986年至1993年烏拉圭回合談判的產物，世貿組織主要目的在於維持多邊貿易體制的原則。當會員國彼此遇到貿易問題時，世貿組織便成為其協商解決問題的平台。組織的運作是由各會員國的政府負責：所有重大決定的產出皆需全體會員國的同意。一般情況下，決定通常是由共識決所作成。而這就是世貿組織與世界銀行、國際貨幣基金等聯合國機構組織的差別。這些聯合國機構組織遭詬病之處在於：其皆有負責執行決策的專責委員會及官員，造成了主要的工業國家之投票權在體系中分量較重的情形。

重要性：世貿組織的支持者基於相信一個自由且開放的環境對於組織內的國家是互利的，因此主張世貿組織在貿易自由化上扮演了關鍵的角色，對於世界的經濟成長貢獻良多。貿易自由化使競爭加劇、促進改革並帶來全體的成功。不同於世界銀行與國際貨幣基金，世貿組織在全體會員國政府共識決的基礎上，擁有堅定的民主文化。組織內的規則為成員們透過已協商的程序所制訂而成。當國際制裁成立時，所有成員國即須共同遵守。此舉能完全地確保開發中國家的利益，不只是因為它們擁有數量上的優勢（開發中國家的數量占世貿組織成員國的三分之二），也因為發展應朝向貿易取向的概念日漸受到重視的緣故。由於世貿組織內「爭端解決進程」的重要性及執行效率高，因此也被視為關稅暨貿易總協定的改良版。在關稅暨貿易總協定時期，爭端的解決不但沒有固定的時程表，通過的裁決也極易遭到阻擋。許多案子也因此懸宕多時而未果。關於這點，世貿組織與關稅暨貿易總協定不同之處在於：世貿組織的爭端解決進程不只結構更為完整，也更強調爭端解決的即時性。許多爭端案件反而尋求非正式的諮詢來解決爭端。只有大約三分之一的案件是透過上訴到爭端解決機構的方式獲得解決。

世貿組織一直是個具高度爭議性的組織。許多批評的聲浪將矛頭指向世貿組織的基本原則：指責貿易的自由化非但不能為全體會員國帶來利益，反而應對結構性的不平等、勞工權利的弱化與環境的保護負起責任。這些問題則是由已開發國家中工業與科技的趨勢所導致。已開發國家從國際貿易中獲得絕大部分的利益（如同他們藉由開發更大的市場以避免自身暴露在更大、更密集的競爭之中），而也因為自由貿易的規則使得國家更難保護其社會與環境。更甚者，世貿組織強調「共識的建立」代表的是其決策過程不夠透明，出了問題則會找不到該負責的一方。對於世貿組織的第二個批評則認為，世貿組織的民主是個騙局。據稱在世貿組織內已開發國家比起開發中國家享有更多優勢。包括共識的決策過程獨利那些在日內瓦享有永久代表權、有更多可觀資源的國家，也因此世貿組織有著「富人俱樂部」的別稱。第三個批評則針對世貿組織的弱點，特別是面對反對意見態度強硬時的無能。在2001年開始、

幾經崩解的杜哈回合談判即為一例。協商因為意見不合而陷入泥沼。主要是因為包含中國在內等開發中國家與新興經濟體，在農業補貼問題上，與已開發國家爭執不下。此類世貿組織協商的失敗給了美國與歐盟繼續維持其農業保護機制的理由。而這種農業保護機制的效果形同懲罰開發中國家以及世界上的窮人，並使得農業保護機制的使用國成為減少貿易壁壘和農業補貼的最大受益國。

治理的關鍵特徵。為何民主制度得以戰勝其他政治體制？而民主又如何重新形塑全球政治？

　　不過，「國際體系將會在一頌揚民主的浪潮中逐漸轉型」的這個想法，已招致批評。舉例來說，「歷史的終結」之論斷在共產主義終結之前幾乎未被概述，而共產世界崩潰所產生的意象也不太正面。1989年至1991年間的東歐革命潮釋放了古老的仇恨，1990年代南斯拉夫解體後，犯罪與貪腐事件頻傳，也有人將之與運用震盪療法（shock therapy）過渡至市場資本主義的失敗做出聯想，這些都暗示了即將重新出現的會是混亂與不穩定，而非朝向和平發展的長期趨勢。這代表著共產主義瓦解以及冷戰結束所帶來的主要意義，也許不是新一波民主來臨的契機，而是從一個穩定的兩極世界秩序往一個由內而外不穩定的多極世界過渡的特點（Mearsheimer 1990）。針對民主的世界與「民主和平論」期望的更多疑問來自世界舞台上重要性日增的非民主國家。中國與俄羅斯以其不同的方式，也許正為世人揭示了獨裁與民主相比仍具有一定的優勢。這些可能包括了國家資本主義作為一個經濟模型的成功，其中市場的力量可與強大的國家相平衡，後者不僅具有長遠規劃的能力，還能減少美國式企業資本主義的不穩定性。同樣的，與民主國家相比，獨裁國家也許在執行對氣候變化的相關政策上的效率反而更好。最後，卡岡（Kagan 2008）試圖藉由宣布「歷史的回歸」來體現「歷史的終結」之樂觀面。這也暗示了二十一世紀的全球政治將不會被定性為民主和平，取而代之的則將會是民主國家（特別是美國）與獨裁國家（尤其是中國與俄羅斯）的互相對抗。

文明間的衝突？

　　「文明間衝突」的概念出現於冷戰的餘波中，由杭廷頓針對文明衝突的論文發展而來。其主張二十一世紀的秩序將會由日漸增強的緊張與衝突所定性，但此類的衝突將會是文化上的，而不是意識形態的、政治的或是經濟的衝突。因此，

法蘭西斯・福山（生於1952年）

美國社會分析家和政治評論家。出生於美國舊金山，父親為一名清教徒牧師。福山在擔任華盛頓智庫「蘭德公司」顧問之前，曾任美國國務院政策規劃重要幕僚。身為堅貞的共和黨員，福山先以1989年撰寫之《歷史的終結？》一文，在國際嶄露頭角，隨後於1992年出版《歷史之終結與最後一人》一書。其主張當對於自由民主的認可成為「人類政府的最終形式」時，歷史的概念便已告終結。福山在其1996年出版的著作《信任》及1999年出版的《大紛亂》中，針對經濟發展和社會凝聚力之間的關係作出探討，並特別對於資本主義發展的各種形式進行比較。他在2011年的著作《政治秩序的起源》，探討不同的社會如何發展出目前的政治秩序。

全球政治的新時代已然出現，其中文明將是主要的力量，文明將成為文化鮮明的表象。杭廷頓認為，新興的「世界文明」將由九個主要的文明所組成，即「西方文明」、「中華文明」、「日本文明」、「印度文明」、「伊斯蘭教文明」、「佛教文明」、「非洲文明」、「拉丁美洲文明」以及「東正教文明」。就之前第8章已討論過的內容，杭廷頓（1993, 1996）假設這幾個文明是基於勢不兩立的價值觀，其中的對抗與衝突是無可避免的，特別強調的是中國（儘管經濟上快速的增長，仍擁有鮮明的中國文化價值觀）與西方之間、以及西方與伊斯蘭世界發生衝突的可能性。他也指出西方與「其他文明」之間具備潛在衝突的可能性，並將可能的矛頭指向一個由儒教國家與伊斯蘭教國家組成的反西方同盟。故此，「文明間相互衝突」的意象不只為國家中心的現實主義提供了另一個選項（即便是杭廷頓也承認，透過這些文明向「核心」國家輸誠的操作，在此情況下民族國家仍將繼續在世界事務中扮演主要的角色），也與一個自由、無國界的世界之意象或是一個民主的世界之意象形成了鮮明的對比。

在911恐怖攻擊之後，此一全球政治的意象無庸置疑地發揮了重大的影響力，當「全球恐怖主義」或是「伊斯蘭恐怖主義」被廣泛地解讀成為文明現象時，亦增長了伊斯蘭與西方之間敵意的表現。此類想法也形塑了「反恐戰爭」，至少在其形成的早期是如此。然而「文明間相互衝突」的概念也同樣招來許多的批評。舉例來說，反對的聲浪就針對所謂文明所在的板塊模式，其將文化描繪成硬性、同質且彼此相異於彼此的概念大加撻伐。因為在現實世界中，文明或是文

塞繆爾・杭廷頓（1927-2008）

美國學術和政治評論員。杭廷頓在「軍事政治，戰略和民事/軍事關係」、「美國與比較政治」、「低度發展的社會之政治」等三大領域有著具影響性的貢獻。在其1991年出版的《第三波：二十世紀末的民主化浪潮》一書中，他提出「民主化浪潮」的概念，並將1972年後的民主化進程與較之前的兩波（1828-1926, 1943-1962）民主化浪潮作出連結。在其受到最多討論、1996年出版之《文明的衝突與世界秩序的重建》一書中，他提出一個具爭議性的概念：在二十一世紀裡世界主要文明間的衝突會導致戰爭與國際失序。在其2004年出版的《我們是誰？對美國國家認同的挑戰》中，他針對大規模的拉美裔移民以及拉美裔社區不願融入廣大社會的語言與文化情形，對於美國的國家認同所構成之挑戰進行探討。

化都是更為複雜、更為片段且對於來自外部的影響更為開放。來自不同文化、宗教或種族的群體，他們居住在一起但關係仍至少是相對的和平與和諧，這些重要的歷史證據侵蝕了「不可避免的文明衝突」這個想法。況且就算衝突真的發生了，也無法確切肯定此衝突中必有文化或文明的成分存在。就拿「伊斯蘭教恐怖主義」作為例子來說，將之視為一種以暴力作為對政治條件的回應、一種在政治文化的意識形態中尋求表達的危機形式，這樣對之才能有更佳的了解，而非視之為一種伊斯蘭世界展現其復甦的示威活動。最後，「文明衝突難以平息」這個意象被具對抗性、朝著彼此互賴、同質性發展的全球趨勢所抵銷。可以確定的是，全球化的潮流確保了不論政治、文化的身分有何不同，世界上各個角落的國家在經濟價值與實踐方面與彼此都更為相似，人權主義也在跨文化的支持下變得更為國家所接受。

一個屬於中國人的世紀？

由於旨在突顯美國這個霸權角色是第一個在二次世界大戰後，位居西方資本主義國家中領導地位，且在冷戰結束後作為獨剩的超級強權，二十世紀普遍被描繪為一個屬於「美國人的世紀」。

雖然關於美國衰退的想法在1970年代至1980年代間蔚為風潮（Kennedy 1989），但在二十一世紀的最初幾年這個思潮再度席捲而來，而且通常會與「世

界正在目睹一個在權力上由美國所領導的西方轉移到東方（特別是中國）」的想法作聯想。這個概念經常會因中國身為一個新的全球霸權，而形成一個「二十一世紀是屬於中國人的世紀」的意象。此意象的首要基礎可回溯至1980年代起中國持續且卓越的經濟成長，截至2010年，中國已躍居全球第二大經濟體，緊追於美國之後。中國除了在經濟上異軍突起外，在外交方面也持續增強其自信與發展迅速的結構權力。然而，「中國人的世紀」這個意象卻與另外兩個截然不同的意象有關。首先，中國的崛起會使人聯想到國際衝突的增強與戰爭發生的可能性提升等觀點。對此，攻勢現實主義學者則認為霸權的轉移極少是和平地達成，不只是因為新的霸權可能尋求一個能與其甫達成的經濟優勢匹配的軍事及戰略地位，也因為舊有的霸權不可能輕易地對其失去的地位做出讓步。

不過，「中國人的世紀」在第二個意象裡卻是穩定且和平的。此類的期待有相當大程度是立基於相信全球化會改變國家如何去定義它的國家利益以及與其他國家互動的方式。在此觀點下，中國也許會是一個新形態的全球霸權，其會準備好永遠地將經濟考量擺在戰略等考量之前。同樣的，美國在有鑑於放下全球領導者的重擔等事實下，也許會對於其失去的霸權地位作出妥協。然而，關於「中國的崛起是無法阻擋的」這個支撐了上述意象的想法，也許在最後會被證實僅是個錯覺。儘管中國在近三十年中都維持了大約8%至10%的經濟成長率，但這個過程卻是開始於一個相當低落的基礎，就算中國的經濟快速成長，在科技發展與軍事力量上，也仍與美國有著好幾十年的差距。況且，誰也無法肯定中國的經濟崛起是否能在二十一世紀中穩定地持續成長。值得注意的疑問則是史達林式政治結構（由25位政治局委員以及大約200位的中共中央委員所掌控的體制），與正在使中國的經濟與社會系統進行轉型與快速發展的資本主義之間，是否能長期協調一致。更甚者，中國的經濟成功有絕大部分都是靠著其廉價的工人與出口，以及看似能無止盡的從貧困的鄉村提供的勞動人口。就此觀點，任憑有著13億的人口，中國終究無可避免地須重新建構因國內需求逐漸大於出口的經濟模型，並且還須從廉價的製造業轉移至較複雜的高科技產品。這些都是中國在崛起中必須面對的問題。

國際社群的成長？

「國際社群」的觀點源自於格勞秀斯所提出之「國際社會」的概念。他認為

只有當發動戰爭的原因以及進行戰爭的行為都符合正義的原則時，戰爭本身才有可能被合理化。在現代國際社會理論學者建構下的關鍵假設中，只要國家間正處於或是維持一種利己且追求權力的模式，那這些國家間的關係將會被形塑成受文化凝聚力以及社會整合性所影響的結構。國際體系中「國家間的社會」也因此並不如現實主義學者所認為的是一種「國家間的系統」。然而，國際社群的意象卻將這個過程向前推進了一個階段，社會中成員間的互動依循著固定的模式，社群間受情感聯繫的影響並且互相尊重。國際社群這個字詞也因而創造了一個透過集合體中的國家間彼此和諧一致所形成之個體的意象。雖然本字詞很早便在國際政治領域中被使用（例如，國際組織便是透過這個概念來表達「國際社群的意志」），但國際社群的概念卻要到1990年代才開始獲得更大力的推動。這同時反映了兩個現象：超級強權間競爭對抗行為的結束為國際合作提供了新的契機；而雖然經濟上全球互賴的現象經常出現，但全球互賴仍應涉及政治與安全等議題。有鑑於1991年的波灣戰爭以及更廣泛的人道干預；英國首相布萊爾（Tony Blair）在2004年提出的「國際社群主義」也因此得到注意。自此以降，國際社群對於其他民族間衝突的介入不只有了權利，也多了份責任。這也使得國際秩序中「不干預」（non-interference）的關鍵原則被置於一旁。

　　國際社群的成長是否為一個持續的趨勢？而其是否能帶來一個更安全、更正義的世界？現實主義學者認為這個意象過度強調了國家能為國際社群所帶來更廣大的利益，而放棄對相對狹隘的自身利益所進行的考量。的確，國際社群也許僅僅是為了要替國家自私的追求行為貼上道德權威的標籤所偽造的概念。透過後殖民的觀點對於國際社群的批評也因此開始發展。從這個角度來看，某些（通常是西方）國家想當然耳可以藉由國際社群的遮掩，對於較弱勢的國家宣示其權威來汲取資源，歐洲中心論（Eurocentrism）便為一例。針對可疑的違反人道地區進行強制的干涉，任何干預發展中國家的形式，例如國際援助等，也因此可以被視為殖民主義仍持續不斷地以另一種手段被進行著。最後，即使國際社群是一個意義重大且值得一試的概念，但國家在歷史環境中也許就只能扮演一個個別、統一的實體。也因此，在1990年代中強化利益的國際社群只是反映那些用來定義後冷戰早期不正常的國際環境罷了。

南半球崛起？

　　中國經濟的崛起，以及整體的全球力量由西方往亞洲的轉移，也許都只是一個更大的過程中的一部分：全球概念下北方與南方的關係將重新組合。這種分為「南北」的概念可以回溯至1980年代的早期，（雖然這裡的南北從來都不是單純字面上地理位置的南北）其承認在全球經濟裡高收入、高投資的北方已開發國家與低收入、低投資的主要南方農業國家有著結構上的不平等。然而，南北分法的概念卻早已失去其大部分的關聯性。這在1970至1980年代間開始出現，隨著東亞與東南亞四小龍經濟體的崛起，以及倚靠經濟嶄露頭角的國家，如中國、印度、巴西和一些所謂的「新興經濟體」。因此，全球概念下的南方在減少貧窮、提升經濟發展等意義重大的部分上有著實質的進展，這些都在在顯示了不是所有南北的關係都立基於權力與依賴。不過南半球崛起絕非僅限於金磚四國，土耳其、墨西哥、泰國及印尼這些開發中國家也逐漸在世界舞台上擔任要角（UNDP 2013）。樂觀來看，非洲經濟正在成長、戰爭逐漸消弭以及愛滋病（HIV/AIDS）開始得到控制等都是可見的事實。況且，人口統計學上的趨勢也支持了這般預測：大部分的全球人口都居住在南方國家，而且這些人口比起快速老化的北方國家來說更是年輕的多。

　　南方國家逐漸崛起的效應是否能夠影響全球政治？關於這點，基本上有著樂觀派與悲觀派兩種觀點。樂觀派認為，就如同那些亞洲的新興國家、中國、印度以及巴西等，都因為提供了北方國家新興的市場以及較便宜的商品，而為全球的經濟成長帶來助益，所以非洲以及其他仍然處於低度開發的南方地區也將會有相同的效應。如此一來，不只是全球經濟會因此擴張，也同時能舒緩北方國家總是要援助且貸款給南方國家的壓力。悲觀派則站在長遠的角度認為，要是南方國家能夠達到已開發的北方國家那般的生活水準，則將產生對於食物、能源以及水的龐大需求，而在世界上沒有一個地區能滿足這些需求。然而，最先應該被探討的是南方究竟會不會崛起。對於新馬克思主義的世界體系論者來說，只要全球資本主義尚未重塑，則低度開發的南方國家則將繼續保持原狀，結構性的不平等亦將深根在體系內。

　　另一個更大的問題在於，南方國家正暴露在環境的威脅之下，特別是氣候變遷。歐洲、美國和日本也許有足夠的財力能適應氣候上的變化，藉由支付更高的

國際社會領域中重要的理論家

赫德利・布爾（1932-1985）

澳大利亞國際關係理論學者。其著作《無政府社會》（1977）對「國家組成的體系」與「國家組成的社會」進行區分。他提出「新一格勞秀斯途徑」並將之發展成理論並付諸實踐，其中的國際社會基於權力平衡、國際法、外交、戰爭與強權等體制，存在著一個真實但脆弱的規範秩序。他也承認國際社會無論是傾向於社會連帶主義或多元主義，皆取決於各國團結一致的程度和共同追求的目標。布爾其他的主要著作包括：1961年的《軍備競賽控制》和1984年的《國際關係中的正義》。

馬丁・懷特（1913-1972）

英國國際關係理論學者。在其最著名1991年的《國際理論的三種傳統》一書中，懷特認為國際理論可被分為「3R」：現實主義（realism）、革命主義（revolutionism）和理性主義（rationalism）。現實主義將國際政治視為對權力的零和競爭；革命主義則關注動態的國家系統與公民個人實際利益之間的緊張關係；理性主義則在這兩個極端中擺盪，其提出之概念認為人類作為社會型的生物，會建立一個受到相互的權利、義務所規定之社會。因此，國際社會既不是混亂的、暴力的，也並非是幸福的、和平的。

泰瑞・納丁（生於1942年）

美國的政治學者。在其1983年的《法律、道德和國家間的關係》一書中，他提出的多元主義模型是基於國際社會中國家之間實際，而非具目的性的連結。根據英國政治哲學學者麥可・歐克秀（Michael Oakeshott）（1901-1990）的看法，納丁認為國際社會提供了許多規則，而這些規則能使成員國不論其文化、生活方式以及政治系統如何不同，皆得以共存並與他者和平、有秩序的互動。納丁對於主權與合法性之間的緊張關係則特別感興趣。他的其他主要著作包括：1998年的《戰爭與和平的倫理》以及2001年的《麥可・歐克秀的哲學觀》。

也可見**麥可・瓦瑟**（參見本書313頁）

金額來減少石油的藏量，並且透過把造成汙染的工業轉移到更貧窮國家的做法來處理他們的環境問題。但是南方國家也許仍無法輕易地避免環境上的束縛，因為他們不是太過貧窮（如同大多數的非洲國家），就是太過龐大（中國、印度與巴西）。最後的問題在於可能產生一種來自南方國家本身新的殖民主義，例如非洲原本對於北方國家的依賴轉變成對於中國的依賴，這種新形態的殖民主義透過搜索礦物以及其他豐富自然資源的方式，席捲了整個非洲大陸。

即將來臨的環境大災難？

環境行為主義學者長久以來便認為這個世界正一步步走向生態浩劫。雖然環境威脅的清單很長，例如去森林化，特別是雨林的消失；海洋（包含深海）的汙染；因物種以驚人的速度走向滅絕而導致物種多樣性的減少等等，但是最嚴重的問題卻是氣候變遷，或稱為全球暖化。國際社群在針對氣候變遷的問題上遇到了兩個阻礙。首先是國家行為固有的問題，因為個別國家都會認為其國家利益應優先於保護國際社群的公共財，也形成「公地悲劇」這個意象的出現。當已開發國家與開發中國家把這類問題放入議題的討論中時，那困難度就會隨著彼此關係的緊繃而增高。第二個障礙則是全球在減少溫室氣體的排放中，不論是政治、經濟、或個人的龐大花費。因應氣候變遷需要針對原本由碳基所建立而成的經濟體進行重塑。但是激進派環境學家卻認為，減少瓦斯的排放只能透過減少使用來達到，也因此勢必得接受一種更為貧瘠的生活標準。要是這些障礙沒有被克服，結果可能會導致大災難的來臨，例如在世界各地發生了為時更長且更劇烈的熱浪；洪汛、水澇不斷增加的可能性；北極冰山的融解；海平面的上升；更規律且威力更強的颶風、暴風；以及對於生態系統的破壞與農業產品的損失等。

然而，仍然有人認為這種由環境學者所提出環境大災難表示其實是過度誇張了，而且還導致可能的解決辦法因此被阻擋。即使所謂的否定氣候變遷者（反對接受以人類為宇宙中心觀點）是被忽視的，但其仍認為氣候變遷並不如已經被討論的一般重要。

例如，受爭議的丹麥政治科學家倫伯格（Bjørn Lomborg 2007）將全世界最重要的問題列成清單，其中氣候變遷是第十五個的問題，列於前的還有傳染病、飲用水的缺乏以及營養失調。倫伯格認為，許多環境指標正在改善其功能，只會更好不會更壞，即使氣候變遷是真正的全球問題，我們還是需要小心地思考因應

過程中的得與失。藉由減少貧窮、降低愛滋病（HIV/AIDS）的散播等方法，來減緩現在這個世代所受的痛苦，比起減少對於未來相對更為富有的世代在全球暖化上的影響來說，前者的成本效益明顯優於後者。

邁向世界主義式的民主？

「世界主義式的民主」（Held 1995）這個概念首度出現在針對全球治理本質以及未來方向的一系列辯論中。雖然朝向全球治理的方向也許是不可抗拒的，但這個概念也指出了正在浮現的全球治理體系仍然有著主要缺陷，也就是缺少民主式的參與以及課責制度。此概念認為民主傳統上是被放在國內政治的範疇，也能夠且應該被放到全球政治的體制中。然而，這並不是要爭論世界政府或一個全球國家的好壞，因為世界主義式的民主提倡一個多層次的後主權治理體系，在其中有著超國家層次、國家層次、次國家層次等機構的彼此互動，但彼此都不能執行最終的最高權威。但針對世界主義式的民主的辯論卻不可避免的會著重在其對於國內式的民主（民主只在國家與次國家層次中運作）不再合適的假設，因為全球化已經大大地掏空了國家並強化了跨國的過程。不過，世界主義式的民主到底長得什麼樣呢？根據赫德（Held 1995）的看法，將會包含建立一個「全球議會」、重組過後形成更可靠的區域及全球政治機構、以及「針對所占比例越來越大的民族國家對區域和全球機構實施強制的能力進行永久的轉移」。蒙貝特（Monbiot 2004）則認為應該要建立一個民選的世界議會，其中應包含600位代表，而每位代表的選區大約是1,000萬人，因此將會有許多選區是跨越國界的。

然而，世界主義式民主的概念卻備受批評為無法達成且不受歡迎。現實主義學者認為任何有關政治項目的世界主義，無論是民主或非民主都同樣不可行，因為有效的權力仍然歸於國家，而國家絕不會輕言放棄。國家，尤其是大國，也因此將會阻擋任何朝向全球民主發展的趨勢，或是確保任何可能被建立的替代型機構被放置到全球決策的邊緣並使其缺乏信譽。在更廣泛的意義上來說，平等主義就隱含在世界主義式民主的概念中，並與現有的全球體系中深層次的經濟、政治和軍事差距有關。但就算全球政治機構得以被建立，也仍會受到其具備的許多缺陷所苦。首先，民選的全球政治機構以及散居在世界的一般公民，這兩者間的鴻溝正意味著任何這些所謂民主的機構都僅僅是幌子。社群主義和多元文化學者則針對此項批評進行補充道，世界主義式民主並無法替那些種族取向或文化取向的

社群發聲、表達他們的觀點以及維護他們的利益。最後,世界主義式的民主也假定全球性的公民是存在的,其價值觀和情感在某種程度上是超越國家的。由於民族主義對於世界主義仍毫無半點屈服之意,因此,很難想像世界主義式民主除了是全球化下政治菁英們的產物之外,還能是什麼?

一個不可知的未來?

然而,即使上述考量了許多意象,有些甚至發展成了一個也許是不可避免會發生的模型,但畢竟意象並不是預測。檢視意象的價值很少來自於這些意象給我們對於全球未來樣貌的內省,反而大部分是來自這些意象強調全球現狀中重要趨勢的能力。這些意象所共有的一點就是:他們將會依照各自不同的方式被發生的事件所混淆;這時,至少從他們所發展出的形式看來,任何一個意象都有可能是錯誤的。這是因為,歷史有著一種看似無窮盡的能力得以不斷的使我們感到驚奇,挑戰任何作出的預測。諸如「歷史的終結」與「文明間的衝突」等意象,在其初發展的階段便激起了學者熱烈的興趣與辯論,但最終的結果卻往往是批評多於掌聲。類似的情形就如同在1980年代對於日本注定將成為全球領袖的預測,在不到十年後看來竟是如此的荒誕不羈。而當主要的歷史發展出現時,例如共產主義的瓦解、基本教義派數量上的成長、跨國性恐怖主義的浮現等都是出乎意料的,因此最後也只能對這些事件開始賦予有意義的回顧。

那究竟為何對未來進行預測是如此的困難?未來會不會是不可知的呢?其中一個問題在於:許多對於未來進行預測的嘗試都是建立在目前趨勢的推斷上,而這在本質上又極不可靠。

這種情形不只是在氣象預報上顯而易見,也可以套用在大學、銀行、專業組織、國家政府、國際貨幣基金組織(IMF)等機構對經濟的預測上。它們投注了龐大的資源以及大量的電腦運算來嘗試對於整體經濟進行預測。然而,像是2007年至2009年發生的全球金融危機等事件,仍然讓該領域中絕大多數的評論家、分析師跌破眼鏡。事實上,我們唯一能確定的就是在未來,現今的趨勢將不會持續存在、毫無改變,這在過去的趨勢中便可得到驗證。另一個較深遠的問題在於:我們對於「現在」的認識太過有限。不論我們現有的理論及模型有多麼的精鍊且複雜,他們都無法完整的捕捉現實世界中幾乎是無限多的複雜組成。換句話說,我們是在已知與未知間搖擺不定。就如同美國國防部長倫斯斐在2002年所作的敘

述一般，「因為如我們所知，有已知的已知；也有我們知道自己所知道的事。我們也知道有已知的未知；也就是說我們知道有我們不知道的事。但也是有未知的未知——那些是我們不知道自己不知道的事。」雖然他因為發表這段話而飽受嘲諷（尤其是因為他表情痛苦），但他提出的「不知之不知」概念，恰恰點出了事態的發展為何總是出乎預期。這些預測的基礎都是有缺陷的，而我們不知道的是缺陷的程度如何、也不知道這些缺陷可能在何處。最終，此類的問題將會遠超出我們所能思考的範圍。這是因為如同混沌學家不斷強調的，複雜的系統中存在著如此大量的元件，而他們彼此間的互動會挑戰我們的思考，也賦予事件本身一種看似毫無規律的特性。若把這個說法套用在全球政治中一直被強調的複雜性上的話，則必定是正確的。全球的未來也因此一定會繼續帶給我們驚奇，而我們所能推測的，就只有出現的將會是哪種驚奇罷了。

重點摘要

- 「意象」可以表示一個個人、群體或事物（也可以是一個機構、事件或體系等等）。因此，意象也可以由我們的心靈所建構。然而，意象在建構知識與透過賦予無形的現實意義上，的確扮演了重要的角色。

- 作為解釋全球層次內角色間行為的基礎，意象在形塑不論是人們如何看待自身或是人們如何看待其他角色上，都是相當重要的。在這部分與國家主義以及國家角色的意象是息息相關的。在現代全球政治中，後建構主義學者們亦大力地強調意象的角色與重要性。

- 在全球政治中，意象不僅在作為解釋工具的用途上變得更為寬廣，更彰顯了趨勢與發展的重要。現代全球政治中具影響力的意象彰顯了諸如國家邊境重要性的降低、民主的擴散、文化衝突的增加、中國的崛起、國際社群重要性的提高、全球南方的出現、發生環境大災難的可能性更大以及國際組織民主化等趨勢。

- 檢視意象的價值較少是從它們所能帶給我們對於全球未來的外形，較多是從它們彰顯全球當下重要趨勢的能力。這些意象所共有的特點在於它們個別皆會以其不同的方式受到事件本身所混淆。

- 未來是不可知的，至少部分而言是如此。由於事實上趨勢是不可避免的，遲早會偏離它們的路線，因此從當下的趨勢所進行的推斷總是不正確的。況且，我

們對於當下的認知總是有限的。我們思考的規模越大，會影響結果的因素在數量上就越多，問題也就越嚴重。這也就意味著，全球政治的未來不只是不可知的，也必須維持是不可知的。

問題討論

- 「意象」與「現實」是否有可能被區分？
- 國家意象在解決衝突與建立和平時各扮演何種角色？
- 現代世界的無國界性到達何種程度？
- 對於民主，是否存在著一種無可避免的全球趨勢？
- 現代的文化或文明在性質上的衝突到達何種程度？
- 二十一世紀是否將成為中國人的世紀？
- 國際社群是否為全球正義與安全的力量？
- 全球概念下的南方能否擺脫對北方的依賴？
- 氣候變遷的消極結果是否已被過度強調或是強調不足？
- 未來是否原本就是不可知的？
- 試圖預測未來的發展趨勢，在全球政治中是否具有任何價值？

國家圖書館出版品預行編目資料

全球政治 / 海伍德(Andrew Heywood)著；龐元
媛等譯. -- 二版. -- 臺北市：五南, 2019.07
　　面；　公分
譯自：Global politics
ISBN 978-957-763-487-0(平裝)

1.國際關係　2.國際政治

578　　　　　　　　　　　108010010

1PAA

全球政治

作　　者 ─ 海伍德（Andrew Heywood）

審　　閱 ─ 陳牧民

譯　　者 ─ 龐元媛、李賜賢、劉泰廷、陳宛郁

發 行 人 ─ 楊榮川

總 經 理 ─ 楊士清

總 編 輯 ─ 楊秀麗

副總編輯 ─ 劉靜芬

責任編輯 ─ 林佳瑩

封面設計 ─ 王麗娟

出 版 者 ─ 五南圖書出版股份有限公司

地　　址：106台北市大安區和平東路二段339號4樓

電　　話：(02)2705-5066　　傳　真：(02)2706-6100

網　　址：http://www.wunan.com.tw

電子郵件：wunan@wunan.com.tw

劃撥帳號：01068953

法律顧問　林勝安律師事務所　林勝安律師

出版日期　2013年9月初版一刷
　　　　　2019年7月二版一刷

定　　價　新臺幣680元

全新官方臉書

五南讀書趣

WUNAN Books

since1966

經典永恆・名著常在

五十週年的獻禮——經典名著文庫

五南，五十年了，半個世紀，人生旅程的一大半，走過來了。

思索著，邁向百年的未來歷程，能為知識界、文化學術界作些什麼？

在速食文化的生態下，有什麼值得讓人雋永品味的？

歷代經典・當今名著，經過時間的洗禮，千錘百鍊，流傳至今，光芒耀人；

不僅使我們能領悟前人的智慧，同時也增深加廣我們思考的深度與視野。

我們決心投入巨資，有計畫的系統梳選，成立「經典名著文庫」，

希望收入古今中外思想性的、充滿睿智與獨見的經典、名著。

這是一項理想性的、永續性的巨大出版工程。

不在意讀者的眾寡，只考慮它的學術價值，力求完整展現先哲思想的軌跡；

為知識界開啟一片智慧之窗，營造一座百花綻放的世界文明公園，

任君遨遊、取菁吸蜜、嘉惠學子！